民國思想文叢

李帆 / 主编

【现代评论派】

【新月人权派】

姜文 姜淑红 编

長春出版社
全国百佳图书出版单位

图书在版编目（CIP）数据

现代评论派　新月人权派 / 姜文，姜淑红编．—长春：长春出版社，2013.1
（民国思想文丛）
ISBN 978－7－5445－2658－6

Ⅰ．①现…　Ⅱ．①姜…②姜…　Ⅲ．①现代评论派—研究②人权—思想史—研究—中国—民国　Ⅳ．①I209.6②D693.2

中国版本图书馆 CIP 数据核字（2012）第 274661 号

现代评论派　新月人权派

编　　者：姜　文　姜淑红
责任编辑：张耀民　胡　新
封面设计：大　熊

出版发行：長春出版社　　总编室电话：0431－88563443
发行部电话：0431－88561180　　邮购零售电话：0431－88561177
地　　址：吉林省长春市建设街 1377 号
邮　　编：130061
网　　址：www.cccbs.net
制　　版：吉林省久慧文化有限公司
印　　刷：长春方圆印业有限公司
经　　销：新华书店

开　　本：787 毫米×1092 毫米　1/16
字　　数：420 千字
印　　张：26.5
版　　次：2013 年 1 月第 1 版
印　　次：2013 年 1 月第 1 次印刷
定　　价：52.00 元

编辑说明

“现代评论派”和“新月人权派”属于自由主义的文化派别，都带有出身欧美的知识分子共同的价值理念。基于其在政治立场、思想主张上的相似性与内在延续性，本集特收录两个派别，以期全面的展示20世纪二三十年代自由主义的发展状况。

由于“现代评论派”和“新月人权派”的派名主要来自《现代评论》和《新月》两个杂志，因此本书所录文字主要来自这两个刊物，对于一些不完整的文章则参考后人所编相关人物的文集。

在作品编选过程中，尽量以存其原貌为要，除对明显错字有所改动外，其余悉仍其旧。标点符号均统一为新式标点；个别文字有所删节，以省略号标出；文中凡有损坏、缺漏或字迹不清者，以□号表示；正字均以［　］标明；每篇文章之后注明出处和发表时间。

编　者

总 序

思想如何分类，向来是个难题。从古至今，人类思想呈现多姿多彩的面貌，每一种思想皆各有主旨，各具风采，特色鲜明，或可名之曰“家”，或可名之曰“派”，晚近则有“流派”之名。

在中国思想发展史上，有两个时期最引人注目，一个是先秦时期，一个是中华民国时期。先秦自不必说，诸子百家，各显其能，争鸣不已，异彩纷呈，形成中国思想史上的“轴心时代”，影响及于后世两千余年。民国思想虽未能再现“百家争鸣”的胜景，但亦具有明显的多元文化特征，思想家群体和思想流派甚多，思想文化论战此起彼伏，思想交锋异常激烈和复杂，而且实现了对中国固有思想传统的实质性的挑战与超越，形成一些新的思想、学说体系，整个思想界呈现一片繁荣景象。之所以如此，既在于晚清以来西学的大举进入，西方思想、学说与中国固有观念、学问的碰撞、交融，已使得相对单一的中国传统思想体系遭到极大冲击，乃至近于分崩离析，从而为民国时期多元思想、文化格局的出现奠定了基础；又在于形成于清末、壮大于民国的新式知识分子群体的出现，尤其是清末民初派遣出国的留学生在民国年间纷纷回国，成为新式知识分子群体中的中坚力量。所受教育的差异以及与各类集团、群体、势力的不同关联，使得他们形成相异的思想、文化理念，在当时各种矛盾纠葛交织的时代环境下，往往就中国政治、经济、文化、社会等各方面问题提出自身旗帜鲜明的主张，并引发激烈、复杂的论战与斗争；也在于民国北洋政府，尤其是后来的国民政府尽管实行文化专制主义政策，但因各种原因，还是给予思想家和学者一定的自由活动空间，允许各种思想观念、主张并存而且彼此展开争论；还在于民国时期社会空间的相对扩大，如大学、研究院等学术机构的建立与迅速发展，报刊、出版业的极大发达，社会舆论的相对自由，等等，为思想界精英结合成志趣相投的群体、自由地表达自己的思想主张提供了社会条件和现实可能性。正是在这些因素下，民国思想成为中国思想史上的一座高峰。

作为思想繁荣的表征之一，便是民国时期出现思想家群体和流派众多的景象。这些群体和流派主要分布在政治思想、文化思想、学术思想领域，此外在经济思想、社会思想、教育思想、科技思想内部也不乏各种流派。不同流派的思想家主张各异，或趋近于民族主义，或趋近于激进主义，或趋近于自由主义，或趋近于保守主义，不一而足；而且延续的时间也长短不一，有的起步于清末，进入民国后发扬光大，绵延数十载，有的仅在北洋政府时期或国民政府时期昙花一现，数年后无果而终。由于流派是个不易界定的概念，大家对之的认知不同，于是人们所认定的思想流派的存在方式也不全然一致，有的依托于同人报刊或出版物而存在，甚至一个刊物就会造就一个流派，如甲寅派、新文化派（或称新青年派）、现代评论派、学衡派、古史辨派、醒狮派、新月派、独立评论派、战国策派、观察派等；有的依托于某一机构、团体或党派而存在，如所谓北大派、南高派，以及乡村建设派、国家主义派等；有的仅仅因为主张趋同而被视为一派，如无政府主义派、科学派、玄学派、西化派、文化保守派等。就流派的划分界定而言，这些“派”并非完全处在同一层次，其中既有角度、性质之别，又有大小之分，还有人员、主张等的多重交叉，甚至是派中有派，如认同传统的文化保守派中又有东方文化派、本位文化派、现代新儒家等不同的思想派别存在。由于思想流派众多，思想文化论争也因而接连不断，如民国初年的孔教之争，“五四”时期的东西文化之争、白话与文言之争、科学与玄学之争，“五四”之后的中国社会性质论战、中国社会史论战，等等。故而民国时期成为继先秦之后，中国历史上思想文化论争最多的一个时期。

通过发布并实践自身的主张，这些流派在历史的关键时刻让国人听到了思想家们独到的声音。而且这样的声音在争鸣中成长壮大，日臻成熟，自成一体。无论其主张如何相左，但整体而言，大抵皆对中国社会走向现代化和整个国家走上富强之路，从各自立场发挥了思想支撑和引领作用，并为今天留下了丰富的思想遗产。

从民国思想史的研究状况看，学术界对这些流派虽有所研究，特别是对一些重要派中人，如刘师复、陈独秀、胡适、鲁迅、钱玄同、吴宓、梅光迪、柳诒徵、顾颉刚、张君劢、曾琦、李璜、梁漱溟、晏阳初、张奚若、罗隆基、梁实秋、雷海宗、林同济等，有较为深入的研究，但整体而言，非常不乐观，不仅是某些流派未被全面系统的探讨过，而且有些派中人乏人问津，形成不少学术空白点。这一情形的出现，与多种主客观因素相关，如问题意识的局限、一流之外的思想家不被重视等，其中一个重要因素就是原始文献资料的缺乏系统整理，导致研究者无从着手或着手不易，从而知难而退。近年来，出版界虽推出了不少关于近代中国思想方面的文献资料集，不过总体而言，这些资料集重晚清轻民国，晚清思想资料的出版蔚为大观，系统性颇强；而民国思想资料的出版则相对不足，尽管已有一批思想家的个人全集、文集、选集等陆续出版，也有中国现代思想史资料汇编一类的书先后面世，但存在着要么过于分散、要么过于笼统的弊端，针对民国思想特点而编的特色性资料集不多，如以思想流派作为归类的文献资料集就尚属空白。所以，以“民国思想文丛”之名系统整理出版民国思想的文献，显然是极为必要的，既能克服已有出版物或分散、或笼统的弊端，又能体现民国时期思想流派众多这一思想史特色。对于研究者来说，“民国思想流派文丛”可为其研究民国思想流派史提供一份基本资料，为其研究派中人物提供一个基本语境；对于普通读者来说，执一卷在手则知一派，可作为进入丰富多彩的民国思想世界的原始读本，以此为起点，集腋成裘，就能进而了解民国思想史的整体面貌。

由于民国思想流派众多，一时难以穷尽，所以这套文丛首先选取当时在政治思想、文化思想和学术思想领域最具代表性的无政府主义派、新文化派、学衡派、古史辨派、国家主义派、乡村建设派、现代评论派、新月人权派、战国策派的基本文献编入，其他流派只能俟诸他日。在编排结构上，每派一集（现代评论派与新月人权派的思想主张和存在时间都相近，故合为一集），每集内部以人物为单位编辑文献，挑选该人最能代表该派思想的论说编入，每篇文献后注明出处。各集编排顺序如下：编辑说明、流派介绍、文献汇编、参考文献。其中数万字的“流派介绍”，主要是简要介绍该集所涉流派的基本情况、人物生平、思想主张、时代影响等，以使读者对该派思想有个初步的了解和认识，由于各派情况有异，故在写法上各集可能略有不同；“参考文献”则在提供该派文献之出处的同时，列出可扩展阅读的论著目录，以方便意欲进一步探索的读者。

选编这样一套经典性的近现代思想文献，不论对谁都是个巨大的挑战，我们深知力有不逮，舛错失误在所难免。还望方家不吝赐教，以利将来修订完善！

此外，本丛书中收录的某些文章由于种种原因未能及时与作者家属或后人取得联系，望有了解此类情况者及时与编者联系，在此谨致以最衷心的感谢！

李　帆

2012年11月于北京师范大学

目 录

现代评论派

现代评论派

现代评论派评介

“现代评论派”是20世纪20年代出现的一个自由主义政治文化派别，其派名来自于1924年12月13日在北京创刊的《现代评论》杂志，该刊的主要撰稿人有王世杰、周鲠生、燕树棠、唐有壬、杨端六、钱端升、高一涵等人。刊物的前期主编是王世杰，文艺稿件前两卷由陈西滢负责，从第三卷起由杨振声负责。《现代评论》从第138期起迁往上海出版，由丁西林负责编辑。1927年后由于《新月》的创刊，以及北伐后一部分成员加入南京国民政府，在出版至1928年12月19日第9卷第209期时终刊。

《现代评论》的主要内容以政治、经济、时事评论为主，还包括相当数量的文艺作品以及少量自然科学方面的文章。正如在其创刊启示所说：“本刊内容，包函关于政治，经济，法律，文艺，科学各种文字。本刊的精神是独立的，不主附和；本刊的态度是研究的，不尚攻讦；本刊的言论趋重实际问题，不尚空谈。”①《现代评论》存在的四年，正是中国政治社会发生巨大变动的时代，围绕着“善后会议”、关税会议、五卅运动、三一八惨案、北伐战争等一系列民国历史上的重大事件，“现代评论派”比较全面地表达了自己的主张。

“现代评论派”的成员大部分曾留学欧美，回国后则大多集中于北京大学，更重要的是他们具有共同的政治文化理想。“现代评论派”同人基本继承了欧美自由主义的自由传统，并把精力集中于社会政治领域，虽然其所受教育不同，但相信理性、主张启蒙的思想具有一致性。而在改造社会的手段上，“现代评论派”主张温和与理性的手段，反对暴力革命，这也典型体现了自由主义知识分子的思想主张。因此可以说，“现代评论派”最为集中、典型地代表了出身欧美的知识分子的文化思想。

下文择要介绍“现代评论派”的代表人物及其思想：

1. **王世杰**

如所周知，“现代评论派”是现代中国自由主义的重要派别，而对自由的宣传是其最重要的主张，也是其立论的重要依据和理论底色。在这其中，政治自由是最重要的自由之一，其内容主要包括言论自由、出版自由、集会自由、结社自由等，王世杰对于政治自由表现了极大的关切，并直接讨论了政治自由的重要性：“言论，集会，结

① 《本刊启事》，载《现代评论》第1卷第1期，1924年12月13日。

社，这三种自由，人人都承认是民治主义的条件。”[①] 依据这一标准，王氏批评了北洋政府对于言论，集会，结社等自由的管制，赞扬了西方民主国家的法制制度。1926年，王世杰又发表了《这几种法令还不废止吗?》一文，强烈呼吁废止《治安警察法》、《管理新闻营业规则》、《惩治盗匪法》，王氏认为：“强有力的军阀，虽不必凭借什么法律，就能蹂躏小百姓的生命，财产与自由，而恶法律的存在，对于他们毕竟也是为虎添翼，授盗以刀，毕竟也可以增加小百姓的厄运。”[②] 他指出，“恶法律”是军阀压迫民众的一种工具，必须加以废止，使军阀失去祸害人民的借口和依据。

1925年2月1日，段祺瑞政府主持的善后会议在北京开幕，围绕着这次善后会议，《现代评论》刊发了一系列文章，系统表达了“现代评论派”对善后会议及解决中国时局问题的主张。王世杰首先表达了对善后会议能够取得成功的怀疑，但既然召开，“只是因为处着现今这样没办法的局势之下，我们不忍相信他一定失败。”表达了其对于善后会议的无奈和一丝期待。随后，王氏重点阐发了其对于军事善后会议的主张，他首先认定：“一切军事善后计画的讨论，就令不必等待全国已经入于完全统一状态，也须要在全国已经树立一个和平状态的时候。所以我们认为善后会议的第一步，便应该是议决全国一律休战”。主张只有在一个相对和平的状态之下，才会有讨论的基础。随后，王世杰提出了“现代评论派”同人对于军事善后会议的主张：“我们对于军事善后的意见，可综为六项：一解除军人的民政权；二限制军人的军权；三严定军队驻屯地点；四裁减军额；五限制军械；六组织军事善后机关。”[③] 在文后，王氏表达了对于所提主张实现与否的怀疑，而后来的现实也证明了其主张仅为良好的愿望而已。

对于段祺瑞政府制造的“三一八惨案”，王世杰表达了强烈的谴责：

> 三月十八日国务院门前的大流血，不只是民众运动的大劫，并且是人道的大劫。北京全城的学校，现在差不多都成了灵柩陈列所，北京全城的医院，差不多处处都是枪伤者之宛转呻吟声。此外尚不知有多少为人父母，为人夫妇，为人儿女者，嚎啕而饮泣！然而忍心害理的政府，勾结着这一个或那一个军阀，至今还安然的在那里狞目而视，无丝毫悔祸之心！我们伤痛，我们在这里，谨对于死伤者，以及死伤者之父母，夫妇，儿女，献我们无限的哀思。我们愤慨，但是我们相信，杀人者终有伏法之一日。我们恐惧，但是我们相信，凡从事民众运动的人，将因君等之牺牲，得着铭心刻骨的教训！[④]

表达了一个知识分子强烈的道德感与勇气。

---

① 王世杰：《警治与法治》，载《现代评论》第1卷第21期，1925年2月28日。

② 王世杰：《这几种法令还不废止吗?》，载《现代评论》第3卷第61期，1926年2月6日。

③ 王世杰：《我们对于军事善后会议的主张》，载《现代评论》第1卷第9期，1925年2月7日。

④ 王世杰：《论三月十八日的惨剧》，载《现代评论》第3卷第68期，1926年3月15日。

在军阀的统治之下，教育的独立性受到极大的挑战。王世杰对于当时的教育和政治的关系做了明确的界定，认为学校和政治作为两个独立的社会组织，不应该互相妨害，教师不能以政治任务影响自己的教学工作，即“教学的人不以政治工作代替教学工作”。不能以学校法定机关，作为其政治活动的武器，即政治要远离学校。教师不能以自己的老师地位，劝学生加入任何组织，即“教员不得以其教员地位劝学生入党”。教师能否被聘任，是否被学校接受，以其自身学识为标准，而不应当以政治为标杆，即“教员进退，不以党派关系为标准”，“学校中人的政治动作，如果不守一定的步伐与范围，一方面既未必能制裁政治上的恶势力，一方面一定还要危及教育本身的命运”。他反对以政治指导教育的发展，更痛斥党化教育，认为“一个国家或一个政治机关尚不宜只有一党存在，何况一个研究学术的机关”。①

2. **周鲠生**

与王世杰相似，周鲠生也对善后会议持怀疑态度，不过他还是对善后会议抱有一定的期待：

> 老实不客气的说，我们对于现在的执政府是很不满意的；我们对于他的解决时局的诚意和能力也是怀疑的。但是我们究竟不能因此就连他所准备召集的，而我们认为有召集的必要和成功的可能之“善后会议”，也一概的反对或冷视。反过来，我们认为对于这种会议应当予以充分的注意和督责。……
>
> 应当给这个所谓善后会议的方案一个试验的机会。②

在周鲠生看来，军事问题是这次善后会议的重心所在，他认为：

> 善后会议须在极短时期内，收束全国军事行动，树立和平状态；他须把所有的什么巡阅使，宣抚使，护军使，镇守使，督军督理，善后督办，军务帮办，边防督办等等官职一概取消，并且缩小军队组织的单位，不许有统率一师以上的军官，也须限定现在全国应留存的军队数额，实行大规模的裁兵计画。军队应当概行调驻省会以外的地方，民政完全委诸文官，绝对不许军人干涉。③

当然，在当时的历史条件下，周氏的良好愿望根本无法实现。

在善后会议之后，北洋政府又与列强召开了所谓的法权会议。鉴于善后会议、关税会议等一系列会议失败的教训，对于法权会议，周鲠生一开始即不抱太大希望：“关税会议已经不能给我们以无条件的关税自主，那末，所谓法权会议更是不能望他办到撤废在中国的领事裁判权的。如果我们看清现在所谓法权会议的性质，知道他的权能

① 王世杰：《学校与政治》，载《现代评论》第4卷第81期，1926年6月26日。
② 周鲠生：《我们所要的一个善后会议》，载《现代评论》第1卷第2期，1924年12月20日。
③ 周鲠生：《我们所要的一个善后会议》，载《现代评论》第1卷第2期，1924年12月20日。

和使命尚远不及关税会议之重要，便知道对于他不能作十分的希望了。”不过，周氏仍不愿放弃希望：“我们不能靠这个法权会议达到撤废领事裁判权之目的，然而究无妨把这个事变做积极进行收回法权会议运动之起点。无论各国委员调查之结果如何，我们对于领事裁判权之撤废运动还要努力做一番大的工作。”① 不过，残酷的现实再一次欺骗了“现代评论派”同人，法权会议也不出意料地没有取得任何效果就草草收场了。

《现代评论》所存在的时期，正是中国处于内外交困的时期，有一系列重大事件发生，如五卅惨案、南京惨案、济南惨案等，“现代评论派”成员就此发表了不少议论，周鲠生就是一个显著的例子。

这一方面，首先体现在对列强的认识上。在列强之中，日本是对中国有重大危害的国家，尤其是随着北伐的进行，日本制造了震惊中外的济南惨案，更是对中国造成了重大的危害。周鲠生认定日本出兵山东是侵略中国领土的行为，其所谓保护侨民的借口是毫无依据的：“无论济南事变，起于何种近因，促发于何种导火线，追溯根本祸因，总是在日本出兵那种侵犯行为。无论日本怎样辩护自己，千不该，万不该，她总不该无端出兵山东，侵犯中国的领土。”对于日军在山东的暴行，周鲠生进行了强烈的谴责：“当日占据济南商埠之日军开枪启衅，对国民军兵士及无抵抗的中国人民开枪射击。甚至日兵多人侵入山东交涉员公署逮捕蔡交涉员，割其耳鼻，与其僚属多人一并就地枪毙，尤为骇人听闻之事。”② 最后，周鲠生呼吁国际社会应对日本的行为给予更多的关注，并予以认真解决。

由于“现代评论派”成员大部分是大学教师，因此关注当时的学生运动自然是重要的一个方面，周鲠生首先对学生的爱国运动表示了同情：“我们是相信中国国事的解决，最后总要靠民众势力的；我们并且相信今日的青年学生实在是居于领导或至少掀起民众运动的地位。像今日政治混沌，人民教育不普及的社会，青年学生的政治运动是不能免的，而且并不一定是不好的现象。”③ 对学生运动所起到的先锋作用给予了充分的肯定。不过，周氏同时认为学生运动应该有一个限度，更反对耽误学业进行政治活动，他主张：“应当对于他们行动的方法和范围有相当的觉悟：第一，他们的运动，必须真与国事有直接大关系的运动。第二，从事一种爱国运动，须得对于那个运动的性质和目标，有个明确的了解。第三，爱国运动的行动必须有一定的限度。”④ 体现了其相对理性的态度。

3. **燕树棠**

作为一个法学家，燕树棠首先从法理上表达了对北洋临时政府的不信任。他认为，

① 周鲠生：《法权会议与收回法权》，载《现代评论》第3卷第59期，1926年1月23日。

② 周鲠生：《对内问题与对外问题》，载《现代评论》第1卷第19期，1925年4月18日。

③ 周鲠生：《爱国运动》，载《现代评论》第2卷第45期，1925年10月17日。

④ 周鲠生：《爱国运动》，载《现代评论》第2卷第45期，1925年10月17日。

虽然冯玉祥以武力驱逐曹锟贿选政府属于革命行为，但所成立的临时政府“除将大总统及国务总理之职权改归执政一人外，其他一切制度，概仍旧观，并万恶滔天之国会而不正式解散，而该国会所制定之宪法亦不正式取消，以致贿选国会议员，仍藉口受宪法之保障而谓不得逮捕。”① 对于法权会议，燕树棠也有着尖锐的批评：“这法权会议的结果是：一、全国所希望的无条件的收回法权完全没有达到目的；二、这次所定的将来收回法权的条件是苛于从前的条件；三、中国承认这次会议不如没有这个会议。”表达了对于法权会议和北洋政府的深深失望。

在对外国列强的认识上，燕树棠认为英国是对中国危害最大的国家，因为英国不仅最早侵略中国，而且五卅惨案、南京惨案等一系列事件都与之有着极密切的关系：“英国是最早压迫我们的人民，最早占领我们的土地的，因为他是一个垄断我们商权，航权，以及财政权最强硬的代表，一个始终拥护中国反动势力的中心（如对袁世凯的大借款，对于其他军阀的秘密借款等等），因为他的乱暴凶酷的行为（如五卅，沙基，万县，及最近南京诸惨案）和武力示威的态度（如派重兵驻扎上海，舰队驻扎汉口），中国人对于他有特别深厚的仇感乃是当然的现象。”据此，燕氏认为“侵略中国最厉害的国家，莫过于英国”。② 这一认识，在一定程度上推动了国人对英国的认识和斗争，这也使得英国的对华外交政策不得不有所调整。

对于在当时列强环伺的时局下如何最大限度的维护中国的利益，燕氏主张实行独立自主的外交方针，他认为：

> 第一，去掉依赖外国的迷信。前清的时候，那“以夷制夷”的外交政策，可作前车之鉴。第二，去掉依靠外国人混饭吃的外交家。他们贻误国家已经不少，现在拿开他们的饭碗，也不算委屈他们。第三，确守取消不平等条约的外交方针，若是继续的努力，本着这条路去走，必能达到外交独立的目的。③

至于在内外交困的历史背景之下，如何处理内政与外交的关系，燕树棠认为只有首先解决内政问题，才是解决外交困局的基础：“欲解决对外问题，必先解决对内问题。至于对内问题，亦不能一齐解决，必须先解决政治问题，然后才能解决社会问题。”国内问题没有解决，对外问题就没有了解决的基础。因此，“中国现在的先决问题即是政治问题，国内政治清明，对外的国际问题与对内的社会问题，皆可迎刃而解。”④ 自然，其主张只是良好的愿望，并没有实现的历史条件。

4. **唐有壬**

由于长期在金融领域工作，使唐有壬更多关注于财政问题。在善后会议之前，北

---

① 燕树棠：《法统与革命》，载《现代评论》第1卷第1期，1924年11月13日。

② 燕树棠：《英国侵略中国的概况》，载《现代评论》第2卷第30期，1925年7月4日。

③ 燕树棠：《中国的外交》，载《现代评论》第2卷周年纪念增刊，1925年。

④ 燕树棠：《对内问题与对外问题》，载《现代评论》第1卷第19期，1925年4月18日。

洋政府的财政已经处于很严重的境地，对于这种状况产生的原因，唐有壬有很清楚的观察：

> 中国财政的紊乱，有两个最大的原因：第一个原因，是大局不通译，省自为政，各省应归中央的税款，大都不肯照解，以致中央收入短绌；第二个原因，是当局的想以武力谋统一，大兴兵戎，军费所出，无非恃借债为唯一的财源，而且借债的时候，毫不计及今后如何偿还，以致债务压迫，牵动外交。①

对于北洋政府的财政善后会议，唐有壬认为这是除了军政问题之外的另一个重大问题，而且财政问题与军事问题又有相当密切的关系："这两个问题，是互为表里，互为因果的。撇开军政便不能够讲财政，撇开财政便不能够讲军政。两者非同时并举不可。"而对于如何处理财政问题，尤其把财权收归中央，唐有壬也表达了自己的看法："第一项编制中央的暂时预算；第二项确定中央暂时预算的财源；第三项划清中央与各省财政的界限；第四项设置裁兵基金。"②

五卅运动发生后，北京政府为平息中国人民的反抗斗争，利用五卅运动的影响，发起了修改不平等条约运动，以维护其政治地位。从1925年10月到1928年，北京政府进行了一系列的"修约"活动，《现代评论》对修约活动进行了持续的关注，尤其是对于关税会议，表现了更大的关切，并出版《关税会议特别增刊》，专门对于关税会议进行讨论。对于关税会议的召开，唐有壬认为：

> 现在关税会议，事实上既然无可阻挠，我们未尝不可利用它作为要求关税自主的机会，退一万步说，我们也应极力防止它成为关税自主的障碍物。这方略便是：中国方面委员应该在会议席上，痛陈中国因关税不能自主所受的损害以表示全国要求自主的决心，要求各国在若干年后（假定为五年）应予中国以关税自主的确实保障。在这种保障之下，中国方能参加会议。如各国不能谅解，我们宁肯牺牲眼前的小利益，由中国宣言在若干年后，中国将自动的实行关税自主，以促各国的反省。至于会议中应议的条件，总以不妨碍中国的自主权为准。③

主张必须保持中国在关税会议上的自主权。

在关税会议进行以后，"现代评论派"同人对于关税会议中的一系列问题都进行了评论。如与关税自由有密切关系的裁厘一事为例，唐有壬表达了自己的看法。他认为，裁厘虽然对于国民经济有重大意义，但在当时并不能很快实现，其困难重重，因此唐氏主张："凡是列国提案中，有以裁厘为条件的，我们应认为妨碍关税自主的原则，绝

---

① 唐有壬：《中国财政是怎样紊乱的？》，载《现代评论》第1卷第5期，1925年1月10日。
② 唐有壬：《我们对于财政善后的主张》，载《现代评论》第1卷第11期，1925年3月7日。
③ 唐有壬：《关税会议》，载《现代评论》第2卷第39期，1925年9月5日。

对不能允许。”[①] 而对于列强在关税会议上的提案，唐有壬也表达了鲜明的态度：“英美两国提案，是注重过渡办法，日本提案是注意改订新约，两者主张之不同，完全由于利害之不同，决不是谁有爱于我国。我们对于这许多提案的审择，也应处处以本国利害为主，千万不可有所偏重，以致作茧自缚。”[②] 明确主张对于英美日的提案应时时不忘维护中国的利益。由于时局的动荡，关税会议随之停止，“现代评论派”对于关税会议的期待也落空了。

北洋政府的无能和军阀的混战，使得唐有壬的认识也发生了转变，认识到军阀才是政治混乱的根源：“军阀是根本靠不住的，军阀决不会为民众谋福利。想利用军阀的人，结果只为军阀所利用。”[③] 而真正的依靠力量，“现代评论派”转向了民众：“无论时局变化如何，毕竟国事还须得国民自己来负责；非到人民觉悟到自己的责任和利益，而其势力有确实的组织，恐怕特别势力总不会消除，政治总不会上民治自由的轨道的。”[④] 这也大体上代表了“现代评论派”同人对时局认识的重大转变。

5. **陶孟和**

在现代西方自由主义者看来，个人自由是自由主义的核心，个人自由主要包括生存自由、财产自由、居住迁徙自由等。而在这其中，生存权又是最基本的权利，陶孟和对生命的价值有着深刻的认识：“生命是社会的财富，除了因年老或衰病而死者外，一切殇亡都是社会的重大损失。生命的特色是活动，戕害生命便是社会自杀。”对于军阀混战，视人民生命如草芥的行为，陶孟和表达了强烈的愤慨，并表达了生活在水深火热之中的“小民”的最基本的要求：“军阀混战、主义横飞，为何不关心这些地盘、主义的小百姓要付出如此惨痛的代价呢？”“我们小民现在所希望于当权者的只有这三条：尊重生命，尊重财产，尊重人格。”[⑤]

思想自由是自由主义的重要组成部分，陶孟和在《我们为什么意见不同》一文中主张应该充分发展人的个性，陶氏认为人与人的思想不同的最重要原因是禀质不同，一个人所处的环境与其意见有密切的关系，而环境中最有力的要素是教育，“比教育的势力更大的就是利益（Interest）”。因此，一切物质和精神的东西都可能改变一个人的见解，由此陶氏指出：“我们的问题并不是强使人的意见相同，乃是设法让不同的意见，只要是不妨害社会的，都有发表与实现的机会。”陶孟和最后强调：“政府应该存在与否就看他容让一切人民发表意见，实现见解与否。政府不能抹杀一切异己的意见，

① 唐有壬：《关税自由与裁厘》，载《现代评论》第2卷第48期，1925年11月7日。
② 唐有壬：《评关税自由与裁厘》，载《现代评论》第2卷第48期，1925年11月7日。
③ 唐有壬：《时局的教训》，载《现代评论》第3卷第67期，1926年3月20日。
④ 周鲠生：《时局的危机》，载《现代评论》第1卷第13期，1925年3月7日。
⑤ 陶孟和：《我们小民的希望》，载《现代评论》第3卷第73期，1926年5月1日。

他只可以让一切的人都可以有发表意见实现意见的机会。"①

而针对军政当局阻止民众言论出版自由的行为，陶孟和指出："假使政府不容许这个自由，我们只可以推测有两个理由：不是政府自认为全知全能，便是政府所谋的不是人民的利益。"据此，作者得出结论："恶政府视言论自由为毒害，为仇敌，好政府视言论自由为兴奋剂，为滋养品。言论自由是每个好政府必不可少的要素。"② 集会结社、游行示威自由是政治自由的正常范畴，陶氏对此也表达了很大的关注，尤其是对于政府镇压集会、游行等行为，表达了强烈的不满："警察当局的责任，用武力，压迫，与束缚自由的法律，固然可以得到暂时的，表面上的治安，但是用劝导、顺人情性与容让自由的发展则可以得到永久的，可靠的治安。"③

值得注意的是，在"现代评论派"成员的心目中，民众多数是愚昧的、盲目的，因此如果没有对民众的教育和对民众运动的组织，民众运动就有可能变为暴民运动。因此，如何把民众运动控制在适当的范围内，就成为其关注的焦点，陶孟和即强调了这一点："我们的反抗不是冲动的，不是盲目的；我们的运动要根据事实，我们运动的热诚要用那些事实去培植，我们运动的目的与手段要参考那些事实。现今的国民运动，除了所谓民气以外，绝不能不顾事实。因为事实就是理智的基础。"④ 对于民众及民众运动既表示希望，又恐惧民众运动超出控制的限度，非常明显的表现了"现代评论派"的政治观点。

对于青年学生运动，陶孟和虽在一定程度上表示赞同，但他更视求学为学生时代最重要的工作：

> 我们希望每个学生都是救国者，但是我们钦佩救国的科学家，救国的文学家，救国的教育家。我们希望每个学生都能从事救国运动，演说，宣传，但是我们钦佩那些做具体的救国事业的人，组织好政府以抵抗侵略，与办大工业以抵抗外货。我们钦佩爱国的学生，但是我们更钦佩那些用识见，能力，知识以救国的学生。若说求学便是救国或者过于浮泛，但是我敢说在二十世纪的国际竞争中，救中国的必须求学。我们希望在最近的将来，于救国运动中，更发起基础的救国运动——求学。⑤

由此可见，"现代评论派"同人既在一定程度上认同青年学生的政治运动，更对其耽误学业表示了担忧，体现了一种矛盾的心态。

---

① 陶孟和：《我们为什么意见不同》，载《现代评论》第2卷第37期，1925年8月22日。

② 陶孟和：《言论自由》，载《现代评论》第1卷第19期，1925年4月18日。

③ 陶孟和：《五七事件感言》，载《现代评论》第1卷第23期，1925年5月16日。

④ 陶孟和：《持久的爱国运动》，载《现代评论》第2卷第29期，1925年6月27日。

⑤ 陶孟和：《救国与求学》，载《现代评论》第1卷第25期，1925年5月30日。

6. **钱端升**

深厚的政治学基础，使钱端升相对关注于租借地问题。1927 年北伐军攻进上海，租界的收回显得更加迫切和具有可能，但半个月过去了，国民政府收回租界的工作没有丝毫进展。面对这种状况，钱端升呼吁应早日收回上海租界，因为上海租界是“在华帝国主义者的大本营”，如果上海租界不能收回，“那种势焰就多一日的纵长增高，而革命的障碍也就一日大一日。革命和上海租界，实在是势不两立的”。而“从时机方面说起来，上海租界也有即日收回的必要”，此时的北伐军，正好打到了上海，“理应立即提出交还租界的要求”，如果此时不再努力收回租界，则以后的希望更小了。所以“国民政府的当局此刻至少应当严重要求列强消减租界上的非常状态”。①

对于上海公共租界的临时法院，钱端升分析到：“上海公共租界的临时法院是由会审公廨蜕化而来的”，不过原先的会审公廨“还可算是合法的中国法院”，然而随着时间的发展，“会审公廨在过去的十余年内并不能算为中国的法院，它早失了《洋泾浜章程》所赋予的地位，它不过是上海领事团所操纵利用的一个机关罢了。”因此，上海公共租界的临时法院实际上也是不合法的。钱氏认为：“国民政府建都在南京以来已是半年有余，外交当局的继续任职也有半年多了，容忍也够久了，何以至今于不平等条约的废除还毫无举动，毫无发展？如果他们还想把不平等条约废除，就应于临时法院事件开始努力，开一个例，做一个榜样，证明外交当局的意志和能力。”② 主张国民政府应该把握住难得的历史机遇收回中国失去的主权。

值得一提的是，随着北伐的成功和南京国民政府的建立，钱端升的思想发生了相当大的转变，这也可以视作钱端升思想的一大特色。其实早在北洋政府时期，所谓“民主政治”的失败，使得学生时代的钱端升认为中国之所以如此主要是国民的素质太低，中国复兴之根本在教育救国，再加上后来他在哈佛受到的实用主义政治学的训练，更使其认同于孙中山革命建国理论，将孙中山的三民主义看成中国振兴的必由之路。因此，钱端升将希望放在了奉孙中山为领袖，标榜三民主义的国民党身上，认为国民党是能带领中国实现国民革命的唯一的力量，这一认识，也就成为钱端升后期在《现代评论》上所发表的一系列文章的指导思想。

既然国民党实行党治，代表着全部的革命民众，那么为了更好领导国民革命，国民党自身的建设至关重要。在舆论建设方面。钱端升认为对于最终要实现宪政的中国，当然是需要舆论的，也“不能不尊重舆论”。“舆论可以监督政府，纠正政府的差误；舆论也可以辅助政府，替政府消除障碍”，有了舆论，政府也可以“时时对镜自照，改

---

① 钱端升：《收回上海租界的迫切》，载《现代评论》第 5 卷第 122 期，1927 年 4 月 9 日。

② 钱端升：《上海临时法院的存废问题》，载《现代评论》第 6 卷第 153 期，1927 年 11 月 12 日。

过不遑"，为了实现法治，"也非扶植舆论不可"。不过，在钱氏看来："在党治之下，只有拥护国民革命，和同情于国民党的舆论才有扶植的价值，保护的权利；其他的舆论，或是反对党的，或是反革命的，不但不必扶植，不但不必容忍，而且应当老实不客气的取缔，不如是国民革命的路程上便多阻碍了。"①

在用人权方面，钱端升认为这也是一大关键，他主张：

> 我以为官吏是否必须以党员充任，当视他所负的职务而定。原来官吏可大别为两种，一为政务官，一为事务官。政务官如各部部长及其他重要官吏，位高权重，握政府的枢纽，定施政的策略。在实施政党政治的国家，政党为贯彻党的政策起见，恒用本党党员以指挥政务，故政务官的任免完全随政党为转移，何况在唯一政党的国民政府。所以国民政府的政务官，不消说，必国民党员，必须忠实的党的领袖，始可充任。②

可以说，这些主张客观上为国民党的专制统治提供了理论支持。

7. **杨端六**

帝国主义对中国的侵略是多方面的，经济侵略即为重要一端。杨端六运用自己所学的经济学知识，对于帝国主义的经济侵略进行了深刻的揭露。在国际贸易上，杨端六首先指出了当时中国所面临的贸易危险："中国的国际贸易带有两种危险性质：第一，是外国汇兑行情变动过激的时候，做进出口生意的人都不免陷入投机的地位。第二，是银价继续下跌，从他一方面言之，就是金价继续上涨的时候，中国的国富更加减少，商业市场更受外国人的压迫。"之所以会如此，杨氏以为："这两件事的共同原因就是中外货币本位不同，外国用金，中国用银。"③ 随后，杨端六重点指出了不平等的国际汇兑和银本位制度对中国的不利影响，揭示出不平等的经济制度是造成这种状况的根本原因。

一战结束以后，随着帝国主义对中国经济侵略的加剧，刚刚有所起色的民族工业又重新处于被压迫的状态，商业也同样受到严重阻碍，这也引发了全国人民的愤怒，而在上海，就出现了"排货"和罢工运动。对于人民自发的排货和罢工，杨端六表达了同情和支持，他认为，上海工人的罢工运动与西方国家的罢工不同，"此次罢工的性质为民族的经济战争而非阶级的经济战争。罢工是专门对付英、日两国人——英、日两国的资本家当然包括在内——并非对付本国的资本家，所以我国的资本家不仅不反对这种运动而且热心赞助之。"因此，如果罢工得不到资本家的支持，"则以后中国的

---

① 钱端升：《党治与舆论》，载《现代评论》第6卷第139期，1927年8月6日。

② 钱端升：《党治与用人》，载《现代评论》第6卷第146期，1927年9月24日。

③ 杨端六：《中国国际贸易的危险》，载《现代评论》第2卷第35期，1925年8月8日。

资本家也奄奄一息死在外国人金钱和枪炮之下。”① 主张工人和资本家应该联合起来，共同抵制外国的经济侵略。

8. **高一涵**

对于善后会议，高一涵也有所关注，比如善后会议议员的资格问题，高一涵进行了批评：“这个善后会议除第一项和第四项资格之外，如第二项为‘各军最高首领’，第三项为‘各省军民长官’，具这两项资格的人员，十分之九都是残害人民或压迫人民的军阀。这一派人员既占善后会议十分之八九，那么，这个善后会议简直就算是变相的军阀会议。”尤其是各派的政治首脑并不与会，只是派代表出席更是没有任何意义：“我们主张这次善后会议之中，尽可以有代表各种势力的人员，绝不可有代表各种势力的人员的代表，老实说，代表会议我们已经是根本怀疑了，若再有代表的代表会议出现，我们只有根本上不承认。”②

对于国民会议组织法，高一涵提出了四点根本原则：“（甲）废除纳税、财产、教育等限制的选举；（乙）凡有中华民国国籍的男女，年满二十一岁以上者，皆有选举权。（丙）凡有中华民国国籍的男女，年满二十五周岁以上者，皆有被选举权。（丁）采用直接选举制。”在高氏看来，国民会议必须是民意的体现，“国民会议只许由人民直接选举出来的代表组成，此外任何机关或个人均不得以特殊的资格推举代表参加。”最后，高一涵主张：“在未行国民会议议员的选举以前，凡没有成法可依据的，应从新制定组织法，凡有成法可依据的，亦应指明适用某种旧有的组织法，一律限期改组。”③ 体现了其要求各阶级、各阶层都能够通过合法选举，最终选出能够真正代表其利益的人选的主张。

高一涵对平民革命表示赞同，但是对于当时对平民革命的误解表达了不同的意见。对于平民革命的目的，高一涵认为应有最低的限度：在内政方面，“对内至少须要求一个立宪的，公开的，和有计画的民治政府，至少须定下废督裁兵及保障言论自由集会的政策。”在外交方面，“对外至少须要求废除一切不平等条约，至少须要求中央政府绝对不受任何帝国主义的势力暗中操纵。”否则根本不是平民革命。关于平民革命的手段，高一涵认为，平民革命的最终目的是打倒军阀，但是“并不是联络甲军阀，打倒乙军阀。今天联甲攻乙，明天又联丙攻甲，乃是那抱要狗熊主义的政客做的，不是平民做的，乃是那抱复仇主义的失势军阀做的，不是平民做的。”④ 只有满足以上条

---

① 杨端六：《上海罢工真相及其影响》，载《现代评论》第6卷第140期，1927年8月13日。

② 高一涵：《善后会议议员的出席问题》，载《现代评论》第1卷第5期，1925年1月10日。

③ 高一涵：《我们对于国民会议组织法的主张》，载《现代评论》第1卷第10期，1925年2月14日。

④ 高一涵：《平民革命的目的与手段》，载《现代评论》第3卷第53期，1925年12月12日。

件，才是真正的“平民革命”。

对于言论出版自由，高一涵明确指出不应以任何形式束缚言论自由，即使是以革命自诩的革命军也应如此：“不要以势力压迫言论自由，应当以法律保护言论自由；并希望以后不单是尊重本派报纸的言论自由，并应当尊重异派甚至于敌派报纸的言论自由。”① 表达了其对于自由主义理念的坚持。

9. **张奚若**

作为一位政治学者，张奚若首先对于临时政府表达了深深的怀疑，至于临时政府的首脑段祺瑞，则只是奉系和国民军之间妥协的产物，只是军阀的傀儡，根本不具有实权，而段氏本人想成为独裁者的想法，只是不自量力罢了：“段氏既无积极一贯的政策，又无雷厉风行的手段，又无充足可靠的武力，早已不配做‘狄克推多’。勉强要做，便不能不弄到今日非驴非马的滑稽状况。”②

对于外交问题，张氏也表达了其强烈的关注。1927 年 3 月 24 日，南京发生排外事件，英美军舰以此作为借口，悍然炮轰南京，使中国军民遭受严重的损失，对于南京惨案，张奚若认为：“在未调查明白以前，我们于此次不幸事件的责任问题，尽可缓下断语。但此中却有数点实在是没有丝毫疑义，即（一）在国际公法上外舰没有开炮轰击的权利，在事实上没有开炮的必要：（二）外国通信社事后铺张扬厉，故甚其辞，希图煽动世界舆论，不但讨厌，简直是自寻麻烦。”实际上指出帝国主义在这次惨案中的责任问题。对于国民政府的应对，张氏也表示了不满：

> 第一，无论此事起源如何，英美舰开炮轰击总算不对，既然不对，则国民政府自应有以一种严重抗议，而至今未闻有此种抗议发出，是一大错。第二，此事发生后，外人争向蒋介石要求负责保护。在此种情形之下，蒋氏一方完全担任保护责任外，同时又应向外国当局要求将南京及其他在中国口岸所有之外国军舰一律撤出吴淞口，并声明以后非得中国同意不得无故驶入中国内河。……然而蒋氏个人及国民政府未闻有此种表示，岂非大憾。③

随着北伐的成功以及随后南京国民政府的建立，“现代评论派”的成员也发生了分化，一部分人选择维护自己的自由主义立场，并与后来的国民党政府继续进行斗争，另一部分人则转向了国民党，依附于新政权之中。如王世杰历任南京国民政府法制局长、湖北省政府委员、武汉大学校长、教育部长等要职；唐有壬南下后，曾担任关税会议专门委员、湖北省银行行长，后又任中国银行总管理处调查部主任等职。

这一方面在其言论上有明显的体现：原先比较独立的言论色彩减弱了，代之以做

① 高一涵：《革命军与言论自由》，载《现代评论》第 3 卷第 64 期，1926 年 2 月 27 日。
② 张奚若：《哪里配做“狄克推多”》，载《现代评论》第 1 卷第 15 期，1925 年 3 月 21 日。
③ 张奚若：《南京事件与不平等条约》，载《现代评论》第 5 卷第 121 期，1927 年 4 月 2 日。

南京国民政府的“诤臣”的态度。如《现代评论》所发表的《南京政府》、《清党运动》、《党治与民治》、《党治的铁律》等文章，都体现了对国民党政府效忠的趋向。对于这种现象，有论者指出：“这种转变，表明了‘现代评论派’思想深处的矛盾性：在为言论自由而奔走呐喊的时候，内心深处仍时时地企图维护一个至尊形象以维护大一统的局面。”① 这也表现出“现代评论派”虽然看到了中国的问题所在，但对中国民众仍有怀疑的态度。而在中国资本主义仍很不发达，中国资产阶级力量还相当弱小的历史条件下，自由主义派知识分子只能转而依附另一个政治强权，这也成为近代中国自由主义者命运的写照。

关于《现代评论》及“现代评论派”的历史地位，正如有研究者所指出的：“《现代评论》是在《努力周报》停刊、《新月》出现之前创办的一个同人刊物，为20世纪20年代中后期资产阶级知识分子表达自己的政治观点提供了新的舆论阵地，在其中起到了承上启下的作用。”② 可以说，“现代评论派”思想是民国时期自由主义思潮的重要组成部分，对于“现代评论派”的史料整理，可以推进我们对民国时期自由主义思潮的研究。通过对“现代评论派”的系统考察，也可以使我们从个案入手来深入了解自由主义在近代中国的历史命运，意义重大。

---

① 倪邦文：《自由者梦寻——“现代评论派”综论》，上海文艺出版社1997年版，第155页。

② 孔祥宇：《〈现代评论〉与中国政治》，北京师范大学2003年博士论文，第1页。

王世杰

王世杰（1891—1981），字雪艇，1891 年 3 月 10 日出生于湖北省崇阳县。1903 年入武昌南路高等小学堂，1907 年考入湖北优级师范理化专科学校，1910 年就读于天津北洋大学采矿冶金科。辛亥革命爆发后，王世杰辍学南下，任黎元洪都督府秘书，参与守城工作。1913 年留学英国，1917 年获英国伦敦大学政治经济学士学位。同年赴法，就读巴黎大学研究公法，1920 年获法学博士学位。同年应北京大学校长蔡元培之邀归国担任北京大学教授，1921 年被聘为法律系教授。其在北大期间所著的《比较宪法》一书，被全国各大学采用达数十年之久。在北大任教期间，王世杰还与周鲠生等人创办《现代评论》周刊，并担任刊物前期主编。1927 年，选择加入政界，先任南京国民政府法制局局长，1928 年又任国民政府立法院首任委员。南京国民政府初创时期所颁布的条例章程，多出其手。1929 年 3 月，担任武汉大学校长，1933 年 4 月，改任教育部长。抗战爆发后，先后担任军事委员会参事室主任、国民党中央宣传部长、中央设计局秘书长、三青团干事等职务，成为蒋介石的高级幕僚和外交顾问。国共谈判期间，作为国民党的谈判代表，参与了国共之间的谈判。1945 年，又兼任国民政府外交部长，赴苏签定《中苏友好同盟条约》。国民党败退台湾后，于 1950 年出任“总统府秘书长”，后因故辞职。1962 年任“中央研究院”院长，并兼任台湾当局“长期发展科学委员会主任委员”，还先后担任“台湾故宫博物院”和“中央博物院”两院共同理事会常务理事，及两院管理委员会常务委员等职务。1981 年 4 月 21 日病逝于台北，终年 90 岁。其论著主要有《比较宪法》、《中国不平等条约之废除》、《中国奴婢制度》等。

时局之关键

目前时局之关键，自然是正在酝酿的“善后会议”。这个会议究竟能否将这十三年来不规则的政治，引上轨道，自然还是一件可疑的事。

有时，因为我们对于一件事情怀疑，我们却可暂取一种观望态度。然在现今这样穷蹙的政治局势之下，我们如果不逞高论，不怀僻见，不为惰性所中，不为客气所用，我们便要老老实实的承认：这个善后会议，尽管可以使人致疑于其将来之功效，却不容一般人因怀疑而不肯予以同情之援助与督责；尤不容现时物望所归之政治中坚人物，因怀疑而不打算为艰苦卓绝的奋斗勇果诚恳的合作。

诚然，近六七年来，凡经一度之争杀，亦莫不有一种号召全国之会议继之以起。然此种号召，往往只是号召者之一种手式，往往只是号召者一种缓和敌方反抗或敷衍一般人心之手式。所以其所号召之会议，亦往往不及成为事实；即令成为事实，而因参列会议者之一方或数方，只在争取地盘，其会议亦终归于失败。今兹号召会议之人，我们虽不敢必其俱无或毫无敷衍人心，缓和反抗，与瓜分地盘之诸种动机；然此种动机，或亦不似往日之普遍与热烈。倘物望所归之中坚人物，于会议之中，以绝不争权植势之义自律；复能一而善用军阀之戒心与民众之呼声，一面善用其本已政治上之实力与人格上之权威，又安见今番会议，必不能有相当之成就？

惟是相当之成就云云，虽不必有一定之程度可指，而就现时一般舆论所责望善后会议解决之事件而言，我们都亦有一种极老实的见解：

现时一般舆论所责望于善后会议之事件，如议会之解散；贿选祸首之惩处；中央暂行组织法之规定；中央暂行预算案之制定；与未来制宪团体组织法之制定；自然亦俱是目前亟待解决之事件；而亦我们所认为善后会议应于最短时间内悉予解决，以革新一般耳目而振奋一般民气之事件。然这几种事件之解决，比较的究属容易；解决之后，究竟能否转移政局，亦尚以他种根本事件之能否解决为条件。以是我们一面虽确认这几种事件为立待会议解决之事，一面仍不觉得这几种事件之解决，即足视为相当之成就。

所谓他种根本事件，老实说，就是解除一切军人的政权，与解除大部分军人的武装。我们以为这个会议能否有相当之成就，全看号召会议与参加会议的人，能否实心努力于这两种事件之解决。

解除一切军人的政权云云，亦或可以说是一般人之所谓“废督”。然解除军人的政权，自不仅在废止督军，军务督办，巡阅使等等名目，而在使现在一切兼有任何民政权之军人，实际上解除其民权（警察权自亦在内）。以是任何军人，至多只是军官；而为防杜军人的野心与增加民政机关的安全起见，并应仿照他国先例，不设师长以上之军职；即军队之驻屯，亦须移在省会及县会以外；而凡省会县会之治安，便应畀诸由民政机关直辖之治安警察。

解除大部分军人的武装云云，亦或可说是一般人之所谓“裁兵”。然武装之解除，固不仅在裁减全国兵额至一定之程度，且须连带的裁减军械之供给。我们以为在最近一定年限内，并须暂行停止全国兵工厂之制造军械，禁止外国军械之入口，解除吾国今兹对外毫无战斗能力之海军全部或大部。

这两种问题之解决，自然尚须许多极费考虑之计画；自然尚有许多极费安排之阻力。然今番政变之能否转移政局，却全看善后会议能解决这两个问题至若何之程度。

《现代评论》第1卷第1期，1924年12月13日。

国民会议的基本地盘

民国今后的根本组织，不能不由一个代表全体人民的国民会议来决定，这是我们自始容认的一种主张。这并不纯是一种道义的或感情的主张。我们承认这个主张，不仅因为国民是立于主权地位的人，对于国家根本组织的事体，当然享有决定的权利。这还是纯在道义上说话——一部分的人或者还以为纯在感情上说话。也不仅因现今实力派以及一般名流政客，决难无偏无私的制出一种完善的根本大法来。这本是一种实际的观察，然而一部分人也许还要认他为一种感情的主张。我们觉得凡是解决国家根本组织的方案，无论他的本身价值如何，他的权威和他的寿命，总是要受另外一种势力支配的。这种势力便是民众的信仰或不信仰。而民众的信仰或不信仰，与那个解决方案所由产生的机关，却是有重大的关系的。“袁氏约法”与“曹家宪法”之遭受唾弃，临时约法屡被破坏而仍有尸祝之人，决非完全以那些大法本身的良否为其原因。这也是一种实际的观察。我们认为国民会议这个主张，至少可以成立在这个实际的观察上。

然在现今局势之下，国民会议这个主张，却没有现成的地盘助他实现。所以主张国民会议的人，应不仅宣传他们的原则，还得努力造成国民会议的基本地盘。

国民会议所需要的基本地盘，可说是有两个，也可说是有两层：第一便是赋有政治自由的省会；第二便是赋有代表资格的法团。

国民会议的召集，虽不能顷刻实现，却也不能延缓甚久。现时军队遍地，盗匪遍地，恶劣官吏遍于各省各道各县及各市，倘必俟全国各地俱已恢复相当之政治自由然后召集国民会议，旷日持久，或且情势变迁而坐失改造革新之时机。然国民会议既须由人民的真正代表组成，亦自非掩耳盗铃与草率敷衍的方法所能产生。折衷各方面情形，我们认为国民会议之召集，至少须以各省省会恢复其政治自由为前提。倘使各省省会尚未能恢复其政治自由，则地方一切民众活动与民众组织，自亦不易产生；而所谓人民的真正代表，亦便无从产出。欲令各省省会恢复其政治自由，我们认为至少应贯彻这五个条件：一，绝对不许军人兼任民政；二，绝对不许以新近辞职的军人充任省长；三，省会及其邻近不得驻留军队；四，废止或修改关于人民集会结社出版诸自由之几种现行法令；五，严格的扶植各省法庭之独立。

将来国民会议构成之分子，应否纯由各种法团产生，我们此时不必讨论；不过在全国各地秩序与自由未曾恢复到相当程度以前，地域选举之困难与虚伪，我们都须完全承认。所以今兹主张国民会议的人，也就偏重法团选举。然现存的法团，却有许多是不具有代表资格的团体；而将来临时凑成之法团，也许是如此。所以法团选举，亦尽可与地域选举同样虚伪。为减少这种流弊起见，我们认为第一便要成立诸种法团组织法。这种法律，对于法团的标准，务采取最谨严的态度。现行法令中虽有若干种关于法团组织之规则，如商会法，教育会规程，工商同业公会规则，农会暂行章程，银行公会章程等等，然为适应国民会议的特殊目的起见，这些规则自然还有许多地方尚须补充，甚或尚须完全改造。第二还要于一定时期以内，一面责成既存法团依新法而励行其应行改造之事，一面监督新法团之依新法而产生。这也不是十分简单的准备工作。

这两种准备工作——建设赋有政治自由的省会与促成具有代表资格的法团——能否由现时执政政府及其所拟召集的善后会议为之完成，一般人尽可怀疑；但是在我们对于这两种工作之完成别无较有把握的方法之前，我们对于这个善后会议，仍不得不采取一种督责的态度。

《现代评论》第1卷第4期，1925年1月3日。

我们对于军事善后会议的主张

我们对于善后会议始终抱一个督责的态度，不是因为我们相信他很可成功，只是因为处着现今这样没办法的局势之下，我们不忍相信他一定失败。所以人家尽管说不要“与虎谋皮”，我们却还希望我们是“与人为善”。但是我们究竟是“与虎谋皮”还是“与人为善”，却只有善后会议诸公能给我们一个实证的回答。我们现在把我们对于军事善后的意见提出来，诉诸善后会议诸公的卓识与良心，诉诸国人的评判。

一切军事善后计画的讨论，就令不必等待全国已经入于完全统一状态，也须要在全国已经树立一个和平状态的时候。所以我们认为善后会议的第一步，便应该是议决全国一律休战。至于善后计画的本身，虽则见仁见智人各不同，实在也并没有什么出奇制胜的途径可寻。但是计画尽管平凡，而凡不能在此时讨论，与用不着在此时讨论的问题（譬如什么民兵制度，什么军事教育制度之类），也就不必在此时提出讨论，以免白费时间，也就不必在此时提出讨论，以图粉饰耳目。

我们对于军事善后的意见，可综为六项：一解除军人的民政权；二限制军人的军权；三严定军队驻屯地点；四裁减军额；五限制军械；六组织军事善后机关。以下我们便申述这六项意见的具体条件。

一解除军人的民政权　在现代一般国家中，军政与民政是分开的。军政与民政之所以分开，不是因为军事机关应该与民政机关对立，却是因为军事机关应该受治理于民政机关；却是因为军政与民政不分权，军事机关便不能受治于民政机关。欲令军政与民政分开，第一便应禁止任何现役军人兼理普通行政及普通司法等民政事务；第二遂须禁止现役军人以及解职未满一定期限的军人得以改任这些民政事务。在近今自由国家，就是行政元首也不能亲自统率军队（法、美等国习惯法便如此），虽则行政元首在形式上不能不兼为军民两政的领袖。海陆军总长所处的地位，往往亦与元首相似，所以在自由诸国，就是海陆军总长近来也有不以军人充任的习惯。即此已可想见他们军政与民政划分的程度；即此已可想见他们如何的坚守军人受治于非军人的原则。吾国“军民分治”之议虽与民国并时而起，然自民国开始以迄今兹，却完全是一个军治时期。就是民国的总统，也有几次是现役军人当选的；民国历任的海陆军总长也没有一个不是由军人充任的。至于各省的都督，将军，督军，督理，督办，巡阅使等制，更用不着说了。所谓军治，就是说非军人受治于军人。军治的结果就是老百姓不能安身立命，军爷爷们争夺权位，互相残杀不已。如要改换这种局面，我们便提出以下几个具体条件：

（甲）裁撤军务善后督办，督军，镇守使，护军使，都统，宣抚使等等军职，令其各以所辖民政事务交还各省省长或其他民政长官。

（乙）一切现役军人以及解职未满一年之军人，概不得充任省长或其他民政官吏。

这个条件是前项条件必有的补充条件；如果没有这个条件，则督办督军等等军人自然仍可仅戴民政官吏的头衔而实际的支配军民两政。

这个条件，对于未来民政官吏的任命，自应于议决后立即实行；其各省省长等职已由现役军人兼任者，亦应于议决后尽最短时间内解除该项职务。

（丙）一切军人俱不得自行征收军费或自行截留国家或地方任何收入充作军费；一切军队饷需，嗣后应纯由各省省长或中央民政长官负责筹发，应由各军队长官向各该民政长官支领。

在军民分治的国家，募军募饷等事自然也都是民政机关的事，因为军人是不能与普通人发生直接关系的。吾国现存军额尚须裁撤，募兵一层自须完全停止；兹故仅定募饷的限制。在许多省分，或则将诸种税收交付军人征收，或则纵任军人自行截留国家税收机关或企业机关（例如京汉津浦诸路）的收入，扰乱财政，鱼肉人民，为患之酷，莫可言状。倘不制止，一切财政整理方案，自无从着手。

（丁）军人对于普通人民的任何犯罪，不得享有审判权；《惩治盗匪法》应即以明令废止。

现时一般国家，凡在平时，决无承认军官或军事法庭对于普通人民之普通犯罪而得享有审判权者；就是极端的军阀国家，也没有这样的办法。《惩治盗匪法》却认定该法之所谓“强盗”犯罪与“匪徒”犯罪可由军人直接审问处罚；而其所谓“匪徒”犯罪，范围亦泛，即所谓政治犯罪固亦可以包括在内。这便是承认军人对于普通人民的普通犯罪亦享有审判权。自民国三年该法施行以来，人民之遭受武人冤杀者不知凡几。一般舆论对于该法久主废止；然因军人之坚主维持，卒不果废。现在自应立以明令废止。至于真正强盗与匪徒，自然仍应设法剿捕，但是剿捕是一回事，对于捕获犯徒之审问处罚问题又是一回事；前者尽管可以畀诸军警，后者则断然的属于普通法庭权限以内。

（戊）军人对于军人犯罪的审判权，亦应以军人的“军事犯罪”为限，军人之“普通犯罪”仍应归普通法庭管辖；现行《陆军审判条例》及《海军审判条例》应即以明令修正。

现代自由诸国，凡在平时，莫不承认普通法庭对于军人之犯罪享有若干制裁的。吾国现行陆海军审判条例，却将陆海军军人之一切犯罪——军事犯罪及普通犯罪——一概划归由军人组织之各种“军法会审”审判。以蓄有巨额常备军的国家，其一切军人复能自成一个阶级，只受他们上官的管辖，而毫不受普通法庭的制裁，其危害社会秩序与普通人民之自由为何如？就是纯为军人的人身自由设想，这种办法有时也很危险，因为“军法会审”之流于残酷也是难免的事。所以陆海军审判条例中关于“军法会审”的权限之规定，亦应予以修正。

二限制军人的军权　关于军人军权的限制，我们认为任何军人不得统率一师以上的军队；全国陆军官制中不得设置师长以上之官职。

在政治清明的国家，尚有不敢于平时设置总司令，或师长以上的官职的；我们自然更不应设置这种官职。一个军人如能保有数师或十数师的军权，那末，民政机关事实上固然仍要蜷伏于武力之下，而“南征”，“北伐”，“武力统一”种种旧剧也是要继续演下去的。

三严定军队驻屯地点　民国二年以来，国人即有倡“军区”之说者，究竟“军区”云云作何解释恐亦随人而异。列国军制固莫不划定军队驻屯地；然除军队驻屯地而外亦别无所谓“军区”。“军区”云云如系仅指军队驻屯地而言，自无问题；如指他种意义而言，我们便要坚决反对。至于军队驻屯地之划定，在他国虽以国防要塞为主，其在吾国一时尚难如此分配；但军队驻屯地点问题究不能不严为规定。我们认为这个问题的处理，应如以次所述：

（甲）凡于此项讨伐曹、吴战争终止后侵入他省之客军，（最著者为江苏、山东境内之奉军，江西境内之粤军，湘西之川军）应一律撤回原防。

（乙）详定各省驻屯军队之地点，责令各省现有军队克期移驻。

（丙）各省省会县会大商埠及其邻近，俱不得驻屯军队，藉以恢复各该地人民之政治自由兼谋各该地工商业之复兴。

（丁）军队驻屯地点一经确定之后非预经军事善后机关（详后）之审议并得中央军事机关之命令，不得移动。

四　裁减军额　吾国现有军队总额，恐举国无一人能道其确数，因为各军实额就是各军长官也大都不能道其底细。形式上所称为一师一旅或一团的军队，因为有的以少报多，有的以多报少（大概以少报多者极多），故亦极难引为估计的目标。依英文民国十三年《中国年鉴》所列调查（这个调查列举全国各省所驻师旅及各师各旅兵士的实额，颇为详尽；但其精确程度如何，我们亦难臆断），吾国全国军队总额约达一百一十二万左右。这个调查虽系成立于此次直奉战争以前，但直奉战后，全国兵额恐亦不见得大减。现世任何国家，平时决没有蓄有这样巨额现役军队的；所以中国可以说是世界第一军国。裁减军额自是刻不容缓之图。惟裁兵问题，内容的确复杂，我们在这里也只能提出几个原则：

（甲）规定各省应裁军额——规定各省得以保留之军额。就现时驻屯各该省的国军省军全额（但依本文第三项（甲）款所列应行撤回原防之客军仍应令其撤回，不算入此项数额）。减去各该省得以保留之军额，即为各处应裁之军额。

我们认为各省保留军额，大省不得过二万人；中省不得过一万五千人；小省不得过一万人。全国总计至多不得过三十五万人。（现时陆军部所认为全国军者亦只三十五师）。

（乙）裁减程序——裁减可分为三期：每期各省应裁去其应裁军额三分之一。

（丙）裁减标准——军队之裁减，第一不能以国军省军为标准，因为国军省军实际上也就没有孰宜裁而孰不宜裁之可言：第二不能对于各省有所轩轾；凡届裁兵期限，各省应同时裁减其军额。至于各省裁减军队之标准，凡能适用比例裁减法（即比照各军军额之多少而分配应裁之军额）而无重大障碍者，即一概适用比例裁减法，以减纷争而杜野心者之取便一己。但遇确有不能适用比例裁减法的情形时，亦得经由军事善后机关之决议，变通办理。

（丁）裁兵经费——关于裁兵经费，我们根本的反对借债：一则在现今这样的财政状况之下，就令借的着债，条件亦必甚苛，而裁兵借债或且尤甚；二则借巨债以裁兵，恐怕兵未及裁而借债已被有力者攫夺以去。并且在原则上国民会议未成立以前，政府无论依据何理由与以何形式借债，增加国民负担，都是我们不能容认的。实则裁兵虽需巨款，然裁减既分数期，则第二期（或第三期）之裁兵经费，固亦尚可斟量向第一期（或第二期）被裁兵士之原有饷源设法筹出；所以裁兵费用亦只有第一期费用极称困难。第一期经费之全部或大部，我们觉得可以向各省所截留中央税收的部分上去设法；第二期及第三期费用之一部亦自可向该税收上去设法。所以我们主张于裁兵案议决之日，各省不得再行截留中央税收而应当将这类税收一律交由军事善后机关保管；北京政府亦承认于裁兵第一期内暂以该款之全额作为裁兵经费，于裁兵第二期第三期内，以该款之一部或大部作为裁兵经费。各省截留中央税收诚然亦有即系拨充兵饷者，但绝非全额；其截留此款以作购械造械为复仇备战之用与夫径入军阀私囊者实占重要部分。所以及今禁其继续截留而以之移作裁兵经费，亦不见得影响各省军饷至若何之程度。（近年中央被各省截留之税入，为数甚巨；依照去年财政整理委员会的报告，中央五项税收——海关税、常关税、盐税、酒税、印花税——最近岁入约二万万余元；就中除海关税一项未被截留外，其余四项税收之已被各省截留者一年之内亦已六七千万元；至于中央企业机关收入之被截留者尚不在内。）

（关于国军省军军费的支配，以及裁兵经费的筹措，本刊将另有讨论）

（戊）军队消纳——被裁兵士的安置将不外（a）遣散，（b）西北殖边，与（c）兵工等方法。遣散自然是消极的办法，但是因为经费的限制，与一部分兵士自己的志愿，终是不得不酌量采用的。殖边与兵工相较，实际上殖边似乎较兵工容易实行，因为西藏、蒙古等地域或一时间容纳三四十万人并不是难能的事。将来第一期的裁兵，或者也只好采用遣散与殖边两种方法。

五限制军械　近几年来凡经军阀争杀一次，各方备战程度，也就随着增进一次。新兵工厂的成立；旧兵工厂的扩充；兵工厂工人的加倍工作；向外人订购军械；都是备战程度增进的表现。所以这几年的战争也就是一回利［厉］害一回。欲减免战争与战争的恶影响，裁兵而外，自然还得限制军饷。所以我们主张：

（甲）全国各大兵工厂应令一律停闭；最少在最近五年内应不许其制造军械。

全国制造或修理军械的大小兵工厂所，为数却也不少；就中尤以上海，汉阳，德州，奉天，巩县（河南），开封，济南，太原，石井（广东）等兵工厂为最大。这些之大兵工厂应一律令其停闭；停闭后可租诸商人制造普通商品，或以之供别用；其不能制造商品或供别用者，则即任其停闭亦殊无庸顾惜。

（乙）严禁外国军械输入中国。

民国八年北京外交团曾成立一种协定，相约各由其本国禁止输入任何军器或制造军械之物品于中国，该协定今尚继续有效。当时外交团曾将该协定通告北京政府，并要求中国自动的严禁军械入口。吾国及今宜一面自行严禁军械入口，一面要求该协定之当事国严格履行该协定，并要求当时未及加入该协定之德与俄等国一律加入该协定。

（丙）撤销大部分海军军舰。

吾国海军军舰，一因年龄太老，一因缺乏修理，其机器及军械已大都腐朽不堪，对外绝无战斗力之可言。保存此种军舰，不只耗费国帑而且往往为国内祸乱阴谋之一个根源。所以我们主张大部分的撤销。

六组织军事善后机关　关于解除军人的民政权，限制军人的军权，规定军队驻屯地点，裁减军额限制军械诸议案之执行，自然还要有一个监视，建议，及审议的机关。这个机关，并应一面能代表全国各方实力，一面能代表几分民意（我们要他能代表几分民意，不是为的粉饰面目，只是为此决议案不能没有代表民意的分子在那里监视进行，在那里督促进行）。所以我们认为这个善后机关，约略应据下列之职权与组织：

（甲）职权——（a）审议关于解除军人的民政权，限制军人军权，规定军队驻屯地点，裁减军额军械诸议决案执行之方法；（b）保管专为裁兵目的筹集之款项；（c）关于裁兵计划施行的方法建议于政府；（d）监视裁兵进行，作成报告及议案提出于国民会议。

（乙）组织——（a）由善后会议推举八人；（b）由全国各商会共推二人；（c）由全国各省教育会共推二人；（d）由全国银行公会推举一人；（e）由各大公会，（例如京汉铁路工人总会，广州总工会）共推二人。

以上是我们的军事善后条件。这些条件尽管还有须补充的处所，尽管还有可以讨论的地方，但是大致的方向我们相信不外如此。这些条件实际上果能希望实现么？我们对于善后会议的大多数人，诚然不怀希望；然而讲心理学的人又尝告诉我们说，群众团体遇着适当“激刺”的时候，他的行为却也往往能够高出团体构成分子的平均道德之上。那末，我们也就只好希望善后会议这个团体，内部有一小部分有觉悟的武人与非武人在那里鼓动，外面有一种强有力的民气在那里督责；因以构成那个提高群众团体的平均道德所需要的“激刺”。所以我们虽说诉诸善后会议诸人的良心，实则我们也只希望能诉诸善后会议一部分人的良心；我们虽然只说诉诸国人的评判，实则我们并且盼望这个陷于水深火热的人类还能一齐呐喊！像近几年上海商人的全体罢市，京汉铁路工人的全体罢工，天安门前数万民众的裁兵示威运动这一类的方法，都是我们这个陷于水深火热中的人类一齐呐喊的方法。

《现代评论》第1卷第9期，1925年2月7日。

评政府提出的国民代表会议条例

现时一部分有力的言论，尚根本的不肯承认国民会议组织法可由善后会议产生。在这样的政治空气之中，善后会议所产生的国民会议组织法，究竟能否见诸实行，究竟能否产生一个全国国民代表会议，恐怕至少也有两个条件：第一，要看善后会议对于军事财政问题能否有切实的解决，以稍餍一般的期望；第二，自然还要看那个组织法的本身，能否折服一般的舆论。现在政府已将法制院所拟定的《国民代表会议条例》草案提交善后会议讨论了。这个草案是否能折服一般舆论，诚属疑问。

诚然，在吾国现状之下，有些问题，我们不独没有绝对可靠的办法，并且不敢确信哪一个办法是比较可靠的办法。譬如说，在民智闭塞的吾国现状之下，我们固不敢确信直接选举优于间接选举，然在法律与习惯法不足以制裁选举贿赂的现状之下，我们又何敢相信间接选举优于直接选举？复次，在社会各种职业阶级缺乏良好组织的现状之下，我们固不敢确信既存的职业团体，如商会、工会、教育会之类，便是适当的选举团体，然对于这些既存的团体如能限期令其严格的照旧法令或新法令组织（这些团体的组织，实则俱有现行法令为之规定；就是工会也可说有民国十二年的《工商同业公会规则》为根据，法制院以为“工会之设立尚无法律之依据”故代以“实业区”云云，亦殊失实。）我们却亦不敢深信那些“商业区”、“实业区”的办法，便是较良的办法。至于以“大学区”代教育会，虽亦可如法制院所说，能使大学学生加入选举，然许多中小学教员也就不免因是而失却他们的职业选举权，诸如此类，俱不无可以讨论的余地，但是我们因为不敢确信哪一个办法是比较可靠的办法，我们也就不下评断。但是次列诸款，我们却敢断然的认为法制院草案的重大缺点：

一、限制国民代表会议的职权。草案第一条明白的想定国民代表会议只能行使制宪权。这是一般舆论所诋毁之一点。我们亦觉得这种限制，在原则上既然讲不过去，在实际上亦没有什么效用；现时的政府与善后会议，无论在法理上讲或在道义上讲，都没有限制国民代表会议的权限之资格；所以我们说，这种限制在原则上讲不过去。就令将这种限制纳入组织法之中，而将来国民代表会议，依其国家最高造法机关之资格，又何尝不可以变更这种限制；所以我们说，这种限制实际上亦没有什么效用。然而法制院先生们于此却要援引外例以期间执反对者之口。他们在各报所发表的理由曾有此之引证：

……数年以来，欧洲各国改造政治之事甚多，大抵皆有召集国民会议之举动；如千九百十九年之德国，千九百二十年之普鲁士，奥大利，及捷克斯拉夫，千九百二十一年之波兰，所开国民会议，无不以制定宪法为唯一之职权。而普鲁士与波兰且标明为宪法会议。其中虽有一二国于制宪而外兼有选举临时总统之事，亦因当时政府尚未成立，故暂行选举以济其穷。此从法理上言之也。……

我不知道法制院的先生们是否有意蒙蔽我们。就我们所知道的说，他们所引用的德，普，奥，捷克，波兰诸国的会议，不管他们是叫做国民会议或制宪会议，在他们从本制宪的期间内，便没有一个不是兼有普通立法与监督政府的种种职权的；便没有一个以“制定宪法为唯一之职权”的；有的会议并且连他的制宪任务，也不曾经任何文件声明过（捷克）。实则法制院先生们所以欲限制国民代表会议的职权，还是为着他们在各报所曾发表的两层“事实上之理由”。他们的两层事实理由便是：一则国民代表会议期限既然甚短，则在这个短促期限内，国民代表会议尽可不比行使什么监督政府与什么普通立法等职权；因为就在平时，议会也不免有休会或改选时期，而在这些时期以内，也就没有什么立法机关或监督政府的机关存在。但是这个比拟，实按之恐亦不见得恰当；因为我们现在的临时政府，是一个权力毫无制限的狄克推多，并不是一个通常议会制度的行政机关。而且“废督裁兵”以及财政善后等事，事实上将来果能绝不借重那个国民代表会议么？二则因为国民代表会议职权如果过于宽泛，则其制宪的主要事业或至因而放弃，以致重蹈旧国会之覆辙。这层道理，我们自不能完全抹煞；但是为着这层道理，似也只能限定国民代表会议的任期。

复次，贿选总统的曹锟，不是早就说是要交国民“公判”么？贿选议员案，不是曾经明令声明“应由司法部检查证据将来移付国民代表会议解决”么？现在政府限定国民代表会议只能制宪，无形中遂将那些旧文章一概抹煞。窃恐这样的抹煞，并不是政府诸公健忘所致。

二、否认国民会议代表会议的宪法起草权。法制院草案的本文，规定国民代表会议赋有“议决”宪法及其施行纲则之权。议决权这个名词，本来不能将起草权除外（譬如临时约法虽仅规定参议院享有“议决一切法律案”之权，然而参议院并不因是而无法律起草权。）但是法制院却于草案的说明文内，声明议决权仅是不包括宪法起草权的；并且声明宪法起草权是要付诸一个完全由现政府独自以法令组织的宪法起草委员会的。从知法制院的草案不只是要限定国民代表会议只能制宪，并且要限制他的制宪权。宪法起草，诚然不可以不广求专门人材；欲广求专门人材，诚然不能不使国民会议以外之人得以参加。法制院先生们所发表的这一层理由，我们可以承认。但是由现政府独自以法令组织之宪法起草委员会，果能逃免政府包办的嫌疑，而可取得一般人的谅解么？此其一。国民会议自己既没有宪法起草权，而政府宪法起草委员会所提出的宪法草案，将来如果又为国民会议认为无可修改，实际上能不发生多少纠纷与困难么？此又一。说到此处我又记起一七八七年美国费城会议的故事。这个会议的权限，依照召集该会议的康格雷之决议，原只能建议修改当时美国十三州的中央宪法（Articles of Confederation）而不能起草新宪法；但是费城会议的先生们因为那个现存的宪法简直是无从修改，后来也就老实不客气的蔑视康格雷原来的决议，重新草定一个新宪法，交付各州人民的批准。我们如果只将宪法议决权付诸国民代表会议，而将起草权付诸政府所组织的宪法起草委员会，终究也就是难免不有这类的事情发生，甚或促使这类的事情发生。所以我们一面虽觉宪法起草有交付一种含有专门人材的委员会之必要，然为避免任何方面的包办，并使委员会的意见较易为国民代表会议容纳起见，我们却以为宪法起草委员会仍只能由国民代表会议产生，至多也不过还可承认政府得提出一个宪法起草委员会组织法请求国民代表会议议定实施罢了。

三、一部分重要职业阶级并没有职业选举权。我所谓一部分的重要职业阶级，便即欧美人之所谓“自由职业”（Liberal Profession）阶级，而以律师，新闻记者，医士，与教员四种阶级为最著。这几个阶级是社会上优秀的精神劳动阶级，而在中国现状之下，并且是比较能有相当组织或已有相当组织的阶级。但是这几个阶级的分子，却不能包括在那些“商业区”及“实业区”等等选举团体之内；就是“大学区”也只能包括一小部分的教员，因为许多中小学教员也就不能包括进去。草案没有涉思到这几个阶级的身上去，似不能不认为疏忽。我们认为这几个阶级可以享有独立的代表权。

四、性别的限制。法制院的草案，规定一切选举权及被选权俱须男子始得享有。本来关于选举权资格问题，如采严格的选权普及制而毫不设定智识之条件，则选权之普及于两性，在中国诚不免有多少困难；因为中国一般人民之知识固低，而一般女子之智识尤低。然草案既已限定凡享有选举权及被选权之人须能解说写作本国日用通行之文字，则性别限制之设定已不见得是十分的必要。就令区域选举仍有保持性别限制之必要，而对于“大学区”的女学生及女教员，“商业区”的女商人，“实业区”的女工人，又何必定要剥夺他们的选举权与被选权呢？这样的限制，我们不敢信为合理。我们认为至少应许各项职业团体中享有同等智能条件（解说及写作日用文字）的女子，享有与男子同等的选举权及被选举权。

五、选举争讼事件之裁断权。选举监督草案规定，凡关于当选人资格之争讼事件概由各覆选监督或选举总监督裁断；而其所谓覆选监督或总监督，无非是道尹，省长，内务总长，教育总长，农商总长，交通总长等等行政官吏。就理论言，就列国实例言，关于当选人资格争讼事件之裁断，将不外三种办法：或则以之付诸普通法庭（英制），或则纯由议会自己行使（法制），或则付诸法庭及议会合组之特别选举法庭（德制）。

付诸法庭则可避免议会多数党偏袒同党与排挤异党之裁断；付诸议会则可避免法庭畏忌行政机关所谓之裁断。但无论如何总不能委诸选举监督；因为这些选举监督或其所属的行政官吏，便往往是选举舞弊的当事人；便往往是选举争讼的当事人或关系人。我们认为凡关于当选人资格之争讼事件，仍只好付诸各选举区内之普通法庭。

六、拒贿选议员之加入国民代表会议。依照草案，拒贿议员每三人尚得用抽签法抽定一人，加入国民代表会议。这层规定我们尤不能不严重的反对。我们反对这层规定，不是因为拒贿议员们没有功德可纪，——就是有功德可纪国民代表会议也并不是酬庸报德的机关。我们根本的反对这层规定，因为我们所要的一个会议，是一个真正的“国民代表会议”。我们曾经说过：“国民会议只许由人民直接选举出来的代表组成，此外任何机关或个人均不得以特殊的资格推举代表参加。”（本刊第十期）拒贿议员诸公如自信尚能代表民意，尽可去作正当的选举竞争，何必定要凭着他们的“拒贿”资格加入国民代表会议，将国民代表会议弄成一个不三不四的机关呢？

以上六款，我们确信是法制院草案的几个重大缺点。此外尚有几点，在原则上我们虽不能认为适当，在实际上却没有重大关系，我们也就不欲深论。譬如草案第十八条“僧道及其他宗教师停止被选举权”之规定，便系抄袭民国元年参众两院选举法的条文而来，便系盲目从欧洲诸国选举法而来，（欧洲诸国的宗教师在其教区以内，往往便是一个极有势力的人，往往并是一个经由国家任命的宗教官；他的地位既与当地的行政官吏相似，所以他的被选权也就往往和当地的行政官吏一样，遭受停止；吾国既没有这种事实，自然用不着设定这种条文）。反之，民国元年参众两院选举法所设定的其他比较合理或比较不甚背理之条件——例如吸食鸦片者不得享有选举权及被选权之条件——却并未一一保留。关于吸食鸦片的那个条件之所以去掉，或者是因为现在吸食鸦片的人们太多。但是吸食鸦片的人如果不能充任国民代表会议的议员，则关于每拒贿议员三人得出国民代表会议议员一人之规定，或者也就用不着抽签的办法！这不是我们的狂妄语，这实在是我们的伤心语！

《现代评论》第 1 卷第 12 期，1925 年 2 月 28 日。

警治与法治

言论，集会，结社，这三种自由，人人都承认是民治主义的条件。可是在怎样的一种制度之下，人民的言论，集会，结社，才算自由；在怎样的一种制度之下，人民的言论，集会，结社，便不能说是自由，一般人的心目中却不见得都有一个评判的标准。所以我们要在这里提出一个标准来。

专制国家，人民的言论，集会，结社自由，差不多完全操纵诸警察之手。这种国家可以叫作警治国家；这种国家的制度，可以叫件［作］警察治制度。详细点说，警治制度往往含有两个特点：

警治制度的第一个特点是：人民于行使诸种权利之前，须受警察的一度干涉。如文书报纸之出版先得警察之许可，或报告警察；人民集会须先得警察许可或报告警察；人民结社须先得警察许可或报告警厅皆是，事先干涉之制，无非是欲借警察之力，以预防人民之滥用自由。然采用此种手段，谁又能保障警察不滥用他的干涉以为政府蹂躏自由的工具呢？且人民的普通行为，亦只于行为发生以后始得受法律之制裁，事前固大率不受任何机关之干涉；倘人民于行使言论，集会，结社诸种自由之前，偏须预经警察之一度干涉，亦实与法律上事后追惩之普通原则不无矛盾。

警治制度的第二个特点是：人民于行使诸种自由之后，亦得不经审判法庭之裁断而由警察径自执行种种处分。例如警察对于彼所认为违法之出版物，得径自停止出版，没收出版物或课关系人以罚金；警察对于彼所认为违法之集会，得径自停止讲演人之讲演或完全解散该项集会；警察得径自解散彼所认为违法之结社，等皆是。在这样的状况之下，警察是法律的执行者，同时又是法律的解释者；警察不只是一个行政官，同时还像一个司法官。就令法律给予人民多少自由，人民又何能安全的享用？

一般自由国家，大体上俱已去掉了这些警治的痕迹，而英美诸国为尤甚。他们对于人民的言论，集会，结社自由，只采用法治制度，而不采用警治制度。

法治制度的精神，积极的说就是，人民仅于行使诸种自由之后，须依法律受审判法庭之制裁；消极的说就是，人民于行使诸种自由之前，不受警察之任何干涉；人民于行使诸种自由之后，亦不受警察的之直接处分。人民的出版物，不问为文书或报纸，出版前概不必经由警察许可，甚或无须报告警察。人民的集会，不问为政谈集会或非政谈集会，屋内集会或屋外集会，劳工集会或非劳工集会，事前亦不必经由警察许可，甚或无须报告警察；人民结社，除商业结社或须依法呈报官厅外，其他一切不以营利为目的之政治结社，宗教结社，学术结社，职业结社，自非结社人欲取得私法上的“法人”资格，享受私法上的特殊权利，亦初不必报告警察或经由警察许可。所谓事前不受警察干涉者如此。出版物就令违法，警察亦不得径自执行封闭，停止，或罚金等处分，这些处分在原则上唯依法庭之裁断始能实施；警察除因会场发生暴动或因召集开会者之请求而外，亦不得径自中止讲演人之讲演或解散人民集会；人民之结社，须法庭之裁断始能解散，警察亦不得径自以命令解散人民之结社。所谓人民于行使自由之后亦不受警察之直接处分者如此。

如果我们要辨识人民的言论，集会，结社，在怎样的一种制度之下，便算自由，在怎样的一种制度之下，便不能说是自由，那末，上面所述的警治与法治，便给我们一个观察的标准。在警治制度之下，人民的言论，集会，结社，便不算自由，因为在那种制度之下，人民的自由，只是警察所允许的自由。在法治制度之下，人民的言论，集会，结社，才能说是自由。诚然，法律如果对于诸种自由的内容规定的太严，我们虽在法治制度之下，仍或不能说是自由（法律对于非法言论，非法集会，非法结社的界说如果规定的太严酷，便有这种情形）。但是法治纵不必就是自由，而自由究只能伴法治制度而实现。

吾国自袁世凯的治安警察条例和出版法以至现任警察总监的《管理新闻营业规则》，人民的言论，集会，结社等自由，便完全生活于统治之下，而北京这个都会为尤甚。一般民众，除了公然违反法律，便往往不能行使丝毫自由，因为出版，集会，结社，事前都得受警察的一种干涉；就是严格遵守法律的人，也不见得落得一个安全，因为违法或不违法，警察就是一个裁判者，警察就是径自执行种种处分。所以北京这个都会，如果遇着一个“执法如山”的警察，便往往活像一个鬼森森的酆都城。近来北京的言论界与学术界，以及上海、汉口等处各种社会团体，已一再要求政府撤销这几种法令。政府当局如果有半个忠实于民治主义或自由主义的人，这样普遍的呼声，不应该毫无反响。

《现代评论》第1卷第12期，1925年2月28日。

民众运动与领袖

吾国民众运动，能否于短时期内，形成一种不可毁灭的势力，差不多全看有无良好的指导，全看有无良好？

近来民众运动的一个弱点，就是主张不彻底。我所谓不彻底，并不是说不肯急进。我的意思是说目前民众运动的主张，还是太空疏而不具体化。我们要知道，一切空洞的主张，是不能树立坚强的信仰，维持长久的奋斗的；尤其不能使民众运动，保持一种有条理的动作。民众运动的主张不彻底，就是因为社会上比较有学力识力的人，对于各种现实问题，还不曾会联合起来，做一番辛苦的研究工作，成立一些精深的具体计画。换句话说，就是因为缺乏思想领袖。中国民众运动，如果希冀发挥光大，目前最要的，我觉得还是像十九世纪末英国费边社（Fabian Society）那一类的团体。费边设的社员，大都是当时英国智识阶级的权威。他们有一种共同的政治理想。他们本着他们的共同理想，辛辛苦苦的对于那理想有关系的各种问题，陆续成立了许多意见和计画；陆续发表了许多极有价值的小册子。近二三十年来，英国的种种集产政策，为土地公有，市业公营之类，差不多完全是这一班人提倡的结果，虽则他们很少参加实际的政治活动。我说他们辛辛苦苦，并不是泛泛的赞夸。锡德尼卫布 Sidney Webb——费边社的主要分子——因为要考究英国地方制度如何的能够实现他们的政治理想，就花费了十年的工夫，去研究英国的地方制度。这是何等的精神！近来继费边社而起的英国基尔特社会主义者，又同样的在那里做切实的研究工作。

思想与实际的事功，诚难期诸一人，我们亦不希冀置身民众组织中，以指导民众动作的事功领袖，同时就是一个思想领袖。但是这种事功领袖，至少也得具备三个要件：诚实；组织力；与基本的政治知识。

诚实是民众领袖最不可缺乏的政治道德。自古代希腊以来，一般所认为德谟克拉西的仇敌，就是 Demagogue，所谓 Demagogue 就是不诚实的民众领袖。民众是最富于愤怒与恐怖诸种情感的。有些民众领袖，就往往利用民众的这些情感，以伸张一己的权力，以快一己的仇怨。民众是缺乏理解力而且往往“不求甚解”的。有些民众领袖，虽未尝蓄意利用民众，而于民众的谬误，却不敢勇果的给以纠正；甚或为民众的情感所驱使，而不惜以自己素无精深研究与素无坚强信仰的主张，逢迎民众。这些都是不诚实的行为。此类不诚实的领袖，就是一般之所谓机会家——那些蓄意利用民众的机会家，我们或者还要称之为阴谋家。一个诚实的民众领袖，应该有宁可牺牲自己的势力和利益而不牺牲民众的精神。这是利用民众的反面。一个诚实的民众领袖，应该神圣民众的权利，而又有纠正民众谬误的勇气。这便是逢迎民众的反面。

就诚实言，华盛顿，林肯，列宁，孙中山，是模范的民众领袖。可是诚实到这样程度的领袖，实在罕见。在欧美诸国的社会党或劳工党运动中，也常有不诚实的机会家。法国的 Clemenceau，初年是一个共产党，是一个左派领袖，后来却变成保守派的首领。此外如德国 Scheideman 和 Noske，法国的 Briand 和 Millerand，英国的 John Burns 和 George Barnes，也都是由急进派的领袖，渐变为保守派或半保守派的领袖，也都是些不诚实的机会家。不过在欧美民治进化诸国，机会家虽然还是不少，而因民众的鉴别能力增高，阴谋家却减少了。中国的状况，说来真令人感慨：举其能力而言，一个社会党的首领，可以犯复辟的嫌疑；一个孙中山的信徒，可以与军阀通谱而缔亲。这些固然是极例；可是这些不过是人所共晓的极例。

组织力是民众领袖最不可缺少的政治能力。没有组织，便无可指挥。现时中国虽然有了不少的民众团体，但是没有一个民众团体可以够得上说已经有了一个有规律的生活。就是国民党，也还在一个涣散的不统一的状态之中。这种现象，一半固然由于中国国民缺乏政治素养，难于组织，一半也是因为领袖人物缺乏组织能力——大多数的领袖人物并且不会努力去组织。

政治知识，自然是指导民众的人决不可少的基本知识。我们虽不敢希冀一切民众领袖同时是一个思想领袖，或是一个政治学者，我们却不能不希冀一切民众领袖，能了解一般的政治问题。中国现时民众领袖，什九便是社会上之所谓名流。这些名流，什九就不了解许多政治问题，什九也不努力以求了解。国民党中，这类人物亦多；这是我们不能不承认的。我们听见许多名流的政治议论，浅陋的使我们吃惊。他们纵然没有受过完全教育，也不过和欧美诸公由工人出身的民众领袖相似；但是欧美诸国由工人出身的民众领袖，亦大都能了解一般的政治问题，有的并且有甚深的造诣。那就是因为他们好学。我们希望现在青年的政治知识，再过数年，能较高于现在的一般名流；但是他们也得永远牢记“爱国不忘读书”。

综之，现时民众运动，如果希冀成为一种不可磨灭的势力，第一，还得有些人出来辛苦做些思想的工作，俾一般民众得着些正确的知识，和必较具体的主张；第二，还得淘汰许多不中程式的领袖。

《现代评论》第3卷第54期，1925年12月19日。

这几种法令还不废止吗？

▲《惩治盗匪法》

▲《治安警察法》

▲《官吏新闻营业规则》

目前军阀官僚的作恶，大体上自然不是因为中国现行法规上多了某种法律或少了某种法律。就令北京政府把一切现行的恶法都废止了，暴力不会跟着消灭；就令他更能颁布一些好法律，小百姓的生命，财产，自由，亦不会跟着巩固。

既然如此，为什么社会上至今还有许多的呼声，在那里继续要求废止这一种或那一种法令呢？这种呼声的意义，究竟是怎样呢？

这种呼声至少有三种意义。第一，强有力的军阀，虽不必凭藉什么法律，才能蹂躏小百姓的生命，财产，自由，而恶法律的存在，对于他们，毕竟也是为虎添翼，授盗以刀；毕竟也可增加小百姓的厄运。这可以律师施洋，革命党人萧英，罢工领袖刘华的惨死为例。如果《惩治盗匪法》早不存在，这几个党人也许不至遽蒙盗匪二名，为萧耀南或孙传芳的军法机关所杀，而可从普通法庭逃出一条性命。第二，强有力者固然可以蹂躏小百姓，非强有力者有了恶法律，便也一样的可以蹂躏小百姓。譬如普通法庭，虽然不是一个强有力者，而因几种恶法律的存在，也就往往成了一个蹂躏小百姓的工具。第三，中国的强有力者，除却军阀而外，还有租界当局。因为中国政府所颁布的法律，不只要适用于租界内的中国人，并且要适用于租界内的中国人，所以中国恶法律的存在，对于租界当局，也是为虎添翼，授盗以刀。我们的《治安警察法》与最近废止的《出版法》，便都给予了上海巡捕房与上海会审公廨以压迫华人的许多机会。

所以这几年来，社会上要求废止恶法的呼声，决不仅仅是一种“表示”，决不仅仅是一种聊以快意的呐喊；实在是要想靠着那些恶法废止，减少小百姓的厄运。

《出版法》于日前已经命令废止。这恐怕要算许内阁唯一的差强人意之举。可是现行法令中较《出版法》更加严酷，更加应该废止的，至少还有三种法令：这就是《惩治盗匪法》,《治安警察法》，与《管理新闻营业规则》。

《惩治盗匪法》是民国三年袁世凯颁布的。他的时效，原也只是五年；可是后来因为军阀的要求，与北京政府昏暴或软弱，遂致一再展期。因之该法至今还不曾消灭。该法的特点有三。一切现代国家，都没有承认军人对于普通犯（非军事罪）的普通人民，在平时可以行使审问处罚权的；可是《惩治盗匪法》及其施行法，却承认军人于京师及其他要塞地方以及距普通司法机关稍远的地点，得对于犯普通罪的普通人民（即该法之所谓强盗匪徒）行使审判宣告死刑。一切强盗或匪徒，就令真是强盗或匪徒而不是政治犯，自亦不必都受死刑处分；可是《惩治盗匪法》却认一切强盗及匪徒，都可受死刑处分。一切现代国家，也没有不给死刑犯以提起上诉权的，可是《惩治盗匪法》之强盗及匪徒，无论由当地军人审判也好，或由当地的法庭审判也好，判决后概不能向任何机关提起上诉。所以《惩治盗匪法》的诞生，可以说是中华民国“恐怖时代”的开始。这样的一种法律，自难免使外人冷笑或害怕。所以民国九年司法部为此事向大总统提出呈文的时候，也有“……则外人狃于习见，必致诧为异闻，于将来各国领事裁判权之收回，未免发生阻碍，事关对外，似应通融办理；拟请嗣后对于外国人民一律免于适用该法，仍依暂行刑律各本条处断”等语。现在在华一切外人因司法部那次的呈文，已不受该法支配了。

可是一个国家，于自由制定自国法律的时候，仍使自国人民不能与外人享受同等待遇，又是怎样的耻辱！两星期前现任司法总长马君君武，因为法权会议要求审查中国法令，似乎也曾有废止这种法律的表示；近来马君似又寂然无声。难道也有因为该法不适用于外人吗？如其尔尔，我们真无话可说。否则我们真不解司法部为什么不主张立将此法完全废止。因为废止之后，关于盗匪犯罪的实体法，尚有《暂行刑律》在；关于盗匪之审问处罚，现行《刑事诉讼条例》，亦尽够应用。就令说中国盗匪甚多，各地方长官，于必要时也还可以依其职权，命令军队帮同警察缉捕。所以该法令废止以后，一切应有都有，初无须任何新法律的补充。所不同者不过是军人失去了他们的审问处罚权；不过是一切盗匪不必都可受死刑宣告；不过是死刑犯也有上诉权罢了。难道这就要构成盗匪不能肃清的原因么？

《治安警察法》也是民国三年颁布的。在这种法律之下，人民的一切屋外集会，事先都是要得警察许可的，人民的一切政谈集会，一切政治结社，事先也都是要报告警察的；劳工的“聚集”，是在完全禁止之列的；警察可以径自解散集会，径自解散结社的。在这种法律之下，一切学生，一切女子，都是不能加入任何政谈集会或政治结社的。所以朱深从前许多禁止集会结社与解散集会结社的行为，在这种法律的条文之下，差不多都能寻出一个根据。这种法律也是可以完全废止而不必代以他法的。废止以后，人民的集会结社，如果有重大的妨害公安行为，便有《暂行刑律》给以制裁；在此等行为发生的当时，警厅并且可以依照《刑事诉讼条例》，以待遇现行犯的手段，中止他们的行为。人民的集会或结社，如果有轻微的妨害公安行为，警察也可依照现行《违警法》，给以违警处分。所以有些国家，便完全没有这样的一种特别法。

《管理新闻营业规则》，是前任京师总监朱深特别向京师地面颁布的。就该项规则的内容而言，他是变更当时《出版法》的一种规则，他是较《出版法》变本加厉的一种规则。在该项规则之下，报纸或通信社，都要预先呈请警厅核准才能开办；呈请核准的时候，并且要履行取具数家铺保，缴纳若干照费以及其他手续。在该项规则之下，报纸或通信社的经理人，编辑，发行人，印刷人，概不得由学校学生充任。这都是《出版法》所无的限制。就该项规则产生的手续而言，他也是一种不同的法规。一则因为他是以警厅的厅令颁布的，以厅令颁布的一个规则，变更大总统以教令颁布的法律（即当时的《出版法》），其为违法自不待言。一则因为在警厅的职权上说，现行的或过去的法令，亦从未容认警厅得制定任何限制言论自由的条例。所以这个规则之应该由京师警厅自行取消或由内务部以部令撤销，尤属不成问题。

综之，上述三种法令，不独在原则上都不能存在，并且在原则上无庸修改。他们都可迳行完全废止；他们都不必要什么新法律代替。至于事实上能够废止，那就要看现政府有无诚意。现政府固然不是一个什么“国民政府”或国民党政府，可是他究竟有几个国民党党员。这几个党员之中，并且还有一个为了这几种法令，曾经领导民众，向政府请愿过的易寅村先生。现在民众转过来向他们请愿了。大家如果像从前一样努力，应该不至像从前一样失败。政局是一日千变的样子；政府当局如过［果］打算做好，似乎也以赶早为是。所以我们也急遽的加入这个讨论。

《现代评论》第3卷第61期，1926年2月6日。

学校与政治

政象昏暗已臻极地；在这种状况之下，如果要一些比较有思想和比较有血性的学校中人，绝对不问政治，在理论上既未必说得圆满，在事实上亦必不能完全做到。这是我们必须承认的。可是在这种昏无人理的政象之下，学校中人的政治动作，如果不守一定的步伐与范围，一方面既未必能制裁政治上的恶势力，一方面一定还要危及教育本身的命运。这也是我们必须承认的。所以无论为学校计或为政治计，学校中人的政治活动，总得维持一定的步伐与范围。

所谓学校中人，无非是学生与教员。对于青年学生的政治活动，本刊同人已一再有所论列，本文亦别无话说。对于教学人员的政治活动，本文却拟提出两项意见，供大家考虑。

欲使教育界的势力，成为一种政治势力，必须使教育界的势力，成为一种独立的势力。这便是我的第一项意见。

近年以来，国内的一切势力，几无一不为军阀势力所牢笼，所毁灭。外交系，交通系等官僚势力无论矣；新闻界，银行界……的有力人物，亦几无一不以军阀势力为灵魂，无一不是这一个或那一个军阀夹袋中的人物。剩下的一个教育界，虽然还没有堕落到同样的地步，近来也就够危险了。自今以往，从事学校事业的人，如果希冀他们的动作云谓，多少可以转移时局，多少可以制裁军阀的行为，便应努力防止教育界的势力，变为任何势力的附庸势力；便应努力使教育界的势力，变成一种独立的势力。自然，教育经费不独立，公立学校与军阀，总是不能完全断绝交涉的；所以教育界如果要造成一种独立势力，总得向教育经费独立这个方向去努力。可是学校经费，即令尚未独立，从事教育事业的人，只要能做到以下三个条件，一定还可保持相当的权威：不借重任何军阀的势力，以达任何政治目的；不借重任何军阀的势力，以营谋一己的教育地盘；不借重任何军阀的势力，以图整顿学风。教育界只要都能如此自重，一定可以恢复社会上素来对于教育界的同情心与信仰心，有了社会的同情和信仰，教育界的动作云谓，对于政治上的恶势力，乃能成为一种制裁力。

欲使学校与政治不相妨害，必须使学校与政治的关系，划分清楚。这便是我的第二项意见。

关于此层，我觉得学校与政治的关系，必须建筑在次列几个条件上：第一个条件是：教学的人，无论如何，不以其政治工作，代替他的学校工作。教学的人也有富于政治兴味的，也有对于政治缺乏兴味的；兴味浓厚的人尽可多担任些政治工作；缺乏兴味的人尽可不担任或少担任此类工作。这都是各人的自由；学校不能强制或限制。可是一个教学的人，对于他所担任的校务，却不得因为他从事政治工作而可放弃。一个富于责任心的人，如果他每周只以在学校里面担任一个钟头的工作，就不应担任两钟头的学校工作，而事实上却放弃一半。这是不负责任人的行为；这种行为可以妨害受学者之学业，可以影响学校的纪律。而且在原则上讲，学校工作与政治工作，究又何从轩轾？

第二个条件是：学校人员不以学校法定机关，为其政治动作的武器。一个学校就是一个社会。各个社会各有一种结社的目的。在结社目的的范围以内，多数意见当然可以拘束少数；在结社目的的范围以外，多数便不能拘束少数。学校既不是一种政治结社，学校中任何部分的人，自不能利用学校法定机关，为其政治武器。这还不过是从纯理上说。就实际的利害说，以学校的正式机关为政治武器，自然更易危及学校的生存。所以学校中人，如果要对政治问题有所表示，只应以私人或私人团体的名义去表示，不当牵动学校机关。第三个条件是：教员不利用他的教员地位，劝学生入党。这仿佛也是近来许多学校的风气。在道义上讲，此类行为是不当的引诱。就学校的利害而言，一个学校，如果有数个党籍不同的教员，相率为此，则学生与教员间，教员与教员间，学生与学生间，必不免发生许多有形无形的冲突，而使学校的精神或形式，日趋于紊乱与破裂。所以我们尽管承认一个教员可以同时作一个热心的党员，我们却不承认教学的人，在学校里面，可以作任何政党的经纪。

最后一个条件是：教员的进退，不以党派关系为标准。一部分人近来所倡导的“党化教育”，似乎就是这个条件的反面。实则一个国家或一个政治机关尚不宜只有一党存在，何况一个研究学术的机关。进退教员，自然应于学力而外，兼重人格。可是党籍也不是人格的表征。

这些自然都是平淡无奇的浅语。可是我相信，从事学校事业的人，倘不如斯做去，学校决不能有助于学术，学校亦决不能有助于政治。急功近利的人总想别寻捷径：在我们看来，殊无捷径可寻。而且不一定要别寻捷径：如果大家都循着这样的步伐，守着这样的范围，向前做去，各处学校一定都像一些学校；各个教员一定都像一个教员。目前的政象固然黑暗；可是全国专门学校与大学，也有了一百二十十所；每年所制造出的青年，据说也有三万至四万人。五年十年之后，安见不能给我们一些光明？

《现代评论》第4卷第81期，1926年6月26日。

法律与民众（一）

国民政府近曾一再责成特定机关，筹备民刑等法典及劳动法典。这种工作，要说简单也就简单，因为这些法典，大半都经北京修订法律馆预备好了一个或数个草案。我们如果因陋就简，略事修改或补充，短时间便可藏事。但是我们如果打算从国民党的立场上，去制定一些新的法典，我们就不能如此因袭；因此，这种草拟法典的工作，就不能看作一种简单的工作。

什么是国民党的立场呢？国民党的立场是民众。我们如果从国民党的立场上去制定一些新的法律，这些法律必须是民众的法律。这是不用多说的。所谓民众的法律，就其内容而言，自然就是保护民众利益的法律。因此，我们如果打算制定一种民众的法律，律文的内容，就应该在在注重大多数人的利益：譬如制定民法典的时候，我们就得注重所有权的限制，因为大多数的人是一个无产者；制定劳工法典的时候，我们就得注重劳工方面的保护，因为大多数的人是一个劳工。这些也是不用多说的。

可是律文的内容尽管在在为民众说话，在在注重民众利益的保护，民众的利益实际上却未必因此而获得保护。所以民众的法律虽则必须是一种保护民众利益的法律，而凡保护民众利益的法律，实际上不一定就是民众的法律。依着我们的见解，一种法律如果希冀成为一种民众的法律，则除却律文的内容必须注重民众利益的保护而外，至少还得具备以次两个条件。

第一，民众的法律，必须是民众容易了解的法律。

什么是民众？什么是民众的特权？这诚然可随各人的观察而异其答案。但在中国，乃至任何国家，一般民众决不是受过专门教育的人；这是谁都承认的。因此，我们所制定的法律，倘非受过专门教育，甚或专门法律教育的人不能约略了解，那种法律，就令他的内容在在为民众说话，亦必不能看作一种民众的法律；因为他所给予民众的权利，他所给予民众的种种自卫方法，一般民众，根本地无从明晓。所以民众的法律，不单是要为民众说话，并且必须是一种对民众说话的法律。从这个标准看去，自查士丁尼的罗马法典，以迄晚近德意志的民法典，数千年来，欧洲的法律都不是一种民众的法律；自萧何的《九章律》，以迄清代的《大清律例》，数千年来，吾国的法律更没有一种是民众的法律。因为他们的文字，都不免过于专门化，都不是当时受过普通教育的人所能了解的文字。

本来，法律的进化，在一般社会，大都经过了三个阶段。第一个阶段，可以说是一种无法时代。在这个时期，社会组织中虽然有了法庭或裁判者，却无既存的法律，拘束他们的裁判。遇有争讼，他们便仅依己意为之处断；支配他们的意志的，不外是公道心与习惯。第二个阶段，可以说是一种秘密的时代。在这个时期，法律虽然有了，在上者却不令一般人民识其内容，仅令少数司法者秘密掌握之责。英国法学界亨利梅因，依其研究初民法律的结果，曾经断定一切初民社会都有这种秘密习惯。第三个阶段，可以说是专门家的法典时代。在这个时期，法律是公开的文书，因为法律已经著为法典，宣诸大众。但是法律的文字，仍然是贵族的文字，而且含有无数的法律“术语”。以是法典虽然存在，认识的仍然限于法官，律师，或所谓法学家。譬如查士丁尼大帝的法典，差不多便只有当时法律注疏家能够了解。而集这种专门法典的大成的，便是一八九六年德意志的民法典。德意志民法典颁布之后，举世称为杰构，因为他的“术语”，他的结构，能使那些富有专门法律知识的人们，感觉着他的条文异常整齐，异常明晰。但是一般民众对于这种杰构，不见得能有十分之一或百分之一的了解。

至于吾国，在郑作《刑书》，晋铸《刑鼎》以前，法律的状态，似乎也只在秘密法的阶级。关于此点，胡适的《中国哲学史大纲》有一段精辟的考证，我们可以征引：胡氏以为春秋时期时的人尚不知法律公布的效用，犹以为法律愈秘密愈妙。所以郑国子产作《刑书》时，晋叔向写信与子产道：“先王议事以制，不为刑辟，惧民之有争心也。……民知有辟，则不忌于上，并有争心，以征于书而侥幸以成之，弗可为矣。……”这就是责子产不应示民以法。后来晋国范宣子铸《刑书》于鼎上，孔子亦不赞成，他说“晋其亡矣！失其度矣。……民在鼎矣，何以尊贵？贵何业之守”。胡氏以为从孔子的这两句话，足见当时刑律只在“贵族”的掌握；孔子恐怕有了公布的刑书，贵族要失掉他们掌握刑律的专“业”，所以表示反抗。这大概都是确当的推断。

自子产作《刑书》，范宣子作《刑鼎》，李悝作《六经》，萧何作《九章律》而后，我们的法律便由秘密的阶段，进到了成文法典的阶段了。但是法典尽管是公开的文书，一般民众仍然不识法典为何物。在“焚书坑儒”的秦代，便只有所谓“吏”者知道什么是律。在儒术复兴的汉代，一般大儒诚然亦多习律——譬如郑康成等经学大师，亦率“章句律令”，往往有数十万言的法律著作。但到了东汉末造，儒家重道德，轻法律的观念，已经深入人心，一般士大夫已经不屑言律了。而后便只有当时所谓“刀笔”，后世所谓“刑名”那一流的人，乃知法律为何物。自唐迄清，历代的刑法典，如《唐律疏议》、《宋刑统》、《大明律》、《大清律例》之类，便俱直接间接，完全成自这些以律为专业者之手。而在实际上，也只有他们能够了解律文；因为法典的文字，与普通文字往往相去甚远，不单是结构奇特，而且含有何许多“术语”。即就《大清律例》而言，律文里面的虚字实字，亦往往含有特殊的意义，我们倘仅从一般字书去寻觅他们的意义，便或不免误解。就实字说，譬如“众”字“谋”字之类，在律例上便各有一定的界说（依照《大清会典》的解释，“称众者三人以上，称谋者二人以上”）。就虚字说，譬如“准”字“以”字之类，亦各有他们的特殊定义；“准”者“取彼例此，与实犯有间”；“以”者则虽“非实犯而与实犯同罪”；所以刑律中“准枉法论”，“准盗论”一类的规定，与“以枉法论”，“以盗论”一类的规定，意义大有区别。法典的文字既然如此专门化，不能了解法律的人，自然尚不能句读（相传前清某刑部尚书，到部视事之后，对于刑部公文，亦往往不能句读）。

民国成立以后，法律的内容与形式，自然都得改变；但是草拟法典的人，或则中了旧日“刑名”之毒，或则受了德意志民法典的影响，于他们所拟的法典草案之中，仍然安上了许多不必有与不宜有的法律术语，而使一般人绝对无了解之可能。这可以北京修订法律馆所草的《民律草案》第一条为例：该草案第一条说：“人民之权利能力，始于诞生，终于死亡”。我现在要问：凡没有习过法律，尤其是德、日诸国法律的人，懂得什么叫做权利能力，什么是这个条文的大意么？本来，权利能力一语，完全是德国法学名词。德国法学者，因为法律上尝以权利之享有与权利之行使对称（享有某种权利的人，不必即能行使那种权利，例如未成年者），遂拼造两个法律术语，一为权利能力，一为行使能力。凡是习过德国法律的人，自然都知道权利能力就是享有权利的资格，行为能力就是行使权力的资格，也可说是“得为法律上有效行为之能力”。但是一般人，犹其一般中国人，怎么曾知道这种学术上的用语？而在实际上，这里亦殊无采用这种用语之必要；日本民法第一条便只说：“私权之享有，始于出生。”而无权利能力等字样。我们如果避却“权利能力”一语，约略地仿照日本民法第一条的形式，以规定权利存在之始终，究又有何不可呢？所以我们读了北京修订法律馆的《民律草案》，不单觉得他的内容往往过于陈腐，与国民党的主义不相融合（譬如亲属、继承诸编），就是他的文字，亦实不免过分的专门化，而使我们感觉旧学究的律师的臭味太重。

自然，用专门家的语言编纂法典，较诸采用普通语言，亦必有他的特长。因为专门家的语言大率有一定的意义；普通语言往往没有一定的意义。但是编纂法典的人，如果有相当的技术，而且肯费心思，则即多用普通语言，少用术语，亦未必不能成立一种完善的法典。一九〇七年的瑞士民法典，以及一九二二年的苏俄民法典，就是两个例证。这两种法典，就其内容而言，固然都是一种保护民众内阁利益的法律。就其文字而言，亦俱不失为一种民众的法律。不论什么人，只要他受过普通教育，对于这两种法典，便不难得到相当的了解。然而这几种法典，初未尝因为他们的语言近于普通语言，减损了他们的精确。就令他们的语言间或使他们的条文欠缺精审，我们还得知道，法典的颁布，毕竟是给一般民众看的，不是单给法官律师们看的；为的是指导民众的行动，不单是指导法官的审判，律师的辩护。

因此，我们认为吾国将来制定新法典的时候，对于法典的形式，应该仿照苏俄，瑞士的法典，条文不太繁，语言不至过于专门。盖语言过于专门，一般民众便无从辨识法典的条目；条文过繁，一般民众便不易辨识法典的精神。而在实际上，许多比较细微的地方，尽可让诸法院去补充或解释，而无规定于法典本文之必要。

《现代评论》第6卷第151期，1927年10月29日。

法律与民众（二）

第二，民众的法律，必须是民众能够利用的法律。

任何法律，如果在实际上只有那些富于资产的人，只有那些“有钱打官司”的人，才能利用，则不论那种法律的内容如何，亦决不是民众的法律。因为从经济方面说，民众二字的特征，就是贫穷；如果有钱才能诉诸法律，一般民众便无诉诸法律的可能。所以民众的法律，不单要使民众容易了解，并且要使贫富都能利用。

自从法兰西革命以来，列国宪法差不多都有承认“人民平等”的条文。这就是说，人民的权利，在法律上，不因阶级，种族，宗教，甚或性别，而生差别。这就是一般所称道的法律平等主义，但在一个经济不平等的社会里面，这种机械的法律平等主义，并不能实现公道；因为权利的平等为一事，拥护权利的能力（或诉讼能力）为又一事；人民的权利尽管平等，其拥护权利的能力不必平等。我们如果希冀真正公道的实现，务必使那些缺乏诉讼能力的贫民，也和富人一样，具有拥护自己权利的能力。所以在英、美、德、法、瑞典等国，近来都有一种所谓“诉讼救援”Legal Aid运动。我们如果知道缺乏诉讼能力的贫民，与富人比较，处境是如何的不利，我们就可瞭然于这种运动的重大意义。

一个穷人，如果受了任何人的委曲，在法律上，自然也和富人一样，可向法庭控告，可向法庭抗辩，但向法庭控告，或向法庭抗辩，实际上往往非钱莫办：第一，你得给付法庭的手续费。这种手续费如果定得很低，一般人或者还可勉强付得出；但为防止人们的“健讼”，与增加国家的收入起见，有些国家，却不免将法庭的手续费定得颇高。第二，你得给付提出人证的费用。这种费用，往往非贫民所能负担；但是诉讼人如果不能提出必要的人证，他们的“官司”，也许竟无胜诉的希望。而提出人证，往往就非给证人付旅费或其他费用，不能做到。第三，你得给付律师费。这更非贫民所能负担了；而良好的或有能力的律师，尤非贫民所能延请得起。因此，一个贫民，纵然受了他人的委曲，根本上就未必能到法庭里面去申诉；就令到了法庭，也很难得到胜利：如果他是一个刑事被告人，也许没有任何人给他搜集证据，给他辩护。如果他被押在刑事羁押所内，也许不能与任何人通声气，因为看守所里的嫌疑犯，往往只能接见他们的律师，而一般贫民，却无雇用律师的能力。而在他一方面，富人的情形便大大的不同。他们付得起法庭手续费；他们付得起调集人证的费用。如果他们是刑事被告人，他们可以得到良好的与有势力的律师替他们辩护——举例来说，两年以前轰动一时的倪案就是一个好例：一个犯了杀人嫌疑的，然而有钱的倪道烺，可使全北京的大律师，即刘崇佑，林行规诸人，都做了他的辩护人。如果他们是民事诉讼人，他们并且可以把案子完全交给他们的律师，不必亲自出庭；换句话说，就是不必看法官的面孔，不必损自己的尊严。

职是种种，法律与法庭，在一般人心目中，并不是一般民众自卫的工具，只是资产阶级的武器。所谓“诉讼援助”运动，就是矫正这种弊病的一个企图。他的目的在使贫民不必花钱而能得到诉讼法律。但从方法上说，诉讼援助亦有种种形式：

有些国家，援助贫民诉讼起见，特准法庭（对于）免收法庭手续费，或令贫民仅于胜诉之后补缴这种手续费。这种援助，自然不甚济事；因为诉讼的主要费用，如前所述，除了法庭手续费而外，尚有提出人证雇用律师等费；而这些费用并且往往较法庭手续为尤巨。

诉讼援助的另一形式，就是所谓“指定辩护人”制度。这种制度在由法庭指定律师，为那些无力延用律师的刑事被告人，作辩护人。法庭对于所指定的辩护人，也许酌给津贴，但其数额当然不曾很大。吾国近年亦已采用了这种制度：在北京的法庭据说被指定的律师，每出席法庭一次，所受津贴不过一二元。这种形式的援助，自亦不能发生圆满的效果；因为良好的有名望的律师，大概不愿意担任这种工作；就令他们被迫担任，仍或不免草率敷衍将事；他们的精力，当然要用在那些有钱可赚的诉讼案件上。所以英美诸国提倡“诉讼援助”的人，近来颇不信任这种制度。且斯制之适用，既仅以刑事案件为限，援助范围亦实不免太狭。

有些国家，贫民诉讼的援助，差不多完全由律师他们自己组织机关，或由慈善团体组织机关办理。譬如英国便有所谓“贫民律师会议”Poor Man’s Lawyer Meeting。这种会议是由那些自愿帮助贫民的律师们组织的；这些律师大概每星期划出一点时间，来到会所，给予那些有委曲的贫民以法律的指导，不索报酬。但是这种律师，既然还得另靠有报酬的案子吃饭或赚钱，自然都不曾有充分的时间给贫民办案。且办理诉讼，不仅需要律师的指导或辩护，并且需要证据或证人：这种调集证据及证人的费用以及其他杂费，我们自然不能希望那些律师自掏腰包。所以这种形式的援助，究亦不过点缀点缀而已，实际上未必有很大的效果。不但如此：律师们或慈善团体所组织的诉讼援助机关，多少总含有几分“慈善事业”的臭味。一个受了委曲的贫民，只因为无钱诉诸法律，就应该接受他人的“慈善”，然后［才］能拥护自己的权利吗？

苏俄革命政府，为谋贫民诉讼的便利起见，曾经依照他们的革命理论，采取了一种彻底的解决——即对于一切具有充当律师资格的人，下总动员令。换句话说，凡具有充当律师资格的人，应一概属于法庭，由国家给以生活费；同时他们都负有执行律师职务不受报酬的义务。在一个共产主义的社会，这种解决却无采用之必要：对于那些有钱的人，我们尽可让他们自己出钱请律师——在实际上，他们也许宁愿自请律师。当律师的人，如果只愿意做私人的律师，不愿意做国家的律师，也尽可各随所好，我们不必强迫他。

在一个共产主义的国家，我们所盼望实现的是：一切贫民都能得到必要的诉讼援助，这种援助，并且不是人对人的一种“慈善”，而是国家对于人民的一种义务。为实现这种理想起见，我们用不着对于一切操纵律师业的人们下总动员令。我们只消在各大都市（或一切司法行政区域），以中央政府或地方政府的公费，设立一个完善的“诉讼援助所”。资本主义的国家，近来已有采行这种社会政策的；我们亦亟盼吾国能及早推行这种政策。依着我们的理想，这种诉讼援［助］机关，应由国家以重资延用道德与学识兼优的律师若干人组织之；这些律师并且是专任人员，不得私营律师业；否则他们的精力，一部分或大部分又会用到私营的业务上去。这种机关，对于一切缺乏诉讼能力而有诉讼理由的贫民，应负有尽量援助的义务：这种机关，不单是不能向贫民索取律师费，并应代贫民给付一切必要的诉讼费用；这种机关，不单是对于无力延用律师的刑事被告人，应履行美国诸邦所谓“公立辩护人”的职务；就是对于民事案件，亦应给予贫民一切必要的援助，俾一切因家庭问题，钱债纠葛，工作契约事件，土地房屋租用事件，……而受压迫的妇人，佣工，房客，佃夫以及其他穷而无告的小百姓，都能诉诸法律，都能得到法律与法庭的保护。

有些人，或者以为这种诉讼援助机关的设立，不免助长人民好讼的风气，而使法庭的工作随［之］而增多。但是这种机关，于决定援助以前，既须审察请求援助者是否缺乏诉讼能力，并且是否具有诉讼理由，则［择］其给予援助，自不至过分的助长人民“健讼”的风气。至于法庭的工作，不单是不必［会］因此而增多，也许还可因此而减少；因为这种机关援助平民，不一定要到法庭起诉（那不过是最后的或不得已的步趋），往往可以径向请求援助者的对手方，说明是非与利害，试行和解。和解如果成功，法庭就无工作了。

基于以上所述的种种考虑，我们认为吾国将来制定新法典的时候，应将这种诉讼援助的设置，看作与法院的设置，有同等的重要；应该将这种机关的组织与职责，以单行法为之规定，甚或在法院编制法及诉讼法规里面，规定一个大要。我们要知道，我们的国家是一个赤贫的社会；如果没有这种机关存在，恐怕百分之九十以上的人民都不能得到法律或法院的丝毫恩惠。那末，我们的法律还能说是民众的法律吗？

《现代评论》第6卷第152期，1927年11月5日。

周鲠生

周鲠生（1899—1971），原名览，1899年3月6日出生于湖南长沙。13岁参加科举考试，中秀才，不久，废科举，兴新学，又考取官费，进入新式学堂。1906年赴日本留学，在早稻田大学攻读政治经济科，并加入中国同盟会。辛亥革命前回国，在汉口参与创办《民国日报》，宣传民主革命，后因抨击军阀专横，反对袁世凯独裁而被通缉。在此期间，于1913年获得湖南省官费，赴英留学，并改名鲠生。在英国入爱丁堡大学攻读法政，获得法学博士学位。后又进入巴黎大学，获得法国国家法学博士学位。1921年回国后，任商务印书馆编辑所法制经济部主任。1928年，与李四光、王世杰等人发起筹建武汉大学。1930年任武汉大学教授兼政治系主任，后又兼任教务长。1939年赴美国讲学，并先后担任出席中国太平洋学会年会的中国代表和联合国成立会中国代表团的顾问。1945年任武汉大学校长。1949年后，周鲠生继续担任武汉大学校长兼中南军政委员会委员、文教委员会副主任。1950年调任北京，历任外交部顾问、中国人民外交学会副会长、第一至第三届全国人大代表及人大常委会法案委员会副主任委员，为新中国的外交和立法工作做出了积极的贡献。1971年4月20日于北京逝世。主要著作有《国际法》、《国际法大纲》、《现代国际法问题》、《国际法新趋势》、《国际法概论》、《近代欧洲外交史》、《近代国际政治小史》、《现代英美国际法的思想动向》等。

我们所要的一个善后会议

老实不客气的说，我们对于现在的执政府是很不满意的；我们对于他的解决时局的诚意和能力也是怀疑的。但是我们究竟不能因此就连他所准备召集的，而我们认为有召集的必要和成功的可能之“善后会议”，也一概的反对或冷视。反过来，我们认为对于这种会议应当予以充分的注意和督责。

民国建设组织大计和其他关系国家根本问题，应当由一个代表全体人民的国民会议来议决，这是一定不易的办法，谁也不能否认的。不过国民会议召集之前必须先有一番预备。这项预备可分做两层。第一是对于国民会议本身的预备。国民会议如何组织，他依何方式召集，依何程序进行？这些问题都须先有个计画。换句话说，国民会议召集之前，必须先定出一个国民会议组织法。这项组织法关系如此的重要，当然不许由临时政府独断的制出，而又没有一个既存的代表机关可以产生他，那末，只有将他交给一个预备会议来制定。第二是对于国民会议的环境的改善的预备。负着那样重大的使命和责任的国民会议，不是可以在一切的环境里充分发挥他的活动，履行他的使命的。要使国民会议真能成个有效的机关，必须先在国内造成一个最小限度的民治的局面，使人民可以自由无阻害的表示他们的意思。试问国中各地特别势力的障碍不除掉，国民会议何以能自由选出，他何以能副民选机关之实？国民会议开会后，又如何能自由行使职权？国民会议的议决何以能在全国执行有效？然则收束军事，废督裁兵，树立民治基础，的是国民会议召集以前的先决问题。而这件重大的职任，也就非有个确具有实力的机关来决定执行不可，亦是很明白的事。

所以我们关于民国建设事业之最后的希望，虽然系于国民会议，而究不能不承认在国民会议开会之前，先召集一个预备会议，的是一个自然的不可免的步骤，这个会议就用现今执政政府预定的名称，叫做“善后会议”也可；或换个名称，叫做“预备国民会议”也可；叫做“临时会议”也可；或就冠用其他相当的名称也无不可。最要注意的点，是在如何组织这个会议，使他能履行两个根本重要的职务，就是：制定国民会议组织法和解决军事问题。前一项职务的虽极重要而比较的简单。我们所要求于这个善后会议（故用此名）的，不过在制出一部满足的国民会议组织法，本着信望，而不至为政府或任何一部分人所操纵的国民会议出来。至于后一项职务，则比较的复杂。善后会议须在极短时期内，收束全国军事行动，树立和平状态；他须把所有的什么巡阅使，宣抚使，护军使，镇守使，督军督理，善后督办，军务帮办，边防督办等等官职一概取消，并且缩小军队组织的单位，不许有统率一师以上的军官，也须限定现在全国应留存的军队数额，实行大规模的裁兵计画。军队应当概行调驻省会以外的地方，民政完全委诸文官，绝对不许军人干涉。善后会议并且同时限制国内军械的供给，最好是暂时停止国内各兵工厂的工作，并且禁止外国武器之输入。关于后之一层事件，可请求各国协助，请求他们适用一九一九年防止武器输入中国之协定，严行在租界内取禁止偷运的手段。

善后会议的这两个根本职务是很困难而很重要的。我们要讨论善后会议的组织问题，不可不把他的这种职务的性质置于考虑中。

我们以为关于善后会议的组织，有两个大原则，要首先认识的：第一，组成会议的人数务求其少，善后会议的事务原属目前急切的实际问题，利于速决；人数过多，反倒阻害进行。第二，这个会议须要真能代表国中各方面的势力的。善后会议和后来的国民会议的性质根本不同；他的作用不在树立根本大法，而在运用实力来处决目前的政治军事问题。只求他有实力为后盾，不必徒慕民选的美名。因此我们对于报上流传的执政府关于会议组织的草案，认为不满足，而对于一般人主张由全国各法团选举代表组织会议之主张，也不能赞同。执政府预订组织会议的分子说是分四项。我们除对于第二项所定的“各省区最高军民长官或代表”，认为能代表实力应当容纳外，对于其他三项资格，不能认为可作组织分子的标准。“有大勋劳于国家”，不能作为参加善后会议的理由，至于执政府所拟定的三人有的本来可以他项资格列席会议，用不着“有大勋劳于国家者”那个头衔，有的把他加入会议，简直是笑话。“非贿选议员互选十人”，他们究竟是代表什么的？至于所谓“有学术文望德业卓著者”，也就没有确定的目标，加以由执政府任命，就有使会议受政府操纵的嫌疑，更是不妥当的了。而在另一方面，主张由法团选举善后会议的议论，虽然说是依据代表原则，但姑无论现今各省的所谓法团，已经是组织不完备，内容腐败的多，由他们组织善后会议，不见得能副代表人民之实；就从实力上说，如此组织的善后会议也很难发生功效的。这样的组织究竟能有助于实际问题之解决几何？他的决议能否得实力派的服从，能否在国内执行，的是一个大大的疑问。

我们以为今日能在国内政治上代表一部势力的，有三项分子。第一是握有兵权的军队首领。第二是在社会具有一种精神的势力，而当为一切政治运动社会运动的指导者之智识阶级。第三是实际从事政治运动的政党，他们是代表武力以外的政治势力的。如果要使善后会议真能代表势力，成个有效力的机关，我们以为应当由三项人员组成：（一）各省最高军民长官和反对曹吴的各军队首领或他们的代表；（二）智识阶级的领袖；（三）各大政党的领袖。关于（一）项人员无说明的必要。（二）项人员当然出自推选，而推选的机关不外是全国高级的教育学术机关。（三）项中之人员当然也是由各党推出；至于哪一项团体可列于政党，则是一个事实问题，当就各团体过去历史上和现存事状而依社会上公认的标准以决定之。又为保持临时政府和善后会议的联络，为会议的决议执行便利，现在临时政府的执政，似应为善后会议的当然分子，而且应即为善后会议的主席或议长。至于这个会议是否不至于像国内过去的各项会议一样，终成为一种瓜分地盘，瓜分政权的会议，而终于失败，则也不能及时断定。可是“倘物望所归之中间人物，于会议之中以绝不争权植势之义自律；复能一面善用军阀之戒心与民众之呼声，一面善用其自己政治上之实力与人格上之权威，又安见今番会议，必不能有相当之成就？”（见本刊第一期王世杰先生的《时局之关键》）总之我们对于时局的前途，对于善后会议的前途固然是不能作乐观——毋宁说是很悲观——，然而在时局没有意外的特别重大的发展，关于时局的解决没有别的新的更好的方法的以前，我们认为应当给这个所谓善后会议的方案一个试验的机会。

《现代评论》第1卷第2期，1924年12月20日。

约法问题的解决

我们关于法统问题已经讨论的很多。若不是因为现在所谓“非贿选”国会议员们仍然捧着法统的招牌，闹的乌烟瘴气，而国内有心人又有渐对于临时约法消灭后之局面怀疑的，我们也用不着再多说了。

关于国会这个问题，我们可以给他一个很简单的解决。国会是已经消灭了的；无论就法律上，道义上，事实上说，这个“长期的国会”，再没有继续存在的根据。临时政府对于这已经消灭的国会本来用不着特别正式的下什么取消或解散的命令。为弄清现存情势，消除国人误会起见，最好是由临时政府直截了当的发一道布告，宣示国会消灭之事实，声明以后凡旧议员用国会名义开会，无论出以何形式，（常会或非常会），在何地点，均系不法的集会，应由当地官吏随时禁阻或解散。

至于约法问题，比较的复杂；我们认为对于这个问题的解决，有予以充分的考虑之必要。这个问题有原则和事实的两面须考虑。

就原则上说，似乎约法是民国的根本大法，不容一日不存在的。因之有人要绝对的反对取消约法；或者退一步，承认约法可以取消，但主张要经过一个严重的手续，说是非待国民会议不能做这件大事。但是这些人忘了约法已经是多久［前］被贿选国会和曹锟破废了的。现今对于这个已经破废的约法，本来没有取消之可言。今日谈到约法问题，就不是约法可取消不可取消之问题，而是已经破废的约法应当恢复不应当恢复之问题。恢复既废的约法，倒袁已有先例，本非绝不可仿效之事。问题是：现在仍旧抬出约法，究竟和这次革命的本旨不合。这次国内大政变，大家认为是革命的性质。现今临时政府就是从革命产生出来的；他的宗旨已经宣布明白的，是“革新政治，与民更始”。这就是说这次革命是要将民国十三年政治上糊涂的旧账一笔勾消，而重新创造一个局面的意思。现今临时政府之人物及他们的行为，是否说得上革命，又当别为一个问题，不过他们标榜的革命主旨则不能说是不对的。所以“临时政府制”也就由他们独断的定出，大家把他看做过渡时期中一种临时的组织，也就不挟异议。如此组织的临时政府是全然离开旧法统而新造之一种局面，在这个局面中未有容留约法存在的地步。今日若是适用约法，就是根本的打消“临时政府制”，又要回到旧法统的局面。在奉直战争之后，国人附和一派军阀，抬出那个已经解职的总统，已经解散的国会出来装门面，演所谓“法统重光”的趣剧，已经是表示国民的惰性，国民苟安的习气；表示一般人只知道贪现成局面的便宜，缺乏想象的创造的能力。那次的事变已经是在政治上铸成一个大错，替军阀加个合法的名号，闹出了两年的大祸害。现在如果再不痛痛快快的承认个彻底的改造，而还要闹什么法统的花样，倚靠这一部空文的约法，来装门面做护符，那末，中华民国的糊涂账真是要一辈子算不清的了。我们与其今日再弄出法统来徒滋纷扰，何不直截了当的完全抛弃约法，努力的向着革新的途径走去，在极短的时期内，解决时局，另造出一个建国的根本大法出来？总之今日全国人民的心理是要求根本改造，不是要再回复法统。我们尽管监视或反对现今的临时政府，甚至在必要之时，要根本的否认这个政府之存在，却不必定要再捧出约法来。

不过是在事实上，约法废了后民国究竟将成个怎样的局面，倒也有令人不能不怀疑虑的处所。关于这层，吴稚晖先生已经给了我们一个警告，他说：“……况且约法是废了，执政是一个临时执政，又不叫做临时执法，简直大法中断，执政固得放手做事，或者非执政也放手闹花样，又怎么办呢？”（见本刊第二期《怎么办呢？》）这类的疑虑自然是应该有的。我们鉴于临时政府组成分子在过去政治上的历史和现今民国内外的情势，的确对于“约法废了后怎么办呢？”这个事实问题不可不予以慎重的考虑。可是这个问题也不是全然没有相当的解决方法。国人现今所预虑的事，最重要的，不外民国国体，国民主权，民国疆域，人民权利自由诸端。关于这几端，可于约法之外找出保障来。

第一，临时政府固然标榜革命的旗帜，但是革命虽有毁法造法之效能，究竟不是全然无法的局面。革命的临时政府之时代，也有临时政府的规则须遵行，不是可以为所欲为的。实则临时政府制已经明明规定了，凡行政司法各法令除与临时政府制抵触或以命令废止者外，均仍其旧。那末，在临时政府期内，人民的权利自由于此就有了一层保障。

第二，临时约法虽然废了，民国立国的几个根本原则并不能因之打消。有种原则比如共和国体是立于约法之上，原来不发生问题的。民国先于约法而存在，约法是民国产生出来的，不是民国由约法创造的。约法之存废并不涉及民国之存废问题。关于这层，临时约法自身，供给了我们一个确切的论证，就是：在约法上并没有规定共和国体之一条。可见在约法制定的时候，造法的人已经认定共和国体为立国的根本原则，用不着特别在约法上多次一番声明。然则今日说什么约法去而国体失所依凭，不是有意欺人之词，便是没常识的话。如果有人说，临时约法之头上究竟冠有中华民国之名号，那末，现今“临时政府制”的头上，不是也明白的冠有中华民国的四字吗？总之，民国国体决不是徒依一部约法可以维持，也不是绝对非依约法不能存在的。

至于关于国民主权，民国疆域，人民权利自由之原则，虽然载在约法，但却不是一定随约法之废止，而根本破坏的。在一国宪法里面的规定，本来可从法律的性质上分出两部分：一部分为“宣告的”性质，他的作用是宣告既存的事实或确定的原则，临时约法第一章的第一第二第三条关于国民主权民国疆域之条文，及第二章第五条至第十二条关于人民权利自由之条文，属于此种“宣告”的规定；其他部分为“制定的”性质，他的作用是在创制造法，约法第三章以后关于国权组织运用之事悉属于这类规定。后一类的规定，当然随着约法废止而失效。至于前一类的规定，即国民主权，民国疆域及人民权利自由，则尽管遇着约法废止，他们在原则上仍是不能取消的；他们属于辛亥革命民国立国的根本原则，有确定不易的性质；约法之规定不过是宣告既立的原则而加一层保障，他们并不是由约法造出来的。试举一个外国的实例来说，法兰西第三共和之宪法的规定简单，仅及于国权组织之要项，而关于民主权人民权利自由之大原则，一字不提。但是法国政府究不能否认国民主权和人民的权利自由。法兰西公法家公然主张，革命时代的人权宣言始终超然于成文宪法之上为法国公法的根本原则。虽则未经第三共和宪法规定，仍是不可侵犯的。今日纵令民国临时约法消灭，约法上“宣告的”的部分究不容抹煞的；任何临时政府不得有漠视民国国民主权，人民权利自由诸根本原则之自由。

现在为从临时政府取得一个明文的保障，为释一般人对于约法废止后民国局面危险之疑虑起见，我们要求临时执政对于国民宣布一种保障规约，声明左列条件：

一、临时政府诚实的遵守民国立国大原则，凡约法上第一第二两章所列的关于国民主权，民国疆域，人民权利自由之诸原则，仍当尊重并保障之。

二、临时执政政府之期内不为对外缔约借债之事。

三、临时执政政府之任期，以国民会议成立，议定组织正式政府之时为止，但除非经国民会议之特别议定，至久不得超过六个月（从临时执政入京就任之日算起）。

有这三项保障，我们以为临时约法虽废，国本动摇之危险可以减除，除非是真遇有枭雄蓄意叛国；而在那个场合，则绝不是法律文字的力量可以防制的了！

关于临时政府任期之限制，有两个理由。第一，中华民国的国民有权利要求这个变则的临时性质的执政政府必在极短时期内结束；国民不能任令这种独裁政治的局面无期限的继续下去。第二，现今的临时政府是一个“事实的政府”，他的存在的理由，全在他负着解决时局的责任。那末，如果这个临时政府不能在预定的时期内履行他的责任，解决时局，促成合法的政府，那就是表白他自己的政策失败，他的能力破产。因而他就失掉了他存在的根据；不能再继续要求国民的信托或容认了。

《现代评论》第1卷第3期，1924年12月27日。

善后会议是否应当参加?

民国建设大计和其他关系国家的根本问题，当然要由一个真能代表人民全体的国民会议来解决。不过在国民会议召集以前，先开一个预备会议，的是今日解决时局比较切实的一个步骤，凡不肯漠视现存的事实的人们大家所共认的。对于这种预备会议，各人尽管使用不同的名称，但关于这个会议的性质和他的使命则大家心目中究竟大致已有个共同的观念。现今的执政府自始打起“善后会议”的旗帜号召国人，就说是把他来充国民会议以前之一种预备会议。我们觉得名称问题是小事，用不着和他来争论，但关于这个会议的组织和职务，则认为有要求充分审慎，作成的完善的计画之必要。(参看本刊第二期《我们所要求的一个善后会议》)。不幸而后来执政政府发表的善后会议的组织分子和我们所主张的相差甚远，很令我们失望。(参看本刊第三期第五期时事短评和第五期高一涵先生的《善后会议议员出席问题》)。因此我们对于现政府解决时局之诚意更加怀疑；我们觉得这个善后会议的前途非常黯淡；因此而使我们最初赞成善后会议的热度减落了许多。今日对于由这种政府召集的这样组织的善后会议，有心解决时局的人们究竟应当决然拒绝参加还是率性参加会议，准备提出主张，在会内奋斗？这是近来交战于许多人脑中之一个大问题。今日民党分子和少数被聘请会议的名流诸公，似乎大都对于参加这个会议问题之态度仍在踌躇不定之中，也是不足怪的。实则我们对于这个问题，也很费了一番思索，一时不知道究竟应当如何决定。但是仔细从各方面事势上考虑的结果，觉得还是应当参加会议。

第一，参加善后会议和参加执政政府是全然不同性质的两回事。我们尽管不信任现政府或竟敌视现政府而决定不和他合作，甚或可以揭破政局的内幕于国民的，则不可不参加。尤其是一个政党，自己抱有政治上的主张，遇着可以正式提出主张的机会，更不要轻易放过了。他尽管和既存的政府势不两立；究竟在会外反对政府，不如在会内反对之有力量。今日国内民党和现政府的关系本来未至于势不两立的地位，更无绝不可参加政府召集的善后会议之理。

第二，就令民党和少数名流不满意于这个善后会议而拒绝参加，善后会议之开会似已成必然的事实，究不会因是而中止的。并且这个会议的分子本来凑合各方军阀政客而成，犹以军阀的分子占多数。如果比较属于有政见的民党分子和比较有人格而负时望的名流不参加，那末，这个会议完全为军阀势力所支配，就难免不真如世人所疑虑的化为一种瓜分地盘的会议，一种政治的分赃会议。那末，今日民党和名流或其他比较好的分子不参加善后会议，并不足以妨制［止］这个会议之为恶，反倒增加他为恶的可能，会议一经决定大事之后，那时候再来抵抗，来求救济，也就嫌太迟而多增一番纷扰。充其极民党和名流等不过能说这个会议全是军阀包办的会议。他们自始就没有参加，对于这会议的结果，不能负责任罢了！

第三，现今这样的善后会议的前途，已经令人怀疑，如果民党和名流等不去参加，那个会议之无信用，无结果，是可以断定的，而时局的解决更是无希望了。民党分子尽管说对于这个会议的结果不负责任，然而究不见得能得国民的谅解。国人徒见民党之拒绝参加会议，而未有明白的主张表白出来，反倒不免以为善后会议之无结果，时局解决计画之失败，由于民党之反对会议使然。民党和现政府或实力派对于时局之责任问题倒反不明白了。所以为使责任明瞭起见，民党分子和负时望的名流也应参加善后会议，把他们正大的主张正式的提出来；如其主张不见采纳而会议终归失败，那时责有攸归，他们的态度也就可以得国人的谅解了。

有人说既然善后会议的前途希望甚少，民党或名流等又何不自始就避掉这事，何必参加会议分担这个失败的不光荣呢？但是我们要知道军阀之操纵会议是为争地盘，争势力的。民党和名流等为诚心解决时局而参加会议，不争地盘，而公然发表正大的主张，如其无效，可以洁身而退。则善后会议虽终于失败，于民党反倒是光荣。善后会议失败的日就是实力派政策破产信用丧失之时，也就是民党取得国民同情增加精神的势力之时。那时候时局也许有新的发展，而我们所希望的国民会议或者能以别的方法促成，亦未可知。

本这种种理由，我们主张民党和名流等排除一切疑虑，直截了当的参加善后会议，准备在会议中为他们的主张政见奋斗。

现今对于善后会议怀疑或反对的人们，最重要的，就是怕他定出不妥善的国民会议组织法，有害于民权之伸张，民意之表示，因之影响到民国建设的根本计画。不知善后会议的职权只在制定国民会议组织法，并不能限制国民会议之活动范围，因为国民会议当然是主权机关，可以自由议定一切。有人也可以说善后会议的议决虽不能影响国民会议之活动，然而假若善后会议所定的国民会议的组织不妥善，也就难免这国民会议名不副实，徒为一部分军阀的操纵，利用。但是要知道既然叫做国民会议，关于这个会议的组织，当然有几个共认的必备的原则，组织法任归何会议制定，那些原则是不能漠视的。关于国民会议组织的原则，民党的人在会议中可以主张，会外的舆论可以督促；而这问题，在军阀方面未必认为是直接关涉他们切要利益的处所，也不见固执己见。所以要求于善后会议以外，另召集一个筹备会议，专为制定国民会议组织法，不仅在今日事实上难能，抑且未见得有多此一番重床叠架的必要。

总之，今日纷乱的时局不容再延长了。环顾国中，真是疮痍满目，群盗如毛。有心人鉴于兵祸的苦痛，人民厌乱的心理谁不感觉及早解决时局，恢复平和秩序，树立民治之必要？我们固不赞同姑息苟安的政策，但凡有可以少流一人的血，少延长一天的内乱，而可以达到解决时局的目的之希望，无论何项计画，都须得一试。试之而无效，仍可另寻途径。善后会议不过［是］一个解决时局的实际方法，他不是一个主权机关，他的决议不是最后的。如果这个会议不幸而果真为军阀政客所操纵，偏要行其营私利己，祸国殃民之计，那末，有民党分子和名流等揭破其奸于内，自然可以引起国民舆论抵抗于外。在这种情形之下，善后会议尽管仗着多数，有所议决，他的决议也就失了效力，也就不能自由执行的了。所以今日民党分子和一切自认有主义有良心的人，尽可大胆的参加善后会议，并不因是而在精神上物质上受何束缚。这个会议的生命反直是有一定的期限的（依执政府公布的条例，他的开会日期至多不能过一个月零二十天）。他们不可徒持一味反对的态度，而没有苦心孤诣冀得成功于万一之企图；他们也不必因此丧失他们行动之自由，抛弃他们固有的政见；他们也不可无最后其他必要的手段贯彻他们的目的的准备。我们深望平日挟有解决时局的大抱负的民党分子不要徒为消极的反对以谢责；负有时望而关怀国事的名流们，不要徒退避以鸣高。今日不仅不必反对善后会议，并且要力促这会议之及早开会，国民不能任令现在的局面无限的延长下去。在执政政府公布的条例，善后会议的开会日期虽有限制，至于这个会议究竟从何日起开会，则由执政自定。我们以为这层是善后会议条例的缺陷，应当要求执政政府补充的：执政政府关于善后会议应当及早宣布一个最迟的开会日子。这不仅是于防止现政府故意的延缓善后会议的开会日子为必要，并且为在善后会议到会人数不足许久不能开会的时候，为判断现政府政策失败的标证。因为在预定的期限内善后会议的工作没有结果，固然是执政政府政策破产的证明，就在一定的期限内执政政府不能开成他所提倡召集的会议，也就是表示他的政策的破产，因而表白他没有解决时局的能力，而失掉他的存在的理由了。

至于善后会议根本职务，除议定国民会议组织法之外，尚有解决军事和整理财政的两宗，而尤其是解决军事，废督裁兵的事业，更为困难。参加善后会议的民党分子和名流等或其他诚心解决时局的人们，应当对于这些大问题事先应当为充分的考虑。立出系统的具体的实用的计画来，提出于会议，而公诸同人，以求国民的判断和赞助。关于这三个根本问题我们也当从本刊的下期起继续发表我们的主张。

《现代评论》第1卷第6期，1925年1月17日。

从善后会议到国民代表会议

执政府为解决时局纠纷而召集的善后会议，超过法定的会期，整整的忙了两个月零十天（从二月九日算起），现在真的宣告闭会了，（四月二十一日）。它的唯一的成绩（?）就是一部国民代表会议条例！除此以外，简直可说是一事无成。在会期中，各方军事行动依旧进行，时局纠纷未为稍减。并且对于军事财政两项的善后方案，也就连形式的决议都没有通过一件；这些事件都推到什么整理委员会去办了。赤裸裸的事实摆在这里，有目共睹，还有人能说善后会议不是全然失败么？我们屡次说过，善后会议的失败便是段政府政策的失败。可是对于现政府当局毕竟说不上政治责任！

不错的，现在国民代表会议条例通过了。段政府“革新政治，与民更始”可以借重这个未来的国民代表会议。可是我们要知道，段政府所要召集的国民代表会议不是国人心目中所想望的国民会议。原来法制院提出的国民代表会议条例草案已经去我们的理想甚远，已经有许多缺点（参看本刊第十二期王世杰先生《评政府提出的国民代表会议条例》），然而这次经善后会议修正通过的条例，更是变本加厉了。原案尚未以明文夺去国民代表会议的宪法起草权（虽则法制院说明书已有此示意），而条例上则居然规定有特设的宪法起草委员会。如是则国民代表会议之组织全依据旧式的地域代表制度；而其职权限于制定宪法及其施行附则。并且即对于制定宪法及其施行附则，该会议亦只有议决之权，至于起草之权则委诸由各省军民长官及执政派人组成的宪法起草委员会。段政府若是真有意依国民代表以决定民国根本建设大计，决不会令善后会议造出这样一个条例出来。尽管他们说甚么制宪权不必包括起草权，我们决不信一个国民代表机关在制立国家根本法上能受会外一种特殊机关的议定之拘束；我们不能承认行政长官有包办宪法起草之权利。依此条例而开会的国民代表会议有不有维系国民信望之可能，能不能制成人民信仰的宪法？我想就是段政府自身也不能不怀疑。老实的说罢，这个国民代表会议条例恐怕终久［究］总是一部空文，所谓国民代表会议可说精神上早已死去。在军事善后会议问题全然没有解决的局面下，何以能于全国依法举行国民代表的选举？即令将来会议开成，决不能副国民代表之实，决不能包含全国分子，可想而知。姑无论在纠纷的时局之下，事实上没有容宪法施行的余地，而且由如此的会议制出的宪法，名分上又何能邀国民的承认？本来段政府也不在乎此。国民代表会议之能否成立，宪法之能够制成实施，于他们不关紧要，他们唯一的目的在长久维持政府的生命。那末，所谓国民代表会议只是一种装门面，掩饰国人耳目的东西，本来用不着要它真代表国民，并不利于给它以多大的权限。段政府目前所需要的，另是一种议会形式的机关，为现政府的行为，加一副合法的面目。现在预备召集的甚么临时参政院，就是这样一个机关。

临时参政院由各省区军民长官代表各省法团代表及执政选聘的参政组成，是为“辅佐执政”而设立的。这是以一种行政性质的会议，而行使立法机关的职务。参政院的职务不是涉及于议决“执政府对外缔结之条约”及议决“增加国库负担或租税之事项”吗？临时执政有了这一个“辅佐”机关做他立法的工具，他可以缔结条约，可以增加租税和增加国库负担，他的行为没有真正国民代表会议机关监督的麻烦，而却具了一种合法的形式。那末，尽管国民代表会议不成立，尽管宪法的机关不能产生，执政政府仍旧倒可以长久维持地位，行使职权；为执政政府计这是何等的便利呵！然而国人失望了。今日不论是缓进急进的人，凡是注眼于事实的，都不能不认定现政府当局毕竟没有解决时局的诚意和决心：敷衍偷巧的政策终久［究］不足以成事。“解决时局纠纷”，“树立民国建设大计”的责任恐怕还是要落到人民自己肩上。不过是空泛的运动，也是难望有结果的。凡有力的国民运动，必是有组织的。今后的急务是在民众势力的组织上做功夫。像现今民众势力这样的无组织，就是“人民自动的召集国民会议”之说，也是一句空话永远不会实现的。

《现代评论》第1卷第20期，1925年4月25日。

青年学生的政治运动

近几年来，国内学生界闹事的甚么运动，本来也太多。而在他方面，说甚么学生不要干涉政治，也是老生常谈，人们已听厌了。至于现在执政府的官吏还要用皇皇的文告，纠纠的军警来干涉学生做“五四运动”的纪念（或甚至干涉五七的纪念）更是“天下本无事庸人自扰之，”那有甚么益处，实形同反动，压制罢了。

一般的说来，青年学生从事政治运动，本来是变则的现象，在民主政治先进的国家很罕见的。我们试看像英、美、德、瑞士的民治国内有不有以学生团体的资格从事政治运动的事；恐怕说到这种事情他们国里的人都要很诧异的。我们记得在国内“五四运动”时代，学生包围总统府请愿（?）之消息传到英国，英国报纸有的著论表示惊异说，假若伦敦大学的学生包围首相雷多佐治和他交涉国事，岂不是一件很可怪的事情。外人赞叹我们国内学生热烈的爱国心，但究不解学生何以在政治上有这样直接的活动。实则在民治先进国家，就政治的见地说，学生本来不能自成一个阶级，不能自成一个职业团体，他们不过是各阶级各职业分子之共同造就，共同训练所。他们在政治上本无特殊利益之可言。在这种国家，各阶级社会的人都能关心政治，用不着在求学时代的青年学生来实地做政治运动。

但是在政治不进步的国家，学生参加或甚至领袖政治运动，却是常见的事。未统一时代的意大利半岛革命运动，德意志国民统一运动，有青年大学生的热烈的参加，已经成了历史上的美谈。革命以前之俄国大学生常为革命运动，反政府运动之先锋，也是显著的事例。至于我国辛亥以前之改革及革命事业，更是海外留学生和国内学生鼓吹运动的结果。当时为政治运动的指导或冒万难以从事革命事业的，是不是大都为学生社会中的人？今日长眠黄花岗下有名无名的英雄，不知有多少是青年学生。至于现在全国学生纪念的而在民国政治史上放光荣的“五四运动”，那正是代表青年学生爱国义愤的精神，更不待说了。我以为在政治不进步的国家特有的学生政治运动，确是代表这种社会一种特殊的活势力，确是一种过渡时代共有的现象，而且不一定是不好的现象。

因为在这些政治不进步国家里，在民众中，学生是比较有组织的团体，容易号召起来。尤其是在那些工业不发达的社会，大群民众聚合的场合，接触的机会很少，不能发生共同的利益观念，不能组织共同行动。加以在警察势力之监视下，一般民众集会结社失其自由；唯有学生为日常接触的分子，他们集合的自由较大。所以几乎一切的民众运动，总是由学生组织出来。又就智识上说，在那些不进步的社会，学生在民众中是比较的有智识的分子，他们比较的有政治的自觉心，对于国事比较的关心。假若想到在我们全国中读新闻杂志最多的人还是学生社会，便可以知道学生之常常做政治运动的先锋，毫不足怪了。在这种政治不进步的国家，一般民众无政治的自觉无组织的力量的时代，学生的政治运动究竟是自然的现象，而于领导民众攻打旧势力，究竟不是无功效的。若说现今中国在政治上已经脱离了这个过渡时代，“国事负责人，”这好像就是说“朕即国家”“国家兴亡老夫之责”，教小子们都用不着来管闲事了。这又谁能相信呵！

不过我们尽管承认学生的政治运动不是可厚非或禁止的事，然而青年学生对于他们自己的地位也应当有个觉悟。要知道不是一切形式或意义［上］的政治活动，都是学生应做的。学生的政治运动也须有适当的步骤，须守适当的界域。关于这层，有两点要注意的。第一，运动必真是政治的性质。那必须是真有政治的目标，而且一定的主义，出于纯洁的急公好义的动机之运动。“五四运动”就是一个好的模范。这样的运动才有政治的意义，才值得青年学生的牺牲。那些没有信仰，没有主张，徒藉政治运动之形式或名义而达私人利益之目的，或为一党一系，一人所利用，做他们活动的工具的，不算是从事政治运动。学生而从事于这种虚伪的无主义的运动，那是全无政治的价值，那是社会的自杀。年来学生的政治运动之所以难得社会同情，也许是因为那些伪主张运动太多，令人了看清看厌了的原故。第二，真正有力的政治运动，必须和民众势力相结合。中国的民众势力本来缺乏组织，但是我们不能不认定最后国家政治的改造计画，还是要树立在民众势力之基础上。青年学生不过是民众中极少数的分子，他们可以一时在政治上做民众的领导者，但不能永久靠做政治势力的根据，因为他们既不能独成一种实力，而以学生之地位，其活动期限亦是有限的。今后青年学生政治运动的步骤，应当求与民众接近，应当从民众势力的组织上做功夫。若是学生成长在社会中好像自成一个阶级，和真正的民众社会全然那样隔绝，那末，不仅他们的活动，和民众社会漠不相关。他们甚么宣传甚么活动，对于社会都是隔靴搔痒，不但不能取得民众之同情和赞助，有时反不免招民众的厌恶或敌视。

总之，国内青年学生的政治运动自有他的远大的前程，可以因势利导，而不容一概蔑视，并且终久谁也不能禁阻的。同时，就青年学生方面说，也要知道这种运动究竟也是不可以滥用的。政治活动本来不是求学时代的青年学生的本分，不过在特殊情势下，在极端必要的时候，不得已而为之。“五四运动”之可贵，在其激发于关系国家主权名誉之大事，全然出自学生自动的行为，代表一种纯洁的为国奋斗的精神。青年学生们！大家不要失掉了这种精神罢。

《现代评论》第1卷第22期，1925年5月9日。

民众势力的组织

在本周刊的第十三期（《时局的危机》）里面，我们已经暗示过：“……根本的方法，是在从民众势力的组织上做功夫。无论时局变化如何，毕竟国事还须得国民自己来负责；非到人民觉悟到自己的责任和利益，而其势力有确实的组织，恐怕特别势力总不会消除，政治总不会上民治自由的轨道的。”这几句话也许是老生常谈。可是鉴于过去数月国内经过的事变和现在的局面，我们更加觉得要特别把民众势力的组织这层意思，推阐出来，唤起国人注意。

现今的政局可以维持到甚么时候，将来变化至何程度，产出甚么局面，恐怕谁也不能预言。但是无论如何，有一点可以断定的，就是：像现今的情状继续下去，莫说在现政府之下，国事不能希望有个根本的解决，恐怕就令是继现政府而倚军阀以执北京政权之任何其他可能的政府，也没有解决国事的可能。依简捷的方法，由实力派协力解决时局之计画，前途已经绝望。我们最后的希望仍不能不回到民众身上。

靠民众的力量来解决国事，说来也许是有点迂远，但是较之利用武力之政策毕竟安全而较有希望。

民国成立已经十四年了，国家从未上过平和民治的轨道。在这过去十四年中，国内几乎一年不有战争，无一省不受兵祸。全国的政治，无分乎中央与地方，无一面非受武人势力的支配。无枪阶级的党人，政客，或政论家，尽管大争其政制，大唱其主义，毕竟是一场空论，任何一方主张胜，横竖也没有实行的机会。武人割据的事实不打破，一切制度或主义都托空言。可是武人的势力，决不是就以武人的势力可打破的。以毒攻毒之策在这里不见得适用。频年以来，各方迷信武力的思想造祸不小。军阀既拥兵恣肆，发挥武力统一的野心；而利用武力以政治目的，又为党人屡次尝试而失败的政策。今日联甲倒乙，明日又利用乙以倒甲，翻来覆去，总是这么一回事。其结果政治的目的不能达，武人的势力反以大张。因为利用武力，不徒无补于国事，而且增长战祸，以苦吾民。所以武力革命之事，到今日可说是全然失败。故孙中山先生去年在广东的时候，曾对人说，广东已经不是国民党的广东，而是军人的广东，他说滇军送到香港的存款已经有四五千万金；他们专门敛财，而不肯为公家出力打仗。孙先生诚有慨乎其言之，我们因此更觉得利用武力的政策根本错误。在广东的滇军也许是特别的专横，但是其他军队也不见得十分义勇。至于广东以外南北各地的军队，那是更不待说了。以前从事革命事业的人专在运动军队，组织军队上注意，而忽视了民众势力的组织，在原则上在手段上者不能说是错误。今后要改造民国的政局，决不能再靠军队，不能再依赖军阀。不但利用武力之政策当根本抛弃，就是甚么武力和民众联合之空想也要打消。就现今国内军队之情状看来，我们想不出有武力和民众结合之可能。中国的军队不比在强制兵役制下的各国军队之为国民的军队，有民主的基础；中国的军队纯是一种职业的军队，他们自称一个阶级，和民众的利益不必一致。今日希望军阀首领放弃他们的大权来和他们所剥削的欺压的民众携手，那真是梦想呵！民众如果有政治的觉悟，要出来支配政治，还是要组织自己，要自己造成一种势力。

空言民众运动，民众革命，是无用的。民众势力不是专靠大都市中偶然的广泛的群众示威运动可以表现，更不是专靠社会中某一部分的分子的活动可以代表的。无组织的群众，不算是政治势力；一部分人士偶然的冲动的行为，不算是政治运动。真正有效的民众势力必是有组织的。组织民众的势力当然要有确实可依据的自然的基础。这种基础今日可以从两处找到。第一而最普通的，是地方的基础。中国固有的乡村等区域，是一种最自然的民众结合的单位；这是地方住民基于守望相助的共同利益的结合，这是一种民众势力寄托的处所。次之而最有效的，是职业的基础。国内固有的职业团体，代表商人和手工艺匠人的，一般的有所谓七十二行；而新的职业团体则有商会工会等类的组织。民众势力的组织不妨同时依地方的和职业的两种基础以着手。把一乡一村的住民组织起来，增进他们共同利害的观念，唤起他们合作的精神，提高他们自治的能力，造成他们自卫的力量。是不是可以做民众势力的根据？各省固有的地方民团，组织得当，本来可成一种自卫的组织——以地方单位为基础的——之第一步。如能彻底的切实做下去，推行全国，当然可以给民众势力一个有力的组织，而构成一种政治上的势力。

至于职业的组织，则比较的问题复杂，更要特别做一番工夫。在近世社会组织之下，职业团体本来是民众势力组织之最有效的基础。但是现今国内的职业团体大都名不副实，未具代表同业分子的资格，未有完善的组织。如依其现状不改，那末，这种团体失却代表性，势不能作为民众势力的基础。今日的急务，是在对于既有的团体，施其改造，而对于无组织的职业分子，则从速组织起来。假使国内一切的职业分子都备完善的组织，在社会中代表一种势力。则灌输以政治的思想，促发其政治的觉悟，自然可以造成民众势力的根据，而在必要的时候，可以发生政治的效果，似不容疑的。

一旦全国民众势力依地方和职业的基础，有了组织，那就是国民政治的解放时期到了。

把组织的民众势力引导在政治运动的途径上，一方面可以积极的做民治建设永久的基础，同时消极的即可以抵制军阀势力之专横，打破特别势力的障碍。民众势力有了组织，在政治上自成一种大势力，不赖武力以自存，反之而为打倒武力唯一有效的力量。今日与其空言民众运动，民众革命，何如实地的从民众势力的组织上做功夫？有心政治改造之士，请快向地方，向职业团体方面去努力吧！

《现代评论》第1卷第24期，1925年5月23日。

沪案交涉的步骤

凡看清了沪案性质的人们，都要承认这次的事不是仅仅上海租界巡捕杀人的问题，根本的事实还是帝国主义的国家仗着他们在中国所占的特殊地位，把他们对待殖民地或属地土人惯用的强暴手段来对待中国国民。所以我国民这次对于沪案运动的目标也不徒在纠问租界事变的法律责任，而在根本的铲除将来同样事变的祸因，就是：打破帝国主义的关系国在中国的特权地位。

现在沪案的范围已经由汉口而扩大到广州了。汉口惨杀事件原是上海租界惨杀案的余波，当然属于沪案的一部分。就是广州事件，虽然政治关系较汉口事件复杂，性质亦更重大。然而起因仍在沪案，而民众运动的目标亦复相同，亦应当归并沪案办理。所以今日北京政府决不得因为内政关系，坐视广州单独抵抗外人，而应与广州政府当局接洽，通盘筹划，采定一致对外的方针，共同解决此案。

解决沪案要先认定交涉的对手。五卅惨剧虽然发生在上海公共租界，但因为租界的势力关系和捕房人员的管辖所属，可断言责任全在英国。并且汉口事件发生在英租界，有英国军舰的公然参加，英国的责任更加明确，广州事变也是由英人激发，是英国残杀手段的结果。英国对于这次沪案实在负完全责任。况且列强对中国的一切不平等条约之发生，皆系英国作俑。推翻英国的地位，就是改正一切中外不平等条约的关系的第一步。所以沪案发生以来，全国示威抵制及其他爱国运动几于一致以对英国为目标，并非偶然之事。现今政府对外交涉自应当循此倾向，集中于对英；一切谈判，要求都应以英国为对手。否则笼统的对于列国交涉，是徒然使英国避脱责任，增加交涉前途的阻难。诚然，日本纱厂事件为沪案最初的起因，日本对于这案原来也有责任；不过日本所负的责任比较性质不同，而日本在华之地位，亦须有不可与英国相提并论的，所以交涉上仍以将日本和英国分开为宜。现在日本方面似已表妥协的态度，但令彼方容纳相当的条件，我也无妨与之单独解决。至于广州沙面事件，虽有法人关系在内，也是不能看过的。不过法国原本不是这次国民运动的目标，也非沙面事件的主要责任者。在相当的范围内，我国也无不可与法国妥协之理。所以对法交涉不关根本重要，可以分别进行。

关于交涉进行的步骤，外交当局，始终以列国为交涉对手，已经是根本错误。交涉不直接提出于关系国政府而提出于沪案的交涉，不但须对英单独进行，而不对列国共同提出；并且对英亦须直接向英政府提出，不应当间接与英国驻京公使［谈判］。第一，英国公使对于这次沪案未制止管辖下的英国人员的暴行，自身已负有重大责任；我政府久已应当要求他本国召回，更无再与他进行谈判之理。第二，此次对英交涉决不能限于上海或他处局部的问题，而实涉及取消英国在中国的特权地位的问题，于是则中英间条约的改正自是此次交涉的根本要点，而这项重大问题则非一国驻外公使有全权办理之事，其势力仍不能不辗转请训于本国政府。第三，依外交惯例，凡一国对他国政府有正式的抗议或提议，要求，应当经由驻在彼方之本国公使直接向彼方政府提出，而不以彼方驻在此国的代表为中介，中国政府今为沪案的重大问题，对应交涉，自应当首先即训令本国驻英公使向英政府直接提出。至于此案究竟最后由伦敦方面谈判，抑或北京方面办理，那又是一个问题；而手续上则以先向英国政府直接开始交涉为正当。

我们主张沪案对英交涉，但是提出的条件中，对于他国不无牵涉之处，这也是我们所承认的。比方最后解决的条件中，当然于惩凶赔偿之外，还要改正中英间不平等条约的关系；于是则租界的收回自是一个根本的条件。而上海公共租界及会审公廨则名义上为各国领事共同支配，收回公共租界及会审公廨，不是英国一国关系的事，而系牵涉列国关系的问题。外交当局之对于沪案始终向公使团共同交涉，也是以这层为理由。但是这项形式的理由，究竟也不是没有打破的方法的。我们尽可承认各国对于这项事宜有关系，然此另为一交涉，仍可以分别进行。而在目前，则非令英国首先承认交回公共租界及会审公廨之原则不可。我们相信在上海方面的势力及利益以英国为最大，公共租界及会审公廨实际操纵于英国当局之下；英国一经承认放弃其权利，则对其他各国的交涉，不过是形式上的手续，容易办到。况且公共租界原为英美两租界的并合，则严格的说来，似乎除英国外，惟有美国是权利国。租界地皮章程虽经其他有约各国的承认，然此不过为赋予这项章程以拘束租界内各国侨民的效力，而并非因此赋予一般国家以对于公共租界之共有权。然则关于公共租界收回一层，得到英国承认后，亦惟有取得美国同意之一项手续待办而已。可见得这事的关系不如一般人所想像的那样复杂，而交涉前途的阻力也就有限。我们主张将改正中英间不平等条约的关系定为沪案解决的一条件，并不是说其他各国与中国间之一切不平等条约可以置之不问。不过我们以为应将这两层分为两个问题，而不可混作一事交涉；并且以为更不宜与各国共同交涉。政府不把废除中英间不平等条约的要求对英单独提出，定为解决沪案的条件，而笼括在对各国不平等条约修改的照会中，我们久已断言其步骤错误。现在修改一般中外不平等条约的意思已经照会各国了，此后一面仍要提出中英间不平等条约关系的改正问题归在沪案首先解决；一面应要求其他各国单独答覆，而停止团体谈判。关于后之一层，如一时不能得到满足的解决，政府也应当于对英交涉完结，沪案解决，英国在中国之不平等条约废除后，再严重的分别向各国政府单独的继续交涉。因为修改条约取消外人特权之争，利于一国一国的分别进行，而不利于对多数国家一体交涉；日本明治时代修改条约已有经验，可为前车之鉴。我们不主张将中英间不平等条约关系之变更概括在各国一般不平等条约之修改交涉中，也不主张对于英国以外的各国不平等条约之修改采用向各国共同谈判的方法。

《现代评论》第2卷第31期，1925年7月11日。

爱国运动

谁也知道，北京政府自始就没有彻底办理沪案交涉，贯彻其国民要求的诚意和决心；谁也知道，英日帝国主义的势力不是可以虚声喝退的。要徒靠着赤手空拳的几百万青年学生奔走呼号，宣传示威，来转移军阀，政府的政策，抵抗外人的淫威，明明是一个空想。在这次承认沪案中提倡或实际从事爱国运动的人们，大约这点儿常识也都有的。但是他们虽然知道这种困难，他们却不因此就认定青年学生一切爱国运动的行为全然无益，姑且不说这种运动之伦理的价值。他们赞成学生的爱国运动，不是说青年学生的行动便可以直接压迫北京政府及外国，实现国民的要求。他们是要借青年学生的运动作为全国运动的倡导，因而鼓励全国各种社会，使之发生国家感觉，受点刺激，一致向着同一个目标进行。于是起初限于青年学生的运动，可以转而变成国民的大运动。在这种国民的运动之下，麻木不仁的政府可以也许有所感动，或至少也有所畏而不敢不动；而横蛮的外国政府遇着我国全国一致的抵抗，也许有不能不退步的势子。

最不幸的是这次一时如火如荼的爱国运动，中间因为军阀的压迫及其他内部外部种种原因，渐渐的衰落下来，现在似乎成了强弩之末。双十节北京天安门的大会，也开不成，实则大家好像对于这种大会，也不感十分的兴会［趣］了。而在他方面，则沪案交涉至今可说毫无进步；外国对于北京政府的交涉，置之度外，北京政府对于人民的呼吁，也就置若罔闻。无怪人说，这次沪案的爱国运动，全国三四百万青年求学光阴上之牺牲，丝毫没有实际的效果。在这种情形之下，我们可以想见，必定有许多原来热心爱国运动的人们因失望而灰心；又必定有许多向来对于群众运动无同情，尤其对于这次沪案的学生爱国运动怀疑虑的人们，自夸其先见之明；而且向来抱着多一事不如少一事主义的北京政府的外交家，也必定更觉得民族运动不足畏，他们可以安心过他们的平和的官僚生活，不必再为沪案交涉左右做人难着虑了。

然而平心论之，这次沪案的爱国运动，虽然至今尚没有得到实际的有形的效果，可是至少可以说，我们依这一番国民对外的动作，得到精神的胜利。就是实际的效果，现在虽说看不出来，但是沪案这宗公案尚未最后了结，我们还应当继续以前的工作；而如其坚持下去，满足的解决，也未必全然绝望。沪案是何等重大的事情，中国人心未死，我们还是要继续的督促政府和关系国严重交涉，不能任他们敷衍了事的。

我们是相信中国国事的解决，最后总要靠民众势力的；我们并且相信今日的青年学生实在是居于领导或至少掀起民众运动的地位。像今日政治混沌，人民教育不普及的社会，青年学生的政治运动是不能免的，而且并不一定是不好的现象。我曾经说过，在政治不进步的国家社会里“在民众中，学生是比较有组织的团体，容易号召起来。尤其在那些工业不发达的社会，大群民众聚集的场合，接触的机会很少，不能发生共同利益观念，不能组织其共同行动。加以在警察势力之监视下，一般民众集会结社失其自由；惟有学生为日常互相接触的分子，他们集合的自由较多。”又就智力上说：“学生在民众中是比较的有智识的分子，他们比较的有政治的自觉心，对于国事比较的关心。假若想到在我们全国中读新闻杂志最多的人，还是学生社会，便可知道学生之常常做政治运动的先锋毫不足怪了。”（本周刊第一卷第廿二期《青年学生的政治运动》）并且学生在社会里面，总算是比较的有闲工夫而无牵挂的分子：他们没有职务上的阻碍，没有经济上的压迫；他们一抛开学课便可大胆的无顾虑的，以全力从事于宣传示威及其他种种爱国运动的工作。试看五卅惨案发生，不是学生们首倡抵抗英日，谁有工夫去做这种牺牲的运动呢？商人们要做他们的生意，农人工人要做工，其他职业阶级的人都忙着他们日常的事务，至于一般绅士官僚，和无业游民也有他们私事忙着，更不用说。没有学生做爱国运动，恐怕谁也不想到去管这种闲事。这次若不是青年学生出来奋斗，国民爱国运动必然闹不起来，恐怕帝国主义的人为所欲为，沪案早已了结，而且中国政府反要对关系国倒赔不是，反要外人以损害赔偿咧！想到这层，我们便可以知道四五个月的爱国运动，三四百万青年学生的学业光阴的牺牲也不是全然白费了的。所以从国民的见地看来，我们不但对于过去学生爱国运动的效果，不能一概抹煞，而且对于这种运动的进行，也不要绝望。

不过从事爱国运动的青年学生，也应当对于他们行动的方法和范围有相当的觉悟。第一，他们的运动，必须真是与国事有直接大关系的运动。若是把许多与国家安危无直接重大关系之事也当做爱国运动去做，不但消耗青年学生的时光，而且不免反而失去社会的信任心，减杀真正爱国运动的效力。第二，从事一种爱国运动，须得对于那个运动的性质和目标，有个明确的了解。对于关系的问题不细心去考究，徒然盲目的冲动的跟着大家呐喊，也不是真正爱国运动的态度。比如在这次沪案爱国运动中，许多人并不明白究竟他们自己所争的是甚么，他们同时提出种种歧异而且甚至矛盾的条件出来。这就是由于从事运动的人们，不肯对于他们面前的问题，细心考究。自己没有明确的方针，又如何能领导群众呢？第三，爱国运动的行动也须有一定的限度。过此限度，而为不必要的牺牲，便是爱国运动的恶化。比如有些活动本来可委诸少数人一时的工作，就不必牵动多数人永久的学业。学生偶然的定期的罢课以为抗议的表示，或示威的运动，固然有时是必要的，然而一般的无限期的罢课，以从事于校外活动，究非得计。爱国运动不过是一时的行为，造就学问，毕竟是国家百年之计。内外政治事变起伏无常，我们不要为着一时的政治社会的变动，看过了社会永久的需要。在必要之时，我们固然可以不惜牺牲学业以救国，然而在通常的场合，于可能之限度内，应当务令爱国运动不妨害求学之目的。这些话也许是老生常谈，可是在爱国运动之狂热中，一般青年常把它们忘记了。所以我现在就论爱国运动的机会，在这里把它们重述一番。

《现代评论》第2卷第45期，1925年10月17日。

法权会议与收回法权

在中国所谓不平等条约中，毕竟以关于税权和法权两项，为害恶之最深远的。关税的限制束缚了我们经济的发展自由；法权的侵夺，伤害了我们司法的完整。两者皆为我主权的伤损，更不待说。今日国家根本的急务，与其笼统的空言废除不平等条约，毋宁切实的致力于关税权和法权之收回。可是税权之收回既不能希望依所谓关税会议以达到目的；同样的，法权之收回也别要希望以现在正开会的所谓法权会议以实现。关税会议已经不能给我们以无条件的关税自主，那末，所谓法权会议更是不能望他办到撤废在中国的领事裁判权的。如果我们看清现在所谓法权会议的性质，知道他的权能和使命尚远不及关税会议之重要，便知道对于他不能作十分的希望了。

所谓法权会议是怎样产生出来的？在华府会议之太平洋与远东委员会第六次会议席上，中国委员提出领事裁判权问题，于说明（来说）领事裁判权之各项弊害及中国司法改良之情状后，要求参与此次会议之各国"协允于一定时期届满后，将其在中国领事裁判权放弃之；在此时期中，拟请各国于一定时期，指派代表与中国商议分期修改与完全撤废之办法，并与上述时期内实施之。"该会主席以为"欲赞助中国有所决定，于撤废现行条约上权利以前，必先于中国之司法行政有一明确之观念而后可；无论取用如何办法必将现在情形先行调查。"而中国代表亦声明"中国甚愿予各国以一切便利以便各国得悉中国法律及其施行办法。"后来在分委员会讨论结果，制定有左之决议案，通过于一九二一年十二月十日之第四次大会：

"上列各国（即参与限制军备会议讨论太平洋及远东问题之美、比、英、义、法、日、荷、葡八国）政府应组织一委员会（各该政府各派委员一人）考察在中国领事裁判权之现在办法以及中国法律司法制度暨司法行政手续，以便将考察所得关于各该项之事实报告于上列各国政府，并将委员会认为适当之方法可以改良中国中国施行法律之现在情形及辅助并促进中国政府力行编订法律及改良司法，足使各国逐渐或用它种方法放弃各该国之领事裁判权，建议于上列各国政府。

上列各国之每国，可以自由取舍该委员会建议之全部或任何一部，但无论如何，各该国之任何一国，不得直接或间接以中国给予政治上或经济上任何特别让与或恩惠或利益或免除为条件而采取该项建议之全部或任何一部。"

此外尚有追加议案两件，其一许未参与华府会议之各国而在中国依条约有领事裁判权者，于该会闭会后三个月内声明加入本议决案。第二是声明中国派一人列席调查委员会，而对于该委员会建议之全部或任何一部，中国得自由取舍。

以上所述之决议，便是现今在北京开会的所谓法权会议的起原。而依上述决议的文句，便可知道我们所谓法权会议只是一个调查委员会，而全然不是一个国际会议之性质，在这一点，所谓法权会议之性质根本的与关税会议之性质不同。后者是一种全权代表之会合，有解决问题，订立条约之权能；前者则只有调查的职务，而无决定之全权。法权会议并不是适当的名称；实则华府决议所用的名称本系委员会 Commission。

此项调查委员会，依华府会议决议，本应当在该会议闭会后三个月内组成来华。但经过三年多的时日，不见实行。其原因第一是在中国自己请求列国缓派委员来华，因为中国司法状况尚不足以示人；加以内乱迭出，说是更不适于委员会之调查。于是后来依列国和中国外交当局之接洽，拟使委员会务必赶于一九二四年十一月一日集会。然而对此提议，外国尚有不赞成的（例如法国即为金佛郎案未解决，不肯派代表），而中国政府忙于应付内乱政争，也不十分关心此事。因之一九二四年过去，法权调查委员会仍不会组成来华。最后在一九二五年因为国内外种种情势的迫促，法权调查委员来华之举始经中国和华府会议诸国接洽妥定，这个委员会居然于一九二六年一月十二日在北京正式开幕了。到会委员代表的国数共十四国，即除华府决议当事者之九国（包含中国）外，尚有加入该决议之丹麦、西班牙、瑞典、瑙威、（瑞典）秘鲁五国。

然则现在已经开幕的所谓法权会议，对于中国领事裁判权的撤废问题究竟能希望有何满足的解决呢？我们在上面已经说过，这个所谓法权会议，并不是真的一个全权代表的国际会议；实在仍是一个调查委员会，只有调查报告之职务，没有议决订约之权。中国对于这个委员会之调查结果，实在没有多大的希望。因为委员会调查审议的结果，提出何种性质的报告和建议，不得而知。即令该委员会提出之建议合于中国的愿望，究竟各国政府肯采定实行与否，仍属不能预定之事。所以假若这个所谓法权会议，不能知中国所希望的扩张权限，变成真正的代表会议，那末，要靠这个会议来解决中国的领事裁判权问题，恐怕真是妄想了。中国人想依关税会议，回复关税自主，已经大失所望；今日若以为法权会议开会便希望靠他撤废中国的领事裁判权，那更是看错了呵。所以我们不要误于法权会议的真性质。北京政府尽管扩张门面，把法权会议的事情表显的十分重大，一种延缓问题解决的手段罢了。中国要撤废外人在华的领事裁判权，实行收回法权，恐怕还要另想办法，决不是这个所谓法权会议可以达到目的的。

不过收回法权是中国达到国际平等地位的要图，这个运动发生已久。辛丑和约缔结之后，中国和各国重订商约，已经将撤废领事裁判权之希望提出，于是一九〇二年中英条约（马凯条约）载有下列的规定：“中国深欲整顿本国律例，以期与西国律例致同一律。英国允愿尽力协助以成此举。一俟中国律例情形及其审断办法及一切相关事宜皆臻妥善，英国即允弃其治外法权。”一九〇三年中日条约及中美条约都有同样的规定；而在一九〇八年的中瑞通商条约，瑞典也表示愿和各国一同放弃治外法权之意思。及至一九一九年巴黎和会开会，中国代表向该会提出撤废领事裁判权之案，作为希望条件之一，但不曾得着和会的讨论而搁置起来。在华盛顿会议中，中国再度为撤废领事裁判权之提议，其结果乃有今日之所谓法权会议。我们不能靠这个法权会议达到撤废领事裁判权之目的，然而究无妨把这个事变做积极进行收回法权会议运动之起点。无论各国委员调查之结果如何，我们对于领事裁判权之撤废运动还要努力做一番大的工作。关于这层，有两点是我们要注意的：

第一，领事裁判权撤废问题，不能靠会议式的解决，而当采用国别谈判之方法。故无论现在所谓法权会议本系调查委员会性质，而无议决订约之权能，即令法权会议之权限如中国的意思以扩张，或于这次委员调查报告之后，另行召开一种像关税会议之全权代表会议，来讨论了领事裁判权问题，我们也敢预言其结果不见得能满足中国的愿望。改正条约而采会议式的一般解决，因为各国利害关系之不同，互相牵掣，不但谈判进行迟缓并且划一的提案，也很难得到各国的一致赞同。日本明治时代修改条约，最初使用联合谈判之法其失败之苦经验可为我们的前车。

所以我们始终以为中国修改不平等条约，尤其今日关于领事裁判权之撤废之谈判，仍以分别的一国一国的进行为便利，实则在中国现状之下，在最近期内为讨论撤废领事裁判权问题，召集一国际会议恐怕其可能也很少。

其次对各国为撤废领事裁判权之谈判，不可附以不确定的某种事实的条件，例如司法改良。在这种条件之下，解释上之伸缩太大，事情之不确定最易授各国以延缓撤废之口实，而破坏谈判之根本目的。比方今日若约定以中国全国司法改良为完全撤废领事裁判权之条件，那末，又留下一个不确定的事实问题，将来不免尚须经过一番调查手续而后能为最后撤废之决定，则急速撤废不可实现，甚至何时能实行撤废，都无把握了。所以今日不能以司法改良为收回法权之条件，亦犹之不可以裁废厘金为关税自主之条件一样，中国在条约上与其多此一番束缚，毋宁暂不成立协定，保留行动之自由。

我以为中国今日要完全撤废领事裁判权，在原则上仍宜力避任何不确定的条件或过渡的方法，而直截了当的和外国约定一个确定的期限，完全撤废这个不平等的制度。日本在一八九四年和英国订约，规定五年之内撤废领事裁判权。今日中国最好也仿照日本那种规定单纯的期限之办法，假定从订约之日起以三年或五年为外国完全撤废在中国的领事裁判权之期限。当然在这时期中，中国仍当积极的编成并公布各项法典及设备必要的新式法院。中国代表在华盛顿会议中原来也是请求参与会议之各国“协允于一定时期届满后将其在中国之领事裁判权放弃之，”则似乎也是提议定期撤废的办法。今日中国政府仍可以本这个原则向各国谈判，不过约定的时期不能太长，并且不能附何事实的条件，以免全然抹煞原来提议的精神罢了。至于在未届完全撤废期限之过渡时期中，对于既存的领事裁判权之运用上，自然尚可以即时加以变通或改革，例如废除领事观审制，改革租界会审公堂制度，及按地方情形或案件性质，对于领事裁判权为部分的撤废等等。

《现代评论》第3卷第59期1926年1月23日。

万县案的法律性质

在今日举国视线集于国内战争的时候，大家对于万县案也许看得不关重要。实则外国的工团已经替我们对英抗议；而中国的代表也把这案子出诉于国际联盟大会；它之成了重要的国际问题，极其显然了。

从政治上说来，万县案之情节重大，远过于五卅惨案；因为沪案的情由，尚不过是租借警察在租界内虐杀华人，而万县案的题目则却是英国军舰在中国内河，炮击中国的城市。然则就法律上说，万县案之性质，却又较沪案为简单。现在此案既经提交国际联盟，将来当然要讲到法律问题上，现在我们不妨略为讨论一番。

简单说来，万县案的起原，由于英国太古公司得商轮万流号在川河滥开快轮，浪沉杨森军解款兵士所乘木船，溺死兵士多名，并丧失款项枪支多宗。事后杨军派兵在万县检查肇事的商轮，英军舰乃起而干涉，又与杨部兵士冲突，提去其枪枝。于是杨军增派大队兵士扣留该商轮，并同时泊在万县河下，同属太古公司所有的另一商轮。驻重庆的英领事与杨森就近开始放还两轮之干涉，而谈判不调。其结果则英领由宜昌及重庆调来英国军舰与原泊万县之兵舰连和炮击万县城市（九月五日）；而万县无数的财产及数百人民的生命丧于英国炮火之下。（详见本月二十七日《北京晨报》，《英舰炮击万县经过》）

以上是中国方面一般公认的事实。在英国方面则全然把这件案子的一切责任归在杨森身上。依他们的说法则“此案之最近原因纯由中国军事当局之高压手段，欲征发英轮为运兵之用有以致之”；杨森之在万县扣留英轮显系为报复（报复英国兵舰之干涉）起见。而英国兵舰之炮击万县城，则为的是自卫，因为英兵舰“嘉和驶近被羁英轮，中国军队并未发出警告，即用步枪机关枪向该舰射击，其他各舰亦受岸上华兵步

枪野炮之轰击，该炮舰为自卫计，势须向目的地还击，连同万县全城包括在内”。（本月二十日英使向北京外交部提出的抗议）

从表面上看来，两方所述的事实大有出入。实则其差点全在解释上，而不在事实的本身上。讲到万县案的根本事实，第一步是英国商轮浪沉中国本船，损伤华人生命财产；第二步是中国军事长官出来追究肇事的商轮，而英国军舰起而干涉；第三步是中国军事长官扣留英国商轮；第四步是英国军舰齐集万县炮击该县城市，损伤无数的财产与生命。至于杨森军队之是否有意用英国商轮运兵；他扣留英轮之是否为报复起见，皆系不关根本重要之问题。现在也用不着去辩明。就是英舰炮击万县是否自卫，在法律责任上虽则是一个很有关系之事实问题；然而即就英国方面的说明看来，所谓自卫，说来也很牵强；因为他们自认系英兵舰“嘉和驶近被羁英轮”，而中国军队开枪射击，则倒反证明挑衅者还是英国兵舰。被羁英轮上面既然驻有中国军队，英国兵舰乃公然以强制释放英轮英员之目的，驶近该轮，则是不是向中国军队挑战？那末，究竟中国军队对这个挑战的英舰开枪是自卫，还是英舰向岸上城市炮击是自卫？这恐怕不必再调查事实的详状也可断定了。况且，自卫也应有限度，一个在水面行动自由的军舰，肆意向岸上城市施行炮击，不惜使无防御的平和的人民生命财产，化为灰烬，这难道也可说是迫于自卫的必要吗？

现在关于万县案根本重要的问题，在以下的数点：第一，一个商轮，即令是外国公司所有——是否有在中国内河任意快驶草菅人命之自由？第二，中国地方长官（英使的抗议自己承认杨森为中央政府承认之川省最高长官）对于肇事的商轮——即令是外国的——是否无追问之权？第三，外国军舰是否有以武力庇护本国犯事的商轮，抵抗中国当局合法的追究之权利？第四，外国军舰是否有在中国领土内炮击城市之自由。如果这些问题的答案系否定的，那末，万县案的责任所在，不待辩而自明了。而纯从法律上得见地上说，恐怕除了大英帝国的外交家以外，也再没有人敢对于这些问题作肯定的答案把！事实上则在英国方面，所见似乎完全与常理相反：他们一则曰“扣押商轮，显系交战动作”（重庆英领事对杨森语）；再则曰“截留万流号商轮，派武装军队驻于船上，其行动几等于海盗”（英使对外交部抗议）英方这种外交的辩解也真是幼稚的太可笑，不值一驳了。实则什么交战动作，什么海盗行为这些话，倒反是出于中国方面，加诸英国兵舰身上，较为适当咧！

外国武装的舰舶，在所在国领水内从事轰城杀人的暴行，就寻常国际法的见地上看来，只可见三个可能的场合。第一当然要算交战，然而英国固不承认对英国开战的。另一极端的场合便是海盗行为，然而万县之事，则尚是英国政府辖下得军舰所为，自不能看做国际法上所谓海盗。最后尚有所谓“报仇”，然而今日英国政府自己也不承认有对中国报仇之事。然则英国军舰在万县炮击城市之行为，究竟是怎样一种性质的事呢？说他是和中国军队的一种相互的冲突么，则两国武装军队之偶然误会的冲突应当是双方政府彼此引为遗憾的事，而彼此当立时否认并制止军事当局的军队长官之行为。然而英国的政府则公然嘉奖在万县施暴行得英国军舰司令官之行为而认为是自卫，则英国政府已不啻把炮击万县之事，认为代表英国政府政策的行为，而自负其责任。那末，万县惨案并不单是英国军舰对于中国局部的暴行，而且是英国自身对于中国领土的侵犯行为了。这是构成一种国际侵权行为，对于当事的国家发生直接责任的。对于这种国际侵权行为所课之制裁，自有损害赔偿、道歉谢罪以及为将来提供保障之各种办法。今日中国对于万县惨案英国所负之责任而能厉行与否，英国而终久为这次她的军舰在中国领土上不法的暴行受上述各种制裁与否，则要看中国政府外交的能力如何，及中国国民抵抗英国，拥护国权之决心与毅力如何。仅仅空言的抗议与形式的诉诸国际联盟，是不够的。这却是由法律问题入于政治问题了。

《现代评论》第4卷第95期，1926年10月2日。

租借地问题

在列强对华侵略手段中，最乖巧、而最恶辣得一个，要算是租借土地。中国领土之上有外国租借地的存在，不但侵害国家主权，而且根本的开中国瓜分之端，引起对外关系的许多纠纷。打破租借地这项事实，便是中国解放一个最重要的步骤。但是在国民废除不平等条约政策快要实行，外国已经承认对华关系须要根本改正，甚而外国租界已经实行接受或交还的今日，大家对于租借地这个事实，似乎倒反看过了。在中国舆论上，对于租借地的收回（除掉一时对于旅顺，大连的特别运动外）并不曾见有一般的表示。至于外人对华问题的建议或提案，从不说到此层，更是显然。英国工党议员 Malone 氏来华调查的报告，总算是涉及很广大的范围，然而未提及租借地。英国工党联合委员会的对华决议，也没有交回英国在华租借地的主张。最近英国驻京公使在北京使团会议提出的所谓宽大宏远的提案，更无一字说及租借地问题。难道列强在华的租借地，将屏除一般中外关系改正计画之外，而任其现状维持吗？

列强在华租借地（除澳门外）之成立，是十九世纪末期的事；这是列强帝国主义在中国发展的一种方策。德意志的帝国主义发展到远东，首开租借之端。德帝国政府以教士在山东被残之口实，而派舰队来华，威迫中国，于一八九八年三月六日租借得胶州湾，以九十年为期。随后，俄国于同年三月二十七日，向中国租借得旅顺，大连，租期定为二十五年。法国也于同年四月二十二日租借得广州湾，以九十九年为期。英国则于同年六月九日，以九十九年之期限，租借得香港对岸之九龙半岛；而且在同年七月一日租借得威海卫，以俄国租借旅顺之期限为租期。（同时意大利也曾向中国要求租借三门湾，但被中国拒绝。）各租约之规定不一致，而各租界国之管理方法亦不同，关于这些租借的法律性质，很难得个确定的解释。然而它们究有几项共同之特点，或是明载于条约，或是可从租借条约性质上推出来的。第一，租借地之主权仍保留于中国。第二，租借是有一定的期限的。第三，租借地不许转租于第三国。从这些共同特点看来，租借之不同于割让已经很明白。无论列强实际的政策如何，至少在法律上，在名义上，租借地犹是中国的领土，中国有收回的权利。本来列强租借土地，也只以军事的设备为名，而不曾主张过政治的主权；他们对于租借地只暂时行使管理权，在租借地内中国人民，并不失中国的国籍。如属割让，不曾有此等事状。

可是租借地在法律上的地位尽管如此；中国尽管不是把这些地方割让给列强，然而租借地这种事实的存在，确是于中国的地位为大危险。就租借地起原上说，这种办法，本是列强帝国主义在华发展之一个手段。依租借地的支配，列强在中国海岸占得军事的根据地，同时亦为经济侵略的出发点。于是而发生列强在华的势力范围；于是而造成中国瓜分的形势。加以在中国领土上，有外国军事的区域，使中国对外关系，更加纠纷：旅大为俄国租借地，日俄战争以满洲为战场。胶州湾如果不是德国租借地，欧洲战争也不曾推广到中国的山东省。历史如果是重演的，我们想到这种租借地未来的祸害，不能再放任了。

但是除掉胶州湾租借地，因欧战的结果间接从日本收回以外，其他租借地从十九世纪末年以来一直存在至今，而且有变本加厉的事势。日本于一九〇五年日俄战争以来的结果，从俄国继承得旅大租借权。而依一九一五年的中日条约，则更进一步将原定二十五年之期限延长为九十九年：依原来中俄协定，旅大租借当于一九二五年满期，而现今则要延长到一九九七年即民国八十六年了！

在一九二一年华盛顿会议太平洋远东委员会席上，中国代表曾经提出租借地问题，得着该会讨论。列强代表关于各租借地之态度不同。有全然表示准备交还的，即日本之于胶州湾，英国之于威海卫是。有相对的表示可以交还的，即法国之于广州湾是。有绝对表示不交还的，即日本之于旅顺、大连，英国之于九龙是。华盛顿会议之后，只有胶州湾收回之目的最后达到。威海卫收回交涉，在中英两国之间虽然久已开始，而迄无成议，现在实际中止。交涉不成的原因，究竟只如世间所传的，为的是英国海军要保留刘公岛为海军根据地，还是更有其他关系呢？关于这项交涉实情，政府也从没有个正式的宣布。广州湾的收回交涉，迄未开始。实则在华盛顿会议中，法国代表起初虽有愿意和列强一同交还租借地之表示；嗣后因为看见日本及英国对于他们的租借地各有保留，法代表又取消前议，而对于交还租借地之议只为一种不得要领的表示，大约法国实际已经暂时不交还了吧。至于旅顺、大连及九龙，则依日、英两国代表的声明显然绝对无交还的意思。日、英两国似乎将假租借之名义，而永据为已有，作为一种变相的割据。在华盛顿会议委员会席上，日本代表殖原氏关于旅大租借地，有下之声明："……共余租借地问题与日本有关，应在本会决定者，即关东之旅顺、大连。本代表团对于该租借地愿明白表示，此项特别权利，系经许多牺牲，合法取得，现在实无放弃之意。关东为满洲之一部分，因与日本毗邻相接，于日本之经济生活及国家安危均有生死关系；此层较其他理由，尤为重要。前当组织国际银团时，英、美、法政府曾承认此种事实，对于日本在该地之利益允予保障。且在关东租借地内侨居日民不下六万五千人，其所创办之工商事业之重要伟大，实可视为全国经济生活之重要部分。"英国代表巴福尔关于九龙租借地不交还之理由，也有下之声明："……英国有租借地两处亦应分别研究，想中国代表亦以为然。兹先就推广九龙租借地而言。何以九龙租借地必须与香港同一管辖？盖香港若无九龙，则完全不能防守，敌人如用新式炮队攻击，即无法抵御。而保卫香港，不独为英国利益，实与全世界均有关系。……总之推广九龙租借地之情形不同，宗旨不同，不当与别项租借地相提并论。"从上述日、英两国代表之声明看来，这两国决无交还旅大或九龙之意思，十分的明确。尽管两国提出的理由不同：日本从政治上经济上的关系立论，英国则着重在军事上的防御的必要；然而他们的理由有永久的性质。依这种性质的理由，以拥护既存的租借地，则无论迟至何时，租借地维持的理由都存在。日、英两国，直至宣布完全没有交还旅大或九龙于中国的决心罢了。实则日本之要将旅大永久据为已有，以便从满洲发展其所谓大陆政策，久已定为日本的国是，则是公然的秘密。那末，如果任其发展，这些租借地，势必至没有收回的希望。租借地尽管是有期限的，但依事势之发展，恐怕不到期满了，已经另生枝节，而领土主权终非我有了。

列强在华租借地之现在地位，大致如上所述。今日国人既然要根本打破外国在华之特权地位，纠正中外不平等关系，难道对于租借地这种危险事实，可以容忍下去吗？我们以为今日收回租界，较之收回租借地，关系更为重大，且成功更为困难。若不趁此国民运动正猛烈的时候，废除不平等条约的声势正浩大的时候，从事于收回租借地的运动，恐怕将来平和收回的机会就很少了。各租借地之关系不同，无妨分别交涉。对于已经中止的交涉，应当重开谈判。而对于尚未开始交涉的租借地，也当要求交还。收回租借地是中国国民解放运动之一项根本事业，本来用不着计较条约的限制。但就令从条约上说，有的租借地尚未满期，然而"情势变迁，条约解除"之原则，对于一切条约都适用的。中国和列强所订的租借条约，今日是不是可以适用情势根本变迁之理由，要求废止呢？

《现代评论》第5卷第111期，1927年1月22日。

山东事件

上月中旬国民革命军北伐大胜，快要攻到济南的时候，日本的田中内阁忽然宣布出兵山东。下旬以来，日兵陆续从青岛上岸，开赴济南，这是田中内阁在我们北伐路上，第二次出兵。我们听着那个消息，便预料日本这次派兵来华又是不怀好意（参看本刊第一七期《日本出兵与我们的抵制手段》。）果然，本月三日以来空前的惨剧，迭演于济南，对于中国，对于我国民革命军，加了莫大的物质上精神上得损害。日本的军事当局，日本的政府固然是对本国人民对世界，以欺骗之目的尽量的为不利于我方的宣传，可是事实具在，他们又何能以一手段掩尽天下之耳目。

第一件事实最明白的，是日本无理由的出兵侵犯中国领土。谁也知道，在国际法上，领土是不可侵犯的；任何国家没有派兵入他国领土之权利。不错的，中国的领土方面，向来有些处所容外国军队进来驻扎。但是那些处所之容许外国派兵或是有条约明文的承认，例如从北京至海口沿路地方许外国军队驻守；或是附于某种特许事实而被默认，如日本及以前俄国在满洲所谓铁路附属地之驻兵，及各通商口岸租界之外兵上岸。现今日本出兵山东基于何种条约何项权利呢？在欧战山东曾经一度被日本强占，可是中国向来拒绝承认日本对山东之权利，而自一九二二年到华盛顿会议中日成立了山东问题最后解决之协定后，日本除对于胶济铁路保有债权外，对于山东没有任何政治上军事上的权利。而且济南是中国自辟自管的商埠，青岛虽然开放为通商口岸，也无任何外国租界——共管或专管——之存在。在这个局面之下，莫说日本绝对无派兵深入济南之权，连日兵在青岛之上岸，也是非法的行为。

日本的出兵山东明明是无条约权利的根据而侵犯中国领土；并且是无理由的侵犯中国领土。日本当局辩明他们出兵的理由，说是“自卫不得已之措置”（日本领事向国民政府外交部递送之出兵山东声明书。）那好像说日本出兵山东，是出于自卫的必要，在国际惯例上也说得下去。诚然，国际法认为侵犯一国领土是国际重大的不法行为，同时对于那为自卫目的不得已而为之侵犯行为，亦例外的容许。但不是一切以自卫理由而为之侵犯行为，都容许的。可以容许之侵犯行为，应当满足两个条件。第一，对于他国领土为侵犯行为之一国，或是遇着情势紧急无余裕通知前者自取必要之行动，或是虽经通知而前者不行动或不能行动。第二，侵犯的行为不超过绝对必要的限度。日本出兵山东侵犯中国领土，究竟不是自卫，是不是生存上绝对必要的行动？日本的出兵目的，说是保护在济南的日本侨民。依四月二日日本《大阪每日新闻》所载，青岛、济南及山东铁路沿线在留之日本总数不过一万六千八百人；其中住于济南者不过二千二百人。大部分日侨，即约一万一千二百人，住在青岛及其附近。济南与青岛之距离不过二百五十英里，有胶济铁路的运输机关存在。日本政府如真感觉在济日侨地位危险，有何困难不可以把他们两千余同胞接到青岛？青岛有日本的军舰守着，日侨是很安全的。纵令青岛还恐怕不安全，日本政府尚可以把他们的侨民撤回本国。田中内阁既然肯预备用两三万巨款做出兵山东的临时费用，何以不能拿笔款子做接侨民回国的用费？关于这点，日本本国的报纸《报知新闻》、《朝日新闻》已经和我们表示同感。日本政府仅仅为保护在济的侨民，实在用不着那样的兴师动众。对于两千余日侨除了本国出兵以外，难道绝无保障安全之法？日本不可以请求中国军事当局加意保护吗？实则国民革命军方面，因久已屡次声明负责保护外侨。而迄今除日军外在济南任何外国官吏人民未和革命军发生有何纠纷。可见日本这次出兵山东全是无的放矢。所谓“自卫不得已”之理由全不成立。日军之来，别有政治作用，保护侨民，不过口实罢了。

所以日本这次出兵山东，除专为寻衅捣乱外，我们不能看出其他理由。日本出兵是这次济南惨祸的大关键。无论济南事变，起于何种近因，促发于何种导火线，追溯根本祸因，总是在日本出兵那种侵犯行为。无论日本怎样辩护自己，千不该，万不该，她总不该无端出兵山东，侵犯中国的领土。本月十二号上海《密勒氏评论报》评济南事变说，田中内阁“既出兵山东，此种事件早应料到其断不能免。”“中国人民与日本军阀及帝国主义者之间既有如此之恶感，而日军占据济南，国民军一到，在理在势，必发生冲突，此固早可料到者，而日本偏出兵于距离其根据二百五十英里有奇之一个隐然的敌地，谓非寻衅而何？谓非意在促进与国民军之冲突而何？”“故田中之出兵济南，断然意在捣乱。”这不是中国人的攻击，这是第三国人公平的观察！

第二件重要的事实，是日本军队在济南的暴行。日本不但出兵侵犯中国领土，而且在中国领土上有大规模的作战行为。本来日本出兵有意寻衅，已为中国国民军方面所见到，故攻克济南以后，力求避免与日军冲突，严格的维持军纪。国军初入济南之五月一，二日，秩序井然，日军决然撤去沙包。这是日本军事当局自己发表公报承认过得事实。然而五月三日以后军事顿变。当日占据济南商埠之日军开枪启衅，对国民军兵士及无抵抗的中国人民开始射击。甚至日兵多人侵入山东交涉员公署逮捕蔡交涉员，割其耳鼻，与其僚属多人一并就地枪毙，尤为骇人听闻之事。日军并且对于附近居民区域行使炮击。中国兵民之死于是役者，达千余人。这是济南惨剧的开始一幕。第二幕始于七日：下午三时日军司令突向我方交涉员提出下列之五条要求，限十二小时以内答复。(一) 严重处罚关系骚扰及其暴虐行为之高级武官。(二) 解除在日本前抗争之军队武装。(三) 在南军治下严禁一切反日之宣传。(四) 南军应离［驻］扎济南胶济铁路两侧路线二十里之外。(五)为右项实行起见，在十二小时以内，开放商港军港之兵营。姑无论日本以上那些要求，出乎常理知识之外，承认绝不可能。而且指定十二小时之答复时限，亦是故意为难。因为有权答复的蒋总司令，已经于五日离济，而日军事前破坏我方交通，无线电台早已被炸毁，传达意思也不容易。实则日本并不俟答复，径自派兵占据张庄、辛庄，而于八日晨四时对济南城开始大规模的炮击。并且炸毁黄河铁桥，总攻距党军三十里之党家庄。日军这种战争行为，连日继续下去；以至十日，日军完全包围济南城，对国民军施炮击，无抵抗的住民死伤者不计其数。及至十一日，国民军部分突围离济，日本入城杀死所有的伤兵。于是日本以武力强占胶济铁路济南及其附近之目的完全达到。这是济南惨剧的第二幕。以后日本的继续增兵(已经宣布第三次出兵)和其他暴行，姑且不论，今但纵计以上所述的事实经过，谁也不能否认日本是对中国从事战争行为。日本的军队在中国领土内炮击中国城市，残杀中国的军队及无抵抗的人民，继续一星期以上，除了说是［对］中国作战以外，再无可以说明的。而在中国方面，则国民革命军当局始而严令部曲不得对日军还火，继而自动的调开军队离济。我军以集全力完成北伐为目的，务避免与日军发生纠纷，授他们以捣乱的口实。我们务以平和的外交手段解决济南事件，非至逼到不得已之时，不采战争手段，中国方面一片避免军事冲突，维持平和之苦心，应当是世界所共见的。今日世人若不抹杀事实，则再不能说中国方面有任何挑衅行为。

现在中国方面，已经由国民政府把日本在山东的暴行诉诸国际联盟，同时且致电美国总统，请其表示态度。所以山东事件今已成了国际问题。我们试从国际的立场观察，则有以下观点应当注意。

一、日本在山东暴行，是日本政府有计画的组织的对华作战行为，并不是济南一地方中日军队偶然的冲突。实则中国军队不但事前未挑衅，而且自始即奉令忍退，当然说不上冲突的话。而现且日本方面施行第三次，第四次出兵计画，继续对中国为军事行动，至于胶济铁路济南及其附近之强以武力占据，变成日本军事占领区域，更不待说。如此局面，决不是区区中日间局部的纠纷，而实根本影响到远东全局的平和。

二、日本出兵山东的行为，在国际关系上开一恶例。在国际社会，一国有保护外侨的义务，但从未闻外国为保护侨民有自行派兵侵入他国内地之权利。我们试想当关东发生大震灾，华侨感受危险的时候，中国是否可以派兵赴内地保护华侨，美国南北战争的时候，英国是否可以派兵到美国内地保护英侨？今日本徒以护侨之名，派兵侵入中国内地济南，不是在国际社会开空前的恶例吗？

三、日本这次的行动，根本阻挠中国内地杂居的实行。因为照日本的做法，凡属外侨所到的中国地方，即有外国军队侵入的危险。以前外兵还只在通商口岸上岸，今后有全国放开通商，外国军队便可以护侨之口实入内地。那末，内地杂居，对于中国是再危险没有的事了。所以鉴于济南事件的苦经验，中国再不能放心开放全国。如果对于日本这次的暴行，没有满足的制裁，对于将来外兵侵犯，没有明确的保障，外人是决不能希望中国许他们在内地杂居的。

四、日本在山东的暴行，违犯了国际联盟规约。依联盟规约第十条，联盟有保障盟员领土及政治独立，不使受外来的侵犯之义务。日本出兵山东，侵犯中国领土，联盟是不是可以坐视不动？又依规约第十六条，凡盟员漠视规约不将争议提出理事会审议或交付仲裁或司法解决，而迳行对他方当事国开战，是认为对于全体联盟盟员的开战行为，应当受经济的甚至军事的制裁。日本对山东的军事行动及其在济南之战争行为，是不是等于对中国开战？日本于开始此等战争行为之前，是否依照联盟规约，经过了规定的平和解决手续？中国和日本都是联盟的盟员，日本明明违犯了规约，是不是适用规约第十六条的制裁？国际联盟如果尚要保全自己的威信，履行保障平和，禁止侵略的使命，对于日本这次公然破坏盟约的行为，可以不过问吗？

五、日本的行为，违犯华盛顿会议所谓《九国远东条约》的精神。该约第一条，载入所谓鲁特 Root 决议，声明尊重［中国］的主权，独立，及领土与行政的完整，并给予中国以自由发展一个有力安定的政府的机会。而今日日本出兵的行动，则不但侵犯中国主权与领土，而且妨害中国统一政府的出现，明明违反了华盛顿条约的精神。中国国民政府自己固然不认为受华盛顿条约的拘束，但是列强对于远东关系，向来是说以华盛顿条约为基础的。难道他们也可以任令该条约被日本任意破坏吗？

六、日本占据济南的行为，反乎列强，尤其美国，在巴黎及在华盛顿劝告日本退出山东的原意。山东问题最后的解决，中国之收回山东权利，多赖美政府斡旋之力；那是公然的秘密。现在日本大批军队侵入山东，居然再占领以前退出的胶济铁路及济南。长此下去，山东又回到欧战时日本攻取青岛以前的状态，或甚至变本加厉。那末，尤其美国，维持远东平和的一片好意，不又完全失掉了吗？

以上各点，于决定世界对付中日山东事件之态度，有密切的关系，我们要特别指出来，唤起国际社会的注意。

《现代评论》第 7 卷第 181 期，1928 年 5 月 26 日。

燕树棠

燕树棠（1891—1984），字召亭，1891年出生于河北省定县，1914年毕业于天津北洋大学法律系，获法学学士学位。1915年官费赴美国留学，先后在哥伦比亚大学、哈佛大学、耶鲁大学攻读法律学，1920年获耶鲁大学法学博士学位。1921年回国，应北京大学校长蔡元培之聘请，任法律系教授兼系主任，同时兼授清华大学法律课程。后曾3次担任国立武汉大学法学院教授主讲民法总则、外国法、国际私法、民法亲属继承法等课程。曾兼任武汉大学训育委员会、出版委员会主席等职。1935年任北京大学法律系主任，后任西南联大法律系主任。1938年2月，当选国民政府监察委员，1948年7月，任国民政府司法院大法官。中华人民共和国成立后，任武汉大学法律系教授，后在武汉大学法律系编译室、武汉大学图书馆工作。曾被选为湖北省政协委员、中国对外文化协会武汉分会理事、中国政治学会理事。1984年2月20日于武汉病逝。

法统与革命

自政变以后，法统革命两说应时而起，纷呶辩说，至今未息。主张法统之论者谓：国家大法既已成立，即干戈屡起，终屡有合法不合法之标准；若承认实力之革命，循环报复，将永无和平之一日。其倡革命之说者则谓：年来政治污秽，非根本改革，不足以涤除积弊，不用破坏之手段，必无建设之希望。然因外交上之障碍，又不敢为逻辑之贯彻。前说迹近因循；后说偏于畏缩，二者皆非探本求源之主张，似宜更进一层，而觅适当之论据也。吾人须知：法统精神上形式上已经消灭，不惟无维持之必要，亦无维持之可能；且现在革命已成为事实，若因外交之牵制，失去时机，而不为建设之改造，因陋就简，丧失独立之精神，必遗将来之后悔。兹就此二点略加说明，以供国人之参考。

第一、法统精神上形式上已经消灭。

夫所谓法统乃指临时约法之法统而言，民国历史十有三年，陵夷至今，大法早已被玩弄蹂躏，而无统矣。辛亥革命临时政府成立于南京，组织参议院，民国元年，制定临时约法，此为中华民国根本大法成立之始点，国家组织之根据。二年参众两院议员选举告终，正式国会遂即成立，中华民国民选立法机关，以此为开始。中华民国第一任正式大总统袁世凯正式副总统黎元洪亦即由此国会而产出。民国政府正式之组织至此始完全成立。至民国三年袁世凯蓄意叛逆，驱逐民党议员，正是下令解散国会，此为民国根本大法破坏之始，而国家从此多事矣。二年之间，帝制实现。民国五年蔡锷起义云南，反对帝制，拥护共和。数月之间，帝制取消，国会复活。此为民国第一次恢复法统。旗帜鲜明，人心所归，精神形式，俱称圆满。旋因发生对德宣战问题，国会不信任内阁总理段祺瑞，不肯通过宣战案。大总统黎元洪下令免段氏总理之职，而拥护总理之督军团宣告独立，要求解散国会。黎元洪大总统依督军团之主张，于民国六年六月十二日下令解散国会。不久又发生张勋复辟之乱。于是民国法统第二次陷于破坏之危境。西南各省群起而为护法运动，一部分国会议员根据约法，于民国六年在广州开非常会议，组织军政府，选举护法大元帅，民国七年宣告继续第二届会期开正式国会于广州，固民国之正统也。然护法政府内讧纷起，卒至破裂。护法因自乱而失败，法统之精神遂消灭于无形矣。自兹以后，湘、川等省相继独立，而不言护法，广东虽有国会非常会组织政府，选举大总统，然内部冲突，讫未平复，一隅偏安，难言法统。而且独立之旗遍于各省，护法与法统之声浪，遂沉寂于西南矣。当西南护法之际，北京政府，安福操权，徐氏借位，政客军阀，互相利用，利害冲突，则诉诸战争。直皖之战，直系得胜，安福被逐，此时未闻有人言及护法与法统也。至直奉战争之后，僭位之大总统被逐，北方限于无政府之状态，于是直派军人通电主张恢复法统，在北京召集旧国会，继续民国六年督军团强迫黎大总统所解散之国会之职务。此项国会，杂凑成章，早无代表民意之精神，所谓“法统重光”，徒借以为国人之工具而已。卒至黎大总统被迫出都，曹锟以贿选窃位，国会议员公然售卖名器，毫不以为耻。此皆无灵魂之法统作伥而为祟也。政变之后，吴佩孚在武汉宣言“护宪”，寂然无应，徒惹笑柄，亦如人之将死，回光返照而已。故自民国六年法统第二次破坏以后，变乱相循，各为私利，法统云云，适为厉阶，玩用之名，而吾人若仍尊重而祷祝之，岂不与实际相去太远乎？

第二，现在革命为已成之事实。

改革国家组织，有合法与法外两种手段：按法律所规定之方法而改变政治为合法手段；不按法律所规定之方法而用革命手段，谓之法外手段，法外手段是必不得已而采用之手段也。变更合法政府固可通用法外手段；变更事实政府当然可以适用法外手段。革命失败则为叛逆，革命成功则政本因之而重建，故革命与合法不能同时并存，法外手段与合法手段亦不能同时并用。此理昭然，无待说明。五六年来国内纷争，法统已亡，曹氏政府，成于贿选，不过为事实政府，并非合法政府。冯玉祥班师回京，虽道德上受多方之责备，然其以实力驱逐曹氏之事实政府，就法理而论，构成革命行为，本无合法与不合法之可言。奈冯氏不谙此理，既成立国民军，又组织黄摄阁。国民军之动作系革命行为；而摄政之内阁则是期于合法而确认曹氏之政府为正统。若承认摄阁继续曹氏之政府则国民军为叛逆行为；否则组织摄阁为无意识之动作。虽冯氏之措施矛盾，而其种种举动则构成革命之事实。

段祺瑞氏受各方面之拥戴，来京组织临时政府而自为执政。其通电与命令之中皆言"改新政治，与民更始。"组织临时政府自系革命行为；表示革新政治显标革命主义。其为革命，至为显明。然就段式之计画观之，除将大总统及国务总理之职权改归执政一人外，其他一切制度，概仍旧观，并万恶滔天之国会而不正式解散，而该国会所制定之宪法亦不正式取消，以致贿选国会议员，仍藉口受宪法之保障而谓不得逮捕。是段政府自居革命之地位，而不进行革命之事业也。但报章传载，谓段式所以趑趄而不敢毅然进行改造者，由于外交方面之障碍，恐外国拒绝承认，有害将来之邦交。果然如此，不惟有负人民之希望，并且损失国家之尊严。凡一国政府之变更，须经他国一度之承认，始能继续国交之往来。承认虽系承认国之自由而非承认国之权利，然受承认之政府，若具有巩固之组织，统治之能力，永久之可能的三个条件，则外国通常不拒绝承认。但此种承认本为国际政治问题，以承认为取得利益之交换条件，亦国际常有之事，不足为怪。若虑外国有所要求，而即不敢改革国内政治，因噎废食，甚非所宜。

总而言之，法统既已消灭，革命已成事实。现在临时政府处革命改造之环境无毅然革新之魄力，有因循苟且之表现。时乎时乎，不再来！若人心已去，虽再欲徘徊歧路，岂可得乎！

《现代评论》第1卷第1期，1924年12月13日。

对内问题与对外问题

我们中国现在要待解决的问题，非常之多。因为不注意区别问题的缓急轻重。所以越要解决，越无头绪；越加纷乱，国利民福就越远了。有人看见：列强共同支配中国关税，享有领事裁判权，据有租界与租借地，外国兵舰任意在中国洋面及内河游弋，种种国际不平等的情形，就主张废除不平等条约；有人看见：列强暗中供给军阀军械，借给他们款项，就主张打倒外国的资本帝国主义；有人看见军阀为虐，就主张打倒军阀；有人看见财阀卖国，就要打倒财阀；有人看见外交系媚外自固，就主张扫除外交系；有人看见学棍遗误青年，就要打倒学阀；有人看见工人清苦，就提倡工人罢工；有人看见旧式家庭腐败，就提倡女子解放，男女平等，恋爱自由，遗产平等；有人看见教育进步太慢，就主张废止考试，提倡什么心理测试；有人看见贫富不均，就提倡共产主义；其余尚有种种问题及有人主张种种解决方法，实在不胜枚举。

中国的这些问题要草草区别，可以分为对内问题与对外问题两种：外国在中国因不平等条约所享受种种特权及外国资本帝国主义助长中国内乱之种种阴谋，俱属对外的国际问题；其余的那些问题——自军阀，财阀，学阀，外交系，社么自由恋爱那些事项都可以说是对内问题。对内的种种问题，广义来说，皆系国内的社会问题。但狭义来言之，那些对内问题可说是有政治问题与社会问题的区别。凡系假借行使国家大权，如军阀财阀，等等不顾国家公共幸福，只管企图私党私派私人的利益那些事项都可以归到政治问题范围以内，其余的问题，如教育，家庭，工人，等等问题，若牵连不到政治范围以内，都算是社会问题。

我们中国要待解决的问题，其种类既有对内对外的区别，而对内问题又有政治与社会之分。究竟孰轻孰重，孰缓孰急？这是一般人极应注意而要下决心之点。

我们知道：列强虽恶，若无国人勾结，他们无从施其诡计；社会问题虽属重要，若政治不清明，亦必无解决的希望。这个道理极为明显。有人说：国内的军阀所以能横行霸道，荼毒生灵，是因为外国资本帝国主义的作祟；外国所以能够作祟，是因为有不平等条约为他们的保障；若废止不平等条约，打倒资本帝国主义，国内军阀失掉外国的援助，他们自然就破败了。这个说法，猛然听了，似乎有理，但略加思索，实有未妥。国内军阀要借外国的金钱，要买外国的军械，外国趁此机会，得了便宜，我们不能制止本国人，而要怒骂外国人，理亦不甚顺，气亦不甚壮。且说国内问题未解决之先，实际上就没有对抗外国的能力。在此种状况之下，只凭空口要废止不平等条约，打倒资本帝国主义，是绝对不可能的事。这几年的废止领事裁判权及修改关税的问题，还不是一个例证吗？所以一般人必须切实的知道：欲解决对外问题，必先解决对内问题。至于对内问题，亦不能一齐解决，必须先解决政治问题，然后才能解决社会问题。有人说，政治不良是由于社会腐败；必须先改良社会，然后才能改良政治。这种见解是只知其一，不知其二。政治现象本来是社会现象之一种；政治环境与社会环境自然是关系密切，互为因果，互相影响；但普通用语，所以将政治与社会两种现象，分别言之，实因政治系现社会现象中的重要现象。既属重要，解决政治问题即应先于其他社会问题。且就中国实际状况言之，政治混乱，兵连祸结，民不聊生，奸淫抢劫，十室九空，举国财富尽付兵燹。在这种状况之下，教育机关尚不能维持，就难谈到教育改良；男女生命安全尚不能保，尚说男女平等，女子参政，恋爱自由，岂不是离题太远的话吗？乱抢横夺，私有财产已丧失存在，尚倡什么共产均产，那岂不是火上浇油吗？所以我们要主张一般人应该切实的明瞭，在政治问题未解决之先，社会现象决无改良的机会与希望。

一国的问题本极复杂，中国现在所处的境遇更加困难。一般人只顾头痛医头，脚痛医脚，你主张，我反对，你所重视者我轻之，我所重视者你轻之，阻力横生，冲突立见，欲求解决国事，而结果适得其反。必须有远大的方向，方能减少手段的冲突，增长合作的功效。

国家种种问题本来轻重不同，缓急不等；各种问题虽皆应解决，而解决次序，必有先后。中国现在的先决问题即是政治问题，国内政治清明，对外的国际问题与对内的社会问题，皆可迎刃而解。所以我们要郑重的主张：对内问题急于对外问题，而对内问题之中政治问题又实重于社会问题。政治本是极神圣的东西，但现在一般人却把政治视为污秽的勾当。这是极错误的观念。政治所以恶污，是因为恶人盘据，若好人不参加政治，岂不是越闹越坏吗？况且洁己袖手，自以鸣高，是滑头不负责任的态度，欺世盗名的诡计，算不了什么清高；处污浊而不染，那才算是真正清高哩。所以我们希望举国之人注意政治，参加政治，集全力解决政治问题。

《现代评论》第1卷第19期，1925年4月18日。

教员与学风

近年以来学风不好，而尤以北京为甚。一般人多归罪学生；学生无辜受谤，实在冤枉。我们仔细想一想，自然要承认学风不好，应负责任的是教员，不是学生。学生都是血气方刚的青年；他们的知识不足，见解有限，他们的举动总是直接间接受教员的影响。中学生如此，大学学生，一大部份也是如此。学生的意思受了教员的影响而发动，我们能够说学生们地举动是学生们的行为吗？当然不能。再说，学校本系教学的机关。所谓学风不好，就是说学校变成了非教学的机关：明明挂着学校的招牌，但在里边教的人也教不成，学的人也学不成，这就是学风坏了。造成这种局面的原因，即在学校有势力的教员不务正业；他们为自己方便起见，也实在不愿意学校为教学的机关。我们知道：现在北京有势力的教员也有三种。有的是政客的学者：他们本来是政客，但是对社会却作出学者面孔，拿学校作他们的根据地；把青年作他们的利器。

有的是学者的政客：他们本来是学者，因为不甘寂寞，常常要想作政治活动。有的是混饭吃的教员：他们在这学校也当教授，那学校也当讲师，甚而至于同时在两学校当专任教员，在五六个学校任功课。这些教员们每天自朝至暮，不是开会，便是会餐，他们忙的要死，哪里有工夫去教书，研究学问，那更是看作迂远的事情了。所以他们对于学校的功课，“告假”是原则，“上课”是例外。有的著名的大教授每星期只担任二小时的功课，即使不是每星期告假，十星期也要九星期缺课。他们自己没有尽了教员的义务，他们对于学生自然不敢认真，只得敷衍，结果，教员教的功课不能按预算教清；学生上课可以随便，考试可以通融；倘若学生提出团体的要求，这些有势力的教员敢不“惟命是从”么？如果正在利用学生的时候，什么学习的利益，什么青年前途，那就不成为他们的问题了。学生方面，庸者不知不觉在睡梦之中，黠者看破机心，亦要利用这些教员，以为自己进身之路，而大多数皆沉闷而无所表示。因此种种，学校丧失了教学的性质，这就叫做学风不好了。这样看来，学风不好，岂不是教员的过吗？

但是无论什么事情，极坏就要改良。一二年来优秀的教员已见增多；他［们］有学术的能力，有指导的良心，他们把自己的精力与时间都用在他们服务的学校，尽力帮助学生，取得相当的专门知识与判断能力。学生方面大多数亦大见觉悟，求学的心思与努力日见发达。这样教员与学生合作要恢复学校的教育天职，是一件社会上极可喜的现象。那些败坏学风的教员乃竟大起恐慌，极力排斥，大造诽语。好听的，说他们是“头脑简单”，“有精神病”，“不懂中国人的心理”，“外国派”；不好听的，说他们是“腐败”，“反革命派”，“政府的走狗”种种污蔑的名词都用上去了。败坏学风的教员，他们自卫的手段虽然毒辣；而努力兴学的教员，他们奋斗的精神，亦锋不可当。我希望后者，坚持到底，不要糅化。

学风的好坏，系于教员，而最终的维持，专赖学生方面的觉悟。

《现代评论》第2卷第41期，1925年9月19日。

政治犯与公使馆

民国以来，国内屡起战争，北京亦屡生政变。胜利者登基，失败者避匿，于是东交民巷就成了一个逋逃薮。东交民巷是外国在北京的使馆区域，请求保护者以躲避政敌的危害为理由，而请求保护；行使保护者亦以其系政治犯为理由而行使保护。因此，那些在政治上失败的人们就安然受外国的庇护，而逍遥于中国法律之外。究竟，他们是否真正政治犯？使馆有无庇护之权？庇护之至何程度？这是国人应该注意的一个实际问题。

真正政治犯大都道德高尚的人，是社会的良友，是政治之先觉。他们的行为是为全社会谋公益，不是为自己计私利。他们的急于改良国家政治，欲求速效，手段虽有时违法，有时越轨，有时暴烈，然绝不含有不道德的意思。他们居心光明，目的正大，失败之后，在国家法律虽受惩罚，而在道义上只可谓为败将，为不幸，不常说他们是罪人。

真正政治犯是一个好名词，在理论上也容易说明，但在实际上却不如此简单。对国家的政治秩序所为的犯罪，例如革命战争中所为之叛乱行为，固然是纯粹的政治犯罪。至于以改革政治为目的，而对个人所为的侵害，例如，杀伤国家元首，抢用私人米粮，挪用国家公款，等等行为，是否真正政治犯，实际上即有疑问，学说上亦不一致。至若假借改良社会，改革政治的美名，而作杀人，放火，敛财，拐款，等等行为，性质上绝无政治之意义，决非政治犯，纯系普通犯罪。普通犯罪危害人类之利益团结，而政治犯罪只违犯本国之法律。所以普通犯罪与政治犯罪在国内法上虽同受法律的处分，而在国际法上所受的待遇，则大有区别。普通罪犯逃往他国，一经犯罪地国要求引渡，逃往国即应交出，不得拒绝；若政治犯逃往他国，逃往国应加保护，不得引渡。这是国际法的一大原则。

但是我们要知道：政治犯逃往使馆，这便不是“引渡”问题，乃是公使的“特权”问题。罪犯由一国逃往他国，才发生引渡问题。公使馆不是外国的领土，犯罪逃往使馆，当然不能有引渡问题。

按现在文明国间共认的惯例，使馆无庇护逃犯的特权，即政治犯亦在不得庇护之列。不过对驻在国亦无拒绝逃犯入馆藏匿之义务。但他一方面，若地方官厅前来逮捕，使馆亦不得拒绝交出。

从前欧洲各国彼此之间都承认使馆所在地为使馆区域，视同公使本国的领土，这使馆区域就享有庇护逃犯的特权。至十八世纪他们就不承认使馆区域，而只认使馆有庇护权。十九世纪之初一方面因为各国司法改良，一方面因为社会尊崇自由主义及革命精神，所以他们只承认使馆庇护政治犯。自十九世纪之后半期，各国都觉着使馆庇护政治犯，不惟适足以增长政治的扰扰，并且侵犯驻在国的尊严与主权，于是就根本的不承认使馆有庇护政治犯的特权了。

使馆的庇护权经过几许的变迁，到现在，国内政治秩序巩固的国家，领土以内使馆都不得庇护政治犯。但那些强国治国保自国的尊严，谋自国的利益，对于乱国弱国，大都仍借维持人道的美名，而令他们的使馆庇护驻在国的政治犯。惟美国政府自十九世纪之中即主张：使馆庇护政治逃犯，徒增长驻在国的政治纠纷，毫无良好的结果，即在乱弱之国亦无此庇护政治犯的理由。因此美、波两国间订约即有美国驻在波斯的使馆不得庇护任何犯人之规定。

就此，我们知道：（一）政治犯与普通犯是大有区别，不得因政治而发生之犯罪即统称为政治犯；（二）驻在强国治国的使馆完全不能享有庇护权；（三）即驻在弱国乱国的使馆强行行使庇护权，国际上亦已认为不妥的举动。

说道到我们中国。东交民巷是外国在中国首都里边的一个国际共同防御的使馆区域。这种使馆区域，是世界各国，无论强弱治乱，所未有的制度，是我国家的耻辱，是我国权的损失。况且这使馆区域，即按原来立约的意思，亦只以保护各国公使为目的，决无保护地方逃犯的权限。这几年北京因政变而入东交民巷的逃犯，不是自己杀人，放火，骗财，拐款，便是教唆他人干这无法无天的勾当，性质上实系普通犯，并不是政治犯。东交民巷的使馆没有庇护他们的特权，东交民巷界内更无收藏他们的权限。即退一步说，认他们是政治犯，使馆的庇护权亦只限于在使馆之内，不得达于使馆之外；亦只可使政治逃犯免受目前身体的危险，不得纵令他们再为政治的活动。不料这次北京政变，日、俄两使馆竟帮助某党某系在东交民巷大肆活动，辛丑条约，国际惯例，一笔抹杀。在政府当局为预备自身的退路，对于这些外交大事，自然向来是推诿不办的，甚至那些平日主张打倒帝国主义取消不平等条约的先生们，到这时也就急不暇择，争先恐后，闯入这个辱我国体丧我主权的区域，那就未免言行太不相顾了。现在我们为回复国权计主张：

一，取消不平等条约，取消使馆区域与租界。

二，根据国际平等的原则，东交民巷各国使馆不得庇护任何犯人。

三，反抗日、俄两使馆公然干涉中国的内政。

《现代评论》第3卷第72期，1926年4月24日。

国民外交与群众运动

国民外交与群众运动，这两个名词，在实际上是指一件事情：每次群众运动都是因对外问题而发生，都是国民方面看见政府的无能与失败，要督促政府，援助政府，期望达到外交的胜利。所以群众运动进行的当不当与国民外交的成功不成功是有直接的关系。

我国自从鸦片战争失败，割地，赔款，允许外国领事裁判权，协定关税，种种外力侵入，国人自然感觉苦痛。及至中日战役，又复败北，外国压迫更甚，瓜分之祸，迫于眉睫，国人自然更觉难堪。结果是酿成抵抗外力的社会心理，几全国一致的“排外”、“仇教”。到庚子的时候而有“义和团”的组织；原不过藉国民外交的直接行动，以期扫除外国在中国的恶势力。不幸当时国人不谙国事，不明外情，竟欲用直接烧杀外人的手段，为达到恢复国权的目的，无怪乎只赢得一个“拳匪”的恶名了。但是那时的运动，手段虽然弄错，却的确是一种对外而发生的群众运动。就是现在的所谓群众运动亦当以此为起点，国民外交亦当以此滥觞。到了前清光绪末年，美国虐待华工，政府交涉，没有结果，引起上海一隅的排斥美货运动；国民方面用排货的手段，作政府外交的后盾，此为第一次。前几年在巴黎和会力争山东问题，在华盛顿会议要求取消日本的二十一条及其他不平等条约；去年五卅惨案发生后，又具体的要求收回租界，要求关税独立，要求取消领事裁判权。凡这些重要的外交问题，国民都有大规模的运动，连［联］合国内各界，一致对外；罢工排货，促起敌国的觉悟，宣传解释，唤起国际的同情，发表意见，督促政府交涉；组织团体，作为政府后盾。所以近几年来因国人渐渐的觉醒，外人亦知稍稍敛迹，皆不能不归功于这样的群众运动的国民外交。

但是就既往的经验，我们要承认：群众运动的国民外交决不能对外积极直接行动。一国对他国的积极直接行动，只有以国家的有组织的强力对外战争而决定胜负的那一条道路；若是一国的人民对他国积极直接加以侵害，在国际法与国内法上都不能认为是合法的行为。庚子“义和团”杀外人烧教堂，给国家惹出八国联军进京的乱子，爱国而反害国，就是因为不明白这个的原故。前番因大沽事件八国通牒的时候，群众的口号有“驱逐外国军舰出境”的字样，这种直接行动的鼓吹，也有容易发生危险的结果。现在国民外交的利器只有宣传，罢工，排货三种工作。这种手段是国际习惯所容忍的手段。关于这种人民的举动，政府对外国无干涉之义务，外国虽因此受损失，亦不能根据任何理由而有所要求。所以这三种消极的工作，对外国可以发生压迫的效力，对国内可以提高爱国的精神。一举两得，是群众运动实现国民外交的惟一手段，也是能收最大成效的惟一方法。

现在的群众运动应完全以对外为目标。群众运动必须以社会心理为后盾。一般人关于对外问题，利害共同，容易一致。并且对外问题比较简单，一般群众亦容易了解；而对内问题则关系较复杂，易起纠纷。这本是极明显的道理。但是年来因对外而发生的群众运动，却往往为人操纵利用反藉此为解决对内问题的手段。就是我们观察，无论为私为公，而实际上是转移群众的视线，较少对外的效能。这个恶果，是我们看得清清楚楚的，以后不要再蹈覆辙才好。

又国民外交，原要矫正政府向来媚外依赖的政策，而现在的国民外交却也犯了与政府同样的毛病。中日战争以后，李鸿章当国要外交手段，联俄以抗日，结果不是引狼入室，丧失满洲、蒙古的大权么？庚子以后，政府渐渐觉得俄国的危险，而在他一方面看见美国主张"门户开放"政策，维持中国的主权，于是一天一天的又同美国亲密起来，想着依靠美国对抗其他的列强，帮助中国解决外交问题。但是巴黎、华府两次国际大会议，不都使中国大失所望么？至于那几个少数卖国奴主张的亲日外交，虽足祸国，却不能淆乱群众的视听。惟现在有人曲解孙中山先生遗嘱里"唤起民众及联合世界上以平等待我的民族共同奋斗"的话，不分黑白，就一意以联俄为唯一对外策略，颇有容易蛊惑群众的危险。固然，俄国自大革命以后，高唱民族自决及打倒帝国主义等等，在我们痛遭外国压迫的群众看来，自是国交上一个极表同情的良友，值得极意联络的。但我们要知道弱国的外交，只宜临机应变，以不惹起列强无谓的恶感为得策。若是特别地接近一方，而同时反遭各方的猜忌，那就简直是作茧自缚了。所以苏俄果能始终本平等的原则待遇我中国，我们自当与之亲善，尽我睦邻之谊，但是像有些人的主张，竟甘心受其指挥操纵，那岂不是又犯了政府向来媚外依赖的政策吗？所以国民外交的群众运动，必须放大眼光，认清题目，不以意气用事，才不致因爱国而误国。

《现代评论》第3卷第78期，1926年6月5日。

不平等条约与内河航权

不平等条约是断送国权的证券。我们都知道：领事裁判权，协定关税，租界，租借地等等，常常讨论的几种事件，是依不平等条约送给外国的权利。殊不知，我们应注意而不甚注意的国内河流的航行权，也是被外国用不平等条约抢去的！

国家的领土，不仅是包括国家所管辖的地皮，国境以内的河流也自然构成国家的领土。领土是国家行使大［主］权的区域；在这区域之内，凡属自尊的国家，一定要保持自己支配管辖的独立自主权，决不容外国参与其间。国内的江河在国家经济上，军事上，警察上，均有重要的关系，普通东西洋所谓进步的国家只准本国船只航行，不但是外国的兵舰不许入内，就是单纯作生易［意］的商船，也是禁止通行。这是国际习惯法与国际法所共认的国家固有权，决不可放弃的；而我中国自鸦片战败以后，却一步一步的以条约让给外国了。

一千八百五十八年前清咸丰八年《中英天津条约》载明："长江一带各口，英商船只俱可通商"。此为外国商船取得内河船行权而其商业势力直接侵入中国腹部的开始。此后外国扩充商业以扩充航业为重要的工具，附会条约的规定，于是把"内地"字样强加解释，说包括"内河"之意义。就用海关的名义制定内河航行章程，允外国商船在海关注册，即可在内河航行，并且规定：凡是中国船只可以航行的地方，外国船只亦得航行。外国据此项章程及所谓最惠国条款，中国所有一切可以航行的河流，各国的商船都有了航行权。列强犹以为未足，到庚子以后英国又进一步要求，故中英商约又规定外国商船公司得在内河两岸建筑码头，营造仓库，以为垄断内河航业的永久基础。中国旧式的民船自然不能与外国新式轮船竞争；就是中国人经营的轮船公司，一因资本不足，二则因保护不周，也无与外国商竞争的能力。结果，现在内河航业差大多大部分都落在外商掌握之中，而以长江为尤甚。

外国商船航行我国内河已经是文明国家间所不许的事情，外国兵舰自由游弋内河，更是文明国家间决不能容的恶例，一千八百五十八年中英条约及一千八百六十二年中奥条约均载明该国兵舰“如无敌意”或“追捕海盗”得自由驶入中国各通商口岸，当时通商口岸皆在沿海，若按合理的解释，当时立约之意亦应只限于沿海口岸，不能不“内河”也拉入“通商口岸”意思范围之内。庚子前后法国、美国的兵舰未经中国许可，竟行驶入内河，曾经中国提出严重的抗议。列强如狼似虎强词夺理的一致主张：外国兵舰航行中国内河是他们在条约既得的权利。当时中国无法，只得忍受。直至现在，外国兵舰仍然是自由的航行中国内河。

曾记得一个美国朋友说过：欧美人普通心理对亚洲、菲［非］洲是一样看待；先去传教，使着土人们信仰白人；然后再去通商，借以吸收土人们的财富；如果因传教通商与土人们发生了冲突，然后派兵去打，使他们永远不能反抗。这话虽说的粗浅，而实是表露欧美帝国主义的真髓。就历史上看来，教士，商人，大兵，确是欧美列强开辟殖民地的先后步骤。然就地域而言，他们的教士、商人、大兵是先到沿海，次到内河，最后侵入内地。及至他们的势力普遍以后，他们才拿这保护他们的生命财产的名义，不平等条约许可的护符，杀人放火，任意横行。不然，这次英国的兵舰哪能炮击万县哩？

《现代评论》第4卷第96期，1926年10月9日。

法权会议的结果

法权会议的结果真糟！我们对这个会议曾经发过几次议论，总没有预想到他的结果这样糟！十余日前，本刊所载日本东京李思诚君的通信（见本刊第四卷第九十七期）说：日本报章登载他们当局的谈话，谓“中国已自行承认撤销治外法权之时机未至，因为该会会议报告书已承认次列四点：一，中国法律缺点太多……二，中国司法行政尚未独立……三，在现在状况之下，外人有保留治外法权的必要……四，中国若能将以上各项情形设法解除，各国认为满足，且给外人以相当保障后，各国开始与中国交涉交回法权。且云以上结论，中国代表王宠惠已充分满意，并已签字调印。”这个通信所载的日本消息，当时我们读罢，并不敢遽然信为真实。但昨天北京的报纸（十月二十六日《顺天时报》）载着法权会已经结束，调查组报告书已经作妥，“因原系约定各国同时公布，故须等候日期决定，方能发表”。一有这个消息，我们不但不能否认日本消息的真实，并且对法权会议的本身又有怀疑之处。这法权会自开会以来，经过十月之久，各国代表们干些什么勾当，外界始终不明内容。到现在，已经闭会了，仍然不肯把他们的调查报告书发表，还要约定各国一同发表，等到“生米煮成熟饭”的时候，一经发表，就使着国人与舆论，无从反抗，即便反抗，也不应含有政治外交的意味。但各国所派的委员，大多数不是外交官吏，便是以关税会议委员兼充，这其中就没有好意，显而易见。我们中国代表不乏明达，难道说，就屈服到不敢“声张”的程度吗？或者因为年来群众运动任意干涉国政，为便于进行，不肯“声张”呢？我们局外人实在不解其故。

中国政府向列强要求收回法权，不是一次了。庚子变乱以后，中国与外国陆续重订商约的时候，中国要求收回法权，英国，美国，日本，瑞士，瑞典等国均先后允许废弃他们的治外法权，但何必等到“中国律例情形及其审判办法及一切相关事宜，皆臻妥善”，才实行撤废。当时条约上既有明文规定，中国政府也就信以为真。前清末年民国初年设立修订法律馆，各省设立许多新式法院，许多模范监狱，都是作为收回法权的准备。欧战告终，巴黎和平会议，中国以为时机已至，要向该会提出撤废领事裁判权之案，列强不客气，简直的拒绝讨论这个问题，列强的无诚意，我们至此已经明白。及至华盛顿会议，中国又提案，要求撤废领事裁判权。当时与会各国就议决，他们派代表共同组织一个“委员会”，到中国来实地的“调查”法律及司法实在的状况，然后，“报告”并“建议”于各该政府但各该国政府仍得“自由取舍”。这议决案的办法，七转八折，总而言之，就是说，列强若不认中国法律与司法已经改良，中国就不能收回法权。我们中国到此更明白列强一味敷衍，不肯抛弃他们不应得而得的领事裁判权。列强越不肯放弃，国人收回法权的意思愈为坚决。所以在这法权会议未开之先，及既开之后，舆论界差不多都有共同的主张；第一，这法权会议应该扩充权限而改为真正的国际会议，变更委员会的性质；第二，必须无条件的撤废领事裁判权，第三，若外国不肯放弃，宁将此问题作为悬案，不再承认列强的敷衍欺人的办法。二十余年之中列强两三次以敷衍哄骗的手段对付中国，现在我们中国若拿出一个不妥协的态度，不能说不合理，不得谓为不自量，尤不得算是过分。如果报章传载该会议的这次报告的内容是真实，不仅重订了司法改良的条件，并且另外又有政治改良及保障外人的种种条件了。条件愈多，外国刁难的机会亦愈多。从前只以司法改良为收回法权的条件，至今二十余年，尚且不达到收回的目的，若再加上政治改良种种条件，我们中国恐怕从此没有收回法权的日期了！

国家法权的完整，决不能以国内法律不良为理由，外国即应加以干涉，更不能因国内政治不良，而为外国侵犯法权的口实。我们承认英，美，法等国的司法状况比中国高明。英美能在义［意］大利行他自治法权吗？当然不能。欧洲巴尔干半岛那些国家，及中美、南美那些国家，不仅司法腐败，并且他们国内的捣乱与彼此间的纷争，论期间，论程度，都是甚于中国。欧美强国虽对他们常加侵犯，然并未以此为理由而干涉那些国家的法权。这些国际状况，各国代表们能说不知道吗？他们为继续维持他们本国在中国的既得利益，故意不顾情理，还算是有的可说。我们中国的代表将何以自解呢？

总之，这法权会议的结果是：一，全国所希望的无条件的收回法权完全没有达到目的；二，这次所定的将来收回法权的条件是苛于从前的条件；三，中国承认这次会议不如没有这个会议。但是因为报告书尚未正式公布，我们仍希望报载不实。

《现代评论》第4卷第99期，1926年10月30日。

修约问题

中国一八九六年与日本，一八九五年与比国所缔约的不平等条约，已于去月十九日、二十七日先后到了“修约”的日期。全国差不多一致主张“废约”，但北京政府对日、比两国所发出的照会，据报章所传载此项公文措辞确是“修约”的口气。假使我们研究这个问题的法律方面，我们知道旧约若不首先声明废止，决不能达到修改的目的。假使我们观察这次交涉的经过，我们知道困难问题不在法律而在政治，不在外国的刁难而在我国政府当局的鬼祟。所以我们可以推知这举国注意的外交的结果，一定是日、比仍然享受旧有的实惠，而这个空落一场罢了。

法律上主要之点，我们每注意中日、日比两约关于“修约”的规定，他的词意是要修约永远有效。这中日条约第二十四条载明：“本约关于关税及通商各条，于批准交换之日起，十年届满时，缔约国之各方得要求修改；但若各方不要求修改或第一次十年届满六个月内不能完成修改事项，则本约仍旧再十年有效”，以后每十年以此类推。中比条约第四十六条规定：“若比国政府对本约之条文认为有修改之处，于批准交换之日起，十年届满后，有提议修正之自由；但必须于六个月（内）正式通知中国政府”，

“倘无此项通知，本约仍旧再十年有效，此后每十年以此类推。”按中日条约这种规，虽说每十年双方可以修约，但是修约不成功，旧约仍算有效；结果是假如一方愿意修约，他方不表赞同，这条约可就永远不能修改。按中比条约那种规定，好像只有比国有修改的自由，中国没有修约的权利，假如比国不提议修约，那修约岂不是十年十年的继续有效吗？这两个条约都是于对方一面有利的，于我国有害的，比国决不会那样慷慨提议修约的，抛弃自己的利益，日本亦决不会那样宽大赞成改变特恶的规定。所以我们中国若是轻描淡写的要求修约，对方根据约文很有刁难的余地。但是这两个条约是商约。按照文明独立国间普通的习惯法规，商约属于暂时性性质的契约，决不能含有永久的性质，像那样拘束中国的条文已经是不法，早应取消。再者，无论何种条约，于“时变境迁”之后，缔约国之一方即可单独宣告无效。中日、中比两约的内容，关税与领事裁判权为约中的主要条款，假令改约拘束中国的条文是合法的，前者已经三十年，后者已经六十年，中国商业及司法状况，早已发出重大的变迁，中国政府在法律上尽可不经对方的同意单独宣布废约。假如中国政府采取这种毅然决然的态度，对日、比声明废止旧约，完全无效，另外再对他们提出缔结新约的大纲，一则可以免除他们咬文嚼字的辩论，二则中国也有法律上的根据。

这种简单的办法，社会上一般的人都知道这样主张，北京政府对外交当局能说看不出来吗？当然不是这样拙笨。中国所谓外交家向来自成党系，无论政府怎样变更，总是他们来包办外交。办外交就是他们的职业，也就是他们的饭碗。中国外交家已演成奇怪的现象，若是不媚外的人决不能当外交家。那么，为保全自己和本系的利禄，就不能不顺从外国的意思；顺从外国的意思，那就顾不得卖国不卖国了。关税会议是让列强处分中国关税的会议，现在还未正式闭会；法权会议是处分中国法权的委员会，中国代表已经承认自己国家没有到撤销领事裁判权的地步。中日、中比两条约重要条款，就关系关税及法权两项问题。外交系的外交家已经承认中国关税应当外国管理，中国法权应当外国行使，外交系的外交家现在那又能出尔反尔要真正废止不平等条约呢？但是现在社会状况之下，全国主张废约，若是完全不理，自己的禄位，也有不利，并且见出自己不是外交家了。自然而然就想出一种外交的手段，以对付国人期望废约的热心，于是今天一个照会，明天一段谈话，后天一个主义，好像是办外交的样子，其实皆敷衍延宕，并没有废约的决心。

中国政府送给日本的照会的内容，报章传载是：中日商约，“迄本年十月十九日，已届期满，希望于六个月内，制定相互平等新约。”条文分明说修约的日期，哪能说他期满；旧约不废，哪从制定新约。据熟悉外交界内幕的人说：这牛头不对马嘴的照会是先得日本当局的同意，故意这样含混其辞。昨日日使对报界谈话，说：已与中国外长“举行预备交涉”，对中国照会“日内”“自应于以相当的答复”，“至对本约中所涉及之关税会议及法权会议关系事项，则尚未闻华方另有所提议，然将来若果涉及此事时，则自应先与关系各国协定。”“日本自亦采取同样态度”。日本虽未正式答复，已与中国外交当局有所协商，实际上不允修约，亦甚显明。

至于对比约的问题，更露出中国外交当局的敷衍延宕的手段。据说对比照会与对日照会，大略相同，也只空洞的说订新约。忽然外交当局又与比订立“暂时办法”以六个月为期，忽然又说六个月为期的暂时办法，得延长三个月，而比使现在仍正在要求无定期的暂时办法。比国外交总长在巴塞尔声称中国若实行对比取消协定关税及领事裁判权，比国即提出海牙国际公断；而中国政府当局在北京亦声言比国不允许修约即采取“断然手段”，提出什么国际联盟什么国际法院。当局这样大吵大闹，结果是越办离着题目越远。这样大吹大唱，政府之用心，不过借以眩迷国人之耳目而已。

总之，这对日、比的修约问题，日、比两国当然不愿放弃条约上的特权，其他的列强因利害共同的关系亦不愿日、比放弃，乐于帮助，以免将来陷于自己于孤立的地位。中国外交当局一方面体外国的心思，不敢拼拟，一方面迫于国内的环境，不敢蔑视，就顾不得什么法律不法律，卖国不卖国了。

《现代评论》第4卷第100期，1926年11月6日。

英国对华政策新提案

英国政府，于去年十二月十八日，由其新到任的公使，在北京外国使团，所提出的对华政策新提案，因为这提案在国际政治上有主要的背景，所以这一纸空文却含有重大的意义。自从这提案所已经表示的态度，总括起来，可以使我们推定英国政策的失败。

这个提案的原文甚长，它的大概的意思就是：英国对参加华府会议的列强说：四年前各国在华府会议所商定的对华政策的主旨是“保护中国的完整与独立，及政治上经济上的发展，和财政上得修复”；但是中国内争不已，北京政府威权扫地，国民政府也还不足以代表全国，以致关税会议没有结束，法权会议虽有结果，也是不能实现，所以参加华府会议的列强对于中国的那番慈心美意，至今不能享受；因此英国向参加华府会议的列强“建议”共同发出“宣言”——“宣言”内应该叙述中国内部混乱的现像，并且声明条约虽然可以修改，但是中国要知道修约是神圣的，中国没有负责任的政府，条约是不能修改的；英国又向列强说：中国的各实力派不是都急于要钱吗?列强应该即刻给他们几个钱，“允诺”他们即刻征收华府会议所允许的二五附加说，并且允许他们自由使用，自然他们就不鼓动排外了！英国这种提案的目的，显然是主要在重新整顿列强对华的协调，对华的一致行动，对华的“共享”主义，至于缓和中国对外的运动，是它的次要目的。我们看看列强对华政策的历史，就知道英国这次提案的背景了。

无论什么样的国家，他的外交政策都是想着以最少的牺牲，取得最多的利益。战争是最大的牺牲，是必不得已的对外手段，若不是国民及政府当局的同时发狂，无论哪一国，决不肯轻于一试，一定要极力设法避免。列强向来对于他们的“中国问题”彼此间外交政策，自然不是一种原则的例外。自鸦片战争以后，各国同中国所缔结条约中的“最惠国条款”是列强对“中国问题”协调合作的萌芽。中日战争以后，列强在中国争先恐后的取得势力范围，造成瓜分共享的局面，几酿成他们彼此争夺的战祸。于是美国当庚子变乱，八国联军进北京的时候，提“门户开放主义”，要求列强承认保护中国完整与独立，他们的对华的协调与均势赖以保存。当欧战之际，日本独自操纵东亚，处分中国；所以欧战以后，美国召集华府会议，重新要求列强承认门户开放主义为对中国问题的共守的原则。华府会议以后，苏俄单独在中国政治上活动，列强觉有合作对俄的必要。五卅惨案以后，日本亦渐单独行动，最近他在中国的商业大占优势。英国因中国国民对外运动，而其商业所受的损失为最大，英国为避免与他国起冲突，主要的是日本，于是向列强提议承认华府会议对华政策的原则，要求发表共同的宣言，英国以为他们若能一致行为，彼此在华的利益自然容易保存，中国对外的运动，就认为更容易解决了。英国的外交，向来眼明手辣，百发百中，殊不知这一步，他却看错了。年来中国国民的知识日见增高，国际政治愈形复杂，他看的太容易了。

列强方面，就他们对英国提案正式或非正式的表示，英国已有失败的趋势。首先攻击英国的是俄国。俄国自革命以后，英国是俄国的对头冤家。提倡并实行经济封锁俄国最有力的是英国；防止俄国在黑海、地中海发展，宁对土耳其让步不肯使俄国得志也是英国。俄国在土耳其，波斯，阿夫汗，及中国，这些英国势力存在的地方，极力提倡帮助弱小民族、打到帝国主义，底确给英国一打击，得相当的胜利。现在俄国对英国的对华政策新提案，骂“英国对南方之故示好意，实为中国革命最大敌人方面之奸计。”日本自华府会议以后，在国际上立于孤单无援的地位；并且渐渐知道若不得中国的好感，很难维持他的国际经济地位。所以五卅惨案发生的时候，日本略一逞强，旋即退守减默的态度。关税法权两次国际会议的席上，日本所表示的态度，比他国都较为宽大。这次对英提案，日本驻京外交界露出消息，说英国提案所举示的范围太小，亦可见日本见风转舵，直接向中国表示好感的意思。法国新近与德国缔结商约，力谋接近，不愿处处仰英国的鼻息，步英国的后尘，并且在中国的利益不甚重要，亦未受中国国民重大的攻击，自不愿与英国一致行动，一致惹起干涉中国内政，助长中国内乱的嫌疑。他的总理宣布法国对中国问题，仍持向来的观望态度，就可见一斑。此外尚有义、美两国，其余各国的态度都不关重要。义国近来嫉法、德的接近，谋英国的提携，已发表赞成英国的天。美国与英国在历史上向来恶感甚深，但自欧战以后，安格鲁撒［克］逊民族大有携手的趋势，英、日联盟废弃以后，英、美两国更日见亲密。美国舆论对英国提案虽已表示赞同的意思，然政府方面迄未表示意思，想必正在慎重考虑之中。就此看来，英国纠合列强对华一致行动的目的，想不能实现。

就中国方面而言，英国关于中国问题，直认中国没有足为代表的政府，不向中国提案，而向列强提案，国民方面已经感受蔑视的耻辱。南方国民政府已经事实上征收二，五附加税，并且正式认英国的提案系延长中国的内乱，对英国并不“感恩”，北京政府虽未公然反对英国的提案，据说也要援例征收二，五附加税，也不见得对英国就“戴德”。至于国民方面向来以取消一切不平等条约恢复国家主权为目的，并不只关税自主，更不只二，五附加税。英国想用二，五附加税的引诱，借重实力派威风，压服国民对外的运动，我们可以断定英国的弄巧成拙。

总而言之，英国对华政策新提案，想谋国际协调，而协调不成；想缓和中国的恶感而又适得其反；这不是失败，是什么？中国对外最难对付的是列强的一致行动，到现在他们协调对待中国的机会，实际上已经丧失了大半；反面就是说：外国渐次承认中国实力的存在，直接和中国办理外交，不与中国以外的国家办理关于中国的外交。这是中国外交的大进步。英国这次新政策的失败乃是中国国民外交的大成功。

《现代评论》第5卷第109期，1927年1月8日。

对日修约与最惠国待遇

这次北京政府的外交当局，对日本修改商约的谈判，到现在已经是过了十次之多，其中最大的争点就是最惠国待遇问题的讨论。这交涉的内容，中国的当局说“现尚未至发表的时机”，日本的当局也说“尚不能语人”，我们自然无从知道这交涉进行的详情。但就报章所揭载各方面零星的消息看来，我们可以说这交涉经过的概况，是：日本方面首先提出最惠国待遇问题，要求无条件的将所谓“最惠国条款”载入新约里边；它所持的理由是：以为现在列强都享旧日条约所赋予的各种利益；若日本没有最惠国条款的保障，比较他国必陷于不利益的地位，所以日本坚主保持最惠国待遇，并声明“无可互让妥协之余地”。中国外交当局对于这样重大的修约问题，自始就没有具体的方案。日本公使芳泽氏最近对外谈话，说：“关于最惠国条款问题的讨论，以前会议，多由余随意辩论，所谈多为日本的主张，而本日（三月十一日）会议，顾（维钧）总长谈话独多，申述中国的主张……”由此可见：在这修约会议的席上，顾总长起首只顾听了芳泽氏讲日本话，并没有预备拿出中国的主张。京中报章接连不断的揭载顾总长在国务会议报告中日修约的交涉，始终没有明白表示。但是十几天以前（本月十四日）顾总长接见新闻记者，曾说明中日交涉，谓“中日两国既属邻邦，且有特殊之亲善紧密关系，则望作特殊解决之问题，自属繁多”，并谓双方“意见已渐接近，度不久即可见诸一致”，果然本月二十日的消息说：“顾总长的意旨，大致分为两项——第一，最惠国待遇之时期，以新约未成立以前为限，一俟新约订成，即应完全取消；第二，最惠国待遇之范围，其贸易品类，须另行商订。”假如此是北京政府对日修约的意旨，这段外交的结果，不仅是等于没修约，并且是留下将来条约的障碍。

最惠国条款本来是条约中的复杂问题，而在中国与外国所缔结条约之中，尤为困难。所谓最惠国条款就是在条约内载上一条规定：倘若缔约国之一方允许特种利益于第三国，他方亦得享受同样的利益；凡第三国所得到的优待，他方因这种条款的规定，亦得到同样的优待，所以这种条款就称为最惠国条款。这种条款，假若字句上系概括的规定，关于它的解释在国际惯例上有不同的主张：英国与欧陆各国主张这种条款只可适用第三国无条件所得的利益，不能适用第三国因交换所得的利益。他们对于解释上无论怎样不同，而这种条款只限于纯粹的商条，并且是缔结国的双方同样相互的适用，确是没有争论。但是这个问题在中国却不是这样。中国同外国从前所缔结的不平等条约，都有最惠国条款的规定。这种条款的适用向例是片面的，不是相互的：外国在中国享受最惠国待遇，中国在外国并不因最惠国条款而享受最惠国待遇。此外，这条款适用的范围甚广，并不限于通商事项。结果是：中国允许一个缔约国某种利益，其他各缔约国同时取得同样的利益。中国与外国所缔结的条约中的最惠国条款简直的是条约上束缚中国的主干绳索。这旧有的绳索一日不断，不平等条约的效力，一日不能扫除净尽。假如中国同某国缔结新约，载明最惠国条款双方互相的适用，实际上不能达到互相结果。某国与第三国间没有不平等条约，中国与第三国间仍有不平等条约存在，所以某国仍得借最惠国条款享受不平等条约的各种利益。这是显而易见的。

现在这中日条约的交涉，日本坚持最惠国待遇，实际上就是坚决的维持它旧有的在华一切利益。中国方面北京政府允许新约成立以前，日本仍得享受最惠国待遇，实际上就是承认日本继续享受旧有在华一切利益。若日本故意延宕新约的成立，日本旧有在华一切利益，即可永久继续下去。那么，这条约的外交，还办它作什么？日本代表玩些把戏，是为他本国的利益，中国当局弄些花样，究竟教谁看？

老实说，北京外交当局果有诚意办理修改不平等条约，赶快预备具体的方案，公诸国人，公诸世界。就目前对日修约的交涉而言最好不要再讨论这最惠国待遇问题。

新约之中绝对不应再有最惠国条款，还讨论它作什么？

《现代评论》第5卷第120期，1927年3月26日。

日本的东方会议与满蒙

日本的东方会议却是中国会议，是要对付中国的会议，尤其是要处分满蒙的会议。这个会议是日本政府召集日本驻京的公使，驻满洲的军事当局，驻奉天，上海，汉口等处的领事，自去年（六月）二十日至本月七日，由日本首相田中主席，在东京开的重要会议。日本政府召集这个会议的目的，据日本首相的开会词上说，是要“征询诸君对于中国时局的报告与意见，以作政府的参考，同时关于政府的运用政策，亦望诸君的谅解，而实行统一彻底的政策。”换一句话说，就是日本政府把它驻中国的主要外交军事两方面的官吏，讨论对华的事项，并且面授机宜。会中关于中国现状的报告，缺乏详细的消息，但报纸所传载主要之点是说：“南京政府的军事，政治，财政的基础似均已渐趋坚实”，“武汉政府现有的势力亦殊未可厚侮”，“无论满洲的主权将谁属，而日本之关系将始终如一”。这个会议所讨论的问题分为两大部分：第一部分，满洲问题，奉票及金融机关之设置问题，南满铁路与中东铁路之运费统一问题，以及历来的悬案；第二，长江流域问题，即关于侨民之救济及复归问题与经济贸易之更始问题为主。这个会议中的讨论以满蒙问题为主要，以长江流域问题为次要。关于长江问题中的日本侨民所受的损失，决定先由日本政府垫出，然后再要求中国政府赔偿；因此而论及无担保债权及关税自主和撤废领事裁判权各项修约问题，讨论的结果似以修约为要挟，作为解决无担保债权的条件。关于满蒙问题其要点在经济的搁浅，而其搁浅的原因，一方面日本没有确定一贯的满蒙政策，一方面受中国内乱波动的影响，认为必须始终拥护日本在满蒙的特殊地，并“商租附属地及铁路等诸问题”，于是决议发展满蒙产业的方案，其中的重要事项：第一，与中俄协力，实地调查资源；第二，商租权的解决；第三，谋现在南满铁路集中大连以外铁路之完备，以便与朝鲜清津港联络；第四，确立经济界安定；第五，树立安定财政上必要条件一定之课税条件。这个东方会议的结果，日本政府对它的驻华的官吏，所发的密令，外界当然不知道是什么东西。但就日本首相在最终会议席上训示对话政策纲领，仍然是“确保极东的和平”，“中日共存共荣”，“不干涉内政”，“同情于民意”，“希望统一政府”，等等，那些外交口是心非骗人的套话；但是对于满蒙问题，文字上确是现出来的厉害和积极。这个训示上说：“满蒙，尤其是东三省地方，于（日本）国际上并国民的生存之关系上，有重大的利害关系”，日本必须尽力“各地地方之和平维持，经济发展，使为内外人安住之地”；假若“万一动乱波及满蒙，治安紊乱，对于该地方我（日本）特殊之地位权利，有发生侵生侵迫之虞，不问其自何方而来，固须有不逸机，出于适当措置之觉悟，以便防护之。”

我们看看东三省的地图，看看日俄战争以后直至现在的中日及日俄的外交关系，中国在满蒙的地位，不仅没有改善，并且更加危险。俄国从前及现在在外蒙及中东铁路以北方的吉、黑两省得南部，热河特别区，及内外蒙古的东部。日本的满蒙政策就是要把这地造成它的实行移民的殖民地。日本在那里殖民的工具是铁路，这铁路政策是以后大连至长春的南满铁路作个主干，支路的计画好像蜘蛛的网罗一般，现在已经建筑成功的已经不少了。沿铁路都有日本所谓“铁路附属地带”，在这些地带之内，日本的商人，工人，农人，军队，警察，娼妓，流氓，好像蚂蚁一般，接连不断的都来了。因为日本政府的奖励和保护，所以它的殖民政策实现的很快。我们看看闭会不久的东方会议，就知道日本一步紧一步的进行经济的发展，促进殖民的速度。日本驻京的芳泽公使回国去参加东方会议，到东京时候的谈话，说：“以东亚之友邦而论，不可不讲中日提携，日本与俄国目下关系亲善，将来亦愿维持此种关系。”这话是日本的满蒙政策中外交手段的妙诀：中日提携即是提携中国的实力派，以便为虎作伥；日俄亲善，即是彼此谅解，平分中国的满蒙。那末，这日本的东方会议的结果真要积极处分中国的满蒙！

《现代评论》第6卷第136期，1927年7月16日。

唐有壬

唐有壬（1894—1935），原名林，字寿田，湖南浏阳人，唐才常次子。肄业于湖南高等实业学堂，1912年赴日留学，就读于庆应大学理财科，1919年学成归国。1925年受聘为北京大学经济学教授，兼任整理八校委员会主任。五卅惨案发生时，在《现代评论》发表一系列论文，论述当时的经济、政治等问题，是“现代评论派”的主要成员之一。他对国际政治经济研究有素，曾任关税会议专门委员，在北大任教的同时，还为《京报》创办《经济》专栏。1927年，就职于上海中国银行，任总管处调查部主任。1928年，任湖北省银行行长兼湖北省金库长。1930年，回上海中国银行任职。由于常在报刊上发表文章，因此得以跻身政界。国民政府迁都南京以后，经汪精卫推荐，先后担任国民党中央政治会议秘书长、第四届中央候补执行委员、中央银行理事、第五届中央执行委员、第三届立法院立法委员。曾一度是国民党改组派的健将。九一八事变以后，唐有壬一方面强烈反对日本的侵略，又因担任南京国民政府外交部常务次长，不得不执行对日妥协的“国策”。1935年，辞去外交部次长职务，后被聘为外交部顾问。未及到任，即于12月25日在上海寓所被刺杀。

排货的意义与利益

排斥英、日货物——尤其排斥英国货物，我们认为最有力的国民外交手段，所以极力提倡这种办法。但是这种办法的效果究竟如何，也就因各人之观察而不同。马寅初先生说：“……英国输入中国之货，以棉帛为第一，如能实行抵制，则英国之兰开斯Lancashire市，必根本动摇；该市以织布为专业，工人不下三四十万，所投资本，尤不可胜数，一旦吾国之销路断绝，全市濒于破产；工人失业，资本消灭，工资两党，势必大内哄。……现英国剩余之货物，不得不销之于东亚，以中国为尾闾，倘我拒绝其货，势必陷兰开斯市于万劫不复之地。……”照这样说法，排斥英货，是竟足以制英国工业之死命的了。但是丁文江先生说：英国出口货总额，值英金二亿零五万万镑(?)对华的出口额，不过占总额百分之一，中国排斥英货，英国所受的损失，不过百分之一；然而中国自己却要损失百分之五十，(中国进口英货，占中国进口总额百分之五十?)大众不合算……照这样说法，排斥英货，不但无益，而且有损。这两位的话如此不同，真是使人无所适从，但是我们觉得马先生的话，固然过于乐观，丁先生的话，也就未免过于颓丧，好像有“长他人志气，灭自己威风”似的。其实我们所主张排斥英货的意义，并不必求如二君所说的结果。我们主张的排货，是自卫的，决非攻击的，所以不必像马君的乐观。既然是以自卫为目的，那末，我们只求能将英国在华的商业势力，完全铲除，因此而可断绝其在华的政治势力；并不问我们所排斥的，是百分之一也好，千分至万分之一也好。诚然我们排货，英国所受损失不过百分之一，而我国却已能将英商势力完全铲除，岂非益己而不损人，更合了丁君的意思？至于中国进口货，因此将减少百分之五十，这正是我们求仁得仁的结果，在丁君看来，是我国的损失，然而我们正以为是我国的利益呢，我们主张排斥英货，是根据下列的理由：

(一)中国与外国国际间的一切不平等的关系中，尤其以关税不自由为最重要，不仅侵害中国的主权，而且阻碍中国国力之发达，使内国产业日趋于衰败之境，而酿成社会经济之穷困。我们若不能求得关税的国际对等制度，纵令其他政治法律的国际关系改善，而经济的生存权，仍是操诸他人之手。所以我们最要紧的要求，是关税自主权之收回。但是用什么方法，方可达到这层目的。待诉之武力么？正是“以一敌八”，当然是不可能的；待与各国一一协商而求其同意么？正是“与虎谋皮”，各国以大利所在，如何肯轻易答应。所以仍非我国民以自有的力量去解决这问题不可。这个力量若分散了，便没有多大的效果，所以尤非将这力量集中于一国不可。中国关税之失其自由，是起源于一八四二年和英国订立的《江宁条约》。当时英国违犯我国的烟禁，以武力迫我通商，设定百分之五的海关税率，并指定许多不课税的物品。其后各国均纷纷援最惠国之例，要求同样待遇。日本于中东战争后，也加入列强团体。从历史上看来，英国是经济侵略中国的开山祖，《江宁条约》是一切不平等条约的模型。再从中国进出口的数字上看来，也以英国为最大，(参看本刊第二十七期《对英经济绝交》)所以我们应认定英国是侵略中国的首犯。主张合全国国民的力量，排斥英国的货物，断绝英国和我国的经济关系。英国货物既不能进口，那末，英国对于关税问题，便无发言之权了。英国不能把持关税，其余各国自然失所依据。若那时还有负固不从的，我们便以对付英国的手段对付他；谁不肯和我订立对等关税制度，我们便不买他的货物。那时，所有旧来的关税条约，都将等于具文，而我国自然可以达到关税自由的目的了。

(二)仅仅排斥英国来得货物，还不足以铲除在华恶势力。我们更不仅不买英国货物及由英商经手的他国货物，而且不卖货物给英商，在华英国商人自然不能立足，不进英人经营的工厂公司矿山去做工，不买这等工厂的出品，不利用英人经营的轮船，在华英国企业自然归于倒闭。多数的英国工商业者既然在华不能存立，所剩的不过少数的官吏和雇员，那时租界也只剩了几间空房，领事裁判权也就英雄无用武之地；而英国在华的政治势力，也随经济势力之消灭而减少了。

（三）现在中国的财政权和金融权，一大半操纵于英人之手，其原因也由于英国在华经济势力与政治势力之伟大。假使我们能因排斥英货之故，而使英人对于关税问题失其发言权，那末，英人总税务司的特殊地位，自然因之动摇。大多数的关税，既然不由英商支付，那末，关税收入便不应存放于汇丰银行，而汇丰银行的特殊地位，也自然因之动摇。如此：海关管理权和关税存放权，均可因此收回其一部以至于全部。

因我们排斥英货及断绝对英一切经济关系之故，内国产业如运输，沙厂，煤铁，银行等必然因此而发达，这是显而易见的利益。总而言之，我们的排斥英货，是出于自卫的，我们只要能将英人在华的势力，根本铲除，并不敢有打倒英国本岛的奢想，所以也不能因英国所受影响损失之小而不为。而且我们这种手段，并不限于沪案的关系。我们认此为脱离英国羁绊，实有民族解放的唯一方法，在英国在华势力未消灭以前，我们依然继续我们的工作。

我们觉得这种手段太冷静了，太和平了，还要随时加以新的刺激，方能使其持久。所以我们仍诚恳热望随时有获得热的运动来辅佐这种静的冷的运动。

《现代评论》第2卷第30期，1925年7月4日。

关税会议

我们对于关税会议，夙来是怀疑的，而且夙来是反对的。现在号称独立的国家，虽以暹罗之弱小，还有关税自主权，而我国的关税，完全听命于人，这是何等的耻辱。关税制度是保护本国产业的安全，防止外国工商侵略的一重障壁，关税听命于人，便不啻国民生活的条件受制于人，这是何等的危险。目前的关税特别会议是根据华府会议中九国与中国的关税条约而来的。照关税条约的第二条：

由特别会议立即设法以便从速废除厘金，并履行一九〇二年九月五日中英商约第八款，一九〇三年十月八日中美条约第四款，第五款，及一九〇三年十月九日中日附加条约第一款所开之条件。以期征收各该条款所规定之附加税。（下略）

可见关税条约完全以中国与英、美、日的旧条约为蓝本，税率之不自由，是不待说的了。再看关税条约第三条：

在裁撤厘金切实履行第二条所载各条约中诸条款所定条件之前，第二条所称之特别会议，应考量所应用之过渡办法，并应准许对于应纳关税之进口税，得征收附加税。其实行日期，用途，及条件，均由该特别会议议决之。

此项附加税应一律按值百抽二，五。（下略）

照此看来，不仅税率不能自主，而且附加税收的用途条件等，还要由特别会议议决，这岂不是更加一层束缚么？我们将华府会议的记事录，详读一过，也许承认美国对于中国，有较好的表征。也许承认在四年前，关税条约还不至于大悖于中国的环境。但是在眼前的中国，在沪案发生后的中国，在举国力争关税自主时候的中国，四年前的关税条约，早已失去其时代特征了。我们还要这种不合时代的关税会议做甚么呢？

现在关税会议已定于本年十月二十六日召集了。日本已有公文的答覆，英国也经口头上承认，美国是不必说的，法国已得了金佛郎的交换条件，比、意两国也不会十分作难。开会已成定局了。我们为关税自主计，当然应该反对这种会议，但是徒然的反对，是否即求得关税自主的方法。天天口头上呐喊，而不能使民众的意志具体化，使其成为一个国际交涉的问题，换一句话说：便是我们只知道要求关税自主，而自己没有要求得关税自主的具体方法，于实际上又有甚么益处呢？现在关税会议，事实上既然无可阻挠，我们未尝不可利用它作为要求关税自主的机会，退一万步说，我们也应极力防止它成为关税自主的障碍物。这方略便是：中国方面委员应该在会议席上，痛陈中国因关税不能自主所受的损害以表示全国要求自主的决心，要求各国在若干年后（假定为五年）应予中国以关税自主的确实保障。在这种保障之下，中国方能参加会议。如各国不能谅解，我们宁肯牺牲眼前的小利益，由中国宣言在若干年后，中国将自动的实行关税自主，以促各国的反省。至于会议中应议的条件，总以不妨碍中国的自主权为准。（下期再行讨论）归根两句是：

我们固不能于一时间即完全否认中国的在国际的特殊事实，我们更不能因这种特殊事实之故，即行放弃民族独立应有的普通条件。

《现代评论》第2卷第39期，1925年9月5日。

甚么是反革命

现在社会里面——尤其是在智识阶级里面，有一种流行名词“反革命”专用以加于政敌或异己者。只这三个字便可以完全取消异己者之人格，否认异己者之举动。其意义之重大，比之“卖国贼”、“亡国奴”还要厉害，简直便是大逆不道。被加这种名词的人，顿觉得五内惶惑，四肢全无，好像宣布了死刑是的。这三个字既有如许法力妙用，我却要知道他的内容到底是甚么。

要想问甚么是反革命，先应问甚么是革命。从广义说：革命便是推翻成局，打破现状。但是无条件的推翻成局，那末：由桀纣而汤武，由嬴秦而项刘，由胡元而朱明，固然是革命，而历代的吞噬，篡夺乃至弑逆，叛乱，也都是革命了。无条件的打破现状，那末，由封建而郡县，由专制而共和，由手工业而机械工业，由资本主义而社会主义，由宗教神圣而宗教革新，固然是革命，而普通的市哄，民变，扰乱乃至一切轨外举动，也都是革命了。革命的意义决没有如此的滥漫无归的，所以必问革命的动机，手段，结果等种种条件。动机不正，手段不良，其结果也许较之原有的状态反为不如，而反革命三字便未见得一定是坏名词。想证明反革命一定是坏名词，除非革命本身具备种种条件。苏俄的大革命，不仅为近代政治开一新纪元，而且为民众运动树一好模范。列宁以三十余年的精力智识，来考察俄国国家的病原和人民的需要；以湛深的学理和丰富的经验，来研究治病和应付需要的方法；以数十万的信徒为主义的宣传者执行者；这是何等的预备功夫。所以发一个口号要打倒皇室，数百万的兵士立刻从战场上走回来；再发一个口号要推翻克连斯基政府，几十万人的国民大会立刻召集成功；这是何等的政治手段。新经济政策是他预定的计画，并不是屈服的表征；打倒帝国主义是他三十年的理想，并不是临时制造的滥调。以这等严密的组织，总当能对于一切环境应付裕如了。然而不幸还要遭逢帝党的反抗，演出奇惨的杀戮；空前的饥馑，饿死无数的人民；以致国力日蹙，信用日减，几乎至于失败。其缔业之艰难，于此可见一班［斑］了。因苏俄的革命的教训，革命的意义，应更加几层解释，便是：革命事业应以谋大多数人民的利益为目的；以精锐的观察，考察社会的病源；以丰富的智识，筹画改良社会应付环境的方策；以严密的组织，训练吸收多数的信徒；基础既固，然后照预定的计画，步步为营的做去，自然可以得大多数的人民的同情而成功。在这种狭义解释之下，反革命诚然是反对多数人民的利益，阻碍社会的改良，自是罪无可逭了。

不幸中国历代的革命，只合于广义的解释。直到孙中山先生的革命运动，革命意义方才明显。孙中山以数十年的努力的结晶，和他伟大的人格，形成革命事业的中心，所以他变做了了革命的标准，赞成他是赞成革命，反对他便是反对革命。不幸孙先生死了。革命运动失了目标，革命意义因而模糊。甚么正统之争，闹得乌烟瘴气，其实都与革命本身不相干。甲派自称正统，便骂乙派为反革命；乙派自命正统，便骂甲派为反革命。请问正统的标准又在哪里呢？在这种情势之下，我们便只能离开个人而以事业为判断。

现在中国需要革命么？我知道万口一声的说当然需要。残民以逞媚外固位的军阀，助纣为虐苟合取安的政客，依权怙势鱼肉平民的播绅先生，患得患失蠹国殃民的官僚，这种局面不是应该推翻的么？但这不是空拳赤手所能做到的，而必须有强大的实力。腐败的行政，破碎的法律，紊乱的财政，衰颓的产业，这种现状不是应该打破而改造的么？但这也不是狂言大话就可算数的，而必须有丰富的智识。所以现在最要的革命事业，是养成实力和蓄积智识。前者是有智识的军人的责任，后者是智识阶级的责任。而定革命与反革命的界限，也以是否尽这两种责任为标准。帮助或勾结现在的军阀，官僚，政客，播绅，以与革命事业相对抗，或是维持现在的政治经济社会等恶现象，以阻遏革命事业的进行的，固然是反革命。然而有智识的军人们，不极力整军经武，而欲驱未训练的军队，作孤注之一掷；智识阶级的人们，不极力蓄积智识，以为建设改造的预备，而使徒未成熟的青年，走入虚骄狂妄的途径。幸而成功，军阀倒了，而站在军阀的后面的帝国主义者，我们拿甚么来抵抗他；现状破了，而社会民生的疾苦，我们拿甚么来救济他。我们的预备工夫在哪里呢？不幸而失败，革命的机运从此断绝，恶现状益得延长其生命，而国家前途尚堪问么？所以这种行为，也未尝不是反革命，因为他能消耗革命的力量，而有断绝革命机运的危险哪！

社会是进化的。革命前途是很光明的。机运快要熟了。大家快快预备革命的实力与智识罢。不要专以反革命的名词加人，而自己所行的却是反革命。

《现代评论》第2卷第41期，1925年9月19日。

大局的前途

在一个定期刊物上，讨论瞬息千变的时局，是一件极难的事情。有时稿子刚才写完，而局势已与稿子的内容迥乎不同。在种情形之下，我们只能假定一个前提，从这个前提去推测其结果，若是假定的前提不错，那末：推测的结果也不至于大错。所以最要紧的，是前提之如何设定。

现在大局的形势，是混乱极了，但是依然是奉直之争。去年奉直之战，假使没有冯军一段故事夹在里面，胜败之数，本不可定。而冯军之班师，一半固因直派当局之骄奢淫佚，毫无谋国之心；一半也因奉方信誓旦旦，如奉军决不入关，国政统归孙先生主持，召集国民会议，所以冯军深信不疑。不料直军方败，奉军便长驱直入，津浦沪宁两线收归掌握，热河一区也并入版图，一意攫取地盘，与原约完全相反，大使友军失望。而其治军莅民的成绩，淞沪的士绅，直鲁的人民，都是身受目击，可以“天怒人怨”四字包括一切。尤其荒谬的：是假五卅惨案作为扩张势力的机会，几乎将十年来群众运动的效果，一举而颠覆破坏之。种种事实，都是昭昭在人耳目，吴佩孚的敬电，何尝不言之有物呢。但是奉军之敢于如此，现政府也负有重大的责任。只因段氏左右贪权怙势，处处不恤伈伈伣伣，委曲求全，昔日刚健强硬之气，化为乌有，这种恋栈固位的心理，被奉方窥破，所以才有挟而求；正是“上下交征利”，还有甚么政治可言呢？现在因吴、孙之崛起，奉方平日的行为，适是为此时的弱点。现时奉方的短处：第一是长江方面无论士农工商官绅军，反奉达于极点，便是直鲁的人民，也是道路以目，人心全失。第二是鲁省军队太杂，而且多半是以暴力劫持而成的，（如郑士琦、胡诩儒的旧部）一旦有警，不见得能为奉军用。第三是战线太长，虽然退保徐州，运输还是不易。第四是军队的扩充已到了最大限度，以后没有补充。第五是财政上也有破绽，不能如从前的指挥如意。这都是表面上得事实，至于内部有无问题，那就非局外人所能言所敢言的了。

但是吴、孙方面的形势如何？恐怕毛病更多了。第一是意见纷歧，一点儿主意都没有。护宪，联治，反奉，倒段，兴直，各派的心理不同，各人做各人的事，各唱各的口号，同床异梦，令人莫名其妙。第二是没有基本军队，津浦线上的联军，是浙、闽、苏、皖四省军队杂凑而成，平日缺乏统一的训练，军资编制也各不相同，利于小战而不利于大战，而且人数也不敷用。至于湖北方面，还要临时将寇（英杰）、陈（嘉谟）、孙（建等）、马（济）的军队扩充成军；靳（云鹗）、董（政国）的军队，也是临时召集；表面上似乎轰轰烈烈，骨子里适足暴其空虚。第三是与国民军的联络不圆满，河南国民军第二军大半是由直系军队改编的——尤其是第十四师。在吴、孙的意思以为这等军队一呼即至的，便是河南的直系旧部也未尝不想响应；但是河南另有一部分军队，如叶（荃）、邓（宝珊）、李（纪才）等，对于吴氏个人坚决反对，所以岳维峻也只能依违两可，不让鄂军假道。这个情形实是吴氏军事计画上的大打击。而安徽方面，一面有孙（传芳）任命的冯（联甲）总司令，一面有江西出来，新受北京政府任命的邓（如琢）督办，一面又有伏居河南，预备入皖的柏（烈武）将军，可见江西，江苏，河南三省当局意见不一致，利害也不一致。安徽居津浦线之中，又是鄂军出向徐州的要道，（因为河南不允假道之故）而内部的情形如此复杂，殊非联军之福。第四是人心的向背，人心固然反奉，但是也不见得附直，这次吴氏出山，不从新的方面做去，而专门收罗一班旧人。如张（志潭）、刘（梦庚）、高（恩洪）、彭（寿莘）、张（福来）、张（英华）、吴（景濂）之流，这都是舆论所不容的人；虽有一个蒋百里是新加入的，但也恐孤掌难鸣罢。如此用人，徒然表示这项的举动完全是报复行为，与国家人民绝无关系。在一班人民看来，从前去了直，来了奉，将来苦去了奉，来了直，也是拒狼进虎，以暴易暴，谁肯做这种无谓的牺牲呢？第五是财政的困厄，较之奉方为尤甚，没有持久的能力。

两方的力量大略相等，那末：他们胜败之数目，须得他方的援助，方能决定；而所谓他方的援助当然是指国民军了。国民军而助直，奉军立有后顾之忧，势非放弃津浦路全线不止，关内便无立足之余地。国民军如助奉，直系的大本营——湖北立刻可以发生危险，而直系便完全失败。所以国民军在于今日，真有举足轻重之势。但是国民军，还是助奉呢？助直呢？国民军现在的地位，与奉方接触甚近，利害冲突点从之而多；与直系接触较远，利害冲突也因之而少，从目前感情上看来，似乎是助直的可能性居多，然从过去的历史看来，冯（玉祥）、吴（佩孚）二人素来不睦，吴氏几次欲排去冯，尤其去年十月二十三日冯军班师之役，到底是直系所不能忘却的痛苦，而冯、奉之间，却没有这种痕迹，似乎冯军应偏于奉方。但是为将来打算，冯之于奉直，都是不能合作不能并存的，直系胜了，冯军不能存在，奉系胜了，冯军也不能安居，所以国民军方面，应以维持奉直两方面的均势为得策，然后乃可从中获得永久生存的机会，现在国民军的保持中立的态度，未必不是这种用意罢。

国民军既保持中立，奉直两方便成了势均力敌，那末：这次的战争，便成了慢性的，结果便非战争所能解决，而有待于会议的形式。但是徐州一战，意义也很重要，因为将来两方定条件，将以此战为标准哪。总而言之，奉军若无国民军运动之助，便不足以达到长江；直系无国民军之助，则不足以达到北方；但是国民军自身的利害关系，又不愿有所轩轾轻重于其间；于是中原便成了三分鼎足之势。那时现政府或得利用均势而存在，或因各势力的会议而解决，就看现政府的手腕如何……

《现代评论》第2卷第47期，1925年10月31日。

关税自主与裁厘

关税自主是全国人民一致的热望，也是五卅惨案热烈运动的回响。哪怕以列国的顽梗，军阀的横暴，对于这个原则，都不能装出一种赞助的样子来，不可谓非国民觉悟的效果。但是国民对于关税自主的目的虽同，而所取的手段却不全同。甲派主张取特殊的手段，如土耳其一般，将一切妨碍主权的不平等条约宣告废弃，直捷了当地迳行关税自主。（苏俄的废弃条约，情形与此不同。俄国在帝政府时代，经济上虽是债务国，政治上却是侵略国；他只有加于他国的不平等条约，没有被他国所加的不平等条约。所以苏俄之废弃旧约，只算是抛弃权利，易于做到；然而债务一层，到底是苏俄外交不易解决的难题。）乙派主张照国际普通办法，如日本、暹罗一般，修改旧有不平等条约，渐次达到关税自主。在甲派认现开的关税特别会议为不必要，甚至适足以妨碍关税自主，故而反对关税会议。（另有一派人的反对关税会议，动机又与此不同。他们认此会为中外资本主义者接近的机会，而成为合意的团结，其结果使资本主义制度更加巩固，致阻碍社会主义的发展。这又另是一种见解，故与关税自主无关。）在乙派便认关税会议不失为外交上的一个机会，故不妨利用之以求达到关税自主的目的。我们是赞成甲派主张的，不过事实上到了无法反对关税会议，而且反对也是无效的时候，总不能空言反对，坐视其失败而不理，应该以监督为反对，而求补救的方法。唯一的方法是甚么？便是到了实际利害冲突的太甚的时候，我国情愿牺牲二，五附加税的小利益，停止会议，一面自行裁厘，一面实行关税自主。但是这种情势必发生于关税会议中第二股委员会——即讨论过渡办法的委员会，而不会发生第一股委员会——即讨论关税自主的委员会。因为关税自主是立国应有的原则，我国要求关税自主，正如一个人要求衣食住行一般，列国无论如何，原则上总是不能［不］承认的，所以国人对于第二股委员会，也应严重的注意，不可以为是过渡办法而忽视之的。

关税自主的原则，虽不愁列国不承认，但若附以某种条件——而且是不易履行的条件时，关税自主必至有名无实。不幸我国代表于十月十六日第一次大会提出的五项主张，隐然有将关税自主与裁厘金相提并论之势，这实是我们所痛惜的（见前期本刊关税会议第一幕）虽然十一月二日第二次的第一股委员会，中国代表宣言裁厘是求国民经济的发达，言下表示并非关税自主的交换条件，然而列国早已拿定了裁厘作为条件了。但是从事实上观察，我国即不以裁厘为条件，声明裁厘另是一事，关税自主另是一事，两者毫不相关，而列国决不肯放松裁厘一步的。为甚么呢？有许多人说，厘金足以妨碍内国产业的发达，而不能害及洋货。厘金愈苛，洋货的销路愈广，所以厘金实是代洋货压迫国货的利器。列国为本身计，不仅不应当主张裁厘，还应主张存留而扩充之。日本方面也有人说，裁厘是中国的内政，与外国毫不相干。为甚么允许中国涉及关税自主呢？这种论调是不合于事实的。现在中国的海关税与厘金实在有许多混淆的地方。子口税与复进口税，名虽关税，实系厘金；然而厘金对于洋货一经卸运改装在后，也未尝不和土货一样的征收。所以厘金实是各省的关税，我隐约记得马寅初博士曾说过，在关税没有自主以前，厘金实有代替保护关税制度的效用。我们看十一月二日美国提案的第六项：

（六）如有违反实行裁厘之条约，于无论何处征收厘金，则窥其用意，无非是恐怕中国因关税自主而课外国货以高率的国家关税，一方面各省仍课以内地关税——厘金，那末：外国货必须受二重乃至二重以上的关税负担，当然不能忍受的，自然要以裁厘为保障了。这种顾虑，也不能认为完全无理。我们尽管主张无条件的关税自主，尽管将裁厘一事与关税自主画分界限，然而这种情形，都也不可不为顾及。

关税会议已于十月二十六日，三十日，十一月二日开过三次了。形势上无甚进展，所谓关税自主，其关键反移在我们自己的手里，这是我们不可忽视的事实，也是我们所亟应打破的事实。凡是列国提案中，有以裁厘为条件的，我们应认为妨碍关税自主的原则，绝对不能允许，如列国必以此相强，我们应拒绝第二股委员会。

但是我们也应同时努力于裁厘的运动。这虽不是外交上的义务，却未始不为外交上的便利。况且于国民经济，国家政治上，也有极大的利益。

《现代评论》第2卷第48期，1925年11月7日。

裁厘及抵补

一月以来，全国人民的视线都集中于时局的变化，对于关税会议，法权会议，沪案报告等大问题，反有漠不关心的样子。其实呢，时局变化不过是暂时的现象，而上列诸事项却有永久的性质。我们固然应该积极的善导这种时局，使其在政治上有重大的意义——至少也应防止其愈趋恶化；但是对于有永久性质的诸问题完全放任时，必至招意外的损失。即如裁厘及其抵补的问题，很有精密研究的价值，非仅仅无条件的或“赞”或“否”所能笼统包括的，然而现在除赞否两字之外，竟无所闻了。

现在社会的主张，似乎偏重于“反对裁厘”，而反对裁厘的理由，有属于外交的，有属于财政的。从外交上说：裁厘字样最初见于《马凯条约》，实开外人干涉内国租税之端，况且厘金是一种内国关税，有防遏外国货流入内地的功效。中国若行裁厘，便不啻服从不平等的《马凯条约》，与外人以干涉内国租税之机；而且在关税不能完全自主以前裁厘，徒然减轻外国货的负担，而益助其销行。从财政上说：厘金是各省区的大宗收入，若行裁撤，各省财政必更加困难，而兴办新税又不容易，不如仍厘金之旧贯。这两种理由，在我个人看来，都不充分。我们须知道厘金是一种非常的恶税，我们的裁厘，是为国民经济而然，为租税系统而然，决不是因关税会议，也不是因《马凯条约》，完全出于自动，与外交无关，这是尽可声明的。若说厘金有关税的效用，这是说者只看见厘金之足以防遏洋货，而忘却其妨害土货，两相比较起来，这是洋货受害少而土货受害多，我们不能因消极的小利而忘积极的大害。至于财政一层，从原则上说，我们既认厘金为恶税，便应立予裁撤，决不能迁就财政上得需要而任其存在的，何况事实上并不是没有眯缝抵补的方法呢。

厘金何以是非常的恶税，不外下列的几点：

第一是税目繁细，无物不税。厘金是一种百货税，对于任何货物，不论数量之多寡，凡经过征收局卡时，均须抽厘。其结果便是百物昂贵，压迫人民的生活。

第二是查验频繁，弊端丛生。所有厘金局卡虽不尽因征收而设，但因防透漏绕越的原故，查验机关，遍地皆是。税局吏员人丁等利用查验的手段，对于经过的商贾，或是以多报少，侵吞国库，或是以少报多，图满比额。若是商人抗议时，他们便种种留难刁剔，拖延时日，使商人不得不忍气吞声，就其范围。其结果便是无卡不抽，国家所获的税额小，而人民所纳的税金多，助长舞弊，侵害人民。

第三厘金既然无物不抽，无卡不抽，那末，货物所经过的局卡愈多，所纳的税也愈重，在距离稍远的两地间，中途所纳的税额每每超过货物的原价一倍以上，于是两地间同一货物的物价便相差倍蓰。厘金是向采运的商人征收的，商人于货价之外，还须预备倍蓰货价的税金，自然不易有此能力，况且还有法外的征收，更使商人无从预备，所以每每有中途折本贱售所运的货物，以缴纳厘金的事情。有时货物虽运到了目的地，但因目的地不能完销，须分散于他地时，仍须一律纳税，以致商人不敢多运。其结果便是同一货物，在生产地则货物过剩无人购买，物价非常低贱，生产者无利可图；而在他处则价格非常高贵，消费者无力购买，于是物价失其均衡，生产不能发达。

第四征收查验的机关既多，所用的吏员，所需的经费也因之而多。尤其是查验机关，吏员们对于商人所勒索的钱物，完全饱诸私囊，而在公家却是支出经费。换一句话说：便是国家以有用之钱，养无用之人，作害民之事罢了。这一点无论从公私经济任何方面看来，都是极应避免的。

照上列四点，厘金确是阻碍国民经济形成的唯一阻碍物。虽然在腹地偏邑，外商势力所不到的地方，对于洋货（解包变形之后），也一样征收，然而外人利用内地航权和特殊铁路，他们的商权早已侵入内地——即是洋货大部分早已脱离厘金的势力范围，偏邑小市所征的厘金，对于洋货的销行，没有多大的阻力。所以厘金有反保护关税之名——便是助销洋货阻碍土货的意义，我们一方面对于外部关税固然应力争自主，以防遏洋货之畅销内地，而一方面也应极力除去这种反保护关税的厘金，以减少土货的成本，使其可与洋货竞争，甚至可取而代之。那末，关税自主权的运用更可灵活；否则只外部关税税率增高，而厘金亦随之继长增高时，徒然使内地物价腾贵，而洋货并不曾因此而减少，因为洋商所纳的高率海关税，可以物价腾贵的形式，仍然转嫁于中国人民的肩上呵。

因厘金的弊病而可知裁厘之必要，但裁厘不是一句空话，应有许多的条件。第一须明白厘金的性质；第二须划定裁厘的范围；第三须确立抵补的方法。（未完）

《现代评论》第3卷第57期，1926年1月9日。

裁厘及抵补（续上期）

厘金是对于一切货物所课的通过税，从厘金的起源看来，这个定义是不容否认的。但是厘金已经过了七十余年的历史，它的性质也随历史的变迁而复杂，只就各省厘金的名称而论：山东，安徽，福建，湖南，广东，云南，贵州七省称厘金；直隶，山西，河南，新疆，江西五省称统税；陕西，甘肃，浙江，广西四省称统捐；江苏称货物税；湖北称过境销场税；东三省称产销税。厘金之中，又有“起厘”、“验厘，行厘”、“坐厘，埠厘”等区别，其实“起厘”便是出产税；“验厘，行厘”便是进省税或过境税；“坐厘，埠厘”便是落地税或销场税。可见厘金已决不是仅仅的通过税，而实含有出产税，销场税的成分在内；至于统税也不过将出产税，通过税，销场税三者合而为一，一次征收，以免手续上得麻烦；其余如货物税，统捐，过境销场税等，都不过是名词上的差异，内容原是差不多的。惟有东三省的产销税，征税标准系以各商店的进货及出货的账簿为主，带有营业税的性质，与一般货物税稍有不同。通过税固然应该裁撤，但是出产税，销场税乃至含有营业性质的是否也应一律裁撤呢？这实是大可研究的。出产税，销场税都是物产税或消费税之一种，在近代文明国固然以直接税——如所得税为租税的主体，但是间接税——如物产税等也是不能尽废的，何况在国民经济不发达，户籍统计不完全的中国，要想忽然将物产税完全废掉事理上万不能行，所以我们主张裁厘只是裁撤有通过税性质的部分，而非裁撤其他物产税性质的部分，至于裁撤的方法也有两种：一种是将各省的厘金税等一律裁撤，而另办新税以代之；一种是将各省的厘金统税等分析其内容，何者为通过税，何者为物产税，俟得到确实的界限，即将通过税部分裁撤，而将余留的物产税部分加以整顿，使其足以抵补裁撤的部分。这两种办法，各有长处，而以后策为易于着手。

裁厘既以通过税为限，那么：一方面固然不裁及物产税，而一方面其他物产税之有通过税性质也应一律裁撤，才与裁厘的本意不相违背，所以如五十里内外常关税，洋货子口税，土货子口税，复进口半税，此口至彼口之出口税等都有裁撤之必要，不过因财政出入及外交伸缩的关系，不能一时举行罢了。

厘金在财政上得地位是很重大的，民国十三年度各省共为五千一百余万元，再加以［上］常关税等等，不下七千万元之多。其中通过税部分虽没有明确的计数，估算总不下于二分之一，所以裁厘之后，财政上必然产生出甚大的缺陷，而须谋抵补的方法。但是厘金收入丰富的原因，不出于法外的增加税率，税局，税目之三者。现在各省各自为政，军民长官任意增税是不必说，甚至一师旅之长，在他防地以内，也可为所欲为。例如四川的成都至重庆，在先沿途厘卡不过几处，如今竟增至五十处以上，商民所纳的税竟超过原本的两倍；福建的南部，广西的全省也是如此，（广东现在已渐改善）最近山东也传染了这种风气了。若是对于厘金的范围，没有一个确定的界限，那么：各省必以少报多，或者临时任意增加，以图获得过多的抵款，或藉以阻挠裁厘的进行。即如此次关税会议中国宣言裁厘，而福建长官反对的电报早追踪而来，他的理由是福建厘金收入有一千万，无法弥补，其实照民八预算，福建省的厘金不到四百万，而现在竟报一千万，这真骇人听闻了。在这种情形之下，若不划定厘金的范围，必至裁无可裁，抵无可抵，但是范围如何划定呢？最简便的方法，是指定某年预算上所有的为标准，凡预算上没有的，就以曾经呈报中央立案的为限，凡未经中央立案的税率，税局，税目均应认为无效，如此方足以杜各省朦报之弊，而抵补也有一定的标准了。

关于抵补的方法，一面应以海关增加收入抵补，一面应以新税收入弥缝，这两者是并行不悖的。兹照上述的裁厘方法与抵补方法，列一表如下：

年度	裁厘方面	抵补方面
第一年（民国十五年）	▲不裁厘，但各省应分析厘金的性质，而定裁厘的范围。	▲不抵补，但中央应估计三年内财政上的性质，而定裁厘的范围。因裁厘所生的缺陷而预定抵补的数目。
第二年（民国十六年）	▲裁去厘金中的通过税部分	▲中央应以海关增加收入抵补通过税部分。各省应举办新税，并将税款存储以补次年之缺。
第三年（民国十七年）		▲各省应以前年所存储的新税收入弥补裁厘，其不敷的数目，仍由中央以海关增加收入补充。
第四年（民国十八年）		▲这年关税自主，即由中央以自主收入补充各省裁厘的缺陷，以至于各省新税能完全抵补为止。

以上是裁厘与抵补并进的步骤，但是新税究以何税为宜，班人都主张照《马凯条

约》的规定：举办产销两税，而以常关税为征税的机关。这种办法是极不合理的，第一常关也应在裁撤之列，根本已不能存在；第二常关所在地只适于征收通过税，并不适于征收物产税；第三产销两税到底难于并存。产销两税何以难于并存，其理由甚为简单。现在厘金是各省区的收入，名义上虽仍是列入国家预算，实际上已是地方收入。先若改厘金为产销两税，譬如安徽是产茶的省分，而安徽的茶并不尽销于安徽，假若安徽只抽茶的生产税，而不抽销场税，那么：安徽财政必然收入减少；若两税并抽，那么：徽茶销于他省时，他省不应再行重征，（若须重征，便成了厘金的变相），而他省财政收入又受其影响。于是产茶的安徽省与销茶的其他者，因此财政上必大起变化，徽茶还不过一端，至于江西的瓷器，江浙的丝蚕，其影响必更加重大。所以产销两税若行分征，其势销场税仍必变成了厘金；若不行分征，其势有生产品的省分，财政仍可照旧，而无生产品的省分，必然缺少大宗税收。裁厘而又兴厘，固然不可，裁厘而使各省财政发生重大变化，也是事实上的大阻碍。补救的方法，只有将生产销场两税合并为一税——或称消费税或称国产税（称国税以别于海关税），专就大宗货物征收，而改为中央的税收，由中央斟酌各省财政变化的情形，补还各省，如此则新税易于举行，而各省财政也不至于发生困难了。

总而言之，中国因裁厘，国民经济上，国家财政上，以及征税系统上都发生极重大的影响，这种事业断非无力的中央［和］各局促一隅的各省所能办到的。所以裁厘是国民的事业，国民为完成国民经济起见，便不可不大家努力于裁厘。

《现代评论》第3卷第58期，1926年1月16日。

中央财政的末路

中央财政的裂痕，起源于袁世凯的帝制运动，而促成财政困难的主因，实由于段祺瑞的武力统一和外债政策。因谋以武力统一南北，而南北的畛域反日益显明，中央政权日益缩小，中央收入也随之减少。用武是需要巨额的军费，库帑不继则益之以外债，每年所需的本息日增，以致中央支出日益浩繁。收入少而支出多，财政自然苦难了。所以中央财政的情形与中央政府的政治地位，适成一个正比例，历年的政府都逃不出这个例的。

段政府前年入京之初，因有三角同盟的一段因缘，和国、奉两军合作的关系，一时声势颇为浩大，各省也还相当的奉命。所以一方面能发行一千五百万的十四年公债，一方面多少能得各省的接济；加之又解决了法，意，比三国的金佛郎案，所得实不在少，故此段政府前半期的财政状态尚属勉强敷衍，其后因受张作霖的压迫，将江苏，直隶，山东，安徽等省划归奉军范围，随后驱奉军起，四省与中央脱离关系。到了现在，河南也失了，山西也变了，所谓中央政府仅仅剩了一个破碎不完全的直隶。这实是民国纪元以来未有的窘象，而财政的困难，也可从而推知了。现在中央收入的情形：第一是关税，每年为数虽多，但已抵了内外债，不能挪用。第二是盐税，经各省截留之后，去年归到中央的约二千五百万（前年三千万）：这几个月因江苏，山西等省一律截留，又有天津的战事，盐税几乎成了地方税，中央已无法问津了。印花税，烟酒税更不必说，不仅没有收入，而且向外国银行抵借了款项。崇文门税早经指作冯军的饷项，不能顾及中央政费的。至于交通事业呢，国有各路之中，京汉，津浦，京奉三线是停顿了，京绥线也作军用，收入全无，各路薪水都发不出来，而交通事业本身所欠的外债本息，还要挪用盐税，其为枯竭，不问可知。这是收入方面的情形，至于支出方面，政费虽可以拖欠方法不了了之，而军警费是不能多欠的，况值军事时代，军需尤急如星火。这种有出无入的财政状态，弄得九校也关门了，法院要停止办公了，各机关是一片索薪之声，行政长官吓得不敢出头，这还成甚么景象呢。许世英内阁的财长陈锦涛因无法筹款，被逼辞职；许世英本人兼代财长，以极不自然的方法，七折八扣的发行了八百万库券，算是救了一时之急，库券完了，许氏也就技穷而去了。新任财长贺德霖呢，在无计画无政策乃至无办法的财政界要人中，也许是一个斫轮手。听说他的筹款方法，第一是许阁时代的库券，其中有三百万是以四折押给外国银行的，现在请各银行照承销价格补足。如此约可得数十万元，暂应眉急。第二是请各银行再垫二三百万元，指新公债抵还。第三便是发行新公债计画了。新公债的数额暂时不能预定，大约至多也不能过二千万元。它的偿还财源如何，却是一个极有兴味的问题。各国庚子赔款的总数每年约合英金三百五十万磅，其中德、奥部分约占百分之二十，约合七十万磅，和国币六百万上下，因我国对德宣战之结果，此项债务即行取消，但我国又以之抵了几项内国公债（如三四年公债五年公债四二库券之类），其计算方法系照宣战当时的低马克行市，折成国币每年约三百万元，即以此数为上项各内债的基金。现在贺氏妙想天开，拟将此项已经消灭的德国赔款复活，改为金马克计算，每年可多出三百万元作为新公债的基金，这虽是“楚弓楚得”，无损国权，但与金佛郎案改头换面之故智如出一辙，总算是极“萧规曹随”的能事了。但是新公债能否顺利发行，尚不可知，即令能够发行，又能支持几天门面，恐怕谁也不能作乐观语。所以现政府不从政治上打出一条生路，财政是永远没有改善的希望的，财政到了末路，那时不仅是段政府的去留问题，也许是中央政府的根本解决罢。

《现代评论》第3卷第66期，1926年3月13日。

时局的教训

变化无穷的时局，常使我们的预测失败，同时我们也可因而得着最大的教训。

段政府毫无存在的价值与理由，我们已一再说过。但是现在反有回光返照的光景。安福系的人物又渐渐阑入政治舞台，连那久羁未释的曾毓隽也恢复了自由。所谓以救民为职志的国民军竟会有卖国嫌疑的安福系合作，这真是不可思议的变化。

国民军自郭松龄失机后，感受甚大的痛苦。冯玉祥因之宣告下野，虽有段政府之新任命，各方面的大劝进，竟不能使东山再起，这也是可奇而不足奇的事。但是环境却一天紧似一天。二军失败后，河南为吴佩孚所夺，渐有北侵之势。山西的阎锡山态度不明，使人不得不防。张宗昌、李景林攻袭津南，虽经击溃，但依然（没有）出没无常，还须以重兵镇慑。滦河方面的战事日增猛烈，双方死伤甚众。中央除仅存的一个直隶省已弄得破碎不完，幸亏国民一军将士用兵，尚能艰苦支持，这是国民军应付军事的难处。段政府势在必倒，而国民军因感于中央无人之苦，还不能不维持他；甚至钦定的国民会议，御用的参议院，竟成了内阁的大政方针，表示段、冯合作。还有那无关大体的“整顿学风”也会有人反复言之，好像真有其事一般。这都是违犯民意的事情，居然出于服从民意的要人之口，这是国民军应付政局的难处。不平等条约不是国民一致主张取消的么?《辛丑和约》不是不平等条约中之尤不平等的么? 现在因日舰问题引起八国共同压迫，国军势逼处此，不得不委曲求全，声明《辛丑和约》之有效，这是国民军应付外交的难处。难处固然是难处，然而民众便大失所望了。

吴佩孚最先竖起讨奉的旗号，宣言驱逐奉军出关。曾几何时，奉直间的密约成功了，张（宗昌）、李（景林）也受吴的委任了，而起进兵河南，野心勃勃，最近竟有进取保定的风闻。张作霖侥幸战胜郭松龄，野心复作，联络吴佩孚，窥伺关内，反复无定，更不足言。还有那张、李喊起反对赤化的口号，想恢回直隶地盘。其实山东人民一年纳四次钱粮，还有层出不穷的捐税，早已十室九空，直隶未赤化，而山东早已化为精赤了。

孙传芳本是直系大将，驱奉以来，羽毛渐丰，对于吴佩孚已行脱离，最近因吴军得手，又表示消极的合作。湖南的赵恒惕为唐生智所逼走，原因虽极复杂，总不外乎权利之争。广东也有不稳的风传，大约不至成为事实。总而言之，今年时局的混乱是极普遍的现象，比之从前一隅的战争，又太不相同了。

从上述的情形看来，我们可得着以下的教训。

第一，军阀是根本靠不住的，军阀决不会为民众谋福利。想利用军阀的人，结果只为军阀所利用。所谓武力民众化，适足使民众成为武力的工具。所以需要民众呐喊助威的时候，便叫民众呐喊，有时觉得呐喊聒耳，也许用刺刀封民众的口。况且军阀的结合是完以利害为依归的，而军阀的利害又适与民众的利害相反。要想结合军阀，其势必至违反民众的利益。所以军阀万无利用之理，只有民众一齐起来打倒军阀之一法。

第二，观于广东内部之争，虽然可化干戈为玉帛，然而一部分或一阶级的专政，到底不适于中国的国情，于此可见。广东尚且如此，他处更可想而知。所以若挟一专政之心，则谋国愈切，反动愈大了。

《现代评论》第3卷第67期，1926年3月20日。

漆黑一团的时局

这一星期北京人心的恐慌，已达于极点了，虽然他们有皖直，奉直几次大战的经验，听过极响的炮声，但是这一次都特别感觉不安，其原因全在于治安的问题。从前几次战争，于双方战斗者之外，另有一部分强有力的中立军队，维持北京城内的秩序，所以不怕战事如何激烈，总不至影响及于阎闾。而现在则不然。是原有的第九师和第十三师早经解散了；步军统领的巡缉队也改编了，保安队的实力迥不如前，警察也是武装不全，不足以应付紧急的状态。此时国民一军虽然竭力维持秩序，但他是战争者之一方，万一因战略上的关系，有退出北京的必要时，治安的责任应交给何人。府卫队罢，三月十八日的流血是市民永远不会忘掉的纪念；二三军本是土匪式的军队，谁也不敢信任，况且也是战争当局，当然不能存留；绅商等组织的保卫团，全是临时雇募的，其中难保没有游勇匪徒夹杂在内，若给以枪支，不异为虎添翼，真正的商团，又决不是这班官僚市侩所能组织的；警察为数虽不在少，但统辖权不曾由一军交出以前，无从作事先的预备。这种情形，在市民是熟知深晓，他们又焉得而不恐慌呢？段政府本完全仰一部分军阀的鼻息为生活，一万个市民齐声呐喊教他走，他许会装不听见，甚至实行“灭口政策”，若有一两个军阀轻描淡写的打个劝退电报，他早就逃之夭夭了。像这种政府自顾尚且不暇，哪里配有工夫，能力来谋市民的安全。至于以后的政局，完全操于和战问题解决以后的天津巨头会议，若是张作霖的发言权能够胜过吴佩孚时，现政府或者还可以苟延残喘，作各军阀中的一个缓冲势力。若是吴佩孚强硬主张法统之说，那末，局面恐怕免不了大变了。

奉直两系军阀同争天津地盘，已是不可掩的事实；现在又加入张宗昌的发言权，形势更加纠纷。京津线上得战争久延不决，成了缓性状态者，多半是因这个原故。最近又有奉张维持李景林之说，或者因李景林带有直系色彩，现又受着吴佩孚的任命，可以借此调和奉直眼前的争端。这个问题有了解决，才可以谈到和战问题，和战问题有了分晓，才可以定一时的政局。总而言之，中央政府的重量已一天一天的减少，连一个督办的地位都会比不上了。

此回国民一军的退却，在战略上是没有遗憾可言，但究竟不免受滦河失守的影响，所以军事上的布置固极完备，政治上的布置未免疏忽。现在虽高张和平的旗帜，抬出王士珍等几块老招牌来号召，但已是亡羊补牢，占不了多少便宜。至于武力抵抗一层，从意气上说未尝不慷慨激昂，然而从实际利害上着想，不见得是妥善的方法，不过不能不预为此想罢了。这次变化的结果，一军虽然不是失败，却也不曾得着预想的胜利。其最大的原因：第一由于友军之无能而好动，当郭松龄倒戈，李景林中立的时候，本是国民军绝好的机会，在一军方面似乎有待郭松龄解决奉局以后，再来解决李景林。不料二军因攻山东不得手，转而图直，致使李景林复与奉合，郭松龄后援断绝以致溃败，国民军根本计划受了打击。及至李景林弃了天津，二军又复争功，不得已抬出一个无实力的孙岳作为缓冲者，一军自己退回原地，假使当时能令一军乘大胜之后，直蹑李军，何至有今日之事呢？三军因无能力抵抗李军的反攻，一军又起而应付，奉张恐一军之势大张，遂以重兵威胁直省的北部；二军又失了河南，吴佩孚军进至河北，一军已有三面受敌之势，又被二军的樊锺秀惹怒了山西的阎锡山，他放弃了十四年来保境安民的政策，采取积极的行动，在大同大兴军事工程，有进窥一军根据地之势，一军就不得不去缩短战线的方法了。第二是由于外交上得失败，国民一军因尊重民意，保护群众之故，遂为几个人包办了群众运动。这几个人既因其特殊的意见，失了大多数人民的同情；又因其特殊的行动，致被外人疑为有甚么秘密的背景，而国民一军也就间接受了重大的影响了。但是我们相信这都是一时的现象，以国民一军纪律的严明，精神的奋发，教练的善良，实在是北方首屈一指，只要能觉悟自己失败的原因，暂忍一时？保全实力，我想他们所遗留的去思，未必不是绝好的。至于二三四五各军，那就只能随风聚散了。

政府愈加压迫，人民的力量愈加强大，在军阀保护下得群众运动不足表示真意思力量的，然则一军的撤退，未始不是人民的试金石，大家不要灰心罢，真正的群众运动已萌芽了。

《现代评论》第3卷第69期，1926年4月3日。

五卅运动的成绩

五卅运动是中国民族觉悟的大表示，去年六七两个月间，热烈的群众运动弥漫于全国，极一时之盛。八月以后，因受军事的影响，津、沪、汉各处，集会多不自由。到了今年周年纪念日，除了广州有更盛大更热烈的纪念会外，上海还有五千人的集会，汉口有二千人的集会，较之去年动辄数万人的景象，已差得多。至于京津两地，更是烟消火灭，寂然无声，甚至国家主义者的讲演团，才一上街，就被捉将官里去，这种冷落的情形，真有不胜今昔之感。因此有些人便为之心灰气短，其实这完全出于军阀的高压，并不是由于民气的消沉。我们对于这种冷落的五卅运动，应该寻出它的功效，来鼓励国民，不应徒作悲观的论调，来迷惑国民，这才不辜负十个烈士的热血了。

五卅运动的成绩，普遍的说，能使全国人民认识了“中国民族的敌人”，知道了“打倒一切帝国主义”及“取消不平等条约”之必要。这种精神上得的成绩，在平日非有最大规模的宣传，最长时日的教训所不能得到的，而去年仅仅以几个月的最短工夫，便能收到偌大的效果，这实是不可轻轻看过之点。至于具体的成绩，更有值得赏赞的价值，一一列举如下：

第一是英国对华输出的减少。英国对华输出以毛织物与绵织物为大宗，民国十二年度，两项的对华输出总值为英金九，九九〇，〇〇〇镑，十三年度为一二，六二一，〇〇〇镑，而十四年只为六，六九二，〇〇〇镑，较之十三年度减少了五，九二九，〇〇〇镑之多，其中尤以下半年的减少率为最显著，只有二，五二六，〇〇〇镑的数目。（见本刊第七十五期，王世杰先生的《内乱与外交》）因为对华输出减少的原故，英国本国的纺织业也因之不振，上半年英国国会中已有人说到此层。这种趋势完全是排斥英货的结果。

第二是英国船舶业的失败。船舶业的英国最大产业之一，也是她对外经济侵略工具之一，现在我国内外航业大半都操之英人之手，英国轮船公司的利益，就是我国工商业的漏卮。去年五卅案后，因海员罢工和排斥英船以及广东不许英船入港的结果，英国船舶业大受影响。据英国 Indio－China 轮船公司在香港开股东会的报告，去年该公司损失为墨银一千零零四万元，其中三百三十五万元是从历年公积会内弥补，六百六十九万元是归以后历年的纯利内摊销。一公司如此，其他可知，英国在东方的船舶业渐有动摇之象，这是广东政府对英政策的成功之一，也是民族运动成功之一。

第三是香港的衰退。香港是英国对东方经济侵略的策源地，她垄断欧亚间的交通，操纵欧亚间的商业，在经济上有非常的势力，而且有非常坚固的基础。我们想断绝英国的对华侵略，非从根本上破坏香港不可，但是谈何容易，所以我们最先主张：凡是商品或船舶经过香港的，不论国籍一概认为英货英船，而予以排斥。这种消极的方法，如能实在励行，也未始不有相当的效果，不料广东政府更能进一步的出于积极的手段，断绝港澳的交通，励行香港罢工，因此收到更大的效果，这实是意料外的大成功。据广东政府的调查，香港已大不如前了。

1. 税收：香港前年秋季的出口税为英金八百八十一万镑，去年秋季减至四百七十万镑。前年同期的入口税为一千一百六十七万镑，去年同期减至五百八十四万镑，减少五百八十二万镑。香港政厅的财政感受不少的苦难。

2. 航业：香港前年入口船只数为六千四百九十二艘，总吨数五千七百万吨，平均每月有五百二十一艘，吨数四百七十万吨。但自去年七月起每月平均仅有船三四十艘，吨数五万六千吨。船只减少百分之九十五以上，吨数减少百分之八十以上。

3. 输入业：去年的香烟输入额只及前年输入额的三分之一，煤二分之一，海味三分之一，火油四分之一，米三分之一，丝三分之一，布匹四分之一，棉纱二分之一，糖三分之一，平均各货的输入额都减少三分之二上下。

4. 输出业：去年香港的粗布出口额只及前年输出额的四分之一，鱼类四分之一，面粉三分之一，席二分之一，米三分之一，绸缎二分之一，糖四分之一，纱二分之一，平均各货的输出额都减少二分之一上下。

5. 居民：去年较前年减少百分之四十（据大阪《朝日新闻》）。

6. 地价：去年香港的地价较前年平均减少百分之七十，租费减少百分之五十（据大阪《朝日新闻》）。

7. 金融：商业，航业，地价一齐坠落的结果，金融自然因之困难，去年香港内外商家倒闭的有四百几十家，损失约四千余万元。去年阴历年底金融尤为窘迫，由港政厅借给三千万元（?）方才弥缝过去。

以上的记载因没有正确的数字，当然不能认为完全确实，然而却是“虽不中，不远矣”，香港的衰退到底是不可掩的事实。

第四是黄埔的筑港计画。以上所举的三点还只是属于抵抗或破坏的方面，至于建设方面的最大成绩，要算是黄埔的筑港计画。因为黄埔筑港成功，在海洋上可以取香港的地位而代之，而在陆地上又可利用粤汉铁路的便利，以吞吐内地的货物。预料黄埔筑港和粤汉铁路成功之日，中国西南，西北及中部各省的货物输出欧洲时，可以省却从汉口到上海，从上海到香港的迂回线，时间上，运费上都非常的经济；欧洲货物到中国内地来也是如此。上海的地位必将让给黄埔了。现在广东政府对于此事已经开始组织委员会，指定了十三个委员会，并拟募集公债两千万元，以为建筑城南二十里之黄埔口岸经费，并进行浚河计画，以期航行大号船只。将来的成功必是很快的。

在上述的各种成绩之外，如外国人对于中国民族观念之渐渐改变，而不敢再以几十年前的观察方法看现在的中国，不敢再以几十年前的应付手段对现在的中国，实是对外交涉的一大转机，可惜无意识的北京执政府不会运用罢了。五卅惨案的烈士不是白死的，五卅运动的功效是很大的，大家应该继续做下去，不要因军阀一时的压迫而自暴自弃。

《现代评论》第4卷第84期，1926年7月17日。

陶孟和

陶孟和（1889—1960），原名履恭，天津人，祖籍浙江绍兴。1892年，其父陶仲明应严修之请为家庭教师，陶孟和也在其父亲门下读书。1901年，其父因病去世，严修改定先人所设的义塾课程，并借陶仲明的家设学，陶孟和仍在其中就读。1904年，严修将家塾英文馆改为敬业中学堂，陶孟和为敬业中学堂师范班学生。1906年，敬业中学堂在南开建立新校，改称南开学校，陶孟和为南开学校第一届师范班毕业生，并以南开学校首届师范班毕业生的资格被送往日本留学，在东京高等师范学校攻读教育学专业。后改赴英国求学，就读伦敦大学经济学院专攻社会学，1913年获伦敦经济学院经济学学士学位。1913年学成回国后，先担任商务印书馆编辑，1914年任教于北京大学，被聘为教授，一度担任教务长。1924年又兼任燕京大学教授。1926年受庚款基金董事会（后改中华教育文化基金董事会）之托，筹建社会调查部，任秘书。1929年社会调查部改称北平社会调查所，任所长。1934年该所与中央研究院社会科学研究所合并，仍任所长，并任中央研究院评议会评议员。抗日战争期间曾当选第一、二、三、四届国民参政会参政员，1939年9月任三民主义青年团中央监察委员会监察。1948年，蒋介石密令中央研究院各所搬迁台湾，陶孟和与本所多数同人表示了坚决的抵制。中华人民共和国成立以后，担任中国科学院副院长，为第一届全国人大代表，全国政协第一届常委。1960年4月18日于北京逝世，终年71岁。

时局之关键

人有自认为全能全知的吗？我想除了最狂妄最无知的人以外，没有敢这样自认的。能力越大的，越觉得自己能力的微小。知识越高的，越觉得自己的知识有限。但是历来宗教的与政治的当局者竟常是自认为全能全知者。他们藉着在宗教上或政治上所特有的权力，推到一般的障碍，无视一般人的意思，以发挥他们全能全知的本领。僧侣们自认只有他们了解宇宙与人生的奥秘，只有他们掌握接近神明与解决人生的能力。没有普通的人敢否认他们的全知全能的，实际上他们不许普通的人对于他们的全知全能有所怀疑或否认。幸而我们现在已经没有这样的宗教的当局了；除了在加特力教横行的国家以外，唯理主义已经扫灭了僧侣的刚愎与恣肆。现在的人都可以按着他自己的意思有他的信仰，发表他对于宗教的一切言论。但是我们在政治上还没有这样的自由，政治的当局依然维持着他们的全知全能的本领。

假使你的邻人在你的门前倾倒垃圾，你便可以向他理论，责备他的不是；假使你要像现在的人做好文章，你还可以遗书相责，甚或至登报质问。假使那个倾倒的人是政府的官吏，是为政府执行他的职务，你便不能与他理论；假使你用言语或文章去质问或批评他的行为，你或者还须犯了防害公务的罪。假使你的兄弟整年的不务正业，专门靠着借债度日，你便可以劝诫他，甚至于干涉他；假使他仍然不肯悛改，你竟可以采用种种的方法促他的悔悟。假使一个政府发着一种公债，而你无论有如何的正当的理由——你以纳税者的资格看出这种公债要增加日常的支出，或者你以经济学者的资格，根据你的学理上的研究，不只为你个人经济的关系，相信这种公债是背乎健全的财政政策——你对于他也没有丝毫的怀疑的自由，也没有丝毫的监督与批评的能力。政府的一切设施虽然于你有切肤的影响，虽然他的政策要比你的兄弟的借债要发生更广大，更深远的影响，但是假使你在一个不许言论自由的国家里或是在一个有言论自由之名而无言论之实的国家里，你便没有批评的权力。

一个人的行为与一个人以官吏的资格而做出的行为是不同的。一个人做错了事，他的妻子，亲戚，朋友，乃至素不相识的人都可以加以纠责，与以干涉。一个政府，一个人或多或少以政府人员得资格做错了事，但是受那件错事的影响最深最切的人民反没有权利去纠责，去干涉，除非那个国家的人民享有最大量的言论自由。“人孰能无过”（To err is human），而向来的政治当局者都是自认为全知全能，不承认有过失。

诚然的，政治与宗教不能相提并论。宗教在今日看来不过是个人的信仰问题，各人相信上帝是什么形像，宇宙如何创造，死后有否生命，完全是个人自己的事，于社会，于国家差不多是没有关系的。除了在神权政府（如欧洲以先君主受神权而治理的政府）或僧侣政府（如现在的西藏）之外，信仰自由是现在看来是无妨害的。但是政府的机能（function），他的最首要的职能就是维持社会的治安；政府的行为最特出的性质就是就是强迫人民的服从。为治安起见，为强迫人民服从起见，无论如何，政府不能容让一般人民对于他的行为有所批评，或提出异议。批评就是扰乱治安，异议就是妨害人民的服从。治安诚然是社会必不可少的条件，(特别是从希望维持现在政府的人眼中看来)，服从也是有秩序的社会里必不可缺的要素。但是治安与服从也与罗兰夫人所说的自由一样，世上多少的罪恶都假他们的名以行！况且所谓治安若永远专藉高压力维持，结果必是实得其反。

现代政府都是为人民的利益而成立的政府，无论他的政体如何，没有一个政府敢自称是为一个人或少数人的利益而成立的。支持政府事务的是人，就是普通的人；他们或者有特别的知识与能力高出于一般的人民，但是无论如何，他们决不是三头六臂，全能全知的神仙。况且在今日政治渐渐的变成专门的科学（如政治学，宪法，国际法等）与技术（如统计，卫生，教育诸种行政事务）的时代，政治上一切的问题，更不是几个或几千个政府人员所能完全包办的。人民虽然缺乏知识与能力，但是我们也不敢说只有主持政府事务的人专有知识与能力。人民虽然对于政治常缺乏明确的观念，但是我们也不敢说人民毫不能觉察政府关于他们自己的利益的处置。政府在政治上的过失是当然的，有了过失也不足为羞辱的；有了过失，而不肯自认为过失，那才是愚鲁与自擅。

假使我们承认以上所说的三点，政府是为人民利益而成立的，政府人员不是永远没有过失的，人民不是永远无知识与能力的，那末，言论自由便是每个公民所应有的权利。自从人民批评政府以至发表扰乱治安推翻政府的言论，其间实有极大的范围，尽可以容许人民有言论的自由。假使政府不容许这个自由，我们只可以推测有两个理由：不是政府自认为全能全知，便是政府所谋的不是人民的利益。

深一层讲，治安只是用禁止言论自由可以维持的吗？治安不只是法律的问题，也不只是政治的问题，也不只是经济的问题，乃是这些问题相合的一个社会问题。原人社会，不过有极少的法律，极幼稚的政府，既无警察，又无军队，但是他有安全的社会秩序。治安不过是人人皆得其平等的一种表现，不是专靠着社会上一种机能可以维持的。在现在复杂的社会里，治安固然要用多少种的制度，如法律，法庭，警察，侦探，等等维持者，但是治安的根本，决不是那一种制度可以维持的。梅特涅政府下的治安，拿破仑第三政府下的治安，俄皇政府下的治安，袁世凯政府下的治安，历史上给我们多少的教训，结果都是治安之反面。这正是治安的矛盾现象：有限制自由，剥夺自由的方法以保全治安，已经变成了不治安。政府有可以指责的地方便好似政府有了破绽。政府可以觉察自己的破绽，可以有机会去修补那些破绽，那正是他的幸福，正可以保持他的永久的存在。不然，一个破绽以后便可以产出百孔千疮，那政府的运命也就岌岌可危了。“止谤莫如自修”不特是普通个人伦理上的格言，实在也是政治伦理上必须遵守的定则。

再进一步讲，现代政府推行各种政策完全要为人民的意思所左右。现在无论在哪一国里，也没有一个人或几个人得以畅行所欲的机会。现在的政府是用人民的讨论维持的（government by discussion）。内阁会议，行政部会议，国会而外，种种的团体与无数的人民都已不断的加入讨论。商会，工会，教育会自不待言，那一般的人民也不断的用报纸，小册子，书籍，或各种艺术发表他们的意见。自认为全能全知者或者要视这些意见为无足重轻，但是那真正的大政治家却留心种种的意见，从这些混杂的，散漫的，相冲突的，甚而至于与他相敌忾的意见之中，整理他的政策。恶政府视言论自由为毒害，为仇敌，好政府视言论自由为兴奋剂，为滋养品。言论自由是每个好政府必不可少的要素。

《现代评论》第1卷第19期，1925年4月18日。

五七事件感言

不幸我们又要谈到五七。五七纪念是中国人民的一种国民教育，他的目的就是警告国人，十年以前的此日，我们的强邻曾乘着当时政府发展野心与不得不媚外的时节，对于我们微弱无力的国民加以强横无理的要求。这是全国民的耻辱，全国民不能制裁本政府的自利与媚外，全国民不能抵抗外强的帝国主义的侵凌，凡是中国国民都应该郑重纪念。我们不敢说这样的纪念确有什么效果，但是我们相信几千几万的青年学生，藉着这个纪念日，互相惕勉，向着我们所可耻辱的两端下功夫，正是一种绝好的实际教育。我们不敢说这种青年的集合确能致中国于富强，但是我们相信中国要富强绝不能缺少这样的一般青年爱国情操的表现。

不幸政府当局不持此种见解。不幸又不幸，他们竟禁止学生开会，禁止举行纪念，他们为执行禁止命令，调齐了他们的武装警察，便衣侦探，以与这几千几万的爱国情操丰富的青年相周旋。有些学生为政府这样的压迫所逼，为个人的义愤所激，闯入教育总长住宅质问理由，竟受了警察的殴击与刃伤。这件事使五七纪念更增加不可忘的悲痛。

我们追本朔源，相信应该负此次事件主要的责任的两方面，就是教育当局与警察当局。两方面所负的责任当然轻重不同，但是无论任何方面都未能弭事患于未然实在是不幸，实在都不能避免他们所负的道德责任。第一个要负此次事件直接责任的就是教育当局。五七纪念本来是国民爱国心理的表现，主持教育者尽力去培植他，诱掖他犹恐不及，哪里还有摧残他的。一般青年的集合讲演与市民相接触，晓以国耻，勖以爱国，这是现在中国最急需的国民教育与社会教育的事业，主持教育者提倡他奖励他，犹恐不及，哪里还有禁止他的。再进一步讲，学生干涉政治固然是现在中国最奇特的现象。据我们看来，这种运动实也含有主要的教育意味。（关于此点详见前期本刊《青年学生的政治运动》一文），但是主持教育者要知道今日之教育不只是在教室中上课听讲。就是集会，讲演的群众运动，如果有正当的目的，与完备的组织，也都是教育上极好的势力。最新的最合理的教育理论就是打破呆板的教室讲授制，将教育化为实际生活。我们不能希望政府当局的人都明白这种教育的学理，但是至少我们应该希望教育当局明白这种广义的教育事业的价值。不幸教育当局的见解与我们相左。他们防阻爱国心的表现，他们禁止社会教育的运动，他们不许于教室以外，更发展教育的势力。结果：引起五七冲突的惨剧。

第二个要负最后的责任的就是警察当局。警察的职务是维持治安，这是无可疑的。但是维持治安的方法只有一种吗？用武力，压迫，与束缚自由的法律，固然可以得到暂时的，表面上的安治，但是用劝导，顺人情性与容让自由的发展则可以得到永久的，可靠的治安。前者是拂逆舆情，悖乎人性，后者是顺应舆情，准乎人性。自由与秩序不相反而想成，这个道理大概稍研究政治理论与人类历史的没有不知道的。十九世纪以来，多少国家所施行的压迫政策，在在都是当今政府当局者的殷鉴。自梅特涅以至于俄皇尼古拉第二，其中多少的自由的仇敌者可有一个是成功的？不幸我们的警察当局与我们的意见向左。出版，集会，与言论的自由先后渐被剥夺净尽，即全国所公认的并且是有教育价值的国耻纪念也不许学生举行。这样的压迫惹起反动本属当然，又何必专归咎于学生？近代心理学家如佛洛依德一派研究人性受压抑没有不变为畸形的或变态的发展的。我们虽然不能希望政府当局深通心理分析的科学，但是至少我们觉得他们应该知道人是不死的，不是完全用法律与压迫所能拘束的。中国的政治哲学上都说“王道不外乎人情”。

我们觉得最不满意的就是警察对待学生的举动。学生闯入教育总长住宅固然是一种可訾议的群众运动。但是以保护人民身体与财产的安全为职务的警察竟以保护财产的理由害及人民——特别是青年学生——的身体，实在无可辩恕。我们不敢深文周纳，说殴击与刃伤的行为必发于恶劣的动机，但是我们不由得不怀疑近来政府的措施，如剥夺自由，压迫舆论，戕害学生乃是推行一种一贯的反动政策。我记得一九一二年的时候，英国女子运动参政权者几次围攻国会，刺击警察——这当然是违法犯罪的举动！我没有看见一次有警察敢还击的，事后报纸上也没有不赞扬警察的忠于天职的。虽然，那是英国。

世上有多少事情是一时之差铸成千古之谬。政府当局者一时的不智的措施，往往引起社会上，政治上无穷的纠纷。在位者大权在握，对于政府肘腋之下无权势可凭藉的青年学生，乃至学界全体或者可以为所欲为，取快于一时。但是这种行为今日产出什么增加政府威望，扩充政府实力的结果吗？平和的社会，巩固的政府，健全的国家，岂是这种反动政策——束缚自由，钳制舆论，压迫学界——所能维持的吗？

《现代评论》第1卷第23期，1925年5月16日。

我们为什么意见不同?

世上会怎样的安静，假使人都有同样的见解。家庭之间，老少不至再有冲突。产业界里，资本与劳动不至再有纷争。科学界不至再有学派的门户之见。政治上不至再见党派的倾轧。世上的人都是熙熙融融，没有争执。家长也不必表示他所特有的权威，因为他家里的人都与他的见解一致。政府也不必禁止言论与集会的自由，因为人民都赞成政府当局的见解。那是怎样的安乐，和平的世界。……

但是我们不要太耽于悬想。世上没有这样的安静的时候，自从有人类以来，我们没有经过这样的时代。没有两个人持完全相同的见解的。我们的问题并不是强使人的意见相同，乃是设法让不同的意见，只要是不妨害社会的，都有发表与实现的机会。无论如何强有力的政府，施行如何有效的“统一思想”的政策，个人的见解永远不能统一的。

见解不同有种种的原因。最重要的就是人的禀质不同。人的智慧的差别虽然有限，但是智愚的不同永远是见解齐一的障碍。乐观与悲观，活泼与呆木，激烈与稳健，恋旧与喜新，诸如此类相对照的气质，还有介于这些气质之间的无数程度不同的气质都是见解趋异的原因。

同是日落的美景，乐观的人要赞美说“夕阳无限好”，但是悲观的人偏要悲叹说，“只是近黄昏”。同是一个政策，稳健的人要批评说“太趋于极端”，但是激烈的人还要责备说“太不彻底”。这种不同的见解极难划一，除非我们有方法改变人的禀质。

一个人所处的环境与他的见解有密切的关系。一个人只能在一个狭小的范围内过他的生活，他的家庭，学校，职业，社交，在在都是影响他的见解的最强大的势力。他在他的环境里自然的，不知不觉的采用那个环境所遵守的风俗，所信奉的道理，所崇拜的人物，所怀抱的理想。不然，他便不容易在他的环境里生存。

他的意见当然是——虽然未必完全是——那个环境所供给的。涉世深，阅人多的人看见一个人，听见他的谈论，大概便可以推知他所处的环境。一个人是瓦匠或是汽车夫，是学生或是政客（或是学生兼政客），是党人或是官僚，是联治派或是武力统一派，除了察看他的举止以外，从他的言论，他所发表的意见常可以察出的。一个人的意见常表现他的生活的背景。各人的生活背景不能相同，各人的意见便不易趋于一致。

环境中最有力的一个要素就是教育。若按广义解释教育，一切环境都有教育的势力。一个人的发展完全受他环境的指导与限制。但是现在形式的教育，即学校中所设备的教育，自幼稚园起以至大学止，也渐渐对于一个人的见解有深远的影响。

只受过初等教育的人与受过高等教育的人见解未必相同。受过古典教育的人醉心古典文学，受过“科学洗礼”的人崇拜科学，正是表现教育的势力。人永远带着他所受的教育的戳子（Stamp），假使那个教育的效率是十分高的。人不能有完全同一的教育，在现在分工最盛的时代，各人所受的教育只是部分的，各人对于全世界的知识不能全知，对于人类所有的能力不能全能。

每人的见解最好不过是代表人类一部分的见解。除非将来教育的方法比现在更广博，教科的内容比现在更丰富，人的见解永远要受他的教育的限制的。

比教育的势力更大的就是利益（Interest）。一个人所常做的事，他的职业，娱乐，嗜好，凡是他所认为有趣味的或有利益的都可以左右他的见解。人对于他的利益没有不忠心的保护的，凡是与他的利益相冲突的没有不切实反对的。文学家的爱好文学，艺术家的欣赏艺术，资本家的赞美资本制度，无产阶级的羡艳共产主义，都是利益支配见解的明证。除了人的禀质以外，利益或者是影响见解最有力的要素。环境与教育诚然有陶铸人的势力，但是一个人的利益，比什么都强，因为这是他的生命，至少也是他一部分的生命。一个人可以抛弃他的利益，不是常见的现象。每天靠着财产过生活的人会承认私产制度的弊害，而完全抛弃自己的私产，每天从事教育事业的人（无论是真心相信教育事业与否）会公然否认教育的功效，虽然没有其他的职业，而竟肯舍弃其固有的职业；这都是世所罕见。人永远要保护他的利益。利益的不同是意见不同的有力的原因。但是世上的利益永远没有相同的时候。

以上所说是意见不同的原因。但是我们要知道人的意见不是永远不变的。各人一生不断的改变见解；两个人的见解虽然相似，但是，假使两人所处的情形（Circumstances）稍有不同，他们的见解便趋于歧异。在同样家庭之下的两个兄弟，假使有一个是结婚的有一个是没有结婚的，或者是两人所娶的女子不同，对于婚姻的见解就未必相同。受过同样教育的学生，假使一个“在朝”一个“在野”，或是两人在政治上的地位不同，对于政治的见解就未必相同。其他的情形，如财富，自由，权力，幸福，或贫穷，束缚，苦痛，一切物质的或精神的状况都影响或改变人的见解。

世上有很少的人是禀质，环境，教育，利益，情形完全相同的。因此，每个人都是一个趋异的型；每个人都代表一种意见。在大体上，人诚然常有共同的意见，但是在细则上，人的意见常表现极端的差异。现在有许多人都喜欢游中央公园，这诚然是人之所同，但是：假使你要问人为什么要游公园，我恐怕要得到许多不同的见解。有为看牡丹的，有为吸新鲜空气的，有为吃大菜的，有观览绘画展览会的，有为吊唁名人的，有为寻朋友的……我们虽然不敢说一个人有一个人的理由，一个人有他所独有的见解，但是我们知道他们的意见决不是一致的。

这正是一个好教训。我们很难将一切人的见解画一，我们只好设法使一切的见解都有发表或实现的机会。为爱花的多栽花卉馆，为吸新鲜空气的好好保存苍老的松柏，为吃大菜的设最好的餐馆。为爱美术的设展览会场，为寻朋友的设可以清谈的地方。这样，人人的意见都可以实现。一个国家也应该是这样的人人可以发表与实现意见的组织。政府应该存在与否就看他容让一切人民发表意见，实现见解与否。政府不能抹杀一切异己的意见，他只可以让一切的人都可以有发表意见实现意见的机会。

《现代评论》第1卷第25期，1925年5月30日。

持久的爱国运动

除了百码赛跑之外，世上有什么事情是单靠着五分钟的热度可以成功的？漫说五分钟，就是五年，五十年的热度，恐怕也成就不了什么事情。

热度不过是感情作用。人遇见了刺激，便发脾气，动感情，起愤怒的情绪乃是当然的心理程序。凡是稍有普通人的感情的看见或听见上海大马路有多少毫无武器的青年学生与群众被武装的警察枪击死伤，而且这些被击的人是我们的同胞，击人的人又是惯用高压手段制伏他的殖民地（如爱尔兰，埃及，印度）与势力范围（如波斯，中国），当然要义愤填膺，誓雪此耻。一时人人都发表激烈的言论，提倡非常的举动，主张极端的行为正是当然的现象，社会运动的常态。但是那些自逞聪明，只图个人的发扬腾达，而对于群众运动那个毫无同情的人或者不能了解这个心理，也不能容纳这个心理。

愤怒的情绪虽然是自然的迸发，但是要完全靠着这个情绪是不济事的。受了激烈的刺激以后所发的愤怒的，仇恨的，报复的心理常有两种缺点：

一他妨害对于问题有合理的观察。人的心理活动有限，意气太盛容易失去审慎与计画的能力。而在受刺激，应付刺激所最需要的却常是精密的计画，切实的执行那个计画。感情丰富的人能涌出固然极好，感情丰富而能也运用理智的人能应付刺激，解除困难当然更胜一筹。感情固然是刺激的当然的结果，但是定目的，选手段，与选定目的与手段所必需的材料还是需要理智。所以单是五分钟，乃至五年或五十年的热度终不能成就什么事情。

二他是不易持久的。愤怒与仇恨的情绪在初遇着刺激的时候最浓厚，刺激过去的时候越久，那情绪的强度也就越低。五分钟的热度并不单是我们中国人的特性，乃是一切人类的特性。欧洲大战的时候，交战国家于战争之外最重要的事务便是设法延续人民的五分钟的热度，制造人民的耐久的战争情绪。他们用宣传的方法竟得到极大的成功。情绪所以不易持久，是因为他极易引起倦疲。人在盛气之后，常觉疲劳，发怒与疲劳二者的强度做正比例。所以延续五分钟的热度最好的方法便是不断的增加新的刺激。上海的惨杀不能永远做我们的刺激，我们必须继续不已的发现或制造新的刺激，做我们的兴奋。欧战时期源源不绝的刺激便是传布战争消息，暴露敌国的阴谋与敌国人民的凶暴残忍，表彰己国的独立，光荣，与人民的忠勇。

以上所说虽然是老生常谈，却指示我们对于帝国主义者得强暴欺凌今后奋斗的方法。上海与汉口的大屠杀不过是以全国无日落自诩的帝国主义的英国自鸦片战争以来对于我们最近的一种强悍的行为，而我们的反抗也不过是义和拳以后国民较有组织与方法的一种运动。帝国主义者得压迫必不能因我们短时期的反抗而减少，我们运动的热诚也当然应该与时俱进的增加。我们不怕失败，但是我们必须继续增加运动的热诚，必须运用理智。只有用这两种方法，我们才可以脱离英国帝国主义的羁绊，才可以保存我们民国的独立。

对于这个事业，我们人人都可以，并且都应该有所贡献。除了开会，游行，宣言而外，各人都可以按着他的知识与能力参加这个大运动。例如有多少英国人欺压中国人的事实——最普通的如私人的乱暴的举动乃至最显著的如英国到东方以来对于中国的外交政策——有多少英国人在中国享有的特权，有多少关于英国在中国的工商业发达的事实，有多少英国人计画侵略东方的言论，这些事实我们都应该研究，都应该知道，都应该布告国人以谋对的方法。我们的反抗不是冲动的，不是盲目的；我们的运动要根据事实，我们运动的热诚要用那些事实去培植，我们运动的目的与手段要参考那些事实。现今的国民运动，除了所谓民气以外，绝不能不顾事实。因为事实就是理智的基础。

我觉得一切对于沪案以及将来对待英国各种问题的意见都须以事实与知识为根据。不知事实真相者或且以上海会审公堂在前清时代已经并入工部局，不明近代国际政治的潮流者或且笑骂庚子年的义和拳，昧于经济原理者或且为外国烟公司做傀儡，热心提倡外国烟的销路以救济山东种烟叶的农人，昧于群众运动加以谩骂，对于少年学生的爱国行为加以鄙薄。我们不希望有这种专门家供给我们知识，有眼光的人供给我们稳健的见解与计画，一般人都热心的来参加这个抵抗强暴与压迫的运动。总之，指导并且进行这个运动的必须是高大的眼光，广博的知识，与群众联合的努力。

《现代评论》第2卷第29期，1925年6月27日。

宣传

宣传不是一种新的发明，他在中国，三千六百年以前就发达了。汤放桀以后，自己惭愧，恐怕将来有人攻击他，仲虺便做了诰文替他宣传，《书经》上称为“仲虺之诰”。汤自己在亳，也以天命大义宣告万岁，称为“汤诰”。如这一类的文章便是最古的宣传。后来，有多少政府御用的文章家，多少官僚的幕友或秘书都做了变相的宣传者。到了现在，政府，军阀，政客，所发的雪花似的电报，也全是宣传的策略。

宣传虽然不是新的发明，但是他的最精巧的，最有效的方法，确是最近发达的。“笔比剑还锋利”这句话正显出现代宣传的重要。

自从印刷术发达，大部分的人都能识字读书以后，最重要的宣传机关当然是报纸。普通的人想要知道他的家庭以外发生了什么事件，想要知道在他的狭小的亲族的或职业的小范围以外，更发生了什么变动。只有报纸可以最敏捷的供给他最多的，最清楚的材料。报纸每日同他的社论，记事，批评与特撰的新闻能影响读者的心理，积日持久，便能支配读者的意见。现在文明社会里的民众，除了极少数能不为报纸左右他们的意见的人以外，大都不过是他们所读的报纸的应声虫罢了。现在列强亟亟谋我的时候，有无数的报纸，或是为外国人所有，或是在外国注册，都做了他们的宣传的机关。这是文明［我们］要谨慎防备的。

自从新闻事业发达以后，通信社变成了更重要的宣传机关。一个大通信社当供给几千几万的报馆的新闻，一个通信社便常有几千几万个报馆的效力。通信社是一切报纸的编辑的新闻之源，所以制造新闻最好是在他的源泉下手。这种制造方法固然不是凭空捏造，也不是彰明的颠倒是非（如同我们现在有些通信社似的），因为这个与通信社的伦理太相背谬。但是通信社很可以斟酌字句，隐匿某事事实之一部分，或夸大其另一部分；总之，他可以按着自己的见解，编辑新闻，使一般人读了那新闻，也与他有相似的见解。

通信社宣传事业的重要，不在国内，而在国际。如英国人，日本人，俄国人在中国都办有通信社，他们的危险正如中国人所办的报纸一样，使我们人民读了他的新闻便于不知不觉之中盲目的信从了他们的消息与意见。但是更重要的便是传递国际间的消息，如英国通信社一方面将英国的消息传递到中国，又一方面将中国的消息传递到英国；如果这个通信社在世界各处都有分社，如今日之路透社，那末关于中国的消息完全要听他干涉。即如此次沪，汉，广州诸事件，与各处人民爱国的运动一切消息要经路透社的炮制传递到世界各处，要经日本各通信社炮制传递到日本各处。“暴徒”，“暴动”，“赤化”，“排外”，“义和拳”无论什么名称任凭他们叫唤，我们束手无策。我们虽然也会发表宣言，通电外国，暴露真相，但是那个功效如何能比得过一个普遍全世界的通信机关？

我们如何可以制伏这种通信社的宣传呢？这种宣传不已，我们国家的真象永远不为世界所知，而他们所传递的消息永远是有害于我们，而有利于我们的仇敌的。（罗素说：“中国国外没有电报通信社，所以中国以外的世界所得到关于中国事情的消息，总是于中国的仇敌有利的”）。要打算解决这个问题，只有两种办法。一种是结纳现在的大通信社。如日本即是如此办法。前几年他曾延请美国的一个大通信社社长游日，与以各种优待，但是不许他到中国来一步。前年日本皇太子游英的时候，颁赐勋章，在极少数的得勋章者之中便有一位是现在支配全世界消息的通信社社长。我们从此就可以明白为什么美英各国报纸关于我国的消息会如此的与真象相凿枘了。我敢说日本的宣传，日本代我们的宣传，用这种嘱托大通信社的方法已告成功。另一种便是由政府或私人自设通信社报告关于自己消息，如俄国因为各国反共产主义的宣传，隐晦了俄国的真象，便自设通信社，供给消息。这种办法是显而易见的宣传，一方面他虽然可以消灭了许多反共产主义的无稽的谣言，但是另一方面，人因为他是自家制造的消息，反容易引人疑惑。所以最稳妥的方法，须是不露痕迹的宣传。

以向不加入欧洲政治漩涡自负的美国何以竟加入欧洲大战争呢？他的原因虽然多端，而英国的宣传实在是一个极重要的要素。我现在介绍一位英国从事于这个宣传自述之方法，可以看出宣传的利害。

“我们将记载战事，批评战事的英国报纸分赠给美国各小分报馆三百六十家。我们用关于陆海军的电影，访问，论说，小册子，诸种方法与一般人联络；无论何处报纸登有批评战事的，我们便具函声辩。我们劝告并且鼓励许多人做论说；我们引用可靠的朋友的援助；著名的美国人时时给我们报告，我们更与美国各种职业的有名望的，大学教授，科学家，以及各类的人物，都通消息，联络感情。我们请我们的朋友与通信员们组织各种演说会，辩论会，讲演会，由美国国民担任讲演辩论。但是我们没有鼓励英国人到美国来鼓吹加入战争。”（注意最末句）

这种宣传是于以上所说报馆与通信社之外，更有组织的运用种种势力的办法。现在英国正在设法压伏我们的民众的爱国运动，保存并且发展他的侵略政策的时候，我们要防备他这样在中国，尤其是在英法日及其他各国的宣传，我们更须防备本国人用各种来替他做宣传。

《现代评论》第2卷第32期，1925年7月18日。

救国与求学

两个半月以前，上海租界上的一阵枪声惊醒了我们三四百万的青年学生。这些含苞未吐的青年们，未来的好国民，未来的教员，未来的工程师，未来的学者……，多少的不可限量的英华，一时因为最亲爱的同胞无端受了外人的摧残，最亲爱的国家无端受了外人的侮辱，于是不得不中断他们惟一的任务——读书，试验，研究——一齐都抛下课本，扔开试验，走出教室，踱出校门，专心一志的去做爱国的事业。两月以来，他们一方面在民众里警告，宣传，一方面向政府献策，请愿，曾做了不少的活动。但是从教育的立足点看来，这是多大的损失！

五卅惨案所引起的损失诚然也有积极的贡献，终久的利益。工人罢工可以增高工人的地位；商人排货可以奖励国内的产业；学生罢课，可以得到实际政治的经验，学生宣传可以鼓励一般人民的爱国心。这些价值与利益都是不容否认的，但是这三类人的损益的情形却截然不同。（一）工人罢工与商人停业都不过是局部的，在外人所办的工厂里服务的工人，与贩卖外国物品的商店虽然蒙莫大的损失，但是在国人自办的工厂里服务的工人与售卖国货的机关依旧（除非有不得已之事故，如上海工部局停止供给电流以外，）继续他们的事业。至于学生罢课乃是学生全体全国三四百万青年的失学。（二）罢工与排货是从死里求生：一时的牺牲少数的工人以博工人全体的福利，牺牲少数的商人以求国内工商业全体的发展。以求国家地位的增进。用部分的损失换得全体的利益，因一方面的停顿而获得国家的发展，正是益多而损少。学生积久的罢课乃是趋于死的一途。二十世纪国家的国民岂能缺乏教育？我们虽然不能说教育完全是社会强弱的基础，但是我们相信要求国家发达，必须人民都受有相当的教育。假使现在中国三四百万的幼稚与青年从此完全废学，专去从事于爱国运动，即使这个运动可以成就所求的结果，我想怕这三四百万的青年也未必有维持国家的知识与能力。何况我们绝对不相信专靠爱国运动便可以增进国家的地位，维持国家的独立呢？

国家在国际上的成功与个人在社会上的成功一样，要在能运用最大量的知识与能力。中国现在陷于极悲惨的地位固然有种种的原因，但是其中最主要的我们不能不说是政府与一般人民都缺乏相当的知识与能力。我们自己没有支配自然的能力，所以外国人挟着他们丰富的知识来采取我们的矿产，原料，为我们生产能力薄弱的人民，制造物品，供给我们的消费。我们自己缺乏国际政治的眼光，所以外国人利用他们在欧洲政治舞台上，在殖民疆场上，所惯用的手段来欺骗，压迫我们的政府。我们试一研究有清以来外人侵略我们的历史，便觉得在现在生存竞争的国际局面里，我们这样的幼稚的人民与政府不能不陷于失败。读者试读了最近出版之《翁文恭公日记》所记关于一八六〇年（咸丰十年）英法联军侵入北京的故事，便可见当时人民知识的幼稚；后来以赞成维新而见黜的翁同龢，当时对于英法的观念，乃仅有如是的可怜！有清一代直到如今，我们国家的坠落可以说全是人民无知识，无能力的结果。

即如此次惨案发生以后，我们的知识与能力也处处不能敌实际的迫促。政府的颟顸，外交当局的萎靡无能，一般人民的愚蠢，学生的不切实际的呼号，可能有裨于实际？我们不得不叹我们的可怜的薄弱的知识与能力。就是所谓知识阶级在这个惨案的扰攘声中所发表的言论也常是暴露他们的知识的浅薄，见解的幼稚，学问的低陋；他们哪里有学者的权威！

三十年以来，中国人民爱国心的发达诚然是可庆幸的事，哪里能专靠着爱国心呢。爱利者便能发财吗？爱名者便能得到名誉吗？徒有其心，而无其力，总不能达到所希望之目的。现在相信有爱国心便能救国的与相信祈雨而得雨的一样的荒谬。救国必须有一定的条件，正如落雨必须有一定的条件一样。我们不设法使救国的条件实现而专用爱国的感情，无论那感情如何丰富，去解救国家的危局，那是绝对不可能的事。我们看十九世纪以来新国国家的发展，如德意志的统一，意大利的独立，日本的进入国际政治舞台，土耳其的脱离列强羁绊，莫不是于人民的爱国心以外，仍有一定的条件；这些条件就是：政治修明，实业发达，军备充实，教育进步，总而言之，就是一般人民都有相当的知识与能力，足以维持我们国家的独立。

救国并不是一个奇迹（Miracle），我们必须有相当的准备，经过一定的程序，乃能达到我们所要求的结果，乃能维护我们的结果于不坠。在国际的生存竞争中，人家用科学，组织，武力，来制伏我们的时候，我们不能专靠着浓厚的爱国的情感，也必须用科学，组织与武力来与他们相颉颃。在这个生存竞争场中，主义，理想，感情，都没有丝毫的价值，除非你有能力实现你的主义，除非你有方法贯彻你的理想，除非你有组织能使你的感情结晶。外国人不怕你的“打倒帝国主义”，他怕你的强有力的政府与军队。外国人不怕你的“爱国心”，他怕你不购买他的货物，他怕你自己供给自己的需要。

上海惨案，延宕不决，迄今已将三月。瞻望前途，不特沪案未必即能解决，即其他无数的关系外交的问题，如关税，外债，也必至且纷至沓来。我们的爱国运动虽然能持久不懈，但是这三四百万幼稚与青年的学生势不能永久的中止他们的学业。指日便是新学年开始的日期。我们决不愿再见因爱国而变为废学。

我们希望每个学生都是救国者，但是我们钦佩救国的科学家，救国的文学家，救国的教育家。我们希望每个学生都能从事救国运动，演说，宣传，但是我们钦佩那些做具体的救国事业的人，组织好政府以抵抗侵略，与办大工业以抵抗外货。我们钦佩爱国的学生，但是我们更钦佩那些用识见，能力，知识以救国的学生。若说求学便是救国或者过于浮泛，但是我敢说在二十世纪的国际竞争中，救中国的必须求学。我们希望在最近的将来，于救国运动中，更发起基础的救国运动——求学。

《现代评论》第2卷第37期，1925年8月22日。

国民经济的独立

在国家制度没有推翻以前，国家为世界人民最主要的政治组织的时候，一个国民的经济上的独立与他的政治上的独立是同样的重要，或者可以说国民经济的独立比政治的独立更重要。

经济独立的最简单的解释就是自己能够养活自己，不靠着自己以外的的［人］帮助。这是经济独立最严格的定义。但是在现在世界大通的时代，国际贸易已经打破了严格意义的经济独立。所以所谓经济独立并不是完全不靠自己以外的帮助，乃是一个国家里的人民全体，足以直接的用自己的产物与劳役，或者间接的用自己的产物与劳役换取外来的产物与劳役以满足自己人民的需要。换言之，自己的劳动的结果足以抵偿外来的帮助，自己的生命不是无代价的倚赖外国。

四五十个这样的争求经济独立的国家便组织了现在的世界。每个国家都是一个经济竞争的团体：或利用气候的以发展自然物产，或利用地质的构造以开发地下的宝藏，或利用各种产物以发展制造业，或利用地势成为世界贸易中心。每个国家都采用一定的关税，工业，商业或农业政策以保护或奖励自己的产业。在这个国民经济的大竞争场中，经济独立已经成了强国的一个主要要素。具有这个要素的是强国，缺乏这个要素的便是弱国，一个有名无实的国家。

在以先闭关自守的时代，各国之间虽然也有贫富之差别，但是各国差不多都可以满足自己的需要。各国内部虽然也有时发生民食不足的问题，但是各国自己常可以解决——或不解决——这个问题。战争，疾病，常可以淘汰过剩的人口；漕运，储仓常可以补充凶年的歉收。但是现在的情形不同，经济的局面完全转变为世界的了。一方面，因为交通事业的发达，全世界的物产可以任意分配于全世界；由北极到南极，由太平洋到大西洋不断的有物产的交换。一方面，因为机械生产的发达，工业进步国家可以无限的供给那些工业不进步的国家的人口的需要。英，美，德，法，比，日都成了现在世界上供给制造品最主要的国家。

假使人类没有国家的界限，假使国家不是经济竞争的团体，这样世界经济的局面实在是人类的幸福。因为世界物产的分配可以汰除饥馑与缺乏，制造品的供给可以增进人类的生活。

不幸，每个国家代表一个经济的单位，每个国家代表一个经济的系统，虽然各国家之间也有极密切的经济关系。甲国的制造者对于乙国的人民，供给制造品，甲国的轮船业者代乙国的人民运输货物，这本来是两国个人间的关系，但是现在因为国家的界限，也含着国家关系的意味了。倘使乙国的人民永远依赖甲国人民的运输事业，而没有可以报偿他的劳役，倘使两国间发现了这样的经济势力不平均的状态，不特乙国里有些人民成了甲国的有些人民的债务者，乙国家竟变成甲国家的债务者了。

我们要认清现代国家在经济方面的势力。如上所述，每个国家是一个经济团体，推行一定的经济方面的政策；每个国家保护本国的工商业者；每个国家利用经济力，增进自己人民的生活，更利用经济力以剥削工业不进步的民族。每个国家都代表资本主义者，因为现在的经济仍然全是以资本主义制度为基础。

经济力微弱的国民，经济上不能独立的国民，对于经济力强的国家所供给的物品与劳役绝不能毫无报偿的享用。他的报偿不外以下几种：

一、输出现金现银，做为武平的价格与劳役的报酬，假使这个弱国有大宗金银的出产。

二、输出原料（如铁，棉花），动力（如煤，油），谷产（如米，麦）；但是按量计算原料，动力，谷产的价格一定比制造品的价格轻，（如一斤面粉与一斤饼干比较，或一斤铁与一斤重的铁钉比较，前者的价格当然少于后者）所以必须输出多量的原料，动力，谷产才可以与少量的制造品的输入相抵。

三、外国输入品的代价变为资本，将这个资本贷与这个经济力微弱的民族，或用这个资本就地企业，剥削这个微弱的民族，开拓这个民族的利源。

四，经济力微弱的民族暂时向国外迁徙，用他们在国外所得的工资或利润补充国内的不足。

以上所说前三种偿付方法足以致经济不能独立的民族的死命。金银输出便扰乱本国的金融，产出兑换率低的现象。原料，动力，输出便妨害本国的生产，谷产输出便增重本国人民的生活费。外国资本的企业便渐渐的将本国人民全降为无产阶级。至于人民向国外迁徙，在现今种族观念日深，劳动竞争日烈的时候，已经不能认为可靠的方法了。

我们中国就是这样的一个经济力微弱的国家。我们要永远受那些经济强国的压迫；我们的利源，财富，人力要永远受列强的剥削，除非我们有经济独立之一日。

但是我们政治的黑暗，社会的扰乱，关税的受制于人，同时官僚大宗的聚敛，军阀巨额的滥费，一般人民无节制的消耗，处处都是使国民陷入于永远为外国经济奴隶之一途。

我们还有甚么希望呢？从世界全体看来，有两个辽远的希望可以解救出我们。一个是打破资本制度，使全世界变为一个大共产区。但是这只是希望，我敢说一二百年以内，无论哪一个希望也断不会实现的。

现在我们切身的问题就是：我们的人口不应超过我们的产物的量；我们的需要不应超过我们的供给能力。换言之，假使我们的产物不足，我们便应该减少人口；假使我们的物品供给不足，我们便应该降低生活程度。

一个人经济上不能独立便不得不受旁人的驱使，做旁人的奴隶，同样的，一个国家经济上不能独立，便不得不受旁的国家的驱使，做旁的国家的奴隶。无论个人，无论国家，没有永远无报偿的倚赖。自己以外的供给的。等到一国的人民因为无报偿的倚赖自己以外的供给而经济上受制于外人，结果一切权利也都受制于外人的时候，这个国民，除非遇着世界的经济制度或政治制度起大变动，便永远做奴隶，再也没有翻身之日了！

《现代评论》第2卷第43期，1925年10月3日。

我们小民的希望

我们只是小百姓，我们的要求非常简单。假使有工可做，我们只求可以安安静静的工作，专凭着自己的腕力，脑力或技能换取相当的收入，安安稳稳的过我们日常的生活。我们之中有许多人对于现今军阀所争的重大问题，一点也莫名其妙。什么护法，护宪，赤化，反赤化的问题虽然喧传一时，然而不特这些问题，就是这些名词，这些人也完全不懂，我们之中或者有些人多少明白这些问题，但是却又不能明白为什么这些问题一定要用战争来解决。为几个法律的条文，或为几个人的态度，行为，主张或言论便兴师动众，放射了不可胜数的子弹，牺牲了成千累万的兵士，糟蹋了多少地方的小百姓，这种耗费总是不值得。我们之中或者还有些人也明白这些问题，也知道这些问题一定要用战争来解决，但是还怀疑为什么我们小民要不断的蒙这重大的牺牲——田地荒芜，家庭解散，财产丧失，甚而至于性命断送。即使现今国内的交战团体都是为国家的根本问题才有不共戴天的仇恨，才引起绝对不能相容的争端，才产出不得不用战争一决胜负的情形，我们总觉得小民不应该出这样重的代价，我们总奇怪为什么小民——对于这些问题毫无趣味的小民——要担这样的重负。

中国的祸乱相寻已经十五年了！除了租借地以外，差不多没有一个地方不被官兵与土匪的灾祸；除了租界上的富翁与东交民巷的逋客以外，差不多没有一家不受直接的或间接的，重的或轻的战事影响。这十五年的经验使我们小民发生了一种的恐怖心理：我们怕战事，怕军队，还怕战争与军队相连的事物；我们怕国会，怕议员，甚而至于怕法律；我们怕共产，怕赤化，甚而至于也怕反共产，反赤化。总而言之，恐怖占据了一切小民的心理。

我们蚩蚩的小民不能见其高者，大者，深者，远者。我们既没有野心，又没有大志。上边说过的，我们所求的只是日常的生活。我们既没有资财去到租界上做寓公——就是租界也是地方有限，焉能容得开这四五万万人——更没有资格去到海外去做亡命客，所以我们只求在中国的境土上过我们安稳的生活。我们所求于政治与军事的当局也就是让我们可以过这安稳的日常生活。

我们所要求于当权者只有三件事：

一，尊重生命

二，尊重财产

三，尊重人格

久经战阵的人或者不知生命的重要，因为战争的一个特色便是互相屠杀。但是我们在平和社会里，便极容易知道生命的可贵。莫说是人，就是家畜失去性命都引起家人的悲戚。若是家人丧失了性命，父亲死了儿子，丈夫丢了老婆，那哀痛更当何如！生命是社会的财富，除了因年老或衰病而死者外，一切殇亡都是社会的重大损失。生命的特色是活动，戕害生命便是社会自杀。少数的人从戕害生命上一时或者可以得到私人的利益，但是终久还是残害自己的。当权者也有不专顾“此地”与“现在”的利益，而注意长久的利益的吗？

财产可以说是人的生命的基础条件。人的一切活动绝不能脱离财产。财产虽然可以有暂时的或永久的，私人的或公众的等分别，但是无论什么社会也不能不承认各种财产。就是行私产制度的社会，也必须承认公产，如道路，公园；就是行共产制度的社会，也必须承认私产，如私人的衣服，眼镜。久在疆场上过生活的人，因为专以毁坏敌人方面的财产为目的，或者也渐渐的养成侵夺财产的习惯。但是假使我们素日所依赖为生的财产都被剥夺，我们也就与丧失生命无异。无论私产或共产都有他一定的制度，并不容人任意侵夺的。但是在中国近年来发生扰乱的区域，我们所看见的或听见的并非提倡某种财产制度，乃是毁产，夺产。这样，小民虽然幸而还有生命，又如何维持呢！

人的所以为人的就是人格。世上虽然有些没有人格的，但是究其实这些人只是人格的残缺并非人格的完全丧失。一个人是逆子，但是他也许还是一位义友；一个人是奸商，但是他也许是一位慈爱的父亲。世上既没有人格完美的圣人，也绝少毫无人格的坏蛋。换一句话说，人都有些价值，不过多少不同罢了。因此我们大多数人，谁也没有强迫他人以从己的资格，不待言，更没有用刑罚的威吓以支配人的言论或行为的资格。我们都是人格不完的生灵，我们只能互相宽容，不能压迫，更不能残杀。

以上所说的三条是极简单的，也是世界上普通的人所遵守的，但是生杀予夺之权在握的人便极容易养成一种与此三条相反的习惯，专门向这个相反的方向而行。

我们小民现在所希望于当权者的只有这三条：尊重生命，尊重财产，尊重人格。我们不相信宪法可以改良我们现在的生活，我们不相信这个或那个主义可以救我们出了现在的水火。我们也不相信这个军阀或那个政府可以让我们过平和的生活，除非他们用具体的行为遵行以上所说的三条。在我们中国的全国境内，我还没有看见过一个尊重人命，财产与人格的地方。但是我们要记着，将来——我盼望是最近的将来——我们要得到这样的地方还是要我们小民自己的努力。

《现代评论》第3卷第73期，1926年5月1日。

从战争到政治

中华民国的十五年间，无一年无战争。在这个四千万方里的广大的疆土里，人民的有组织的互相残杀不发现于此处，便发现于彼处。在最初的几年，战争还只是间歇的，局部的。但是到了现在，战争状态已经成了我们人民的日常并且是普遍的生活。我们翻开近年来每日出版的报纸，便见所谓国内新闻几乎全是国内战争及于战争相连的事物。假使现在的报纸可以代表中华民国的生活，我们由他所登载的关于战争的记事远远超过完全不关战争的记事的比例，便可以看出战争的势力将我们的生活如何包围，如何改变了。

战争是人类生活的变态。战争进行的时候，战士诚然觉出特殊的心理的兴奋，溢出勇武的，牺牲生命的精神。但是世上没有人——或者是极少的人——会把战场认做自己的真家乡的。美术家在工作室里，科学家在试验室里，学者在书斋或图书馆里，雄辩家在讲台上，都是有特殊才能的人寻到于他最适宜的，并且能助他发展的环境。但是世上有多少人真觉得在枪林弹雨之下，出死入生，才能增长他的人格呢？至少就一般人民来说，战争决不是一种自然的心理的胁迫。食，色受压迫最甚的时候，可以冲破堤防，追求满足，但是除了杀人狂以外，决没有人会受战争欲的压迫，必须驰骋疆场，枭首三千，坑卒十万，才觉得心理的舒泰的。

但是战争在人类生活上却占了主要位置。有人说，人类历史全是用血染的。我们虽然认明战争所占的位置，但是我们，还不得不说战争至少只是人生的方法，不是人生的目的。只是一时的工具，不是永久的理想。如上节所述，人类都不是为战争而战争。我们考查战争的原因，总不外城池，土地，财货，美女，名誉，地位，仇恨，在近代特别是经济的或政治的利益。在寻常的时候，这些种的要求，可以用平和方法取得的，当然要用平和的方法。但是如果一个人用种种平和的方法都不能满足要求，而同时又有相当的武器，他当然要用战争做他满足要求最有效的方法。从此看来，战争都代表平和失败的末一幕。

现在文明国家所设立的国家制度已经巩固，他们至少在本国内对于政权有一定分配的方法，对于土地有一定转移的手续，对于财货有一定交换的条件，对于官职——自邮差以至行政最高长官——有一定法定的程序，特别是对于一切人民的要求与欲望都有无数的公共机关如国会，省会，行政等，去讨论，磋商，规定，执行。所以现在在文明国家里，已经不再听见国内战争。前几年爱尔兰对英格兰曾发生极猛烈的武力的反抗，但是自从英国许爱尔兰自设国会，划分政权，现在也就无所谓爱尔兰的叛乱了。

古人说“先礼后兵”。用平和的方法满足要求，达到目的，大概是一般人都愿意做的事。战争乃是必不得已的时候所采用的工具。但是一旦战争发生以后，社会上便常有继续战争不已之危险。因为人是受成例与习惯支配的动物，一个人对于他已经施用而认为有效的方法用惯了以后，当然要继续的倚赖他，增进他的效率。假使他的竞争者没有完全消灭，他（竞争者）当然也要努力的去磨炼他的工具，再谋恢复他所失的土地，产业，或地位。所以一旦战争变成了公用的，最有效的工具，便没有人肯舍弃他，再回到以先采用平和手段以满足欲望，求遂目的的情形。于是战争变成了人民常态的生活。我国内部现状是如此。国际的武装平和状态也是如此。

关于国际平和大问题，现在且不具论。我们爱好平和，自己又没有战争武器的人认为最切身的问题当然是国内战争有否终止一日之问题了。现在要答复这个问题，必须研究战争，特别是国内战争的性质。战争是破坏的，战争是将社会上一切生产的能力，创造的精神，有用的物品，有价值的生命，都完全应用在毁害上。换言之，战争便是互相残害，两方面互相毁灭能力，物产与生命。浅见的人常以为战争的结束，必有一方面占胜利，但是事实上却都是两方面蒙损失。国内战争，戕害同胞，关系全国民，姑置不论。即使假定两方战斗员都是毫无共同的利害关系的，也没有一次不是两方面的损失，特别是在剧烈的战争之后，战胜者损失未必果少于战败者的。两方面所不同的就是所谓战胜者得到了所争的土地，利益，地位或名誉，而所谓战败者失去了这些罢了。

战争的性质是破坏，破坏敌人，并且破坏自己的生命财产，停止自己的生产，损害自己的财源，减少自己的人民。除非战争的各方面忽然自动的有了觉悟，或被动的受了外边的压迫，不得不休止战争，用平和方法分配权利与利益以外，这个破坏的势力必然进行不已。一直到各方面的破坏的势力都吸尽了人民的精力，用完了社会的财货，战争才可以自然的停止。假使这个看法是真确的，那么，近年来国内战争的频繁正是光复以来我们国家嬗变应该经过的程序。这个嬗变的代价虽然重大，但是在一个初进入近代国家的社会里，既缺乏开明的民众，又缺乏完备的政治制度，既无伟大的政治家，或者应该说无政治家运用能力的机会——又加以多少党系的贪污阴险的政客，我们岂能希望可以有代价更轻的变化？

中国现在已经趋于欲战争而不能再战争的地步了。但是中国的内争更含着特别的因子。现在世界大通，没有一个可以称为孤立的国家。特别是中国，自从有清中季以来，已渐渐为列强的帝国主义所紧箍。中国国内的变化常显出国际竞争的小影。所以国内战争不特代表国内各战争团体的利益。但是因为列强的势力范围的分布，经济的与政治的利益的纠葛，或历史的感情的关系，国内战争实际上还代表无数列强的利益的冲突。列强对于国内战争种种变形的助战方法诚然可以增加国内战争的强度，可以延长战争的期间，可以更重的麻痹人民的生命。但是我很怀疑列强会纠结不已的这样慷慨，除非他们觉得这是他们的生死关头的所在。列强曾用种种方法协助波兰，捷克，及巴尔干诸国抵抗苏俄，但是结果如何呢？列强利用我们的内争扩充他们的利益，我们固然反对。假使他们获到相互的了解，要用平和的方法，处置他们的利益，分配他们在中国的利权，我们更要严重反抗。我觉得这种平和的分割手段比较现在的助战方法或者还更危险。

无论如何，将来的中国总要一天一天的由战争进到政治的。虽然战争现在成了中国人民的生活常态，虽然现在中国人民已经失去寻常人所应有的生活，但是除非中国人民自感灭绝，战争的势力，必日渐衰微，而政治的，社会的生活必日渐增加重要。

战争是与生命相反的。战争只是屠杀，而生命所要求的乃是善良的政府，安宁的社会秩序，开明的法律，高尚的文化。这些种文明生活的要素，岂是战场上的产物吗？一个人在疆场上固然可以立大功，立大业，但是我们要求良好的生命，总不能希望在疆场上的成功罢！

《现代评论》第4卷第93期，1926年9月18日。

中国人的政治能力

我在本刊第九十三期里曾说到政治生活的重要，中国人想要有人类的可满意的生活，便不得不舍战争而取政治。我们现在便应该研究中国人到底有经营政治的能力没有，有发展政治生活的能力没有。况且中国要想在国际社会里占一个位置当然也要靠着他的人民的政治能力。

若按广义来解释政治，中国民族可以说是有政治能力的民族。第一，其中一部分不是后人的伪作，我们便可以说中国民族有记载可寻的政治事迹早发现于纪元前的二十世纪。假使虞书（即尧典，舜典，大禹谟，皋陶谟，益稷）的五篇都是真实的历史，我们的祖先在四千多年以前便已经建设了政府，制定了法律，规定了祭祀，成立了国家的组织。

第二，中国民族政治的发展不特极早，并且最长。我们中国四千多年的长历史，虽然不断的有战争，朝代的更迭与蛮族的侵入，但是永远保有一个或两个的政治的组织。春秋，战国，南北朝，五代，诚然都是大纷扰的时期，统一的国家解纽，完全的组织分裂，但是在大体上看来，这不过是政权转移与政权分散的现象。失去的是中央的，集权的政府而代替的乃是地方的割据的政府。政府组织的好坏，政治制度的良否姑且不论，中国人民，无论比起世界上任何民族，希腊人，罗马人，乃至埃及人，或巴比伦人，总是有最长的政治历史的。

第三，中国民族曾发展了极复杂的政治制度。《周礼》上所记的那繁复的，完备的官职，现在大家虽然都承认只是汉朝人的附会的著作，不是实际的制度。但是我们只翻一翻各种正史中的职官志，或是《历代职官表》，便可以看出我们的政治制度出了关于公众治安，及一般的行政与司法的机关（这些都是无论如何雏形的国家都是绝不可缺少的）以外，还发展了关于教育，水利，漕运，盐政，关税，理藩，等特殊的政务机关。足见我们的政治制度已经超过那种只为维持治安而成立政府的原始的阶级，进到那种用政府机关的效率，用现在的眼光看来或者极低，但是在当时各种科学没有发达，各种组织的技术没有应用的时代，他们的成就已经可惊了。

第四，中国民族政治的手腕也显出异常的发达。中国历史里固然包含者无数的事迹，显出用政治的手段，政治的才能，而最特出的如史部中的《战国策》，说部中的《三国演义》，尤能活跃的显出中国民族的传统的政治术略。

试观以上所述四点，中国民族的政治能力实在是可赞美的。但是这里所谓政治，不过是皇室，君主，或官僚专制的组织，或行政方面的事务，或合纵连横的外交手段罢了，并非真的政治能力。若按狭义，或近代的意义来解释政治，政治乃是一种人民合作的程序，用人民的或团体的力量，去料理大家的事务，调和大家的利益。现代的政治乃是人民间的一种协商，讨论，规定，与执行。从历史上看来，世界的各国民族虽然也曾经发展了有组织的政府，有系统的法律或政治的制度，但是除了古代希腊与共和时代的罗马以外，现代的政治并未曾发达。所谓现代的政治可以说是完全是近代国家的产物。人民的政治诚然早已在在瑞士，荷兰，或其他小区域里成立，民治制度的萌芽，如代议制度，诚然早已在条顿民族中显露，但是这种政治的大发展不能不说是在十八世纪，即法国大革命以后。到了现在，这种人民的政治已经在各文明社会里树立了较为巩固的基础，虽然与他相反的运动仍不断的妨害他，摧残他。中国人民对于这种政治的能力是怎样的呢？

我们假定将来国内战争停止，全国一切问题都采用政治的方式来解决，中国的前途在光明方面可以向两个途径发展。一个途径便是回到中国历史上的政治的组织，由贤君，良吏，推行那为父主的（pater nalistic）政策。这种政治，虽然不能说是中国人的特长，至少在几千年的历史上已经证明了他们曾奏有相当的成绩，并且历来的政治思想也都是以为父主义为理想。另一个途径便是我所说的现代的政治，人民的政治，不是等着英雄，豪杰，或贤君，良相，乃是由人民的努力去组织好的政府，推行好的政策。由前一个途径，我们只好希望贤君再世，由后一个途径，我们就只靠着我们自己的奋斗。在现在民治思潮澎湃的时代，大概没有再赞成向第一个途径发展的，虽然现在总有些人还以拿坡仑，列宁，或穆索里尼（这还是些高尚其志者，已于那些只希望做刘邦，赵匡胤，朱文［元］璋，甚而至于做袁世凯的，更不足道了）为他们的理想。倘若我们中国人要采用，并且不得不采用第二个途径，即人民的政治，我们有经营这政治的能力吗？

所谓政治能力不过是人民的政治经验的结果。浅见者流虽然常将政治能力认做种族的特性，但是近代生物学家既然未曾发见政治的种性，心理学家又未曾发现政治的本能，我们似乎不应该将政治能力完全委之种族的本性，或先天的气质。假使政治能力只代表人民政治的经验，那末，像这个受惯了四千多年的专制政治而未曾得到，又未曾想努力得到政治权利的中国民族，至少在现在是缺乏政治能力的，除非我们人民曾有相当的准备与训练。在过去的十五年里，一般官僚，与政客所暴露的政治能力的缺乏本是当然之事，无足惊怪。但是过去只是过去，我们所要讨论的不是现在有无政治能力的问题，乃是将来能否训练政治能力的问题。

大凡一种制度或生活方式的存在，必然同时有可以使他存在的条件，正如同一种植物或动物的存在，必须先有适于他的生长的环境一样。我们按着这个无可怀疑的道理推论，我们要知道中国人训练政治能力能否成功，便须先考虑可以发展人民政治能力的到底是哪几种条件。

现在欧美各国的发展我认为靠着三个主要的条件。第一，他们的政治能力根本于他们较长的政治的历史。民治的生活在欧洲历史上虽然曾经过若干次的中断，但是他实在已发端于两千年前。后来人民的政府经过中世纪的都市政府时代，到了十八世纪以后，便如火如荼的发扬了。这个长久期间的发展不特给欧洲人民政治生活的经验，还给他们政治生活的理想。这实在是欧洲人民从过去所得到的最宝贵的赉助。第二，他们的物质发展在两方面促进他们的政治生活，一方面，物质的进步供给许多物质上的便利，辅助政治生活的进行。如现在的交通方法，印刷技术，都变成了现在政治活动必不可缺的工具。又一方面，物质的进步增进人民的财富，减轻人民的劳苦，于是人民有玩弄政治的机会与能力。以先，政治不过是贵族或地主的专享品，等到十九世纪工商业发达以后，于是工商阶级，劳动阶级，最近乃至农民阶级都先后加入了政治的大舞台。第三，人民的知识或教育的程度。这也可以说是物质进步的结果，但是因为他的重要似乎应该承认他为历代政治发展的一个重要条件。愚民只配有愚民的政府，有知识的人民便可以修养理会政治，运用政治的能力。

以上所说三端或者将产生现代政治的条件分析的过于简单。可是我们只就这三方面看来，便知道我们要想训练人民的政治能力，真好比在空中造楼阁了。我们的祖先所遗留给我们的，并且到如今还为现在治者阶级所宝贵而不肯变更的许多专制的政治经验，奴隶式的心理，以及自私的，怠惰的习惯，不特不能促进，反妨止我们政治能力的发展。我们的幼稚的物质状态如何会供给我们组织新式政府运用新式政治的便利。我们只配有中世纪的，或者半开化的政府，因为我们缺乏科学的利器，缺乏物质的工具。人民生活程度的卑陋使一般人民的精力完全耗费在谋生送死，哪里还有余力去理会并致力于简单生活以上之事物。最末，一般人民的愚鲁当然要供那些有武力者或有理智者的剥削，哪里还有抵抗或补救的方法与魄力。我们看了这样的情形，便觉得训练我们人民政治能力的机会差不多等于零。

虽然，我们竟绝望而终止我们的奋斗吗？我们只能安静着等候任何政治的形式来加到我们的头上，而自己丝毫不肯努力去实现人民合作的力量吗？中国现在的问题不但是停战或平和的问题，因为平和未必就是好政府的实现，平和不会自然的产生人民的政府。根本的问题，还是在如何养成人民的政治能力，造成真正的民众势力。倘使我们人民永远不能养成政治能力，不能自成一种基本势力，我们便不能不任专制者的蹂躏，供专制者的牺牲，本来不必问那个专制者是本国人是外国人，或是做外国人的傀儡的中国人。

《现代评论》第4卷第97期，1926年10月16日。

政治的工作

我们这个有名无实的民国诞生在不祥的空气之中。祸乱相寻的十五年，永远没有一时一地的安静！但是历史上哪一次的革命是完全在祥瑞的空气之中产生的？

凡是革命都是一场或多少场继续不已的奋斗。凡是革命都是推翻现存的秩序而建立新的秩序。凡是革命都包含着大部分的牺牲与暂时的损失。凡是革命，至少在二十世纪的政治界里，都不能不运用武力，戕害极宝贵的生命。

但是这个不幸的现象岂是可以避免的？在人类可以完全运用他的理智，支配他的演化的途径以先，我们不得不演这出悲剧。在一个昏聩无知的或利令智昏的占大多数而先知先觉的只占极少数人口的社会里，我们不得不忍痛的经过这个程序。在一个拥护旧利益的阶级掌权而代表新理想的阶级受压服的社会里，我们也不得不看着这场奋斗的悲惨的境况。

新政治社会的产生原是一件极苦痛的程序。在新的社会里，一切制度尚未成形，一切的利益尚未固定，或者苦痛的程度较轻。但是在一个老的社会里，几千年的朽旧的制度积压在无数的人民身上，多少的私人的，妨害公家的利益占领了各人的心理，盘据了各人的生命的时候，要设法创造一个新的社会，一定是人类最大的苦痛。虽然，苦痛正是生命的必不可少的要素。人的诞生必假定母体的苦痛。新的社会的诞生必假定人口的大部分或暂时的苦痛。这个苦痛正是后来或大多数幸福的张本。

但是新社会的产生决不是自然而然的结果，必须有人奋斗。社会里总有少数的人与现存的秩序立于反抗的地位。这些反抗者在最初虽然被人称作乱党，叛徒，但是不久这些人便被尊为烈士，殉道者（如果死了）或奉为伟人，救主（如果仍然生存）。这些少数的先知先觉者之中，固然也少不了薄志弱行的人，中道变节，放弃了他们对于民众，对于社会的责任，而甘心去做军阀的鹰犬，以企图满足个人的声色货利的欲望。但是最奇怪的，这个反抗的运动，永远不会因此偃息。一代一代的后起的青年不断的加入运动，助长这个精神，并且使他有弥漫一切的趋势，无论旧势力的权威如何的压迫。

这种反抗的成功，如上所述，不免要靠着武力，但是又不能专靠着武力。用世俗的眼光看来，现有的武力的，或依傍有武力的人而握权的，得到安富尊荣，也可以谓之成功。但是伦理上所谓成功，必须以有耐久的并且有益社会的价值为标准。若用这个标准来评判民国十五年来的军阀，当然个个都是失败。但是这些武人以及他们的爪牙们哪能梦想到于一己的安富尊荣外更有什么耐久的并且有益社会的价值。

反抗不特须靠着武力，并且还须靠着一般人民的赞助。假使一般人民对于一种奋斗或运动都是漠不关心，那种运动或奋斗的成功便只有靠着武力——假使那武力仍然是可受支配的。如果人民对于一种反抗运动发生趣味，至少如看拳斗，或赛球的时候，发生兴奋，有所袒助，甚而摇旗呐喊，那运动成功的希望便增加了。

虽然，这所说的还只是军事的行动。一般人民并非对于军事自身发生趣味，因为军事还只是一种方法。最主要的成功的条件还是在政治的设施。政治行为可以说是一种运动的胜败的最终试金石。袁世凯的驻防政策未尝不可以说是得到暂时的成功，但是他的中世纪的政策结果是使他失败。没有武力，而专靠着政策的固然在二十世纪里，未必能成功。但是只靠着武力方面而没有良善的政策或无力推行良善的政策的终久还须颠覆，这是历史给我们的教训。

论到政策，却是更难的问题。假使军事的胜利必须先有相当的人力，财力，军械与组织，这个政治的胜利也必须先有相当的人力，财力，智慧，技术与眼光，虽然两种所需要的东西未必具有同样的性质。军事的工作可以说是一时的，因为军事只是方法，军事只是辅助一种目的的到达。政治的工作却须无数人的继续的努力，因为政治表现人民一种的共同生活，政治的生命要与这个共同生活同样的久远。军事的工作，因为他的性质，必须受专断的，独裁的支配，政治的工作，也因为他的性质，必须运用多人的理性，智慧，才能与眼光。军事的胜利，至少在现在中国状态之下，或者可以一蹴而就。至于政治的胜利却必须全国的思想家，科学家，和有执行的才能的人努力合作的成绩。

甘心做军阀或外人傀儡的政府，本不必定什么政策，因为他的职务只是伺候他的主人，推行他的主人的意志。我们不能希望这种政府可以在政治上获利，虽然他的主人所供给的军械以及由可怜的小民所剥削的金钱可以使他一时立于优胜者的地位。在政治上失败的政府，虽然有武力的维护，也必不能久存，何况近来列强的政府似乎已经不肯再试行以先拥护俄国丹尼金，兰格尔的政策呢。

谈到现在中国的政策，至少有两点须注意。第一，他必须是具体的。抽象的名词或者中人听闻，但是没有具体的计画与方法，一个名词只是一个名词罢了。例如所谓“仁政”，什么是仁政呢？所谓“国本”，什么是国本呢？用抽象名词所标榜的政策可以说是无政策，不过是自欺欺人罢了。第二，他必须是现代的。一国的政策必须按着当时的情形规画。并且利用最新发展的学术，除了迷信复古的人以外，谁都知道三代以上之法不能治三代以下之人。军阀姑无论，就是现在的政客官僚有几个看透了这个道理。有几个知道现在的政治科学与政治技术发达到了什么地步。

说到这里，我们觉得这个新社会的产生，还为期甚远，虽然差不多全国人都十分的渴望着。一方面，军事的动作还未结束，一方面政治的工作才正在开始。可是这政治的工作乃是新社会改造的自身。一般开明的人士，对于这个工作，应该如何的提携赞助，而不应只做些破坏或不负责任的批评，以图快意于一时。

我们想起这十五年来得扰乱与人民所受的痛苦，总觉着他应该快快的中止。假使一切有知识的人，都可蠲除成见，抛弃私人的党派的利益，我们想至少军阀的恶性可以减少些，人民的利益又可以多保存些，政治改造也可以早开始些。所谓知识阶级，从多少次依附军阀的失败，至少应该得这个教训了。

《现代评论》第5卷第105期，1926年12月11日。

主义和他的限制

现在的世界可以说是一个主义的世界。无数的光怪陆离的主义相竞煊赫于一时。差不多各种的活动现在都标上一种主义，固然有些人是先有了主义，然后为那个主义去奋斗，又有些人是先演出什么活动，然后寻出一种主义好名证（justify）他们的行为。在这个人人都用主义相标榜，用主义相攻击的时候，我们有时真觉得有废止一切主义的必要。

普通的见解常将主义分为好的与坏的，或真的与假的。因此有些人听见了一种主义，便欢迎他好似灵验的符咒，听见了另一种与她相反的主义，便痛恨他好似毒蛇猛兽。爱人类，爱真理的人们，对于所谓破坏主义，假主义，固然可以或者觉得应该竭力的反对，尽力的抵抗，但是我们以为这种疾恶主义如雠仇的心理未必是对付那些破坏主义的最适当的办法。因为一种主义未必因为激烈的反对或严厉的禁止，便归于失败，也未必因为热烈的欢迎或虔诚的信奉，便可保证成功。况且我们还没有看见过虚伪的，骗人的主义会可以永久的成立，而不归于灭亡的。

什么是主义？主义不过是代表一种理念的一个名称。在许多的主义之中，有些是哲学的与艺术的观念，直接的影响一般人的行为还浅。因而除了对于这些观念有兴趣或有关系的少数人以外，大多数的人都是冷淡着，不理会着。譬如唯心主义与实验主义之争，印象主义与写实主义之争，除了在某种团体之外，差不多不能引起人的注意与兴趣。独有政治的社会的或宗教的主义常是较多数人争论或冲突的焦点。我们虽然不能想像——至少在现在——大队的人马会为文言主义或东方文化主义去互相厮杀，互相，屠戮，但是人类在以先曾为宗教上得观念混战了多少次，并且一直到了现在还为政治的或社会的主义不断的用武力互相竞争。在这些次的冲突里虽然有时交战团体不过用一种主义做假面具，用以标明自己的争战，名正言顺，有正当的理由，但是我们看了历来可以引起人类间激烈的冲突的，甚而至于武力的抗衡的，当只是限于政治的，社会的，或宗教的主义，便可以知道这一类的观念怎样的有力，怎样的影响人民罢了。

有的时候，主义不特代表一种观念，并且代表一种理想或信仰。有主义的人大概都是可以说有理想主义者。我们骂那些没有主义的人说他们没有原则（without principles），或机会主义者，就是每个可以出风头的机会都成了他们的主义。在这个意义上，好像凡是主义都代表一种好的理想。但是事实上也未必如此。不过我们也可以说有主义终胜于无主义，我们更可以说恶毒的理论，悖乎理性或人道的理论也绝不能成为理想，不能成为主义。我们至今还没有听说过杀人放火会成为主义的。

主义也可以说是大家行动的目标。在现在一切人的言行都陷于庞杂而莫衷一是的时候，必须有几种主义，做言论与行为的轨范。但是哪几种主义可以配做我们行为的目标呢？我们固然相信偌大的世界只能容一种主义，但是我们也不相信在终极，两种根本相反的主义可以同时并存于世界。我们固然不能希望人人都认清一种目标，共戴一种主义，但是我们相信凡是一种主义，都可以供给人一种目的，供给人一种努力进行的方向。主义在现在的世界里，好似一只难破船在怒涛汹涌中所望见的一块陆地，虽然有时那块陆地只是一个幻影，或者底下还藏着危险的暗礁。

以上是说主义的性质与功用。然而鼓吹主义与信仰主义的人们还须注意他的制限。第一，主义好似一种简号，代表若干的观念，信仰，制度，或行为。一种主义的名称的成立可以说是言语上经济的结果。我们在述说许多复杂的观念，信仰，制度，或行为的时候，我们势不得不寻出一种符号，代表他们的全体。这个符号就是某某主义。可是因为这个符号包含着许多事物，于是大家的观念，就必不能完全一致。就是信奉一种主义的人，各人对于本主义就许有各人的见解，有不同的定义。在同属于社会主义者之中，我们便可以发见极右倾向与极左倾的人。同样的，在同属于国家主义者之中，我们也可以发见浓淡不同的程度。见解不同，固然有种种原因，我们在此处不必讨论，但是我们从此也可以看出凡是一种主义都很少有极确切的意义，都可以容纳多种的解释。因为凡是主义都常缺乏固定不变的观念，信仰，制度，或行为，所以用主义的名称的时候，不免发生误会。所以我们为免除误会起见，应该竭力的少用主义的名词，而多用主义所代表的那些具体的制度与行为。与其说我是一个国家主义者，毋宁说明我所相信的我的国家应该立于何种的地位，我的国家应该与外国成立何种的关系。这种说法，不特可以免去误解，至少还可以使我们有较清晰的观念，不至于被一个抽象的名词遮掩了我们思想的散漫与混乱。诚然的，为言语的经济起见，我们绝不能时时采用这一种的说法。可是至少有的时候，我们不得不具体的陈述我们所相信的主义。

第二，主义不是一般人，特别是无文学知识的人所能了解到的。一个人要了解一种主义的意义，他必须（一）在心理进化上，进到所谓能有概念思想（Conceptional Thought）的境遇并且（二）备有相当的知识。主义是一种概念，不能造概念的人，不能归纳若干事物成为抽象的观念的人，如何能希望了解一种主义。一般的文盲只知道有多少个衙门，哪里知道什么叫政府，只看见多少的工场与商廛，哪里能明白什么叫做资本制度。要有这种知识，不特须识字，并且还须有相当的知识。没有读过哲学著作的人未必能了解什么叫做唯实主义或实验主义，同样的，没有受过相当的政治或经济的教育的人也未必真能明白什么叫做集产主义或工团主义。我在上文虽然承认主义可以供给人一种行为的目标，但是我恐怕我们可怜的，文盲的同胞们未必真能从任何主义寻出什么向导。

第三，主义在文学上只是一种观念，可是我相信在政治或社会方面，真的主义，实在是实行。凡是一种主义都包括着已实现的或待实现的行为。空谈主义已经有人批评过。但是我以为就是讨论一种主义，也应该讨论他所包含的制度，实施的方法等等，绝不应用主义如符咒或符号一般。至于承认主义为生活的原则，相信主义为生命的向导的人，不待言，更应该研究他的实行的程序与方法。我曾说主义是一种目的，但是徒目的不能以自行。现在青年的一个危险就是用目的做一种符咒。在大声高叫打倒共产主义的时候，一个人固可以得到一种情绪的满足，但是共产主义因此便可以被打倒吗？一群叫嚣的群众，高呼打到帝国主义固然也可暂时解脱我们几百年来所受的压迫的愤恨，但是根深蒂固的帝国主义便可以因此衰颓吗？

所以计画或推行实行的程序比主义还更重要。人在困苦无救的时候，固然可以从相信一种主义求得多少的精神的安慰与满足。可是我们真要解脱目前的困厄，我们还不能专望着那可望而不可即的主义，即使那主义的实现是引我们到天堂之路。我们必须研究在目前救困苦应该进行的第一步。

第四，主义，即使最好的，也不过表示我们人类浅陋的知识所能见到的一种目标，并不是人类理想的境遇。在重理想的人看来，凡是希望将来实现的主义都代表人类最完美的理想。但是在重事实的人看来，无论任何主义的实现——即使假定可以完全实现——都不会是人类的止境。凡是相信一种主义的实现便可以进人类于天堂的，不过显示他的知识的卑陋与信心的幼稚罢了。

《现代评论》第5卷第109期，1927年1月8日。

中国与英俄

中国问题不单是中国自身的问题，乃是世界的问题；不单是内部纷争的问题，乃是内部纷争夹杂着列强维持他们自身的利益，夹杂着列强互相冲突的问题。从真正爱中国人的人看来，不，就是从真正爱好世界和平的人看来，现在中国一般人民所争求的，所渴望的，都是些很清楚的目标：我们只希望进到“中国人的中国”的地位，建设中国在国际上完全独立的位置，我们只求推倒现今帝国主义者在中国所盘据的优越的地位，取消他们所享受的特殊的权利，免除他们资本家对于中国人民与自然财源的剥削。这是一切中国爱国者一个最简单的信条，也是我们判定国内一切军事行动或政治行为的标准。可是我们在观察中国实际的情形的时候，却不能完全采用这里所说的简单明瞭的目标。因为中国国民正在进行中的运动并没有如此的单纯。列强在中国利害关系的情形，他们利害关系的实状，中国军阀与政客勾结列强，倚赖列强的行为，以及列强在中国各种公然的与秘密的活动，在在皆改变我们国民运动的本来的面目，增加国民运动的纠纷。我们对于这里所说的目标，固然是始终持之不懈，可是我们却应理会中国现在的局面除了中国本身的问题而外，还包含着世界列强竞争的意义。我现在略述英、俄与我国的关系。

先拿苏俄来说，他的政策可以说向来是赞助我们独立的运动的。他所标榜的政策，他的当局所发表的言论，都是为我们的运动张目，凡是中国爱国的人士，就是极端反对他的有名无实的共产制度的人，从国家的立足点看来，也应该欢迎他的这样的态度。可是我们要知道苏俄的利益与我们的却不完全一致。苏俄自认他的使命是世界革命，推翻世界上经济的帝国侵略制度，建设全世界的无产阶级的专政，这样繁重的责任，我们说一句没有出息的话，是不配担任的。我们并不是想推翻哪一个帝国，我们只希望取消任何国家在中国所享受的不合公道的特殊权利。世界革命或者是打倒资本侵略的一种最根本的，最彻底的方法，可是我们不相信他（假定可以成功）是惟一的方法。中国人不肯加入苏俄所提倡的大运动或者是中国人的自私，不彻底，不肯做好汉，但是中国人觉得他自己的问题比一切任何问题都重要，他不肯将自己加入现在国际上两大势力——布尔什维主义与帝国主义——的竞争。我们要竭力的将中国问题脱离国际的纠纷还来不及，哪有更将他牵人国际漩涡的道理。我敢说现在很少得中国人民愿意信奉第三国际的计画，或服从第三国际的命令的。但是我敢说，假使列强仍然要继续的压迫我们，列强的举动依然是直接的或间接的摧残中国开明的民意，我们这些没有出息的中国人终也不得不出这个“宁为玉碎，不为瓦全”的策，加入世界革命的旋涡。苏俄主义在中国势力的盛衰可以说与列强的压迫的增减做正比例。

英国，无可讳言的，在我们所认为帝国主义的侵略者之中，是我们反对最力的。因为英国是最早压迫我们的人民，最早占领我们的土地的，因为他是一个垄断我们商权，航权，以及财政权最强硬的代表，一个始终拥护中国反动势力的中心（如对袁世凯的大借款，对于其他军阀的秘密借款等等），因为他的暴乱凶酷的行为（如五三，沙基，万县，及最近南京诸惨案）和武力示威的态度（如派重兵驻扎上海，舰队驻扎汉口），中国人对于他有特别深厚的仇感乃是当然的现象，除非中国人都变成了冥顽不灵的木石。但是帝国主义者的魁首决不能照我们这样的看法。一直到了现在，我们还不曾看见他在外交政策上表现他能迎合或了解中国的开明的民意。但是他也自有他的观点。第一，因为中国国民运动在一定的程度以内有与苏俄的运动几分相同之点——因为中国人民所最仇恨的是英国，而苏俄所认在世界革命的程序上最该屈伏的也是英国——所以英国当局者始终认定中国国民运动完全是做苏俄的傀儡。这当然是一种愚妄的，缺乏常识的见解。但是他却相信不疑。他对于中国问题，只知在驱赤上下功夫，而不知应该对于中国自身有缓和民意的行动。第二，英国人本来是一个殖民的民族，他们在弱小民族的社会，横行有年，他们做惯了弱小民族的主人翁，他们认为一切动作都是他们天赋的权利。领事裁判权，租借地，他们都认为永久不得变更的制度，管理海关行政，他们认为他们的万世之业。他们这种狂傲的心理，在上海，汉口，天津，香港的他们的机关报上，表现的最为显明。不特我们中国读了那些荒谬的言论要“怒发冲冠”，就是他们国里较有思想的人物看了也要骂他们是侮辱中国国民的体统，引起中、英国民间的仇感。这种狂傲的心理永远是中、英两国互相和睦的障碍，但是英国却真相信现在他们所施行的驻屯军政策，炮舰政策是可以保持他们在中国的特殊的权利，可以威胁中国的民众。第三，英国为保持他的殖民地，不肯抛弃他在中国的特殊地位。试看现在大英帝国的所称雄的主要产业，如羊毛，橡皮（占全世界出产百分之六十），茶叶，金（占全世界出产百分之七十），镍（占全世界出产百分之八十九），麻（占世界出产百分之九十九），无论哪一宗都是殖民地的产物，特别是橡皮，茶叶，麻，都是印度与南洋的产品。大英帝国的繁荣是靠着殖民地特别是无自治政府的殖民地维持的，而他在中国的威风与特权，从英国看来，与他的这些帝国直辖殖民地却有莫大的关系。假使英国竟放弃了在中国的特权，竟满足了中国国民的合理的，正当的要求，他怎样的对付那三万万要求完整自治的印度人民，更怎样的对付那在南洋的几千万的汉种的人民。中国诚然不是英国的直辖殖民地，但是中国于他的殖民系统上却是一个重要的支柱。

英国在中国的行动我们现在还看不出有何满足我们希望的趋势。他如果专志在通商与居住，他何必采像现在的态度，（参看本刊地一二二期张奚若先生文，三四四页）。但是他所以必采现在的步骤，就是因为他存着一种反赤的意结（anti－red complex），以为中国国民运动完全是赤色的，因为他至死不悟的保持白种人狂傲的，自负的心理，视中国人为犬马，因为他想维持殖民地的完整，用中国做他的外镇。

英、俄而外，与我们奋斗有密切关系的还有美，日，法，义诸国。关于日本，在田中内阁还没有表示具体对华方案以前，我们还不能推测他对于中国变化的影响。美国除了在中国的无知的商人，甘心做英国的应声虫的而外，华盛顿政府并不想采用什么积极的举动。法国方注目于欧洲政局，未必能十分的加入中国的纠纷。只有意大利在马索利尼仍能保持他的独裁政治的期间，总可以替英国尽些摇旗呐喊的义务，藉此可以在欧洲得到些利益。所以在中国的列强之中，暂时有英、俄两国是主要的成分。俄国自从东交民巷的事件及南京政府成立以后，好似退出中国混乱漩涡的模样。但是这只是表面的。如果英国不急速的改变他的炮舰与驻屯军政策，我相信中国必有全国皆左倾的一日。要知所谓赤化，并非得力于自身的宣传，他实在是反赤化的国家自身所培植的结果。

我们基于以上的推论，可以看出中国现在的紧急。要解决这个紧急的状况必须有明眼的大政治家使用特殊的手腕。这是我们惟一的希望。不然，世界革命的战争或者要用中国做他的战场。

《现代评论》第5卷第125期，1927年4月30日。

军事时期中的政事

我曾在本刊上一再说明军事的胜利不能认为真正的胜利，惟有政治上的成功乃可为最后的成功。（见本刊第九十三期及第一〇五期）关于此点，似乎没有再加说明之必要。但是有些人常认军事与政事完全是两件事，他们以为在军事时期内本无所谓政事，必须将军事做出一个段落以后，才有政务可言。这话乍听起来，似有几分道理。因为在战争的时候，一切的人力，财力，都用在军事的活动，一切的人，都已精疲力尽，哪里还能顾及政治上得设施。但是，如果我们承认一切战争只不过是个方法，只是为达到目的不得已而采取的一种手段，那末，我们便不是为战争而战争，因此也不能不着手于政治上的建设。

政务与军事不特不能分开，我们还可以更进一步说，惟有政务的发展乃可以保证军事的成功。普通的战争只是用武力打倒敌人，用武力压迫人民，使他们驯服。他的效力只能见于一时，而不易维持永久，除非那武力继续存在，并且能永远效忠，所谓有主义的战争固然胜次一筹，因为主义乃是一种引人信从的信仰，因为他合乎人民的渴望，代表民众的要求，所以常可以不靠着武力便能博得人民的欢迎。主义的优点在于洽乎社会的心理，而不以武力为后盾。但是就是主义的效力也常是暂时的。因为人民所要求的并非主义自身，乃是由一种主义所发出的政迹。人民所能觉得，于他们有深切关系的，乃是一种政府的具体的行为对于他们实际生活的影响。主义完全是一个空洞的东西，除非我们可以将他变为具体的行为。而要将一个主义化为具体，便须有方法，有组织，有计画，有实行的人员，所有这些都属于政事的范围。独有这样的主义的实际化乃可以获取人民的信服与拥护。能为人民信服拥护的主义才可以保持最终的胜利。个人交际上的格言是“听其言而观其行”。人民对于政府也未尝不如此。人民不单看政府所提倡的主张，所标榜的政策，他们还要观察那个政府在政治上实际的设施。

我们根据这个见解，主张现在政府最重要的任务仍然是政务。但是现在的任务，经纬万端，绝非少数人，或几个当局者所能包办的。要组织真能谋人民利益的政府，必须聚集全国人的智慧，知识，技术，拟议细微的政策，计画实行的方法。现代列强的政府都是能利用科学，知识与经验的机关，一切政务都要应用专门的学识与才能。现在中国正处非常的时代，正遇着万物更新的时机，要建设一个新的独立的国家，也必须走这个集群智以谋群利的途径。

方法维［为］何？就是聘请现在国内各种专门的学者，组织一个建设委员会，专从事研究现代国家大政，并且切合于现在中国情形的计画。这个委员会里，应该按所研究的题目，分为若干委员会，为外交，财政，交通，地方自治，教育，的类别，或因所研究的题目的性质临时再微细的将这些分委员会，更分为若干小委员会。这些委员会的主要职务就是做政府的顾问，受政府的咨询，将他们的学识，经验，以及对于现在中国各个具体问题的功用与解决法，贡献给政府，备政府采纳施行。他们对于政府的功用好像参谋本部的对于总司令部。换言之，他们做政府的神经中枢。

不待言，这种委员会必须名副其实，绝不能像现在尸位素餐的一般顾问，咨议或专门人员。一方面，他们要自动的拟议各种计画与方案，他方面政府也应该时时交给他们种种提议，请他们筹画具体的办法。我们要知道这些委员会并非全知全能，但是在请他们加入委员会的时候，我们必然相信他们的学问，经验与见解，足可以补充政府的需要。同时，政府应该供给他们各种的文件与资料，做他们研究的根据，并须许他们从各方面召集证人，陈述意见，供他们研究的参考。例如我国不乏专门财政的人才，如果他们可以得到政府向来守秘密而不肯发表的资料，再能征询于财政行政有实际经验的人们的意见，结果一定可以定出更完满的财政计画。其他问题皆可以此类推。

一人的智慧有限，众人的智力无穷，这个话，除了极端刚愎自用的人以外，大概都相信的。完［而］我们所主张的委员会，就是群智集中的机关。要建设新的国家，便不能少了这个群智集中的中心。

有些人或者以为现在既有各种行政的部署，一切政务，都已有人主持进行，又何必多设这种骈枝的机关。我们承认现在各衙署里诚然不少专门人材，但是我们不相信真正代表人民的政府要推行的政务，这几位专门人材的智力便足用的。第一，中国衙署的事务，向来是几个人包办的。有些人虽然在部多年，而竟不能得到研究与办事的机会，虽然他们十分想阅览部里的文件，发展他们的学问与识见。这样的包办与把持的情形，绝不能使行政上发现高的效率。第二，一国里的智慧，不专限于衙署的人员，虽然这些人员之中也有不少有学问与多年的经验的。社会上的专门人材，如果政府能供给以文件与资料，做他们的参考，或者还可以产出更高的智慧供政府的采用。现代的行政可以分为两种型相：一种是衙署制度（Bureaucracy），一切政策以及行政事务，完全托诸衙署的人员。一种可以称为采纳社会智识的制度，从衙署以外采取知识的意见。英国的行政部可以说是效率最高的，他们的官吏都受有极严格的登庸试验，并都是有长久的任期，但是他们对于各种问题除了外交以外，还常组织委员会，由该会研究，讨论，召集证人陈述意见，做出报告供行政部的采择。就是对于外交也常非正式的采纳老外交家的意见。（注）德国的政务可以说是代表完全的衙署制度，但是他还有经济会议，一切经济的政策，都须经这个会议研究，发表意见。所以这种建设委员会实为补充行政机关的不逮，必不可少的机关。

第三，我们要承认现在中国正在改造的时代，我们的国家地位，国家组织，政策，在在都在变更之中。我们要用大量的智慧与经验，应付这个空前的局面，衙署里所有的专门人材或者可以做他们按部就班的事务，奉行传统的习惯的公事，可是能否应付这个崭新的局面（即使他们都是富于学问与阅历）诚然是个疑问。何况要建设新的代表人民利益的政府必须打破那种萎靡，因循的衙署制度呢。第四，现代的政务是人民的公务，行政固然有专门的固定的机关，但是政策，计画应该公诸民众，特别是可以对于政策，计画有所贡献的人们。衙署主义者或者自信一己的能力，以为一切政务他一人都可以包办，但是我们稍为明白现代列强政府组织的人，看了现代政务的复杂的情形，与他所需要的专门知识与研究，我们便不能不承认衙署主义者错误。学术与政府在二十世纪是不能分离的，特别是我们要从封建式的政府蜕变为现代的政府。

注：英国的委员会可以分为两种，一种是敕设委员会，由英王敕令设立，一种是由行政部长设立。两种都是临时的，俟研究事务完毕，即行解散。会中人员都是于所研究的问题有专门知识与经验的人，这些委员会的报告，都是极有价值的作品，凡研究国家各种问题的人都引用他们为权威，大学里授课时都用他们为主要的参考。

《现代评论》第5卷第129期，1927年5月28日。

钱端升

钱端升（1900—1990），字寿朋，1900年2月25日生于上海。17岁考入北京清华学校，1919年赴美国留学，不久入哈佛大学研究院深造，1923年获哈佛大学哲学博士学位。1924年归国后，任北京大学、清华大学讲师，讲授政治学、宪法学。1930年，回清华任教并兼任课北大。1934年，继任天津《益世报》主笔，数月间发表议论170篇，后被迫去职，在南京中央大学任教。抗日战争爆发后，应北京大学聘随校西撤至昆明，参与筹建西南联大法学院，任西南联大教授。1949年后，历任北京大学法学院教授、院长，北京政法学院教授、院长等职务。1990年1月21日病逝于北京。主要著作有《中国的政府和政治》、《法国的政治组织》、《德国政府》、《比较宪法》等。

美国对华的外交

自汉口事变发生以后，英国顿时失了英人自夸的“坚毅沉勇”，造兵调将，手忙脚乱不了。无论他怎样饰词，其不惜以兵戎相见的意思，已无可掩没。所幸国际的形势决不能容英国单单地向中国用武。它若得不到日美——英国以外，在华势力最大者——底协调，就难以“正义”为号召而减轻国内敌党底反抗，且解除人民底怀疑：日美若不同意于英国底逞强，自会取到中国底好感，它们在华的利益，因可维持，而英国底势力更将一落千丈；且英国单独和中国开战，也难得到最后的胜利；因此种种，我们敢说：英国若得不到日美的合作，他的蛮横政策根本就难以实行。日本的政策已渐渐明瞭起来，日本似乎已预备继承英国将倒的势力，故不愿意增进中日间底恶感。日本人既然如此，除非美国中了大盎格鲁撒克逊主义底迷毒而极力帮助英国，英国是不足惧的。若是美国袖手旁观，那英国更难行凶了。

因此，我们若以美国的对华方针，看做新中国发展底关键，也不算过分。兹篇拟从美国外交底原动力和主持者，而推论到对华的态度，具体的对华政策则暂置不论。

外交的原动力，在美国约略有四种。第一种是资本家。资本家在帝国主义国家之下，对于外交政策有绝大的势力；英国底外交政策大概是资本家的意旨。但美国人底企业，大部分仍在本国；一般资本家和美洲以外的国家仍未发生多大关系；帝国主义底用武仍为南北美两洲；对华贸易仅占对外贸易百分之三．三（一九二五），在华的投资既比英日为小，而基本工业（像面粉、棉纱）在华也是绝无仅有，因此美国资本家，主张干涉华事者不多，而存心破坏中国底新势力者，更是寥寥无几。

海陆军和官僚，——尤其是任外交的及管理殖民地的官吏——是第二种在外交上有势力的人。英国底海军，外交官和殖民官，日本底陆军和外交官，有他们的一种“行业精神”（Service Spirit）彼此团结也很坚密，在他们范围以内的事情，简直不容别人置喙。所幸这种精神在美国尚未十分发达；陆海军和外交官尚武尾大不掉的势力。他们——驻华的外交官和军官也许要除外——对华的感情也还不恶，并没有来打中国耀武扬威的心理。他们的主张是被动的，非主动的。只消我们应付有力，他们是不至于兴风作浪的。

除了资本家及军阀官僚军人之外，国会在美国也有好些外交上的原动力。美国底政府固然也是帝国主义底大营，但是议员中至今还有来自田间的，未受帝国主义熏陶，信仰一七七六年十三洲独立宣言的，服膺古派的民主主义的——参议员波拉即是这样一个。一般议员对于外交，虽不通晓，却也不肯自认其短，偏喜装出懂事的样子，有时且发表些对外的意见。他们的主张大概是偏向于自由平等，少管闲事。他们对华的感想因此不外是：注重中美向来的亲善，不愿同贪得无厌的列强逞强于中国，而使列强尽得其利。此种感想纵然带些不切真相，然在英国帝国主义未推翻以前，我们又何乐而不欢迎之呢？

最后，舆论可算是美国外交上最大的原动力。最有力量的舆论是日报。英法底报纸大半是政党的机关，关于外交底新闻和议论，它们总是愿供政府底驱策。故从外交而论，英法底日报，不过是政府底口舌，并不能算是原动力。在美国却不然。美国日报的独立性颇大。好一点的日报，像《菲列得尔菲巫梯报》，《巴尔的靡尔太阳报》、《斯勃林菲尔德共和报》、《纽约世界报》，糟一点的像赫斯特底各种日报，俱有独立的政策；他们能督促政府，而政府不能左右他们。这类报纸，势力既大，而对于中国又向表善意，近来更多赞许国民政府的言论，至于周刊如《民族报》（纽约），《新共和》，则更富于公正的主张了。

报章而外，社团底决议案（Resolutions）或请愿书（memorials），在美国也是舆论底一种有力的表示。美国很多社团，他们随时有决议案或请愿书求政府及国会底考虑。关于对华方针最有力的社团要推教育会和商会，在华的美商会或美教会送给政府的一个决议案底力量很不可忽视。所以我们应付得十分留神，暂时不去把美国商人和传教士对华的感情中伤了太多才是。

一国底外交，通常总是外交总长有全权，首相，内阁，和国会底权，实际上总是很有限的。既然是外长的主务外交，他就不免喜欢做好汉，而倾向于强硬手段。但是美国的是总统制的政府，国务卿虽处于外长的地位，而实则不过是一个高级政务官。二年前的国务卿是许士，他的声望要比总统柯立治底高得多，柯氏忌之，因易以葛洛格。葛氏本以律师起家，曾任参议员六年，是前总统哈丁底知友。民十一年落选参院后，被任为驻英大使，因颇接近英国的外交。但他为人懦弱无能，仅知仰承柯氏鼻息，可以说是无足轻重。

柯氏本是一个小镇上的律师出身，于民九大选以前，足迹未尝出新英格兰一步。但自十四年二月许士辞职，而继以葛洛格以来，颇能握外交上的大权。他是一个小心翼翼的人，但知道守传统的，消极的，外交政策，而缺乏建功立业的野心。对于欧亚两洲底事，他更不颇多所参与，要他和中国用武，是不易能的。

美国宪法规定，参议院有通过条约的特权；参院行使此项特权时，又恒以它的外交委员会底意见为从违。委员会不但可使参院否决总统所订的条约，并且也可以使他所任命的外交官遭不同意的表决，或使外交机关的预算受无谓的削减。所以总统有和外交委员会——尤其是重要委员——联络的必要。参议员和耳（Hoar）在自传中说过："若是我在一八八九年时仍在外交委员会中，我一定可以使美西两国和约通不过，斐律宾得保存独立，美国不至为帝国。"从这番话可以见得委员会的声劳［势力］。威尔逊因为忽视委员会，以致凡尔赛和约遭参院的否决；哈丁学了乖，故华盛顿会议时派外交委员长洛治为美国代表之一。

美国委员会底实权全差不多总在委员长手中，凡交会审查的事的全权，藉此他可以上下其手而搁压一切他不喜欢的案件。议院对于委员长又是非常放任，除非他太不能得它的同情的，他的位置决无危险，因此他的威势更赫赫了。

参院外交委员会向为极红的委员会，委员有缺额时，参议员委员，即可永远留任，而任期最长者则为委员长，故外交委员长恒为资格极老的议员（自一八八六年来委员长之殁于其位者已有五人之多。）现任委员长为波拉。他于一九〇七进参议院，一九一一年进外交委员会，一九二四年洛治死后，他继为委员长。他的外交政见可以"自由平等，绝侵略，免争端"十字包括之，他的对华方针是废弃一切不平等条约，撤除驻华海陆军。他虽然属于共和党，而民主党对之亦有好感；他素有正直好名，深得国人底敬仰；他的声望不特远过葛氏（葛氏自民十自民十二亦尝为参院外交委员，惟地位甚低），亦且驾柯立治而上之。于美国外交政策底实施上，他实在握有伟大的势力。

众院底外交权还不及参院底大，但是众院也可以建议一切外交案件，故外交委员会也算它的十大委员会之一。众院遇到牵涉外交的案件及外交机关的预算，均交外务委员会审查。现任外务委员长均为坡忒尔。他于一九一一年进众院，二年后进外务委员会，一九一一年起为委员长。他向来亲华，第二次庚款底退还，他帮了不少忙，年前日内瓦鸦片会议时，他亦曾表示好意于中国。去年十二月十一日，众议员勃拉克（民主党纽约人，）曾提出承认国民政府为中国政府的决议案于众院，坡忒尔底外务委员当即审查这案。一月四日坡忒尔所提出的联合决议案乃本于委员会底公意，盖委员长底提案往往事先已得委员会底赞同，提出议院后再交委员会审查，不过是一种手续。所以坡忒尔底决议案一交委员会后，不过数日，即有公开的陈述（Public Hearing)，俾公众得以而陈意见，二十五日即经些少之修正而通过于委员会。据我的观察，此案不难于三月四日第六十九届国会终止以前，通过众院，参院外交委员会，和参院三个关口而成为两院底联合决议案。此案虽仅请求总统与中国单独缔结平等条约，并无强迫措辞，然联合决议案底力量与法律等，总统在信义上不能不尊重之。

由上以观，美国底外交名义上虽由总统以国务卿主持，而实际上则参院外交委员会长底势力很大，同时众院外交委员长也有几分势力。此四人中，我们已经在上边说道，葛洛格是庸驽无能，且亦无权；柯立治也是消极的外交家；坡拉和坡忒尔向来是主张对华亲善。在这四个人均势之下，恐怕连英国人鬼鬼祟祟的怂恿，和美国驻华外交官底袒护，也不容易使美国和英国一鼻孔出气罢。进一步说，我们须认清我们倒英的目标。因为求减轻我们对方底势力，我们应当极力联络美国的议员和舆论。

一六，一，二七

《现代评论》第5卷第113期，1927年2月5日。

收回上海租界的迫切

上海归入国民政府的版图，已经半月余，而收回租界的工作尚未进行。一方面军事当局不断地声言不以武力收回租界，但他一方面外交当局尚无表示。虽然报载国民政府将照会有关系各国，要求撤出租界警备，并磋商交还租界事宜；但是至今未见有何动静。难道当局还有什么顾虑，或胸中另有成竹不成？

我们承认外交是不应轻率的；我们也知道大英帝国“护泥军”的实力是不可轻视的；但是上海租界必须赶快收回的理由，并不因之而减少或消灭。上海的租界——尤其是在英国人掌握之中的公共租界——和别的租界就根本不同。别的租界早收回几个月，和晚收回几个月，于革命事业的完全成上，没有多大关系；而上海租界，因为他和革命事业处于敌对地位，绝对不能不趁早收回。列强在中国有租界的地方，统共不下二十三处，但是上海以外二十二个地方的租界，并起来还及不到上海租界的重要。

英国人有分的租界统共有十五处，但是上海以外十四个租界上的英国利益，并起来还比不上他在上海租界的利益。所以英国在别处的租界还可忍痛割爱，而上海租界却不肯轻易放弃。要思藉谈判而望英国——或其他各国——斯斯文文地把上海租界交还给我们，恐怕是与虎谋皮罢。然而英国愈是不肯放弃他，我们愈是应该收回他。上海租界是在华帝国主义者的大本营：他们所赖以压迫我们，侵略我们的一切事业和机关，十九都以上海租界为根据地。狂吠乱噬的西字报，造谣惑众的外交通信社，操纵金融的外国银行，出没长江的外国军舰，——哪一个不以上海租界为中心点，而助长帝国主义者得气焰？所以上海租界一日不收回，那种势焰就多一日的继长增高，而革命的障碍也就一日大一日。革命和上海租界，实在是势不两立的。

再者，缓进的收回上海租界，也不是一个办法。外人若是能知难而退，不伤一人一卒而交还租界，则现在就可以交还。若是谈判而交还租界，连以后也不会和和平平交还的。换一句话说，和平，武力与先，后，缓，急，毫没有关系。要用武力，总得用武力，与其将来被逼而用武，何如干干脆脆，现在就发端。有人说，中国再静养数年，武力一定要比现在充足些，那时候再用武不迟。这话仅知有己，而不知有彼。我们可以发展实力，难道帝国主义者不会同样的发展么？而且上海租界存在愈久，则帝国主义者之枝叶茂盛，而势力愈巩固。在此时期内，中国的高而却克，谢米诺夫，任格尔辈，不知道要养成了多少；这班反对派，一定会受帝国主义者得卵翼，以租借地为根据地，而谋推反革命。那时候要用武力去收回租界，恐怕比现在还要难，而牺牲还要大罢。

从时机方面说起来，上海租界也有即日收回的必要。北伐军自去秋誓师以来，到一个地方，帝国主义者——特别是英国——就得受几分打击。汉、浔的英租界已经收回，镇江的已经交还，如今到了帝国主义者集中的上海，实在有些外强中干；外表好像是竭力维护租界，不惜一战；实则人人自危，无敢自信在新兴势力的管辖之下，有永远保存租界之可能。他们对于租界的设想，要不外乎如是：若能侥幸暂获保存固属最妙；而立时被国民政府收去，亦意中事，而无可如何者。故此时即把租界收回，实甚自然。此时若不即收回，则外人将以视孙传芳者视党军，而认国民政府下之租界，亦为当然之事，此后即欲收回，更难交涉。且此时要求交还租界，和平武力可以相互为助；以后要求时，则绝少用武理由；如是，则真正收回的希望更小了。所以革命政府的当局此刻至少应当严重要求列强消灭租界上的非常状态；不特阻碍华界与租界交通之铁门电网应立即撤除，就连驻在租界的海陆军队也应不日撤退。外国开口条约，闭口条约，难道大军警备中国领土，拦断华界和租界间的交通，也是条约上所能准许的么？上海租界的治理制度，可说是根据于道咸时代的洋泾浜章程，该项章程根本上就没有条约的效力。即退一百步而承认该章程等为神圣不可侵犯的条约，难道驻军及长期阻碍华租界间交通的权，也是该项章程所赋予的么？不平等条约须打倒，条约以外的不平等，倒可容忽么？所以政府当局至少应把上述的要求的即刻提出。

帝国主义者是非受挫击不叫饶的，区区纸上要求，谁也知道不会发生甚么效力的。但他有鼓励民众的力量，要求不遂，民众就应当联合起来，同心抵制租界上的外人，使他们不堪其苦。若是他们恼羞成怒，竟和我们开衅起来，我们除了背城借一，也还有别法么？老实说，上海的大批外国军队，是永远不会自动撤退的。要他们开步走，迟早总须得用些实力。现在也许用些威胁，就可以把他们赶跑；以后则非用军力不行。牺牲既然是免不了，还是现在就发动些要爽快些，而且牺牲也可以少些。

在上海现在局面之下，撤除租界警备和取消租界，二事是分不开的。列强如不肯把租界交换，也就一定不肯撤除警备。如虽撤除警备，也就是肯让还租界的先声。所以我们的主要目的，虽是收回租界，而进行上，不妨从要求撤除警备着手。警备一经撤除，租界就不难收回。上面已经说过，上海租界是不能不赶即收回的。为保存中国主权，维持中国威信起见，租界上近几月的戒备状态，更不能不令即时消灭。吾们希望国人暂忘却内部意见之纷歧，而一致对外，庶几可以免帝国主义者得窃笑于旁呵！

《现代评论》第5卷第122期，1927年4月9日。

党治与舆论

民国十余年来国内的舆论不自由极了。除了民元民二之间，国民党当权的时候，舆论比较还算有声有色外，此后真是每况愈下；近几年来直奉军阀盘踞中国的大部，封报馆，扣报纸，杀主笔，摧残舆论，更无所不用其极。这回革命势力扩张到长江流域，全国舆论中心的上海也归入革命版图之中，大家都认舆论否极泰来的时机已至。不幸近数月来，军事倥偬，党国多难，希望与事实未能全然相符，所以一部分人就怀疑国民党是不能扶翼舆论，甚至于讥党治下的舆论比以前更是不自由。

这种怀疑的发生，大部分是由于一般国民的未能充分了解党治的意义。稍知欧西政治情形的人们好以欧美的政党比我们的国民党，以政党政府比我们的党治；依他们的意思，欧美国家的政党当权时总是能容忍反对党舆论的存在，故国民党也应得容忍研究系，政学系，醒狮派舆论的存在。有这种思想的人根本上就不懂得国民党的性质和使命。国民党是不能和英国的保守党，工党，自由党，或美国的共和党，民主党同样看待的。国民党是一个革命党：它的使命是整个儿的革命，并不是像通常政党的范围浅狭，仅不过主张零星改革；它的党员应是赞成革命的民众的全部分，并不是像通常政党的只能容许一部分人民加入。所以在英美等国好几个政党能同时存在，并行不悖，而在中国只能有一个国民党，不能有其他的政党。我们不必说国民党以外的所谓党——什么进步党，研究系，交通系，政学系，新中国党——从来没有成为像欧美的所谓政党，真正的政党，即使有之，也没有在中国存在的余地。如其这些政党大体是赞成孙中山先生的国民革命，他们就应得加入国民党；如其不赞成国民革命，那他们就是反革命，应得在打倒之列。国民党和通常所谓政党既如是不同，以国民党治中国之所谓党治和通常之所谓政党政治也就根本不同。欧美的政党政治实在是不过数党的轮流专治，若是再取摧残反对党的方略，那就变成一党专治，浸而至于少数专治了。国民党的党治是全体革命民众的政治，当然用不到去保留反革命而且反国民的党系了。因此在党治之下，只有拥护国民革命，和同情于国民党的舆论才有扶植的价值，保护的权利；其他的舆论，或是反对党的，或是反革命的，不但不必扶植，不但不必容忍，而且应当老实不客气的取缔，不如是国民革命的路程上便多阻碍了。

然而反革命的舆论固应严厉取缔，而赞助革命的舆论，尤应竭力奖护。前者是消极的，后者是积极的，做了消极的工作，尤不能不做积极的工作。我们应得知道，舆论是近代国家的形成物，只有专制国家无舆论，立宪国家不能不有舆论，立宪国家是以民意为基础的，而舆论实为民意之最有力之表示。舆论可以监督政府，纠正政府的差误；舆论也可以辅助政府，替政府消除障碍。凡是一个政府，就像一个人一样，没有一个能丝毫无过失的，有了舆论，政府就可以时时对镜自照，改过不遑。政府施政的时候，不论所施的为何事，总有一部分人不免要怀疑或反对，有了舆论去开导或声讨，施政也要容易得多了。中国现在虽然尚未到宪政时期，以后总得要实行宪政的，那就不能不尊重舆论。即以现在而论，我们也试试刻刻想跨进法治的康庄大道，要做到这一步，也非扶植舆论不可。

上面已经说过，反革命的舆论应当取缔，赞助革命的舆论应当扶植。赞助革命的舆论中，又约略可分为两种：一是称许革命，宣传国民党宗旨的舆论，一是批评政府方略，甚而至于指摘政府用人行政的舆论。

称许革命和宣传国民党宗旨一类的舆论，不用说，是应当扶植；不但如是，这种舆论简直是应当积极奖掖，甚至由党国自行办理。各级党部宣传部的工作本来就是专门为制造这种舆论；同时中央也已经有几种日报和定期刊物。我们以为此项舆论机关的规模还不够大，数量还不够多，而中央党部和国民党政府还应当加增利用他们的机会。自办报纸的好处就是能替自己政策做先容，政策没有发表或实行以前，报纸就替你鼓吹；然后政策发表或实行时，冷淡的变为热烈，反对的变为赞成，不易行的也易行了。举几个例罢，此次日本出兵的事件，中央当然有中央的方针，中央在发表甚么宣言或政策以前，若有时间，就应当令它的机关报先期鼓吹，如是，民众的言论及举动就不会得和中央的意旨出入了。再说关税自主那件事，关税自主是怎样一件重大事情，而南方民众对于此事的兴趣，还远不及前年北方民众对于特殊关税会议的兴趣，何以故呢？这也是因为中央事前没有令他的机关报下预备功夫，事后也没有指挥他们鼓动民众的兴趣所致。民众的热烈的同情是不可不引起的，到了帝国主义者以暴力阻止我们征收新税时，再鼓励民众也来不及了。

政府应当掖助且指挥恭顺的舆论，任何人也不会反对的，但是批评的舆论也应当扶植。反革命的舆论根本是不利于革命的，批评的舆论却不一定是反对革命；所以反革命的舆论应取缔，而以真实的态度，革命的目光，批评政府的方略或用人行政的议论，不但不应当与反革命的舆论混在一起，而且应当绝对的尊重，庶几能“过则改之，无则加勉”。国民党是不能容别党同时存在的，若是它的政策虚衷采纳批评的言论，必至于壅塞自满，不能与民众及时代接近，结果不是腐化，便是专制化。并且，不能容纳忠实的批评往往就加增反对的势力，苏俄的革命是否合于俄国的状况，我们可以不问；我们但知道苏俄的党治，因为太钳制舆论的缘故——反革命的及批评的都在内——在党内则少数人异常专制，而党外的人永远不肯加入或赞成革命。苏俄的弊政就是我们的殷鉴。所以我们以为不特党员的批评应当与以考虑或采纳，而非党员的批评也不应一概不理，更不应轻轻以反革命目之。

当然，批评也须有一个限度，决不是说谩骂或讥笑也值得扶植。为维持民众对于政府的信仰起见，已决定的政策或已执行的事件最好也不让人家任意詆议，不过这并不是绝对的，假如政府一时失察，用了一个腐化分子，那当然还是可以继续指摘的。到底怎样才算批评，怎样是谩骂讥笑，怎样是反革命的舆论，虽则不易详确规定，但是他们不同的大点，只稍心平一点，是不难一一分别的。

还有一层，反革命的言论固然应取缔，谩骂讥笑的言论应禁止，但也须有一定的准则，决不是可以随便取缔或禁止的。在军政的时期，事实或许不能不马虎一点，在训政时期中，不可不走上一定的轨道，所以党部或政府应当早日制定出版条例，庶几因作反革命言论或取谩骂讥笑论调者，也得经过一定的手续后，才得处分，如是则值得扶植的舆论，更无误被取缔的危险了。

反对党治的人总说党治下无舆论，这原是厚诬党治的言论。所以国民党要积极的提倡舆论——批评的和称许的应一样待遇——才能扫除这种污蔑咧。

《现代评论》第6卷第139期，1927年8月6日。

党治与用人

用人——如何可以任用相当人员去担任相当职务——真是政治上最不容易解决的一个问题。凡是政府，任凭它是独裁制也好，共和制也好，法治也好，人治也好，总得用人。在独裁的，无法律的，以当局者的人们为主体的国家，官吏的用得其当与否固然十分重要；在共和的，法治的，以人民为主体的国家，用人的重要并不稍减。政府根本是人所主持的组织，法律制度也得有人去执行或运使的；所以离开了人，便无政府可言，没有好官也决没有良善政府。中国古来谈君德，总免不了“举贤任能”“亲贤人，远小人”那一套陈话，近代西方国家也没有一个不因用人失当，而发生过纠纷：可见古今中外的国家皆有“才难”“用人更难”之慨。

在现今的中国，用人更是一个大难题。国民党不仅是主张以党治国的，它的党治和欧美各国的所谓政党政治也大不同。在欧美各国，两个以上的政党可以同时并存，在中国则只有国民党能存在，由它去实行国民革命，去消灭一切反革命的势力，去统治全国。所以在欧美各国，甲党代乙党而兴时，乙党的党员尽可照旧供职，不必回避；而在国民党统治下的中国，就发生非国民党员是否可以充任官吏的问题。

我以为官吏是否必须以党员充任，当视他所负的职务而定。原来官吏可大别为两种，一为政务官，一为事务官。政务官如各部部长及其他重要官吏，位高权重，握政府的枢纽，定施政的策略。在实施政党政治的国家，政党为贯彻党的政策起见，恒用本党党员以指挥政务，故政务官的任免完全随政党为转移，何况在唯一政党的国民政府。所以国民政府的政务官，不消说，必国民党员，必须忠实的党的领袖，始可充任。

事务官与政务官所掌职务的性质不同，这可从“政务”“事务”四字的字义分辨出来：政务官有共同决定大政的权责，事务官不过是秉承政务官的意旨，以执行赋予的职务而已。事务官的任用，在先进的欧美国家，大率以才能为标准，而采用所谓“功绩制度”Merit system，欧美在没有采用“功绩制度”以前，事务官的进退悉依政务官的爱憎为标准，植党营私，用不得当之弊，随在皆是。美国的所谓“俘获制度”Spoil system尤足使政象杌陧不安；任何政党取得政权时，辄视政府一切的机关和位置为俘获品，异党的官吏，虽称职者亦必免职，概以本党党员接充，而不问其贤不肖。在这种制度之下，不特政党的一起一伏足以使一切行政中辍，而行政的窳败亦属不可逃免的现象。为扫除积弊，增加行政效率起见，欧美先进各国于十九世纪下半叶先后采用考试制度，凡事务官，除少数有特殊情形者外，必经考试，方得录用，有才者取，无才者弃，不问其党不党，他们的升降退休也经法律规定，受法律保障。经此而后，欧美的政治渐渐进于光明的途径上，政局尽可变动，而行政仍得继续，植党营私，任用私人的弊病，也就一扫而空。

中国则是党治的国家，但是事务官的任用也决不能独异于别的国家。事务官的职务大部与党义无涉。譬如市政府所任用的一个建筑工程师，他的兴趣是建筑，他的职务也是建筑，只消他有专门学识，能称职，无论他是不是党员（是当然更好），总是一个好官吏。在人材不多的中国，假使因党籍的问题，而摈弃有专门才具的人们，使他们无所效忠于党国，那真是自杀的政策。况且才识足以；自立的中国人，受了“君子群而不党”的余毒，往往不肯轻易加入政党；这种思想固然错误，然而具这种思想的人，其人格总比投机分子的要高些，这种人不可用，那中国可用的人更少了。

但是，无论你怎样延揽贤能，中国的人材总是不敷；一旦国民政府有余力从事于建设事业时，更是不敷。救济的办法，最好设立行政官吏养成所或专门学校，招收青年有为的学子，给以相当的训练，庶几四五年后，行政人员的来源可以不绝。事务官中，任征收及会计（聊举一二人为例）等职者，应为十分专门的人材；中国财政的腐败就是因为征收及会计官吏向来是全从经验淘炼出来的，他们的舞弊的方法，真是层出不穷，而政府又急要之图。财政官吏这样，其他的官吏也是这样。

考试权本是中山先生五权宪法中的一权，国民党如果要得贤明的官吏，应得及早施行考试制度。从理论上说起来，考试虽未必是最好的制度，但是从世界各国的经验上说起来，考试总未失为免除任用私人的唯一办法。党政府的所任免的官吏，不称职的人很是不少，若是有了严密的考试制度，至少那些最不称职的人便无由进身了。

以上所说的——设专门学校，施行考试制度——都是欧美各国通行的制度。但是国民党统治的中国毕竟和西方各国不同。国民党若拿出全副革命精神来解决用人问题，以实现党治的真意义，那末：不论政务官或事务官，有几种人是根本上要不得的。第一是夤缘无耻，操守尽丧的官僚。在本年的二三月间，北京的大小官僚真是着慌，他们深怕革命军到北京的日子，就是他们永不叙用的日子。谁也知道北京的官僚——当然指专门以做官为生涯而实不做一事的大人先生们——是社会的蠹贼；他们的自觉自惧，正是国民党的所以可敬可畏的地方。不幸宁汉分裂，国民政府裂而为二，官吏的需要增多，北方的官僚就有许多混进国民政府来了，就中如王宠惠氏等是这班官僚中的最显著者。王氏是累代北京政府的显宦，中国不倒的元老，他离开北京的时候，还托言到上海来斡旋南北和议！他曾今签字于法权调查委员会的报告，赞成外国所建议的司法改良（他所保留的只是军阀们蹂躏司法等的事实，委员会的荒谬建议他并未保留）根本上和国民政府不承认，而只暂时容忍不平等条约的态度相矛盾。而且他也曾做过北方的司法总长，若说他做了司法部长，司法便可以整顿，那北方政府的司法早就不应腐败到这般田地了。像王氏也做国民政府的委员和部长实足使国民——尤其是青年——对于国民政府的信仰大受打击，同时一般腐败官僚的胆子也就为之一壮，他们敢于视国民政府为容身之地，而麇集于革命的首都，插入革命政府，使腐化的危险更是著著堪虞了。第二种不可录用的人是游手好闲，卖空卖空的青年会派。国民党费了许多气力才把江苏几个著名学阀赶跑，而以上海为策源地，根据地的青年会阀却丝毫未动。青年会阀派的领袖，像余日章，王正廷们，蟠［盘］踞基督教的青年会，靠了他们会说几句洋话，且认识些上海的所谓外国名人，对内则借外国人以自重，外则以中国的教育家，实业家，外交家，慈善家，……家自居。吹牛拍马是他们的工具，欺世盗名是他们的艺术，升官发财是他们的目的：他们为社会之蠹虫，正丝毫不亚于腐化的官僚。不要说任命他们做官吏是不该的事，连容忍他们做党员也是极危险的事。第三种要不得的人是无行的青年。青年本是国民党的栋梁，但是青年也有好坏的分别。在中国这种道德堕落的社会中，发横财，是最不易抵抗的引诱，年来青年奋发的党员，则厕身党部或政府而致富者，已数见不鲜；他种的无行也日有所闻，这是何等可伤心的事情！像这种已经堕落的青年是再不可任以官职的。除这三种以外，其他要不得的人尚多，如土豪劣绅，老朽昏庸等等，都是有害而无益的人物，……不庸我的赘述。

国民党所需要的人材，尤其是充当政务官的，乃是有人格的，有操守的，有作为的，富于革命思想的新人物，并不是因循姑息的旧人物。民众对于国民党的信仰，往往以国民党所用的人为标准的；不称职的官吏愈多，则民众对于党的信仰也愈弱。援引亲戚故旧的风气愈盛，则贤人愈不易得；旧人物愈是跋扈，则新人愈是无望。矫正的方法，除了采用考试制度以淘汰不称职的事务官外，惟有在有声望的忠实同志指挥之下，多用些敢作敢为的青年。一个国民党不能不用青年，同时为防止青年的偾事起见，有声望的忠实忠志的领导也是不可少的。有经验的和有能力的党员结合起来，才能促进革命的成功。再为鼓励官吏的廉洁起见，俸给不妨从丰，待遇不妨从优，而规律却不可不严，凡悉胥有待于文官任用的规定和监察的周密。

《现代评论》第6卷第146期，1927年9月24日。

党纪问题

党纪这个问题是任何政党必得碰到的，尤其是国民党应得善为解决的问题。政党既不是一个人或少数人的团体，便不免有许多不同的——甚至不相容的——意见发生，一部分党员的举动也未必见得能得到全部分党员的赞许。假使党内没有一种号召且团结全体党员的势力或方法，那个党就不免四分五裂，不复成为党了。要号召且团结全体党员，从积极方面说，必须有适时的主义和领袖，从消极方面说，必须有纪律。前者给团体党员以一种领导，他们有所适从，则意旨自然会得统一；后者给他们以一种限制，他们知所戒饬，则言行自然不易越轨。所以，党纪本是护党的工具。

国民党主张以党治国，不容别党存在；因此，它的党纪问题特别值得考虑。通常的党因为没有党纪或滥用党纪而失败消灭时，不过是一个党的不幸；国民党若是走向同样的路程，那不但是国民党的不幸，而且也是中国的厄运。国民党而没有党纪，它决不能集中革命势力以统治中国；结果，党国必俱至分崩离析。反之，国民党滥用党纪，它决不能集思广益以充实党之力量；结果，党则流为少数人垄断的机关，而党治亦成为寡头的或独裁的政治。

要知道党纪的真义，先要辨别何种举动应受，何种不应受党纪的制裁。国民党党纲第七十一条规定："凡党员须恪守纪律，入党后即须遵守章程，服从党义，其在本党执政地方及在军事时期尤须严行遵守；党内各问题各得自由讨论，但一经议决定后，即须一致进行。"照这条所说，党章，党义及一切党的决议是任何党员都得遵守的。但是何者是党章，何者是党义，何者是党的决议，却不易有一固定的范围。任何人知道国民党总章是党章，但这不是说凡党内任何团体所通过的规程就是党章；任何人知道三民主义是党义，这也不是说党内一般领袖个人的意见就是党义；任何人知道凡全国代表大会所决定的议案是党的决议，这也不是说若干党员所同意的事件就是党的决议，

约略说起来，中山先生的三民主义，建国方略和建国大纲，是无变更之余地的；国民党的总章和全国代表大会的宣言是有时间性的，如有必要年年可以修改；其他的法令政策也当然不是牢不可破的成规；至于用人行政更是随时可以改良的。所以，国民党的党纪尽管如铁一般坚硬，而区分部或地方政府一个委员会的处置决没有三民主义同等的权威。

而且所谓"遵守"及"一致进行"亦并不是禁止一切事后的批评和变更的运动。服从党的决定和服从宪法应当有同样的意义。一国的宪法是全体人民应得遵守的法律，但是谋变更宪法不一定就是违宪。惟有不遵守宪法，谋以暴力推翻宪法，是违宪，是犯法；批评宪法，谋修改（依法定手续）宪法却不是违宪，而是宪政国家所必有的政治活动。所以宪法有不妥的地方，人民尽可批评，尽可从事修改运动；只消在没有修改以前他能暂时服从，他就没有违什么宪，犯什么罪。用同样的说法，国民党的决议，若是党员有不满意时，他也尽可批评，尽可谋修正；只消他在那个决议没有修正以前能照旧奉行，他就没有违背什么党纪。比方国民政府任命一个人做部长，无论他如何腐化，凡是党员都得承认他的部长地位，承认他在部长任内的行为，不然就是违反党章上所谓"一致进行"的条文。可是党纪都不能禁止党员的指摘批评，更不能阻

止党员的纠正运动。

以上所说的是党纪的消极方面。党纪更有积极方面。凡有不利于党的言论行动，都应在严厉取缔之例。凡党的命令，在没有变更以前，党员应有绝对服从的义务。举一个例，国民党定有纪念周条例，也许那个条例定得不妥当，早应修正或废止，但是在没有修正或废止以前，就应严格的施行，凡不遵守党员，应得受党纪的制裁。却是那个条例现在并没有严格施行。党纪确有一天一天缓迟下去的势子；这是应及早制止的。

总之党纪是所以保持党的统一和党的健全的。若是党纪太松，党就如一盘散沙一样毫无团结力；若是党纪太严，牵连太多，党就不免为少数人所利用。

《现代评论》第6卷第151期，1927年10月29日。

上海临时法院的存废问题

上海公共租界的临时法院是由会审公廨蜕化而来的。原先的会审公廨有同治八年的《洋泾浜设官会审章程》做它的根据。中国在租界的法权，早就受治外法权的限制，但是那时的公廨还可算是合法的中国法院。以后，公廨的权限渐受帝国主义者的侵害：始而外国领事参加纯粹华人的诉讼案件，继而（辛亥以后）连廨员得任命廨内的用人，行政，以及财政都归领事团管辖了。因之，会审公廨在过去的十余年内并不能算为中国的法院，它早失了《洋泾浜章程》所赋予的地位，它不过是上海领事团所操纵利用的一个机关罢了。

中国人反对那会审公廨，要中止它的职权，要取消它，要收回它，是有很深长的历史。帝国主义者对于它的势力愈大，中国人反对它也愈烈。五卅案件发生以后，收回公廨的运动更见蓬勃有力，外国人起初虽则一向搪塞，以致北京政府和使团间的交涉毫无结果；他们终结也知道非稍稍让步决不能以平中国国民的义愤。

收回公廨的办法在那时可有两种：或是完全将它取消而易以特别法院，或是恢复《洋泾浜章程》内的会审公廨，取消领团法外的权利，而使公廨仍为中国的公廨。这两种办法本来也不是真正彻底的，真正彻底的办法是把一概的领事裁判权（或称治外法权）取消；到了那时，只有正式的法院，特别法院和公廨俱用不到。在领事裁判权没有取消以前，惟上述的两种办法是正当的办法，没有做到那两种的一种便是没有把会审公廨真正收回。

明乎以上的所说，我们决不能自欺欺人的说上海会审公廨已经收回。现在的所谓临时法院名为中国在租界所设的法院，实则同它的前身——上海会审公廨——相伯仲。临时法院是根据于收回《上海会审公廨暂行章程》而设立的，换一句话说，就是根据于孙传芳与帝国主义者所缔结的协定。在通常的国家之下，地方官吏本没有什么权利和外国订结条约一类的文契，《暂行章程》的国际法上的根据本就非常薄弱。即使我们因顾虑及当时中国的四分五裂，和北京政府不能号令孙传芳的实情，并连想到同治八年订立《洋泾浜章程》的办法（也是由地方官吏订结而中央政府准可），而不去反对《暂行章程》。它没有把会审公廨完全取消，我们也是应当极端反对《暂行章程》。它既没有把会审公廨完全取消，也没有把《洋泾浜章程》内的公廨恢复，把领团所享非分的权利完全取消。它只是名义上把公廨收回，名义上设了一个中国的临时法院，实际上领团有了它倒取到了许多条约上的权利。在公廨的时代，廨员得是领团任命的，但是这只是领团的僭权，毫没有一些条约上的根据。照附属于《暂行章程》的换文所定，江苏省政府任命临时法院法官后却没有通知领团的义务，照领团也有被通知的权利了，此其一。领团对于公廨内设检察处，派外国人做种种职员，完全也是法外的行动，照《暂行章程》所定，书记长官却非由领事团推荐不可了，此其二。领团派员在公廨会审纯粹华人的刑事案件本非条约所许，而《暂行章程》规定："凡与租界治安直接有关之刑事案件，以及违反《《洋泾浜章程》及附则各案件，暨有领事裁判权国人民所雇华人为刑事被告之案件，均得由领袖领事派员一人观审"，于是非条约所许的权利，一部分竟得到条约的根据，此其三。《暂行章程》所断送的国权尚不至此。所以孙传芳和领团的交涉离真正收回公廨实在太远：有那《暂行章程》，可说不如没有，没有倒少一层束缚。

从国民党的对外政策说起来，不消说，临时法院是万万不能承认的。国民党对于一切不平等条约是没有承认过，即使它于对外交涉似乎没有把不平等条约当做无效，这不过是一时的容忍，一时的迁就事实，而决不是正式的承认。那畸形的临时法院也许可以说是根据不平等条约的，也许可以说是没有条约的根据——这要，你是不是以孙传芳造成的《暂行章程》为一种条约——不过说它有条约根据也好，没有条约根据也好，废止它，替代它，改良它，以收回在租界的法权，总是国民政府所应努力的外交事件之一。

国民政府下的江苏省政府，为迁就事实，继续执行《暂行章程》，本是一种无办法中之办法。但是事实的迁就太久长了便等于法律上的承认。并且，江苏省政府虽极忠诚的遵守那章程，而领团却时时违背章程的规定和精神。租界内代表领团的外报时时攻击临时法院，不啻亵渎法院，而领团从未与以任何纠正；观审的外国人员往往也有轨外举动，钳制法官的自由行使职权；而最近领团抗议江苏省政府撤换院长的事件尤为违反章程的显著事迹。

依据关于收回会审公廨之换文，省政府于任命临时法院院长及推事时照例应将姓名通知领袖领事，但领袖领事却无提出抗议或拒绝收受通知书的权利。这回省政府撤换院长卢兴原而待以郑毓秀，从对外关系说起来，本是省政府的全权，丝毫不容领团的置喙。若是省政府撤换的手续为不当，它自会受国法的裁判；若是郑优于卢或卢优于郑，它自会受民众的赞许或斥责：这些但是中国自身的问题，与外国人毫无干系。外国人一方面维持不平等条约以束缚中国，一方面又不知遵守条约，对于中国内部的事情妄加干涉，甚而至于抗议撤卢的事件，并退回撤卢易郑的照会，那不特是违反《暂行章程》，抑且蔑视中国的主权。上海人的梦想本是恢复辛亥以后的会审公廨，领团近来的行动也是指到那条路上去；这是国民应当十分注意的。

日前的急务当然是对于临时法院院长问题，不管领团的态度如何，决然以单方面的行动为适当的处置。第二步，国民政府——不是省政府——应令主各的部——尤其是外交部——赶紧着手收回临时法院。在上海租界——无论是公共租界还是法租界——的法院是应收归中国，完全由中国管理的。照原则上说应这样去做，全遵守《暂行章程》的规定和精神，我们更有废除那章程的理由。而且，即以那章程的条文为言，中央政府本有临时向关系各国公使交涉最后解决公廨（或法院）的办法。所以我们现在尽可用先礼后兵的方法，分别向关系各国提出交涉，要求收回租界的司法权。假使关系各国藉口国民政府不是中央政府而拒绝开始谈判，那时国民政府今可自动的宣布《暂行章程》无效，恢复未经领团违法侵权前的会审公廨（组织当然可采新制），待一切不平等条约取消之时，再组织正式法院。

但是要彻底的解决上海租界的法律问题，就非根本解决租界问题及领事裁判权问题不可。租界问题解决，租界便无存，特设的法院已无须了。领事裁判权问题解决，一切司法权便都在中国法院的手中，观审会审的问题也没有了。因此，上海临时法院问题看来好像不甚重大，实则牵动不平等条约的全体。因此，外交当局固然应该赶快把临时法院废止或改换面目，而尤须努力于不平等条约的废除。

临了，我再说一遍：国民党对于一切不平等条约只是事实上一时的容忍，而不是法律上永久的承认。国民政府建都在南京以来已是半年有余，外交当局的继续任职也有半年多了，容忍也够久了，何以至今于不平等条约的废除还毫无举动，毫无发展？如果他们还想把不平等条约废除，就应于临时法院事件开始努力，开一个例，做一个榜样，证明外交当局的意志和能力。

《现代评论》第6卷第153期，1927年11月12日。

杨端六

杨端六（1885—1966），原名冕，又名超。1885年6月16日出生于湖南长沙。7岁入私塾，后入善化小学堂，1903年毕业于湖南师范馆。1906年自费赴日本留学，先就读于宏文学院，两年后，获得官费，先后就读东京正则英语学校、东京第一高等学校、岗山第六高等学校，在留日期间加入中国同盟会。武昌起义爆发后回到上海，担任海军陆战队秘书。1912年回长沙，在《长沙日报》担任编撰和记者，后任汉口《民国日报》经理。1913年3月，宋教仁被刺案发生后，因声讨袁世凯、赵秉钧等人被捕，后被营救释放。不久得黄兴资助，即赴英国求学，入伦敦大学政治经济学院，攻读货币和银行学。1920年回国，任商务印书馆《东方杂志》撰述，后任该馆会计科长，兼吴淞中国公学教员。1926年，经杨杏佛介绍加入国民党。1928年，担任上海中央研究院社会科学研究所研究员。在此期间，与侯厚培等编著《六十五年来中国贸易统计》，成为中国第一部国际贸易资料集。1930年后一直受聘于武汉大学，曾任法学院院长、教务长、教授兼经济系主任、文科研究所经济学部主任。1938年，随武汉大学迁往四川乐山，1945年当选为国民党第六届中央执行委员。1949年后，任武汉大学教授，兼任中南军政委员会财经委员会委员。1956年参加中国国民党革命委员会。1966年9月30日去世。其著作主要有《清代货币金融史稿》、《现代会计学》、《工商组织与管理》、《记账单位论》等。

上海罢工的真相及其影响

罢工本是劳动界对于资本家的一种反抗手段，普通叫做阶级战争。在工业还未十分发达的中国，虽也有罢工的举动，然比较英、美的的先例，动辄数十万或数百万工人的参加，总不免觉得非常幼稚，并且力量很薄弱。不料这次对于英、日两国的罢工，即就上海一隅而论，人数已不下十五六万，日期已将及两个月，不独中国历史上所未闻，及世界各国工业界亦所未有。我们一方面为中国工界前途喜，他方面不得不切实解剖此次罢工之真相，以免国人之疑惑。第一我们应当明瞭的，是此次罢工的性质为民族的经济战争而非阶级的经济战争。罢工是专门对付英、日两国人——英、日两国的资本家当然包括在内——并非对付本国的资本家，所以我国的资本家不仅不反对这种运动而且热心赞助之。当罢工处起之时，有一部分中国人主张无国别的经济战争，于是即有一部分中国资本家很怕受劳动界的压迫，因此对于罢工之事不免暗中反对。后来大家渐渐的明白了，并且实际上把罢工的范围缩小到专门对付英、日两国，近来并想更进一步，先把日本内外棉纱厂问题单独解决，专心一意对付英国，所以罢工则竟维持到两个月之久，毫无破绽出来。这不是工、商、学三界对外一致的表示，何能如此？

我想，现在的中国资本家头脑中，或者还不免有点怀疑。他们或者要说，这次罢工固然不是阶级战争，但如果这次中国的工人得了完全的胜利，将来难免不把同样手段施之于中国的资本家。我以为这种思想若是不彻底打破，这次罢工的前途还是很危险的。他们应该晓得，国内的阶级战争，将来就令免不掉，也不是中国资本家的生存和灭亡问题，乃是一种利害分配的问题。这次罢工乃是中国人民全体的生死关头，不得最后的胜利，则以后中国的资本家也奄奄一息死在外国人金钱和枪炮之下。古语说的好，兄弟阋于墙，外御其侮，而况中国的劳资两阶级还未曾有可怕阋墙之事发生呢？

我们切实声明上述罢工的性质，不只是要求中国资本家不反对罢工的运动，而且希望他们出来做一种积极的援助工夫。这其中有很多理由：第一就是他们比较的有钱，可以实力帮助罢工工人维持生活。第二是他们向来行事稳健，常获得外国资本家之信用，他们一旦加入罢工运动，就可以先声夺人之气。第三他们既赞助罢工，则与他们有直接关系的排货运动必定也能积极进行，更足以使英、日两国人丧胆。第四他们用金钱去资助罢工工人，固然损失不小，然同时可以扩张国货的销路，无形中取回自己的利权，得以补偿所损的数目。至于国家存亡问题，且不待说，是人人都知道的。

罢工为对付英、日侵略最有效的手段而且比较的简单易于实行。照广义的经济绝交言之，不买英、日货物，不收英、日钞票、支票，不存款于英、日银行，不存货于英、日栈房，不向英、日保险公司保险，不替英、日行家做经理，不替英、日人家做西崽娘姨，不托英、日运送公司货运，不乘坐英、日轮船公司船只，不请英、日两国工程师教师，不替英、日工场做工，都可包括在内。不过最易惹人注目而且最易发生效力的就是罢工。其余的经济绝交手段极不易施行，虽则也非设法施行不可。罢工只要有公会为之主持，有款项可以救济，就可以救济，就可以维持长时期的运动。排货的效力比罢工小些，因为（一）则一般的商人不易放弃有利可图的生意，而不购进英、日货，（二）则已经购进尚未卖完的英、日货不易搁置不卖，（三）则已经订购尚未运到的英、日货不易破除合同，（四）则孰为英、日货孰为非英、日货有时在消费者不易分别而误购的很多。罢工则无此种复杂问题，只要公会一发命令，工人就可立刻出厂。加以排货在现时的中国，不足以制英、日两国之死命，因为他们在内地设立许多工厂，——譬如日本在上海纺织工厂的势力，比中国自己的还要大些——我们尽管拒绝舶来品，他们仍旧可以销售他们的货物，所以罢工也是抵制敌货的一种辅助手段。

罢工两个要素，（一）公会的组织，（二）罢工工人的救济费。现在我且就这两点把上海罢工的情形略为绍介一下。五卅事件发生以前，上海本无所谓公会，即有也是非正式的，无组织的。但自五卅以来，广东总工会派来的不少的人员到此组织公会，所以上海的公会成立史可说是广东的支派。上海总工会成立于六月初间。采行委员制，其委员长为李立三君，总工会成立之后，即派人往各处组织分公会，约七十二。分公会大率以各个工厂为单位，不以职业为单位。这也是此次罢工的性质如此，各会员每月缴纳各公会捐款分为三等，二角一角五十文。各公会每月缴纳总工会捐款为其所得捐款的百分之五。这是他们开始的时候规定的，现在能否办到，则不得而知。自办事上言之，总工会现在取执行的主要事务，除组织公会外，差不多只有发款与罢工工人一节。委员长李君则与各界接洽之时间甚多。总工会办事地方甚小，办事人又不多，就只有发款一项，也足以使他们终日疲于奔命。幸而他们毅力极强，在汗流浃背之中，竟能维持十余万工人的秩序，至于两个月之久。我们不能不说，中国人到底是有进步有希望的民族。总工会之外，还有稍形独立的两个公会：一是海员公会，上海支部，直接隶属于香港中华海员总工会，就是此次救济的办法也和总工会的工人救济办法不同。（详后）二是上海工团联合会，内容不甚明瞭，也不为一般人所注意。

我们要明白上海罢工的情形，除上述总工会以外，不可不晓得别的团体组织。商业团体有两个：一是总商会，代表各业各行的，会员都是上海的中国资本家，不仅对于中国商界很有势力，就是对于外国商界也是极有信用的。一是个马路商界联合会，代表一路一路的小商家，其行事也比较总商会稍为急进，与学生工人接近。学生团体也有两个：一是上海学生联合会，一是全国学生联合会。就中尤以前者为最活动。我们应该注意，除上列两学生团体外，还有寰球学生会及留美学生会、留英学生会等，因其组织散漫，成人数极少，不能发生何等效力。可以发生效力而始终不曾出头的学界团体为江苏省教育会，其会长一听得五卅事件，就跑到天津去了。江苏人在这次事件完全平息以后，如果还承认这教育会有代表江苏最高教育的资格，那真是太无人格了。此外还有一个教职员联合会，是五卅以后临时产生的。他们虽则发表了两次英文宣言，然此外毫无何等建设，现在连这个机关名称也不见了。上海的教育界遂不得不让两个学生会出来撑支门面，说起来真是可笑。

当五卅事件发生以后，不久，就有人提倡对外大联合的组织，因此而由工、商、学联合会委员之产生。这会既以此命名，当然要包括一个公会，二个学生会，不料那时候总商会诸公很怀疑此会的将来，故始终不敢加入，所以名虽为工商学，实则只包含总工会，马路商界联合会，上海学生联合会，全国学生联合会四团体，而最紧要的总商会反不在其内。后来遂弄出总商会把工商学联合会所提先决四条正式十三条修改为全体十三条的事件。上海工商学三界几乎大起内讧。幸而总商会诸君还不像江苏省教育会那样冷淡，工商学联合会也不曾和他们决裂，两方仍旧不辞劳怨，一致对外。这是我们不能不稍为欣幸的。

关于救济费的收支，情形颇为复杂。五个机关都有收款的资格，且都从事于募集款项，致使许多捐款的人不晓得交与哪个机关为宜。大宗款项大概都交与总商会，不过总商会自己不愿身当发款之冲，于是嘱托各项慈善团体出名组织一临时济安会，与总工会接洽发款之事。究竟在实际上，除总工会外，并无第二个机关能够明白何公会工人应当救济，何工会工人不应当救济，因此上海学生会，工商学联合会等所得的捐款大概直接交与总工会发放，而总商会所得的捐款，则先经过济安会，再候总商会的指定，派人直接发与工人。如此将近办了一个月，济安会得款项所余不多，加以发款上种种困难，其办事员遂决计辞职，把所余款项付还总商会，再不过问。在罢工正当吃紧之时，大家都以为这种消极的态度是危险极了，所以重新会议，由总工会，总商会，上海学生联合会，各马路商界联合会，工商学联合会六个团体组织新临时济安会，而各处来款，无论捐与何机关名下，一律委托中国，上海，金城，华大四银行代收。

当工会组织之初，工人团体非常散漫，救济费也不甚多，所以每人每次最多只发大洋一元，使之维持四五天的生活，至少发小洋二角，使之维持当日的生活。其所以有此两种办法，无非因为工人也有两种。在各大工厂做工的工人，平常虽无工会，而还有头脑比较的可以对于其所属的工人负责，所以不独组织公会较为容易，即发款也不十分困难。近数星期每人每次大概发给三元，或四元，使他们维持半个月的生活，此外还有一种，就是码头工人。他们不仅向来散漫，而且穷苦的居多。若是每人每次发给一元，难免他们急切用完，不到一两天又来要求救济。惟因码头工人为数不下几万，所以按日发款，在事实上颇为困难。嗣后经总工会办事员之苦心孤诣，设法组织，码头工人也渐有头绪，每人每次可发大洋一元。不幸又发生更进一层的困难。上海码头工人有两种：一种是正式工人，大抵有一定工作范围，比较的有固定的联络，上述的码头工人就是此辈。一是所谓野鸡工人，工作无定所，职业无定规，既无头脑，又无联络，今日发款，明日或许又来。此项工人常向总工会要求救济，且人数逐日加多。起初大概还是工人，到后来几乎流氓乞丐都一概加入，并且上海附近的穷人听得发款消息，也都来冒充工人，总工会差不多穷于应付，后来竭力组织，勉强寻出头人来，有许多无头脑的人，一律发给领款证，以便按证发款。于是无证的流氓乞丐又日日向总工会吵闹，屡次由保卫团或淞沪戒严司令部用武力驱逐，方才勉强维持秩序。

海员公会虽则第一次被封于英租界的工部局，第二次又被封于淞沪戒严司令部，然其罢工效力独大。他们人数不多，每一只船不过数十人或多至数百人，故内河及沿海的英、日商轮经过上海港的总计约有八十只，而一到了上海就不得不停轮的多至五十几只，罢工工人则不过几千人，接济非常容易。他们的生活费，并不经由总工会发放，乃系直接和总工会交涉，按照各人原薪数目，发给一半，不过附有一条件，就是将来复工之后，如果英、日船公司准发罢工时期内的全薪，则此次接济款项可以如数退回。如果船公司只允发半薪或全不补发，则救济费可不退还。海员罢工工人以外，还有原来失业海员工人，也由总商会按日发救济费所三角。这与其他救济工人办法更为特别，其理由则以在职海员虽同盟罢工，而失业海员若出来代替，则罢工必归无效。总而言之，海员为数不多，每月救济费不过数万元，而其给予船公司得打击非常重大。怡和公司得隆和轮船，不用中国的水手和领江，所以在九江下流搁浅，损失极巨。船公司虽然很想到处设法雇用日本人俄国人充数，然至今未得多大的成功。

罢工虽如前述，只要有组织和金钱，就并不难维持，实则还有一事我们不能不特别注意，那就是爱国的精神。我国工人素来无组织，然此次能够维持十余万人到两个月之久，并不是纯粹公会办事人的奋斗和商学各界的慷慨希望得到的。我们由此，更不能不钦佩我国工人的爱国精神。他们每日拿不到几角钱的救济费，实在是不能生活的，报上虽也偶然载有强迫情事，然大多数的罢工——继续罢工——不能不说是完全出于自动的牺牲。这两个月以来，他们并经过许多挟制和压迫。现在我且举二三个月例看看。工部局停供大宗电气，突然使五万多纱厂工人失业，在工部局的意见，或者以为如此一击，中国工人必定无条件的上工，然而现在又继续了三星期。最近各团体所组织的疏通货栈委员会，决议将英、日货栈内所存的中国人所有的货物尽十天之内提取，只要把货价的百分之一捐助罢工工人。不料外国人也要趁此提货，码头工人以未得总工会的命令，不予提取，致生纠葛，因此提货之事不得不完全停顿。两个月来，除间有微小得波折外，一般的工人极其镇静，各处并不见得有何等骚扰。我们于是不叹服中国工人程度之高，迥出寻常意料之外。将来无论如何可以维持若干日，但就此五十余日的经过情形看来，中国如果不亡，恐怕还要求之这班工人身上。我们所谓智识阶级，除学生的前途未可限量以外，真正要愧死无地！

一四，七，二四，上海

《现代评论》第2卷第35期，1925年8月8日。

中国国际贸易的危险

中国的国际贸易带有两种危险性质：第一，是外国汇兑行情变动过激的时候，做进出口生意的人都不免陷入投机的地位。第二，是银价继续下跌，从他一方面言之，就是金价继续上涨的时候，中国的国富更加减少，商业市场更受外国人的压迫。这两件事的共同原因就是中外货币本位不同，外国用金，中国用银。

第一种危险，在和外国汇兑发生过关系的人，差不多都知道的，实在用不着再说。然而这种常识，在我国人应该都有一点儿，所以不怕犯着老生常谈的毛病，多说一次也无不可。中国的进口贸易，十八九操在外国商人手里。中国人直接向外洋购进的大概不多。但无论是直接向外洋定货，或是经过外国驻华行家，发票都是照金价开的。譬如一部机器，向美国购进的，说是若干美金，向英国购进的，说是若干英金，决不会说是若干规元银，或若干中国通用币。只有一小部分货物，外国人冒一点儿险，把它送到上海或天津自己所开得铺子里，标明若干规元，或若干行化出售。然而这种险，他们也有法子可以回避。那就是表面上对中国人虽然说是银子几何，实际上还是记金价的帐，所以遇着汇兑有高低的时候，他们可以把银子的价格抬高或按落。总而言之，我们要买外国货，都得和金价发生关系。发生关系也不要紧；如果我们中国的商人进货的情形都是一样的。那末，金价上涨的时候，他们都把银子的价格抬高些，也就会完了事。无奈这种假定是理想的，决不能实现的。因为十个商人里头，假如有九个在汇兑上占有便宜，只有一个吃了亏，那这一个就会弄到破产地位。在投机狂热的时候，谁也不知道谁占便宜谁吃亏，等到榜发出来了，吃亏的只好跌足懊悔不及。在别的生意上，古语说的，“长袖善舞，多钱善贾”，可以说得来，只有外国汇兑的生意，无论你有多少钱，假使偶一不幸，就会弄出一个大窟窿来。一个月以前，天津协和贸易公司的倒闭，说也是为得买卖美金的缘故。这几天来，上海的外国汇兑行情又发生动摇景象。英金从二先令六便士十六分之十五长到二先令五便士四分之一，计高出一便士十六分之十一。美金从六十二半长到五十九元半，计高出三元。两者长率，差不多是百分之五。此种长跌，在中国的国际汇兑历史上不算是怎样一回事，然而这样一长，我国商人所恃为百分之五的利益已经一下子铲除了。这是何等危险的一件事。

第二种危险比第一种危险更普遍更利害，惟不容易觉察。第一种危险是个人或各个商家负担，所以大家觉的。第二种危险是全国民都要负担的，大家一样的负担，所以不易觉得。照普通经济学原理说，国际贸易与国际汇兑自己可以调和自己。比方外国货币对本国货币一贱，外国货物用本国货币计价，必大得其利益，因此外国货物必源源而来。来得太多，则必互相竞争而大跌其本国货币之价。反此，外国货币对本国货币一贵，本国货物用外国货币计价，必大得其利益，因此本国货物必源源而出，出的太多，则必互相竞争而大跌其外国货币之价。如此说来，一国货币之国际汇兑率，总不免时有长跌，决无永久继续上涨或下落之理。然而中国将来的国际贸易，是否能合乎此项原理，是另一问题。即令最后能够合乎原理，而其趋势恶劣，已足以使我们发生疑惧。国际汇兑不利于我国的时候，固然可以促进我国的出口贸易，然依国际贸易交换的法则，在此时期内，我国不得不多出货物以换取较少的外国货物，故我国货币较贱的时候，我们中国人要多费劳力，才能换得和前相等数量的外国货物。简单的说，我们货币不值钱，我们的劳力也会不值钱，因此我们的国富也要减少起来。这是不是可怕的一件事？就历史上证明，我们都知道欧战以前，银价在世界的市场上跌得很利害。幸而欧战一起，各国需要银子的数量骤加，加以个各国的货币已不是真正的金本位，所以银价比战前长了三四倍。现在欧洲太平了，银价又回复到欧战前的地位了。从此以来，是不是就止乎此，还是一个疑问。从前印度虽然改了金汇兑本位，然国内实际上还是用银，并且民间保留汇兑吸收现银的习惯，可以一遇季节风调顺的时候，银子总是源源的流入印度。然而如此，银价还不过稍微保持一点子平衡，现在印度想用种种的方法除去用银藏银的习惯，同时讲究吸收金子的手段。那末，世界上用银的国家，除了我中国而外，再没有第二个。中国的力量是不是可以抵抗全世界？是不是世界各国所不要的银子，中国都可以吸收而有余？据《海关报告》，近几十年来，中国的金子总是输出超过输入，银子总是输入超过输出，除非欧战期间稍有一二年的例外。这种现象继续下去，中国的银子日见其多，金子日见其少。不仅将来改用金本位愈加困难，就是民生问题也必大费研究。其结果，势必竭全国乡间农民苦心经营所得的收获，易得少量的奢侈外国货，供少数城市中外的商民的挥霍。这种结果，现在已经有一大部分可以看见。比如上海地方何等的繁华，附近各县城乡何等的枯窘！我的旅行是极少的，然而看了宝山，昆山，嘉定，苏州，南京等处，已足够证明我所说的不错了。至于内地各省似乎更不要说了。还有一事，我们也要注意。平常物价很贵的时候，消费的量自然而然的减少。外国货因银价日贱，将来不得不日贵，照常理，可以使消费的减少而防遏其输入。但照刚才所说的情形，中国人消费外国货的，大概都在少数的城市中，而这种城市中的生活程度又一天高似一天，差不多和外国城市相等了，所以外国货还是源源而来，并不因为价值过高而退步。我们只要到英大马路一看，就可以觉察上海人消费外国货的力量何等的伟大。究竟上海一埠人口二百多万人，十中八九还是贫民；能够消费多量外国货的还是少数人。一方面，内地乡下的穷民，被帝国主义压迫得不能生活，都跑到上海或其他大口岸来。这种恶化的都市经济状况，不知道何时休止。哎！

《现代评论》第6卷第140期，1927年8月13日。

战时财政

战时财政这种题目，在外国是一个极有兴味的题目，尤其是在欧战时候的英、德各国，给我们以不少的研究资料。我们一看见报上发表的对敌宣战的布告，就马上继续看见财政总长在国会提出战时财政的临时计划，如何增加预算，如何筹画战债，如何发行短期国库券，如何管理金融界，一件一件说得有条不紊。到后来战事延长，财政总长又出来报告，战时财政的永久计画，又如何追加预算，如何增加税收，如何募集长期公债，如何节省不急开支。说得天花乱坠，使我们看报的，或是听演说的，仿佛觉得他是在开着一部机器，很迅速的自然的在那里旋转，在政府并不觉得困难，在民间也并不觉得苦闷。这才是战时财政的大观。要明瞭中国的战时财政，我且先把战时财政和平时财政的分别说说。

战时财政和平时财政的分别

战时财政的性质是不定的，所以预算也不能确定。平时财政所以能有预算，只因为根据大旨一定的习惯，所以预算与决算，虽不能完全相符，而大旨相差不远。战时的支出是要根据战事的发展，而战事的发展决不是财政当局所能预料的，所以战时财政不能有确定的预算。这不是说，预算制度可以完全破坏。预算案不能确定，是说预算总额不能确定，并不是一切预算制度都不能确定。比方一个兵的给养每月应该有几何，一架枪的制造费应该有几何，都是一项一项的可以详细计算的，并不是笼统一笔账可以报销的。最困难的是要晓得动员的人数确有若干，领用的军械确有若干，而后可以算出军费的总额来。讲到这里，并不专是财政当局的责任。军事当局如果能够服从政府的命令，这问题就有解决的希望。

战时财政的筹画是应急的，所以收入不能不采特别的方法。平时国库的收入大概仰给于税收，非至万不得已，决不作寅支卯粮之举，因为健全的财政，不仅替国家管理财政，而且替社会谋公平的负担。借债度日，是以财政上的负担移到将来的后嗣身上。战事如果有高远的目的，也是替后嗣解放求幸福的一件事，所以在理论上说来，借债也可说是很公平的方法。况且税收不是一时可以增加的，所以在事实上更不能出于借债的一途。以税收归还长债，以长期整理短债的方法，在战时尤为适用。故借债的结果，最后仍是一个课税，不如此，人民不信任政府，第二次再要借债就不容易了。在财政不甚健全的国家，不仅现在的税收不成功，就是将来的税收也无希望，如是只有发钞票的一法勉强可以救急。钞票如果发得不十分滥，就是渐渐跌价，在负债公平的原则上也不是绝对说不过去。不过钞票为金融的血脉；血脉一乱，身体就不可支持，所以贤明的财政当局总不敢轻于一试。

战时财政的用途是非常的，所以支出不可不采严紧的手段。平时岁出自然也有一定的范围，不可滥费，然而战时在国家看来，大概是生死存亡的关头，不是从容论道铺张扬厉的时候，所以平常一切开支，不应该再加扩充，而且应当酌量收缩，把节省下来的钱，弥补军事上的用费。二十世纪的战时支出大约可分为五类；（一）军饷，（二）军械，（三）医药抚恤费，（四）宣传费，（五）民食维持费。除此以外，大概都可以从缓，或从省开支。军费只要百万可以够用而用到了二百万，固然是战时财政的失败，军费只用百万而战债筹了二百万，也不是战时财政所应有的现象。

国民政府的财政概况

国民政府自从在广州建设以来，差不多天天在战时状态之中。军政时期至今未告终结。然在广州时代，国民政府财政部做了一件差强人意的事，就是十五年度广东省库和国库的决算报告。

民国十几年，北京政府只发表了几次预算案，就是袁世凯极盛时代，也没有一次决算报告。没有决算，预算完全是虚伪的东西。据当时财政部长宋子文报告，十五年度国省库收入，共计九千九百九十七万七千元。查其报告内容，虽则收入一方面有三千万元的公债库券，然支出一方面也有几百余万元的还欠。出入两抵，实际不过二千万元左右。支出所以达到最近一万万元的原故，就是军政一项去了七千二百余万元。可见十五年度的国民政府财政，完全受战时状况的支配。然战事发展，军费愈加浩繁。南京国民政府的预算，遂超过广东时代的一倍以上。本年六月份军费为一千六百万元，七月至十二月的预算，竟达每月军费二千万元政费二百万元共计二千二百万元的巨额。我们不说东南六省人民的负担能否达到此数，我们要问二千万元一月的军费应该给养若干万兵士。广东时代的国务费不过一千万元，现在要二千四百万元，也未免稍近铺张。据财政部报告，这六个月中，可靠的收入约有一万三千余万，（连二五库券三千万在内），其余不敷六千万，要想发行盐余库券以弥补之。这种财政计画，是根据七月间的情形设立的，现在自然不能相符，然而我们觉得南京时代的战时财政比较广东时代的要差得很多。这种铺张扬厉的财政计画卒至不能实行，所以八月二十一日第二次中央联席会议，决定整顿军事案五项，节省政费案二项（注）。如果宁汉会议以后，仿照这次会议的精神，进行改革财政方案，前途还是可以乐观的。

战时财政计画中有一件很要紧的事，而为当局所容易忘记的，是民食问题。在战争状态之中，因为交通阻碍的原故，民食总不会十分充裕，所以政府应当设法使它得到比较充裕的供给。现在湖南收获颇佳，乡间谷价只有一余元，米价只有三四元一担，为近年来稀有的现象。如果政府真是为民生而战，应该一方面努力北伐，一方面设法把湘米运到下江。如此，则湘中金融可以立刻活泼，江、浙、鄂、皖一带的粮食可以跌价，一举而两善备。盐政的腐败，向来有名，从来盐关与官场勾结，造成所谓引岸制度，于是不产好盐的地方人民，不得不被迫而吃粗恶地淮盐。国民政府若是真正讲求民生主义，应该以明令首先废除这种制度。如果恐怕盐商因此丧失财产，可以另设他法替他缓和。不料引岸制度还未废除，反使向食精盐的上海人民至不能购得精盐，岂不可怪？其所以禁止精盐起岸的理由，据说不能用蒲包装运，而应用纸包装运。其实这不过是表面理由，骨子里，我们觉得计画中的盐余库券六千万和希望将来可以得到的盐票验费三千万似与禁止精盐不无关系。我以为从盐里头筹款也未始不可，何必牺牲一般人民的幸福至于如此？

（注）整顿军事案五项：（一）复杂军队一律归并。（二）徒手步队一律裁撤，其士兵拨补各军缺额。（三）各种不重要军事机关一律裁撤，如宣抚使宣抚司令等类。（四）总政治训练部各军政治工作机关缩小范围，另行改组。其编制表由军事委员会另定之。（五）整顿兵站。节省政费案二项：（一）在财政国难时期中各种政治机关应缩小范围，例如市政府之各局应酌量归并。（二）关系建设事业除可自行筹款者外，暂时停止以节费用。

《现代评论》第6卷第143期，1927年9月3日。

从经济上观察中国的社会政治（一）

组成社会的要素，不单是经济的，我们都不能否认，所以马克思单从物质方面解释人类历史的进演，实未免过于武断；然而我们可以说，经济不失为社会构造中一个极重要的原素，尤其是在二十世纪的社会。我们至少可以说，离开经济，我们的社会是绝对不能成立的。不讲别的，就只说分配一事，可以看见社会的进化与经济有何等密切的关系。当人群初次发达的时候，分配的大权殆全操于自然界。做饮料的血，做衣料的毛，都不是人类所造成的。后来封建制度之下，人民的身体且不能自主，财产更不必说。再到后来，资本社会诞生，分配之权操于少数有钱者之手，而人民的身体始得比较的自由。今后的进行方针，当然在把分配的大权移到多数人的手中，这是至当不移的趋势。政治是社会的产物，有一种社会才有一种相当的政治，虽然政治的力量有时也可创造社会，或促进社会的行程。我们历考欧美近世政治的组织，就可以知道政治受经济的影响不小。譬如有许多政治机关，如工部，商部，农部，都是从前所未有，或难［虽］有而不重要的。又如各国制定法律，如劳工法，商法，土地法等，也是近十年来才逐渐扩充。只有中国进化后于人家，一切制度不但未达到欧美资本社会的境界，并且连封建制度也不十分完全。在这个时候谈中国社会政治，诚哉叫苦连天，说不出一句话来。然而我且把个人的感想随意发表以供大家参考。

生产与消费的关系

生产与消费的关系，有两种说法，一是根据两者的性质而说，一是根据两者的数量而说。根据两者的性质如何说法呢？原来生产的性质有两种，消费的性质也有两种。生产有为“消费”而生产的，也有为“破坏”而生产的。譬如农家种植以养人，工人制造日用品以供人民的使用，都是替消费而生产。这种生产是社会人类所应当欢迎的。生产愈多，社会的享乐愈大。反转来说，这种消费在某种情形之下，足以促进生产，也是社会人类所应该欢迎的。还有一种生产不是为消费而生产，是为破坏消费而生产。譬如军械的制造，在特种情况之下，虽然也可以说是为消费而生产，因为兵以止暴，带有除恶安良的意思，间接也有益于社会；但是如果制造军械以供给内乱的武器，或是供给匪盗，使他们得以打家劫舍，残杀同胞，那就是为破坏消费而生产。又如种植鸦片也具有同样的情形。如果专为医药而用，可以疗病，间接的即是促进人种的消费，效益很大。如果用以供人的吃食，就是使人变为无用，就是破坏消费。这种生产应该绝对的禁止，不禁止就可以使社会受害无穷。所以同一生产，须看它的性质如何而后可以决定应该奖励或是应该禁止。但在现下中国，为破坏消费而生产的东西，不独政府不加禁止，而且有意无意的在极力奖励它。

数量之说又如何呢？古语说的，“生之者众，食之者寡，为之者疾，用之者舒，则财恒足矣。”这几句话是中国经济学的金科玉律，谁也不能否认的，但是这几句话的意思是互相关联的，是比较的说法，不是绝对的说法，也不是单独的可以解释的。可惜后人做注释的，把它一句一句的割断，分开去说，说是“国无游民，则生者众；朝无倖位，则食者寡；不夺农时，则为者疾；量入为出，则用者舒。”因此把原来的意思失却了，生与为就是生产，食与用就是消费，两者相互的关系，我可以用数目字表示出来。例如有一社会或一国家在此，在一定的时候，它的生产总数为一百，消费总数也是一百。（注意：这两个一百是百分比例的一百，绝对数不必相等。）在这个时候，生产与消费保持一定关系，我们可以说它是在一定的经济状况之下。假使环境一变，生产仍是一百，消费变为八十，（注意：这两个数目也没有相互的关系，纯是对于前述两个一百各各变化的。）这就是消费比较前时减少，即令对于生产不必相等，至少经济状况可以改善。（举一实例如下：比方有一人原来每月收入为一百元，支出为一百五十元，到后来，收入虽仍为一百元，支出却减为一百二十元，这就是他的经济状况改善了。）又假使环境一变，生产变为一百二十，消费仍为一百，在这个状况之下，他的消费力虽然没有减少，然而生产力确是增加，在积极的方面很有好处，可以说是进步了。又假使环境一变，生产变为一百二十，消费也变为一百二十，虽是两两并进，而却是可喜的现象。又假使生产变为一百五十，消费变为一百二十，则其进步甚骤，恐怕不能继续。以上都是就好的一方面说，若是就坏得一方面说，也可以分列种种。现在为简明起见，表列如下：

	（生产）	（消费）	（现象）
一	一〇〇	一〇〇	在一定经济状况之下
二	一〇〇	八〇	改善
三	一二〇	一二〇	进步
四	一二〇	一二〇	并进
五	一二〇	一五〇	健进
六	八〇	一〇〇	退步
七	一〇〇	一二〇	恶化
八	八〇	八〇	衰颓
九	八〇	一二〇	破灭

以上所说，系以一国或一社会做单位，而考察因生产与消费的总量，如此，至于其中组成这单位的各个分子不必尽是如此。照中国的近情看来，自然不出乎第六到第九的四种现象，恐怕第六与第九更是中国经济的特色。质言之，就是生产绝对的减少，消费决不能减少而且反为增加。这种不良的现象，可以说是中国人的平均现象，不是中国人的单独现象。以中国人的聪明才智德性修养而论，诚然有许多人可列于第二到第五的种类中，然而大多数的人因为种种的原因——最大的为连年内乱及生性懒怠——陷于不良的状况，而不能自拔，所以用整个的团体相比较，中国照经济学家讲来，消费也是很要紧的一件事，因为如果只有生产而无消费，或是生产过多而消费过少，就会酿成市场消沉的状况，而经济界或要发生恐慌。但是这句话在目下的中国情形，是不确实的，据《海关报告》，近几十年来，出口货总不敌入口货之多，就是米粮一项，近年来也入口千余万担，而且每年都有增加，所以我们的消费总数实在是超过生产总数。其所以能够维持到于今，都是向外国人借债度日，这种债讲来总要还的。俄国人的办法，我们可以仿照吗？我们自问有俄国人的能力吗？舍此，我们就不能不取

法德国，多多生产，少少消费，使国家不至于破产。古语说的，“三年耕，必有一年之食；九年耕，必有三年之食。”总理中山先生也说，我们“要把每年生产有余的粮食都储蓄起来。不但是今年的粮食很充足，就是明年后年的粮食都是很足。”如果大家不努力，粮食怎能会有余呢？如果大家不努力，经济怎能会宽舒呢？

《现代评论》第6卷第148期，1927年10月8日。

从经济上观察中国的社会政治（二）

私经济与公经济的关系

人的视力不如鸟，嗅力不如狗，足力不如马，腕力不如狮虎，而能雄视一切，位在万物之上，没有别的原故，就只因为群众的生活，所以能够利用自然，压倒万物。群众的生活是人类共通的性质；无论文化程度低到甚么地步，就是非洲的土人，深山的苗族，也晓得这个道理。一个人要自己生活，决不能不要有一群人和他共同生活。举一极端的例来说，强盗杀人放火，也须有一群伙伴；就令小偷一个人可以做事，及至偷到了钱财，也得要向市上去买东西。如果没有别人把东西卖给他，他也决不会生活的。人类因求生活而组成一个团体，叫做社会。团体的行动所表现出来的现象，叫做社会现象。经济的社会现象，虽是社会现象之一种，但自有人类以来就不可少的，并且在各种现象中算是一种最重要的。

人类的生活虽然离不了社会，但是各种人和他的社会的关系有各种不同的组合，并不是一致的。所谓方以类聚，物以群分，就是一个大社会中，可容有许多小社会的存在。善人有善人的一群，恶人也有恶人的一群，就是善人恶人的中间也有他们各色各样不同的群，故社会的生活极其复杂。照大概情形说来，人群的文化程度越高，他们的群众生活越复杂，而且范围越大。从前的人老死不相往来，现在就是小学生也可以足迹遍天下。社会的生活既然日趋复杂，各人的经济与公众的经济更应有密切的关系。比方从前的经济事业，除国家以君主的势力和趣味可以兴起大规模的工作以外，各人所做的事业总是有限的，现在虽说大多数股东实际上不参与公司行政，然而资本的集合可以大到几十万万元。从前一个工人从学徒弟做到白头，还是他一个单独工人，现在可以组织公会，联合几千万人，取一致的行动。这种大规模的经济组织，无论是好是恶，总是人群文化进步到今日，才有这种复杂现象。

人类社会的不齐，有两种原因：一是由于天然的，譬如智慧的高下，能力的大小，身体的强弱，食量的多少，等等，都是。一是由于人为的，譬如做事的勤惰，待人的厚薄，自奉的奢俭，等等，大概在乎各人的意志。所以社会学者主张“各尽所能，各取所需”，只可解决天然一方面的不齐，不能取决人为一方面的不齐。在现在社会制度之下，就是天然的不齐也无从解决。因此各小社会彼此冲突，造成大社会的混乱现象。这些话在中国还是说的太高一点，其实中国是受了杨子学说的毒，个人的观念太重，社会的观念太轻，直到今日，“为我”的思想尤其发挥无遗憾了。简单的说，中国差不多只有私经济；公经济的观念非常幼稚。

公经济最紧要的一个条件，是在群众的范围以内的人，大多数都能够以经济的力量和道德去组织公共事业。比方对于政府，好的时候应该竭力维持；不好的时候应该抗不纳税。这种经济的行为，不是纯粹个人主义所能发生的。为达到公经济的目的，私经济有时不能不稍受牺牲，而中国人大多数就没有这牺牲的精神。我们且随便举一两个例子来说：中国人在中国地界内建造房子，有时候也非常精美。大门以内，庭园极其宽敞，房间极其宏大，但是一到大门以外，马路不仅芜秽不堪，而且狭隘的了不得，差不多连自己的汽车都不能通行。这是何等的独善思想！上海这样富庶的地方，有钱的人不知多少，而公共事业，如公立图书馆，博物院，动植物园，一个都没有。一个这样大的上海，没有一个中国人共同建设的公园，而私人所设的花园到反规模不小。这是何等的可耻！

中国人对于公经济，也并非毫无观念。二十世纪以来，各地勃兴的工商业，不必说，就是从前也有各种组织。譬如工人的团体有所谓各业公所，商人的团体能有所谓会馆，士人的团体有所谓学宫，家族的团体有所谓祠堂，慈善团体有所谓堂，有所谓院，也未尝不能维持久远，然而这种组织，大概是出于消极目的，并不能推广以维持大社会。它们的经济能力是非常薄弱，只能勉强敷衍，保留一个团体的招牌，不能藉此在社会上做一两件建设的事业。一般的人只知图谋自己的幸福，并且不惜牺牲群众的幸福以达到个人的目的。上等的人至多把一家弄得很舒服，兄弟子侄都有饭吃，外此不是他的事业。个人利害观念发达到极盛的时候，连国家都没有了。这种人所以自利心重的缘故，大概是由于知识太浅，对于群众的利益毫无顾忌之心。他们不知道一个人在社会上不是独立可以生存的。如果除我自己以外，都是贫困不了的人，我的生活乐趣何在？现在一般人未尝觉悟到这个田地，或者是因为得了的人还不少。比方军阀拼命的向民间搜括钱财，为的是在失脚后可到外国租借地内大买地产，过他后半世的帝王生涯。贪官污吏在一个势力范围之下犯了贪污的罪，还可以逃到别一个势力之下去做富翁。假使租借地没有了，别的势力也不能相容了，就只好逃到外国去，把所有的财产汇到外国银行。实际上中国人还是中国人，终久离不了家乡的。在地方上当绅商的人，现在虽可逃避国家的制裁，有时也免不了被土匪绑去。在租界内做洋奴的人，现在虽可托庇于外人的势力之下，有时也免不了为强盗绑去。然而这种机会还不算普遍，所以一般人不能觉悟。等到将来慢慢的普遍了，中国人的心理才有转机，但是国家社会的牺牲未免太大了。

中国公经济不发达的原因还有一个，就是私经济力量太弱。私经济已经充裕而还要剥削公经济，固属罪恶，但是私经济不能自主，而责以尽力扶助公共事业，也是强人所难。管子说，衣食足而知荣辱，是对于这种人的格言，必定自己衣食有余，才可以帮助别人。现在中国人实在穷的不像样子，还有甚么公经济可说？这种人不仅不能帮助公众，而且一遇那里有点经济的生机，就如群蚁附膻，大家一拥而来，也不管你能够容纳。谋事借钱两种声音，哪处一听见，如果生产能力很充足，也不至有人满之患，无奈生利的人少，分利的人多，所以就是尽量容纳，对于国民经济也是毫无改善的希望。然而在今日经济制度之下，一个人能够自动的谋生，确是不容易的事；大多数失业的人都是为环境所逼，以致欲得工作而不可能。要解决这种问题，还要请问握有经济权的人们，尤其是政治当局。

结论

中国的经济状况，现在已到了危急存亡之秋，若不设法解决，将来必定无可救药。要解决这难题：第一，须注意生产的奖励，与生产消费的调节。第二，在研究方法，如何可以使公经济立于健全进步的基础上，而私经济也可以同受利益。据我看来，各国所采的方法不外两种：（一）以国家的力量范围一般人心，使之不得不趋向于国民经济的发展之一途，例如德、日、俄三国确是几个好榜样。他们遇事都以政府权力行之，譬如铁道河川银行货币等事都是官办或带有官办的臭味。国人的眼目都惟政府的马首是瞻，一致向前努力。（二）以民间的力量——大半就是资本家的力量——造成各种经济轨道，以提高社会生产。这就是英、美两国的经济社会。他们的祖宗，经过一二百年的奋斗，把专门吃饭不做事的封建阶级打倒，把政治大权收到自己这一个阶级的手中，役使一般人民作工。他们所谓德谟克拉西，就是说，国家社会的政治经济大权，十中八九，可以归这个阶级中人的大多数所支配。他们所标榜的“最大多数的最大幸福”主义，也无非是这样一个说法。照他们这个主义做去，国民也可以得一个经济的解决。结果是，一般人民的经济力同时增高，虽然增高的程度并不必大家一样。这正如一般物价的指数上涨，虽然各个物价的指数上涨的百分比例不必一样的。我们中国人的解决办法，应否仿照德、日、俄，是毫无所用其踌躇的，这不独是英、美的资本制度在今日已发生纠纷，即照中国的历史和现在的环境，恐怕除此一途也无法可以解决。英、美之所以得有今日，实非一朝一夕之故。他们经一二百年的锻炼，不知费了多少气力，才能达到今日的路程。不讲别的，就是一般人民的自治能力，也不是短期间所能养成的。以中国国土如此其大，人民如此其众，要想国人自动的统治国家，诚所谓俟河之清，人寿几何。

结局，我们要走到一条小路上了。究竟国家应该以如何的形式发展国民经济这个问题或者不难解答。只要求之《三民主义》这一部书，或者我们可以知道。现在还有一个更切要的问题，就是如何形成国家，如何形成政府？我这个问题似乎说中国现在尚未有国家，未有政府。不是这样说的。我们的国家已经有了四千年的皇皇历史，我们的政府已经有了十几省的人民，怎么可以这样说呢？殊不知我所谓国家政府是另一种的国家政府，不是中国四千年以来的所谓国家政府。我们四千年以来的所谓国家，是许多散漫无纪的小集团合成的，并不是一个整个的法治国家；所谓政府，是吃饭不做事与人民不发生关系的政府，并不是一个积极的民治政府。现在以党治国，虽然是一个不得已的方法，但是将来总要走到法治和民治这一条路上去。这样政府不成立，我们的国家问题——尤其是经济问题——是无从解决的。讲到这里，不是我这题目所能范围的，暂且停止罢。

《现代评论》第6卷第149期，1927年10月15日。

财政上的防腐办法

财政上的腐化，是贤明政府所不容的，尤其是国民政府，在国民党统治之下，以建设廉洁政府自任，更不容有腐化分子夹入其间。我们一看官吏就职时候的宣誓词，就可知道腐化分子如何的不见容于国民政府。然而在今日环境之下，财政经济上欲保持清洁，殊非易事，因为一方面欧化东渐，一般人正热心于提高欲热，一方面生活程度加高，没有财产的人常感经济上的压迫，不得不自谋所以解放之道，一方面催款支票制度日益发达，集财和用财的方法越加便利，使人人怀一富而可求的心思。有此种原因，于是财政上想免除贪污劣迹，总好像是纸上谈兵，有志者只得叹一口气说，“无法可想”。

现在有些人说，我们中国人每每自称本国为敝国，竟好像自命为弊国一样。不错，世界上作弊的国家当中，中国虽不算是第一，但可以说，总在前几名。不讲别的，单只在上海电车上得“揩油”也就可以叹观止了。至于国家财政，我不知道一切银钱落在私人的手中比实际上国家的享受孰多孰少，只就近年来报上所载的贪官污吏的案件，也不止一次，我们相信这不过是几万件之一二，此外相同或更甚的案件为我们所不知道的不知道尚有几何。所以现在谈整理财政，只要能够防止腐化，即或不能防止，只要能够减少腐化，那国家的享受也就大大地可以增进，用不着今天借债，明天加税。原来中国是一个天然富厚的国家，人口又如此的多，只要每人每年的负担平均加一元，就可以使国家多得四万八千多万元。现在人民负担确是很重，而国家得不到实惠，其原因固不仅在于作弊者之多，而作弊者之多确是在其中的一个重大原因，则是我们所敢断言的。在国民政府底下，似乎不应有此种现象，然以我国人积习之深，要想忽然异常的变为清洁，实不可能。在国民政府底下，如果常常发觉有这类事件，倒不是国民政府之耻，因为只有在青天白日之下，魑魅魍魉才是突被照破的可能。

我们要想设法防止腐化，不可不先明腐化的真象。在私人经济之下，弊病之生大都生于用款而不生于收款，故银行以及公司的会计制度，注重在款项的支出。这是因为收入款项不易为当事人所蒙蔽，因为收款人对于银行或公司常常有帐往来，不难根据收条及账单查对其中有无错误。国家财政机关则不然，用款之人固易于作弊，就是收款之人也不难。其原因，一则人民与政府无所谓往来账目，二则即令明知不合，而慑于官吏淫威，只敢怒而不敢言。三则一般人民半系无知无识，对于胥吏种种苛索，往往莫名其妙，不得不照数缴纳。此种弊病，在昔日差不多是政府机关惟一的弊病，至于用款倒反不觉得甚么要紧。现在新官吏作弊的方法呢？用款上也了不得的了，而且其法往往备极巧妙，非在局中，不易察觉。国家当收款的时候，既然经过一番抽剥，及到了用款时候，又经过一番侵蚀，人民负担一百元，国家恐得不到五十元的用。在此民穷财尽的时候，财政上得防腐方法确是我们应该切实研究而希望其见诸实行的。

关于防止腐化的方法，有时候对于某种情形，实在是困难之至，现在据我的思虑所及，提出下列六条办法，以供政府当局及社会人士的参考。此六条方法并非防腐的万应灵丹，然苟能择要施行，与国家财政或有改善的希望。

第一，长官风节。在从前专制时代，只许州官放火，不许百姓点灯，事实上虽未必尽如此，而一人在上，可以作威作福，无所不为，比较的还可以办得到。现在共和民国制度之下，加以国民革命的呼声日高，要想长官腐败而属僚都清洁，万不可能。所以作弊的机关，差不多自上至下清一色的作弊。譬如一局局长自处不能廉洁，则他的属员个个都可以效尤，弄到后来，长官虽想稍稍从紧，在势也有所不能。古语说，“上行下效，捷如影响”，腐化的传染的确有如此迅速。这个定理反转来说，是否确实，自然还待证明。如果长官以风节自励，属员就可以毫不腐化，我们固不敢说。中山先生的伟大人格，应该感化全体党员，然还不免有不肖份子厕居其间，遑论其他？所以上行下效这句格言只能完全的应用于坏得方面，至于好的方面，又当别论。不过我们至少还可以说，长官廉洁，可以减杀属员的腐化。国民党拥护中山先生为首领，我们一般党员至少可以向北方军阀宣言，国民党的意思，是想建设一个廉洁政府，现在奉行三民主义的信徒，如果一旦自居高位，有统率一部分行政官吏之权，能够切实遵奉中山先生的遗训，我相信他的部下虽不必人人都能廉洁，也必定大多数的的［人］廉洁。世界上从来没有绝对的好，也没有绝对的坏，只要好人多于坏人，那社会就有蒸蒸日上的希望。国民政府要想建设一个真正的廉洁政府，当自各机关长官自己始。

第二，明定法律。这虽不是万应灵丹，然而必不可少。法律者死物也。如果没有人去执行它，良好的法律往往变成具文。然而法治与人治，譬如车的两轮，都不可少。在现今人心浇薄情形复杂之环境底下，尤其非借法律的力量不能澄清政治。法律的用意有两种：一是纠正弊病于事后。一是防止弊病于事前。国民党官吏就职宣誓词，虽说是含有此两种意思，然而对于事后的处置，明明白白的规定严重之处罚，而对于事前的防范，不过一个空空洞洞的警告，并未有何等切实的规定。到最近，才有审计院的组织，政府似乎已经觉得这事的重要了。阅一二月前《申报》所载法制局长王世杰氏的谈话，则是政府正努力于此，我们所引为极端欣幸的事。国民政府自从奠都南京以来，为时不过一年，一切事情都系草创，自然谈不到绝对的良好法治，然北伐成功不久即将实现，对于财政上之设施，应该有及早筹备的手续。审计院的重要任务，不仅在乎事后的纠正，而尤在乎事前的规划。故凡关于各机关的收支状况及会计章程，不可不积极的厘定，因为章程这类的东西，不用固可等于具文，而毫无规定，则虽欲着手清查也苦不得要领。但审计院人数有限，在此创造建设时代，各官厅会计欲一一待审计院的规画，殊非易事，故自动的改革，为现今不可少的手续。大学院整理度支，实在是一个极好的模范，将来各机关若能仿而行之，不宁各机关自身之幸，及审计院也可以把全副精神去对付未曾改革的各机关，于促进财政统一，也是很有效的。

第三，实行稽核。在商业会计制度下，有所谓外部稽核（External Check）（Internal Check）两种手续。外部稽核指财政行政机关以外另设机关，执行稽核之事。此另一机关与受核机关各自独立，彼此不相统属。内部稽核指受核机关自行设立稽核分机关，秉总理之命，帮助会计主任稽核账目。在理论上，内部稽核不如外部稽核可靠，因为会计人员与稽核人员同样于一总理之下，自己的弊病，自己决不肯加以妨碍。实际上却大不然。因为会计事务，每每头绪纷繁，局外人大都不易明瞭，所以外部稽核，苟非极其精明强干之人，往往只能作表面上的观察而不能洞悉其中的底蕴。故内部稽核比外部稽核有时更觉得重要。依最近通过中央政治会议的审计法，审计院对于各机关有审查账目检查单据之权。如各机关违背章程，有通知主管长官执行处分或呈请国民政府处分之权。此外部稽核手续，规定颇为完密。实则此种规定，亦不过大致如此而已，并不能尽稽核之能事。审计院无论如何精明强干，总觉得人数有限，专靠他们稽核政府一切机关，在事实上恐怕不能办到。各机关贤明长官对于自己的财政，应该有充分的内部稽核，宁可使审计院过于清闲，不可使自己的人员受违反章程的处分。

第四，财政公开。“国家之败，由官邪也，官之失德，宠赂彰也”。这第二句古语，不尽合理。宠赂固不是好事，但宠赂而得彰，则人皆知之，还不是很坏的现象。最怕的，鬼鬼祟祟，弊病丛生，外间还一点不知道，及至外间知道，而弊已深，不可救药。中国官厅财政的恶习，大概在乎彼此相隐，不令旁人明白其真相。他们所藉口的是因为财政困难，收入往往不敷支出，不得不稍留余地以为缓急之资。如果尽情披露，则财政支绌时不能自行调剂。加以互相猜忌，总以为别的机关既不公开，而自己独贸然为之，将来势必互相对的吃亏。彼此保留各自的财政状况，于是财政公开乃为事实上所难企及。更有甚者，则某一机关的财政状况，不独外间无从得知，就是内部许多人员也不能窥其底细；纯由一二人居中把持。譬如银行存款，不以机关名义存入，而以私人名义存入，支票簿隐藏于一人手中，他人毫不能过目，一旦有事，公款及不难变为私款。此种秘密行为，在财政上真可谓绝大危险。大学院新定会计章程，把支票簿和图章分任两人保管，即是减少此危险的一法。又官厅陋习，往往平时不记账，及至要做报销的时候，临时七扯八凑，造一篇假账以塞责。现在要想免除此弊，必得限令各机关随时记账，并得随时受外部或内部的稽查。

第五，简约手段。征收机关所用压榨良民的方法，大概采取非常复杂的手续或计算。他们所用地文件，既无明白规定的格式，加以字迹模糊，难于辨认，所以七折八扣，银变成铜，铜又变成银，这样一来，弄得缴款人目迷无色，辨不出自己应出多少，而他们的目的达了。这种压榨手段，在胥吏向来当做他们的祖传衣钵，从来无人敢说要改革。还有一事，可以使小民负担重而国家得不到甚么好处的，就是一个税收，往往巧立附税名目，重重叠叠，令人不可捉摸。现在我且把最近所得的两个实例叙述于此。一个是南京卖买不动产的税契费用，共有十一项之多。（一）验契正税照卖契收百分之六。（二）附税照正税收百分之二十五，即照卖价收百分之一又小数五。（三）推收费照卖价收千分之一又小数五。（四）官契纸收若干。（五）小学经费若干。（六）黏贴费若干。（七）契上印花收若干。（八）附征学捐照卖价收百分之二。（九）验契纸价及附征费收若干。（十）验契印花收若干。（十一）建设特捐照卖价收百分之一。一个是江西所抽得货物进口税，也有是十三种名目。（一）上海出口税每百两完税二两五钱。（二）九江进口税每百两洋货完税二两五钱，上货一两二钱五分（实际上多照洋货办理。）（三）印花税每元三分。（四）提单每元三分。（五）进口内地税每百两二两五钱。（六）奢侈税每百两二两五钱（非洋货也抽。）（七）新增市政府捐照税银二成。（八）堤工捐照税银四成。（九）商会捐照税银九五计算。（十）又印花税每元三分。（十一）转省内地税每百两一两二钱五分。（十二）保商捐每百两二两五钱。（十三）新增商捐每百两十二两。此种巧立名目滥收捐税的例子，内地各人每每藉口财用不足，不得不增加税收，以济一时之急。在国库困窘的今日，减税固然谈不到，然一次重征，不多立名目，在国家收入必能大见增进，而小民的负担也不会比今日更重，则可断言。

于此有一问题，即财政尚未统一，整理恐不易见诸实行。因为有许多附税，亦实在为各机关指定收入，不别筹抵补的方法，势必难于剔除。故根本问题，又再统筹财政全局。我以为必不得已，可以指拨一种特别税收，充附征机关之用，较之付征零星税款还为合算。

第六，任用专一。收款机关以手续复杂而多弊，付款机关则不必因手续复杂而弊亦无穷。其最普通的方法，是在购物时向商家勒索回用。商家一方面怕别家竞争，失去往来的生意，一方面可以多开卖价，仍不失其旧来盈余。此种弊病，在账上毫无可疑的痕迹，因为所付之款确系发票无异。结果，不啻办事人自政府取得若干之费用而已。绳之以法，则法无可施，核之以账，则帐无可议。此种弊病，差不多无可防止。在极端精明之审计员，只有实地考察其货物准现在大市情形是否可以值得如此之贵。然一则多方考覈，不胜其烦，二则物价原不免有参差，百分之一二十之差，每每不易发觉，而在经手者已可泰然自足。我以为国家如果要用款涓滴归公，不得不采任用专一之法。任用专一有两种解释：（一）用款机关要集中。（二）办事人要久于其位。盖用款机关如果分散，则经手人数更多。一人有弊，别人行将尤而效之，于是渗漏更多，人民更吃苦，政府所失更大。用款机关一少，则即令一人有弊，为数总还有限，加以人性本妒，许多人都到不得好处，只有一二人饱享分外之财，势必至互为不平，而作弊者或不免发生顾忌之心。此事与财政公开似乎相反而其实不然，依财政公开的原则，会计最好使大家知道，然并不是说，办事必须许多人经手。两者全然不相矛盾。办事人久于其位，也可减少作弊的企图。因为现在政府职官常常发生变动，人人存五日京兆之心，于是人人总在此最短期间获得一注大宗意外收入以便下台后不至告穷。诚然，作弊之人也有许多并不如是如是想的，然必有一部分人确是为自卫起见，被骗而入与此途。今苟明定法令，事务官非有重大过失，不得随长官为进退，则此弊必可免除一部分。职员纷更，当足以解除本人的职责，因为即令有弊，而一旦去职，大都不再追问。今若赋予以恒久之地位则当事者为自己将来的责任计，或亦有所顾忌。此处所说的，仅对于普通一般人而言，至于老于作弊之人，自然又当别论。

此外记账与收支不归一人经管，与薪俸稍为从优，都是防止腐化的有效方法，此处不多说了。

《现代评论》第7卷第179期，1928年5月12日。

高一涵

高一涵（1885—1968），原名永浩，别名涵庐、梦弼，1885年2月出生于安徽省六安县。8岁入私塾读书，13岁即能诗善文，并曾中秀才。1906至1911年，先后就学六安中学堂和安庆高等学堂。1913年留学日本，就读于明治大学法政系。1914年，与陈独秀在东京编《甲寅杂志》，1915年陈独秀创办《新青年》杂志，为撰稿人之一。1916年，毕业回国，曾任北京大学编译委员、讲师、教授，并兼任中国大学、法政专门学校教授。1926先后担任武昌中山大学教授、政治系主任、法科委员会主任兼国民革命军总政治部编译委员会主任，国民党安徽省党部执行委员兼宣传部长等职。1927年，在上海任法政大学教授、政治系主任和吴淞中国公学大学部社会科学院院长。1931年至1949年，高一涵先后任国民政府监察院委员、两湖监察使、甘宁青监察使、国民大会代表。1948年4月当选为中央研究院院士。1949年后，历任南京大学教授、政治系主任、法学院院长、南京市监察委员、江苏省司法厅厅长、江苏省政协副主席等职。1950年加入中国民主同盟，任民盟江苏省副主任、民盟中央委员、全国政协委员等职。1968年4月病逝于北京。主要著作有《政治学大纲》、《政治学纲要》、《欧洲政治思想史》、译著有《杜威的实用哲学》和《杜威哲学》等。

国会问题

▲从法统问题上观察国会应该消灭

▲从受贿问题上观察议员资格应该消灭

▲从代表意义上观察议员资格也应该消灭

本篇的目的只在讨论，“旧有的国会和旧有的议员资格应否消灭”一点，在这样短篇论文中，并不能涉及国会制度的根本问题。换句话说：并不愿讨论“国会制度是否适宜于中国?”或“中国将来是否仍采用国会制度?”我也不附和章行严先生，说：“代议制只适宜于工业国，不适用于农业国”；我也不愿抄袭柯尔（Cole）的议论，说：“人类的意志不能由别人代表，只有职业团体的意志可以用人去代表”。我现在所要讨论的就是在这以“革命”自居的执政府之下，旧有的国会是否还有存在的余地?

（一）从法统问题上观察

我们要知道旧有的国会是根据临时约法的第五十三条发生的。我们更要知道这次革命，不但是对于曹锟的政府或对于那由贿选国会制定的新宪法的革命，乃是对于民国开国十三年以来一切法律制度的根本革命。换句话说：就是把民国十三年中所演的一段历史一笔勾消，在一张白纸上从新绘画出来一个新制度。执政府既已决定取消这种制度，那么，新宪法和临时约法即不待宣布无效，也早就应该无效了。约法既然失效，那么，根据约法而产生的国会，除掉由临时执政另行颁布法令承认他有效之外，也早就应该消灭了。国会的机关既已消灭，那么，议员的资格也应该随同消灭。平常所谓“解散国会”，只是取消议员的资格，并不是取消国会的机关。故只能行于国会的机关仍然存在的时候；若国会的机关已经消灭，议员的资格当然随同消灭；议员的资格既已随同消灭，当然不适用“解散”的手续了。故自临时执政政府成立之日起，国会的机关已经消灭，在执政府之下，既无所谓“国会”，更无所谓“议员”。无论“贿选”分子，“守正”分子，一概都消灭议员的资格，故“非常国会”云云，简直是不法的行为。

（二）从受贿问题上观察

就是执政府不下明令废止国会，自己承认这次革命只是“半革命”，仅废除为总统的曹锟，并不废除总统的制度，仅取消贿选议员的资格，并不取消国会的制度，那么，国会在法律上虽仍然存在，在事实上也绝不能存在。因为受贿罪有“枉法贿”与“不枉法贿”两种，受贿而枉法与受贿而不枉法，同为犯罪。南下议员除掉极少数人外，谁不在天津方面领南下费，谁不在上海方面领豢养费?南北两方所用的款项同是收买议员的贿赂，南下议员与北附议员同为受贿的议员。如果凡受贿者皆应该丧失议员资格，那么，自然没有什么“贿选”没有什么“守正”的区别了。故现在不独贿选者非议员，即守正者亦非议员。所谓“由守正议员开国会非常会议”云云，也都是不法的行为。

（三）从代表意义上观察

欧美各国的议员就是不能做全国人民的代表，但是至少也要能做一党或一阶级的代表，然后才有存在的价值。中国这种长期不倒的八百人，不但在时间上已经失去代表的本意，就是在实际上也离开代表的意义万里。他们只是权门的“食客”，只是劳力的“寄生虫”。不但不能代表人民，并且还要代表军阀来陷害人民。故严格的顾名思义的说起来，中国人民久已无代表，非代表就是非议员。以非议员来盘据国会机关，更是不法的行为。

《现代评论》第1卷第2期，1924年12月20日。

善后会议议员的出席问题

▲主张各员亲自出席

▲反对指派代表出席

本刊对于善后会议的态度，已经在第四期中由王世杰先生宣布过了，就是“我们对于这个善后会议……采取一种督责的态度”。

我们并不是信任这个善后会议，我们只是在原则上相信用会议的方法来解决国事，至少总要比用战争的方法来解决国事妥当些，这就是我们所以不肯轻视善后会议的用意。

况且善后会议在这几天内，已经成为事实了，我们对于这已经成为事实的善后会议尤其是不能漠视。我以为群众对于政治运动，至少要带点疯狂的态度，赞成也要狂热的赞成，反对也要狂热的反对。如果明知他或可成功而不去督促，或明知他一定失败而不去阻止，都是放弃国民的责任，“厥罪惟均”。

我们对于这个善后会议要表示反对的，就是组织的分子，尤其要表示反对的，就是由议员自由指派代表出席。

这个善后会议除第一项和第四项资格之外，如第二项为“各军最高首领”，第三项为“各省军民长官”，具这两项资格的人员，十分之九都是残害人民或压迫人民的军阀。这一派人员既占善后会议十分之八九，那么，这个善后会议简直就算是变相的军阀会议。

就是退一百步说，善后会议大半注重在收束军事的问题，因此便不能排斥军事首领。如果我们要承认这个假定是对的，那么，必定要承认所有的议员都有充分可以代表一部分实在势力的资望。例如孙中山至少可以代表国民党，段祺瑞至少可以代表一部分北洋派，张作霖至少可以代表东三省的军界，冯玉祥至少可以代表一部分国民军，这一层我们也当然是承认的。

但我们只承认孙中山自身可以代表国民党。我们并不承认孙中山随意指派的代表也同孙中山自己一样可以代表国民党。我们只承认段祺瑞自身可以代表一部分北洋派，我们并不承认段祺瑞任意指派的代表也同段祺瑞自己一样可以代表一部分北洋派。其余张作霖、冯玉祥也是这样。如果段祺瑞派他左右梁鸿志出席，张作霖派他儿子张学良出席，冯玉祥派他左右薛笃弼出席，到底能够代表谁呢？再如“各军最高首领”和“各省军民官长”各指派他们的驻京代表出席，这一类第三四等食客及小政客又能代表谁呢？

法国革命后的国民会议，宪法会议，无论是贵族是教士，没有不亲自出席的；美国独立后的联盟会议，宪法会议，无论是华盛顿还是甲富森，也没有不亲自出席的；俄国革命后的全俄会议，中央执行委员会，无论是列宁还是柯基克，也没用一个不是天天［在］议场中过生活的。独有我国的“大人物”，宁肯在私第里叩头，绝不愿到议会中张口，仿佛一入议场，便失掉“大人物”的威严。此种心理，根本上便不能建设起来共和国家。

奉告与会诸公，善后会议并不是普通行政会议，可以派员充数；并不是普通吊丧祝寿，可以派人周旋。从前督军团会议，尚且有多数督军亲身参与，去年吴佩孚做寿，尚且有许多师旅长躬亲趋拜。若把此次关系国家生死存亡［的］所谓善后会议，当做普通行政会议及普通吊丧祝寿看待，甚至于看这个善后会议远不及督军团会议及吴佩孚做寿的重要，那么，这个善后会议宁可不开！

故我们主张这次善后会议之中，尽可以有代表各种势力的人员，绝不可有代表各种势力的人员的代表，老实说，代表会议我们已经是根本怀疑了，若再有代表的代表会议出现，我们只有根本上不承认。

《现代评论》第1卷第5期，1925年1月10日。

我们对于国民会议组织法的主张

我们认定国民会议与临时政府及善后会议的性质绝对不一样，因为国民会议是创造国家的根本法和决定建国方略的；临时政府及善后会议却只是一时的，治标的，注重结束的。故临时执政尽可由实力派拥戴，善后会议的会员也尽可代表实力，而国民会议的议员却要由人民自动的选举。我们对于临时政府和善后会议所以看得不大重要，就因为我们意中有一个神圣的或完全完善的国民会议，可以判断他们的死活。我们意中的国民会议，若借用卢梭的话说出来，就是：

当人民以主权者资格合法集会的时候，政府的一切职权立刻停止，执行的权力即时中断，最下等的公民马上变成第一等的官吏，神圣不可侵犯。

我们既已把国民会议看得这样神圣，那么，对于产生这种神圣的国民会议的方法当然要慎重的讨论。我们主张国民会议组织法至少应该采取下列的根本原则：

（甲）废除纳税、财产、教育等限制的选举；

（乙）凡有中华民国国籍的男女，年满二十一岁以上者，皆有选举权。

（丙）凡有中华民国国籍的男女，年满二十五周岁以上者，皆有被选举权。

（丁）采用直接选举制。

我们所以［主张］这四个最少限度的根本原则，就是想组成一个真正代表人民的国民会议。所以我们要首先郑重声明的，就是：

国民会议只许由人民直接选举出来的代表组成，此外任何机关或个人均不得以特殊的资格推举代表参加。

我们根据上述的原则，对于拒贿议员签选代表参加，或第二届国会议员推选代表参加……等类的提议，一律表示反对。

我们对于国民会议议员的选举法主张以采用分区选举制为主，而辅之以职业代表制。现代的选举方法和选举理论，大概不出区域代表和职业代表制两种。区域代表制是假定“在同一区域的人民总有最大的共同利害关系”；职业代表制是假定“凡从事同一工作的人民总有最大的共同利害关系”。在工业最盛的国家，同一职业的共同利害关系比较同一区域的共同利害关系重要；在交通不很发达的农业的国家，同一区域的共同利害关系却比较同一职业的共同利害关系重要。我们认定中国也免不掉要走这由农业国渐变为工业国的一条道路，故一方面有维持旧有的区域代表制的必要，一方面又有采用新生的职业代表制的必要。

（一）区域代表的选举　我们所主张的区域代表的选举的方法：

（甲）各省以现行的道区为选举区。

（乙）各省选出议员的名额依人口的多少决定，每人口二百五十万选出议员一名。

人口的总数暂依民国元年《国会组织法》第四条的根据为准。

（丙）蒙古，西藏，青海选出议员的名额照民国元年《国会组织法》第五条所规定的名额减去三分之二（蒙古九名，西藏三名，青海一名）。

此外尚有华侨不能包括在上项选举区域之内，然而依他们的特殊地位和民国惯例，似应当许其参加国民会议的组织。我们以为可与国民会议设置华侨议员名额二人，而适用民国元年《参议院华侨议员选举法》以选出之。

（二）职业代表的选举我们主张在中国职业团体未十分发达以前，不能分业选举，故仅以下列的几种有组织的团体为基础：

（甲）教育会每省的县教育会联合选举议员二名，每省的省教育会选举议员一名。

（乙）商会每省中大城市人口满五十万以上者其总商会选举议员一名，满十万以上的各城市的商会联合会选举议员二名。

（丙）工会大城市人口满五十万以上者其工会联合或总工会选举议员一名。航业工人的工会，铁路工人的工会，矿山工人的工会，机器工人的工会，防治工人的工会，印刷工人的工会等类会员满万人以上者各选举议员一名。

上项工会会员之不满万人者得联合同类的工会凑成会员总数万人，选出议员一名。

（丁）农会每省的县农会联合选举议员二名，每省的省农会选举议员一名。

此外尚有几种所谓“自由职业”，不能包括在上列各项职业团体之内，然而在国内代表一部分重要的职业的利益，而且比较的具有确定的组织，如律师，医生，新闻记者业之类，似也应当给以独立的代表权，我们以为可由律师总会或全国各地律师公会联合会，各地医生联合会，全国新闻记者协会或各地新闻记者联合会各选出议员二人。

凡属于数种职业团体之人，只许以一个职业团体分子之资格，享有一种选举权。

上列各会现有的组织，或为少数人所把持，或系秘密未公开的结合，往往不能代表各会的全体会员，这是很常见的事。故我们主张在未行国民会议议员的选举以前，凡没有成法可依据的，应从新制定组织法，凡有成法可依据的，亦应指明适用某种旧有的组织法，一律限期改组。

《现代评论》第1卷第10期，1925年2月14日。

哪里配的起“反动”

自我病了以后，整整隔了三十期（从十四期到四十［四］期）没有在本刊上发过议论。有许多人说：在这三十期——一百一十天——中，国内发生一派很激烈的“反动运动”，这个运动：在政治上主张废除代议制，恢复科道制；废除选举制，恢复科考制。在文学上主张推翻平民文学，恢复他自己都没有做得通的什么贵族文学。尤其荒谬的，是以督理省长为贵族，由他们指派师爷幕友来集成什么会什么会；更用那上不在天，下不在地，南奔北附，东倒西歪的无聊政客来商榷什么是什么非。“肉麻”杂志，“饭碗”机关，装饰品似的参什么院，师爷式的什么草……大概都是这个反动运动的总成绩。

我因为北大脱离教育部一案，多蒙人家抬举，加我“勾结肉麻派”的头衔，以“时论高之”的我，早应该鼓吹“执政府者乃乘无法之末运，开造法之初基……谋弋取天下德慧术智在总量，以奠民生而立大本”一派的吹皱一身皮肉的话，方才对得起“时论”。但是我的梗顽不化的态度，仍和从前作阶下囚时一样，故我对于反动的顽固的反对，仍然不因“时论高之”或“时论低之”而改变。

我以为做反动运动的人至少要具下列的三个条件：

(A) 要有历史进化的眼光；

(B) 要有应付时势的主义；

(C) 要有容纳普通思潮的雅量。

我虽然不曾在“名邦大学负笈分驰”过，但是我却相信只要少微有点常识，总可以知道英国人是最会做反动运动的人。当法国革命思想横行世界的时候，别的国家连正眼儿也不敢相觑，独有英国人敢首先出来反对，那时白克（Burke)、边沁（Bentham)、梅因（Maine）一类人就是反对法国革命思潮的急先锋。近来当马克思的社会主义思想横行世界的时候，别的国家也只有画依样的葫芦，又独有英国人敢仗胆出来修正，最近福滨社会（Fabian Society）一派人就是反对马克思阶级战争思潮的健将。

可是边沁和梅因虽然都是同白克一样反对法国的革命思潮，想使英国免去这个传染病的侵害。但是边沁、梅因的反对法国革命思潮的论调却和白克不同。白克以为凡是英国祖先遗传下来的法律习惯，都是神圣不可侵犯的，都是完全无缺的，丝毫没有改革的必要。可是我们如果要读一读华颇（S. Walpole）的《英国史》，至少可以看出白克所颂扬的英国宪政，和那时工业发达的英国实际社会已经两不相容了。那时工业发达，城市的人口移动很厉害，古色若（Old Sarum）在法律上应出两个议员，可是却没有一个住民；壁特县（Bute）只有一个选民，却选出一个代议士。他如大地主公然买卖议席，财政部公然指派一百七十二个议员，都是人人皆知的。故只就代表制一点说，白克所认为神圣不可改易的选举制，已经变成绝对不可存在的选举制了。

至于边沁和梅因的反对法国革命思潮的方法，便不同了。边沁一方面纠正法国革命时所鼓吹的无根据的谬论，一方面却纳容法国革命时所提倡的那些关于民权民治的真理。故边沁虽然反对“天赋人权说”，却主张“法定民权说”；梅因虽然反对“社会契约说”，却从历史上找出“社会进化说”。换句话说，边沁和梅因的思想虽然都对于法国革命思想的反动，可是经过这一次的反动，结果便淘汰了许多毫无根据的谬想，建设起来合乎社会需要的法律改革论，及合乎历史事实的社会进化论。

因此，便有许多学者认定：白克的保守说，本想截堵住政治上的革命，但是结果却制造起来政治上的革命；边沁等的改革说，本来不想截堵住政治上的革命，只想疏导革命潮流朝另一方面进行。故白克的反动学说不久便渐渐失势，而边沁反动学说却成为照着英国社会改革走上正路的明星，所以真正能消灭革命浩劫的学说并不是白克一派的反动论，乃是边沁一派的改进论。

最近英国人抵抗革命思潮的精神，仍然和从前一样的完健。当马克思阶级战争的学说侵入英国的时候，福滨社会便因时而起。他们主张缓缓的进化，不主张亦步亦趋的模仿社会革命的运动。结果他们便把社会主义的根本原理——如土地公有，生产机关公有，打破不劳而得得［的］阶级等——大部分采用起来，却同时又打破那社会革命的学说，建设起来社会进化的学说。

现在且正告中国的反动派：你们如果以为自己落伍，骂骂人出出气，那就罢了。如果真正想做点实在事，可不是斗嘴头，弄字眼儿，或尽量的把一般趋炎附势乞恩求宠的人的私信公表出来，便算完事。第一，最少要具有历史进化的眼光，不要只在历史的轮回劫中翻筋斗，竖蜻蜓，拿古今的差异，当作中外的差异，硬一口咬定了说：中国是万古都以农业立国的。第二，要有应付时势的主义，不要把那死过去的制度，当作万古不变的圣经看，硬在民治政体上翻出专制政体下的袍褂出来，披在身上，做一件遮丑的衣裳。第三，要有容纳普通思潮的雅量，不要弄小心眼儿，和人家撇气，硬把时代的思潮一笔抹煞。不能如此，便不配称为反动家

《现代评论》第2卷第44期，1925年10月10日。

平民革命的目的与手段

“平民革命”本是一个好听的名词，至少在中国还没有被人轻薄过，可是同时做平民革命的实行家自己也不要玷污了他的清白才好。依我说的浅陋的意见说：要想不白糟蹋了这个好名词，第一要弄清楚这平民革命的目的和手段。

人人都知道：凡做事有手段无目的，便是瞎闹；有目的无手段，便是梦想；有目的有手段，而手段与目的相矛盾，便是自杀。这个浅薄的理论是尽人皆知的，可是一到实行起来，却往往不免相矛盾。他们做得兴高彩烈的时候，你要是从旁插嘴说他们不对，他们往往对你翻白眼骂你，甚至于说你是反革命。

平民革命的目的何在？我个人对于这个问题当然不能作具体的答覆，可是笼统的说起来，总不出下列的一个最小的限度。就是：

（A）对内至少须要求一个立宪的，公开的，和有计画的民治政府，至少须定下废督裁兵及保障言论自由集会的政策。

（B）对外至少须要求废除一切不平等条约，至少须要求中央政府绝对不受任何帝国主义的势力暗中操纵。

如果连这样最低限度的主张都不能提出，那么就根本上不能大吹法螺，说是平民革命。

假定平民革命的目的如此，那么这种革命成功是哪一阶级受害呢？我可以毫不踌躇的答道：军阀。照这样说来，平民的对头就是军阀，平民革命就是打倒军阀；必须

把军阀打倒，平民革命的目的才能够实现。不然你要立宪的政府，他偏要专制的政府；你要公开的政府，他偏要秘密分赃的政府；你要有计画的政府，他偏要无计画的政府。你要废督，他偏要造督；你要裁兵，他偏要招兵。……你要打倒帝国主义，他偏要靠着帝国主义生活。便怎么样呢？

我所谓打倒军阀，乃是推翻一切的军阀，并不是联络甲军阀，打倒乙军阀。今天联甲攻乙，明天又联丙攻甲，乃是那抱要狗熊主义的政客做的，不是平民做的；乃是那抱复仇主义的失势军阀做的，不是平民做的。在平民的眼光看起来，甲军阀，乙军阀，丙军阀，丁军阀：皆是一个娘养的，皆是吃人不偿命的虎狼，皆是杀人不眨眼的强盗。

平民要闲的不耐烦，学学政客先生们，好像斗蟋蟀一般挑拨他们打着玩，那我们可以不说话；平民要有仇不能报，学学失意的军阀们，借刀杀人，让我们也可以不说话。如果口中夸我是无政府主义家，手中执着红帜表示我是共产主义家，或者怀中挟着书包自称是民治主义家，你们再要联起军阀，利用起军阀，或者垂首乞怜于军阀，那就真是梁任公所骂的"傻小子"的行为了！

无政府主义家，共产主义家，民治主义家，无主义主义家，今天这个主义明天那个主义，请你们不要做那某军阀比较好些，某军阀听我们指挥，某军阀被我们利用……等等不成梦的好梦，白白的把这"平民革命"一个好听名词弄糟了。才是"中华民国万岁"！

《现代评论》第3卷第53期，1925年12月12日。

对于委员制的意见

委员制的传闻到现在已经一年有余，不但本刊对于这个制度不曾明白讨论过，就是我个人也从没有对于这个制度发表过半点意见。现在因为北大国语演说会要辩论这个问题，要我发表一点意见，供他们的参考，姑且把我个人对于这个制度的意见略为一说。

我当未说委员制性质之前，先述述中国人主张委员制的理由。中国的名流学者主张委员制的有章太炎，徐季龙，褚慧僧三人。太炎先生想用委员制来息中国武人的纷争，故说："总统只有一位，而才望等夷者众，其势必出于争"。这是太炎先生主张委员制的理由。季龙先生主张委员制的大意是："内阁制和总统制在中国都试验过了，都没有好的成绩，现在只有一个委员制不曾试验过，不如姑拿他来试一试看"。季龙先生主张委员制虽然还有其他的理由，但是这也是他许多理由中的一个理由。慧僧先生在善后会议中提出委员制，是想把各省的督军督办一齐网罗到中央来，作为废督的初步办法。这是慧僧先生主张委员制的理由。

如果主张委员制的人只拿这几种理由做根据，那么，我们只得哑口无言，听他们发挥“妙论”罢了。如果认为对于委员制的本身还有讨论的必要，那么，小子便要放肆，发挥我个人的“妙论”了。我以为要采用委员制：

第一要有委任和监督这委员制的机关。关于这一点，并不必要高谈学理，我们只要“顾名思义”的问一问：“委员是什么人委的?”那就够了。只有被委的机关，没有委人的机关，时时在他们之上，来监督他们的行为，纠问他们的责任，那么，委员制的名义和实际便完全消失了。瑞士的行政委员会是对于“联邦议会”负责的，绝对的服从联邦议会的决议案。所以狄卜来（Dupriez）说：在瑞士“各行政长官（委员）只有遵奉立法部的意志，他们并没有选择别种方法的余地；他们总是好好的服从”。委员的来，必由国会选举；委员的去，必同国会期满一同的去。老实一点说：就是国会把他们平日相信的人们，推举出啦，教他们去组织一个“奉命唯谨”的行政委员会，来执行国会自己的议决案。英国的白芝浩（Bagehot）说：“内阁者特一富于缀系性之委员会也。”他把内阁看作委员会，立论的根据完全就在这一点。由此可见凡能名称其实的叫做委员制，必定要有委任机关存在。中国现在的委任机关在哪里了？没有委任的机关，只有被委的机关，就根本上不能冒称委员制。

第二委员会只能做执行国会政策的机关。凡是采行委员制的国家，立法的本意只想降低行政部的地位，不是想抬高行政部的地位。瑞士的行政委员会在实际上只要委员自己原意连任，几乎没有不继续当选的，所以行政委员在习惯上几乎变成终身官。由此可见瑞士的政治制度是把决定政策权划归联邦议会，单把执行政策的职务委托于行政委员会。因此瑞士的行政委员只以行政经验为当选的条件，并不是选举他来代表某一政党或某一种特殊势力的。例如在一八八八年中央自由党虽然在国会中失掉势力，可是在行改委员会中依然有三个委员。有时或者也照着政党去分配委员的人数，可是只有极不相容的政党，却没有相互攻击的委员。为什么呢？就是因为委员会只做执行国会议决的机关，不是决定政策的机关，所以只以行政的技术和经验为重，不以代表政党的党纲和政见为重。如果中国采用委员制的本意是注意在使实力派的首领加入，隐隐把这政令不出京城的北京政府地位提高，那么不但在事实上只是痴人说梦，就在性质上也与委员制的精神绝不相符了。

第三委员会只能受一个政党的支配。上边所说的两点是瑞士委员制的特色，现在所说的这一点是苏联委员会的特色。苏联的“人民委员会”在事实上既不是事事听命于全俄苏维埃大会，又不是专门做执行政策的机关。这个人民委员会在法律上虽然居第四位——第一是全俄苏维埃大会，第二是中央执行委员会，第三是中央执行委员会主席部——可是在实际上全俄苏维埃大会，不常开会，行使职权的机会极少；中央执行委员会，和他的主席部也不过是一个宣传的和示威的机关，亦不能行使法定的职权。故俄国事实上的政治中枢就是这个人民委员会。他所颁发的命令事实上等于立法；他在紧急时颁布一切紧急命令不必经过中央执行委员会或主席部的准许；他又有提出一切法律案的权力。故简单一句话：苏联的人民委员会乃是总握立法行政两种职权的机关。

照这样说来，苏联的委员制处处和瑞士的委员制相反，那么，他的委员会靠什么机关维持统一，受什么机关指挥命令，对于什么机关负责呢？老实一句话，就是共产党。苏联以党治国，人民委员会的委员就是党中领袖，政党的党权和国家的政权都操在这个人民委员会的手中。这个人民委员会既然成为国与党共同一致的政治中枢，因而又成为团结一致的坚固团体。所以共产党如果不致破裂，人民委员会自然也绝对不会破裂；人民委员会既不会破裂，所以虽然变成决定政策的团体，也绝对不容有或不敢有冲突的意见发生。故苏联委员会一方面既不受国会支配，一方面又为最高政策的决定机关，然终不致发生委员冲突的弊病，乃是这党义维持的结果。中国现在既没有一党可以独掌政权，而各军阀又没有相同的主义或政见，要想行委员制，恐怕不只难于拼"七巧板"，并且要难于团"散沙"了。

我要栽诬主张委员制的名流学者们，认定他们的主张只是为军阀立法，如同前代帝王为一己的江山社稷立法一样。要知道军阀比你们乖的多咧，他们并不是争总统，简直是争皇帝。他们岂只想在中央争一把交椅吗？简直是想把中央变成他部下大小喽啰的聚义厅！区区鸟委员，他们哪里就看得上眼！

《现代评论》第3卷第56期，1926年1月2日。

革命军与言论自由

自从"首都革命"的名词出现以后，军事当局对于报纸的压迫，自然是比较张作霖、吴佩孚时代好一点。但是所谓"比较好一点"，只是对于本党或友党所办的报纸而言，再不然就是对于依附本党或友党而为本党或友党尽力鼓吹的报纸而言。至对于异党或超然派的报纸，其压迫的程度，不见得就比张作霖、吴佩孚时代好得多少。要像这样做下去，结果必定是凡本派的报纸有自由，异派的报纸无自由；凡依附本派的报纸有自由，反对本派的报纸无自由。比较张作霖、吴佩孚还是"易地则皆然"。

封闭报馆，在中国的首都乃是司空见惯的事体，本犯不着大惊小怪。近来《大同晚报》与《北京晚报》事件，也不过是承继那自袁世凯以来的传统的政策，更犯不着此轩彼轾。不但那自绿林出身的张作霖有到北京来自由抓去陈友仁的特权；就是那些争自由争平等的群众，也同时有自由焚烧异派报馆的“天赋人权”。所以自己有自由，人家无自由，这两句话简直可算是中国人千载相传的惟精惟一的心法！

我们并不是说：言论不当受法律的制裁，只说：言论不当受势力的压迫；我们并不是说：本党或友党的报纸不应当有自由，只说：异派的报纸应当与本派的报纸享受同等的自由。更进一步说，我们并不是袒护那造谣生事或受人利用的言论界，但不能因为言论界目中无法，我亦可以无法之法去压迫他们。比如李彦青固然有可死之道，但是不经由普通法庭裁判，只经由军事法庭裁判，我们总认为不合法治国的精神。《大同晚报》与《北京晚报》所以被封的理由，未经明白宣布，局外人当然不能详知；但是无论如何，皆当依必经的手续。所谓必经的手续，即依法送交普通法庭审判，是也。今军事当局既不曾经由这种必经的手续，倏然就把该两报馆封闭，无论理由如何充足，罪案如何确定，我们总只能认为是受势力的压迫，不是受法律的制裁。这种举动，我们总认为不合法治国的精神。

我们对于国民军的希望：是此后无论何事，皆当依法而行。张作霖、吴佩孚的目中可以无法，国民军的目中却不能无法；张作霖、吴佩孚可以不重视言论自由，国民军却不能不重视言论自由。故我们希望以革命军自命的国民军，以后不要以势力压迫言论自由，应当以法律保护言论自由；并希望以后不单是尊重本派报纸的言论自由，并应当尊重异派甚至于敌派报纸的言论自由。

《现代评论》第3卷第64期，1926年2月27日。

护宪与卫戍司令部

民国元二年间，有一位司法总长亲自察视，看见监狱里面的囚犯差不多都是一般平民，便慨然太息，说道：“中国的法治精神全靠一般小百姓维护，中国自古刑不上大夫，故中国的法律只是为小百姓设的，只对于小百姓有效。”这位总长只看见法律的半面，只知道法律是惩罚人民的犯罪，却不知道法律还有一个大的目的在保障人民的权利。中国几多年来，小百姓之受法律的惩治固然可说应有尽有，可是小百姓之受法律的保障却是应有尽无了。如果高谈护宪的人，也和这位司法总长一样，只让宪法上所规定的政府权力有效，不让宪法上所规定的人民权利有效，那就是只护半部宪法了。

如果宪法上所规定的人民义务一律教人民方面负担，宪法上所规定的人民权利却不许人民方面享受，这个办法，再和那位司法总长的话合起来，造成两句格言：便是“法不上大夫，宪不下庶人”了！

宪法乃是“人民的权利书”，欧美各国两百年来，所有争人权的运动，都变成争立宪的运动，就是因为宪法是保障人权的堡垒。小百姓睡在家中，即有人把他的“权利书”送来，不费他们半点心血，天地间哪有第二件像这样的幸事呢！而况护宪之外，还杂着有护法的呼声，真是猗与休哉，法治之隆，迈乎千古矣！

但是宪法并不是一护所能了事，所贵者不在乎护而在乎行。护宪而后，到今只行过一条，就是：“大总统……解职，副总统亦不能代理时，由国务院摄行其职务”。今日独角总理已经把这一出独角戏演起，宪法上第七十七条可算是有了着落，可是无着落的还有一百四十条！再断章取义的说，连第十九条及第二十条也实行一半了，就是“中华民国人民依法律有纳租税之义务”及“中华民国人民依法律有服兵役之义务”，不过各地方都把“依法律”三字暂行涂去留待后用罢了。

完了，此外再找不出行宪的证据了。尤其与“权利书”相反的，就是京畿卫戍司令部所颁布的许多条例。说他可以代替《戒严法》罢，可是却与宪法第八十六条“大总统依法律得宣告戒严”的规定不合，就因为戒严须由大总统宣告。说他《惩治盗匪条例》罢，可是如“赤化”，如“藏匿军械”等，事实上既不明火抢劫，又不扰害治安，故名义上当然不好直把他当做盗匪看待。说他和人民权利无关罢，可是“不分首从，一律处以死刑”，及搜检家宅，限制集会结社言论的自由，又和宪法上第六条“中华民国人民非依法律不受逮捕监禁审问或处罚”，及第七条“中华民国人民之住居非依法律不受侵入，或搜索”等规定又处处根本冲突。宪法上只允许国会行使立法权，卫戍司令部当然不能自认为国会，又何以有关于处罚人身的立法权，又何以有限制人民集会结社及言论刊行等自由的立法权？宪法上只许法院行使司法权，卫戍司令部当然不能自认为法院，又何以能不经法庭审判，即可执行死刑，不得法庭命令，即可监禁逮捕。

我想总有人说：凡在非常时期，就应该有非常机关，创造非常法律，来应付非常事件。可是我要问的，就是这非常时期究竟到何时终了？在无政府的时期当然可算是非常时期，到了自家所承认的政府成立时期，当然要算是非常时期终了的时期。如果要承认直到今天，还是在无政府的状态之中，那么，将这位依宪法而摄政的颜内阁视法律上的正当政府，那么，凡一切在宪法未施行以前而于宪法相抵触的法律，是否还可以继续有效？

在这种有民国而不许民治的国家之中，小百姓自不敢僭越而有所主张，可是代替小百姓而有所主张的人，无论所主张的是好是坏，总要抱着主张做去，不使行为与主张相反才对。没有毁宪能力的小百姓，当然也没有阻止人家护宪的能力，更当然没有引导护宪者做事的能力。可是依宪法做事不能不说是护宪者的当然的义务，而护宪者如果真想要依宪做事，便不能不取消一切违宪的行为。如果真是依宪做事，纵然不能说："有宪法便不能再有卫戍司令部"，可是总可以说："有宪法便不能再有卫戍司令部的法律"！

《现代评论》第3卷第77期，1926年5月29日。

张奚若

张奚若（1889—1973），原名耘，又名侠云、亦农，字熙若，后改奚若。1889年出生于陕西省朝邑县。1913年7月，赴美国哥伦比亚大学学习，1919年获政治学硕士学位。1921年赴法、意、德、英等国考察学习。1925年回国，1927年应蔡元培邀请，担任南京国民政府大学院高等教育处处长，1928年兼任中央大学政治学教授。1929年8月，出任清华大学法学院政治学教授，主要讲授《西洋政治思想史》、《西洋政治思想史专题研究》等课程。1938年任西南联合大学政治系主任，并被师生推为西南联大教授会代表，参加西南联大全校性的工作。1949年后任政务院政法委员会副主任、教育部部长、对外文化联络委员会主任、中国人民外交学会会长等职，1973年7月18日卒于北京，终年84岁。

哪里配做“狄克推多”

要知一个人配做一件事体不配，应先知道那件事体的本身性质若何及做他时所需要于做者的资格是什么。譬如要做演说家，应先知演说是以语言折服于人心的一件事，做此事的资格是要有口才。要做拳师，应先知拳术是以手打人的一件事，做此事的一个要紧资格是要有力气。要做花旦，应先知花旦是戏曲中一个美丽夭艳的女角色，做此角色的几样重要资格是要有容貌，身材，和做工。反之，若是演说家没有口才，拳师没有力气，花旦没有姿色，白在台上糟蹋看客的时候，那么，结果恐怕若不自己拆台，便要招旁人闹场吧。

平常小技细事尚如此，何况做那一国政变之后大权在握举动极关全国人民祸福的“狄克推多”哩。

“狄克推多”是一国当危急之时或大变之后，暂时揽一切统治权，不受平常法律限制的一个大权执掌者。其存在理由，全在能转危为安奠定国计。所以人家就是暂时受他一点不方便的地方，也觉得是没有法子，不大紧要。这原来是一种“两害相权取其轻”的消极容忍态度，不能无故利用。

段祺瑞去年上台之后，其政府是否应取“狄克推多”式，是另一问题，不是这篇文章所欲谈的。我们现在所欲问的，不是段氏应作“狄克推多”不应，乃是他配作不配。换言之，就是要问他有没有作“狄克推多”的资格。

要晓得他有没有这种资格，应先晓得这种资格是甚么。依政治原理，考历史成例，做“狄克推多”须具三项资格。

（一）须有积极一贯的政策。大概“狄克推多”发生的原因，是因国家当大改革之后，有推行及保护新政策的必要。因这种新政策的仇人很多，所以采用“狄克推多”以笼统的方法，打倒一切仇敌，监行他那积极一贯的新政策。这种新政策的趋向，用不着说，自然是与政变以前的旧政策完全相反。他的特帜［质］，是在相反。不但相反，并且要有积极的精神，一贯的方法，和雷厉风行的摸［模］样，才能算是“狄克推多”。不然，与平常政府无异，不能假冒招牌也。此类历史例证甚多。如那法国革命时的路拜斯伯，俄国革命时的列宁，都是作“狄克推多”的几个好榜样。甚至等而下之，连那前年意大利政变时的墨索理尼，虽其政策全带反革命性质，但他那一贯的精神和雷厉风行的模样，总不能算是有愧“狄克推多”的行党［风格］。路拜斯伯当一七九三至一七九四年之间，因要维持那法国革命的“自由，平等，博爱”三个大主义，不惜一年间杀人至三千人之多，以贯彻其革命新政策。列宁当俄国革命后数年中，因要实行他的共产主义，也不惜监禁屠杀一切反对共产主义的对头，以保其已得之劳农政权。就是那反革命的墨索理尼，也是监禁这个，格杀那个，迅雷不及掩耳的扩张他那“法西士”势力。这是往古，近今，和现在的几个好和坏的“狄克推多”。他们每人都有一个积极一贯，旗帜很鲜明的政策。反观我们自命“狄克推多”的段政府，不知大家比较之下感想何如？

段氏上台后所标榜的大政策是办理全国统一。达到这个政策的方法是招集善后会议和国民代表会议。国民代表会议，现在还远得很，将来是否真能招集，此时无人知道，所以暂且不必管它。我们此时先看看他那善后会议是不是真能善后。

自善后会议的组织和权限看来，可以说是发端已谬，决难有好结果。但这是另一事，此刻尽可撇开不必说。现在只看看那执政府在善后会议里所提出的几个大提案，以定他是否有积极一贯的政策。

执政府在善后会议里所提出的议案虽多，但除了那性质别属，不能认为普通政策的《国民代表会议条例草案》外，可认为与善后会议有关系的议案，只有陆军部所提出的收入与军费比较表，内务部所提出的移民计画案，收束及安插军队案，及财政部所提出的军费标准案，中央预算案，各省区预算案等，此等议案，若仅自其名目观之，似乎很是代表执政府的善后精神和政策。谁知一按其内容，则全属空空洞洞的泛论，毫无具体办法。只能认为考试时代的策论文章，不能算作政府提案。这并不是我们有意责备政府，过其非辞，连那善后会议的会员们也都如此说。他们对于这些无从议的提案，不是直捷了当立刻退回，就是顾全政府面子，与以“保留”死刑。

照此，可见段政府连一点政策都没有，那里还说得到甚么积极不积极，那里还配做甚么“狄克推多”。

（二）须有雷厉风行的手段。“狄克推多”不但要有积极一贯的政策，并且要有雷厉风行的手段去行这种政策，才能算是。俗话说，“做甚么的要像做甚么的”。我们先看看段氏自去年上台后，对于各事的办法，是不是像做“狄克推多”的。

第一，一个军阀包办的善后会议，筹备了几个月才开会读甚么祝词和颂词。肉麻的祝词颂词读过后，休息一两星期才议事，而且每星期中仅议二次。现已议了一个多月，还是一事未议出。此刻开会期限已满，自又不得不延长。将来究竟何时可议完，到底能议出些甚么东西，自然是无人知道。像这样麻木不仁的善后会议，我实不知他能善何后。

第二，江浙战争，河南战争，执政府对之均毫无办法。连那由善后会议议决的会期内各处停战案，也只敢出以不负责任的通电发表，而不敢出以命令形式。电发不久，胡憨居然打起架来，执政府陷于无办法地位。想了许久，才想出一个派员调停法。调停员不能勒令休战，政府又束手无策。苦哉执政府，苦哉古今罕见之“狄克推多”。

第三，溥仪既然迁出宫禁，自然应将这个十三年来未解决的糊涂案，一刀两断，办个清清楚楚。不在此处着想，却反在那里埋怨冯玉祥不应该甚么无理取闹，这足见执政府对于此事毫无正大主张。弄得不好，溥仪居然逃赴日使馆。逃至日使馆，复又以侦伺不严，居然又让他逃往天津。这足见执政府的警察等于虚设。现在溥仪被日人居为奇货，还要运他到日本，预备将来利用。执政府对之，一言不发，又足见他的外交无能。溥仪这件事，本来与国家大计无关，但颇足形容执政府对于一事无斩钉截铁雷厉风行的可怜样子。

（三）须有充足可靠的武力。“狄克推多”的根据是武力。若无武力，就是有积极一贯的政策，也难以雷厉风行的行去。段政府既无武力，以常识论，本应别求一种势力（例如舆论或公理）以为根据。何必要作那自作法律的“狄克推多”呢？这岂不是太不自量其力了吗？路拜斯伯若无他的革命军，法国革命自然要中断。列宁若无他的红军，俄国革命也定遭失败。墨索理尼若无他的“法西士”军，自然是早已下台。他们这几位都有一定的政策和可靠的武力，所以不败。今段氏既无行政策之武力，又无［行］武力之政策，其结果可想而知。

依上所收，段氏既无积极一贯的政策，又无雷厉风行的手段，又无充足可靠的武力，早已不配做“狄克推多”。勉强要做，便不能不弄到今日非驴非马的滑稽状况。何该，何该！

《现代评论》第1卷第15期，1925年3月21日。

英国派兵来华的目的和影响

这几天来国际间的重要问题当然要算是英国派兵来华这件事了。此事不但自居于被压迫地位的中国人看起来是很重要，就是那向以侵略弱小民族为职业的英国人看起来也似乎是含有一种重大意味及不可测的影响。中国人对于此事当然是不分南北不论新旧的一齐反对，英国政府既遭受工党猛烈的攻击，大概也不能算是全国一致的赞成他的政策罢。至于日、美拒绝合作，国际舆论不直英国，那更不待言了。所以英国此次派遣大兵光临中国这件事，除过在世界上到处闯乱子的英国资本家及代表资本家的英国政府和给资本家做走狗的旅华英国商人教士外，可以说是没有一个人赞成，没有一个人不反对。

但是反对自反对，派兵自派兵。那代表帝国主意的英国保守党政府当然是不会因受舆论攻击遂中止派兵的。那是绝对不会的。如会，岂不是英国人便［不］成其为英国人，保守党亦不成其为保守党，世界上最狡猾最阴险的帝国主义者也不成其为如此的帝国主义者了吗？所以我以为关于此点中国人只应研究对付方法，不必妄想他们中途撤兵。那时［是］绝对做不到的。兵已派出，陆军已出发，海军已开驶，空军已起飞，两三万强［大］的示威大队不到两三星期便可以长驱直入驶进我们的黄浦江占据我们的上海了。

大英帝国的武力东来，我们虽然是无法阻止，但我们为我们自己的切身利害计，当然应当问问他这一大批人马气势汹汹的到底做甚么来，及他来后对于中英两国关系上将生如何影响。

第一，到底做甚么来？“英国此次派兵来中国到底有甚么目的？”这差不多是这几天来中国人人人自问而不能得一个圆满解答的问题。自表面上说，英国政府本已明白宣布是为保护上海英侨生命财产而来。但不幸政府和外交家的宣言人家向来也只当他做政府或外交家的宣言看，向来打惯折扣，这次又焉能不打。何况这次的折扣成数又似特别大呢。因为，第一，若真是为保护上海英侨生命财产而来，那就必须上海英侨生命财产发生危险，然后才有保护可言。今上海安诸如常，英侨生民财产并未发生何等危险，试问所谓保护，系因何人何物何事而发生此种保护之必要？第二，若说是恐怕国民政府的势力到了上海后，将仿收回汉口租界例，用同一手段收回上海租界，为先事预防计，不能不加派大兵防守上海，那末，英国政府和英国人应当知道收回租界是一事，因收回租界或令英侨生命财产发生危险又是一事。收回租界是中国人全体不分党派不论新旧的一致主张，我们已下此决心，英国人无论如何谅也无法阻止。不过收回租界的方法原分和平与激烈两种。我们赋予和平精神的中国人，非至万不得已，当然情愿采取和平方法。但若我们的对方一定不赞成这个方法，一定嫌这个方法没有甚么趣味，那我们为尊重他们的意思起见，最后也就只得采取激烈方法。决定此种方法之权，我们很惭愧的说，实在不在我们手里。这只是指收回租界一方说。至于收回租界时是否将令英侨或外侨生命财产发生危险，那当然是不一定的。大概只要英国人或其他的外国不首先开衅，我们是绝对不会自动的去侵犯他们的。其实岂但不会自动的侵犯他们，有时他们无故的侵犯我们，有时我们的生命已遭受极大危险，我们还只是一时的采取不抵抗态度。去年五卅惨案的经过及最近汉口事件的起源就是这样的几个好榜样。总之，收回租界是一件不可免的事体，不过收回租界与英侨生命财产却是丝毫无关的。这次汉口事件起后，我方始终能尽保护责任，始终未令英侨生命财产发生半分钟的危险，很足以证明我这话不错。至于英侨自动的逃生迁移，那只能怪他们不懂中国人心理，不解中国国家主义运动的性质，庸人自扰，并不是我们强迫他们使之如此。说到这里，有几句话关于外国人对于中国人的心理和见解，使我不能不趁便说说。那就是外国人，尤其是英国人，现在对于中国人的心理和见解还是二十六七年前的心理和见解：他们以为现在的中国人还是庚子年的中国人，他们时时刻刻还把我们当做义和团看。因有这个错误心理，所以每遇中国有内乱的时候，他们就手忙脚乱，调遣军舰，招集义勇队，安设电网，堆积沙包，架设机关枪，尽种种自卫能事。此等庸人自扰的动作，我们看见何等可笑。然而他们方以为如临大敌，事非得已。其实到现在还用那调遣军舰，招集义勇队的方式去应付中国的局面，不但不足以证明我们是现在的义和团，反足以证明他们还是从前的“洋鬼子”，丝毫没有改变头脑。

派遣大批军队系为保护上海英侨生命财产这句话，尤有令我们不能置信的能力，就是：上海那样一个小地方，若是当真只为防卫起见，那又何必要派好几万的陆军，海军，甚至空军呢？那岂不是小题大做么？若说保护区域并不限于上海，那么，这几万的人似乎又嫌不够。若说以后犹将继续增兵至够用为止，那么，结果恐怕英国便非直接同中国发生战争不可。为保护上海租界而和中国打战，证以英国近来对华政策和英国国内舆论，似又不近情理，并且恐怕实际上也做不到。以上诸说既均难通，那么英国究竟派遣这样大批军队到中国作甚么来？

英国这次派兵的目的，至现在为止，既是这样莫名其妙，我们局外人暂时只有置之不理，只有进一步的研究这些军队到了之后事实上将发生何等影响。我在这里应先总说一句，就是：这些军队到中国后无论自哪一方面看，都将发生一种恶劣的影响。

因为如此，所以我们非常痛惜英国这次派兵的政策错误，非常可怜那有时候很聪明有时很蠢笨的英国人这次不幸又要向全世界暴露他们的蠢笨面目；因为如此，所以我们极端反对这种政策，对于以后所将发生之一切恶结果恶影响不负任何责任而惟英人是问。

此等恶劣影响至少有两种：（一）心理的，（二）事实的。

第一，心理的。中国人数年来对于英国人的感情可说是日坏一日，反英运动因之也就日盛一日。此事就是那向来感觉很迟钝的英国人（或者是因为他们的势力大，用不着感觉）自己现在渐渐也晓得了。不过他们还不晓得的，还不懂的，（至少大部分的旅华英人还不懂）就是为甚么中国人对于他们英国人感情特坏，为甚么中国人专与他们英国人为难（他们以为是为难）。这其中的原因，自我们中国人看起来，原甚明瞭，而英国人竟不懂，实足见他们的感觉迟钝或他们对于被侵略民族不情愿用感觉的倾向到了甚么程度。我在这里应简单的向这些没有感觉或不愿用感觉的英国人解释一下，就是：我们对于你们的感情特别坏，因为（一）你们侵略中国的历史特别长，而且你们现在在中国的势力又特别大。我们先急后缓，先大后小，不能不先和你们算账。你们如衡情度理应当不至怪我们失礼。（二）你们一两年来对待中国人的手段特别坏，应付中国事件的方法特别笨。一年前的五卅沙面、汉口各惨案，最近数月内的万县大屠杀，都是你们英国人向我们发脾气而不是别国人，都是你们英国人向我们挑战而不是别国人。因有这两层道理，所以年来反英运动的潮流也就特别急。这都是你们的特别历史，特别势力，特别政策有以促成之，并不是我们歧视你们，当然更说不上“有意为难”的话。中国人对于你们的感情已经这样坏，如要改善，自然应当由你们迅速改变你们向来对待中国人的手段和政策下手。现在你们不但不改变这种传统的恶劣政策，反要变本加厉，派遣大批军队来威吓（至少是威吓）我们，作庚子以来的创举。你想这能改善中国人对于你们的感情吗？

第二，事实的。不管你们原来派兵的目的如何，总之，这些大批军队到了中国后，与中国人民或军队一接触，总有意外事件发生。天下许多不幸事往往起于意外，尤其是国际间的武力冲突。譬如，取一最明显的例，你们的大批军队到了上海后，中国人因反对他们专临或因其他原故而作示威游行，因作示威游行而与大英帝国的武力代表发生冲突，那时小则足以引起更大规模的反英运动，大则可以激起军事冲突。结果均将不详。又如，你们的大批军队到了上海后，因要防守上海，或将藉口战略地点（strategical points）等理由，不能不防守上海附近的地方。如此扩大范围，将见长江要隘无处不可认为有屯兵或防守的必要。那时你想我们的民众与军队，尤其是在党军治下的民众与军队，能让你们那样任意横行吗？如不能，岂不是又要多添一种发生冲突的机会吗？总之，兵凶战危，你们的大兵这次惠临中国，我们无论如何都想不出他能造出甚么好结果。

然而宗旨暧昧，手段蠢笨，在世界上到处拿他们的武力闯乱子，原是英国人的本色和习惯，哪有甚么想法。不过这次我们却要看他们的成败利钝如何了。

此文作于本月二日，即阴历正月初一，正值北京城里前后七八日没有报纸的时候，对于中英问题的最近发展，如英国新提案及陈友仁拒绝签字宣言等，概数不知，故立论仅以当时的已知事实为根据。至此等新发展的意义和影响当于本刊下期中为文论之，兹不多赘。

作者，二月六日。

《现代评论》第5卷第113期1927年2月5日。

英国人的头脑与此次出兵

英国人的头脑是复杂的，还是简单的；是冷静的，还是暴躁的；是适于实用的，还是宜于理论的？这都是些极愚蠢无意识的问题，因为世界上原来没有绝对复杂的，冷静的，适于实用的头脑，也没有绝对简单的，暴躁的，宜于理论或不宜于理论的头脑。英国人是好自由平等的，还是不好自由平等的；是讲公道的，还是不讲公道的；是爱和平的，还是不爱和平的？这又是些极愚蠢极无意识的问题，因为不管你怎样回答，人家总能给你找出许多反证或例外。幸而我们这篇文章的用意并不是要讨论英国人的“国民性”，也不是要研究不列颠人的社会心理，所以用不着同这些差不多没法解决的问题去打麻烦。我们的意思只是要指出英国人此次出兵中国的心理，或较更确切的一点说，我们只是要晓得哪几种心理，或哪几种原因，促成英国政府此次出兵的事实。同时我们也将顺便谈到出兵后的新发展及将来的结果。

此等原因当然是很复杂。今请举其重要者数端如下。

第一，数年来一部分报纸的宣传影响。保守党的报纸，如伦敦的《晨报》，《每日邮报》，有时甚至那老成持重的《泰晤士报》（至于在中国出版的《上海字林西报》，《京津泰晤士报》，更不用说了），近年来对于英国对华政策都是主张采取强硬政策或干涉主义的。他们的论调有时是说英国在中国的发生危险，不能不干涉；有时是说英国侨民在中国的生命财产没有保障，不能不干涉；有时是说英国为在华列强中势力之最大者，为给其他各国作领袖，不能不干涉；有时是说中国政府违背条约，不能不干涉；有时是说中国军阀扰乱，土匪横行，人民不安于命，为拯救数占全世界人口四分之一的中国人民计，不能不干涉。总之，为英国对华利益计，为其他各国计，甚至为中国人自己计，英国都应采取强硬政策，都应干涉。英国政府固然不必一定要听这些报纸的主张，但是好几年的不断宣传，在一般人的心理上，总有许多影响。政府是代表人民的，当然也逃不掉这种影响。保守党政府是代表旧式帝国主义的，当然更逃不掉这种宣传的势力。

第二，政府的责任心。政府的最［重］要责任是保护人民生命财产。此种政治原理近年来的中国政府虽极端表示不赞同，但在英国却还有很大的势力，英国政府对他却还有相当的信仰心。因为有这种信仰心，不，简直可说是因为有这种习惯，所以一遇人民生命财产发生危险的时候，他便用他的力量去尽那种保护责任。这差不多是一种机械动作。在本国以内是如此，在本国以外，关于侨民处，尤其是侨民之在弱国者，也是如此。此次英国派兵来中国固然有其他的原因，但在一部分人的心理上这种保护侨民的责任心或者不是没有相当的影响。至于在事实上这种保护观念是否必要，这种保护方法是否适用，那当然是另一问题。

第三，若仅有以上两种理由而没有其他的原因，我想英国政府大概是不至于实行出兵的，因为英国人，就大体上说，是注重实际，注重方法，注重效验的，而这次出兵，在实际上，方法上，效验上，都只能认为是一种错误，是一种极无意识极可笑的错误。为甚么呢？因为英国政府是想直接和中国开战，那他这次所派之兵绝对不能达他原来的想象目的（即保护上海租界）的，换句话说，是与原来的想像目的没有甚么关系的。我说他与原来的想像目的没有甚么关系，因为，第一，就令租界暂时存在，其实在保护力量最终犹须仰给于中国；保护力量既须仰给于中国，英国若派兵岂非白派，岂非无用？第二，若说保护力量将靠英国，区区上海又用不着那样大的兵力。至于英国政府没有和中国开战的意思可由以下数种事实证明。（一）若真与中国开战，若真单独的与中国全国开战，那这两三万兵是绝对不够用的。（二）前月二十八日的英国新提案明明准备将租界交还中国；既然一面准备将租界交还中国，一面又预备和中国开战，那是不近情理的。（三）陈友仁宣言汉案在英国进兵时期内不能签字后，英国政府为调停计竟有将已派之兵调至香港登陆之说。今日（二月九日）天津《大公报》又载上海停止建筑英国兵营说，谓全因陈友仁拒绝汉案签字所致。如此说，英国政府原来派兵的目的绝非想和中国开战，彰彰明甚。

英国政府如果因国民政府抗议之故而将所派之兵调至他处上岸，则可完全证明其此次派兵目的不明（诚如伦敦《泰晤士报》所抨击，见今日《北京晨报》)，完全证明其为一种错误，完全证明其为轻举妄动。然而沉着的英国人是不易于轻举妄动的，而今竟亦作此浮嚣之举，究竟有甚么道理？

我们现在又说回到我们的原起，又说回到方才所要说的第三种原因。这三种原因非他，就是那帝国主义的英国人所长系念的名誉心（sense of honour）或威望心

(prestige)。这种名誉心是一种很平常而又很特奇的心理。譬如有人当面侮辱你，你的直接心理反动便是立地报复。若不报复，你便觉得［与］你的名誉（honour）有关，你便恐怕旁人笑你没有勇气。此事在个人为然，在国家亦然。国际间许多冲突，历史上许多战争，都是因为一国认［为］他国有侵犯他的名誉的行为而起的。至于此种侵犯名誉的事实是实在的，还是相像的，是当真，还是误解，当然是另一问题。大概自历史上看，至少可说有一半是相像和误解。这个名誉问题，拿中国话说，可说完全是一个“面子”问题。威望心是名誉心之一种，是面子问题的一特殊方面。严格说，威望问题在国际间只是大国对小国，强国对弱国的“架子”问题。大国强国，和有势力及有钱的人一样，是喜欢摆架子的。有时小国弱国的行为他们认为与他的架子有碍时，他们便赫然震怒马上给你一个下不去，使你以后再不敢冒犯他，此次英国出兵中国，我以为完全是这个面子问题与架子问题在那里作祟。

面子问题及架子问题的心理根据是感情的，而不是理性的，故因这两种问题所发生的动作多半也是感情的而不是理性的。英国此次大举出兵，因为是感情冲动的结果，所以不容易拿理性解释；因为是感情冲动的结果，所以目的不明；因为是感情冲动的结果，所以是轻举妄动而在方法上和效验上故为一种极愚蠢极无意识的大错误。国民政府抗议之后，英国政府如真能中止进兵，是理性未尽灭，尚肯自认其错误；如不能，是纯为感情所趋，情愿一错到底。何去何从，岂仅是我们的利益所关。

至于陈友仁的宣言，那不但是国民政府的外交光荣，那简直是华洋通商以来中国外交史上从来未有的漂亮手段。全国人民应当顶礼，北京的外交家［们］应当愧死！

《现代评论》第5卷第114期，1927年2月12日。

南北可以妥协吗？

数日前京津报纸盛传南北妥协的消息。一周以来，虽以战事吃紧关系，此说稍歇，但“妥协”、“调停”等说原为十五六年来中国政客军人的惯有手法，今虽呼声不高，大概一遇政治或军事形势发生变化，不见得是永远舍弃不提了。

办事不彻底，没有一贯主张，畏难苟安，侥幸成功：这都是外国人批评中国人的话。平心而论，这些评语不但不是没有根据，简直可说是民国十数年来一切政治扰攘的惟一解释。这数十年中无一［年］不有内争，无一次内争不趋妥协，无一次妥协不再破裂。推其原因，实因这种妥协，实际上并非真正妥协，仅属战略上一种暂时休战状态。既属休战，所以在此休战期中双方均只补充军实，预备一有机会再决胜负，并非捐弃前嫌诚心合作。老实说，自辛亥以至今日南北两方从来也就没有合作的可能性。因为合作须有一种合作的共同基础，而南北两派十数年来始终就没有这种基础。就大体说，南方所希望者为真共和，北方所容认者为旧专制；南方要实行平民主义，北方要贯彻武力统一；南方着眼在将来，北方注意在现在；南方为新进少年的活动地，北方为官僚政客的逋逃薮。以这些目的不同，眼光不同，思想不同，性情不同的新进少年与官僚政客去妥协，去谈合作，若非与虎谋皮，也是对牛弹琴，当然不会有甚么好结果。

然而这还只是指民国十六年以前每次的南北妥协而言。若说到此次的妥协运动，那当然更有他的极大困难地方。今试先就南北两方的立足点分别言之。

第一，北方。北方现在打的是“讨赤”旗帜。这似乎是说：别的不管甚么化都可通融都可赞成，惟有赤化（至于甚么叫做“赤化”我们这里可以不研究，）不能通融不能赞成。这在一方面说起来当然有他极强的理由。你的良心如不承认共产主义有利于中国，你的见解如不承认赤化（甚么叫做赤化，方才说过，我们这里不必研究）是副良药，你尽可尽力去反对。这完全是一个良心问题与主义问题，谁也不能使你不反对，谁也不能强你赞成。北方当道此次“讨赤”，如真系以国家利益为前提，以社会安宁为动机，那我们就无论赞成他的方法与否，总要向他表示几分相当的敬意。至于南方究竟是不是真要实行共产，是不是真所谓赤化（即共产化），别人或可怀疑，讨他的北方当道当然是丝毫不疑的。北方当道既是真心讨赤，既是真心讨伐共产，那么，我想除非真能削除这个所谓赤化，真能打倒这个所谓共产主义，就政治逻辑说，似乎是不应该半途而废，不应该随便妥协，不应该令外国人又笑我们办事不彻底。

第二，南方。说到南方，那就更不应该妥协。你们的旗帜是“打倒军阀”。你们如果承认现在北方的当道是军阀，如承认他们现在还没有倒，那就只有继续奋斗至打倒他为止。你们向来以头脑清晰，宗旨坚决，主张一贯自命，现在如忽然妥协，岂不怕人家笑你们自相矛盾，有始无终？况且现在“三分天下有其二”，若中途妥协，岂不是“功亏一篑”，试问就是不管北方的老百姓，又怎样对得起卧在碧云寺的先总理？甚么行党的人卖的甚么行党的货。你们向来卖的是“三民主义”，“五权宪法”，“打倒军阀”，“肃清内乱”等货物，现在如中途停止扩充市场，即不亏本也，也要折利。何况你们这些货物，又都贴有“奋斗”标识，暂时营利虽可不计，永久招牌总当顾全。总之，此次北方承认南方是赤化，非讨伐不可；南方承认北方是军阀，非打倒不可。在理，双方各居极端，既无调和余地，又无妥协可能。今若因一时的战略关系而竟妥协，那当然只能认为是上文所说的暂时休战而非真正妥协。在此休战期中，双方又将照例补充军实，预备不久再战。这个办法，在双方的当道原来是没有甚么不可以。不过我们做百姓的人却就因战期延长，国是解决愈远，不免又要多吃苦了。因为，老实说，百姓们的希望是：不能快活，情愿速死。那种活既不可，死又不能的长期罪我们实在是再受不了。

《现代评论》第5卷第118期，1927年3月11日。

南京事件与不平等条约

甲国的兵船在平时可任意行使于乙国的内河：这是在西洋各国绝对没有的事，而在中国则为一种极普通的现象！不但可以任意行驶，并且可因些微细故随便轰击乙国的城市，杀伤乙国的人民：这更是西洋各国绝对没有的事，而为欧美各国在中国特享权利！所以要使外舰不能随便轰击中国城市杀伤中国人民，只有根本不准他们驶进中国内河一个办法。但是不准他们驶进中国内河，那就又非根本废除不平等条约。说来说去，又回到这个老题目。

此次南京事件的起源及实在经过情形虽至今不大明瞭，但据这几天报纸上所载的片段不完的消息看来，似乎曾经过以下数种恶化的程续。开头大概是一部分溃兵发生骚动和抢劫。纷乱一起，本地的土匪，如青红帮之类，当然也乘火打劫去加入并继续已经发动的暴乱行为。其中或者有人冒着党军服色，希图混乱，也未可知。抢劫后起，外人中少数个人不免也有被威吓，甚至被掠夺的事实。因此，他们全体便发生极大恐慌，以为义和团复起，于是争先恐后的逃到美孚公司所在的某山上去避难。他们到山上后，因有一部分党军便衣队（是真正是假冒现在尚不可知）去搜寻在那里藏匿的溃兵，他们误会以为是想加害他们，遂有人跑到屋顶上拿着旗帜向泊在江中的外舰表示危险求救。英美舰看见此项旗帜后即开炮轰击。起先轰击或只限于山上，后来便向南京全城及下关到处乱轰乱打，并用机关枪扫射了。结果，外国人死了二名，中国人死了好几百或数千。房屋财产被焚的物质损失还不必说。

以上所说，当去实在事实不远。但此事关系重大，党军方面应派得力人员认真调查经过情形，以明责任所在，勿令外国通信机关及当事者任意黑白，淆乱视听，作不利于我的宣传。

在未调查明白以前，我们于此次不幸事件的责任问题，尽可缓下断语。但此中却有数点实在是没有丝毫疑义，即（一）在国际公法上外舰没有开炮轰击的权利，在事实上没有开炮的必要；（二）外国通信社事后铺张扬厉，故甚其辞，希图煽动世界舆论，不但讨厌，简直是自寻烦恼。

第一，在国际公法上，凡一区域因战争关系（无论为外战或内战）变为军事区域时，住在这个区域内的人民（无论为本国人或外国人），为避免危险计，得由任一方的军事长官通告，令其舍弃此地而迁往其他安全地点。不愿迁者，其因战争关系所受生命或财产损失，国家不负责任。此次南京变为军事区域，双方军事长官有无此项通告，我们不得而知。但各国领事确曾屡次通告各该国侨民暂行迁避，不过他们不愿迁避，甘心留彼冒险罢了。既然甘心冒险，则凡因战事关系所受的损失都应自负其责。不应令兵舰开炮轰击作报复的行为。就是退一步，说中国军事当局没有此项通告，外国人在法律手续上没有迁避的义务，但在事实上此次战争完全是内战，并无排外性质，纵令因战事关系稍受几分骚扰或损失，也应静候骚扰过后的正当解决，不应小题大做，拿无情的武力胡乱去对付，把一件已经够坏的事情越弄越坏。况且就是拿武力去对付，也应该等到一种必要程度。这此南京事件没有到这种程度很属明显。日本兵舰始终拒绝开炮便是一个极强证据。不然，难道日本当局保护他的侨民的热心没有英美那样高吗？

总之，此次南京事件，中国溃兵抢劫是土匪行为，外舰开炮轰击是海盗行为。土匪虽然应当从严惩办，海盗似也不能令其漏网。

第二，这个不幸事件发生后，在中国的外国通信社故意铺张扬厉过甚其辞，一方面希望激起全世界各国对我恶感，一方面想藉此掩饰他们的海盗行为。这里一个电报说“某国领事被杀，某国军官遇难！”那里一个新闻说“外国侨民死伤不计其数！”今日一个报告说“南京之变不异于义和团复起！”明日一个消息说“幸亏英美军舰开炮保护！”不过不幸那些屡次传说已经遇难的领事，军官，教士，商人们却又一个个都由死中复活起来，未免给这些通信社及新闻记者面子上太不下去了。据最近报告，外国人仅死二名，还是一个法国人，一个义［意］大利人，与英美丝毫无关。为救这两个人计，不惜用大炮和机关枪打死了五六百或者甚至两千以上（确数今尚不明）的中国人。中外人命的比价也就可想而知了。何况就是那两个外国人之死，又还并不见得不是直接或间接受英美人的大炮轰击与机关枪扫射而死的呢？

第三，阔大少派的美国人向来对于中国事不大了解。他们所以在中国人眼中还不十分遭嫉视的道理完全是由于历史关系，并不是因为他们个人怎样比英国人好。阔大少钱太多，向来不懂事，也不管事。不过这次竟然受了英国人愚弄，也在那里逞强，也在那里发脾气摆架子。不但学人逞强，学人发脾气，并且还要特别叫嚣，特别吵闹，好像不如此，不足以显出他们阔大少爷的架子的样子。例如他们的驻京公使马克慕于南京事件起后之第二日不加考察即宣告党军没有保护外人的能力，令所有在党军管辖区域内美国人一律离开中国。这在他们完全是摆架子。但同时我们也很感谢他们。因为帝国主义的外国人来中国我们原来不大欢迎，不过没有法子叫他们不来，也没有法子使他们离开罢了。现在他们既然自动的回去了，我们只有说一声谢天谢地，念一声阿弥陀佛。不过我们于感谢他们之余还有稍微不满意的地方就是他们不应该独善其身，他们去时应该把他们那些同文同种而且最近在南京又同患难的英国朋友一齐都叫上走才好。这在我们看起来，实在有点为善不终之嫌。

美国人这次讨厌的地方，这不过其中之一端。其他如那位驻华海军司令维廉氏今日向这里发表一个电报说南京应当轰击，明日在那里发表一个谈话说中国人排外，说中国人民的政治运动是义和团运动。美国政府昨日电令撤销重庆、长沙两处的领事馆不见得不是受了维廉司令的报告的影响。

总之，美国人今后如尚欲保全中国人向来对于他们的好感，似当眼前放亮一点，少安勿躁。如定与英国人同归于尽，使中国人不能不以同样手段反对他们，就只有随他们的便了。

国民政府对此次南京事件的外交手腕似乎很难令人满意。第一，无论此事起源如何，英美舰开炮轰击总算不对，既然不对，则国民政府自应有以一种严重抗议，而至今未闻有此种抗议发出，是一大错。第二，此事发生后，外人争向蒋介石要求负责保护。在此种情形之下，蒋氏一方完全担任保护责任外，同时又应向外国当局要求将南京及其他在中国口岸所有之外国军舰一律撤出吴淞口，并声明以后非得中国同意不得无故驶入中国内河。因为蒋氏代表中国政府，中国政府一方固应保护外侨，一方又应保护本国人。为保护外侨计，自应担负种种应尽责任；为保护本国人民计，又不能不使同海监［我海域］之外舰立刻退出。这种光明磊落而又迫于情势的要求就是极蛮横的外国人恐怕也不能置之不理。然而蒋氏个人及国民政府未闻有此种表示，岂非大憾。

十六，三，三十

《现代评论》第 5 卷第 121 期，1927 年 4 月 2 日。

外国人应该知道的几件事

“他们甚么也没有学到，甚么也没有忘记。”这句［话］西［差］不多是为今日住在中国的外国人说的。一个人的思想原来许多地方是很不受成见拘束和习惯支配的。许多人的动作简直可说是永远逃不掉感情驱遣与私利指使的。这在社会承平，循序渐进的时代，或者没有多大害处，——自英国人看起来，或者竟许是毫发不能改变的生存秘诀，——但是遇着社会有大变动或革命的时候，这个老办法就完全不够应付环境，有时竟会造成很危险的情势，激出很暴烈的变动。人的天性中，感情，或“非理性”，固然占一大部分，但理性无论如何也不能说是完全没有。“人是有理性的动物”一句话固然含有许多语病，但若说“人是没有理性的动物”，那就未免又失于相反的方向。运用理性固然是少数人的特能，但多数人似乎也不应该让这些少数人在那里对于此事专利，尤其是与自己的切身利害有密切关系的时候。今日在中国的外国人，大多数都是瞧不起理性，都是以感情与成见为处事的指南针。他们的根本错误在不知道他们现在处于一个社会有大变动的时代，须以理性为举动的标准，或者是明明知道，而以过于感情与私利所驱使，不能或不愿照所知道的实行。我们并不敢不自谅的教外国人推崇理性，——那是一件很难的事——我们只要告诉他们感情和成见有时是很靠不住并且很危险的朋友。

外国人数十年来在中国社会上所占的地位是极不自然的，极不合理的，极应废除的。目下所有的一切纠纷可说是起于一方面要废除这种不自然不合理的地位，一方面要维持他，继续他。例如租界的存在，外舰的横行，关税的不存在，治外法权的继续都是这种不自然不合理的地位的结晶。这种结晶，自中国人看起来，完全代表侵略与压迫。侵略与压迫的基础是武力，不是道德。天下反抗武力的惟一利器便是武力自身，即同样或较更大的武力。卢骚说得好：

“譬如只讲武力和由武力得来的效果，我可说：当一个民族被人强迫要他服从，并且当真服从的时候，那算很好；但若他们能解脱这种束缚，并且当真解脱他，那就更好；因为拿原来剥夺他们的自由的同一权利去恢复他们的自由，不是他们的恢复是完全对的，就是原来的剥夺是完全不对。”

日来弗[①]的哲学家这几句话说得何等透彻，何等有意义，不过在今日住在中国的外国人的耳朵里不大中听罢了。这些外国人的思想和议论多半纯以条约上所许的权利为根据。他们口口声声说中国人这里违背条约，那里侵犯他们的权利。好像中国人不知道或者忘记有这样条约，这样权利存在似的。其实我们何尝不知道，也何尝忘记。不过我们根本上不承认这等城下之盟的条约有道德的根据，不承认由掠夺行为得来的权利有存在的理由罢了。我们违背，不错；我们侵犯，也不错：这些事我们都完全承认，并且我们觉得很抱愧。为甚么抱愧？因为我们，至现在为止只能枝节的违背而不能根本的废除，只能片段的侵犯而不能整个的取消。

说到这里，或者有些外国人要说，“我们也承认这些条约应该修改，这些特权应该废止，但是应以外交形式修改之，以和平方法废止之，不应出以激烈的手段。”说这些话的人应该去稍微参考去年“关税会议”和“法权会议”的成绩就明白他这些话的可笑地方在哪里。连这两件比较容易的事，外交与和平方法尚无术可施，何况那比较更难的租界退还问题。

① 即日内瓦，Geneva 的音译。——编者注

数周前伦敦《每日电报》的社论说，“我们若不以强硬手段对待中国，以后外国人在中国将仅有通商和居住的权利。”我们听见这话，不由得要问：这还不够吗？你们还要甚么？但是《每日电报》这句话自我们看起来虽然非常可笑，实在颇足代表一般外国人的心理。他们所要的当然不是仅仅通商和居住的权利，这是他们在他们彼此各“文明”国所享的权利；来到“不开化的”中国，若还只享这些旧式权利，那是何等无味！

有一件事似乎到现在还有许多外国人不知道，或者是本然知道而不情愿知道，那就是：外国人在中国社会上所占的地位，在中国人的心理上，早已与从前不同了。这种地位可分前后三个时期看。这三个时期中每一期都可拿一个特别名词形容之，就是，在第一期中，一般人称呼外国人曰“洋鬼子”；在第二期中，许多人称外国人曰“洋大人”，及至第三期即最近及现在这个时期，才正名定分叫他们曰“外国人”。“洋鬼子”含鄙视的意思，“洋大人”带恭维及敬畏的性质。一则失之于太低，一则失之于太高。到了“外国人”，才把这些蓝眼睛黄发的客人们与主人放在一个平等地位。第一期已经成了上古史，可以不说。第二期和第三期很有研究的价值。在第二期中中国人因为慑于外国人的威权，事事都把他们看得不得了。外国人自己以为他们是人类优种，中国人有时也就几乎这样相信。外国人自己说他们是文明人，中国人有时也似乎丝毫不疑。结果，外国人对于中国人差不多要怎么样，便怎么样；中国人因无抵抗力也就只有听其宰割，任其践踏。这固然一半是由于中国人没有抵抗的武力，一半也是由于智识太欠缺而且国家主义不发达。到了最近及现在，武力虽仍是远不够用，但国家主义的思想与他的智识却算进步的多了。因此，便有现在的冲突。这个冲突的性质，用最浅显的话形容，可说是中国人请［视］外国人仅作平平常常的“外国人”，外国人却偏要做随便能作威作福的“洋大人”。

外国人目光射在已往，不但自己要强作“洋大人”，还要硬叫我们为“义和团”。前几天南京事件发生后，不但伦敦的国会议员说那是义和团复起，就是久驻中国的美国某海军司令也是同样叫嚣。所以然的道理全因外国人向来在中国住在一种特权地位，与中国人的精神生活完全隔阂。中国人无论如何改变或进步，他们总是以我无关轻重，不屑去理。结果便使中国人现在所说的话，所说的事，他们完全不懂。不懂而不知其不能，不懂而要强装懂，便不能不拿那些牛头不对马嘴的话去搪塞，便不能不拿炮舰和陆战队去对付。

现在的问题有二。第一，中国现在这个局面是不是应该拿炮舰和陆战队去应付？这是一个公理问题或道德问题，在向来鄙视公理和瞧不起道德议论的外国人看起来，当然是没有研究的价值。第二，炮舰和陆战队，甚至正式陆军，到底对付得了这个局面对付不了？这是一个事实问题，外国人当然以为对付得了。不过我们认识“现在的义和团”比较清楚一点的人对于他们这种结论却有点不能不怀疑。

《现代评论》第5卷第122期，1927年4月9日。

宁案与五国通牒

宁案我方办理失策，实属彰彰无可讳言。其第一失策处在不迅速调查此案发生真象及经过情形，自动的以负责态度惩办肇事分子并对受损失者（不分中国人外国人）一律担任赔偿。其第二失策处在不向外国当局，对于其开炮轰击及惨杀中国人民事，提出严重抗议并采相当办法。平心而论，宁案的全部责任不能由任何一方单独负之。抢劫和杀伤外人，其罪在我方，我应负其责。开炮轰击和杀戮中国人民，其罪在彼方，彼应负其责。我方不能因彼方后来开炮轰击而不负前段抢劫和与杀伤外人之责；彼方亦不能因我方发动抢劫而不负后段开炮轰击之责。此中责任分明，谁也不应狡赖，谁也不能狡赖。然而中国方面对于此次事件办理失策的地方也就全在此处。以不用迅速方法认真办理（虽有“调查委员团”之派遣，但此案起后至今已经二十日，尚无确切报告，不能不令局外人疑其并未认真调查，或已认真调查而不愿照调查所得结果负责办理），致人不能不疑我们或者心存狡辩。以未正式提出严重抗议并当采的办法，遂又给外国人以狡赖的机会。今五国通牒已经送出，虽然不能说完全是我方办理失策之结果，但多少总有点关系。至于此后交涉，形式上置我们于不利的地位，那更不待言了。

“知己知彼，百战百胜”不但是兵法至理，也是外交秘诀。头等外交家的特色就在能审察情势，刚柔并用。应该强硬处强硬应该柔软处柔软。应该归罪他人处归罪他人，应该自认其错处自认其错。个人不能永远无错，国家也不能永远无错。有错是常人，改错是常事，而且，自对内言，维持社会秩序，保护人民生命财产，为国家第一要务；自对外言，一个国家在国际间享有许多权利，同时也负有许多责任；为尽这种对内的义务和对外的责任起见，宁案都应认真迅速办理。可是在事实上此次我方除一面约略声明宁案系反动派勾结土匪所为，一面到处派人踵门道歉外，别无何种举动，好像此事可以如此糊涂了结的样子。若然，那就未免太不懂得对方的心理和习惯了。尤可怪处，就是此案起后全世界的视线集射于中国，而国民政府的外交部长陈友仁氏除一度发表声明书外，对于此事，差不多始终未发一言。数月前人人称赞的外交明星忽然跌落到这种地位，真是可惊。总之，外交方式不外两种：一，革命的；一，普通的。前者激烈而强硬，后者平和而柔纾。中国今日应采何种方式固难断言，但无论如何总应采取其一，或二者并取。今南方对于宁案，既不采取前者，亦不采取后者，又不二者斟酌并用，质直言之，简直毫无外交可谈，只想糊涂混过而已。这完全是满清以来北方的传统外交，以“无为”为本，以敷衍搪塞为法，既无积极精神，又无彻底主张；不管今日南方的少年革命政府，成功尚未及半，已经陷于此种麻木无能状态；这是何等可叹的事实！

宁案一起，本应即速调查，以期在最短期间，查明真象，秉公办理。现在半哀的美敦书式的五国通牒已经发表，要求“惩罚”，“道歉”，“赔偿”，“保障”四端。此事我们当然不能完全不理，但若理，那就未免又犯了被动及被威胁的嫌疑。不过这种嫌疑现在既然是不能免，也就不一定求免了。况且此案关系很大，就是没有五国通牒，没有外国关系，我们为我们政府的威信计，为我们军队的纪律计，无论如何，也应彻底调查，认真办理。我以为调查此事应当注意以下数点：即（一）肇事者究竟是否或有无党军军队；（二）外人被擒劫及被杀伤之实数究为若干；（三）外舰在何种情形下开炮轰击及其轰击经过情形；（四）因受外舰轰击而致死伤之中国人民之实数若干，其他财产损失若干；（五）外人之死伤是否或有无为外舰开炮之结果。

以上数点中，第一点最为紧要，因为他不但关系外交，并且关系军纪。外交问题系一时的，总有法解决；军纪问题比较为久远的，千万不可放松。若此次肇事者为溃兵或土匪，并且肇事时间在南军未进南京以前，那末，南军当然不能担负这责任。若肇事者为溃兵或土匪，但肇事时间在南军进城以后，那末，南军就要担负这种责任。再进一步，若是不但肇事时间系在南军进城以后，并且肇事之人就是南军自己的军队，那就情节更为重大，不但外交上要完全负责，内政上军纪均要发生重大问题。因为牵涉到内政和军纪，所以我们对于这一点，就令没有外交关系，也应十二分的认真办理。第二，外人死伤及抢劫的实数须调查明白，作为赔偿的根据，并防诬赖。第三，外舰在平时对于一个毫无防御的城市及其居民作长时间的轰击，无论如何，总算是违背人道，违犯国际公法，用不着调查而后知。调查此点的理由完全系为证明外人的实在野蛮情形，作为我们抗议的事实基础。第四点为我们抗议的根本事实，自应详细查明。第五点与以上均有相互关系，也应确切查明。

五国通牒的声明书中有数语很为主要，应当特别注意。他说：“三月二十四日民军攻入南京，此日自午前至午后均有身著正式军服受有统制之民军军队对于该地各国领事馆及侨民之身体财产加以有组织之暴行。”又说：“五国政府因其本国人民受此显然依预定计划所加之暴行……”这不但说此次南京事件系发动于南军军队，并且说这些军队是有统率的，这个暴行是有组织的，是依预定计划的。这些话我们固然不能完全相信，或者一点也不能相信，但是人家既然这样说，我们除非有极强的反对，当然不能一概抹煞置之不理。因为，方才说过，这在我们完全是一个军纪问题，人家即不存疑心，我们自己也应该防备，也应该加意调查。

以上只是说宁案调查问题。现在让我们看看我们应当怎样对付此次的五国通牒。

上面说过，宁案的全部责任不能由任何一方单独负之。抢劫和杀伤外人的责任由我们负之，英美舰开炮轰击与杀戮中国人民的责任由英美两国负之。但是现在的通牒系英、美、法、义、日五国的共同通牒，而不是英美两国的通牒，也不是五国的各个单独通牒。这是英美两国外交厉害的地方，我们不可以不注意。我们的对付方针应当分英美两国为一起，法、义、日三国为一起，就是，把开炮轰击我们的国家分为一起，把没有开炮轰击的国家分为另一起。对于没有开炮轰击的国家的交涉很简单，就是干脆立刻承认道歉与赔偿。惩罚一端，为军纪及内政问题，不能牵入外交范围。我们尽管惩罚——尽管枪毙，尽管监禁，——但那完全是内政问题，是自身的行为，不能认为服从外国要求的举动，也不应该作为服从外国要求的举动。这是指对于法、义、日三国的交涉而言。至对于英美两国，那就没有这样简单。因为法、义、日交涉中的责任问题是偏面的而不是双方的，英美交涉中的责任问题则为双方的而非偏面的。对于法、义、日三国，其错完全在我们，所以由我们单方道歉并赔偿。但对于英美两国，其错则为双方居半，所以若不道歉，不赔偿则已，若要道歉，要赔偿，则应为双方相互道歉，相互赔偿，而不令我们一方独尸其咎。这个双方负责，双方认错，双方道歉与赔偿的主意，我们无论如何总要认定，总要坚持到底。因为如此，所以我们对于五国通牒中的英美两国只有一种可能的答复，就是：要求他们与我们同时同地举行这个双方相互道歉相互赔偿的仪式，并要求他们担保以后不使同样事件发生。我想英美人向来以富于“公平办理”（fair play）的精神自夸，这次或不至过于不公平也。

《现代评论》第5卷第123期，1927年4月16日。

政治上的目的与手段

人是一个极不容易了解的动物。有人说他性善，有人说他性恶；有人说他富于理性，有人说他根本上受本能，感情，偏见，及私利所支配，理性的力量即有也甚微。他有时好像非常的慈悲，有时又好像非常的残忍；有时当真能为拥护真理而死，有时又完全为私利作奴隶。有的人颇能顾虑到将来，有的人又只能看见目前；有的人作事完全以社会的安宁人群的幸福为前提，有的人却永远以自己的权位个人的利益为动机归宿。

政治是一个极不容易懂得的东西。表面上，自盘古到现在，从来没有一个政府或政治家或政客以害国殃民相号召；他们说他们的政策是为福国利民的。但是在事实上结果往往与所标榜者相反。亚里士多德说国家的存在是为发展一个人群的最高尚的生活；卢骚说政府的作为是为谋全民的平等利益。这两位哲学家在人类政治上的势力和影响当然不能小。但是到了数十年前，头脑古怪的马克斯偏在那里大吹大擂的嚷着甚么唯物史观，阶级斗争，赢余价值一套的新理论。迨至一二十年来，又有许多自称实在派的法学家在那里鼓吹国家就是政府，政府就是官吏；除过官吏，无所谓政府，除过政府，无所谓国家一类的新学说。从前玄想派的笼统观念被这些实在派的革命家分析得一文不值。但是这些革命家的新学说新理论，虽然大体上许多地方是很对的，不幸又不含有绝对真理。政治这样东西，在理论上和事实上，竟然这样不容易明瞭。

人既是一个极不容易了解的动物，政治又是一件极不容易懂得的事体，以不容易了解的人作不容易懂得的事，无怪乎结果，在一般人看起来，是十分莫名其妙。此种现象在一般政治教育较高的社会地位上已经是不易改变，在今日一切教育很低的中国差不多等于无可救药。然而天下没有绝对没有办法的事，也不应有绝对没有办法的事。我们处在今日社会扰攘，政象纠纷的中国，无论为救国救党救己，无论在朝在野，无论为治人人治，都应有一种判断政治善恶的方法。以下所言，便是此种方法的最要数点。

（一）目的　一个人，除非是白痴，作事总有他的目的，或者应有他的目的。一个政府，除非是昏暴，作事也有他的目的，至少应该有他的目的。宽泛点说，政府的功用是为谋人民的幸福和国家的安事［定］。不过这个定义太下得宽泛，在实际上几乎毫无价值。比较具体点说，一个政府的职务是维持社会的秩序，抵御外来的侵犯，保证人民的自由，促进经济的平等或废除贫富的阶级。若进一步讲，说到我们现在的国民政府，他的责任，用一二年来人人所习闻习见的成语来说，是内而打倒军阀，外而打倒帝国主义。取缔资本家，改良劳工待遇，增进社会生产，更是具体而又具体的主张。至于三民主义，五权宪法，那更不待言了。不过不幸这些主义，这些主张，一言以蔽之，这些目的，是不会自己实现的。他们须靠政府，官吏，人民去实现他们。政府，官吏，人民，怎样会实现他们的主义，达到他们的目的？当然有待于方法。因为如此，所以一个政府不但要有正大的目的，还要有适当的方法，才能引起人民的信任。单有抽象的目的而无具体的方法，便等于无目的。

（二）方法　要达某种目的的方法或者不止一种，或者只有一种。“为目的不择手段”一句话在哲学上可争讼的余地很多，在政治上流弊也不少。但是这个大问题我们在这里不欲讨论。我们在实际政治上最小限度的要求是：在可能范围之内，一种方法总要没有流弊，或流弊极小，并且还要有达到他的目的的把握。有目的而无方法是固然不对，有方法而非好方法，而不能达到目的，而含有极大的流弊，也不对。方法的好不好，第一要看他能否达到目的，第二要看他有无流弊，或流弊的大小。

（三）效果　目的是出发点，方法是道程，效果乃其终极，乃其归宿。目的譬若根株，方法犹如枝叶，效果乃是果实。我们最后所要的是果实，不是根株或枝叶。目的的正确，在未实现之前，只是假的；实现之后，始为实在的。假定的对不对完全看他的实在效果如何。最后的效果若不良，开头的假定有甚么用处？

归结一句话，我们判断一个政府的好坏，批评一个政策的良否，第一要看他的目的正不正，第二要看他的方法适不适，第三还要看他的效果好不好。一个政府对于人民有要求服从和拥护的权利，但是这个权利是相对的，不是绝对的，是有条件的，不是无条件的。这个条件就是：一个政策须很有实在的好效果。单靠空洞的，假定的，无实效的目的和用意［是］绝对不够的。出于本心的服从和积极的拥护须用具体的成绩和实在的效果继续换来，不是仅仅发表几条大政方针或宣言可长久取得的。

《现代评论》第6卷第152期，1927年11月5日。

新月人权派

新月人权派评介

“人权派”是20世纪20年代末30年代初出现的一个改良主义政治派别，代表人物有胡适、罗隆基、梁实秋、王造时等人。从1929年开始，他们针对国民党的一党专制，公开向国民党政府提出保障人权、制定约法、实行民主政治的要求，发起了一场“人权”运动，“人权派”由此得名。因他们又多是胡适为首的“新月社”① 成员，创办《新月》月刊，故又称为“新月派”。

人权派的出现是国民党一党独裁专制的结果。1927年国共分裂后，国民党在南京建立国民政府，1928年10月3日，国民党中央执行委员会通过《训政纲领》，规定训政时期，由中国国民党全国代表大会“代表国民大会领导国民行使政权”；大会闭会期间，把政权“付托中国国民党中央执行委员会执行之”，由国民党“训练国民逐渐推行”选举、罢免、创制、复决四种政权；国民政府总揽执行“行政、立法、司法、考试、监察”五项治权；国民党中央政治会议“指导监督国民政府重大国务之施行”，并修正解释国民政府组织法。② 所谓训政，就是剥夺人民应有的民主自由权利，实行由国民党包揽一切的一党专政。在国民党一党专政下，曾经把希望寄托在蒋介石、国民党身上，幻想从此可以走上欧美资本主义道路的胡适、罗隆基等上层知识分子感到失望，他们不满国民党的独裁专制对他们“人权”的损害，于是便发起了“人权运动”，以向国民党争“人权”。

人权运动的直接导火线是南京国民政府所谓保障人权法令的颁布。1929年4月20日，南京国民政府发布了一道保障人权的法令：“世界各国人权均受法律之保障。当此训政开始，法治基础亟宜确立。凡在中华民国法权保障之内，无论个人或团体均不得以非法行为侵害他人身体，自由及财产。违者即依法严惩不贷。着行政司法各院通饬

① 1923年，胡适、梁实秋、徐志摩、丁文江、张君劢等人在北平组织新月社，创办《新月》月刊。《新月》初办时，趋向于文艺界的人士占大多数，1926年秋由于新月社成员的分散，其活动暂告一段落。到1927年春，原新月社骨干胡适、徐志摩等人创办新月书店，1928年3月重办《新月》月刊，新月社的活动再次开始。《新月》再次创办时以只谈文艺，不依附任何政治派别相标榜，几乎成为一种纯文艺的杂志，但到1929年5月，其编辑方针开始发生改变，自第2卷第2期开始，《新月》对国内政治问题公开发表评论，纷纷“谈政治”。总之，新月社是一个涉及政治、思想、学术、文艺各领域的派别，在思想上和组织上都表现了自由主义的特点。

② 《训政纲领》，《中国现代史资料选辑》，第3册，中国人民大学出版社1988年版，第34页。

一体遵照。"[①] 时任中国公学校长的胡适在仔细研读了这道滑稽荒唐的命令后，结合自己的所见所闻所感，在《新月》第2卷第2期上，发表了《人权与约法》一文，拉开了人权运动的序幕。随后，他又发表《知难，行亦不易》、《新文化运动与国民党》、《我们什么时候才可有宪法》等文章批判国民党一党专政。罗隆基发表《专家政治》、《论人权》、《告压迫言论自由者》、《我对党务上的"尽情批评"》、《我们要什么样的政治制度》、《论共产主义》等文章，梁实秋发表《论思想统一》、《孙中山先生论自由》、《思想自由》等文章，王造时发表《中国问题的物质背景》、《中国社会原来如此》、《由"真命天子"到"流氓皇帝"》、《对于训政与宪政的意见》、《我为什么主张实行宪政》等文章，从各个不同侧面揭露和批评国民党压制人权与自由的专制独裁统治，大力宣传西方资产阶级的人权与法制思想，在20年代末至30年代的中国思想界形成一股颇具规模和影响的人权思潮。

1. **胡适**

胡适一生在哲学、文学、史学、古典文学考证诸方面都有成就，并有一定的代表作。胡适著述主要有《中国哲学史大纲》、《先秦名学史》、《尝试集》、《胡适文存》、《胡适文存二集》、《胡适文存三集》、《胡适自传》、《戴东原的哲学》、《白话文学史》、《胡适论学近著》、《藏晖室札记》、《胡适日记》等。胡适去世后，台湾编辑出版了《胡适选集》、《胡适手稿》等，大陆出版了《胡适往来书信选》、《胡适书评序跋集》、《胡适文集》、《胡适全集》等。

胡适思想深受赫胥黎与杜威的影响，自称赫胥黎教他怎样怀疑，杜威先生教他怎样思想。胡适毕生提倡怀疑主人，宣扬自由主义，在五四前夕发表《易卜生主义》，提倡自由独立的人格和为我主义的个人主义，指出社会最大的罪恶莫过于摧折个人的个性，使之得不到自由发展，他认为充分发展自己的个性和人格，应当成为青年最重要的人生主张。胡适在提倡个人主义的同时，还反对狭隘的国家主义，这些构成了人权运动时期胡适人权思想的理论根基。

胡适在20世纪二三十年代发起的人权运动就充分体现了他的自由主义思想。从1929年开始，胡适接连在《新月》杂志上撰文《人权与约法》《我们什么时候才可有宪法》《知难，行亦不易》《新文化运动与国民党》等，谈中国当前最关注的政治问题，即人权问题、法治问题和政党问题。

关于人权问题，在南京国民政府所谓保障人权法令的颁布后，胡适即撰文《人权与约法》，指出了南京政府人权法令的虚伪性，对此表示失望。

令胡适绝望的是，"现在中国的政治行为根本上从没有法律规定的权限，人民的权

---

① 胡适:《人权与约法》，载《新月》第2卷第2号，1929年4月10日。

利自由也从没有法律规定的保障”。胡适怒吼：“在这种状态之下，说什么保障人权！说什么确立法治基础！”因此，胡适希望政府能够出台一个约法来保障人权。关于这个约法，就涉及法治问题，胡适指出法治“只是要政府官吏的一切行为都不得逾越法律规定的权限”，“法治只认得法律，不认得人”。在当时的中国，如果真要确立法治基础，“第一件应该制定一个中华民国的约法，至少，也应该制定所谓训政府时期的约法”。①

1929年的国民党三全大会，做出了以孙中山遗教为训政时期中华民国根本法的决议。因此，国民党以此为依据，认为中国已经有宪法，没有必要再制定。胡适在《我们什么时候才可有宪法》一文中指出，“宪法之下正可以做训导人民的工作，而没有宪法或约法，则训政只是专制，决不能训练人民走上民主的路”，宪法不仅规定人民的权利，更重要的是规定政府各机关的权限，“立一个根本大法”，使政府的各机关不得逾越他们的法定权限，使他们不得侵犯人民的权利，“这才是民主政治的训练。”② 可见，在胡适看来，只有法治才能真正保障人权，只有法治是绝对权威，绝对不允许有超出法治的特权存在。

胡适在《知难，行亦不易》一文中，则将矛头直指国民党统治的理论基础孙中山思想。胡适从学理角度探讨孙文学说的集权成分，指出国民革命虽然靠着孙中山信仰和崇拜战胜了“革命的一切困难”，取得了成绩，但政治上的一点好成绩不应该使人“忽视这个学说本身的一些错误”，以及“从这些错误上连带发生的恶影响”。“行易知难说的根本错误在于把‘知’‘行’分的太分明。中山的本意只要教人尊重先知先觉，教人服从领袖者，但他的说话很多语病，不知不觉地把‘知’‘行’分做两件事，分作两种人做的两类的事”。③

胡适还说，孙中山倡知难行易之说志在领导革命，却不曾料到严格区分“知”和“行”为两件事的两大危险：

> 第一，许多青年同志便只认得行易，而不觉得知难。于是有打倒智识阶级的喊声，有轻视学问的风气。这是很自然的：既然行易，何必问知难呢？
>
> 第二，一班当权执政的人也就借“行易知难”的招牌，以为知识之事已有先总理担任做了，政治社会的精义都已包罗在《三民主义》、《建国方略》等书之中，中国人民只有服从，更无疑义，更无批评辩论的余地了。于是他们掮着“训政”的招牌，背着“共信”的名义，箝制一切言论出版的自由，不容有丝毫异己的议论。知难既有先总理任之，行易又有党国大同志任之，舆论自然可以取消了。④

---

① 胡适：《人权与约法》，载《新月》第2卷第2号，1929年4月10日。

② 胡适：《我们什么时候才可有宪法？——对于〈建国大纲〉的疑问》，载《新月》第2卷第4号，1929年6月10日。

③ 胡适：《知难，行亦不易》，载《新月》第2卷第4号，1929年6月10日。

④ 胡适：《知难，行亦不易》，载《新月》第2卷第4号，1929年6月10日。

胡适批评孙中山知难行易说理论的错误，落脚点和归旨在于指责国民党不正当的治国模式，“以一班没有现代学术训练的人，统治一个没有现代物质基础的大国家”，并指出知难，“行亦不易”，即治理好一个大国家是一件绝繁难的事情，要把这件大事办得好，“没有别的法子，只有充分请教专家，充分运用科学”。只有修正“行易”之说这个官僚政客的护身符，专家政治才能实现。①

胡适要求人权和制定宪法以保障人权的呼喊，以及对国民党独裁统治的批评，虽然没有起到实质性作用，国民政府照样实行一党独裁统治，但其人权论在社会上引起巨大反响。在胡适的带动下，罗隆基、梁实秋、王造时等一批知识分子纷纷加入抨击国民党专制统治、争取人权的行列。

2. **罗隆基**

在胡适发表《人权与约法》一文时，罗隆基在《新月》同期上发表了《专家政治》，他说：“没有专家政治，什么样的主义，都谈不上”，要解决中国的政治问题，“最紧要的是专家政治”，要专家政治的实现，消极方面，“先要除去武人政治和分赃政治”，积极方面，“要实行选举制度和考试制度”。② 在《新月》第2卷第5号上发表的《论人权》，则全面阐述了罗隆基的人权理论，可以说是其阐述人权理论的纲领性文章和战斗檄文。此后，罗隆基继续发表《告压迫言论自由者》、《我对党务上的尽情批评》、《我们要财政管理权》、《对训政时期约法的批评》、《我的被捕的经过与反感》等文，批评国民党的统治。

罗隆基在《论人权》中，首先对“人权”的概念进行了界定。

> 人权是做人的那些必须的条件。人权是衣，食，住的权利，是身体安全的保障，是个人“成我至善之我”，享受个人生命上的幸福，因而达到人群完成人群可能的至善，达到最大多数享受最大幸福的目的上的条件。③

由此可见，在罗隆基看来，人权就是做人的最基本的条件。人权的意义，“我完全以功用（Function）二字为依据。凡对于下例三点有必要的功用的，都是做人必要的条件，都是人权：（一）维持生命；（二）发展个性，培养人格；（三）达到人群最大多数的最大幸福的目的”。④

罗隆基还谈到了人权与国家、人权与法律的关系，他认为国家的功用，“就在保障人权，就在保障国民做人上那些必要的条件”，国家的目的，在于“谋全民最大多数的最大幸福”，国家的威权“是全民赋予的”。关于人权与法律的关系，罗隆基指出：“法

---

① 胡适：《知难，行亦不易》，载《新月》第2卷第4号，1929年6月10日。
② 罗隆基：《专家政治》，载《新月》第2卷第2号，1929年4月10日。
③ 罗隆基：《论人权》，载《新月》第2卷第5期，1929年7月10日。
④ 罗隆基：《论人权》，载《新月》第2卷第5期，1929年7月10日。

律保障人权，人权产生法律。因此，要真正保障人权，就要先争法治，争法治的人，先争宪法”。[①] 但是宪法有时不但不能保障人民的人权，反而成为某个人，某家庭，或某团体的蹂躏人权的工具，所以谈人权的人不可忽视的一点是，“在宪法上必要附带着宪法的来源的条件”，即法律是人民共同意志的表现。

在人权的范围问题上，罗隆基针对当时中国社会的具体状况，提出了三十五条必争的人权，并说这三十五条人权是中国现状之下所缺乏的“做人的必要条件”，内容涉及国家的主权、法律的作用、政府与人民、官吏的权限以及军队、司法、经济、教育、自由权利等诸多方面。三十五条人权是针对国民党的一党独裁统治提出来的，成为人权论战的“宣言”。[②]

1931 年 5 月，《中华民国训政时期约法》在国民会议通过，罗隆基本应欢欣鼓舞，这毕竟是新月派一直苦苦追求的，但他很快就识破这只不过是国民党骗人的伎俩。罗隆基在《训政时期约法的批评》一文中，以尖锐的言辞质疑国民党所谓的保障人权：

我们固然承认，西方有许多宪法，在自由上亦每每拿“依法”这字样来限制。同时我们更应承认，在先进的法治国家，他们法律的产生是怎样的审慎，法律的施行，又怎样的周密？如今中国的立法权在什么人手里？解释约法的权，又在什么人手里？在这种情形底下，所以说约法上的自由，不算自由；约法上的权利，不算权利。[③]

罗隆基认识到国民党的保障人权是幌子，实则是为了搞一党专制，“国民党所标榜的五权分立说，将来的结果，只能保存五院的空名，托庇在一个全权的主席或全权的委员会之下”，[④] 他说：

我辈要约法，我辈要约法来保障人权，我们所指的人权，是在我们中国今日环境里，有切身利害关系的一切人权而言的。在这条件上，人民权利章，又有极重要的遗漏。试问，人民可以有宗教信仰之自由，何以不可有政治信仰之自由？约法保障宗教信仰之自由，何以不保障政治信仰之自由？西方宪法，规定保障宗教信仰之自由，自有宗教的历史做背景。以今日中国情形论。则政治信仰的保障，较宗教信仰的保障，重要千万倍。信仰，姑无论是政治的或宗教的，其为个人精神生活上重要条件，实无疑义。[⑤]

另外，《我对党务上的“尽情批评”》和《告压迫言论自由者》等文章都抨击了国

---

① 罗隆基：《论人权》，载《新月》第 2 卷第 5 期，1929 年 7 月 10 日。
② 罗隆基：《论人权》，载《新月》第 2 卷第 5 期，1929 年 7 月 10 日。
③ 罗隆基：《对训政时期约法的批评》，载《新月》第 3 卷第 8 期，1929 年 11 月 10 日。
④ 罗隆基：《对训政时期约法的批评》，载《新月》第 3 卷第 8 期，1929 年 11 月 10 日。
⑤ 罗隆基：《对训政时期约法的批评》，载《新月》第 3 卷第 8 期，1929 年 11 月 10 日。

民党的政治、文化上的独裁统治。

1930年11月初，罗隆基被冠以“言论反动”、“共产嫌疑”等罪名而遭逮捕，后经胡适等人的积极营救而被释放。之后，他写成《我的被捕的经过与反感》一文，批评国民党的统治是“党权高于国，党员高于法”，罗隆基说：“党员高于法”是人民最大的危险，“与法治的原则，根本相违背”，因此，他呼吁，“我们先要伸冤的法律！我们先要生命的保障！”“我们要民权，我们更要人权！”①

罗隆基以“人权是做人的必要条件”，“人权的最大意义是功用”为基本点，构建了包含人权与国家及人权与法律的关系的人权理论体系，其论述具有严密的逻辑性，为他以后以实践论证准备了理论基础，也为人权派展开“人权论战”夯实了根基。罗隆基还批评国民党的党治模式，要求思想言论自由，呼吁出台真正的约法来保证人权和自由，却因此而遭到国民党的打击，但他没有被吓倒，反而更尖锐地批评国民党当局的独裁统治，这使他成为人权派的领袖式人物。

但是，罗隆基出于对中国共产党领导的工农革命的误解与偏见，反对共产主义，为国民政府“解决中国共产问题”出谋划策，自然受到了来自左翼的激进舆论的批评与反击。罗隆基在人权运动中反对国民党专制统治，目的还是想通过启发国民党政权走上法治轨道，希望它自身的改良。事实证明，他希望通过启发政权来保障人权的道路，是一条死路。就此而言，罗隆基反对国共两党的主张，并不是目的，而是其人权理论的手段。从某种意义上来看，罗隆基的人权理论亦可以说，是他在20世纪40年代所领导的中国民主同盟走“第三条道路”的理论滥觞，就此而言，“人权运动”不失为一次探索中国政治出路的运动。

3. **梁实秋**

梁实秋是一个文化自由主义者，他毕生从事的主要是文学事业，同时也议论政事，抨击时弊。在政治方面，他有自己的自由主义理想，在文学方面，他也坚守自由的领地。1929年，他接编《新月》，从第2卷第6、7号开始把主要方向从文艺方面转到政治方面，他试图像英美国家的一些自由主义者一样，采取不加入政治却又以议政的方式来影响中国政治的发展。

梁实秋又是一个新人文主义者，他在美国哈佛大学研究院学习时，受新人文主义者白壁德影响较深，他说：“从极端的浪漫主义，我转到了多少接近于古典主义的立场”，“白壁德的学说我以为是稳健严正，在如今这个混乱浪漫的时代是格外有价值，而在目前的中国似乎更有研究的必要。”梁实秋主张用新人文主义思想研究文学。

梁实秋作为自由主义者，力倡思想自由和言论自由，反对国民党政府的思想统一

① 罗隆基：《我的被捕的经过与反感》，载《新月》1930年第3卷第3号。

的文化政策。梁实秋在《新月》上发表《论思想统一》，对国民党所宣扬的“思想统一”，进行了辛辣的嘲讽：“思想这件东西，我以为是不能统一的，也是不必统一的”，因为天下就没有固定的绝对的真理，“真理不象许多国的政府似的，可以被一人一家一族所把持霸占”，“在如今这样学术日趋繁复的时候而欲思想统一，我真不知道哪一个人、哪一派人的思想可以当得起一切思想的中心”。[①]梁实秋认为，“哪一种思想能在学理上事实上证明于国家最有利益，哪一种思想便是最合适的”，因此，从国家的立场来看，“思想是不必统一的”。梁实秋大声疾呼：“我们反对思想统一！我们要求思想自由！我们主张自由教育！”[②]

此后，梁实秋又撰文《思想自由》，指出：“中国现在令人不满的现状之一，便是人民没有思想自由。妨碍人民思想自由的有两种人：一种是当局者，滥用权威，侵犯人民言论出版自由，不准人民批评，强迫人民信仰某一种主义；还有一种是热狂的宣传家，用谩骂的文字攻击异己，用诬蔑的手段陷害异己，夸大的宣扬自己的主张”。[③]梁实秋认为两者都妨害人的思想自由，因为它们“都不是靠了理性来取人民的信仰”，而是用了外力来强制人的信仰。梁实秋提出，要实现思想自由，不能靠感情用事，而是要冷静的诉于人的理性，“必先要使人民有充分的安然的研究的机会。压力要不得，引诱也要不得，要把事实和理论清清楚楚的放在人民面前，要他们自己想，自己信，——这才算得是思想自由。”[④]

梁实秋还发表《孙中山先生论自由》，痛指中国人当前毫无一点的自由，“中国人民如今所享受的自由，还不如欧洲二百年前的状况！”就连最基本的身体自由都谈不上，“批评政治的报纸杂志随时有被禁止取缔的危险，人民随时有被党部行政机关及军队逮捕的危险，人民随时有被拉去强充军役的危险，人民的住房有随时被军队侵占的危险，人民随时有被非法征税的危险”。[⑤] 因此，他主张，中国人民一方面亟须巩固团体，但更重要的是要争取思想自由、言论自由和身体自由。

梁实秋作为一个新人文主义者，在文学方面，主张文学独立，主张文学家必须保持自由人格，反对任何党派、团体把文学当作宣传的工具和阶级斗争的工具。梁实秋批评鲁迅翻译外国作品的“硬译”，主张文学无阶级，反对把文学当作政治的工具。梁实秋在《答鲁迅先生》一文中说“文学并无阶级的区别，既不曾污蔑‘无产阶级文学’，也不曾拥护‘有产阶级文学’，因为我的结论是根本不承认文学里有阶级性”，

---

① 梁实秋：《论思想统一》，载《新月》第2卷第3号，1929年5月10日。
② 梁实秋：《论思想统一》，载《新月》第2卷第3号，1929年5月10日。
③ 梁实秋：《思想自由》，载《新月》第2卷第11号，1930年1月10日。
④ 梁实秋：《思想自由》，载《新月》第2卷第11号，1930年1月10日。
⑤ 梁实秋：《孙中山先生论自由》，载《新月》第2卷第9号，1929年11月10日。

"我的主张是干脆的，我不承认文学有阶级性，阔人穷人写的作品我都看的"。① 与此同时，基于反对思想统一、要求思想自由的立场，他坚决支持鲁迅发起的自由运动大同盟，并全文录入《中国自由运动大同盟宣言》：

自由是人类的第二生命，不自由，毋宁死！

我们处在现在统治之下，竟无丝毫自由之可言！查禁书报，思想不能自由。检查新闻，言语不能自由。封闭学校，教育读书不能自由。一切群众组织，未经委派整理，便遭封禁，集会结社不能自由。至于一切政治运动与劳苦群众争求改进自己生活的罢工抗租的行动，更遭绝对禁止。甚至任意拘捕，偶语弃市，身体生命，全无保障。不自由之痛苦，真达于极点！

我们组织自由运动大同盟，坚决为自由而斗争。感受不自由痛苦的人们团结起来，团结到自由运动大同盟旗帜之下来共同奋斗！

梁实秋称自由运动大同盟在将来的历史上一定是一件大事，"我预料将来来到鲁迅先生等发起的自由运动大同盟的旗帜之下的人，一定是很多的，我应该预祝这个同盟大成功！"②

在文化选择方面，梁实秋既不主张全盘西化，也不主张完全地回归传统，他在中西文化之间找到了互相沟通的契合点，从而为融会中西文化做出了现实的努力。他时常以不合时宜的冷静和稳健态度批评时政和文学，指出许多为时人所忽视的问题，"他的批评文字虽然终究未能改写现代中国文学发展的历史，但是他始终对现代文学的发展起着一种警示和提醒的作用"。③ 他的思想与激进主义，常形成互补态势，能起到补偏救失的作用。

4. **王造时**

王造时在上海光华大学期间，在《新月》杂志上发表文章表达政见，主要有《中国问题的物质背景》《中国社会原来如此》《由"真命天子"到"流氓皇帝"》等。另外，还在《再生》杂志上发表《对于训政与宪政的意见》《我为什么主张实行宪政》等文章。这些文章的主旨是批评国民党的一党专政，主张实行宪政以保障人民权利。

王造时认为，中国所有问题的发生，都是在中西接触以后，"中国之所以有军阀制度的发生，中国之所以有维新、革命、复辟、反动主义等等出现，中国之所以有白话文学，家庭革命，以及其他一切一切，都可归根到底到中西接触一点上面去。换一句话说，中国之所以成问题，中国之所以有问题，中国问题之所在，就坐在此点。我们

---

① 梁实秋：《答鲁迅先生》，载《新月》第2卷第9号，1929年11月10日。

② 梁实秋：《答鲁迅先生》，载《新月》第2卷第9号，1929年11月10日。

③ 袁盛勇：《有所感悟与感悟不够——略论梁实秋对五四新文学的批评》，高旭东编《梁实秋与中西文化》，中华书局2007年版，第235页。

若是要去解决中国问题，那么非根本捉住此点不可”。[①] 因此，他以中西接触为出发点，把中国和“西洋国家”相对比，从物质、社会、政治等方面探讨了中国问题的产生背景，希望找出中国问题之所在，而后提出解决的方法。

发现问题是为了解决问题，王造时看到中国社会因为长期没有民主政治造成的严重后果，因此对于国民党的一党专政加以批评，称“其实有一党专政，便没有民主政治；有民主政治，便没有一党专政，两者同时不能做的天经地义”。[②] 他还在《我为什么主张实行宪政》一文中说：宪政是国家长治久安的大计，实行宪政，“是法治的基础，民治的条件”，为保障人民的基本权利起见，“也非实行宪政不可”。[③]

王造时的《由“真命天子”到“流氓皇帝”》，因为矛头暗指蒋介石为“流氓皇帝”，几乎使《新月》杂志停刊。王造时还在上海《申报》《新闻报》及《时事新报》上同时发表《对于训政与宪政的意见》，公开批评汪精卫、于右任二氏的言论，主张实行宪政，反对国民党的训政。九一八事变后，王造时不仅在大学课堂上宣传爱国，在报刊上发表文章，还走出课堂，发起组织上海各大学教授抗日救国会，接着又参与发起组织中国民权保障同盟，要求结束训政，实行宪政，对日抗战。后来因为公开反蒋抗日，不屈于国民党的威逼利诱而为国民党逮捕，是为著名的“七君子”之一员。

总之，新月人权派的人权讨论是民国时期中国思想界关于人权问题的一次最深入、最具理论价值的讨论热潮。这场讨论的参与者对人权的概念、性质、范畴以及人权与法治、人权与宪政等问题作了广泛而深入的探讨。这场人权讨论虽然起因于对国民党政府反人权行为的斗争，但讨论的意义远远超出发起人的预料，实际上发展成为一场具有深远影响的人权启蒙运动。在此以前，中国知识界和文化界中系统了解人权者甚少，群众普遍缺乏人权知识。通过这场讨论，胡适、罗隆基、梁实秋、王造时等人，以通俗的解说将人权知识推向社会，对于增强国人的人权意识起到了重要作用。可以说，新月人权派作为向往现代民主政治的自由主义知识分子的代表，通过批判国民党的一党专政，积极传播现代社会的人权意识与法治精神，其思想主张在中国现代思想史上留下了重要一页，应该作为珍贵的思想资源被后人继承和发展。

---

① 王造时：《中国问题的物质背景》，载《新月》1930年第3卷第4号。

② 王造时：《对于训政与宪政的意见》，原载《再生》1932年第1卷第2期，引自《我的当场答复》，中国青年出版社1999年版，第122—129页。

③ 王造时：《我为什么主张实行宪政》，载《再生》1932年第1卷第5期。

胡　适

胡适（1891—1962），原名嗣穈，学名洪骍，字希疆，后改名胡适，字适之，笔名天风、藏晖等，安徽绩溪人。1910年，考取留美官费生，到美国后先入康奈尔大学农科学农，后转入哥伦比亚大学师从杜威研究哲学。1917年，胡适归国后，任北京大学教授，积极参加新文化运动和文学革命运动。1928年3月胡适被聘为上海中国公学校长，同时与徐志摩、邵洵美等创办《新月》和新月书店，1932年与蒋廷黻、丁文江创办《独立评论》，1938年任国民政府驻美大使。抗日战争胜利后，于1946年任北京大学校长，1948年离开北平，1949年转赴美国，致力于《水经注》的考证等工作，后来去台湾，1957年，出任台湾“中央研究院”院长，1962年，在台湾的一个酒会上突发心脏病去世。

名教

中国是个没有宗教的国家，中国人是个不迷信宗教的民族。——这是近年来几个学者的结论。有些人听了很洋洋得意，因为他们觉得不迷信宗教是一件光荣的事。有些人听了要做愁眉苦脸，因为他们觉得一个民族没有宗教是要堕落的。

于今好了，得意的也不可太得意了，懊恼的也不必懊恼了。因为我们新发现中国不是没有宗教的：我们中国有一个很伟大的宗教。

孔教早倒霉了，佛教早衰亡了，道教也早冷落了。然而我们却还有我们的宗教。这个宗教是什么教呢？提起此教，大大有名，他就叫做“名教”。

名教信仰什么？信仰“名”。

名教崇拜什么？崇拜“名”。

名教的信条只有一条：“信仰名的万能。”

“名”是什么？这一问似乎要做点考据。《论语》里孔子说，“必也正名乎”，郑玄注：

正名，谓正书字也。古者曰名，今世曰字。

《仪礼》“聘礼”注：

名，书文也。今谓之字。

《周礼·大行人》下注：

书名，书文字也。古曰名。

《周礼·外史》下注：

古曰名，今曰字。

《仪礼·聘礼》的释文说：

名，谓文字也。

总括起来，“名”即是文字，即是写的字。

“名教”便是崇拜写的文字的宗教；便是信仰写的字有神力，有魔力的宗教。

这个宗教，我们信仰了几千年，却不自觉我们有这样一个伟大宗教。不自觉的缘故正是因为这个宗教太伟大了，无往不在，无所不包，就如同空气一样，我们日日夜夜在空气里生活，竟不觉得空气的存在了。

现在科学进步了，便有好事的科学家去分析空气是什么，便也有好事的学者去分析这个伟大的名教。

民国十五年有位冯友兰先生发表一篇很精辟的《名教之分析》(《现代评论》第二周年纪念增刊，页一九四——一九六)。冯先生指出“名教”便是崇拜名词的宗教，是崇拜名词所代表的概念的宗教。

冯先生所分析的还只是上流社会和智识阶级所奉的“名教”，它的势力虽然也很伟大，还算不得“名教”的最重要部分。

这两年来，有位江绍原先生在他的“礼部”职司的范围内，发现了不少有趣味的材料，陆续在《语丝》，《贡献》几种杂志上发表。他同他的朋友们收的材料是细大不捐，雅俗无别的；所以他们的材料使我们渐渐明白我们中国民族崇奉的“名教”是个什么样子。

究竟我们这个贵教是个什么样子呢？且听我慢慢道来。

先从一个小孩生下地说起。古时小孩生下地之后，要请一位专门术家来听小孩的哭声，声中某律，然后取名字（看江绍原《小品》百六八，《贡献》第八期，页二四）。现在的民间变简单了，只请一个算命的，排排八字，看他缺少五行之中的那一行。若缺水，便取个水旁的名字；若缺金，便取个金旁的名字。若缺火又缺土的，我们徽州人便取个“灶”字。名字可以补气禀的缺陷。

小孩命若不好，便把他“寄名”在观音菩萨的座前，取个和尚式的“法名”，便可以无灾无难了。

小孩若爱啼啼哭哭，睡不安宁，便写一张字帖，贴在行人小便的处所，上写着："天皇皇，地皇皇，我家有个夜啼郎。过路君子念一遍，一夜睡到大天光"。

文字的神力真不少。

小孩跌了一交，受了惊骇，那是骇掉了"魂"了，须得"叫魂"。魂怎么叫呢？到那跌交的地方，撒把米，高叫小孩子的名字，一路叫回家。叫名便是叫魂了。

小孩渐渐长大了，在村学堂同人打架，打输了，心里恨不过，便拿一条柴炭，在墙上写着诅咒他的仇人的标语："王阿三热病打死。"他写了几遍，心上的气便平了。

他的母亲也是这样。她受了隔壁王七嫂的气，便拿一把菜刀，在刀板上剁，一面剁，一面喊"王七老婆"的名字，这便等于乱剁王七嫂了。

他的父亲也是"名教"的信徒。他受了王七哥的气，打又打他不过，只好破口骂他，骂他的爹妈，骂他的妹子，骂他的祖宗十八代。骂了便算出了气了。

据江绍原先生的考察，现在这一家人都大进步了。小孩在墙上会写"打倒阿毛"了。他妈也会喊"打倒周小妹"了。他爸爸也会贴"打倒王庆来"了。(《贡献》九期，江绍原《小品》页七八)。

他家里人口不平安，有病的，有死的。这也有好法子。请个道士来，画几道符，大门上贴一张，房门上贴一张，毛［茅］厕上也贴一张，病鬼便都跑掉了，再不敢进门了。画符自然是"名教"的重要方法。

死了的人又怎么办呢？请一班和尚来，念几卷经，便可以超度死者了。念经自然也是"名教"的重要方法。符是文字，经是文字，都有不可思议的神力。

死了人，要"点主"。把神主牌写好，把那"主"字上头的一点空着，请一位乡绅来点主。把一只雄鸡头上的鸡冠切破，那位赵乡绅把朱笔蘸饱了鸡冠血，点上"主"字。从此死者灵魂遂凭依在神主牌上了。

吊丧须用挽联，贺婚贺寿须用贺联；讲究的送幛子，更讲究的送祭文寿序。都是文字，都是"名教"的一部分。

豆腐店的老板梦想发大财，也有法子。请村口王老师写副门联："生意兴隆通四海，财源茂盛达三江。"这也可以过发财的瘾了。

赵乡绅也有他的梦想，所以他也写副门联："总集福荫，备致嘉祥。"

王老师虽是不通，虽是下流，但他也得写一副门联："文章华国，忠孝传家。"

豆腐店老板心里还不很满足，又去请王老师替他写一个大红春帖："对我生财"，贴在对面墙上，于是他的宝号就发财的样子十足了。

王老师去年的家运不大好，所以他今年元旦起来，拜了天地，洗净手，拿起笔来，写个红帖子，"戊辰发笔，添丁进财。"他今年一定时运大来了。

父母祖先的名字是要避讳的。古时候，父名晋，儿子不得应进士考试。现在宽的多了，但避讳的风俗还存在一般社会里。皇帝的名字现在不避讳了。但孙中山死后，“中山”尽管可用作学校地方或货品的名称，“孙文”便很少人用了；忠实同志都应该称他为“先总理”。

南京有一个大学，为了改校名，闹了好几次大风潮，有一次竟把校名牌子抬了送到大学院去。

北京下来之后，名教的信徒又大忙了。北京已改做“北平”了；今天又有人提议改南京做“中京”了。还有人郑重提议“故宫博物院”应该改作“废宫博物院”。将来这样大改革的事业正多呢。

前不多时，南京的《京报副刊》的画报上有一张照片，标题是“军事委员会政治训练部宣传处艺术科写标语之忙碌”。图上是五六个中山装的青年忙着写标语；桌上，椅背上，地板上，满铺着写好了的标语，有大字，有小字，有长句，有短句。

这不过是“写”的一部分工作；还有拟标语的，有讨论审定标语的，还有贴标语的。5月初济南事件发生以后，我时时往来淞沪铁路上，每一次四十分钟的旅行所见的标语总在一千张以上；出标语的机关至少总在七八十个以上。有写着“枪毙田中义一”的，有写着“活埋田中义一”的，有写着“杀尽矮贼”而把“矮贼”两字倒转来写，如报纸上寻人广告倒写的“人”字一样。“人”字倒写，人就会回来了：“矮贼”倒写，矮贼也就算打倒了。

现在我们中国已成了口号标语的世界。有人说，这是从苏俄学来的法子。这是很冤枉的。我前年在莫斯科住了三天，就没有看见墙上有一张标语。标语是道地的国货，是“名教”国家的祖传法宝。

试问墙上贴一张“打倒帝国主义”，同墙上贴一张“对我生财”或“抬头见喜”，有什么分别？是不是一个师父传授的衣钵？

试问墙上贴一张“活埋田中义一”，同小孩子贴一张“雷打王阿毛”，有什么分别？是不是一个师父传授的法宝？

试问“打倒唐生智”、“打倒汪精卫”，同王阿毛贴的“阿发黄病打死”，有什么分别？王阿毛尽够做老师了，何须远学莫斯科呢？

自然，在党国领袖的心目中，口号标语是一种宣传的方法，政治的武器。但在中小学生的心里，在第九十九师十五连第三排的政治部人员的心里，口号标语便不过是一种出气泄愤的法子罢了。如果“打倒帝国主义”是标语，那么，第十区的第七小学为什么不可贴“杀尽矮贼”的标语呢？如果“打倒汪精卫”是正当的标语，那么“活埋田中义一”为什么不是正当的标语呢？

如果多贴几张“打倒汪精卫”可以有效果，那么，你何以见得多贴几张“活埋田中义一”不会使田中义一打个寒噤呢？

故从历史考据的眼光看来，口号标语正是“名教”的正传嫡派。因为在绝大多数人的心里，墙上贴一张“国民政府是为全民谋幸福的政府”正等于门上写一条“姜太公在此”，有灵则两者都应该有灵，无效则两者同为废纸而已。

我们试问，为什么豆腐店的张老板要在对门墙上贴一张“对我生财”？岂不是因为他天天对着那张纸可以过一点发财的瘾吗？为什么他元旦开门时嘴里要念“元宝滚进来”？岂不是因为他念这句话时心里感觉舒服吗？

要不然，只有另一个说法，只可说是盲从习俗，毫无意义。张老板的祖宗传下来每年都贴一张“对我生财”，况且隔壁剃头店门口也贴了一张，所以他不能不照办。

现在大多数喊口号，贴标语的，也不外这两种理由：一是心理上的过瘾，一是无意义的盲从。

少年人抱着一腔热沸的血，无处发泄，只好在墙上大书“打倒卖国贼”，或“打倒日本帝国主义”。写完之后，那二尺见方的大字，那颜鲁公的书法，个个挺出来，好生威武，他自己看着，血也不沸了，气也稍稍平了，心里觉得舒服的多，可以坦然回去休息了。于是他的一腔义愤，不曾收敛回去，在他的行为上与人格上发生有益的影响，却轻轻地发泄在墙头的标语上面了。

这样的发泄感情，比什么都容易，既痛快，又有面子，谁不爱做呢？一回生，二回熟，便成了惯例了，于是“五一”、“五三”、“五四”、“五七”、“五九”、“六三”……都照样做去：放一天假，开个纪念会，贴无数标语，喊几句口号，就算做了纪念了！

于是月月有纪念，周周做纪念周，墙上处处是标语，人人嘴上有的是口号。于是老祖宗几千年相传的“名教”之道遂大行于今日，而中国遂成了一个“名教”的国家。

我们试进一步，试问，为什么贴一张“雷打王阿毛”或“枪毙田中义一”可以发泄我们的感情，可以出气泄愤呢？

这一问便问到“名教”的哲学上去了。这里面的奥妙无穷，我们现在只能指出几个有趣味的要点。

第一，我们的古代老祖宗深信“名”就是魂，我们至今不知不觉地还逃不了这种古老迷信的影响。“名就是魂”的迷信是世界人类在幼稚时代同有的。埃及人的第八魂就是“名魂”。我们中国古今都有此迷信。《封神演义》上有个张桂芳能够“呼名落马”；他只叫一声“黄飞虎还不下马，更待何时！”黄飞虎就滚下五色神牛了。不幸张桂芳遇见了哪吒，喊来喊去，哪吒立在风火轮上不滚下来，因为哪吒是莲花化身，没有魂的。《西游记》上有个银角大王，他用一个红葫芦，叫一声“孙行者”，孙行者答应一声，就被装进去了。后来孙行者逃出来，又来挑战，改名叫“行者孙”，答应了一声，也就被装了进去！因为有名就有魂了（参看《贡献》八期，江绍原《小品》页五四）。民间"叫魂"，只是叫名字，因为叫名字就是叫魂了。因为如此，所以小孩在墙上写"鬼捉王阿毛"，便相信鬼真能把阿毛的魂捉去。党部中人制定"打倒汪精卫"的标语，虽未必相信"千夫所指，无病自死"；但那位贴"枪毙田中"的小学生却难保不知不觉地相信他有咒死田中的功用。

第二，我们的古代老祖宗深信"名"（文字）有不可思议的神力，我们也免不了这种迷信的影响。这也是幼稚民族的普通迷信，高等民族也往往不能免除。《西游记》上如来佛写了"唵嘛呢叭咪吽"六个字，便把孙猴子压住了一千年。观音菩萨念一个"唵"字咒语，便有诸神来见。他在孙行者手心写一个"咪"字，就可以引红孩儿去受擒。小说上的神仙妖道作法，总得"口中念念有词"。一切符咒，都是有神力的文字。现在有许多人真相信多贴几张"打倒军阀"的标语便可以打倒张作霖了。他们若不信这种神力，何以不到前线去打仗，却到吴淞镇的公共厕所墙上张贴"打倒张作霖"的标语呢？

第三，我们的古代圣贤也曾提倡一种"理智化"了的"名"的迷信，几千年来深入人心，也是造成"名教"的一种大势力。卫君要请孔子去治国，孔老先生却先要"正名"。他恨极了当时的乱臣贼子，却又"手无斧柯，奈龟山何!"所以他只好做一部《春秋》来褒贬他们，"一字之贬，严于斧钺；一字之褒，荣于华衮。"这种思想便是古代所谓"名分"的观念。尹文子说：

> 善名命善，恶名命恶。故善有善名，恶有恶名。……今亲贤而疏不肖，赏善而罚恶。贤不肖，善恶之名宜在彼；亲疏赏罚之称宜属我。……"名"宜属彼；"分"宜属我。我爱白而憎黑，韵商而舍徵，好膻而恶焦，嗜甘而逆苦。白黑商徵，膻焦甘苦，彼之"名"也；爱憎韵舍，好恶嗜逆，我之"分"也。定此名分，则万事不乱也。

"名"是表物性的，"分"是表我的态度的。善名便引起我爱敬的态度，恶名便引起我厌恨的态度。这叫做"名分"的哲学。"名教"、"礼教"便建筑在这种哲学的基础之上。一块石头，变作了贞节牌坊，便可以引无数青年妇女牺牲她们的青春与生命去博礼教先生的一篇铭赞，或志书"列女"门里的一个名字。"贞节"是"名"，羡慕而情愿牺牲，便是"分"。女子的脚裹小了，男子赞为"美"，诗人说是"三寸金莲"，于是几万万的妇女便拼命裹小脚了。"美"与"金莲"是"名"，羡慕而情愿吃苦牺牲，便是"分"。现在人说小脚"不美"，又"不人道"，名变了，分也变了，于是小脚的女子也得塞棉花，充天脚了。——现在的许多标语，大都有个褒贬的用意：宣传便是宣传这褒贬的用意。说某人是"忠实同志"，便是教人"拥护"他。说某人是"军阀"，"土豪劣绅"，"反动"，"反革命"，"老朽昏庸"，便是教人"打倒"他。故"忠实同志""总理信徒"的名，要引起"拥护"的分。"反动分子"的名，要引起"打倒"的分。

故今日墙上的无数“打倒”与“拥护”，其实都是要寓褒贬，定名分。不幸标语用的太滥了，今天要打倒的，明天却又在拥护之列了；今天的忠实同志，明天又变为反革命了。于是打倒不足为辱，而反革命有人竟以为荣。于是“名教”失其作用，只成为墙上的符篆而已。

两千年前，有个九十岁的老头子对汉武帝说：“为治不在多言，顾力行何如耳。”两千年后，我也要对现在的治国者说：“治国不在口号标语，顾力行何如耳”。

一千多年前，有个庞居士，临死时留下两句名言：“但愿空诸所有。慎勿实诸所无”。“实诸所无”，如“鬼”本是没有的，不幸古代的浑人造出“鬼”名，更造出“无常鬼”，“大头鬼”，“吊死鬼”等等名，于是人的心里便像煞真有鬼了。我们对于现在的治国者，也想说：“但愿实诸所有。慎勿实诸所无”。末了，我们也学时髦，编两句口号：“打倒名教！名教扫地，中国有望！”

十七，七，二

《新月》第1卷第5号，1928年7月10日。

人权与约法

4月20日国民政府下了一道保障人权的命令，全文是：

> 世界各国人权均受法律之保障。当此训政开始，法治基础亟宜确立。凡在中华民国法权保障之内，无论个人或团体均不得以非法行为侵害他人身体，自由及财产。违者即依法严惩不贷。着行政司法各院通饬一体遵照。此令。

在这个人权被剥夺几乎没有丝毫余剩的时候，忽然有明令保障人权的盛举，我们老百姓自然是喜出望外。但我们欢喜一阵之后，揩揩眼镜，仔细重读这道命令，便不能不感觉大失望。失望之点是：

第一，这道命令认“人权”为“身体，自由，财产”三项，但这三项都没有明确规定。就如“自由”究竟是哪几种自由？又如“财产”究竟受怎样的保障？这都是很重要的缺点。

第二，命令所禁止的只是“个人或团体”，而并不曾提及政府机关。个人或团体固然不得以非法行为侵害他人身体自由及财产，但今日我们最感痛苦的是种种政府机关或假借政府与党部的机关侵害人民的身体自由及财产。如今日言论出版自由之受干涉，如各地私人财产之被没收，如近日各地电气工业之被没收，都是以政府机关的名义执行的。4月20日的命令对于这一方面完全没有给人民什么保障。这岂不是“只许州官放火，不许百姓点灯”吗？

第三，命令中说“违者即依法严惩不贷”，所谓“依法”是依什么法？我们就不知道今日有何种法律可以保障人民的人权。中华民国刑法固然有“妨害自由罪”等章，但种种妨害若以政府或党部名义行之，人民便完全没有保障了。

果然，这道命令颁布不久，上海各报便发现“反日会的活动是否在此命令范围之内”的讨论。日本文的报纸以为这命令可以包括反日会（改名救国会）的行动；而中文报纸如《时事新报》畏垒先生的社论则以为反日会的行动不受此命令的制裁。

岂但反日会的问题吗？无论什么人，只须贴上“反动分子”“土豪劣绅”“反革命”“共党嫌疑”等等招牌，便都没有人权的保障。身体可以受侮辱，自由可以完全被剥夺，财产可以任意宰制，都不是“非法行为”了。无论什么书报，只须贴上“反动刊物”的字样，都在禁止之列，都不算侵害自由了。无论什么学校，外国人办的只须贴上“文化侵略”字样，中国人办的只须贴上“学阀”“反动势力”等等字样，也就都可以封禁没收，都不算非法侵害了。

我们在这种种方面，有什么保障呢？

我且说一件最近的小事，事体虽小，其中含着的意义却很重要。3 月 26 日上海各报登出一个专电，说上海特别市党部代表陈德征先生在三全大会［上］提出了一个《严厉处置反革命分子案》。此案的大意是责备现有的法院太拘泥证据了，往往使反革命分子容易漏网。陈德征先生提案的办法是：

> 凡经省党部及特别市党部书面证明为反革命分子者，法院或其他法定之受理机关应以反革命罪处分之。如不服，得上诉。惟上级法院或其他上级法定之受理机关，如得中央党部之书面证明，即当驳斥之。

这就是说，法院对于这种案子，不须审问，只凭党部的一纸证明，便须定罪处刑。这岂不是根本否定法治了吗？我那天看了这个提案，有点忍不住，便写了封信给司法院长王宠惠博士，大意是问他“对于此种提议作何感想”，并且问他“在世界法制史上，不知在哪一世纪哪一个民族曾经有这样一种办法，笔之于书，立为制度的吗”？

我认为这个问题是值得大家注意的，故把信稿送给国闻通信社发表。过了几天，我接得国闻通信社的来信，说：

> 昨稿已转送各报，未见刊出，闻已被检查者扣去。兹将原稿奉还。

我不知道我这封信有什么军事上的重要而竟被检查新闻的人扣去。这封信是我亲自负责署名的。我不知道一个公民为什么不可以负责发表对于国家问题的讨论。

但我们对于这种无理的干涉，有什么保障呢？

又如安徽大学的一个学长，因为语言上挺撞了蒋主席，遂被拘禁了多少天。他的家人朋友只能到处奔走求情，决不能到任何法院去控告蒋主席，只能求情而不能控诉，这是人治，不是法治。

又如最近唐山罢市的案子，其起原是因为两益成商号的经理杨润普被当地驻军指为收买枪枝，拘去拷打监禁。据 4 月 28 日《大公报》的电讯，唐山总商会的代表十二人到一百五十二旅去请求释放，军法官不肯释放。代表等辞出时，正遇兵士提杨润普入内，“时杨之两腿已甚臃肿，并有血迹，周身动转不灵，见代表等则欲哭无泪，语不成声，其凄惨情形，实难尽述”。但总商会及唐山商店八十八家打电报给唐生智，也只能求情而已，求情而无效，也只能相率罢市而已。人权在哪里？法治在哪里？

我写到这里，又看见 5 月 2 日的《大公报》，唐山全市罢市的结果，杨润普被释放了。“但因受刑过重，已不能行走，遂以门板抬出，未回两益成，直赴中华医院医治。”《大公报》记者亲自去访问，他的记载中说：

> ……见杨润普前后身衣短褂，血迹模糊。衣服均粘于身上，经医生施以手术，始脱下。记者当问被捕后情形，杨答，苦不堪言，曾用旧时惩治盗匪之压杠子，余实不堪其苦。正在疼痛难忍时，压于腿上之木杠忽然折断。旋又易以竹板，周身抽打，移时亦断。时刘连长在旁，主以铁棍代木棍。郑法官恐生意外，未果。此后每讯必打，至今周身是伤。据医生言，杨伤过重，非调养三个月不能复原。

这是人权保障的命令公布后 11 日地实事。国民政府诸公对于此事不知作何感想？

我在上文随便举的几件实事，都可以指出人权的保障和法治的确定决不是一纸模糊的命令所能办到的。

法治只是要政府官吏的一切行为都不得逾越法律规定的权限。法治只认得法律，不认得人。在法治之下，国民政府的主席与唐山一百五十二旅的军官都同样的不得逾越法律规定的权限。国民政府主席可以随便拘禁公民，一百五十二旅的军官自然也可以随意拘禁拷打商人了。

但是现在中国的政治行为根本上从没有法律规定的权限，人民的权利自由也从没有法律规定的保障。在这种状态之下，说什么保障人权！说什么确立法治基础！

在今日如果真要保障人权，如果真要确立法制基础，第一件应该制定一个中华民国的宪法。至少，也应该制定所谓训政时期的约法。

孙中山先生当日制定《革命方略》时，他把革命建国事业的措施程序分作三个时期：

> 第一期为军法之治（三年）。
>
> 第二期为约法之治（六年）……凡军政府对于人民之权利义务，及人民对于军政府之权利义务，悉规定于约法。军政府与地方议会及人民各循守之。有违法者，负其责任。……
>
> 第三期为宪法之治。

《革命方略》成于丙午年（1906），其后续有修订。至民国八年中山先生作《孙文学说》时，他在第六章再三申说“过渡时期”的重要，很明白的说：“在此时期，行约法之治，以训导民人，实行地方自治”。

至民国十二年一月，中山先生作《中国革命史》时，第二时期仍名为“过渡时期”，他对于这个时期特别注意。他说：

> 第二为过渡时期。在此时期内，施行约法（非现行者），建设地方自治，促进民权发达。以一县为自治单位，每县于散兵驱除战事停止之日，立颁约法，以规定人民之权利义务，与革命政府之统治权。以三年为限，三年期满，则由人民选举其县官。……革命政府之对于此自治团体只能照约法所规定而行其训政之权。

又过了一年之后，当民国十三年四月中山先生起草《建国大纲》时，建设的程序也分作三个时期，第二期为“训政时期”。但他在《建国大纲》里不曾提起训政时期的“约法”，又不曾提起训政时期的年限，不幸一年之后他就死了，后来的人只读他的建国大纲，而不研究这“三期”说的历史，遂以为训政时期可以无限的延长，又可以不用约法之治，这是大错的。

中山先生的《建国大纲》虽没有明说“约法”，但我们研究他民国十三年以前的言论，可以知道他决不会相信统治这样一个大国可以不用一个根本大法的。况且《建国大纲》里遗漏的东西多着哩。如廿一条说“宪法未颁布以前，各院长皆归总统任免”，是训政时期有“总统”，而全篇中不说总统如何产生。又如民国十三年一月国民党第一次代表大会宣言已有“以党为掌握政权之中枢”的话，而是年四月十二中山先生草定《建国大纲》全文廿五条中没有一句话提到一党专政的。这都可见《建国大纲》不过是中山先生一时想到的一个方案，并不是应有尽有的，也不是应无尽无。《大纲》所有，早已因时势而改动了（如十九条五院之设在宪政开始时期，而去年已设五院了）。《大纲》所无，又何妨因时势的需要而设立呢？

我们今日需要一个约法，需要中山先生说的“规定人民之权利义务与革命政府之统治权”的一个约法。我们要一个约法来规定政府的权限：过此权限，便是“非法行为”。我们要一个约法来规定人民的“身体，自由，及财产”的保障：有侵犯这法定的人权的，无论是一百五十二旅的连长或国民政府的主席，人民都可以控告，都得受法律的制裁。

我们的口号是：

快快制定约法以确定法治基础！

快快制定约法以保障人权！

十八，五，六

《新月》第2卷第2号，1929年4月10日。

我们什么时候才可有宪法?——对于《建国大纲》的疑问

我在《人权与约法》(《新月》二卷二号)里,曾说:

> 中山先生的《建国大纲》虽没有明说“约法”,但我们研究他十三年以前的言论,知道他决不会相信统治这样一个大国可以不用一个根本大法的。

这句话,我说错了。民国十三年的孙中山已经不是十三年以前的中山了。他的《建国大纲》简直是完全取消他以前所主张的“约法之治”了。

从丙午年(1906)的《革命方略》到民国十二年(1923)的《中国革命史》,中山先生始终主张一个“约法时期”为过渡时期,要一个约法来“规定人民之权利义务,与革命政府之统治权”。

但民国十三年以后的中山先生完全取消这个主张了。试看他公布《建国大纲》的宣言说:

> 辛亥之役,汲汲于制定临时约法,以为可以奠民国之基础,而不知乃适得其反。论者见临时约法施行之后,不能有益于民国,甚至并临时约法之本身效力亦已消失无余,则纷纷议临时约法之未善,且斤斤然从事于宪法之制定,以为借此可以救临时约法之穷。曾不知症结所在,非由于临时约法之未善,乃由于未经军政训政两时期,而即入于宪政。

他又说:

> 可知未经军政训政两时期,临时约法决不能发生效力。

他又说:

> 军政时代已能肃清反侧,训政时代已能扶植民治,虽无宪法之名,而人人所得权利与幸福,已非口宪法而行专政者所可同日而语。

这是中山先生取消“约法之治”的理由。所以他在《建国大纲》里,便不提起“约法”了。

《建国大纲》里,不但训政时期没有约法,直到宪政开始时期也还没有宪法。如第廿二条云:

> 宪法草案当本于《建国大纲》及训政宪政两时期之成绩,由立法院议定,随时宣传于民众,以备到时采择施行。

宪法草案既要根据于训政宪政两时期的成绩,可见“宪政时期”还没有宪法。但细看《大纲》的全文,廿二条所谓“宪政时期”乃是“宪政开始时期”的省文,故下文廿三条说：

全国有过半数省份达至宪政开始时期——即全省之地方自治完全成立时期——则开国民大会决定宪法而颁布之。

这样看来，我们须要等到全国有半数省份的地方自治完全成立之后，才可以有宪法。

我们要研究，中山先生为什么要这样延迟宪政时期呢？简单说来，中山先生对于一般民众参政的能力，很有点怀疑。他在公布宣言里曾说：

不经训政时代，则大多数人民久经束缚，虽骤被解放，初不了知其活动之方式，非墨守其放弃责任之故习，即为人利用，陷于反革命而不自知。

他在《建国方略》里，说的更明白：

夫中国人民知识程度之不足，固无可隐讳者也。且加以数千年专制之毒深中乎人心，诚有比于美国之黑奴及外来人民知识尤为低下也。（第六章）

他又说：

我中国人民久处于专制之下，奴心已深，牢不可破。不有一度之训政时期，以洗除其旧染之污，奚能享民国主人之权利？（第六章）

他又说：

是故民国之主人者（国民），实等于初生之婴儿耳。革命党者，即产此婴儿之母也。既产之矣，则当保养之，教育之，方尽革命之责也。此革命方略之所以有训政时期者，为保养教育此主人成年而后还之政也。（第六章）

综合上文的几段话，我们可以明白中山先生的主张训政，只是因为他根本不信任中国人民参政的能力。所以他要一个训政时期来培养人民的自治能力，以一县为单位，从县自治入手。

这种议论，出于主张“知难行易”的中山先生之笔下，实在使我们诧异。中山先生不曾说吗？

其始则不知而行之，其继则行之而后知之。其终则因已知而更进于行。（《建国方略》第五章）

他又说过：

夫维新变法，国之大事也，多有不能前知者，必待行之成之而后乃能知之也。（同上）

参政的能力也是这样的。民治制度的本身便是一种教育。人民初参政的时期，错误总不能免的，但我们不可因人民程度不够便不许他们参政。人民参政并不须多大的专门知识，他们需要的是参政的经验。民治主义的根本观念是承认普通民众的常识是根本可信任的。“三个臭皮匠，赛过一个诸葛亮。”这便是民权主义的根据。治国是大事业，专门的问题需要专门的学识。但人民的参政不是专门的问题，并不需要专门的知识。所患的只是怕民众不肯出来参政，故民治国家的大问题总是怎样引导民众出来参政。只要他们肯出来参政，一回生，二回便熟了；一回上当，二回便学乖了。故民治制度本身便是最好的政治训练。这便是“行之则愈知之”；这便是“越行越知，越行越知”。

中山先生自己不曾说吗？

> 袁世凯之流必以为中国人民知识程度如此，必不能共和。曲学之士亦曰非专制不可也。
>
> 呜呼，牛也尚能教之耕，马也尚能教之乘，而况于人乎？今使有见幼童将欲入塾读书者，而语其父兄曰，“此童子不识字，不可使之入塾读书也”，于理通乎？惟其不识字，故须急于读书也。……故中国今日之当共和，犹幼童之当入塾读书也。（第六章）

宪政之治正是惟一的“入塾读书”。惟其不曾入塾读书，故急须入塾读书也。

中山先生说：

> 然入塾必要有良师益友以教之，而中国人民今日初进共和之治，亦当有先知先觉之革命政府以教之。此训政之时期所以为专制如共和之过渡所必要也。

我们姑且让一步，姑且承认共和是要训练的。但我们要问，宪法与训练有什么不能相容之点？为什么训政时期不能有宪法？为什么宪法之下不能训政？

在我们浅学的人看起来，宪法之下正可以做训导人民的工作，而没有宪法或约法，则训政只是专制，决不能训练人民走上民主的路。

“宪法”是什么东西？

柏来士（Bryce）在他的不朽名著《美洲民主国》里说：“一个国家的宪法只是那些规定此国家的政体并规定政府对人民及人民对政府的各种权利义务的规律或法令。”（页三五〇）

麦金托虚爵士（Sir James McIntosh）也说，“凡规定一国高级官吏的最重要职权及人民的最根本的权利的基本法律——成文的或不成文的——便是一国的宪法”。见于他的“Law of Nature of Nations”。（页六五）

中山先生也曾主张颁布约法“以规定人民之权利义务，与革命政府之统治权”。这便是一种宪法了。

我们实在不懂这样一部约法或宪法何以不能和训政同时存在。我们须要明白，宪法的大公用不但在于规定人民的权利，更重要的是规定政府各机关的权限。立一个根本大法，使政府的各机关不得逾越他们的法定权限，使他们不得侵犯人民的权利——这才是民主政治的训练。训练幼稚的民族，人民固然需要训练，政府也需要训练。人民需要："入塾读书"，然而蒋介石先生，冯玉祥先生，以至于许多长衫同志和小同志，生平不曾梦见共和政体是什么样子的，也不可不早日"入塾读书"罢？

人民需要的训练是宪法之下的公民生活。政府与党部诸公需要的训练是宪法之下的法治生活。"先知先觉"的政府诸公必须自己先用宪法来训练自己，裁制自己，然后可以希望训练国民走上共和的大路。不然，则口口声声说"训政"，而自己所行所为皆不足为训，小民虽愚，岂易欺哉？他们只看见衮衮诸公的时时打架，时时出洋下野而已，他们只看见衮衮诸公的任意侵犯人权而已，他们只看见宣传部"打倒某某""拥护某某"而已，他们只看见反日会的站拢而已，以此训政，别说六年，六十年有何益哉？

故中山先生的根本大错误在于误认宪法不能与训政同时并立。他这一点根本成见使他不能明白民国十几年来的政治历史。他以为临时约法的失败是"由于未经军政训政两时期，而即入于宪政"。这是历史的事实吗？民国元年以来，何尝有"入于宪政"的时期？自从二年以来，哪一年不是在军政的时期？临时约法何尝行过？天坛宪法草案以至于曹锟时代的宪法，又何尝实行过？十几年中，人民选举国会与省议会，共总行过几次？故民国十几年的政治失败，不是骤行宪政之过，乃是始终不曾实行宪政之过；不是不经训政宪政两时期而遽行宪政，乃是始终不曾脱离扰乱时期之过也。

当日袁世凯之流，固不足论，我们现在又到了全国统一的时期了，我们看看历史的教训，还是不敢信任人民而不肯实行宪政呢？还是认定人民与政府都应早早"入塾读书"，早早制定宪法或约法，用宪政来训练人民和政府自己呢？

中山先生说得好：

> 中国今日之当共和，犹幼童之当入塾读书也。

我们套他的话，也可以说：

> 中国今日之当行宪政，犹幼童之当入塾读书也。

我们不信无宪法可以训政，无宪法的训政只是专制。我们深信只有实行宪政的政府才配训政。

十八，七，廿

《新月》第2卷第4号，1929年6月10日。

知难，行亦不易——孙中山先生的"行易知难说"述评

一　行易知难说的动机

《孙文学说》的《自序》是民国七年（1918）十二月三十日在上海作的。次年

(1919) 五月初，我到上海来接杜威先生；有一天，我同蒋梦麟先生去看中山先生，他说他最近做了一部书，快出版了。但他那一天谈的话便是概括地叙述他的“行易知难的”哲学。后来杜威先生去看中山先生，中山谈的也是这番道理。(本书第四章之末也说：“当此书第一版付梓之夕，适杜威博士至沪，羽特以此质证之。”) 大概此书作于七年下半，成于八年春间。至六七月间，始印成出版。

这个时代是值得注意的。中山先生于七年五月间非常国会辞去大元帅之职；那时旧时军阀把持军政府，中山虽做了七总裁之一，实际上没有做事的机会，后来只好连总裁也不做了，搬到上海来住。这时候，世界大战刚才停战，巴黎的和会还未开，全世界都感觉一种猛烈的兴奋，都希望有一个改造的新世界。中山先生在这个时期，眼见安福部横行于北方，桂系军阀把持于南方，他却专心计划，想替中国定下一个根本建设的大方略。这个时期正是他邀了一班专家，着手做《建国方略》的时候。他的“实业计划”的一部分，此时正在草创的时期；其英文的略稿成于八年的一月。

他在发表这个大规模的《建国方略》之前，先著作这一部导言，先发表他的“学说”，先提出这“行易知难”的哲学。

为什么呢？他自已很悲愤地说：

> 文奔走国事三十余年，毕生学力尽萃于斯；精诚无间，百折不回；满清之威力所不能屈，穷途之困苦所不能挠。吾志所向，一往无前，愈挫愈奋，再接再厉。用能鼓动风潮，造成时势。卒赖全国人心之倾向，仁人志士之赞襄，乃得推覆专制，创建共和。本可从此推进，实行革命党所抱持之三民主义，五权宪法，与夫革命方略所规定之种种建设宏模，则必能乘时一跃而登中国于富强之域，跻斯民于安乐之天也。不图革命初成，党人即起异议，谓予所主张者理想太高，不适中国之用。众口铄金，一时风靡。同志之士，亦悉惑焉。是以予为民国总统时之主张，反不若为革命领袖时之有效而见之施行矣。此革命之建设所以无成，而破坏之后国事更因之以日非也。
>
> 夫去一满洲之专制，转生出无数强盗之专制，其为毒之烈，较前尤甚。于是民愈不聊生矣。溯夫吾党革命之初心，本以救国救种为志，欲出斯民于水火之中，而登之衽席之上也。今乃反令之陷水益深，蹈火益热，与革命初衷大相违背者，此固予之德薄无以化格同侪，予之能鲜不足驾驭群众，有以致之也。然而吾党之士于革命宗旨革命方略亦难免有信仰不笃奉行不力之咎也。而其所以然者，非尽关乎功成利达而移心，实多以思想错误而懈志也。
>
> 此思想之错误为何？即“知之非艰，行之惟艰”之说也。此说始于传说对武丁之言，由是数千年来，深中于中国之人心，已成牢不可破矣。故予之建设计划一一皆为此说所打消也。呜呼！此说者，予生平之最大敌也。其威力当万倍于满

清。夫满清之威力不过只能杀吾人之身耳，而不能夺吾人之志也。乃此敌之威力则不惟能夺吾人之志，且足以迷亿兆人之心也。是故当满清之世，予之主张建设，反致半筹莫展，一败涂地。吾三十年来精诚无间之心，几为之冰消瓦解，百折不回之志为之槁木死灰者，此也！可畏哉此敌！可恨哉此敌！

兵法有云，"攻心为上"。……满清之颠覆者，此心成之也。民国之建设者，此心败之也。夫革命党之心理，于成功之始，则被"知之非艰行之惟艰"之说所奴，而视吾策为空言，遂放弃建设之责任。……七年以来，犹未睹建设事业之进行，而国事则日形纠纷，人民则日增痛苦。午夜思维，不胜痛心疾首。夫民国之建设事业，实不容一刻视为缓图者也。国民！国民！究成何心。不能乎？不行乎？不知乎？吾知其非不能也，不行也。亦非不行也，不知也。倘能知之，则建设事业亦不过如反掌折枝耳。

回顾当年，予所耳提面命而传授于革命党员，而被河汉为理想空言者，至今观之，适为世界潮流之需要，而亦当为民国建设之资材也。乃拟笔之于书，名曰《建国方略》，以为国民所取法焉。然尚有踌躇审顾者，则恐今日国人社会心理犹是七年前之党人社会心理也，依然有此"知之非艰行之惟艰"之大敌横梗于其中，则其以吾之计划为理想空言而见拒也，亦若是而已矣。故先作学说，以破此心理之大敌，而出国人之思想于迷津。庶几吾之建国方略或不致再被国人视为理想空谈也。(《自序》)

这篇《自序》真是悲慨沉痛的文章。中山先生以三十年的学问，三十年的观察，作成种种建设的计划，提出来想实行，万不可料他的同志党人，就首先反对。客气的人说他是"理想家"，不客气的人嘲笑他是"孙大炮"！中山先生忠厚对人，很忠厚地指出他们所以反对他，"非尽关乎功成利达而移心，实多以思想错误而懈志"。此思想的错误，中山先生认为只是"知易行难"的一个见解。这个错误的见解，在几千年中，深入人心，成了一种迷信，他的势力比满清还可怕，比袁世凯还可怕。满清亡了，袁世凯倒了，而此"知易行难"的谬说至今存在，使中山的大计划"半筹莫展，一败涂地"。所以中山先生首先打倒这个"心理之大敌"。这是他的"学说"的动机。

要打倒这个大敌，所以他提出一种"心理建设"。他老实不客气地喊道：

夫国者，人之积也。人者，心之器也。而国事者，一人群心理之现象也。是故政治之隆污，系乎人心之振靡。吾心信其可行，则移山填海之难，终有成功之日。吾心信其不可行，则反掌折枝之易，亦无收效之期也。心之为用大矣哉。夫心也者，万事之本源也。满清之颠覆者，此心成之也。民国之建设者，此心败之也。(《自序》参看页七七论宣誓一段)

迷信"唯物史观"的人，听了这几句话，也许要皱眉摇头。但这正是中山先生的中心思想。若不懂得这个中心思想，便不能明白他的“有志竟成”的人生哲学。

二　行易知难的十证

中山先生的“学说”只是“知难行易”四个字。他举了十项证据来证明他的学说：

（1）饮食

（2）用钱

（3）作文

（4）建筑

（5）造船

（6）长城与欧洲的战壕

（7）运河

（8）电学

（9）化学制造品：豆腐，瓷器

（10）进化

这十项证据，原书说的很详细，不用我来详细说明了。

这十项之中，有几项是证明“不知亦能行”的，如饮食，婴孩一堕地便能做，鸡雏一离蛋壳便能做，但近世的科学家到今日尚不知道饮食的种种奥妙。但大部分的证据都是证明知识之难能而可贵的，如造船，

> 施工建造并不为难。所难者绘图设计耳。倘计划既定，按图施工，则成效可指日而待矣。

如无线电报，

> 当研究之时代，费百年之功夫，竭无数学者之才智，各贡一知，而后得完全此无线电之知识。及其知识真确，学理充满，乃本之以制器，则无所难矣。……其最可难能可贵者则为研求无线电知识之人。学识之难关一过，则其他之进行有如反掌矣。

这些证据都是要使我们明白知识是很难能的事，是少数天才人的事。少数有高深知识的人积多年的研究，定下计划，打下图样，便可以交给多数工匠去实行。工匠只须敬谨依照图样做去，自然容易成功。“此知行分任而造成一屋者也。”中山先生的意思一面教人知道“行易”，一面更要人知道“知难”。

三　“行易知难”的真意义

中山先生自己说：

> 予之所以不惮其烦，连篇累牍，以求发明行易知难之理者，盖以此为救中国

必由之道也。(页五五)

他指出中国的大病是暮气太深，畏难太甚。

中国近代之积弱不振奄奄待毙者，实为知之非艰行之惟艰一说误之也。此说深中于学者之心理，由学者而传于群众，则以难为易，以易为难，遂使暮气畏难之中国，畏其所不当畏，而不畏其所当畏。由是易者则避而远之，而难者又趋而近之。始则欲求知而后行，及其知之不可得也，则惟有望洋兴叹而放去一切而已。间有不屈不挠之士，费尽生平之力以求得一知者，而又以行之为尤难，则虽知之而仍不敢行之。如是不知固不欲行，而知之又不敢行，则天下事无可为者矣。此中国积弱衰败之原因也。夫畏难本无害也。正以有畏难之心，乃适足导人于节劳省事，以取效呈功。此为经济之原理，亦人生之利便也。惟有难易倒置，使欲趋避者无所适从，斯为害矣。(页五五)

他要人明白“不知亦能行之，知之则必能行之，知之则更易行之”。他考察人类进化的历史，看出三个时期：

第一，由草昧进文明，为不知而行之时期。

第二，由文明再进文明，为行而后知之时期。

第三，自科学发明后，为知而后行之时期。

凡物类与人类，为需要所逼迫，都会创造发明。鸟能筑巢，又能高飞。这都是不知而能行的证明。我们的老祖宗制造豆腐，制造磁器，建筑长城，开辟运河，都是不知而行的明证。西洋人行的越多，知的也越多；知多了，行的也更多。他们越行越知，越知越行。我们却受了暮气的毒，事事畏难，越不行，越不知，便越不行。

救济之法，只有一条路，就是力行。但力行却也有一个先决的条件，就是要服从领袖，要服从先知先觉者的指导。中山先生说人群进化可分三时期，人的性质也可分做三系：

其一，先知先觉者，为创造发明。

其二，后知后觉者，为仿效发明。

其三，不知不觉，为竭力乐成。

第一系为发明家，第二系为鼓吹家，第三系为实行家，其中最有关系的是那第二系的后知后觉这。他们知识不够，偏要妄想做先知先觉者；他们不配做领袖，偏要自居于领袖；他们不肯服从发明家的理想计划，偏爱作消极的批评。他们对于先知先觉者的计划，不是说他们理想不彻底，便是说他们理想不高，不切实用。所以中山先生说：

行之之道为何？即全在后觉者之不自惑以惑人而已。

力行之道不是轻理想而重实行，却正是十分看重理想知识。“行易知难”的真意义只是要我们知道行是人人能做的，而知却是极少数先知先觉者的责任。大多数的人应该崇拜知识学问，服从领袖，奉行计划。那中级的后知后觉者也只应该服从先知先觉者的理想计划，替他鼓吹宣传，使多数人明白他的理想，使那种种理想容易实行。所以中山先生说：

> 中国不患无实行家，盖林林总总者皆是也。乃吾党之士有言曰，“某也理想家也，某也实行家也”。其以二三人可为改革国事之实行家，真谬误之甚也。不观今之外人在上海所建设之宏大工厂，繁盛市街，崇伟楼阁，其实行家皆中国之人也。而外人不过为理想家计划家而已，并未有躬亲实行其建设之事也。故为一国之经营建设，所难得者非实行家也，乃理想计划家也。而中国之后知后觉者，皆重实行而轻理想矣。是犹化学而崇拜三家村之豆腐公，而忽于裴在辂巴斯德等宿学也。是犹治医学而崇拜蜂虫之蜾蠃，而忽于发明家蒙药之名医。盖豆腐公为生物化学之实行家，而蜾蠃为蒙药之实行家也。有是理乎！乃今之后知后觉者，悉中此病，所以不能鼓吹舆论，倡导文明，而反足混乱是非，阻碍进化也。是故革命以来建设事业不能进行者，此也。予于是乎不得不彻底详辟，欲使后知后觉者，了然于向来之迷误，而翻然改图，不再为似是而非之说以惑世，而阻挠吾林林总总之实行家，则建设前途大有希望矣。（页六一—六二）

所以“行易知难”的学说的真意义只是要使人信仰先觉，服从领袖，并行不悖。中山先生著书的本意只是要说：“服从我，奉行我的《建国方略》。”他虽然没有这样明说，然而他在本书的第六章之后，附录《陈英士致黄克强书》（页七九—八七），此书便是明明白白地要人信仰孙中山，奉行不悖。英士先生在此书里痛哭流涕地指出民党第五次重大之失败都是因为他们“认中山之理想为误而反对之，致于失败”。他说：

> 惟其前日认中山先生之理想为误，皆致失败，则于今日中山先生之所主张，不宜轻以为理想而不从，再贻他日之悔。
>
> 夫人之才识与时并进，知昨非而今日未必是，能取善斯不压从人。鄙见以为理想者事实之母也。中山先生之提倡革命，播因于二十年前。当时反对之者，举国士夫，殆将一致。乃经二十年后，卒能见诸实行者，理想之结果也。使吾人于二十年前即赞成其说，安见所悬理想必迟至二十年之久始得收效？抑使吾人于二十年后犹反对之，则中山先生之理想不知何时始克形诸事实，或且终不成效果至于靡有穷期者，亦难逆料也。故中山先生之理想能否证实，全在吾人之视察能否了解，能否赞同，以奉行不悖是已。

《孙文学说》的真意义只是要人信仰“孙文学说”，奉行不悖。此意似甚浅，但我们细读此书，不能不认这是唯一可能的解释。

四 “行易知难”的真意义

行易知难的学说是一种很有力的革命哲学。一面要人知道“行易”，可以鼓舞人勇往进取。一面更要人知道“知难”，可以提倡多数人对于先知先觉者的信仰与服从。信仰领袖，服从命令，一致进取，不怕艰难，这便是革命成功的条件。所以中山说这是必要的心理建设。

孙中山死后三四年中，国民党继续奉他做领袖，把他的遗教奉作一党的共同信条，极力宣传。“共信”既立，旗帜便鲜明了，壁垒也便整齐了。故三四年中，国民革命军的先声夺人，所向都占胜利。北伐的成功，可说是建立“共信”的功效。其间稍有分裂，也只为这个共信上发生了动摇的危险。但反共分共所以能成功，也都还靠着这一点点“共信”做个号召的旗帜。

故这三年的革命历史可说是中山先生的学说添了一重证据，证明了服从领袖奉行计划的重要，证明了建立共同信仰的重要，证明了只要能奉行一个共同的信仰，革命的一切困难都可以征服。

但政治上的一点好成绩不应该使我们完全忽视了这个学说本身的一些错误。所以我想指出这个学说的错误之点，和从这些错误上连带发生的恶影响。

行易知难说的根本错误在于把“知”“行”分的太分明。中山的本意只要教人尊重先知先觉，教人服从领袖者，但他的说话很多语病，不知不觉地把“知”“行”分做两件事，分作两种人做的两类的事。这是很不幸的。因为绝大部分的知识是不能同“行”分离的，尤其是社会科学的知识。这绝大部分的知识都是从实际经验（行）上得来：知一点，行一点；行一点，更知一点，——越行越知，越知越行，方才有这点子知识。三家村地豆腐公也不是完全没有知识；他做豆腐的知识比我们大学博士高明的多多。建筑高大洋房的工人也不是完全没有知识；他们的本事也是越知越行，越行越知，所以才有巧工巧匠出来。至于社会科学的知识，更是知行分不开的。五权与九权的宪法，都不是学者的抽象理想，都只是某国某民族的实行的经验的结果。政治学者研究的对象只是历史，制度，事实，——都是“行”的成绩。行的成绩便是知，知的作用便是帮助行，指导行，改善行。政治家虽然重在实行，但一个制度或政策的施行，都应该服从专家的指示，根据实际的利弊，随时修正改革，这修正补救便是越行越知，越知越行，便是知行不能分开。

中山先生志在领导革命，故倡知难行易之说，自任知难而勉人以行易。他不曾料到这样分别知行的结果有两大危险：

第一，许多青年同志便只认得行易，而不觉得知难。于是有打倒智识阶级的喊声，有轻视学问的风气。这是很自然的：既然行易，何必问知难呢？

第二，一班当权执政的人也就借“行易知难”的招牌，以为知识之事已有先总理担任做了，政治社会的精义都已包罗在《三民主义》、《建国方略》等书之中，中国人民只有服从，更无疑义，更无批评辩论的余地了。于是他们揹着“训政”的招牌，背着“共信”的名义，箝制一切言论出版的自由，不容有丝毫异己的议论。知难既有先总理任之，行易又有党国大同志任之，舆论自然可以取消了。

行易知难说是一时救弊之计，目的在于矫正“知之非艰，行之维艰”的旧说，故为“林林总总”之实行家说法，教人知道实行甚易。但老实说来，知固是难，行也不易。这便是行易知难说的第二个根本错误。

中山先生举了十项证据来证明行易知难。我们忍不住要问他：“中山先生，你是学医的，为什么你不举医学做证据呢?”中山先生做过医学的工夫，故不肯举医学做证据，因为医学最可以推翻行易知难的学说。医学是最难的事，人命所关，故西洋的医科大学毕业年限比别科都长二年以上。但读了许多生理学，解剖学，化学，霉菌学，药学，……还算不得医生。医生一面是学，一面又是术，一面是知，一面又是行。一切书本的学问都要能用在临床的经验上；只有从临床的经验上得来的学问与技术方才算是真正的知识。一个医生的造成，全靠知行的合一，即行即知，即知即行，越行越知，越知越行的工巧精妙。熟读了六七年的书，拿着羊纸皮的文凭，而不能诊断，不能施手术，不能治疗，才知道知固然难，行也大不易也!

岂但医生如此，做豆腐又何尝不如此？书画弹琴又何尝不如此？打球，游水，开汽车，又何尝不如此？建屋造船也何尝不如此？做文章，打算盘，也何尝不如此？一切技术，一切工艺，哪一件不如此？

治国是一件最复杂最繁难而又最重要的技术，知与行都很重要，纸上的空谈算不得知，卤莽糊涂也算不得行。虽有良法美意，而行之不得其法，也会祸民误国。行的不错，而朝令夕改，也不会得到好结果。政治的设施往往关系几千万人或几万万人的利害，兴一利可以造福于一县一省，生一弊可害无数人的生命财产。这是何等繁难的事！古人把“良医”和“良相”相提并论，其实一个庸医害人有限，而一个坏政策可以造孽无穷。医生以人命为重，故应该小心翼翼地开刀开方；政府以人民为重，故应该小心翼翼地治国。古人所以说“知之非艰，行之维艰”，正是为政治说的，不是叫人不行，只是叫人不要把行字看得太容易，叫人不可卤莽糊涂地胡作胡为害人误国。

民生国计是最复杂的问题，利弊不是一人一时看得出的，故政治是无止境的学问，处处是行，刻刻是知，越行方才越知，越知方才可以行的越好。“考试”是容易谈的，但实行考试制度是很难的事。“裁兵”是容易谈的，但怎样裁兵是很难的事。现在的人都把这些事看的太容易了，故纨绔子弟可以办交通，顽固书生可以办考试，当火头出身的可以办一省的财政，旧式的官僚可以管一国的卫生。

今日最大的危险是当国的人不明白他们干的事是一件绝大繁难的事。以一班没有现代学术训练的人，统治一个没有现代物质基础的大国家，天下的事有比这个更繁难的吗？要把这件大事办的好，没有别的法子，只有充分请教专家，充分运用科学。然而“行易”之说可以做一班不学无术的军人政客的护身符！此说不修正，专家政治决不会实现。

十八年五月改定稿

《新月》第2卷第4号，1929年6月10日。

新文化运动与国民党

中国本来是一个由美德筑成的黄金世界。

今年双十节，我在杭州车站买了一张杭州报纸的双十节号，忽然看见这一句大胆的话。我吓了一大跳，连忙揩揩眼镜，仔细阅读，原来是中央宣传部长叶楚伧先生的大文，题目是“由党的力行来挽回风气”，叶部长说：

> 中国本来是一个由美德筑成的黄金世界。自从觉罗皇帝，袁皇帝，冯爵帅，徐阁老，以及文武百官，衣钵相传，掘下个大坑，政治道德扫地无遗。洋大人，外交人才，买办，跑街，以及西崽，也掘下个大坑，民族气节又扫地无遗。张献忠，白莲教，红灯罩，共产党——这一套；保皇党，研究系，同善社，性欲丛书——这又一套；大家在那里炫奇斗胜，并头分作，一坑又一坑，将社会风尚又搅成个落花流水。这样一个不幸的环境摆布在眼前，凭你是谁，偶一不慎，便会失足灭顶。……

我看完了这一篇文章，心里很有点感触。这一个月以来，我时时想到叶楚伧先生的话，时时问自己：“觉罗皇帝”以前的中国，是不是“一个由美德筑成的黄金世界”？

这个问题是一个很重要的问题，因为这是今日我们不能避免的新旧文化问题的一个重要之点。如果三百年前的中国真是“一个由美德筑成的黄金世界”，那么，我们还做什么新文化运动呢？我们何不老老实实地提倡复古呢？黄金世界既然在三百年前，我们只须努力回到觉罗皇帝以前的“由美德筑成的黄金世界”就是了。

不幸叶部长的名论终不能叫我们心服。叶部长做了几年大事业，似乎把中国历史忘记了。叶部长似乎忘了女子缠足已有了一千年的历史，全国士子作八股也有五六百年的历史，张献忠之前也曾有过魏忠贤，魏忠贤之前有过刘瑾，刘瑾之前也曾有过仇士良，有过十常侍。叶部长似乎又忘了白莲教之前也曾有过提倡烧指焚身的佛教，也曾有过最下流的拜生殖器的各种中古宗教。叶部长似乎又忘了张竞生博士以前也曾有过提倡“饿死事极小，失节事极大”的吃人礼教和无数无数血泪筑成的贞节牌坊。叶部长似乎又忘了洋大人和外交人才以前也曾有过五胡之乱和辽金元的征服。

然而叶部长正式宣传道，三百年前地中国“本来是一个由美德筑成的黄金世界”!

我们从新文化运动者的立场，不能不宣告叶部长在思想上是一个反动分子，他所代表的思想是反动的思想。

我们看了叶部长的言论以后，不能不进一步质问：叶部长所代表的反动思想究竟有几分可以代表国民党？国民党时时打起“铲除封建势力，打倒封建思想”的旗帜，何以国民党中的重要人物会发表这样拥护传统文化的反动思想呢？究竟国民党对于这个新旧文化的问题抱什么态度呢？在近年的新文化运动史上国民党占什么地位呢？

要解答这几个问题，我们不能不先看看国民党当国以来实地设施的事实。我们可以举几组的事实作例。

近年的新文化运动的最重要的方面是所谓文学革命。前两个月，有一位国民党党员张振之先生发表了一篇《知难行易的根本问题》，内中引了戴季陶先生在《国民革命与国民党》内说的话，戴先生说：

> 再说民三年的时候，大家倘若肯一致赞成“文学革命”的主张，以革命党的党义来鼓吹起来，何至于要等到民国八年才让陈独秀胡适之来出风头？(近年8月28日上海《民国日报》)

谁来出风头，这是极小的事。但是我们至少期望一个革命政府成立之日就宣布一切法令公文都改用国语。这点子小小风头，总应有人敢出吧？但是国民党当国已近两年了，到了今日，我们还不得不读骈文的函电，古文的宣言，文言的日报，文言的法令！国民党天天说要效法土耳其，但新土耳其居然采用了拉丁字母了，而我们前几天还在恭读国民政府文官长古应芬先生打给阎锡山先生的骈四俪六的贺电！

在徐世昌做总统，傅岳棻做教育总长的时代，他们居然敢下令废止文言的小学教科书，改用国语课本。但小学用国语课本，而报纸和法令公文仍旧用古文，国语的推行是不会有多大效力的，因为学了国语文而不能看报，不能做访员，不配做小书记，谁还肯热心去学白话呢？一个革命的政府居然维持古文骈文的寿命，岂不是连徐世昌傅岳棻的胆气都没有吗？

在这一点上，我们不能不说今日国民政府所代表的国民党是反动的。

再举思想自由作例。新文化运动的一件大事业就是思想的解放。我们当日批评孔孟，弹劾程朱，反对孔教，否认上帝，为的是要打倒一尊的门户，解放中国的思想，提倡怀疑的态度和批评的精神而已。……上帝可以否认，而孙中山不许批评。礼拜可以不做，而总理遗嘱不可不读，纪念周不可不做。一个学者编了一部历史教科书，里面对于三皇五帝表示了一点怀疑，便引起了国民政府诸公的义愤，便有戴季陶先生要罚商务印书馆一百万元！一百万元虽然从宽豁免了，但这一部很好的历史教科书，曹锟吴佩孚所不曾禁止的，终于不准发行了！

至于舆论呢？我们花了钱买报纸看，却不准看一点确实的新闻，不准读一点负责任的评论。一个负责任的学者说几句负责任的话，讨论一个中国国民应该讨论的问题，便惹起了五六个省市党部出来呈请政府通缉他，革掉他的校长，严办他，剥夺他的公权！然而蒋介石先生在北平演说，叶楚伧先生在南京演说，都说上海的各大报怎么没有论说呢？

所以在思想言论自由的一点上，我们不能不说国民政府所代表的国民党是反动的。

再举文化问题本身作个例。新文化运动的根本意义是承认中国旧文化不适宜于现代的环境，而提倡充分接受世界的新文明。但国民党至今日还在那里高唱"抵制文化侵略"！还在那里［高喊］"王道"和"精神文明"！还在那里提倡"国术"和"打擂台"！祀孔废止了，但两个军人（鲁涤平、何键）的一道电报便可以叫国民政府马上恢复孔子纪念日。中央宣传部长叶楚伧现在对我们宣传"中国本来是一个由美德筑成的黄金世界"，但叶部长还把这个黄金世界放在觉罗皇帝以前。去年何键先生便更进一步，说现在的思想紊乱和道德堕落都是"陈匪独秀胡适"两个人的罪恶了！我们等着吧，"回到黄金世界"的喊声大概不久就会起来了！

所以在这对文化问题的态度上，我们也不能不说国民党是反动的。

以上不过列举三项事实来说明，至少从新文化运动的立场来看，国民党是反动的。

这些事实不是孤立的，也不是偶然的。国民党对于新文化运动的态度，国民党对于中国旧文化的态度，都有历史的背景和理论的根据。根本上国民党的运动是一种极端的民族主义的运动，自始便含有保守性质，便含有拥护传统文化的成分。因为国民党本身含有这保守性质，故起来了一些保守的理论。这种理论便是后来当国时种种反动行为和反动思想的根据了。

这个解释并不是诋诬国民党，也不是菲薄国民党，只是叙述一件历史事实，用来解释一些现象。这个历史事实的说明，也许还可以给国民党中的青年分子一个自觉地纠正这种反动倾向的机会。

本来凡是狭义的民族主义的运动，总含有一点保守性，往往倾向到颂扬固有文化，抵抗外来文化势力的一条路上去。这是古今中外的一个通例，国民党自然不是例外。试看拿破仑以后的德国民族运动，普法战争以后的法国民族运动，试读民族国家主义的哲学的创始人费舒特（Fichte）的《告德国国民书》，便可以明白这个历史通例。凡受外力压迫越厉害，则这种拥护旧文化的态度越坚强。例如印度人在英国统治之下，大多数民族主义者都竭力替印度旧宗教旧文化辩护。有时候他们竟故意作违心之论。

前年我在康桥大学的世界学生茶会上谈话，指出东方文明的弱点，散会之后，几个印度学生陪我走回寓，他们都说我的主张不错，但他们却不便如此公开主张。我说："为什么不说老实话呢?"他们说："如果今天我们印度学生这样批评东方文明，明天英国报纸上便要说我们承认英国的统治了。"

中国的民族主义的运动所以含有夸大旧文化和反抗新文化的态度，其根本原因也是因为在外力压迫之下，总有点不甘心承认这种外力背后的文化。这里面含有很强的感情作用，故偏向理智的新文化运动往往抵不住这种感情的保守态度。国民党便含有这种根据于民族感情的保守态度，这是不可讳也不必讳的历史事实。国民党的力量在此，它的弱点也在此。

中国的新文化运动起于戊戌维新运动。戊戌运动的意义是要推翻旧有的政制而采用新的政制。后来梁启超先生办《新民丛报》，自称"中国之新民"，著了许多篇《新民说》，指出中国旧文化缺乏西方民族的许多"美德"，如公德，国家思想，冒险，权利思想，自由，自治，进步，合群，毅力，尚武等等，他甚至于指出中国人缺乏私德！这样推崇西方文明而指斥中国固有的文明，确是中国思想史上的一个新纪元。同时吴趼人，刘铁云，李伯元等人的"谴责小说"，竭力攻击中国政治社会的腐败情形，也是取同样的一种态度。

但那时国内已［兴］起了一种"保存国粹"的运动。这运动有两方面。王先谦，叶德辉，毛庆蕃诸人的"存古运动"，自然是完全反动的，我们且不论。还有一方面是一般新少年也起来做保存国粹的运动，设立"国学保存会"，办《国粹学报》，开"神州国光社"，创立"南社"。他们大都是抱着种族革命的志愿的，同时又都是国粹保存者。他们极力表彰宋末明末的遗民，借此鼓吹种族革命；他们也做过一番整理国故的工作，但他们不是为学问而做学问，只是借学术来鼓吹种族革命并引起民族的爱国心。他们的运动是一种民族主义的运动，所以他们的领袖人才，除了邓实刘光汉几个人之外，至今成为国民党的智识分子。柳亚子，陈去病，黄节，叶楚伧，邵力子……诸先生都属于这个运动。因为这个缘故，国民党中自始便含有保存国粹国光的成分。

孙中山先生虽然不是《国粹学报》或南社中人，但他对于中国固有的文明也抱一种颂扬拥护的态度。他是一个基督徒，又是一个世界主义者，但他的民族思想很强，到了晚年更认定民族主义是俄国革命成功的要素，故在他的《三民主义》第四第六讲里很有许多夸大中国古文化的话。例如他说：

> 我们中国四万万人不但是很和平的民族，并且很文明的民族。近来欧洲盛行的新文化，和所讲的无政府主义与共产主义，都是我们中国几千年以前的旧东西。……我们中国的新青年，未曾过细研究中国的旧学说，便以为这些学说就是世界顶新的了，殊不知道在欧洲是最新的，在中国就有了几千年了。（第四讲）

这种说法，在中山先生当时不过是随便说说，而后来《三民主义》成为一党的经典，这种一时的议论便很可以助长顽固思想，养成夸大狂的心理，而阻碍新思想的传播。

中山先生又说：

欧洲之所以驾乎我们中国之上的，不是政治哲学，完全是物质文明。……至于讲到政治哲学的真谛，欧洲人还要之于中国。（第四讲）

他又说：

讲到中国固有的道德，中国人至今不能忘记的，首是忠孝，次是仁爱，其次是信义，其次是和平。这些旧道德，中国人至今还是常讲的。但是现在受外来民族的压迫，侵入了新文化；那些新文化的势力此刻横行中国。一般醉心新文化的人，便排斥旧道德，以为有了新文化便可以不要旧道德。不知道我们固有的东西，如果是好的，当然是要保存，不好的才可以放弃。（第六讲）

这些话都可以表示中山先生实在不能了解当时的新文化运动的态度。新文化运动的大贡献在于指出欧洲的新文明不但是物质文明比我们中国高明，连思想学术，文学美术，风俗道德都比我们高明的多。陈独秀先生曾指出新文化运动只是拥护两位先生，一位是赛先生（科学），一位是德先生（民治）。吴稚晖先生后来加上一位穆拉尔姑娘（道德）。中山先生既欢迎科学，又分明推崇民治政治，却不幸在这里极力用夸大的口气，抬高中国的旧政治思想和旧道德，说话之间稍有轻重，便使读者真以为中山先生相信“欧洲的新文化都是我们中国几千年以前的旧东西”了。这种附会的见解，在三四年前的老新党的言论里毫不足奇怪，但在中山先生的讲演里便是很可诧异，更可惋惜的了。

中山先生又曾说：

中国从前的忠孝仁爱信义种种的旧道德，固然是驾乎外国人；说道和平的道德，更是驾乎外国人。（第六讲）

三十年周游欧美的孙中山先生尚且说这样没有事实根据的话，怪不得不曾出的国门的叶楚伧先生要说“中国本来是一个由美德筑成的黄金世界”了！在这一点上，我们不能不佩服吴稚晖先生的伟大。他老人家在六十岁时还能大胆地宣言中国人的道德低浅，而西洋人的道德高明。孙中山先生也并非不明白这种事实，不过他正在讲“民族主义”，故不能不绕弯子，争面子。例如他讲“仁爱”，曾说：

照这样实行一方面讲起来，仁爱的好道德，中国现在似乎远不如外国。中国所以不如的原故，不过是中国人对于仁爱没有外国人那样实行。但是仁爱还是中国的旧道德。

这是很费力的回护。更隔几分钟，他便轻轻地宣言中国从前的仁爱也是“驾乎外国人”的了。吴稚晖先生是个世界主义者，没有卫道的热心，故他敢老实说西洋人“什么仁义道德，孝弟忠信，吃饭睡觉，无一不较有办法，较有热心”。但吴先生这种论调是国民党中的“国粹”分子所不能了解的。

以上所说，都可以证明国民党的历史上本来便充满着这保存国粹和夸大传统文化的意味。民国八年五月以后，国民党受了新文化运动的大震动，决计加入新文化的工作，故这种历史的守旧性质和卫道态度暂时被压下去了，不很表现在《星期评论》、《建设》、《觉悟》的论坛里。民国十三年改组以后，国民党中吸收了许多少年新分子，党的大权渐渐移入一班左倾的激烈分子手里，稍稍保守的老党员被摈斥了。所以这种历史的反动倾向便不容易出现了。直到近两年中，钟摆又回到极右的一边，国民党中的暴烈分子固然被淘汰了，而稍有革新倾向的人就渐渐被这淘汰的运动赶出党外，于是国民党中潜伏着的守旧势力都一一活动起来，造成今日的反动局面。

即如上文指出国民党对于文学革命的态度，我们从历史上看去，毫不足奇怪。许多国民党的领袖人物，如孙中山，汪精卫，王宠惠诸先生对于新文学运动都曾表示不赞成的态度。国粹保存家与南社诗人反对新文学，更不用说了。中山先生在《孙文学说》第三章里，很明白地说古文胜于白话，他说：

> 言语有变迁而无进化，而文字则虽仍古昔，其使用之技术实日见精研。所以中国语言为世界中之粗劣者；往往文字可达之意，言语不得而传。是则中国人非不善为文，而拙于用语者也。亦惟文字可传久远，故古人所作，模仿匪难；至于言语，非无杰出之士妙于修辞，而流风余韵无所寄托，随时代而俱湮，故学者无所继承。然则文字有进化而言语转见退步者，非无故矣。抑欧洲文字基于音韵，音韵即表言语，言语有变，文字即可随之，中华制字以象形会意为主，所以言语虽殊，而文字不能与之俱变。要之，此不过为言语之不进步，而中国人民非有所阙于文字，历代能文之士，其所创作，突过外人，则公论所归也。

这种见解的大错误，九年前我在《国语的进化》一篇里（《胡适文存》卷三，《国语文法概论》）已有详细的驳论了。中山先生此书成于民国八年春间，在新青年同人提倡文学革命之后二年，他这种议论大概是暗指这个运动的。他在当时很不赞成白话文学的主张，这是很明白地。这种议论虽然是他个人一时的错误，但也很可以作为后来国民党中守旧分子反对新文学的依据。中山先生有“手不释卷”的名誉，又曾住过欧美，他尚且说中国“历代能文之士人，其所创作，突过外人”，怪不得一班不能读外国文学的国粹家和南社文人要拥护古文骈文了！

民国八年五月以后，国民党的刊物几乎都改用白话了，《星期评论》和《觉悟》成了南方的新文学重要中心。然而十年之后，革命的国民党成了专政的国民党了，新文学和新思想的假面具都可以用不着了，于是保存国粹的喊声渐渐起来，于是古文骈文的死灰又复燃了，八九年前在新文学的旗帜之下摇旗呐喊的人物，到今年双十节便公然宣告胡适的《尝试集》和同善社的《性欲丛书》是同样害人的恶势力了。这种情形，毫不足奇怪，因为在拥护古文骈文的局面之下，《尝试集》当然成了罪魁祸首了。这不是死文学的僵尸复活，这不过是国民党原有的反动思想的原形呈现而已。

我们这样指出国民党历史上的反动思想，目的只是要国民党的自觉。一个在野政客的言论是私人的言论他的错误是他自身的责任。但一个当国的政党的主张便成了一国的政策的依据，便是一国的公器，不是私人责任的问题了。一个当国专政的政党的思想若含有不合时代的反动思想，其影响可以阻碍一国文化的进步。所以我们对于国民党的经典以及党中领袖人物的反动思想，不能不用很诚实的态度下恳切的指摘。过去历史上的错误是不用讳饰的；但这种错误思想，若不讨论个明白分晓，往往可以有很大的恶影响；个人的偏见可以成为统治全国的政策；一时的谬见可以成为教育全国的信条。所以我们要明白指出国民党里有许多思想在我们新文化运动者的眼里是很反动。如果国民党的青年人们不能自觉地纠正这种反动思想，那么，国民党将来只能渐渐变成一个反时代的集团，决不能作时代的领导者决不能担负建立中国新文化的责任。

孙中山先生在“五四运动”以后曾有很热烈的赞叹新文化运动的话，他说：

> 自北京大学学生发生五四运动以来，一般爱国青年无不以新思想为将来革新事业之预备，于是蓬蓬勃勃，发抒议论。国内各界舆论一致同倡。各种新出版物为热心青年所举办者，纷纷应时而出，扬葩吐艳，各极其致。社会遂蒙绝大之影响。虽已顽劣之政府，犹且不敢撄其锋。此种新文化运动在我国今日诚思想界空前之大变动。推其原始，不过由于出版界之一二觉悟者从事提倡。遂至舆论放大异彩，学潮弥漫全国，人皆激发天良，誓死为爱国之运动。倘能继长增高，其将来收效之伟大且久远者，可无疑也。吾党欲收革命之成功，必有赖于思想之变化。兵法攻心，语曰革心，皆此之故。故此种新文化运动实为最有价值之事。（九年一月二十九日，《与海外同志募捐筹办印刷机关书》——《孙中山全集》，三民公司本，第四集，二，页二七—二八）

中山先生在此时虽然只把新文化运动看作，政治革命的一种有力的工具，但他已很明白地承认“吾党欲收革命之成功，必有赖于思想之变化”。今日的国民党到处念诵“革命尚未成功”，却全不想促进“思想之变化”！所以他们摧残思想自由，压迫言论自由，妄想做到思想的统一。殊不知统一的思想只是思想的僵化，不是谋思想的变化。用一个人的言论思想来统一思想，只可以供给一些不思想的人的党义考试夹带品，只可以供给一些党八股的教材，决不能变化思想，决不能靠此“收革命之成功”。

十年以来，国民党所以胜利，全靠国民党能有几分新觉悟，能明白思想变化的重要。故民国七八年之间，孙中山还反对白话文，而八年“五四运动”以后，中山先生便命他的同志创办《星期评论》和《建设》杂志，参加新文化运动。这便是国民党的“思想之变化”。十三年的改组，便是充分吸收新文化运动的青年，这又是国民党的“思想之变化”。八年的变化使国民党得着全国新势力的同情。十三年的变化使国民党得着革命的生力军。这是历史的事实。

现在国民党所以大失人心，一半固然是因为政治上的设施不能满人民的期望，一半却是因为思想的僵化不能吸引前进的思想界的同情。前进的思想界的同情完全失掉之日，便是国民党油干灯草尽之时。

国民党对于我这篇历史的研究，一定有很生气的。其实生气是损人不利己的坏脾气。国民党的忠实同志如果不愿意自居反动之名，应该做点真实不反动的事业来给我们看看。至少至少，应该做到这几件事：

(1) 废止一切“鬼话文”的公文法令，改用国语。

(2) 通令全国日报，新闻论说一律改用白话。

(3) 废止一切钳制思想言论自由的命令，制度，机关。

(4) 取消统一思想与党化教育的迷梦。

(5) 至少至少，学学专制帝王，时时下个求直言的诏令！

如果这几件最低限度的改革还不能做到，那么，我的骨头烧成灰，将来总有人会替国民党上“反动”的谥号的。

十八，十一，廿九

《新月》第2卷第6、7号合刊，1929年9月10日。

我们走哪条路

缘起

我们几个朋友在这一两年之中常常聚谈中国的问题，各人随他的专门研究，选定一个题目，提出论文，供大家的讨论。去年我们讨论的总题是“中国的现状”，讨论的文字也有在《新月》上发表的。如潘光旦先生的“论人丁两旺”，(《新月》二卷四号) 如罗隆基先生的“论人权”，(《新月》二卷五号) 都是讨论的文字改作的。

今年我们讨论的总题是“我们怎样解决中国的问题?”分了许多子目，如政治，经济，教育，等等。由各人分任，但在分配题目的时候，就有人提议说：“在讨论分题之前，我们应该先想想我们对于这些各个问题有没有一个根本的态度，究竟我们用什么态度来看中国的问题?”几位朋友都赞成有这一篇概括的引论，并且推我提出这篇引论。

这篇文字是四月十二夜提出讨论的。当晚讨论的兴趣的浓厚鼓励我把这篇文字发表出来，供全国人的讨论批评。以后别位朋友讨论政治，经济，等等各个问题的文字也会陆续发表。

十九，四，十三，胡适

我们今日要想研究怎样解决中国的许多问题，不可不先审查我们对于这些问题根本上抱着什么态度。这个根本态度的决定，便是我们走的方向的决定。古人说得好：

今夫盲者行于道，人谓之左则左，谓之右则右。遇君子则得其平易，遇小人则蹈于沟壑。（《淮南氾论训》，文字依《意林》引。）

这正是我们中国人今日的状态。我们平日都不肯彻底想想究竟我们要一个怎样的社会国家，也不肯彻底想想究竟我们应该走哪一条路才能达到我们的目的地。事到临头，人家叫我们向左走，我们便撑着旗，喊着向左走；人家叫我们向右走，我们也便撑着旗，喊着向右走。如果我们的领导者是真真睁开眼睛看过世界的人，如果他们确实睁着眼睛领导我们，那么，我们也许可以跟着他们走上平阳大路上走。但是，万一我们的领导也都是瞎子，也在那儿被别人牵着鼻子走，那么，我们真有“盲人骑瞎马，夜半临深池”的大危险了。

我们不愿意被一群瞎子牵着鼻子走的人，在这个时候应该睁着眼睛看看面前有几个岔路，看看哪一条路引我们到哪儿去，看看我们自己可以并且应该走哪一条路。

我们的观察和判断自然难保没有错误，但我们深信自觉的探路总胜于闭了眼睛让人牵着鼻子走。我们并且希望公开的讨论我们自己探路的结果可以使我们得着更正确的途径。

在我们探路之前，应该先决定我们要到什么地方去，——我们的目的地。这个问题是我们的先决问题，因为如果我们不想到那儿去，又何必探路呢？

现时对于这个目的地，至少有这三种说法：

（1）中国国民党的总理孙中山说，革命革命的“目的在于求中国之自由平等。”

（2）中国青年党（国家主义者）说，国家主义的运动“就是要国家能够独立，人民能够自由，而在国际上能够站得住的种种运动。”

（3）中国共产党现在分化之后，理论颇不一致；但我们除去他们内部的所谓斯大林——托洛茨基之争，可以说他们还有一个共同目的，就是“巩固无产阶级专政，拥护中国无产阶级革命。”

我们现在的任务不在讨论这三个目的地，因为这种讨论徒然引起无益的意气，而且不是一千零一夜打得了的笔墨官司。

我们的任务只在于充分用我们的知识，客观的观察中国今日的实际需要，决定我们的目标。我们第一要问，我们要铲除的是什么？这是消极的目标。第二要问，我们要建立的是什么？这是积极的目标。

我们要铲除打倒的是什么？我们的答案是：

我们要打倒五个大仇敌：

第一大敌是贫穷。

第二大敌是疾病。

第三大敌是愚昧。

第四大敌是贪污。

第五大敌是扰乱。

这五大仇敌之中，资本主义不在内，因为我们还没有资格谈资本主义。资产阶级也不在内，因为我们至多有几个小富人，那有资产阶级？封建势力也不在内，因为封建制度早已在二千年前崩坏了。帝国主义也不在内，因为帝国主义不能侵害那五鬼不入之国。帝国主义为什么不能侵害美国和日本？为什么偏爱光顾我们的国家？岂不是我们受了这五大恶魔的毁坏，遂没有抵抗的能力了吗？故即为抵抗帝国主义起见，也应该先铲除这五大敌人。

这五大敌人是不用我们详细证明的。余天休先生曾说中国人口百分之九十五在贫穷线以下。张振之先生（《目前中国社会的病态》）估计贫民数目占全国人口三分之一以上。张先生引四川李敬穆先生的话，说：依据甘布尔，狄麦尔，以及北京的成府，安徽的湖边村的调查，中国穷人总数当占全国人口百分之五十。（李先生假定一家最低生活费为一三〇元至一六〇元，凡一家庭每年收入在这数目以下，便是穷人。）近来所得社会调查的结果，如李景汉先生“北平郊外之乡村家庭”等书所报告，都可以证明李敬穆先生的估计是大体不错的。有些地方的穷人竟在百分之七十三以上，（李景汉调查北平郊外挂甲屯的结果。）或竟至百分之八十二以上。（民十一华洋义赈会调查结果。）这就离余天休先生的估计不远了。这是我们的第一大敌。

疾病是我们种弱的大原因。瘟疫的杀人，肺结核花柳病的杀人灭族，这都是看得见的。还有许多不明白杀人而势力可以毁灭全村，可以衰弱全种的疾病，如疟疾便是最危险又最普遍的一种。近年有科学家说希腊之亡是由于疟疾，罗马的衰亡也由于疟疾。这话我们听了也许不相信。但我们在中国内地眼见整个的村庄渐渐被疟疾毁为荆棘地，眼见害疟疾的一家一两代之后人丁绝灭，眼见有些地方竟认为疟疾为与生俱来不可避免的病痛，（我们徽州人叫它做“胎疟”，说人人都得害一次的！）我们不得不承认疟疾的可怕甚于肺结核，甚于花柳，甚于鸦片。在别的国家，疟疾是可以致死的，故人人知道他可怕。中国人受疟疾的侵害太久了，养成了一点抵抗力，可以苟延生命，不致于立死，故人都不觉其可怕。其实正因为它杀人不见血，灭族不留痕，故格外可怕。我们没有人口统计，但世界学者近年都主张中国人口减少而不见增加。我们稍稍观察内地的人口减少的状态，不能不承认此说的真确。张振之先生在他的《中国社会的病态》里，引了一些最近的各地统计，无一处不是死亡率超过出生率的。例如：

广州市十七年五月到八月每周死亡超过出生平均为六十人。

广州市十七年八月到十一月每周死亡超过出生平均六十七人。

南京市十七年一月到十一月平均每月多死二百七十一人，每周平均多死六十二人。

不但城市如此，内地人口减少的速度也很可怕。我在三十年之中就亲见家乡许多人家绝嗣衰灭。疾病瘟疫横行无忌，医药不讲究，公共卫生不讲究，那有死亡不超过出生的道理？这是我们的第二大敌。

愚昧是更不须我们证明的了。我们号称五千年的文明古国，而没有一个三十年的大学。（北京大学去年十二月满三十一年，圣约翰［大学］去年十二月满五十年，都是连初期幼稚时代计算在内。）在今日的世界，那有一个没有大学的国家可以竞争生存的？至于每日费一百元养兵的国家，而没有钱办普及教育，这更是国家的自杀了，因为愚昧，故生产力低微，故政治力薄弱，故知识不够救贫救灾救荒救病，故缺乏专家，故至今日国家的统治还在没有知识学问的军人政客手里。这是我们的第三大敌。

贪污是我们这个民族的最大特色。不但国家公开“捐官”曾成为制度，不但二十五年没有考试任官制度之下的贪污风气更盛行，这个恶习其实已成了各种社会的普遍习惯，正如亨丁顿说的：

> 中国人生活里有一件最惹厌的事，就是有一种特殊的贪小利行为，文言叫做“染指”，俗语叫做“揩油”。上而至于军官的克扣军粮，地方官吏的刮地皮，庶务买办的赚钱，下而至于家里老妈子的“揩油”，都是同性质的行为。

这是我们的第四大敌。

扰乱也是最大的仇敌。太平天国之乱毁坏了南方的精华区域，六七十年不能恢复。近二十年中，纷乱不绝，整个的西北是差不多完全毁了，东南西南的各省也都成了残破之区，土匪世界。美国生物学者（David Starr Jordan）曾说，日本所以能革新强盛，全靠维新以前有了二百五十年不断的和平，积养了民族的精力，才能够发愤振作。我们眼见这二十年内战的结果，贫穷是更甚了，疾病死亡是更多了，教育是更破产了，——避兵避匪逃荒逃死还来不及，那能办教育？——租税是有些省分预征到民国一百多年的了，贪污是更明目张胆的了。（《中国评论周报》本年一月三十日社论说，民国成立以来，官吏贪污更甚于从前。）然而还有无数人天天努力制造内乱！这是我们的第五个大仇敌。

以上略述我们认为应该打倒的五大仇敌。毁灭这五鬼，便是同时建立我们的新国家。我们要建立的是什么？

我们要建立一个治安的，普遍繁荣的，文明的，现代的统一国家。

“治安的”包括良好的法律政治，长期的和平，最低限度的卫生行政。“普遍繁荣的”包括安定的生活，发达的工商业，便利安全的交通，公道的经济制度，公共的救济事业。“文明的”包括普遍的义务教育，健全的中等教育，高深的大学教育，以及文化各方面的提高与普及。“现代”的总括一切适应现代环境需要的政治制度，司法制度，经济制度，教育制度，卫生行政，学术研究，文化设备等等。

这是我们的目的地。我们深信：决没有一个“治安的，普遍繁荣的，文明的，现代的统一国家”而不能在国际上享受独立，自由，平等的地位的。我们不看见那大战后破产而完全解除军备的德国在战败后八年被世界列国恭迎入国际联盟，并且特为她设一个长期理事名额吗？

目的地既定，我们才可以问：我们应该用什么法子，走哪一条路，才可以走到那目的地呢？

我们一开始便得解决一个歧路的问题：还是取革命的路呢？还是走演进（evolution）的路呢？还是另有第三条路呢？——这是我们的根本态度和方法的问题。

革命和演进是相对的，比较的，而不是绝对相反的。顺着自然变化的程序，如瓜熟蒂落，如九月胎足而产婴儿，这是演进。在演进的某一阶段上，加上人功的促进，产生急骤的变化；因为变化来的急骤，表面上好象打断了历史上的连续性，故叫做革命。其实革命也都有历史演进的背景，都有历史的基础。故欧洲的“宗教革命”，其实已有了无数次的宗教革新运动作历史的前锋，如中古晚期的唯名论（Nominalism）思想，如十三世纪以后的文艺复兴的潮流，如弗浪西斯派的和平的改革，如威克立夫（Wyclif）和赫司（Huss）等人的比较急进的改革，如各国的君主权力的扩大，这都是十六世纪的宗教革命的历史背景。火药都埋好了，路得等人点着火线，于是革命爆发了。故路得等人的宗教革新运动可以叫做革命，也未尝不可以说是历史演进的一个阶段。

又如所谓“工业革命”，更显出历史逐渐演进的痕迹，而不是急骤的革命。基本的机械知识，在十六世纪已渐渐发明了；十六世纪已有专讲机器的书了，十七世纪已是物理的科学很发达的时代了，故十八世纪后半的机器生产方法，其实只是几百年逐渐积聚的知识与经验的结果。不过瓦特（Watt）的蒸汽机出世以后，机器的动力根本不同了，表面上便呈现一个骤变的现象，故我们叫这个时代做工业革命时代。其实生产方式的革新，前面可以数到十五六世纪，后面一直到我们今日还在不断的演进。

但革命的根本方法在于用人功促进一种变化，而所谓“人功”有和平和暴力的不同。宣传鼓吹，组织与活动，使少数人的主张逐渐成为多数人的主张，或由立法，或由选举竞争，使新的主张能代替旧的制度，这是和平的人功促进。而在未上政治轨道的国家，旧的势力滥用压力摧残新的势力，反对的意见没有法律的保障，故革新运动往往不能用和平的方法公开活动，往往不能不走上武力解决的路上去。武力斗争的风气既开，而人民的能力不够收拾已纷乱的局势，于是一乱再乱，能发而不能收，能破坏而不能建设，能扰乱而不能安宁，如中美洲的墨西哥，如今日的中国，皆是最明显的例子。

武力暴动不过是革命方法的一种，而在纷乱的中国却成了革命的唯一方法，于是你打我叫做革命，我打你也叫做革命。打败的人只图准备武力再来革命。打胜的人也只能时时准备武力防止别人用武力来革命。这一边刚打平，又得招兵购械，筹款设计，准备那一边来革命了。他们主持胜利的局面，最怕别人来革命，故自称为“革命的”，而反对的人都叫做“反革命”。然而孔夫子正名的方法不能叫人不革命；而终日凭藉武力提防也终不能消除革命。于是人人自居于革命，而革命永远是“尚未成功”，而一切兴利除弊的改革都搁起不做不办，于是“革命”便完全失掉用人功促进改革的原意了。

我们认为今日所谓“革命”，真所谓“天下多少罪恶假汝之名以行”。用武力来替代武力，用这一班军人来推到那一班军人，用这一种盲目势力来替代那一种盲目势力，这算不得真革命。至少这种革命是没有多大意义的，没有多大价值。结果只是兵化为匪，匪化为兵，兵又化为匪，造成一个兵匪世界而已。于国家有何利益？于人民有何利益？

就是那些号称有主张的革命者，喊来喊去，也只是抓住几个抽象名词在那里变戏法。有一班人天天对我们说：“中国革命的对象是封建阶级。”又有一班人天天说：“中国革命的对象是封建势力。”我们孤陋寡闻的人，就不知道今日中国有些什么封建阶级和封建势力。我们研究这些高喊打倒封建势力的先生们地著作言论，也寻不着一个明瞭清楚的指示。一位教育革命的鼓吹家在民国十八年二月二十日出版的《教育杂志》（二十一卷二号二页）上说：

> 中国秦以前，完全为一封建时代。自黄帝历尧、舜、禹、汤，以至周武王，为封建之完成期自周平王东迁，历春秋战国以至秦始皇，为封建之破坏期。统一之中国，即于此封建制度之成毁过程中完全产出。（原注：封建之形势早已经破坏，而封建之势力至今犹存。）

但是隔了两个月，这位教育家把他所说的话完全忘记了，便又在四月二十日出版的《教育杂志》（同卷四号二页）上说：

> 中国在秦以前，为统一的专制一尊的封建国家成长之时代。……到秦始皇时，……统一的专制一尊的封建国家才完全确立。（原注：列爵封土的制度，到这时候，当然改变了许多。然国家仍可以称为“封建的”者，因“封建的”三字并非单指列爵封土之制而言。凡一国由中央划分行政区域，设为种种制度，位置许多地方官吏，地方官吏更一方面负责维持地方次序，另一方而吸收地方一部分经

济的利益，以维持中央之存在。平民于此，无说话之余地。凡此等等，都可以代表“封建的”三字之一部分的精神。）

两个月以前，封建制度到秦始皇时破坏了；两个月之后，封建国家又在秦始皇时才完全确立！然而《教育杂志》的编者与读者都毫不感觉矛盾。这位作者本人也毫不感觉矛盾。他把中央集权国家叫做封建国家。《教育杂志》的编者与读者也毫不觉得奇怪荒谬。为什么呢？因为这些名词本来只是口头笔下的玩意儿，爱变什么戏法就变什么戏法，本来大可不必认真，所以作者可以信口开河，读者也由他信口开河。

那么，这个革命的对象——封建势力——究竟是什么东西呢？去年《大公报》上登着一位天津市党部的某先生的演说，说封建势力是军阀，是官僚，是留学生。去年某省党部提出一个铲除封建势力的计划，里面所举的封建势力包括一切把持包办以及含有占有性的东西，故祠堂，同乡会，同学会都是封建势力。然而现代的把持包办最含有占有性的政党却不在内。所以我们直到今天还不明白究竟什么东西是封建势力。前几天我们看见中国共产党的“反对派”王阿荣、陈独秀等八十一人的“我们的政治意见书，”其中有这么一段：

> 我们以为：说中国现在还是封建社会和封建势力的统治，把资产阶级的反动性质及一切反动行动都归到封建，这不但是说梦话，不但是对于资产阶级的幻想，简直是有意的为资产阶级当辩护士！其实在经济上，中国封建制度之崩坏，土地权归了自由地主与自由农民，政权归了国家，比欧洲任何国家都早。……土地早已是个人私有的资本而不是封建的领地，地主已资本家化，城市及乡村所遗留一些封建式的剥削，乃是资本主义袭用旧的剥削方法；至于城市乡村各种落后的现象，乃是土地停滞，农村人口过剩，资本主义落后国共有的现象，也并不是封建产物。（页十六—十七）

封建先生地下有知，应该叩头感谢陈独秀先生等八十一位裁判官宣告无罪的判决书。但独秀先生们一面判决了封建制度的无罪，一面又捉来了一个替死鬼，叫做资产阶级，硬定他为革命的对象。然而同时他们又告诉我们，中国“生产停滞，人口过剩，资本主义落后，”本国的银行资本不过在一万五千万元以上。在一个四万万人的国家里，止有一万五千万元的银行资本，资产阶级只好在显微镜底下去寻了，这个革命的对象也就够可怜了，不如索性开恩也宣告无罪，放他去罢。

以上所说，不过是要指出今日所谓主义的革命，大都是向壁虚造一些革命的对象，然后高喊打倒那个自造的革命对象；好象捉妖的道士，先造出狐狸山魈木怪等等名目，然后画符念咒用桃木宝剑去捉妖。妖怪是收进葫芦去了，然而床上的病人仍在那儿呻吟痛苦。

我们都是不满意于现状的人，我们都反对那懒惰的“听其自然”的心理。然而我们仔细观察中国的实际需要和中国在世界的地位，我们也不能不反对现在所谓“革命”的方法。我们很诚恳地宣言：中国今日需要的，不是那用暴力专制而制造革命的革命，也不是那用暴力推翻暴力的革命，也不是那种悬空捏造革命对象因而用来鼓吹革命的革命。在这一点上，我们宁可不避“反革命”之名，而不能主张这种种革命。因为这种种革命都只能浪费精力，煽动盲动残忍的劣根性，扰乱社会国家的安宁，种下相残害相屠杀的根苗，而对于我们的真正敌人，反让他们逍遥自在，气焰更凶，而对于我们所应该建立的国家，反越走越远。

我们的真正敌人是贫穷，是疾病，是愚昧，是贪污，是扰乱。这五大恶魔是我们革命的真正对象，而他们都不是用暴力的革命所能打倒的。打倒这五大敌人的真革命只有一条路，就是认清了我们的敌人，认清了我们的问题，集合全国的人才智力，充分采用世界的科学知识与方法，一步一步的作自觉的改革，在自觉的指导之下一点一滴的收不断的改革之全功。不断的改革收功之日，即是我们的目的地达到之时。

这个根本态度和方法，不是懒惰的自然演进，也不是盲目的暴力革命，也不是盲目的口号标语式的革命，只是用自觉的努力作不断的改革。

这个方法是很艰难的，但是我们不承认别有简单容易的方法。这个方法是很迂缓的，但是我们不知道有更快捷的路子。我们知道，喊口号贴标语不是更快捷的路子。我们知道，机关枪对打不是更快捷的路子。然而我们又知道，用自觉的努力来指导改革，来促进变化，也许是更快捷的路子，也许人家需要几百年逐渐演进的改革，我们能在几十年中完全实现。

最要紧地一点是我们要用自觉的改革来替代盲动的所谓“革命”。怎么叫做盲目的行为呢？不认清目的，是盲动；不顾手段的结果，是盲动；不分别大小轻重的先后程序，也是盲动。我们随便举几个例，如组织工人，不为他们谋利益，却用他们作扰乱的器具，便是盲动。又如人力车夫的生计改善，似乎应该从管理车厂车行，减低每日的车租入手；车租减二角三角，车夫便每日实收二角三角的利益，然而今日办工运的人却去组织人力车夫公会，煽动他们去打毁汽车电车，如去年杭州北平的惨剧，这便是盲动。又如一个号称革命的政府，成立了两三年，不肯建立监察制度，不肯施行考试制度，不肯实行预算审计制度，却想用政府党部的力量去禁止人民过旧历年，这也是盲动。至于悬想一个意义不曾弄明白的封建阶级作革命对象，或把一切我们自己不能脱卸的罪过却归到洋鬼子身上，这也都是盲动。

怎么叫做自觉的改革呢？认清问题，认清问题里面的疑难所在，这是自觉。立说必有事实的根据；创议必先细细想想这个提议应该发生什么结果，而我们必须对于这些结果负责任：这是自觉替社会国家想出路，这是何等重大的责任！这不是我们个人出风头的事，也不是我们个人发牢骚的事，这是“一言可以兴邦，一言可以丧邦”的事，我们岂可不兢兢业业的去思想？怀着这重大的责任心，必须竭力排除我们的成见和私意，必须充分尊重事实和依据，必须充分虚怀采纳一切可以供参考比较暗示的材料，必须时时刻刻提醒自己说我们的任务是要为社会国家寻一条最可行而又最完美的办法：这叫做自觉。

《新月》第2卷第10号，1930年12月10日。

罗隆基

罗隆基（1896—1965），字努生，又名国琅，笔名生辉、野度，江西安福人。罗隆基出生于一个书香世家，自幼受父亲熏陶，爱好古文及古典诗词，且从小天资聪颖，有神童之称。1913 年罗隆基以江西总分第一考入清华留美预备学校，他不仅成绩出类拔萃，思想也相当活跃，并擅长演讲，喜欢发表政见，往往理论独特，文笔犀利，显露出反传统的精神。五四运动时，罗隆基以清华大学学生领袖的身份，冲杀在示威队伍的最前列，成为一名勇敢的“五四”战士。1921 年，罗隆基考上公费留美深造，先后入威斯康辛大学和哥伦比亚大学攻读政治学。出于对英国著名政治家拉斯基的敬慕，又从美赴英求学，成为拉斯基教授的得意门生，并获得政治学博士学位。这期间，他大量接触了西方资产阶级民主思想，开始信仰国家主义，曾加入由清华留美学生发起组织的国家主义社团——大江会。1928 年罗隆基学成回国，在上海光华大学任教，创办《新月》杂志并担任主编，因发表反对国民党一党专政的言论而被逮捕。“九一八事变”发生后，罗隆基在上海各大学公开演讲，主张武力抗日。“皖南事变”后，罗隆基积极参加发起创建，任中央常务委员兼宣传部长，他和张澜、沈钧儒等民盟参政员一起西南联大，支持中国共产党参政员，谴责国民党反动派的倒行逆施，拒绝出席国民参政会，同时他宣布脱离国社党，并赴昆明任教。他在昆明主持创建民盟昆明支部，任主任委员，积极推动昆明抗日运动的开展。1949 年 9 月，他以中国民主同盟代表的身份出席中国人民政治协商会议第一届全体会议，为新中国的成立作出了贡献。

1949 年后，罗隆基历任中华人民共和国政务院委员、森林工业部部长、政协全国委员会常委、第一届全国人民代表大会代表，中国人民世界和平大会宣传部长，民盟中央副主席等职。1957 年的反右运动中，被划为右派，1958 年 1 月 26 日，民盟中央宣布撤销罗隆基民盟中央副主席职务，31 日，撤销全国人大代表资格，同时撤销森林工业部部长职务，从此淡出政治舞台。罗隆基被划为右派之后，香港有人邀请他到香港办报，未去，仍留在北京。1965 年 12 月 7 日子夜，罗隆基因心脏病突发，孑然一身猝然离开人世，他没有妻子，没有子女，死去的时候，头上还戴着“右派分子”帽子，没有举行追悼会。直到改革开放之后，罗隆基的生平贡献才渐渐受到肯定。1986年10月24日，中国民主同盟中央在全国政协礼堂隆重纪念罗隆基先生90周年诞辰，认为罗隆基是知名的爱国民主人士和政治活动家。罗隆基的主要著作有《人权论集》《政治论文集》等。

专家政治

二百多年前，英国一位大诗人说过这样两句话：

政府的形式，让傻子们去争；最好的政府是最好的行政。

For forms of government let fools contest; Whatever is best administered is best.

这位大诗人朴浦（Alexander pope）的意思，是说在政治上行政比政体的形式要紧。果然有了好的行政，无论在那种政体底下，人民总可以得到幸福。反之，倘没有很好的行政，无论在哪种政体底下，人民都是遭殃。

在现今的中国，要谈政治，我个人亦决定抱这种态度。目前我的座右铭是：只问行政，不管主义。政治上的主义，如同宗教一般。在宗教上，任凭各种宗教的教义如何，归根到底，是劝人做好事。政治上的主义，无论内容如何，归根到底，总是谋人类的幸福。

无论什么主义，总靠好的行政去实施主义上的一切主张。没有行政，一切主义，都是空谈。行政腐败，主义天花乱坠，人民依然遭殃。政治注重行政，大概是没有人敢否认的。二十世纪的政治，更要注重行政，二十世纪政治上的行政，已成了专门科学，二十世纪的政治行政人员，要有专门智识，换言之，二十世纪的政治，是专家政治，这是我这篇文章要说明的几点。

什么是政治两字的意义，中山先生在他的民权第一讲里说：

政治两字的意思，浅而言之，就是众人的事，治就是管理。管理众人的事，便是政治。

“管理”当然就是“行政”。照中山先生这般说法，简直认政治就是行政了。其次，什么人配做这管理众人的事地人呢？中山先生在他的民权主义第五讲里说：

现在有钱的那些人，组织公司，开办工厂，一定要请一位有本领的人来做总办管理工厂。这种总办是专门家，就是有能的人。股东就是有权的人。工厂内的事，只有总办能够讲话，股东不过是监督总办罢了。现在民国的人民，便是股东，民国的总统，便是总办。我们人民对于政府的态度，应该要把他们当做专家看。

中山先生在同一讲里又说：

现在欧美人无论做什么时候事，都要用专家们。譬如练兵大战，便要用军事家。开办工厂，便要用工程师。对于政治，也知道用专门家。至于现在之所以不能实用专家们的原因，就是由于人民的习惯性，还不能改变。但是到了现在的新时代，权与能不能不分开的，许多事情，一定要靠专门家的。是不能限制专门家的。

他又说：

国民是主人，就是有权的人；政府是专家，就是有能的人，由于这种道理，所以民国的政府官吏，不管他们是大总统，是内阁总理，是各部总长，我们都可以把他们当汽车夫看。

总结中山先生的意思，政治是管理民众的一切事。管理人的资格是专家。他的“权”与“能”分开的主张，他那权归民众，能在政府的学说，都是认定政府人员要有专门的本领。

凭什么我说二十世纪的政治，更要注重行政？在十八世纪与十九世纪初年的时候，在工业革命尚未完成的时代，政府所担任的责任与现在的责任，完全不同。当时，人民的思想，趋重个人自由，政治上时髦的哲学是无为而治（Laissez Faire）。政府，在人民的眼光中，是免不了的恶孽（Necessary Evil）。因此，政府所做的事，愈少愈好。

如今，工业革命以后的世界，一切经济的和政治的环境完全改变了，政府的责任，以及人民对政府的态度，完全改变了。美国芝加哥大学有位教授（L. D. White）在他著的行政学里曾经说过：

工业革命以及因工业革命而发生的许多社会的，经济的，及政治的变化，对于近来新的社会哲学以及人民对行政上新的态度，应负完全责任。无为而治，已经为哲学家及政治家所放弃。团体协作，乃二十世纪流行的思潮。这种大规模的工业发展；在运输上铁道，汽车，飞机等等新的设备；在交通上邮政，电报，电话，无线电等等新的进步；以及人口向工业地点集中的趋势和强有力的经济阶级的结合；这一切现象，不但扩充了行政上的范围和职位，同时加增了行政上新的问题，且使旧的问题更为复杂。

他又说：

工业革命已令无为而治的思想，成为不可能的事实。新的环境已逼迫人民承认国家为团体合作及社会裁制的一种机关，国家已成为实现社会改良程序上一种重要的机关。

总而言之，工业革命以后，社会上一切经济的及政治的问题，日趋复杂。这一切问题，已经非个人或私人团体所能驾驭的了。这一切问题，是国家的责任，同时就是行政上的作业了。这是二十世纪的政治，更要注重行政的理由。

我们再看，政治上这些新的作业，若铁路，电报，汽车，飞机，采矿，殖荒，等等，那一件不在科学的范围，那一项不依靠科学的知识？譬如说，一九二一年，有人调查美国以尼诺伊州的州政府，他行政上的专家，若化学家，若生物学家，若工程师，若物理学家，若史学家，若心理学家，若动物学家，若植物学家，若森林学家，若矿业学家，若统计学家等等，在二百五十左右，换言之，二十世纪政治上所做的事大半是科学上的事。

同时，二十世纪政治上的行政，本身已经成为一种科学。行政是管理，我们已经说过。二十世纪行政的标准，是要适合经济的和能率的（Efficient）两个条件。管理一切极复杂极繁难的社会的，经济的，及政治的作业。同时要适合经济和能率两个条件，管理本身，非采用科学的方法不可。

科学的管理法，是二十世纪一切私人及公家的组织上的一种新运动。欧美工商业上的一切大公司，大工厂，他们的行政，已经科学化了，是大家所看到的事实。同时，看看英美等国的政府，何尝不是天天有许多人在研究政治上科学的行政方法？政府，普通成为机关。机关，就是机器的意思。机器自然要专家来驾驭。中山先生主张对于民国的官吏，我们应看他们是一班汽车夫样的专家，这是有道理的。二十世纪的政治行政，已成了专门科学，二十世纪的行政人员，要有专门知识，就是这个意义。

根据上面所说的话，我对于现在中国的政治，有下列这样的结论。

中国目前政治上的紊乱状况，大部分的罪孽，是在行政上。中国的行政，目前是在这两种恶势力夹攻之下：（一）武人政治；（二）分赃政治。武人政治，是用不着解释的。从中央政府一直到各省政府，从国的行政一直到党的行政，都在武人指挥底下。什么是分赃政治？我们平心问问，国家这几十万行政人员，从国家的总次长一直到守门的门房，扫地的差役，是怎样产生出来的？既没有选举，又没有考试，这几十万人是不是由推荐，援引，夤缘，苟且的方法产生的？我这里的话，与党制问题不相干的，我要附带的声明。试问，一个国家的行政用人，既没有选举，又没有考试，专靠推荐，援引，夤缘，苟且，来产生这全国的官吏，这是不是分赃制度。

这两种恶制度存在一天——武人政治和分赃政治——专家政治，就没有发现［展］的希望。没有专家政治，什么样的主义，都谈不上。再进一步，姑承认宪政时代有必要，政治上的教师，我们亦要请政治上的专家来担任。我不要教练官来担任训政的训师。他们是军事上的专家，可以训军，不能训政，同时这一班教师，我相信应该用公开的正当的方法去聘请，我所谓公开的正当的方法是选举与考试。

总之，要解决中国的政治问题，最紧要的是专家政治。要专家政治的发现，消极方面，先要除去武人政治和分赃政治，积极方面，要实行选举制度和考试制度。

《新月》1929 年 4 月 10 日。

我们要财政管理权——什么是预算制

整理财政，居然又成为很时髦的题目。南京蒋主席最近发表一篇整理内政的文章。他主张实行预算制。宋子文部长这一二年来亦屡屡以预算制相号召，时机到了，我们应该让蒋主席，宋部长，及一切的当局，知道什么是预算制。

国家预算制是国民直接或间接批准，政府每年的收入和支出的一种制度。

根据这种定义，预算制就是人民行使国家财政管理权的一种制度。蒋主席宋部长等主张实行预算制，倘使他们的命意是今后国家收入和支出，要经过国民合法代表机关的批准，这种主张是我们国民赞同并拥护的。倘使所谓预算制者，是指财政部或几个政府要人或财政会议等机关所产生的一种财政上数目的计划，这种计划，并不需经过人民的批准，人民依然只有担负国家财政上的义务，没有管理国家财政的实权，这种制度不是预算制。这种冒牌的预算制，不是今日人民的要求。人民对这种预算制不能赞同，更不能拥护。

预算这个字，是从西文的（Budget）一字翻译过来的。字的本意在英文方面是“钱袋”“荷包”“衣袋”之类。英国人民取得了国家财务管理权以后，借“柏格提”Budget 来代表人民批准政府每年的收入和支出的一种制度。十八世纪法国革命以后，人民渐渐地取得了财务管理权，“柏格提”Budget 这字亦慢慢的流行于法国了。如今“柏格提”已成政治学和财政学上一个专门的名词。他有特别的含义。照我的定义是：国民直接或间接批准政府每年的收入和支出。

这种定义不是我个人的杜撰。法国学者司托姆（Stourm）在他的“预算制”那本书里，这样的说：“他们最好把预算当做国会的法案看。他不是单单一个统计表或账目。”司托姆的预算的定义是：“国家的预算是一件公文，他包括公家的收入和支出上预先批准了的计划。”这里应注重的是“批准”两字。预算制不止是经济的问题，是法律的问题。预算制固然是计划怎样收入，怎样支出。预算制更重要点是收入上如何取得法律上的依据，支出上如何取得法律上的依据。所谓法律上的依据，就是在收入或支出上，得到人民的允许。允许两字，就是斯托定义里的“批准”。

预算制是指国民批准政府的收入和支出的制度。这可以拿英法等各国以往和现在的事实来证明。人民取得财政管理权最早的是英国。“任何赋税，必须得到人民的批准”，这是英国很早的法典。麦克雷（Macauley）在他的英国史上说：

这种权利（指人民批准赋税的权利）是起源很早的。为其早，所以没有人能确定其起源的日期。他是从“皇帝不经国会同意，不能立法”这个原则上产生出来的。

麦克雷在同一书里又说：

英国没有一个法典上没有注明这条原则。他是散见英国各法典中，并且，更要紧，他已经深深印刻在英国人的心上。英国的政党都公认英国的基本法典是否认皇帝不经人民代表的同意可以公布法律，征收赋税，蓄养军队的。

英国历史家司达布斯（Stubbs）在他的英国宪政史上，亦认为“赋税必经人民的同意”的法典，在十四世纪末年（Richard Ⅱ 1377－1399）已经成立了，他并且相信大宪章（1215）中“不经议会承认，皇帝不得征收军役和偿税（Scutage)”这一类的规定，已可算人民管理财政权的起点。

在十七世纪初年司徒亚提朝（Stuart Period）时代，詹姆斯第一（1603－1625）查理士第一（1625－1649）几个皇帝，想根本推翻人民管理财政权的法典，激起一六二八年的人权说帖和一六四二年的英国革命。人权说帖第一条就说：

不经国会同意，无论何人不被强迫缴纳任何礼物，公债，乐输，赋税。

这种条文，查理士第一在一六二八年六月七日盖章承认。查理士不能遵守这种法典，又称为“人权说帖”后二十余年间人民和皇帝冲突的焦点。亨浦顿（Hempden）之流，宁愿到伦敦塔监狱受痛苦，拒绝缴纳二十先令的赋税，就可以看见当时人民对财政管理权的重视。

司托姆说：

在那二十三年（一六二九—一六四二）的纷争时期中预算制问题的讨论，影响了当时英国的命运，实无疑义。捐输的问题，使皇帝不得不时时召集国会；捐输问题的讨论，使军民间的仇恨日益深切，使人民为他们的权利作坚决的奋斗。最后依然是违法赋税，特别是“海军代偿税”（Ship－Money)，成为人民革命的近因……

读了这一段短文，我们就知道一六四二年英国的国会为什么革命，一六四九年查理士第一问什么被杀。司托姆又说：

建设专制的政府，征收不经国会同意的赋税，一六四八年以前的皇帝与复辟后的皇帝，同出一撤［辙］。他们这种态度，在不同的时代，得到同样的结局。

我们又知道一六八八年的革命，重要的争点依然是人民的财政管理权。威廉第三即位时候，在人权条文上，于财政管理权即重新加以规定。人权条文中之一说：

凡一切赋税的征收，不照国会通过的手续或逾越国会规定之时期者即为违法。

从此，英国人民批准国家收入的原则稳定了。皇帝倘无激起革命的胆量和决心，绝对不敢再违反这种法典。

英国人民且利用一六八八年革命的机会，在财政制度上做进一步的改革。威廉第三即位以后，国会将皇帝私款与国家公款严格划分；皇帝的开支与国家的开支，都要经国会的通过。这就是英国人民取得批准国家收入与支出的一段经过。这就是英国预算制成立的历史。自然，今日英国的预算制，在编制的技术上，在款项的分配上，在立法机关批准的手续上，与前相较，有许多变更，有许多进步。然而法律上的依据依然如此：预算制是人民批准政府每年的收入和支出的一种制度。

“不经人民同意，不纳赋税”这种原则，在法国历史上亦是很早就发现了。在一四八三年，法国的代表大会（Etats Generaux）曾经这样宣言过：

从今以后，倘不召集代表大会，不经代表大会的同意，不得向人民征收赋税。

这种原则，在一六一四年至一七八九年中并未为法国皇帝所重视，确为事实。然而“不得国人同意，不得征收任何赋”这种法律，始终并未取消。一七八九年代表大会的召集，原因就在当日的巴理门（Parlement）坚持非经大会同意，不许征收赋税。人民财政管理权的纷争，的确是法国第一次革命的导火线。

一七八九年六月十七［日］，法国的“全国大会”（National Assmbly）又这样宣言：“从今以后，赋税的批准权，完全在国民手里”。从这时候起，法国的一切宪法，大半都有上面这样的规定，人民批准国家的收入，从这时候起，渐渐得到法律的保障了。一七九〇年，国家的法律又把皇室用费与国家公费严格划分。国家一切开支，从今后亦须得到人民代表的同意。人民批准财政支出的权利又到手了。在拿破仑第一与拿破仑第三的时代，人民的财政管理权曾经几次动摇。那是暂时的破坏，不是永远的消灭。从一八七五年起，直到如今，法国人民的财政管理权，没有被政府侵犯过。这是法国人民取得批准政府每年财政收入和支出的经过，这又是法国预算制成立的历史。

我们引证了这些历史事实，目的就在说明这一点：“预算制不是指国家财政上预先的统计或款项上预先的支配的一种计划，是国民［直］接批准政府每年的收入和支出的一种制度。”

不止英法是这样。我们检查目前文明国家的法典，哪一国没有“国会通过政府的收入和支出”的规定？我们检查目前一切文明国家的财政治度，在什么国家，不经人民同意，政府可以任意征收赋，不经人民同意，政府可以任意开支公款？收入要人民预先的同意，支出要人民预先的同意，这才是预算制！

我们现在又回到中国整理财政问题上来了。我们如今不埋怨政府的苛捐杂税，只问政府的一切收入，得到了人民同意了没有？如今政府的一切收入和支出，姑无论账目怎样，法律上的依据在哪里？所以关于财政整理一层，我个人的主张，先谈法律，后谈经济。国家财政，在法律上必具的条件，应该如此：（一）不得人民同意，政府不得强行征收任何赋税，公债，乐输。（二）不经人民同意，政府不得任意分配并开支国家的收入。（三）国家的款项不得移做私人团体的用款。要这三条法律上的原则成立了，才谈得到预算制。

实际上，不承认上列三条原则，亦无预算制之可言。（一）（二）两条原则，这里用不着解释。第三条，"私人团体"我们是指国民党说的。根据宋部长的报告，我们知道党费每年四百万元是列在国家开支之内。国民党应不应执政，是另一问题；执政的国民党应不应由国家供给党费，另为一问题。后一点，在世界各国里找不出先例来的。部分的国民的组织，全体国民担负其费用，无论用什么论理或法理来讲，是站脚不住的，服务国家的党员，他们是官吏，他们领了公家的薪金，不应再索报酬。通常的党员，我们小民没有供给费用的义务。国家供给党费，是把党放在特殊的地位，把党员看做特殊的阶级，这与民主原则根本违背。国民党的权利，非党员的小民享受不到的。凭什么我们要担任一种无权利的义务？"没有代议士，没有赋税"，非党员担任党费，与上面这条原则，距离太远了。国民党的收入和支出，非党员不能过问，这与人民管理财政权的原则，距离更远了。要预算制的成立，这种财政上公私不分的弊病，非先纠正不可。

最后，我总结我这篇文章的大意。预算制不止是经济的问题，是法律的问题。预算制是人民合法代表机关批准政府每年收入和支出的制度。我们如今的要求，不是财政部在国家的收入和支出上一个预先的通盘的计划，我们要我们应有的财政管理权。

《新月》第 3 卷第 2 号，1929 年 4 月 10 日。

论人权

一、引言

人权破产，是中国目前不可掩盖的事实，国民政府四月二十日保障人权的命令，是承认中国人民人权已经破产的铁证。

努力起来争回人权，已为中国立志做人的人的决心。人权运动，事实上已经发动，他的成功是时间的问题。这点，用不着特殊的鼓动。

争回人权的手段，原来没有一定的方式。纸笔墨水，可以订定英国 1215 年的大宪章；枪弹鲜血，才能换到法国1789年的人权宣言。在不同的环境下，争人权的手段亦随之而不同，这是历史的事实，这点，本文存而不论。什么是人权？什么是我们目前所要的人权？这的确是目前人权运动里急切重要的问题。我认为这些问题急切重要，其理由，简言之，有三：

第一，人权运动，自有他的目标。这些目标应明确的并有条理的写出来。国民政府的命令说："世界各国人权均受法律之保障"。所谓"世界各国人权"是些什么？下命令的人明白吗？命令又说："……不得以非法行为侵犯他人身体，自由，及财产"。这三项的范围，包括些什么？人权果限于这三项？这些问题，下命令的人亦没有说明白。在其他方面说，英国人大部分的人权就列举在1215年的大宪章，1628年的人权说帖，1689年的人权条文里；法国人大部份的人权就列举在1789年的人权宣言里。我们目前的人权条文是什么？已到了我们回答这问题的时候了。

第二，有些人权已经破产的人，自骗自的说人权是抽象的名词，是饥不可食，寒不可衣的口头语，人权运动比不上唯物主义的阶级革命的切实。这些人根本没有想过什么是人权。人权当然包括衣，包括食，还包括许多比衣食更要紧的东西。说句顽皮话，假使当日德国有绝对的思想，言论，出版自由，马克思就不必逃到伦敦的古物陈列所里去做《资本论》了。批评人权是抽象名词的人，根本还是没有想过人权是些什么条件。我们目前要的人权是些什么？已到了我们回答这问题的时候了。

第三，更有一班幸运一时的人权蹂躏者，他们大笑人权是老生常谈，他们大笑人权运动是英法十七和十八世纪的东西。侥幸得志的人们，拼着命在模仿英国十七世纪的查理士第一，法国十八世纪的路易十六，他们在排演"朕即国家"的老剧，在这种环境之下，我们只好唱大宪章和人权宣言的老调。其实，人权果然是老调吗？查查大战后各新兴国家的宪法，就知道人权已有了许多新腔。他们得意的人们，横行霸道来糟蹋人权，根本没有明白我们的人权是些什么条件。我们要的人权是什么？已到了回答这问题的时候了。

二、人权的意义

人权，简单说，是一些做人的权。人权是做人的那些必要的条件，"做人"两字的意义，表面上似乎肤浅。实则高深。有五官，有四肢，有头脑，有肠腑，有皮，有骨，有爪，有发，有人之貌，有人之形，这样的动物，当然应该叫人。但他在不在"做人"，能不能有那些"做人"的条件，又另成问题。

一个死人当然不在做人。所以"做人"，第一，要有生命。换言之，维持生命，是做人的出发点。谈到维持生命，马上我们联想到生命上那些必须的条件。譬如说，要维持生命，就要有衣，有食，有住。谋取衣，食，住的机会，就变了人权的一部分。

西洋人的工作权（right to work）如今成了人权的一部份，当然是这个意义。

有衣，有食，有住。在我固然可以做人，旁人能不能容许我做人，又成另一问题。在个野蛮社会里，强凌弱，众暴寡，一把刀，一枝枪，随时可以了结我的性命。这样，我虽然是个人，我虽然想做人，我不一定有做人的机会。换句话说，要维持生命，身体的安全，又成了必要的条件。身体安全的保障，又成了人权的一部分了。

照这样说，人权是生命上那些必要的条件，是衣，食，住的取得权及身体安全的保障。

人权的范围，决不止此。维持生命，固然是做人的出发点。维持生命，决不是做人的唯一目的。

如今中国千千万万人活著，他们有他们的生命，但有几个是真正在做人？做人，老实不客气，要有做人的快乐（happiness），生命要有生命的幸福。要享受生命上的幸福，衣，食，住，及身体安全这几个条件是不够的。

人有个性，人有人格。倘个性及人格没有发展培养的机会，人就不在做人。在个性与人格上，"人皆可以为尧舜"的话，当然说不上。人人在他的个性及人格上有他可能发展的至善点，是不容否认。"成我至善之我"（Be myself at my best）这是一句常听到的西洋话。通俗说些，做个我能做到的好人。这样，做人才有意义；这样，生命上才有得到幸福的希望。

因此，所谓生命上的必须的条件，绝对不止衣，食，住，及身体的安全，同时要加上那些发展个性，培养人格，成我至善之我的一切的条件。

同时又要明白，我，不过是人群的一份子。我的做人，同时与人群脱不了许多连带关系。我的幸福，同时又与人群全体的幸福发生连带关系，我对人群的责任，在将我之至善，贡献给人群，俾人群全体可以达到人群可能之至善。最后就在使人群里最大多数得到最大的幸福。

准此，所谓生命上的必须的条件，既不限于个人的衣，食，住，及安全；又不限于"成我至善之我"的条件，要在那些条件上加上达到人群最大多数的最大的幸福的目的的条件。

根据上面这些话，人权的定义，应该如下：

人权是做人的那些必须的条件。人权是衣，食，住的权利，是身体安全的保障，是个人"成我至善之我"，享受个人生命上的幸福，因而达到人群完成人群可能的至善，达到最大多数享受最大幸福的目的上的条件。

我的人权定义是如此。他是很平淡，很率直的。我没有追溯十七世纪霍布斯的学说，认人权是满足一切欲望的东西。人有许多欲望，根本就不应该得到满足。许多自命的大伟人有专制欲，有多妻欲，我们不能根据人权的理论，说这种欲望，应该满足。

我亦没有引证十八世纪卢梭的学说，认人权是天赋的，说我们要归真返朴，到自然的环境里去自由发展我们的本性。我始终相信一九二九［年］的上海没有再变成五百年前的原野。我更不敢颂扬十九世纪边沁的学说，主张人权应依赖法律为依据。智者作法，愚者守法，是中国过去的历史。强者立法，弱者服法，是中国近来的现状。

法律与正义公道是两件东西，这是世界各国普遍的通病。从法律上我最多可以知道我现在有什么权利，找不到我应有什么权利。中国的旧法准许纳妾畜婢，人不一定应该认纳妾畜婢是人权，共和国家成年的国民应该有选举权。目前中国的法律，不许人民参政，法律上有人权。人权不一定尽在法律，这是很明显的事实。

彻底说些，人权的意义，我完全以功用（Function）二字为依据。凡对于下例三点有必要的功用的，都是做人必要的条件，都是人权：（一）维持生命；（二）发展个性，培养人格；（三）达到人群最大多数的最大幸福的目的。

现在我随便举个例来说。言论自由是人权。言论自由所以成为人权，不因为他可以满足人的欲望，不因为他是天赋于人，不因为他是法律所许，根本原因是他的功用。他是做人所必须的条约。

是一个人，就有思想。有思想就要表现他的思想。要表现他的思想，他非要说话不可。他要说自己心中要说的话，不要说旁人要他说的话。说他要说的话，这就是发展个性，培养人格的道路。这是“成我至善之我”（be myself at my best）的门径。

我有了言论自由，我才可以把我的思想贡献给人群。这种贡献，姑无论为善与不善，这是人向社会的责任。在社会方面，这种贡献，姑无论为可取或不可取，这是思想上参考的材料。这就是人群达到至善的道路，这就是人群最大多数享受最大幸福的道路。

反之，取缔言论自由，所取缔的不止在言论，实在思想。不止在思想，实在个性与人格。取缔个性与人格，即系屠杀个人的生命，即系灭毁人群的生命。

根据这个说法，所以说言论自由是人权，人权就是人类做人的一切必要的条件。没有这些条件，我不能成我至善之我，人群亦不能达到人群至善的地位。

三、人权与国家

国家（state）的存在，有存在的功用（function）。他的功用失掉了，他存在的理由同时失掉了。国家的功用，就在［于］保障人权，就在［于］保障国民做人上那些必要的条件。什么时候我的做人的必要的条件失了保障，这个国家，在我方面，就失掉了他的功用，同时我对这个国家就失了服从的义务？

法国的人权宣言第二条说：

> 一切政治组织的目的在保全自然的及永不磨灭的人权。这些人权是自由，财

产，安全，及对压迫的反抗。

到如今，人权的范围扩充了，政治组织的目的是没有改变的。

麦凯蔑 L. M. MacIver 在他的“近代的国家”里说：

……国家，我们不但应当把他当做各项团体之一看待，并且就事实上及国家的功用的逻辑上看起来，他亦不过公司性质一类的组织。因为国家侍奉国民，所以他可以命令；因为他负了责任，他才有权利。……他有担保人权的功用，他须要并且得到相当的权力。他的权力应有限制，犹如他的功用应有限制。

英国的政治家学者纳斯克 H. J. Laski 在他的“政治典范”一书里亦曾经说过：

国家是个分为政府与人民的有土地的组织。他存在，他使行权威，他有人民的服从，因为如此，人民方可以完成他们可能的至善。为要达到这个目的，人民有他们的人权。人权是那些国民少了就不能“成我至善”的一些条件。所以，很明显的，人权不是法律的产物，是先法律而存在的东西，是法律最后的目的。国家的优劣程度，就以他保障人权成功失败的程度为标准。

简单说起来，国家万能说已破产了。国家这个组织，在二十世纪，不过是社会上许多组织中的一个组织而已。他存在的价值，完全以他功用的效能大小为转移。他对人民的威权，是有限制的，不是绝对的。威权限制的范围，就以他的功用为准，人民对国家的服从，是有条件的，不是绝对的。最要的条件，就在保障人权，保障人民生命上那些必须的条件，什么时候，国家这个功用失掉了，人民对国家服从的义务就告终了。

国家失去功用的理由，最大的是国家为某私人或某家庭或某部份人集合的团体所占据。他的功用已变了他的本性。他成了某个人，或某家庭，或某私人团体的国家。他变成了某个人，或某家庭，或某私人团体蹂躏大多数国民人权的工具。这样的例证，历史上不一如足。譬如说，一七八九年的法国，在功用上说起来，是路易十六私人的国家，不是法国人的国家，所以有“朕即国家”的话。一六四〇年后，一九一一年前，在功用上说起来，中国是爱新觉罗家庭的国家，不是中国国民的国家。所以有“宁赠外人，莫予家奴”的话。在这种现状底下，在这种国家成了私人产物的变态情形底下，其结果，倘国民对这状态有了觉悟，必定发生革命。这又确为过去的事实。

马克思说国家是资本阶级侵略无产阶级的工具，非无片面的理由。国家有时的确为某个人或某家庭或某团体所霸占。所当注意者，则霸占国家者，从过去及现在的事实看来，不一定完全是资本阶级罢了。

这里我要说明的，不是国家可以被人霸占的事实，是被霸占后国民对这国家的态度罢了。我对这问题的答案是：

国家的威权是有限制的。人民对国家服从的义务是相对的。什么时候国家担当不了我所托付给他的责任，在国家失了命令我的权利，在我没有了服从的义务。

我的人权与国家的说法是如此。他是很简单的，很平淡的，很率直的。我不是巴枯宁的信徒，我不是马克思的弟子。毁灭威权或打破国家的罪名，加不到我的头上。

纳斯克曾经说过：

> 国家以所担保的人权正其名份。我们裁判国家优劣的方法，最要的，就以他在国民幸福的实质上的贡献为依据。最少从政治哲学上立论，国家不是一个单单有威权可以强迫人民服从他的意志的团体。除在极严格的法理上外，国家只有在人民服从国家的利益这条件上要求人民服从。国民，因为他是国民，他就有检查政府一切行动的宗旨及性质的责任。政府的行动，不能以其出诸政府，即成为天经地义。这种行动有他们被审查的标准。政府行动的用意，人民一定要有了解他的权利。国家，简单的说，不能产生人权，只能承认人权，他的优劣，在任何时期，即以人权得到承认的标准为标准。

同时，这就是我对“人权与国家”一点上的解释。

四、人权与法律

法律为保障人权产生的。法律为人权所产生的。第一项，指法律的功用；第二项，指法律的来源。

争人权的人，主张法治逻辑上是对的。法律的根本作用在保障人权。巴克利亚(Beccaria)，一个以法理为立场的政治思想家，相信法律的目的在谋最大多数的最大幸福（La Massa Felicita，divi a Nel Maggioor Numoro)，英国的布纳克斯通 Blackstone 亦曾经说过：“法律重要的目的在保护及规定人权”（Commentaries Book1，Ch. 1)。

争法治的人先争宪法，在逻辑上也很对的。

法律，用简便的话来说，可以分为两种。一为宪法，一为宪法以外的普通法。宪法，是人民统治政府的法；普通法是政府统治人民的法（参看 MacIver 的 Modern State p. 25）在一个法治的国家，政府统治人民，人民同时统治政府。所以法治真义是全国之中，没有任何个人或任何团体处于超法律的地位。要达到政府统治人民，人民统治政府的地位，非有宪法不可。这里我又觉得胡适之先生下面几句话是很对的：

> 我们须要明白，宪章的大功用不但在于规定人民的权利，更重要的是规定政府各机关的权限。立一个根本大法，使政府各机关不得逾越他们的法定权限，使他们不得侵犯人民的权利。这才是民主政治的训练。

进一步说，在蹂躏人权方面，所谓个人或私人团体，其为害实小。国民政府四月二十的命令所谓“无论个人或团体均不得以非法行为侵害他人身体，自由，及财产。违者即依法严行逞办不贷”那是顾小失大的话。事实上看起来，明火打劫的强盗，执枪杀人的绑匪，虽然干的是“以非法行为，侵害他人身体，自由，及财产”的勾当，其影响所及，远不如某个人，某家庭，或某团体霸占了政府的地位，打着政府的招牌，同时不受任何法律的约束的可怕。这点，我们可以找得着许多事实来证明。

法律的功用在保障人权，这是不容怀疑的。争人权的人，先争法治；争法治的人，先争宪法，步骤上我亦认为很合逻辑。

宪法有时不但不能保障人民的人权，且为某个人，某家庭，或某团体的蹂躏人权的工具。这又非历史上绝无的事，这也是争法治的人所应顾虑之点。假使我们知道在法国一八七五的宪法以前，曾有过七个宪法，假使我们还记到拿破仑第一拿破仑第三都曾一手包办过宪法，我们就注意到下列一点的讨论了。

法律的来源，是谈人权者不可忽略的一点。法律是人民共同意志的表现（Law is the expression of the general will）卢骚这句话，我认为是民治国家法律的根本原则。最少，宪法——人民统治政府的法——的产生是不能违背这条原则。孙中山先生在他的建国大纲二十三条里“开国民大会，决定宪法而颁布之”的话，自然是承认“法律是人民公共意志的表现”的凭据。谈人权者当然要谈宪法，但在宪法上必要附带着宪法的来源的条件。

人权是先法律而存在的。只有人民自己制定的法律，人民才有服从的责任，这是人权的原则之一。法律的目的在谋最大多数的最大幸福，只有人民本身，才知道他们本身的幸福是什么，才肯为他们本身谋幸福。谋取本身的幸福，这又是人权之一。所以说人民制定法律，就是人权。所以说法律是人权的产物。

人权与法律的关系，我的结论是法律保障人权、人权产生法律。

法律到底是纸上的空文，不幸这又是不可磨灭的事实，人权可以产生法律，纸上的法律不一定能够保障人权。举个最浅明的例来说，一八五一年法国固然有宪法，何尝阻碍了拿破仑第三的复辟，一九一一年中国固然有约法，何尝阻止了袁世凯的帝制。这又是谈人权与法律的人应注意的。

我们要明白的是宪法保障人权，宪法亦依赖人权的保障。

法国的人权宣言曾经说过：

> 这些人权是自由，财产，安全，及对压迫的反抗。

“对压迫的反抗”是人权之一，也是法律的保护者。这就是洛克 Locke 所谓革命的人权。到了人民所要的法律不能产生，或者产生了的法律失了效力的危险时候，人民就得运用他的革命的人权了。看看，一二一五年英国的大宪章怎样签字的，一六二八年英国的人权说帖，一六八九年英国的人权条文怎样成功的，再看看，一七七六年美国怎样发生变动，一七八九年法国怎样涌起风潮，我们就知道拿革命人权来保障其它人权，是历史上属见不一见的事实。

在中国方面，自由平等这些人权发达的惊人般的迟缓，革命权确早早为一般人承认了。孟子所谓“闻诛一夫纣，未闻弑君也”这就是承认革命权的先例。孙中山先生四十年的工作又是拿革命的人权来拥护自由平等这些人权的近例。一切的人权，都可以被人侵略，被人蹂躏，被人剥夺。只有革命的人权是永远在人民手里。这自然是人民最后的生机，这又是人权与法律的关系上的最重要的一点。

五、人权的时间性与空间性

人权，上面说过，是人的生命上一些必要的条件。换句话说，是人的生活上一些必要的条件。人的生活上的要求是随时随地不同的。在某个时代，或某个地点，人们生活上的条件，某某几项已经具备了，某某依然缺乏，于是人们要求的内容和奋斗的趋向，自不能不受环境的支配。所以说人权有时间性与空间性。

上面说的是历史上很明显的事实。譬如说，在英国方面，一二一五年的宪章，一六二八年的人权说帖，一六八九年的人权条文，同是人权运动里的文件，人权的内容，就完全不同了。

大宪章的第八条说：

> 任何孀妇，假使他不愿再嫁时，不得强迫再嫁。

这是何等细小的事体；但在一二一五年的英国，这是必争的权利，这是人权。一六二八年人权说帖第十七条说：

> 他们，所以，诚惶诚恐的向皇上请求，不经国会通过时，任何人不得被迫向朝廷上贡，担在公债，乐输，赋税，及其它同性质的义务；……

这是一六二八年英国人的权利。这与大宪章所言不同了。这时候英国有国会了，环境不同了，所以人权的内容和四百年前不同了。

一六八九年人权条文说：

> 不经国会承认，皇帝任意停止法律或任意执行法律是违法……不经国会通过，皇帝征收银钱，或经国会通过，但征收之期限或方法，逾越国会之规定，均为违法……国会议员的言论自由不受院外的干涉……

一六八九年英国的环境与一二一五年不同，与一六二八年亦不同，所以争的人权便随之不同了。

拿整个的欧洲来看，亦是如此。人权二字，十七世纪与十八世纪的含义不同；十八世纪与十九世纪的含义不同。十九世纪与二十世纪的含义不同。人权是人民生活上必要的条件。生活上的须要随时代变迁，人权的范围亦随时代而变迁。人民有工作权，工人有罢工权，这些是欧洲十七或十八世纪的所未曾听到的东西。这些，就是人权意义进化的证据。

倘若有人笑骂我们中国今日的人权运动者是十七或十八世纪的头脑，原因就在笑骂者不知道人权的时间性。

人权有空间性。譬如说，英国的人权说帖和人权条文和法国的一七八九年的人权宣言，其内容自然又有重要的分别。英国当日人权上的要求，偏重经济；法国，偏重政治，这点或者没有人能否认。

一七八九年法国的人权宣言说：

> 人民生来并且永远在人权上是平等的。人民在社会上的等级，只能在全体利益的条件上存在。一切政治组织的目的在保障自然且不可磨灭的人权。那些人权是自由，财产，安全，及向压迫者的反抗。主权的根基是在全国。任何人或任何团体不能行使非全国授予的权威……

这些，不是分明着重政治方面吗？读历史的人，都能知道十七世纪英国社会的环境与十八世纪法国社会的环境，是迥然不同。英法人权运动不同的主因，就在人权有空间性的关系。

进之，美国革命的口号是自由，平等，和幸福的自由追求。法国革命的口号是“自由，平等，友爱”。假使用历史的眼光来分析这两句口号，我们可以看出他的不同来。不用说美国的“幸福的自由追求”和法国的“友爱”有不同的含义，就是自由平等几个一样的名词，在法亦有不同的含义。这一切的不同，根本原因，就在人权有空间性的一点。

倘使有人要笑骂我们人权运动者是抄袭欧美人的陈物，这般人是不明白人权的空间性。

现在我们把人权的意义说明了，人权与国家及人权与法律的关系诠定了，人权的空间性及时间性解释了，我来提出我们现在——一九二九年——的中国人要的人权是什么。

六、我们要的人权是什么

第一条

国家是全体国民的团体。国家的功用，是保障全体国民的人权。国家的目的，谋全民最大多数的最大幸福。国家的威权是全民赋予他的，其量以国家在功用及目的上达到的程度为准。

国家不是，并且他的性质亦绝对不能为个人或家庭的私产。他是全民供给的团体，应是全民的产业。虽然他已经被人用武力及阴谋篡夺而成为嗣袭的东西，“篡夺并不能变换一切物件的所有权”，这是 Thomas Paine 在他的《常识和人权》里一段话，附录在此。

第二条

国家的主权在全体国民。任何个人或团体未经国民直接或间接的许可，不得行使国家的威权。

主权的根基在全国。任何团体或个人不得执行任何非从全国授予之威权（一七八九年法国人权宣言第三条）。

那些受有威权上委托的人，若能尽职，一定受人尊崇；不尽职，受人厌弃。对于那些没有委托，但篡夺威权的人，理性的世界根本不拿他们当件东西(Thomas Paine)。

第三条

法律是根据人权产生的。法律是人民公共意志的表现。未经全民直接或间接承认的法律不应有统治全民的威权，同时全民没有服从的义务。

法律是公共意志的表现。任何人都有直接或间接参加制定法律的权利（法国人权宣言第六条）。

第四条

政府是全民所组织以执行国家的主权的机关，应对全民负责任，不应对任何个人或任何一部份国民的团体负责任。政府的目的在最大多数的最大幸福。

第五条

人民在法律上一律平等。人民，因为在法律上一律平等，对国家政治上一切权利，应有平等享受的机会。不得有宗教及政治信仰的限制，不得有社会阶级及男女的限制。

一切国民，因为在法律上平等，对国家一切的爵位及职差，应根据他们的才能有平等当选的机会。除道德才技外，不得有他种界限（法国人权宣言第六条）。美国文官考试法第一章第二条亦限制拿宗教信仰及政治信仰作考试的试题。

第六条

国家一切官吏是全民的雇用人员。他们应向全国，不应向任何私人或任何私人的团体负责。国家官吏的雇用应采国民直接或间接的选举法及采公开的竞争的考试方法。凡向全民负责的国家官吏。不经法律手续，任何个人及任何团体不得任意将其免职，更换，或惩罚。

第七条

充当国家官吏，是国民的义务，同时是国民的权利。任何个人或家庭包办政府多数高级官位者，即为侵犯人权。

瑞士现行宪法取缔同一家庭之人或连襟同时当选为中央委员。美国现行文官制取缔一家庭中有二人以上同时为同一阶级之官吏。

第八条

凡国家现任军官及军人，不得同时兼任国家任何文官职位。陆军，海军，航空三方面本身之行政官吏例外。

第九条

国家一切行政官吏的选用，应完全以才能为依据。凡任何个人——私人或高级官员——及团体的私人推荐均为违法。凡一切吏治上之贿赂，捐输，及馈赠均为违法。均为侵犯人权。

第十条

人民对国家一切义务是互惠的，不是一方面的。人民向国家的经济负担的条件有二：（一）没有代议权，即没有担任赋税的义务（No Representation of taxation）（二）议决预算决算。凡一切未经人民直接或间接通过或承认的一切经济上的负担——赋税，公债，捐输，馈赠——均为违法，均为侵犯人权的举动。

第十一条

国家一切经济上的费用，应有全民用经济力之厚薄为比例，分别负担。全民向国家的供给，不经法定手续，不得移充任何个人或任何私人的费用。

第十二条

凡国家对外举行外债或缔结关系国家或部份的国民的财产的条约，必须经过全民直接或间接的承认。

第十三条

国家财政应绝对公开。国家财政行政与财政审计应绝对为分列的且平等的机关，且二者均应向国家负责，不应向任何个人或任何私人团体负责。

第十四条

国家应保障国民私有财产。凡一切不经法定手续的没收及勒捐等行动，均为违法，均为侵犯人权。

第十五条

国民的劳动力是国民维持生命唯一的资产。凡国家对任何国民一切无相当报酬的强迫劳动，均为侵犯人权。

第十六条

国家的功用在保障人权，人权的首要原则在保障人民的生命。国民维持生命的方法是用劳动力去换取衣，食，住。所以国民有劳动权，国家有供给人民劳动机会的责任。国民失业是国家失职的证据，是国家在人权上没有负担责任的证据。

第十七条

凡一切国民的水旱疾病灾疫的赈济，是国家在人权上的责任，不是政府对人民的慈善事业。这种责任，应在其它责任之先，因为生命是人权的根本。灾疫遍地的现状，是国家失职的证据。灾疫遍地而不能赈济，是国家在人权上没有担负责任的证据。

第十八条

人民在法律上一律平等，所以全民应受同样法律的统治。同时，法治的根本原则是一国之内，任何人或任何团体不得处超越法律的地位。凡有任何人或任何团体处超越法律的地位，即为侵犯人权。

第十九条

法治的根本原则是司法独立。司法独立的条件比较重要者有三：（一）行政长官绝对无解释法律及执行司法的职权；（二）司法官非有失职的证据，不得随意撤换或惩罚；（三）司法官不得兼任他项官吏。违此三者，即侵犯司法独立，即侵犯人权的保障。

第二十条

司法官的人选，不得有宗教及政治信仰的歧视。不得有保荐及贿赂的弊端。凡采用陪审制的法庭，陪审员的人选资格，不得有政治信仰，宗教信仰，社会阶级，及男女界限的歧视。违背此项条件，即为侵犯人权。

第二十一条

无论何人，不经司法上的法定手续，不受逮捕，检查，收押。不经国家正当法庭的判决，不受任何惩罚。

第二十二条

国家无论在任何形势之下，不得以军事法庭代替普通法庭。关于海陆空军人违犯纪律之审判，当为例外。

第二十三条

非经政府的许可，任何军人不得在任何地点宣布军法戒严。在军法戒严期内，凡军人一切损害人民生命财产的行动，应向国家普通法庭负责。

第二十四条

法庭一切判决及惩罚，应绝对遵守“法律不溯既往”的原则。除根据案发以前所制定及公布之一切法律外，法庭绝对不得判定任何人之犯法行为。

第二十五条

国家任何高级官吏，非经人民直接或间接的承认，不得以命令产生，停止，或变更法律。任何国民，凡未经法庭判处死刑者，国家任何官吏，不得以命令处任何人以死刑。

第二十七条

国家司法官吏及国家法庭应向全民负责，不向任何私人或任何政府以外的团体负责。

第二十八条

国家的海陆空军是全民所供养的，他们的责任在保护全民的权利，不在保护任何私人或任何团体的特别权利。

第二十九条

凡未经国民直接或间接承认之强迫兵役，均为违法，均为侵犯人权。

第三十条

国家海陆空军的数量，应由人民直接或间接决定。海陆空军的费用，应列入国家预算决算，每年经人民直接或间接通过。

第三十一条

军队一切霸占民房，强迫差役，勒索供应，均为违法行为，均为侵犯人权的举动。国民对此项损失，有向国家请愿要求赔偿的权利。

第三十二条

军人不得因为其为军人故，处超越法律的地位。军人除遵守军队纲纪外，一切行动，同时应向国家普通法庭负责。

第三十三条

国家军队应对全民负责。非经人民直接或间接通过，无论任何文武官吏，对内对外，不得有动员（Mobilisation）及宣战的行动。

第三十四条

在国民发展个性，培养人格的要求上，国民应有相当教育。国家对国民有供给教育机会的责任。为达到发展个性，培养人格的目的，一切教育机关不应供任何宗教信仰或政治信仰的宣传机关。

第三十五条

国民发展个性，培养人格以后，进一步的目的在贡献私人的至善于社会，以求全社会的至善。为达到这种目的，国民应有思想，信仰，言论，出版，集会的自由。

以上三十五条，是我个人认为在中国现状之下所缺乏的做人的必要的条件，也就是我个人认为目前所必争的人权。当然，这些条件不能概括一切。假使仿照英国大宪章的办法，那么在目前中国恐怕列举三千条也不算多。我现在暂时提出了三十五条，做国内拥护人权的人的参考。

《新月》1929年7月10日。

告压迫言论自由者——研究党义的心得

I

目前留心国事的人，大概把视线都集中在西北与东南两个方面，都认这些自相残杀的内战，是中国目前极重要的事端，都认这些内战有极可注意的价值。其实，百年后读史者，翻到民国十八年这几页史的时候，寻得着一条纲目，提到这些自相残杀的事件否，仍为问题。我预料后人在民国十八年的历史上，除了俄人侵入满洲这奇辱极耻外，定还可以寻得出这样一段故事："十八年时有胡适其人，做了'知难，行亦不易'，'人权与约法'一类的文章，批评党义，触犯党讳，被党员认为侮辱总理，大逆不道，有反革命罪。党政府的中央执行委员会议决由教育部向胡适加以警戒。同时中央执行委员会于十月二十一日常会通过'全国各级学校教职员研究党义条例'八条，通令全国各级教职员，对于党义，'平均每日至少须有半小时之自修研究'"。

我预料编史及读史的人，一定重视这件故事。这并不是说在十八年的中国，胡适先生的地位的高贵，比得上蒋总司令等等，更不是"人权约法"这种反革命的口号，有冯玉祥张发奎们反革命的大炮的响亮。不过个人或团体，利用政治势力，压迫言论自由，这一类的事，历史家对之从来不肯放松，读史的人对之，也从来没有把他看得比武人互相厮杀的事更小。譬如说，秦始皇做皇帝十九年之久，当此十九年中，打仗杀人的事，自然很多，史家就没有件件都记载出来。焚书坑儒，偶语弃市，这一端，史家是大书特书的。秦到如今，已一千七百余年了，试问，中国有几个忘记了秦始皇帝焚书坑儒这段历史?

如今旧事重提，说道胡适先生触犯党讳的公案，我不是想来判断什么是非——这是后人读史者地权利。在我，实很感谢这案件的发生，因此，中央执行委员会只肯为一班教职员们讨论出自修研究学问的方法，因此我只可以从学校里得到"研究党义条例"这件公文，因此，我只逼迫着努力起来做条例上第二条第一期的功夫，因此，我每日半小时自修党义的结果，只有这点点心得，只敢鼓起胆量来做这篇文章。

II

清光绪三十年（一九〇四），孙先生曾做过《中国问题与解决》一篇文章（见中山书局出版的中山全书第四卷）。这篇文章，孙先生把满清的罪孽宣布于世界。他举出满清罪状十条，内有这两项：第二条，抑遏吾人智识之发展；第六条，禁止言论自由。

因为晚清有这样“抑遏智识发展”“禁止言论自由”的罪恶，所以孙先生向世界宣言“欲得平和，必加强暴”，所以他在同一篇文章里说：“中国革命时机，刻已熟矣”。这是孙先生拥护言论自由的证据，同时就是我本着“教职员研究党义条例”做自修功夫的一点心得。

民国十三年国民党在广州开全国代表大会，于是有第一次代表大会宣言。宣言里对内政策第六项说：“确定人民有集会，结社，言论，出版，居住，信仰之完全自由。”民国十三年孙先生尚在世。第一次大会就是孙先生召集的。宣言里的一切政策，当然是孙先生的政策。这又是孙先生拥护言论自由的证据，同时就是我本着“教职员研究党义条例”读中山全书得来的一点心得。

如今一班忠实同志们，认先总理的一切主张及计划，是天经地义，先总理传下了的一言一字，都是不可移易的真理。敢讨论总理学说的是大逆不道；敢批评总理主张的，罪不容诛。这不知与第一次宣言里对内政策的第六项“确定人民有言论自由权”的原则，是否相合？这不知是否党义上的遗教？这又不知是否中山全书里寻得出来的办法？

在我“每日半小时自修研究党义”的结果，在孙先生的英文实业计划（The International Development of China 系商务印书馆一九二〇年出版）里，发现这样一段话：

> 这计划的各部，不过是一个外行人（layman）根据很有限制的资料想出来的一个粗简的大纲或政策。经过科学的研究及详细的调查，修正及改良是不可避免的。例如，关于在青河泝河两口之间修筑北方大港的计划，著者以为港口应位在东方，但经过专家实地调查后，发现港口应在西方。所以，这计划应待专家的指正。（见原著序文第二节）

孙先生很谦恭的承认自己在实业上是外行，完全承认专家的知识，承认他的计划“经过科学的研究及详细的调查，修正及改良是不可避免的”，这就是孙先生在世时对他的主张及学说的态度。这是科学的态度。这是伟大人物在他的主张上及学说上应有的态度。

孙先生在他的实业计划上的态度是如此，在他其余的主张及学说上，当然想亦如此。实业上有专家，心理上亦有专家，政治上亦有专家，一切的学问上都有专家。他的实业计划，经过科学的研究及详细的调查，可以修正；其他心理建设、政治建设等等，科学的研究及详细的调查，当然亦可以修正。这是科学的态度，这是伟大人物对他的主张上及学说上应有的态度。孙先生在世的时候，于他的主张及学说，他请专家来批评，他请专家来讨论，只要讨论与批评的人，有较好的意见，他随时修正他自己的主张。北方大港的港口专家认为应在西方的，孙先生不能坚持应在东方（港口的更正是美使芮恩诗博士派技师测量后改正的）。在其他方面的计划亦如是。东西的位置，亦不能倒置。所谓先总理的学说及主张，不许讨论，不许批评，在中山全书上有什么依据？

> “永无错误”（Infallibility）这句话，只有几个浅陋无识，心怀窄狭，不明了

基督教义的教皇只敢说，只肯说。耶稣本身没有这样的态度。实际上，他们说这句话的时候，根本就成了耶稣的叛徒。实际上，说“永无错误”，即此即是他们的错误；即此即是他们“永远的错误”。

上面这段话，不过说明两点：（一）孙先生在他的主张及计划上是欢迎批评和讨论的；（二）孙先生是拥护言论自由的。我本段的结论：压迫讨论及批评的人，是压迫言论自由，压迫言论自由，是亡清的罪恶，是中山先生所反对的。压迫言论自由的人，是违背中山先生的教训的。这里，或者有人要认我误解“言论自由”了，他们要说‘言论自由’有‘言论自由’的范围，不是什么都可言，什么都可论。因此，进一步来讨论言论自由的范围。

Ⅲ

言论自由，就是“有什么言，出什么言，有什么论，发什么论”的意思。言论的本身，绝对不受何种干涉。用命令禁止言论，这当然是非法的行动，是违背言论自由的原则。就是立法机关或司法机关拿法律的招牌来范围言论，也是违背言论自由的原则。“法律以外无自由”，是句欺人的话。单单说“自由”两字，是空泛无意义的。具体的举出某种自由来，就是说某事已成特权，政府的法律在某些方面不得干涉。

言论自由这名词，就是指法律不得干涉言论而言的。言论自由这名词，起于英国。英国承认言论自由的法典，第一次发现于一六八九年十二月公布的人权条文（The bill of Rights）。条文里有这样一句：

> 国会内一切演说，辩论，及议事的自由，不受院外一切法庭及任何地点的弹劾及追问。（That the freedom of speech and debates or proceedings in parliament ought not to be impeached or questioned in any court or place out of parliament.）

这是很明白的，是指不受院外法庭及任何地点的弹劾及追问而言，是指不受法律的干涉而言的。直到如今，英国议员在院内的言论，是在法庭法律势力范围以外。严格说起来，人权条文上所保障的只有英国议员的言论自由。普通人民的言论自由在宪法上没有保障的。普通人民的言论自由是靠英国的“common law”。

普通人民言论自由的保障载在宪法上的，先例是美国。美国宪法的修正案第一条原文如下：

> 国会不得制定法律，规定宗教或禁止人民信教自由，或取缔人民的言论，印刷，集会及请愿之自由。（Congress shall make no law respecting an establishment of religion, or prohibiting the free exercise, thereof or abridging the freedom of speech or of press or the right of the people peaceably to assemble, and to petition-the government for redress of grievance.）

这是很明白的，言论自由，是指不受法律干涉的自由，是指国会不得制定法律，取缔人民的言论自由。所以“言论自由”的真义应如此：言论的本身是绝对不受法律限制的。言论自由的范围是世界上无事不可言，世界上无事不可论的。只要言论者肯负言论的责任，他有什么言，尽可出什么言，有什么论，尽可出什么论。譬如说，在天文方面，他尽可倡天是四方，地是八角的学说；在算数方面，他尽可倡三加二为四，四减二为三的理论；在政治方面，他尽可以宣传君主，他尽可以鼓吹共产，他尽可以赞成三万人组织内阁，他尽可以提议五个人组织国会。因为有什么言，出什么言，有什么论，发什么论，这是言论自由的根本原则。至于他言论的价值及真理，那与言论自由是两件事。

上面这段话，不是我故作诡论的。英国政治学者拉斯克 Laski 有这样一段话：

> 我的主张是，在国家（state），国民应绝对让他发表他私人所有或与旁人考虑结果所有的意见。他可以宣传社会现状的缺点。他可以主张用武力革命的方法去改造现状。他可以偶像现在的制度是理想中的完满者。他可以说凡与一己持异议的人的意见，均应取缔。他可以由私人单独或联合他人去发表他的意见。无论取哪种形式发表他的意见，他是不受任何干涉。进一步，他有权利采用任何出版的方法，宣布他的意见。他可以发刊书本，或小册，或报纸；他可以采用演讲的方式，他可以到大会去报告。他能做任何或所有一切上列的事项，在进行上同时他得到国家完全的保障，这只是自由上一种根本的人权（*Grammar of Politics Chapter* Ⅲ，P. 120）。

其实，拉斯克这个言论自由的解释，不是空的理想。有许多已经是英国的事实了。只要言论不是凭空说谎，不是无故造谣，不是蓄意诽谤，不是存心诬陷，

英国没有法律能够干涉到人民的言论的。英国的皇帝，英国的国会，英国的内阁，英国的法庭，固不能叫要说什么话的人不说什么话，或叫不说什么的人说什么话（参看 Dicey 的 *Law of the Constitution*）。英国政府可以干涉凭空说谎，无故造谣，蓄意诽谤，存心诬陷，这是英国的（Law of Libels）。但这是言论者的人格问题，言论上的责任问题。言论自由与说谎、造谣、诽谤、诬陷，亦不是政府随时随意可以用命令去警戒或取缔的，是要先经过法庭方面陪审员决定某人确有说谎、造谣、诽谤、诬陷的事实，而后国家的法律，才可以行使他的威权。换言之，英国的法律，不能干涉言论，只能迫言论者负言论的责任而已。英国的公园里就可以宣传无政府，英国的议院里就可以演讲共产党，英国没有什么党的主张是不许批评的。英国没有什么人的学说是不许讨论的。

“自由”是绝对的，是整个的。“自由”二字不能有什么度数，不能分什么多少。假使说“言论自由”应有度量或多少的限制，假使说某甲的主张是不许讨论的，某乙是某甲的信徒，势必至某乙的主张亦不许讨论。某丙是某乙的信徒的朋友，势必至某

丙的主张亦不许讨论。某丁是某丙的信徒的朋友的朋友，势必至某丁的主张亦不许讨论。假使说天字号这个团体是不许批评，地字号这个组织是源于天字号的，势必至地字号的组织亦不许批评，人字号是与地字号有关系的，和字号是与人字号有关系的，势必至人字号和字号这一切组织都不许批评。这种限制，这种取缔，势必至无可讨论，无可批评而止。结果，天下事，没有绝对的自由，就成为绝对的没有自由。

拉斯克说的好：

凡对于社会制度的批评，都是多少的问题。假使禁止X鼓吹革命，势必取缔X说现状不是神圣。假使我根本咬定俄国共产是政治上的万恶，势必认教授俄国人的英文是一种共产的宣传。

所以说言论自由，是有什么言，出什么言；有什么论，发什么论。无事不可言，无事不可论。天下事没有绝对的自由，就成为绝对的不自由。这种言论自由的解释，在一班执政者来看，必以为狂妄怪谬，必认为暴乱危险。必以为如此放任，邪说异端，必成为洪水猛兽般得祸害。这点，不是言论自由之范围的问题，乃为压迫言论之效力问题。因此，进一步与压迫言论自由者讨论压迫言论之效果。

Ⅳ

真正好的主张及学说，不怕对方的攻击，不怕批评和讨论，取缔他人的言论自由，适见庸人自扰。对方的攻击，果能中的，取缔他人的言论自由，是见敌而怯，适足以示弱，适足以速亡。本身真有好的主张及学说，对方攻不倒。对方真有好的主张及学说，我亦压迫不住。自由批评，自由讨论，绝对的言论自由，固然是危险，实际上压迫言论自由的危险，比言论自由的危险更危险。人类史上，压迫言论自由的经验举不胜举，有哪次，在压迫者的方面，没有弄到极凄惨的结果？

何必远索上古中古的史事。假使压迫言论自由是制服敌人的好办法，如今中国的首都一定还在北京，如今宣统一定还在头戴皇冠，身着龙袍。纵不然，亦应是洪宪皇帝的天下，纵不然，亦应是张勋，张宗昌，张作霖的天下。在压迫言论自由上，他们当然要算前辈，要算“先知先觉”了。反过来看，中山先生革命的成功，满清“压迫只是发展”，“禁止言论自由”，间接的帮忙不少。前清何当不以为压迫言论自由，是取缔革命学说的妙法。结果怎样？在一九二九年的中国，各级教职员都有“每日最少半小时自修研究”满清所压迫的革命学说的机会？袁世凯、段祺瑞、张作霖等等又何当不认压迫言论自由是对付敌人的妙法，所谓民权报的记者编辑，所谓北大的代理校长，何尝没有亡命逃难过。但是，请看今日之域中，竟是谁家之天下？

有人或者认前此压迫言论的失败，是中国近代史上偶然的和例外的事，我们且看看西洋的历史。三〇三年的时候，罗马不是有位 Diocle tian 皇帝？皇帝不是还有位

Galerius 大臣？他两个是以屠杀耶稣徒著名的吗？那时候耶稣徒胆敢拒绝偶像 Caesar，胆敢批评罗马的家庭及社会制度，胆敢鼓吹上帝天国的邪说。于是 Diocle tian 和 Galerius 就法密如网，打毁一切教堂，没收一切教产，焚烧一切教经，囚杀一切教徒。在罗马当局方面，总算有绝大的决心，压迫言论及信仰自由了。但是命令朝出夕撕，教徒杀不胜杀。到了 Galerius 临死，只好自认压迫政策失败来讲和。岂止如此，二十年后，Constantine The Great 做皇帝的时候，耶稣教终究成了罗马国教。Constantine 临死的时候（三三七年）还要先受洗礼，成为信徒，以便天堂参见上帝。这是罗马皇帝压迫宗教上的言论自由的结果。

到了四五世纪以后，教会的地位站稳了，教皇的权利增大了。一班长老牧师就忘记了他们的先知先觉如何的被人压迫，如何的惨死殉道，于是这班后知后觉就打起排除异端，取缔邪说的棋子来了。他们就以罗马皇帝对付他们先知先觉的方法，来压迫他们眼光里的异端邪说了。到了十五世纪的时候，Wycliff（一三二〇——一三八四年）掘骨烧灰，把 John Huse 生焚而死。等到十六世纪初年马丁路德出来以后，所谓异端邪说的学说，又压迫不胜其压迫了。后来，终造成历史上的宗教革命。如今，在宗教方面，信教的势力比旧教又怎样？压迫言论成功了吗？历史是有循环性。后知后觉，总容易忘记先知先觉的往事，亦云怪矣。

我们再看看各国政治史压迫言论自由的经过。法国经过路易十四路易十五两代的奢侈，到十八世纪的末叶，已成民穷财尽的景况，怨声载道，谤议四起。路易十五曾经大兴文字狱，Voltaire 这流人物，或放或囚；批评时政这类书籍，或禁或烧；Leltres de Cacht 惟取为求，Bastille 满谷满仓，结果如何，终以造成法国大革命。一八一五年路易十八复辟，一八二四年查理士第十继（续）皇位，两位皇帝一方面依仗国外奥援，一方面重用迂腐旧臣，又造成反动的政治。至一八三〇年查理士第十六公布所谓“七月大法”(July Ordinances) 内中第一道命令，就是禁止人民的出版自由。因此引起“Nation”报记者 Thiers 的抗议，因此引起法国历史上一八三〇年的大革命。

一八三〇年查理士被赶以后，路依菲利普（Levis Philipps）起来做法国皇帝。因为国会选举资格问题，又引起国人反抗。菲利普对付的方法，仍不外祖宗的故智。一八四八年二月二十二日，人民要在巴黎召集大会，讨论改良选举资格问题，政府先期以武力干涉集会想恐吓，结果又造成法国历史上一八四八年二月的大革命。试问，压迫言论自由的方法，哪一次成功了？

我们再看看英国的历史。英国历史的两次大革命（一六四一及一六八八年）简直可以说是压迫言论自由促成的。查理士第一，我们是知道的，在登位的初年，因为压迫人民的言论自由，一连解散了三次国会（一六二五，一六二六，一六二九）。等到一六四〇年再召集国会，又以 Pym 及一班议员大放厥词，马上把国会解散。一八四一年又提高议员资格，召集新国会，国会又提出所谓"Grand Remonstrance"，实际等于向国民公布皇帝罪案二百余条。查理士第一以为一班议员太放肆了。亲率军队，侵入议院，想逮捕国会为首的五位议员，以达压迫言论自由的目的，结果，激成一六四一年的议会革命。一六六〇年查理士第二侥幸被人迎回到英国来做皇帝，詹姆士第二在一六八五年继续皇位，两位皇帝又因为宗教问题，引起争议。查理士第二及詹姆士第二对付的方法，又系祖宗的故智。唯一的办法，解散国会，干涉言论。结果，詹姆士第二在一六八八年弃位而逃，促成英国史上一六八八年的革命。试问，压迫言论自由，哪次成功了？

美国压迫言论自由的故事，最大的要算一七九八年联治派执政时所通过的 Alien and Sedition Act。案之内容：

> （一）取缔人民单独或联合的对政府一切抗命的行动；（二）取缔人民在政治上的言论自由。

这是联治派 Federalists 利用政治势力压迫反联治派的言论自由的把戏。结果，引起墨迪森 Madison 格佛森 Jefferson 的反抗，引起美国全民众的反抗。结果，联治派众叛亲离，结果，联治派一蹶不振。试问，压迫言论自由的事，哪一次成功了？

一九一五年前俄国压迫言论自由的经过，更是我们亲眼所看见的。如今，NicholesⅡ哪里去了？红旗到底挂满了俄国，马克思和列宁的共产学说，单凭压迫言论自由的方法，打消的了的吗？

美国纽约世界报有个记者（FrankⅠCobb），他有这样一段演说：

> 本晚我是被请来讲言论自由的价值及危险。人世最大的危险，就从"压迫"上发生出来。压迫言论自由的危险，比言论自由的危险更危险。假使压迫言论是好方法，布邦皇帝（Bourbons）应仍居法国的皇位，浪漫诺夫皇室 Romanoffs 仍为俄国的君主，西班牙仍为大帝国，赫浦斯伯皇室仍统治神圣的罗马帝国，联治党仍在华府执政。

他又说：

> 记到，人民不属于政府，政府应属于人民！记到，没有充分的且极自由的讨论，在代议的民治国家，没有一事可以得到合理性的解决的。最后，记到，政治及经济的安全，社会制度的稳固，不靠法官及狱吏的本事，实赖人民的自治能力。后者是民主政治的本质及灵魂。

这一切话，可以做中国压迫言论自由者的座右铭。

Ⅴ

上文，我已指出了中山先生是拥护言论自由者，解释了言论自由的范围，说明了压迫言论自由者最后的失败。言论自由本身的利益，我没有说明，这实为童幼皆知的事，没有说明的必要，亦说不胜说。例如：假使满清压迫言论自由成功了，今日我们到什么地方去寻三民五权这部经典？这是人类及国家如何的一种损失？忠实同志们当然不否认这点的。孙中山先生的学说及主张，从前满清压制言论自由的方法，不能消灭他。如今当然也不靠压迫言论自由来保护。忠实同志们，当然亦不否认这点。诚如此，前清的杀革命党，封报馆，烧书籍，在一班忠实同志们眼光里，是笨伯所做的事。忠实同志们，亦应该承认这点。

后之视今，亦犹今之视昔！

十二月一日。

《新月》号合刊，1929年9月10日）

我对党务上的“尽情批评”

固不忍稍自暇逸，更何敢闭塞聪明……凡属嘉言，咸当拜纳。

南京国民政府蒋主席，在民国十八年十二月二十七日，通电全国各报馆，说过这样的几句话。电报全文，很值得多读几遍。原文如下：

> 自国民革命军统一全国，中央求治至急，人民望治尤殷。大之欲跻中国于自由平等之域。小之求使民众咸得安居乐业。格于环境，变故迭起，训政既已开始，军事犹难结束，虽为革命进程中必经之阶段，而身受党国付托之重，不能为人民早日解除痛苦，内疚神明，外惭清义，固不忍稍自暇逸，更何敢闭塞聪明。岁月易逝，民国十八年又将终了。欲收除旧布新之效，宜宏集思广益之规。各报馆为正当言论机关，即真实民意代表。对于国事早具灼见，应抒谠言，凡党务政治军事财政外交司法诸端咸望于十九年一月一日起，以真确之见闻，作翔实之贡献。其弊病所在，能确见事实症结非攻讦私人者，亦请尽情批评。并希将关于上述各项之言论及纪事同时交邮寄下。凡属嘉言，咸当拜纳。非但中正赖以寡过，党国前途亦与有幸焉。

在这样的年头，读的到这样的电报，我们醉心思想言论自由的小民，自然是欢欣鼓舞。我们以为从十九年一月一日起，一班“正当言论机关，真实民意代表，对于国事，早具灼见”的报纸，一定体恤主席“不忍稍自暇逸，何敢闭塞聪明”的厚意，顾念“中央求治至急，人民望治尤殷”的苦情，对于当今党务、政治、军事、财政、外交、司法诸端，必能“以真确之见闻，作翔实之贡献”。如今，民国十九年又整整过了一个月了，张开眼睛，在全国报纸里，依然看不见“尽情批评”的议论。这未免有负蒋主席“凡属嘉言，咸当拜纳”一番苦心孤意了。我个人以为处这种可言的环境，遇这种求言的电报，真不该错过这个发言的机会。仅依电中意旨，先就党务一端，做一篇绝对不攻讦私人的批评。

在党务方面，开宗明义，我就提出“党治”这问题来讨论。党治，我不反对，亦没有反对的必要。一个有政治信仰与政治主张的团体，根据信仰及主张来夺取政权，最后取得政权，因以掌握政府，主持国事，这就是“党治”。如此，英国是党治，美国是党治，德法是党治。这种党治，有什么可反对，更有什么人要反对？至于“党权高于一切”，至于“党外无党”，这亦是如今所谓的党治。这不止于党治，这是一党独裁(Party Dictatorship)。党治与一党独裁，似不可混为一谈；批评党治与批评一党独裁，亦当分为两事。

一党独裁本身的好坏，一党独裁是否适应于今日中国的政治环境，这是各人政治眼光的问题，我不愿在这里来讨论。一党独裁，与民主政治是否能相容并立；一党独裁，与民权学说是否能同时并进；这是我要平心静气与国人讨论的一点，这的确是中国政治上值得研究的一点。一党独裁（Party Dictatorship）是欧战发生后，政治上新兴的一种名词。一党独裁，简直可以说十九世纪民主政治的反响。一党独裁，是起来打倒民主政治的新运动。

第一个试验一党独裁的是俄国的共产党。共产党的政治哲学是阶级战争。他们是要铲除资产阶级。同时要打倒资产阶级所寄生的民主政治 Democracy。他们是笑骂民治学说的，他们是咒诅代议制度的。他们认“德谟克拉西”是资本家的口头语；议会组织是资本家的护身符。站在这种哲学的立场上，倡阶级战争，行一党独裁，我认为政治思想上合逻辑，政治手段上不矛盾。一党独裁，其次采用的是意大利的法西斯党。法西斯党的政治哲学是国家神圣。他们的方法在建造万能的政府，他们的手段是拥戴万能的英雄。他们所爱的是秩序，他们所重的是服从。他们是笑骂民权学说的；他们是咒诅代议制度的。他们认“德谟克拉西”是过时的标语，议会选举是陈腐的方法。在这种哲学的立场上，倡一党专制，行一人独裁，我认为政治思想上合逻辑，政治手段上不矛盾。

一方面鼓吹民主民权，一方面实行一党独裁，采用这种方法的，只有中国的国民党。这种方法，在政治思想上是否合逻辑，在政治手段上是否不矛盾，的确是个大疑问。什么叫民主？我们就引用孙中山先生的话来解释。他说：“今日我们主张民权，是要把政权放在人们掌握之中。那么，人民成了个什么东西呢？中国自革命以后，成立民权政体，凡事都应该人民做主的，所以现在的政治，又叫做民主政治。换句话说，在共和政体之下，就是用人民来做皇帝。”（见民权第五讲）准此，我们知道民主就是把政权放到人民掌握中去的政治。什么是民权？中山先生所最注重的是选举权，创议权，复决权，罢免权。在一党独裁的政局底下，可以把政权交到人民掌握中去吗？可以让人民来做皇帝吗？在“党权高于一切”和“党外无党”的征途上，走得到人民直接选举、创议、复决、罢免的目的地吗？这种一党独裁与民主民权同时并进的办法，政治思想上是否冲突，政治手段上是否矛盾，的确是个疑问。

上面我们不过引孙中山先生的话来诠释民主民权。其实，我们举西方任何政治学者对民主民权的学说，结果我们一定发觉民主民权与一党独裁是不能同时并进的。民主政治，重要的条件是国家的统治权，应树立在国民的全体，不在某特别团体或某特别阶级身上。在这种条件底下，谈得了一党独裁吗？英美人实行民主，他们就极端的反对一党独裁。……如今中国的政治，确与此不同。国民党天天拿民主民权来训道我们小百姓，同时又拿专制独裁来做政治上的榜样。天天要小百姓看民治的标语，喊民权的口号，同时又要我们受专制独裁的统治。授百姓以矛，希望百姓不攻其盾，小百姓做人亦左右为难了。

在我看起来，国民党党务上如今内忧外患的现象，其病就在政治思想的自相冲突，政治手段的自相矛盾上。民主民权和专制独裁的冲突，首先是发生于党内。国民党将中华民国的国民分为两类。三万万九千九百九十万是不革命的小百姓，这是不能行使政权的。十万是革命的同志，这是代行政权的党员。在党方面，对小百姓，要专制独裁，不许谈民主民权；对大党魁，又要民主民权，不许用专制独裁。这是党员方面包赢不输的策略。结果，党魁不敢党魁自居；党员不甘党员自处。于是我们党外的小民，时时听得着党内打倒党魁的呼声，时时看得到党部开除党员的命令。一言蔽之，这就是民主民权与专制独裁冲突矛盾的现象。俄国的列宁就公开的主张少数专政，意大利的墨索里尼就公开的主张一夫独裁。他们的思想是一贯，他们的主张是彻底。多以共产党与法西斯党，他们的内部从来没有拿民主民权的口号来打倒领袖的。国民党则不然，治国主独裁，治党主民主。结果，治国上种独裁的怨毒，治党上受民主的牵制。

打倒专制独裁的呼声，首先发现于党内，自然就继起于党外了。党内不可专制，党外何以可以专制？党内不许独裁制，党外何以可以独裁？党员可以要求自由选举，国民何以不可要求平等待遇？结果，党内专制独裁与民主民权的冲突，又成为党员与非党员的冲突。这是专制与民主并进，独裁与民权并倡的结果。我常常这般的想：一党独裁与民主政治，这一些都是政治上的手段与方法，百姓所问的是政治上的目的。政治的目的应该是最大多数国民的最大幸福。倘若中国有墨索里尼这样的一个人，他痛痛快快的自命是豪杰，是英雄，是特才，是异人，他公开的要专制，要独裁，他认为他的专制独裁是谋最大多数的最大幸福的唯一方法，一班小民，一定甘心情愿去歌颂他，迎奉他，服从他，拥护他。不幸，中国又没有这样的一个人，有这样的毅力、胆量、才气、见识，出来说这句话。

其次，中国的政党若真效法英美式的政治，切切实实拥护民主，倡导民权，实行民治，他们相信他们的主义，可以“跻中国于自由平等之域，致人民于安居乐业之途”，他们要当国，要执政，一班小民，在选举室里，投票区前，一定亦甘心情愿去歌颂他，迎奉他，服从他，拥护他。这条路，从旁人的经验上看来，亦为始非光明大道。一党独裁与民主政治，则明明白白是南辕北辙的两条路。要同时并进，必有彷徨四顾，冲突矛盾的结果。用莫斯科和罗马的指南，游历华盛顿和伦敦，必定要迷失道途，一无所得的。换言之，俄意的手段，达不到英美所已达到的目的地。在我看起来，英美的路，在一个列宁已死，墨索里尼未生的国家，一定比较平稳和安全。这是我在党务上尽情批评的第一点。

一班忠实同志们，看了上面这段文章，一定认我误会了国民党的策略。一定要说：一党独裁是暂时的手段，民主民权是将来的目的；一党独裁是过渡，民主民权是终点。他们一定骂我没有读第一次全体大会的宣言。宣言里已明明白白告诉我们说：“为制止国内反革命运动，及各国帝国主义压制吾国民众胜利之阴谋，革除实行国民党主义之一切障碍，更应以党为掌握政权之中枢”。又说：“于此当知者，国民党之民权主义，与所谓‘天赋人权’者殊科，而求所以适合于现在中国革命之须要。盖民国之民权，唯民国之国民乃能享之，必不轻授此权于反对民国之人，使得借口以破坏民国。详言之，则凡真正反对帝国主义国人及团体，均得享有一切自由及权利，而凡卖国亡民以效忠于帝国主义及军阀者，无论其为团体及个人，皆不得享有此等自由及权利”。换言之，一党独裁是对付一班“卖国亡民以效忠于帝国主义及军阀”的人的方法。其目的有三：(1) 制止国内反革命；(2) 防止帝国主义的阴谋；(3) 革除实行国民党主义之一切障碍。

其实这就是共产党独裁的理由，同时又是法西斯党独裁的策略。我们现在就根据这几点来讨论一党独裁。第一，我们要敬告今日的国民党，防止反革命，因而暂时一党独裁，这固然是国民党、共产党、法西斯党同样的策略，一党独裁实际上的严酷，国民党又远过于俄国的共产党及意大利的法西斯党。俄国及意大利如今是有宪法的国家，中国如今有宪法吗？俄国人民及意大利人民，根据宪法，可以选举，可以参加国政，中国的非国民党党员有这种权利吗？(参见俄宪第四部第十三条及意大利的新选举法)。俄国有全苏维埃大会，意大利有国会，中国如今有这些吗？我当然承认，所谓俄国意国的选举，是谈不上民治民权，是有极其严格的限制。然而，俄国人意大利人人依然不失国民的资格，依然享受宪法上所规定的国民权利。中国国民又怎样？同时，我们记得，共产党是公开的主张阶级战争，法西斯党是公开的主张一夫专制的。他们诅咒民主、民治、民权的。然而俄意的国民，所享受的民主、民治、民权的利益，比今日的中国人是多一点。

汪精卫先生说：“党外无党”，毋庸谓之“党外无民”。不幸，这的确是实情。我们这班非党员的小民，确确实实是剥夺公权的罪犯。我们小民除了纳捐、输税、当兵，供差的国民义务外，享受了哪一种权利？前几天报上登载上海三区党部呈请剥夺胡适公权的消息。我就看不出如今的胡适——非国民党员的胡适——还有什么公权可以剥夺。譬如说，我如今住在中国，与一年前住在美国，两年前住在英国，在享受公民权利上，有什么区别。在英美的时候，我还可以公开谈谈顾理治总统的好坏，博德温总理的得失，我还可以批评共产党的党纲，劳工党的政策。那时，在英美我还是侨居异邦的学生。如今，到了自己的国里来了，可以放胆讨论国事吗？可以公开批评国民党的主义吗？谈谈宪法，算是“反动”；谈谈人权，算是“人妖”。说句痛心话，我们小民，想要救国，无国可救；想要爱国，无国可爱。在“党国”名词底下，在“党人治国”这名词底下，我们的确是无罪的犯人，无国的流民了！

国民党的宣言说：“民权是不轻授予反对民国之人，使得借以破坏民国”，难道，除国民党党员外，我们三万万九千九百九十万小民都是居心破坏民国的叛逆？国民党说：“卖国亡民以效忠于帝国主义及军阀者”不得享受民权。难道，除国民党党员外，我们三万万九千九百九十万小民都是效忠于帝国主义及军阀的罪犯？然而事实上除国民党党员以外，我们这几万万小民是剥夺公权的罪犯与叛逆了。

国民党的党治，说是防止军阀，试问如今党外的大军阀在哪里？说是防止帝国主义的阴谋，试问如今与列强订约修好的是什么人？说是制止非党员的反革命，试问，一年来的战争，是非党员的反叛，还是党内同志们的内哄？这是我在党务上尽情批评的第二点。

至是，一定有人要说“一党独裁是总理的遗教”，加我以批评总理的罪名。至是，区区小民，又只好退一步来承认党治之必要。至是，我愿与一班忠实同志们，根据总理的遗教，来讨论党治的意义。什么叫做党治？孙中山先生在他的“党员不可存心做官发财”一篇演讲里，说的很清楚。他说：

> 本总理向来主张以党治国。以党治国这一说，是什么意思呢？如果党员的存心，都以为要用党人做官，才算是以党治国，那种意思，便是打错……

他又说：

> 所谓以党治国，并不是要党员都做官，然后中国才可以治。是要本党的主义实行，全国人都遵守本党的主义，中国然后才可以治。简言之，以党治国，并不是用本党的党员治国，诸君要辨别的很清楚。

孙中山先生是一再告诫党员，要以主义治国，不要以党员治国。如今党治的局面，又是怎样？

在十八年的时候，南京特别市执行委员会曾经呈请国府通令各机关嗣后用人先尽党员任用，裁员先尽非党员裁减。民国十九年一月我们在报上又看见江苏教育厅各县教局校长须尽先任用党员的通令。在考试院方面，公布的考试法，第一次就要考试党义。考试院成立的时候，考试院院长的谈话，对考试委员人选的标准，又说要“在本党有深长历史者”。综合起来，如今的党治是：从此以后，国家的一切官吏，考试的时候，先考党义，一切考试官，要在党内有深长的历史。官吏考试以后，各机关用人，尽党人先用；各机关裁人，尽非党员先裁。换言之，今后的“党治”，是以党员治国。这点，在我看起来，与当日孙中山先生党治的解释，与孙中山先生“党人不可存心做官发财”的告诫是背道相驰了。这点，影响于中国及国民党的前途，极为重大，我们应有尽情的讨论。

用人，尽党人先用；裁人，尽非党员先裁，这种以党员治国的策略不是南京国民党自我作古的发现。在一八三〇［年］的时候，美国杰弗森起来做总统，民主党起来专权的时候，曾经试验过的。他们的标语是“谁赢谁得”（To the victor, belongs the spoil），他们的信条是：“无不是的党员”。他们的手段是同党则拔毛连茹，异党则斩草除根。这就是美国政治鼎鼎大名的“分赃制度”。这种制度的影响怎样？入党为得官的捷径，进党是发财的法门。夤缘奔走，一时风气；贪贼受贿，宦海潮流。结果，美国不止管制紊乱，财政动摇，其极，政治上的道德，社会上的廉耻，一扫无遗。这就是历史上鼎鼎大名的分赃制度的结局，这就是以党员治国，而不以主义治国的结果。

美国人费九牛二虎的力量，经数十年的改革运动，才把“党员治国”的罪恶打到，才得行公开的竞争的考试制度，才树立美国今日的考官制度。美国如今考试制度重要的原则是：（一）官吏为国家的官吏，不是党派的官吏，所以官吏不受党争的摇动；（二）考试院是国家的考试院，不是某党某派的考试院，所以考试院的委员，任何党派，不得占三分之二以上；（三）考试方法是要保障人民思想信仰的自由，所以考试时不得有试探投考人宗教政治信仰的题目；（四）官吏是忠于国家，不忠于党派，所以官吏不得赞助任何党派的政治活动。这些，是良好政治上的重要原则。美国如此，欧洲各大文明国的官吏制度，都是如此。“官吏忠于国家”在德国方面，是载在新宪法上的。英国一九二六年的 Trade Dispute Act，里面的重要条件之一，就在取缔官吏的工团组织，限制官吏的政党活动。

中国的情形怎样？如今正好与欧美等国背道而驰，同时亦可以说把人家过去历史上的分赃制度，整个的搬到中国来了。文明的国家，拼着命把党化了的官吏制度，使他回到忠于国家的道路上来。中国则“党人先用，非党人先去”的呼声，一天比一天高，借着党治的招牌，来努力党化吏治的工作。这里，我要忠告国民党。党员治国是政治思想上的倒车，是文官制度上的反动，是整理中国吏治的死路，是国民党以党义治国策略上的自杀。国民党执掌政权，是希望子孙万代之业吗？不然，国民党将来一旦失势，他党起来，“各机关用人，党人先用；各机关去人，非党人先去”，这是前案具在，有例可援了。这种轮环式的官吏制度，国家政治前途，要闹成什么局面？推源祸始，谁负其责？

进一步说，孙中山先生在政治思想上不是主张权与能分开的吗？不是主张权在人民，能在政府吗？能在政府，当然是专门人才，担任专门职位。今日中国处一种半开化的地位，人才在哪里？集全国的东西洋留学生，抵得上美国一个头等大学的一届毕业生？在这个人才饥荒的中国，还要分出“党人先用，非党人先去”的界限来，这的确是国家政治上自杀的现象。忠实同志们平心静气，计算计算，现在国民党员到底有多少人。国民党员占了全国知识阶级几分之几？占了留学生、大学毕业生，大学生，全体几分之几？中国人才已经是可怕的少数。国民党内部的人才，当然又是这少数的少数了。就把全国的官吏都让给国名党员去做，恐怕人数也分配不下来，责任也担当不下来。这种“党人先用，非党人先去”的排挤包办的官吏制度。于党无害吗？于国有利吗？这与三民主义上权与能分开的学说相合吗？

其实，中国今日政治上的新式人才不够，为不可掩盖的事实。国民党政治人才的缺乏，亦为不可掩盖的事实。我们到美国去请财政顾问，到德国去请军事顾问，这就是人才不够的铁证。高高的薪水，多多的供应，聘请客卿的时候，凭什么不说：“各机关顾问，尽国人先用；各机关裁人，洋人先裁”？对外国人，就承认专门技能，专门知识。中国人对付中国人，“党的立场”“党的历史”这一切资格都出来了。恐怕是忘记了孙中山先生“党员不可以做当官发财为目的”的教训了吧！非党员不能做官，为做官尽可入党，这又不幸已成中国目前因果的事实，我不是说国民党党员，个个是要做官发财；单一班要做官发财的人，在现状底下，一定会来入党。中国的士大夫，本来就不讲究气节廉耻。袁皇帝时代，眼见他上表称臣；曹总统时代，眼见他买票贿选；如今又眼见他口念遗嘱，眼见他胸悬党徽，眼见他口衔加同志，眼见他位居要职了。君子有穷途，小人无绝路。国民政府蒋主席，洋洋大文，叹息“人心颓隳，世风浇漓，以投机取巧为智，以叛乱反复为勇，气节堕地，廉耻道丧”，这种现象，在“党员治国”，“党员先用，非党员先裁”的局面下，恐愈趋而愈下流了。这又是我对党务上尽情批评的第三点。

党治在中国，另有条很重要的原则，就是“党内无派，党外无党”。这点又值得我们的讨论。这个原则，在孙中山全书里，寻不出根源来，或者不是“遗教”。这或者是后知后觉们思想统一运动上的标语。当然，人类社会里，有一天思想真能够统一，那么“党内无派，党外无党”那种奇事或者有发现的可能。不过思想的不能统一和不必统一，已经有人透彻的说明过了。在我看起来，人类的经验，自有政党历史以来，从来没有过“党外无党”这回事，更没有过“党内无派”这回事。政党，本来是与民主政治交相为用，相辅进行的。以民主主义治党，就不怕“党内有派”，以民主主义治国，就不怕“党外有党”。民主主义的功用，就在调剂党内的派，党外的党，使一切意见主张的纷争，走上光明正大的轨道，不趋于革命流血的一条狭路。这点，孙中山先生在他的“党争乃代流血之争”一篇演词里，亦说的很明白。

其实，“党内无派”与“党外无党”这两句话，亦是背道相驰的。党内有派，或可减少党外之党。党外有党，或可减少党内之派。人的思想及主张，既然不能统一，自然要寻条出路。一面要做到党外无党，一面要做到党内无派，结果，就逼迫一切不同的思想及主张走到一条狭路上去了。如今，党内无派，逼成一个改组派；党外无党，逼出许多革命党来了。厝火积薪之下，祸发的时候，虽非官逼民反，恐有党逼民叛的后悔。这又是我在党务上尽情批评的第四点。

《新月》号 1929 年 10 月 10 日。

对训政时期约法的批评

（一）

宪法或约法最重要的功用是规定国家主权之所属及其行使的方法。在这点上，我对这次政府所提出，国民会议所通过的约法，绝对不满意。主权，这是基本法上的基本问题。在这方面，没有正当的措置，条文末节，是不值一争的。我们对这次约法的讨论，请自此点始。

约法上对主权的规定，有下列这几条：

> 第一章第二条：中华民国的主权，属于国民全体。
>
> 第三章第三十条：训政时期由中国国民党全国代表大会代表国民大会行使中央统治权，中国国民党全国代表大会闭会时，其职权由中国国民党中央执行委员会行使之。
>
> 第三章第三十一条：选举罢免创制复议四种政权之行使，由国民政府训导之。
>
> 第三章第三十二条：行政立法司法考试监察五种治权，由国民政府行使之。

这里，很明白的，有了三十条，三十一条以后，上面第二条所谓的“主权属于国民全体”成了骗人的空话。除了国民有直接行使主权的具体方法，条文上规定“主权在民”四字，是绝对无意义的虚文。

我们做孩子的时候，常有这样的经验。我们有点银钱私债，母亲常对我们这样说：“钱是你的，你不许用，暂时存在我这里吧”。结果，孩子的钱总被母亲使用了，孩子总没有自由使用的机会。如今约法上“主权在民”的规定，就是母亲骗孩子的把戏！

谈到这里，我要开诚布公的奉告国民党中的一班政法学者：党治之下，完完全全剥夺人民的主权，约法上说句“主权在党”倒是光明痛快的办法。果然承认“主权在民”的民主原则，政法学者们就应该知道并且承认“主权是不能委托给人的”（Sovereingnty of the People can not be delegated）。

“主权不能委托给人”这原则，党国的学者们，不要误会他是十八世纪的旧理论，更不要攻击他是卢梭的旧学说，这是二十世纪欧战后一切新宪法一致的新趋势。欧战以后，一切宪法，除南斯拉夫外，都规定主权在民。在这些“主权在民”的宪法中，除芬兰外，（参看芬兰宪法第三条）都明白的规定人民的主权，不能委托给别人，别的机关，别的团体行使，（参看德宪第一条，捷克斯拉夫宪法第一条，普鲁士宪法二条三条），人民可以委派各项机关，执行政府的职务，但政府不能行使人民的主权。代议机关（议会）并不能代表人民全体整个的主权。他所有的职权，以人民在选举时所付托的职权为范围。就是英国式的“国会是主权”“主权在国会”（Parliament is Sovereign）（Sovereignty in Parliament），这种思想，在新宪中，已不适用了（参见德宪五条，Esthonia宪法三条）。

“主权不能委托”这是合逻辑的原则，同时亦是我们的主张。主权是人民最后的取决权。代议制度是民主政治上不得已的便利办法。人民委托某人，在某时期内，办理某事，所付托的是有范围的职权，不是无限制的主权。在“人民的主权不能委托”的原则上，就在人民的代议机关，都不能实行国民的主权，一部分人民所组织的团体，更无论了。因为主权失了，政治上主仆的位置就颠倒了。国民失却主权，国民就失却法律上国民的地位，民主的真义就根本丧失。

在这种原则上，我们再来谈训政时期的约法。

（1）试问，约法第三十条所谓的“中央统治权”是政权抑系治权？是政权即系主权。果系主权，在“主权不能委托”这原则上，我们既不能把主权委托给国民大会，没有主权的国民大会，更不能把人民的主权委托给中国国民党全国代表大会；没有人民主权的国民党全国代表大会，便不能把人民的主权，委托给党的中央执行委员。若然，如今约法上行使主权的团体在哪里？“中央统治权”若系治权，那么，代行治权的党不能产生行使治权的政府。换言之，根据约法第二条，“民国主权属于国民全体”的规定，只有国民全体，行使主权的时候，才能产生政府。约法中人民没有行使主权的机会，全体国民，不能产生他们自己的政府，试问，“民国主权，属于国民全体”作何解释？

（2）或者有人要认约法三十条所指的选举、罢免、创议、复决，为人民行使主权的规定。这些，他们认定是人民产生政府的方法。三十条所规定的四种政权，是对中央政府言的，抑系对县政府言的，这点，约法上没有规定的明文。根据建国大纲（参见第十条及二十四条），当然是指县政府言的。若然，在中央政府方面，人民依然不能行使主权，若然，主权依然不在人民。姑假定（为讨论而假定）三十条的规定是对中央政府言的，试问以产生和监督国民政府的政权，由“国民政府训导之”，直等于国民政府选举国民政府，国民政府罢免国民政府。再进一步，根据如今的约法，训政期中，政府是国民党产生的政府，立法是国民党主持的立法，若然，人民即能选举，何选何举？人民即能罢免，何罢何免？创制者何从创制？复决者何所复决？

上面这段文字，是指出这次约法，只有“主权在民”的虚文，没有人民行使主权的实质。人民不能行使的主权。本身就无主权的价值。约法上这种办法，不知而为之，是政治理论上残缺不全的错误；知而为之，是政治道德上欲盖弥彰的手段。这是我们对约法不满意的第一点。

（二）

约法上次要的功用，是规定人民的权利和义务。在这点上，我们首先要讨论的是人民的权利与法律关系这问题。

五月十日上海时事新报社论栏中有这样几句话：

> 约法草案计八章八十二条，依法、以法律云云，凡四十一见，即平均每两条之中，必称法律一次，但何者为法律乎？于约法绝无所据。

其实“依法”“以法律”这些规定，在约法第二章关于权利条文中，更为周密。全章关于权利的共十九条，（六条—二十五条）除第六，第十一，二十一条外，其余一切条文都有“依法律”“不依法律”字样。每个条文中，加上这样的规定，条文的实质，不是积极的受限制，就是消极的被取消。照约法的表面说，如今人民有言论的自由，有出版的自由，有集会的自由，有结社的自由，有通信、通电、居住、迁徙的自由，有一切一切的自由。究其实质，言论自由“依法律得停止或限制之”，出版自由“依法律得停止或限制之”，集会自由“依法律得停止或限制之”，结社自由“依法律得停止或限制之”。一切一切的自由“依法律都得停止或限制之”。左手与之，右手取之，这是戏法，这是掩眼法，这是国民党脚快手灵的幻术。

这里又使我们旧事重提的来讨论“法律以外无自由”一句陈语。（参看拙著告压迫言论自由者）在一年前，我曾这样说过：“‘法律以外无自由’，是句欺人的话。单单说，‘自由’两字，是空泛无意义的。具体的举出某种自由来，就是说某事已成特权，政府的法律在某事方面不得干涉。”同时我又这样说过：普通人民言论自由的保障载在宪法上的，先例是美国。美国宪法的修正案第一条原文如下：

> 国会不得制定法律，规定宗教或禁止人民信教的自由，或取缔人民的言论、印刷、集会及请愿之自由。（Congress shall make no law respecting an establish-

ment of religion, or prohibiting the free exercise there of or abribging the freedom of speech or of press or the right of the people peaceably to assemble, and to peition the government for redress of grievance)

这是很明白的，“停止或限制”他人言论自由的，哪一次不是依据法律？从前北京的治安警察法，固政府之法律也，如今南京的危害民国紧急治罪法，固政府之法律也，其他所谓的戒严法、出版法，一切一切，固法律也。根据这些法律来检查新闻，停寄报纸，封闭书店，枪杀作家，谁能说他不是“依法”的行动？依据这种理论，如今约法上的自由，都不算自由。约法上的权利，都不算权利。

绝对的自由——不受法律限制的自由——这不是不通的理论。比利时宪法第十八条出版自由的规定如下：“Art. 18. The press is free; no cencorship shall ever be established; no security shall be exacted of writers, publishers, printers.”约法第十一条，“人民有信仰宗教之自由”，这又是绝对自由的实例。倘使我辈在十一条上，加上“非依法律，不得停止或限制”，这又何尝不是冠冕堂皇的条文？试问，经此修改，宗教的自由，存在与否？以此推类，我们就可看出约法上人民权利章得实价了。

我们固然承认，西方有许多宪法，在自由上亦每每拿“依法”这字样来限制。同时我们更应承认，在先进的法治国家，他们法律的产生是怎样的审慎，法律的施行，又怎样的周密？如今中国的立法权在什么人手里？解释约法的权，又在什么人手里？在这种情形底下，所以说约法上的自由，不算自由；约法上的权利，不算权利。

我辈对权力章的批评，尚不止此。我辈要约法，我辈要约法来保障人权，我们所指的人权，是在我们中国今日环境里，有切身利害关系的一切人权而言的。在这条件上，人民权利章，又有极重要的遗漏。试问，人民可以有宗教信仰之自由，何以不可有政治信仰之自由？约法保障宗教信仰之自由，何以不保障政治信仰之自由？西方宪法，规定保障宗教信仰之自由，自有宗教的历史做背景。以今日中国情形论。则政治信仰的保障，较宗教信仰的保障，重要千万倍。信仰，姑无论是政治的或宗教的，其为个人精神生活上重要条件，实无疑义。

如今一班领袖们在宗教上可以离开中国的孔老夫子，去祈祷耶稣基督，小民在政治上何以不可离开孙中山先生去信仰别的政治思想家？强儒教徒做礼拜，强基督徒拜祖先，精神痛苦，固为相等。宗教信仰，政治信仰，易地皆然。

再进一步，约法规定人民有纳税的义务，何以不规定人民有监督财政的权利？请国民党中的政法专家指出来，在世界比较文明国家中（俄意在内）有什么国家，人民只有负担赋税的义利，没有规定赋税，审查用途的权利？“没有代议的权利，没有赋税”这是政治理论上，早已承认的原则。约法上关于这类的规定在什么地方；（约法第七十条“国家之岁出岁入，由国民政府编订预算决算公布之”，这种规定，不能算是人民监督财政的权利，这种预算决算，不算法律上的预算决算，这一切本刊已指陈过），这一切，可算权利章重要的遗漏。

我们对权利章的批评，尚不止此。约法第九条，“人民除现役军人外，非依法律，不受军事审判”这是条文的不通。法治最重要的原则是维持司法独立。司法独立上重要的原则是：（一）非司法人员，不得执行司法职务（二）人民在任何情形下不受国家司法制度以外特殊法庭——例如宗教法庭，军事法庭等——的审判。军人受军事法庭的审判，这是军人的纪律问题，并非军事法庭执行司法权的实例。

大胆说一句，在这个条文上（第九条）整个暴露约法起草人的不懂法治的真义。据我们所知道的，管理军人的纪律，英文为 Military Law，戒严时期的军法，英文为 Martial Law。二者完全为两件事。第九条，所谓的“军事审判”为“军人纪律”（Militory Law）抑为“军法”（Martial Law），假使是前者，普通人民无论在什么情形底下，不应受“军人纪律” Military Law 的管辖。若是后者，似又用不着“现役军人外”的规定。“现役军人”，他的行动，在平时亦系向普通法律负责，不向“军法” Martial Law 负责。军人应守纪律，等于学校学生应守校规。军人学生，在国民的地位，一切行动，都向国家普通法律负责，约法说“人民除现役军人外非依法律，不受军事审判”等于说“人民除学生外，非依法律，不受学校校规管理”这是同样的错误，在这种分析之下，第九条的文字在法律上是不通的。

姑假定约法起草者的用意，“军事审判”是指“军法”（Martial Law）等于法国的（etat de siege）。换言之，第九条的用意，是“依法律，军事法庭，可以代替普通法庭”。果尔，我们又可以分两点来讨论。第一，英国法治的程度是比较的进步。英国在无论什么时期，军事法庭 Military tribune 不可以代替普通法院。这是英国司法独立上重要的特征。这是我们应采取的原则。第二，中国今日人民生命上最大的危险，就在“军法从事，就地正法”这几个字上。如今民国紧急治罪法，对所谓反革命者，规定可以用军事审判，已经给武人“军法从事”的习惯上，添上法律的口实。如今约法的第九条，依法律人民可受军事审判，是为武人“军法从事”，加上法律的保卫，此其罪恶，又不止文字不通而已。

我们对约法上人民权利章所批评者，尚不止此。约法第六条，中华民国国民，无论男女种族宗教阶级之区别，在法律一律平等。这种规定，我们是赞成的。不止赞成，这是我们的要求。然而，在约法上，“一律平等”的实质又在那里？法律上一律平等的解释，有狭义与广义的。狭义的，指人民在司法上受同样的待遇，受同样的法庭审判，受同样的法律制裁。广义的，人民在国家政治上负同样的义务，享同样的权利，试问，约法三十条规定国民党人代行中央统治权，非国民党人为被治阶级，这是法律上一律平等吗？试问，约法八十五条规定约法解释权由国民党中央执行委员会行使之，全国人共守的约法，国中一部分人有解释的特权，这是法律上一律平等吗？

法治唯一的条件，没有人处超越法律以外的地位。英国，谚语说皇帝是法律的来源。又说“皇帝不做错事”（King can do no wrong），然而英皇没有解释宪法权。解释宪法权在国会，在全体人民。这是说全体制定的法律，全体应遵守。只有全体能解释。这就是没有人住在超越法律以上的地位的意思。如今，中国的约法，由国民党来解释，国民党是超越法律以外。试问这是法律上“一律平等”？

（三）

约法第三个功用是规定政府的组织及其职权的范围。在这方面，我们对训政约法不满之点，较前几端为尤甚。

五月十三日，约法通过以后，民会代表湖北某君谈约法四大特色，他指出的第二特色是：

> 此次约法，详于政府的工作，而略于政府的组织。目的在确定政府工作的范围，并使政府的组织，适应政治的进展（见十三日申报）。

此君所认为约法的特色，即我辈所认定这次约法的缺点。政府的工作，是应因时致宜；国家的组织，不能朝令夕改。详于工作，是不应详而详；略於组织，是不应略而略。

国民党人鄙视三权分立的理论为不满足，于是创五权分立的学说，分权说的优点，就在国家治权，不专属与一个人或一个机关。平等机关，分享治权，互为裁制，互相监督，相辅而行，相依为命。这就是美国所谓的“裁制与平衡”的学说。（Check and Balance）姑无论为英国的内阁制，美国的总统制，瑞士的委员制，姑无论他们是不是分权，这些国家绝对没有一个人或一个团体掌握国家立法、司法、行政三权的事实。根据如今的约法，国民政府委员会掌握一切的治权。名义上虽有所谓五权，实际上只有一权。实际上只有委员会的全权。同时，根据约法，国民政府委员会设主席一人。主席“公布法律，发布命令”（见七十五条），主席推荐各院院长及各部会长（七十四条），主席对内对外，代表国民政府（七十三条）。委员会的地位而论，他们的权力，远在英国的内阁以上。英国的内阁，法律上就没有约法中（六十七，六十八，六十九，七十条）所给于国民政府的权力。同时英国内阁受国会的监督。如今，中国的国民政府委员会，权力上已包罗万象，法律上又绝无监督机关（最少，约法上没有规定）。委员会已经万能，主席，又为万能委员会的万能的领袖。如今国民政府的组织照约法的规定，只有两个结果：成一个独夫专制的政府，或成一个多头专制的政府（Oligarchy）。这种办法，绝对走不上民主政治的轨道。国民党所标榜的五权分立说，将来的结果，只能保存五院的空名，托庇在一个全权的主席或全权的委员会之下。

致五权分立说的死命的，就在约法第七十四条“院长部会长由主席推荐委员会任免”的规定。世界上任何国家（俄国的 Presidium 例外），他的司法和立法总有相当的独立性。司法和立法机关的最高的官吏，不为行政领袖委派与罢免。中国约法的条文，就异于此。如今中国的立法院，司法院，实际上的地位等于英美的中央的一部，如今中国行政院的各部，地位上只不过英美部中一司一科罢了。这种现象，就是如今所谓的五权分立。

我们对中央制度批评的地方尚不止此。在个法治的国家，制定法律权，是何等的重要？稍有近代政治常识的人，就知道西方宪法，对立法机关的产生及其职权。规定详明周密。试问，约法上对此项重要事件，有什么条文？约法七十五条，只说“公布法律，发布命令，由国民政府主席依法署名行之。”同时，国民政府委员会在法律上没有立法权。其结果，主席当然成为万能的皇帝，成为口衔天宪的皇帝。将来的结果，主席的命令就成为国家的法律；国家的法律，就是主席的命令。稍有法律知识的人，当然明白，西方各国，对行政领袖以命令制定法律的权（Ordiance Power）取缔万分严厉。照中国约法的规定，流弊必至命令即法律为止。其实这又是南京政府几年来已然的现象。如今南京的立法院，等于一个法制局。重要的立法权，在委员会而不在立法院，在主席的秘书处而不在委员会。旧年取缔中药事件发生的时候，主席一纸字条，文官处一纸通告，即可取消各院部已公布的法案，命令即法律，法律即命令。这就是明例。

约法中不规定立法权的附属机关，这是法律上极大的缺点，这是法治上绝大的危险。

南京政府的立法院，不能立法，这不是我们侮辱轻视立法院的议论。在国民会议中，蒋主席政治报告中，有这样一段报告，可以为证。报告说：“现在一般人往往对国府五院中的立法院，以为是国家的最高立法机关，无论什么法律案，都经由立法院通过后，才能有效，才能由政府去发布施行，不知立法院所通过的重要法律案，更须由中政会议决定原则，一定要根据中政会议的原则，立法院才可通过法律案，所以中央执行委员会政治会议，才是最高的立法和政治指导机关。”

立法院不能立法，这是证据。不止如此，国民政府不能立法，这又是证据。约法上既没有中政会议立法的规定，以往的事实，我们又可以找出证据来，证明国府公布的法律，不全是中政会议的议案。命令即法律，这是以往常有的事实，如今的约法，依然维持这种现象。

我们尽管在法理上来批评，为现制辩护的人，一定要说，我们所举的是英美制度的皮毛。如今“革命的”政府，是用特殊的手段，应付特殊的境遇。他们说：他们是重政治的效能，不重政治的理论。

我们如今且舍理论来研究国民政府组织上的效能。照约法的条文，所产生的政府，在行政上，绝无效能之可言。试详论之。

约法所规定，与现行国民政府组织法（十七年十月三日所公布，十九年一月十七日所修正），绝少变更。将来的政府组织，当然与现行政府无多大差别。现在政府的组织，效法苏俄。苏俄的政治组织在行政的效能上看来，有极大的缺点，现在政府组织的阶级，大约如此：国民党全国代表大会——中央执委——中央政治会议——国民政府——五院——各部。

政务进行，果然要严格遵守这种次序，重要决议，要发动于中央执委，进一步到政治会议，进一步到国民政府委员会，再进一步，到五院，再进一步，到各部，叠林架屋，烦琐已极。实际上管理行政的是各部。中国的各部，拿他们的职务来论，等于英国的内阁，美国的国务院，瑞士的委员会。在英美瑞士等国政治上只须各部会议即可进行的事，在中国就须费尽周折。英国内阁阁员最多二十二人，政务进行只须内阁本身的会议，如今谈行政效能的人，尚且认其太不经济，太不敏捷。（近来 Sir Oswald Mosley 的主张改良内阁组织，即为明证）中国政府组织上有这许多的周折，在行政上的效能，更不堪问了。

其实所谓的执委，所谓的政治会议，所谓的国民改府，所谓的院长，所谓的部长，又依然是这十八尊罗汉。我们举例来说明。蒋介石先生，是教育部长；他又是他自己的上司，行政院长；他又是他自己高一层的上司，中央政治会议的委员；他又是他自己再高一层的上司，中央执行委员：最后，他又是他自己最高主权的上司，党员。在这种组织底下，下司对上司，是蒋介石请命蒋介石；上司对下司，是蒋介石命令蒋介石。老实不客气，国民政府政绩的失败，政府组织的呆重不灵，实为大原因之一。然而如今约法所保持的制度，依然是这样。

然而对中央政府组织的批评，尚不止此。约法规定国民政府，设立行政、立法、司法、考试、监察五院。（七十一条）同时又规定院长由主席提出，国民政府任免之(七十四条)。国民政府是什么人，是中央执行委员选举出来的国府委员（七十二条）。国府委员有什么职务？国民政府组织法第七条说：“国民政府五院院长及副院长由国民政府委员任之”。国民政府委员依法兼任五院院长。国民政府依法任免五院院长。结果，法律上的结果，院长自任自免，自免自任了。天下制度只可以令人发笑者，有过于是者欤？然而，这依然是今日中国的约法，这依然是约法上所规定的政府。

（四）

上面我们所举的，是约法上几个基本问题。对约法条文；我们雅不愿来吹毛求疵的推敲。

宪法上规定国家的经济生活，这是欧战后的新趋向。训政时期的约法，有国民生计一章，当然这是趋时的办法。

生计章的第一条，规定“为发展国民生计，国家对于人民生产事业，应予以奖励及保护”（第三十三条）。此种空洞的约法，于条文增加量数，于民生有何实质？姑无论国家政治如何黑暗，政府当局如何自私，对人民生产事业，绝无公开主张“不应”奖励，“不应”保护之理。

德宪第一五一条，担保人民的生活，担保人民适宜的生活（Guaranteed a decent standard of living）这与空洞说个“应鼓励”“应保护”者负责多多了。在我们看来，这才算国家在民生上负责的办法。

法律字句贵肯定，然而约法中空洞含糊的字眼尚不止此。约法上说：“中央及地方，应宽筹教育上必需之经费”。（五十二条）试问何为“宽筹”，何为“窄筹”？宽，宽到如何程度？窄，窄到如何程度？国家大法，岂可措词若此，以敷衍民众耳目？

然而我们对约法所批评的，绝不在字句。国民党的民生主义，固以“平均地权，集中资本”相号召者也。我们亦承认，要解决今日中国的政治问题，在经济上，一定要有大刀阔斧的手势，去实行斩钉断铁的基本的经济政策。为消灭共产学说的蔓延，在经济政策上，更要有洗污清秽的具体办法，然而，在约法上，国民党“平均地权”的主张哪里去了？国民党“集中资本”的口号哪里去了？通读全文，不过是几个社会立法，奖励私产的条文。老实说，这些不能根本解决目前中国的经济问题，这些亦不能叫我们小民欢欣鼓舞来佩服！

国民生计上取消了民生主义，等于政府组织上取消了五权分立。这是如今的约法。请问国民党的主义和政纲哪里去了？

教育上中国目前的缺点甚多，然而根本的须要，是学术自由。（参看德宪一四二条?）（Art，Science，and instruction in them are free）约法上尽管有“宽筹经费”的规定，有奖励技术的文字，有保存古迹的条文，没有了“学术自由”，学生听宣传，教员做牧师，国家的文明和文化是永远不会提高的。然而，约法上，保障学术自由的规定在哪里？

（五）

话又说回头来了。制定约法，保障人权，这是我们三年来的主张。为着主张约法，讨论人权，我们蒙了“反动”的罪名，我们受过“反动”的惩罚。如今约法出来了，我们才会以法律内容的残缺，把我们从前良心上的主张认做错误。

好法律胜于恶法律；恶法律胜于无法律。我们如今依然是这样相信。

法律，从一方面说，亦可以看做有机的东西。他的满美，亦要经过演进的程序。对法律的将来，我们绝对不悲观。我们觉得走上法治的轨道，重要的一条，是守法的精神，是全国人民，站在平等的地位，遵守法律的精神。在法治上，“智者作法，愚者守法”的传统思想，一定要打倒的。英谚有句话：“没有人是在法律以上。”（Nobody is above law）

我们对这次的约法，尽管有许多不满之点，然而，公开的说，约法是你们国民党制造出来的，是国民党的要人起草且举手通过的。如今，我们小民就恭恭敬敬的要求两件事：

（1）党国的领袖们，做个守法的榜样！

（2）国民党的党员，做个守法的榜样！

《新月》1929年11月10日。

我的被捕的经过与反感

一

我第一次被捕的经过是很简单的。

“罗隆基先生在这里吗?”十一月四日下午一点钟的光景，吃过午饭，坐在吴淞中国公学教员休息室里检阅讲演笔记的时候，我忽然听见这样一个北京腔带天津尾音的喊声。

“在这里，我就是。”我随便答应了。抬头，我望见一位穿西装需一付猪肝色面孔的男子汉走进休息室来了。他一直走到我面前。

“你是罗隆基先生吗?”站在我面前的那男子汉问。

“是的。”我答。

“你先生在光华大学教政治学吗?”他接着又问。

“是的。”我又答。

“他在这里!”那位西装大汉向门外做个手势并很得意的喊着。

说时迟，那时快，马上就拥进两三个便衣的男子汉来了。其中有一位当时给我一个很深刻的印像。他穿的蓝长袍黑马褂，嘴上有小小的八字胡须。他那苍老黧黑的面孔上带些做作出来的笑容。他的来势很从容。他的语言很客气。然而在那从容客气的骨子里，充满了严厉和凶猛的气象。因为这个缘故，他们的来意，我已猜个八分光了。

“吴淞公安局第七区的局长要请先生过去坐坐，”那位八字胡须的人很和气的说，“局长有点教务上的事情，要请罗先生指教指教。”

“可以的。不过学校里的事，自然有学校的当局负责，何必请我呢？”我慨然应允以后，又这般反问。

这时候有许多学生都跑进教员休息室来了，把我同那几个外来的男子汉重重围起来了。这时候人声亦复杂了。

“你们做什么的？”

“这里是大学，你们知道吗？”

“把他们赶出去，赶出去！”

在十分叫嚣的人群里，我听见了这些喊声。

“你们要请罗先生到公安局去，你们有什么公文吗？”一个学生向那位八字胡须的男子问。

“没有的。没有什么公文。不过请罗先生过去谈谈。”说着，那男子汉就在皮夹子里摸出一张名片递给那学生。名片上刻着唐某（名字我忘记了）。片子的角上有“上海公安局督察员”这样的官衔。

这时候学校的听差把学校的教务长亦请来了。教务长和公安局的督察员又有这样一段问答：

“你们诸位做什么来的？”

“我们奉七区公安局局长的命令来请罗先生过去谈谈。”

“你们有什么公文吗？”

“没有的。我们不过来请罗先生过去谈谈。”

“罗先生是我们大学里的教授，他下午有功课，不能随便离开学校。”

“不要紧。他立刻就可以回来。我们是请罗先生去谈谈。”

经过这样一段谈话后，几个公安局的督察员就把我拥进了一乘他们预备好了的汽车。再经过二十分钟的工夫，我就被拘押在吴淞公安局第七区的一间小房子里了。小房子里的伴侣是两个穿了制服的警察。

“罗先生，请你写张条子给我们带到学校去检查你的书包。”穿西服的督察员走进来向我这般吩咐。

“凭什么要检查我的书包呢？你们有检查我的公文吗？”我问。

“没有的。罗先生，请你赶快写张条子好了，我们很忙，我们一定要检查。”他这样说。

我照办了。西装的督察员拿着条子满意的出去了。八字胡须的督察员进来了。

“罗先生，贵省？”

“江西。”

“罗先生在外国念过书吗？”

“是的，我在英美留过学。”

“佩服，佩服。很不容易！”

“不用客气。唐先生，这到底是什么一回事，你们把我捉到这里来呢？”

“罗先生，我现在不客气。我告诉你老实话了。有人控告罗先生，所以我们奉了命令来拘捕罗先生的。今天还要请罗先生到上海总局去。你坐坐吧，等上海汽车来了，我们就要到上海去了。”说完了，八字胡须的督察员就出去了。

过了一些时，西装的督察员又进来了。他走到我身旁，一手插进我的外套的袋里去。

“做什么？要搜索我吗？”我问。

“是的。”他一面回答，一面搜索我的衣服。从内衣到外套，从帽子到袜子，都经过一番搜索。衣袋里的纸屑，钱夹里的残条，都干干净净的收罗去了。

“罗先生，你身上有一张红旗报？”

“是的。”

“你看红旗报吗？”

“只要买得到，我总看的。”

那位检查我的督察员听了这个回答，看我一眼，笑笑。

“你们可以让我打个电话，告诉家里吗？”我向他们请求。

“不可以。”那位穿西装的督察员很肯定的回答我。

“那么，请你们代我打个电话，可不可以呢？”我再请求。

“不可以。”他说。

“凭什么不可以呢？”我问。

“我们明天要检查你的家里。”他说。

我知道这种要求是没有希望的。于是我亦不说话了。

“罗先生，你要吃饭吗？”大约下午两点钟的时候，一个督察员来问我。

“不要，我吃过了。”我回答他。

“你还是吃点吧。到了上海恐怕就没有这样方便。”他这般好意的告诉我。说完，他们一大伙都走出公安局去了。大约都去吃饭去了。

我这临时的牢狱里，又进来了两位新的警察。他俩是来换班的。从前的两个警察大约亦是出去吃饭去了。这时候小小的房间里倒很安静。

“我可以到厕所里去吗？”我问一个警察。

“不可以，”他同答。他指着房间角上的一个破痰盂向我说：“你就在那里面对付对付罢！”

这时候我才起首感觉“拘押”的滋味，想到自由的宝贵。

“到了上海就没有这样方便!”想到方才听见的这句话，回头看看我刚才使用的痰盂，又不寒而栗。

下午四点钟的光景，上海的汽车到了。我于是又被那几位公安局的督察员从吴淞解运到上海公安局来了。汽车的前面坐了两位警察。八字胡须的唐督察员，西装的男子汉，和我三个人坐在车的后面。

“罗先生，今天晚上你或者可以同我们一块儿吃一顿晚饭。”在车上，西装的督察员这般说，表示他对一个大学教授的特别优待。路上谈话很多，这一句最令我受宠若惊。

到上海公安局的时候，大约五点半钟了。

督察员把我带进一个小客厅。我坐在小客厅里，看见公安局出入的人们很多，却没有人注意到我。捉来一个犯人，在公安局是司空见惯，他们当然是不理会的。

“捉来的是吴淞大学那个教书的吗?”有一个经过客厅门前的人，随便这样问了一句。

“是的，吴淞捉来的。”西装督察员答应了一句。这时候几个督察员都已向上面汇报案情去了。只剩下西装的男子汉在忙着写条子。

“请拨警士数人，来此任用……”条子写到这里的时候，客厅里忽然走进来一位衣冠楚楚的先生。

“科长”我听见有人这样尊称他，我马上知道来者是一位有地位的人了。我就站起来点头招呼。

“人交给我，你们去。”科长这样吩咐。

我就追随着科长到他的公事房。几句客套话后，他就给我看一件公文。公文的原文我是记不清楚的。大意是国民党第八区党部向警备司令部控告我“言论反动，侮辱总理。”他们控告我是“国家主义的领袖。”控我有“共产的嫌疑。”警备司令部根据党部的呈文转知公安局按罪拘人。公安局就根据司令部的命令，按文行事。

“国家主义领袖，共产嫌疑，这些在控告人方面，有什么证据吗?”谈话中我这样问那位科长。科长答非所问的说:“不成问题，有人保了，罗先生立刻可以出去!”

放出来和捉进去，是一般的突兀。一辆汽车，把我从大学里捉到公安局，一辆汽车我又从公安局回到家里。到家的时候是十一月四日下午六点一刻。

二

这段小故事，是很简单的，然而是很严重的。在一个野蛮到今日中国这个地步的国家，我上面的那段故事是许多小民很通常的经验。因为是许多小民很通常的经验，所以我认他是一个很严重的问题。下列几点是很值得注意的:

（一）在如今“党治”底下，国民党的一个小党员可以任意控告任何人民反动罪名。

（二）在如今“党治”底下，国民党任何区分部可以根据一个小党员的控告，用党部名义指挥军警，拘捕人民。

（三）在如今“党治”底下，国家的军警机关，仅凭国民党区分部的一纸无凭无据的控告，可以不经法定手续，任意拘捕人民。

（四）在如今“党治”底下，国家的军警，受国民党区分部的指挥，可以不带拘票搜索票，随时直入私人住宅及公共团体机关检查及拘捕人民。

（五）在如今“党治”底下，国家的军警，对不经法定手续拘捕的人民，可以不经法定手续，任意监禁或处置。

这五点，我们是离开了“反动”“反革命”这些空泛无意义的名词来讲的。假定国民党所谓的“反动”“反革命”是应该拘捕、检查、监禁、甚而至于枪杀。在执行惩罚“反动”“反革命”的步骤上，应不应经过一种法律的手续？加人民以“反动”“反革命”的罪名时，应不应有确实的证据？因诬告而遭逮捕的人民，应不应有法律上洗刷的机会？应不应给人民［以］自由损失上的赔偿？这些，我们要向国民党比较有知识的领袖们请教。

在主义上我始终不愿作无意识的攻击，无结果的纷争。我是个研究政治学的人。我谈政治，始终认定这一点：政治组织，总要拿保障人民的生命做出发点。保障人民的生命，是任何政府最低限量的责任。假使政府连这点最低限量的责任都负担不起，他有什么资格来要求人民的服从，人民的拥护，人民的爱戴？

人民不经过法律的手续，不被拘捕、监禁、流放、惩罚，……

英国一二一五年的大宪章已有这种规定。七百余年后的中国，今日国民党统治下的中国，人民依然是无故可以被拘捕，无故可以被监禁，无故可以被检查，无故可以被惩罚。这是野蛮，这是黑暗，这是国家的耻辱！这是党治的耻辱。

我们何必大吹大擂来宣传民权？做人的权利都没有的国家，谈得上什么政权与治权？我们何必大吹大擂来谈收回治外法权？本国国民绝对没有一点人权保障的国家，谈什么保护外人？这些话我不是党的反动，国的叛民。我要做人。我如今做人的权利都被人无故剥夺了，还谈什么对外的自由平等，对内的创议复决？

这种无故侵犯人民身体自由的罪恶，南京政府不能卸责于下级官吏，国民党党魁不能卸责于下级党员。党部有军用电话，随时可以调动军警；地方军警，随时服从党部指挥。这是现在各地的党与各地政府的关系，这是现在党治的制度。这就是如今党高一切的其实意义。

个个党员是军警指挥官；个个军警机关是国家的司法部。在这种局势底下，我们小民，我们非党员的小民，绝对没有偷生苟活的机会。党员指挥军警，军警代行司法。在地方是如此，在中央亦如此。上有好者，下必有为焉。所以我如今不责备下级军警，不攻击下级党员，我认为一切罪孽，都在整个的制度，一切责任，都在政府和党魁。

我个人的被捕，是极小极微的事。牢狱，我登堂尚未入室。就是我无故被诛被杀，算得什么？我六小时自由的牺牲，更算得什么？值不得小题大做。然而党国的领袖们，我希望你们去查查各地的公安局，看里面尚有多少无辜被拘的人民？查查各地的警察厅，看里面尚有多少无辜被押的人民？再检查各军营，各衙门，看里面有多少无辜受罪的人民？"反动"罪名，任意诬陷；"嫌疑"字眼，到处网罗。得罪党员，即犯"党怒"；一动"党怒"，即为"反动"；于是逮捕，于是拘押，于是无期监禁，于是暗地枪杀。有钱有势者，偶有保释的生机；无依无靠者，永无逃刑的活路。有冤莫白，举国狱啸；无辜被戮，遍地鬼哭。这就是如今的实况，这就是如今的民生！

我的被捕的确算不得什么。我的保释，的确是洪福齐天的侥幸。我固然很感谢保释我的一切人。然而几小时的拘捕，使我更知道人权没有保障的危险了。我如今愿代牢狱里颠连无告的冤民呼号。我谨向国民党请求：我们一班小民不要选举，不要创议，不要复决，不要罢官。我们先要伸冤的法律！我们先要生命的保障！

我们要民权，我们更要人权！

三

"人权"，在党治底下，是反动的思想。鼓吹人权，是我触犯党怒的主因。小民知罪了。这次被捕以后，根据切身的痛苦，我退一步来要求法治。法治上又卑之无高论，目前且不谈约法与宪法。我的要求是：

政府守法，党员守法，政府和党员遵守党政府已经公布的法律。

这次我的逮捕，控告的是党部，通缉的机关是警备司令都，执行拘捕的是公安局。这些根据国民政府已经公布的法律，手续上是错误的。

姑假定我是个"反动""反革命"，"反动""反革命"是政治犯，是刑事犯。照如今的法令，警备司令部并没有受理并通缉刑事犯的职权。警备司令部受理党部的控告，并行文通缉刑事犯，是违反十八年二月四日"禁止军事机关受理诉讼干涉司法"的训令。训令的原文如下：

> 为令遵事，案据行政院司法院呈称，为会呈请颁布明令禁止军事机关受理诉讼，干涉司法，以弘法治而符党纲事，窃以司法制度为五权宪法之一，司法独立为环球各国所同，即以欧战前军权最重之德国言之，亦已于其新宪法第一百零六条规定，除在交战时期及在军舰犯罪外，所有军事审判，概行废止，是则苟非上列特别情形，一切案件，悉归普通法庭审理，其尊崇法治，已可概见，诚以司法

必有一定之系统，独立之精神，所有民刑案件，均由各级法院，按照法定手续，依法审判，无论何种机关，不得越权受理，加以干涉，人民之生命财产，始得真实保障，社会之安全基础，始能巩固不摇。否则法官失其权能，人民含冤莫诉，社会杌捏不安之象，或将缘此而生，非细故也。……方今军事告终，全国统一，训政开始，五权实施，倘不严申禁令，力矫前弊，何以昭法治而新观听……

照这道禁令，国民党区党部向军警机关告发“反革命”，是根本不懂法律，而警备司令部受理这种控告，并行文拘捕，是根本违犯法令。

“反革命”既为刑事犯，刑事犯的检举与拘捕当然要照国家刑事诉讼法的手续。刑事诉讼法规定“传唤被告，应用传票”（三十五条），“拘捕被告，应用拘票”（四十条），发传票拘票之权，在侦察中属于检察官，审判中属于审判长或受命推事。然而十一月四日的逮捕，根本没有拘票与传票。这是法律手续上错误的证据。根据刑法，执行拘提的人应该是司法警察，十一月四日执行逮捕的是上海公安局督察处督察员，这是法律手续上的错误。根据刑法，搜索应有搜索票，发搜索票之权侦查中属于检察官，审判中属于法院或推事。十一月四日公安局督察员对我的搜索是绝对没有搜索票。这又是法律手续上的错误。

这次我的逮捕，控告人为八区党部。姑假定我为反革命，姑承认今日之党部有检举反革命之特权，然而法律手续，下级党部应向地方上级党部检举，上级党部，应向法院检举。法律上没有特许区党部直接向地方军警检举的明文，法律上亦没有特许军警根据党的控告即可拘捕刑事犯的明文。十一月四日的逮捕，在区党部方面，法律手续上又系错误。（党部或公安局的规则上或有这种条文，亦不可知，然而在国民政府司法例规上是找不出这种条文来的。）

照这样看来，国家没有保障人权的根本大法，固为问题，已经公布之普通法律，政府和党员，不肯遵守，又为一问题。党员指挥军警，军警执行司法，这是政府和党员不守法的证据，这的确不是目前的法律。凭情论事，军警执行司法，大部原因，又在党员可以指挥军警。今日的局面，一言蔽之：

“党权高于国，党员高于法。”

“党员高于法”，这是我们小民生命上最大的危险。这与法治的原则，根本相违背。

“党员高于法”，不止是党员不守法律，法律上同时加党员特殊权利，做小党员横行的保障。民国十七年五月二十一日国民政府训令二二四号有下列规定：“党员如有嫌疑，应行拘捕者，除特殊情形应急处置外，须先通知所属党部或团体，再依法拘办。”

十六年八月一日国民政府训令二〇五号，有这样一段：“凡既经党部中央承认之各级党部职员，除犯刑事现行犯外，即有犯罪嫌疑，非得该党部直属之上级党部许可，不得善行拘捕及加以任何处分……”

根据这种训令，党员及各级党部职员，如有嫌疑，应行拘捕时，须经过特殊手续。换言之，党员与非党员在法律上显然处不平等地位。我们不反对法律保护党员的身体自由，我们要问非党员的小民，何以随时随处可以擅行拘捕。这里，我们小民的呼号是：我们要法制！我们要法律上的平等。

四

人权，法治，在"同志"的眼光里，是反动的思想，是迂腐不入耳之言。自然，为党员己身着想，有了"党高于国"的党权，用不着人权；有了"人高于法"的党治，用不着法治。因此，我又暂时放弃人权与法治这些名词，开诚布公的来向青年"同志"们——特别是大学学生的青年"同志"们——说几句老生常谈的闲话。

倚势凌人，是有志气有识见的人不屑做的事。物不常存，势不常盛，倚势凌人，毕觉是危险的事。这几年来，眼见多少"同志"陷害"同志"的故事。"反动"名词，是这般无定义；"诬控"手段，又这般易利用。今日用这些东西来糟蹋别人，知道什么时候，同样的罪名和手段，不用到你们头上来？中国旧式的政治活动，始终逃不脱诡谋陷害的小把戏。到头雠仇报复，循环为害。青年"同志"们，学生里的"同志"们，光明正大的政治争斗，比较安稳些。换换道路吧！

主义，无论什么主义，不是永久不变的真理。政治上的主义，不过是解决某时期政治问题许多主张上的一种主张。谁有这样的聪明，断定某种主张是独一无二的策略？青年们——特别学生里的青年们，——在你们的知识将成熟未成熟的时期中，希望你们用公开的胸怀，坦白的头脑，远到的眼光，批评的方法，去多研究几种学说吧。判断力还薄弱得很，够不上宣传主义的资格呢。希望你们努力做思想的主人，不要甘心当信条的奴隶。英国的布莱斯（Bryce）在他的"现代民主政治"里这样说：

> 在一个有阶级争斗恐怖的时代，超越阶级利益和阶级成见的思想家更为需要。在青年时期，在卷入政党旋涡与职业利害之前的时期，人最易保持公正高远的见解。最适宜培养这种见解的地方，是研究学术，追求真理的大学。大学对平民政治真实的贡献，是给那些将来有领袖才能的青年，一种判别主体和末节的能力，使他们做思想的主人，不做信条的奴隶……

青年们，学校里的青年们，信仰自由，言论自由，思想自由，是学生研究学术的保障，不是教授升官发财的工具。大学是百般学说汇集的机关，是百般学说交换比较的机关。青年们在学说上果然有了成见，有了牢不可破的成见，又何必白费时间进大学去研究学术呢？

军警干涉学校，拘捕学生和教员，这不是被拘捕者某私人的耻辱，是全国教育的末路。利用军警，解决学潮的人，姑无论为政府，为校长，为教授，为学生，都是引狼入室，都是文人自掘坟墓。

青年“同志”们，“势不常盛”，我最后叮咛一句。十二月一日国府做纪念周的时候，你们的上级“同志”有这样一段话：

> 以党员干涉行政，蹈土豪劣绅之恶习，党政间成一对峙之局，致人民无所适从，则人民对于党的信仰，日就薄弱，于主义进行，至有影响，焉能期其普遍，人民岁负数千万之经费以养党员，结果乃掷为虚牝，此种现象，何等危险，长此以往，党务前途，将有覆亡之惧，所望本党同志，明白此旨，各自振奋，将以前错误观念，根本革除，万勿将错就错，以铸成永久大错。

青年“同志”们，“万勿将错就错，铸成永久大错!”

十一月四日的拘捕，在我个人，的确不算什么。我认为这是谈人权争自由的人，应出的代价。人权自由，凭空从天上掉下来，这是历史上绝无的事实。被捕的那一天，我忽然记起了英国亨浦登（Hampton）审判的故事。亨浦登不过是十七世纪巴庆亨(Buckingham Shire）州的一个普通的少年。他没有什么值得别人特别注意的地方。因为他有点血性，想争点人格与公道，于是跟着许多人，拒绝缴纳违法的公债，拒绝缴纳未经议会通过的海军代价税。查理士第一，自己不知趣，硬要拘捕他，审制他。他的拘捕和审判，因以引起英国人民对君主专制的反抗，因以增加人民争自由人权的义愤，因以造成一六四九年革命的成功。亨浦登当年那种牺牲，是我们求不可得的权利。

法国当年的“告密信”(Lettre de cachet）没有维持君主专制的威权，却断送了路易十六的生命。法国当年的“巴斯提尔”(Bastille）没有关尽政府的叛徒，却培养了革命的种子。控告、拘捕、羁押、监禁、惩罚、枪杀，这些都是政治溃乱的证据。这是笨人的笨法子！老子说得好：“民不畏死，奈何以死惧之！”

十九年十一月。
《新月》。

梁实秋

梁实秋（1903—1987），号均默，学名梁治华，字实秋，一度以秋郎、子佳为笔名，原籍浙江杭县，生于北京一官宦世家。1915年秋考入清华留美预备学校，1923年毕业后赴美留学，1926年回国任教于南京东南大学，第二年到上海编辑《时事新报》副刊《青光》，同时与张禹九合编《苦茶》杂志，不久任暨南大学教授。1930年，杨振声邀请他到青岛大学任外文系主任兼图书馆长，1932年到天津编《益世报》副刊《文学周刊》，1934年应聘任北京大学研究教授兼外文系主任。1935年秋创办《自由评论》，先后主编过《世界日报》副刊《学文》和《北平晨报》副刊《文艺》。

七七事变后，梁实秋离家独身到后方。1938年任国民参政会参政员，到重庆编译馆主持翻译委员会，并担任教科书编辑委员会常委，年底开始编辑《中央日报》副刊《平明》。抗战胜利后回北平任师大英语系教授。1949年到台湾，任台湾师范学院（后改师范大学）英语系教授，后兼系主任，再后又兼文学院长。1961年起专任师大英语研究所教授，1966年退休，1987年11月3日病逝于台北。梁实秋在四十岁以后着力较多的是散文和翻译，散文代表作《雅舍小品》，30年代开始翻译莎士比亚作品，持续四十载，到1970年完成《莎士比亚全集》的翻译，计剧本三十七册，诗三册。晚年用七年时间完成百万言著作《英国文学史》。

罗素论思想自由

罗素在一九二二年三月二十四日在伦敦演说《自由的思想与官方的宣传》，印有小册，现已再版。这篇文章写的极精辟，对于钳制思想的恶势力严词驳斥。里面有这样的一段：

俄国的压迫思想比起无论哪一个的资本主义国家都严酷，我在彼得格勒遇到一位著名的诗人，亚历山大勃洛克，他后来因为穷困而死。布尔什维克党准许他

> 教授美学，但是他怨恨说他们强迫他“从马克思的观察站”来讲美学。美学上的结构学说如何能与马克思主义发生关系，他实在没有法子办，但是为了免于饿死，他也只好尽力的去发现那种莫须有的关系。

勃洛克教授的美学都要从马克思的观察点来讲，说起来好像是一段笑话。其实这样不通的事，多得很。我们站得远，才能看得清楚。罗素说，钳制言论与思想的自由的工具有三：一是教育，二是宣传，三是经济压迫。教育原是为灌输知识启发思想而设，但是近代的教育往往走到专制和狭隘的路上来了。宣传根本就是诉于情感而非诉于理性的一种伎俩，其效力可以使人入于一种催眠状态，常常可以妨碍人的思想自由。经济压迫的效果更显而易见了，信我者有饭吃，不信我者没有饭碗，天下还是爱吃饭的人多，于是思想本来能够独立的人至是也不敢不把思想的自由双手交出来换一双饭碗。这样压迫思想自由的结果，是造就出两种人，这两种人在社会人群中都占重要的位置，头一种是没有脑筋的盲从的傻瓜，第二种是没有气节的狡狯的虚伪者。

罗素的这一点意思说得不算过分。天下最专制的事无过于压迫思想，我们小的时候做‘秦始皇焚书坑儒论’的时候，大概都可以知道这是秦始皇的愚民政策。不过在中国的历史上，秦始皇这样可恶的人大概是还不很多，文学祸也不是常常有的，所从在中国历史上看似乎比较的还有一点思想自由。罗素对于中国真是羡慕极了，因为他自己在英国为了独立的自由、思想而受的迫害不止一次了，他作这篇演讲实在是深有所感。他说：

> 在近代世界当中，法律上的惩罚不过是思想自由之最小的障碍罢了。两个大的障碍乃是，经济的惩罚，与毁乱事实。假如你有了某种的意见便因此而不能生活，很明显的这就不能算是思想自由。假如在一种争辩之中，一方面的理论于发挥时能享种种便利，对方面的理论非加勤讨不能发见，这也算不得思想自由。这两种障碍差不多在每一个大的国家里都有，除了中国，中国是自由之最后的逋逃薮……

我但愿罗素最后这句话不悖于事实。

《新月》第1卷第11号，1929年1月10日。

论思想统一

一

有许多事能够统一应当统一的，有许多事不能统一不必统一的。例如，我们的军队是应当统一的，但是偏偏有什么“中央军”“西北军”“东北军”的名目；政府是应该统一的，但是中央政府的命令能否达到全国各地还是疑问；财政应该统一的，但是各地方的把持国税，各军队之就地筹饷，财政系统紊乱到了极点；诸如此类应统一而未统一的事正不知有多少，假如我们真想把中国统一起来，应该从这种地方着手做去。然而今年来在一般的宣言，演说，报章里，时常的看见“思想统一”的字样，好像要求中国的统一必须先要思想统一的样子，这实在是我们所大惑不解的一件事。思想这件东西，我以为是不能统一的，也是不必统一的。

个人有个人的遗传环境教育，所以没有两个人的思想是相同的。中国有一句老话，“人心不同，各如其面”，这话不错。一个有思想的人，是有理智力有判断力的人，他的思想是根据他的学识经验而来的。思想是独立的；随著潮流摇旗呐喊，那不是有思想的人，那是盲从的愚人。思想只对自己的理智负责，换言之，就是只对真理负责；所以武力可以杀害，刑法可以惩罚，金钱可以诱惑，但是却不能掠夺一个人的思想。别种自由可以被恶势力所剥夺净尽，唯有思想自由是永远光芒万丈的。一个暴君可以用武力和金钱使得有思想的人不能发表他的思想，封书铺，封报馆，检查信件，甚而至于加以“反动”的罪名，枪毙，杀头，夷九族！但是他的思想本身是无法可以扑灭，并且愈遭阻碍将来流传的愈快愈远。即以孙中山先生说罢，他四十年前即抱革命思想，在如今看来他的革命思想简直和天经地义差不多了，但是在当初满清的时代他的革命思想恐怕就是反动的罢？满清政府对于中山先生的迫害，无所不用其极，但是中山先生的思想四十年如一日，不为威屈利诱，这是我们所最佩服的。假如中山先生在四十年前也为“思想统一”的学说所误，早该抛弃他的革命思想去做满清的顺民了。所以我说，思想是不能统一的。

天下就没有固定的绝对的真理。真理不象许多国的政府似的，可以被一人一家一族所把持霸占。人类文明所以能渐渐的进化，把迷信铲除，把人生的难题逐渐的解决，正因为是有许多有独立思想的人敢于怀疑，敢于尝试，能公开的研究辩难。思想若是统于一，那岂不是成为一个固定的呆滞的东西？当然，自己总以为自己的思想是对的，但是谁敢说“我的思想是一定正确的，全国的人都要和我一样的思想”？再说，“思想”两字包括的范围很广，近代的学术注重专门，不象从前的什么“儒家思想”，“道家思想”等等的名词比较可以概括所有的人之所有的思想。在如今这样学术日趋繁复的时候而欲思想统一，我真不知道那一个人那一派人的思想可以当得起一切思想的中心。在俄国，他们是厉行专制主张思想统一的，据罗素告诉我们说，有一位美学教授在讲述美学的时候也要从马克思的观察点来讲！美学而可以统一在马克思主义之下，物理化学数学音乐诗歌那一样不可以请马克思来统一？这样的统一，实在是无益的。在政治经济方面，也许争端多一点，然而在思想上有争端并无大碍，凡是公开的负责的发表思想，都不妨容忍一点。我们要国家的统一，是要基于民意的真正的统一，不是慑于威力暂时容忍的结合。所以我们正该欢迎所有的不同的思想都有令我们认识的机会。从前专制皇帝的权力据说是上天授予的，绝对不准人民怀疑，否则即为叛逆。现在，政治经济都是专门的科学了，那一种思想能在学理上事实上证明于国家最有利益，那一种思想便是最合适的。我们若从国家的立场来看，思想是不必统一的。

二

思想之不能统一与不必统一，我已说过。假如一定勉强要求统一，势必至于采用下列的方法：（都是罗素在他的"思想自由与官方宣传"一篇演讲里说过的，我现在借来申说一下。）

第一，是从教育机关入手。

一个人的思想成熟之后，轻易是不容易变更的，除非被学理或经验所折服而自动的变更。但是一个人在幼稚的时候，他的脑经是一块白版，把某一套的主张和偏见灌输进去便会有先入为主的效力。除了少数思索力强的青年以外，大多数的人很容易渐渐被熏陶成为机械式的没有单独思想力的庸众。这样的学生长成之后，会喊口号，会帖标语，会不求甚解的说一大串时髦的名词，但是不会思想，不会怀疑，不会创作；这样的人容易指挥，适宜于做安分守己的老百姓，但是没有判断是非的批评力，决不能做共和国的国民。这样武断的教育的结果，我们能认为是"思想统一"吗？这不是"思想统一"，这是愚民政策！这是强奸！教育的目的是在启发人的智能，使他有灵活的思想力，适应环境的本领。灌输式的教育已经成为过去的了，现在似乎也不必复活罢。罗素对于欧洲国家把狭义的爱国观念仇外观念混在历史学里面讲授给学生听，他还认为流弊很大足以养成人民错误的眼光，比爱国观念更狭隘的东西，岂不是更不应该硬填在教育里去？所以我们以为，为求思想统一而利用教育机关，虽然可以产生很显著的效力，然而结果是不健全的。

第二，是从宣传方法着手。

发表思想不算是宣传，以空空洞洞的名词不断的映现在民众眼前，使民众感受一种催眠的力量，不知不觉的形成了支配舆论的势力，这便是宣传。对于没有多少知识的人，宣传是有功效的，可以使得他精神上受麻醉，不知不觉的受了宣传的支配。例如，你到处都看见"吸白锡包香烟!"的标语，如其你是一个没有把握的人，日久自然会不知不觉的吸白锡包香烟了。在思想方面也是如此。但是我们要知道，用宣传来诱惑人，虽然可以产生很显近的效果，但结果并不能造成"思想统一"，只能造成群众的"盲从"。宣传这件东西，根本的就是不要你加以思索，只要造成一种紧张的空气，使您胡里胡涂的跟著走，所以宣传并不能造成思想统一。思想就不能统一。

第三，是利用政治的或经济的力量来排除异己。

这是消极的办法，消极的排除“思想统一”的障碍。凡是有独自的不同调的思想的人，分别的加以杀戮，放逐，囚禁，这不过是比较浅显的迫害，还有比这个更为刻毒的方法呢。例如，对于思想不同的人，设法使其不能得到相当职业，使其非在思想上投降便不能维持生活。这样一来，一般人为了生活问题只得在外表上做出思想统一的样字。再例如，从前的考试制度（即科举）从原理方面讲，未尝不是光明正大的公开取士，然而从方法方面讲，便有不妥的地方。从前科举所考的只是八股，只是四书五经一套老东西，你若是有新思想，不考你的新思想，你若是有新议论，不准你抒发新议论。所以科举的结果只是产生一班迂腐书生，斗方名士，戕贼了无数青年的思想！所以贵乎考试制度者，是在于其能公开，不以一系一派的学说做标准，而以真正的学识作为考试的科目。

上面举的三项方法，都不能造成真正的思想统一，只能在外表上勉强做出清一色的样子，并且这样的强横高压的手段只能维持暂时的局面，压制久了之后，不免发生许多极端的激烈的反动的势力，足以酿成社会上的大混乱。

三

假如用了上述的方法而求思想统一，一方面固然不能达到真正思想统一的目的，另一方面却能产出极大的缺点。凡是要统一思想，结果必定是把全国的人民骗到三个种类里面去：第一类是真有思想的人，绝对不附和思想统一的学说，这种人到了万不得已的时候只得退隐韬晦著书立说，或竟激愤而提倡革命。第二类是受过教育而没有勇气的人，口是心非的趋炎附势，这一类人是投机分子，是小人。第三类是根本没有思想的人，头脑简单，只知道盲从。

这三类人，第一类的是被淘汰了，剩下的只是投机分子和盲从的群众。试问一个人群由这样的人来做中坚，可多么危险？

在思想统一的局面之下，不容易有“忠实同志”出现。因为所谓“同志”者，是先有“志”然后才“同”，并不是为了要“同”然后再有“志”。所以要号召忠实同志来从事国政，必须令人民有思想信仰的自由，令其自由的确定其思想信仰，然后才可以看出同志与非同志的分别。假如用威吓利诱的手段来求思想统一，除了受排斥的有思想的人以外，只有投机分子和盲从群众了，如何称得起“忠实同志”？

我并不相信在思想上人们的思想绝对的没有相同的地方，人是可以在志同道合的情形之下协力合作的，但是这其间容不得丝毫的勉强。要思想统一便不能不出于勉强之一途，所以思想统一不但是徒劳无功，而且是有害无利。

四

外国人常常称赞我们中国是顶自由的国邦，政体虽然几千年来是专制的，思想却自由到万分。这种看法在从前是对的，到现在恐怕有点改变了罢。从中国历史上看，儒家思想虽然是正统，可是别家的思想依然可以自由的传布，当然历史上也有卫道翼教的人，可是各种派别的思想究竟不会遭遇严厉毒狠的压迫。文字狱是有过不止一回，但是当局者完全是以暴力执行，并不会借口什么思想统一的美名。外国人最诧异的是在中国有好几种宗教同时并存，而从来没有象在欧洲一般大规模的闹过乱子。在五四运动前后，思想方面更是自由，在日本不能讲的共产主义，在中国可以讲，在美国不能讲的生育节制，在中国可以讲。这也许是完全因为历年来中国执政者太昏聩无识，疏于防范罢？然而也不尽然。英国的政治家有的是学者，天才，在英国并不曾有过“思想统一”的事实。我们中国人的习惯一向是喜欢容忍的，所以一向有思想的自由，可惜这个被全世界所崇仰的优美的传统，于今中断了！

从历史上看，人类的活动总是在大致上向着光明开通的路上走，把迷信逐渐的铲除，也许无意中创出新的迷信来，然而在大致上对于思想总是力求其解放，断断没有处心积虑向后退的。尤其是革命，革命运动永远是解放的运动，应该是同情于自由的。也许革命成功之后，又有新的专制的局面发生，但是断断没有革命运动的本身而对于民众竟采用束缚的高压的政策的。

我们现在要求的是：容忍！我们要思想自由，发表思想的自由，我们要法律给我们以自由的保障。我们并没有什么主义传授给民众，也没有什么计划要打破现状，只是见着问题就要思索，思索就要用自己的脑子，思索出一点道理来就要说出来，写出来，我们愿意人人都有思想的自由，所以不能不主张自由的教育。

我们反对思想统一！

我们要求思想自由！

我们主张自由教育！

右文已排好之后，在报纸上看到全国宣传会议第三次会议的记录，内有“确定本党之文艺政策案，决议：（一）创造三民主义的文学（如发扬民族精神，阐发民治思想，促进民生建设等文艺作品）；（二）取缔违反三民主义之一切文艺作品（如断丧民族生命、反映封建思想，鼓吹阶级斗争等文艺作品）。”

很明显的，现在当局是要用“三民主义”来统一文艺作品。然而我就不知道“三民主义”与文艺作品有什么关系；我更不解宣传会议决议创造三民主义的文学，如何就真能产出三民主义的文学来，我们愿意等十年，二十年，三十年，请任谁忠实同志来创作一部“三民主义的文学”给我们读读。

以任何文学批评上的主义来统一文艺，都是不可能的，何况是政治上的一种主义？由统一中国统一思想到统一文艺了，文艺这件东西恐怕不大容易统一罢？鼓吹阶级斗争的文艺作品，我是也不赞成的，实在讲，凡是宣传任何主义的作品，我都不以为有多少文艺价值的。文艺的价值，不在做某项的工具，文艺本身就是目的。也许有人能创作三民主义的文学，我也不想拦阻人家去创作，不过我可以预先告诉你，你创作出来未必能成为文艺。所谓“反映封建思想的文艺”都在取缔之列，我也不能明白。“反映”二字，是客观表现的意思，不一定是赞成，也不一定是反对，如何可以笼统的取缔？红楼梦，水浒，儒林外史，等等的小说，都不免“反映封建思想”，是否应该一律焚毁？“断丧民族生命”也是一个笼统的名词，没有什么意义。

据我看，文学这样东西，如其真是有价值的文学，不一定是三民主义的，也不一定是反三民主义的，我看还是让它自由的发展去罢！

《新月》1929 年 5 月 10 日。

“不满于现状”，便怎样呢?

“不满于现状”，这算不得什么希罕事，尤其是现在的中国，恐怕除了已经获得权势名利的“脸皮欠薄，心地欠厚”的少数人以外，没人能“满于现状”罢？即以我们每天要看的新闻［报］纸而论，我就以为除了“元旦授勋”“国府纪念周报告”以外，很难找到令人“满于现状”的材料。在如今的中国，而能“满于现状”’这个人一定是没有感觉，没有知识，没有良心。

不满于现状的人多得很，但是大多数都是哑子吃黄连，有苦说不出，(也许是不敢说出)，只有很少数的人能够表示不满，或敢于表示不满。对于这些表示“不满于现状”的人，我们当然敬佩的很。

“不满于现状”的表示，也有不同的程度：有的只能在茶余酒后高谈阔论，有的还可以笔之于书，有的还可以见诸实行。能谈能写的人不一定就能实行，能实行的人也不一定就能谈得好写得好。只要表示“不满于现状”，总还算是有向上进步的意思。“不满于现状”者，即是觉察出现状有毛病也。有了毛病还不能觉察，这固然蠢；有了毛病还要隐密，这固然险；但是有了毛病，发觉之后，声张之后，不求医治之方，这还是一样的蠢，一样的险！所以现在有知识的人，(尤其是夙来有“前驱者”“权威”“先进”的徽号的人)，他们的责任不仅仅是冷讥热嘲的发表一点“不满于现状”的杂感而已，他们应该更进一步的诚诚恳恳去求一个积极医治“现状”的药方。

开药方当然不易：各人有各人的师承源流，各人有各人的习惯训练，病象容易看，病源便各人有各人的看法，下药也就有各种不同的方案。三民主义是一副药，共产主义也是一副药，国家主义也是一副药，无政府主义也是一副药，好政府主义也是一副药，当然哪副药对症，哪副药稳妥，这又是一件事。真关心现状的人，没有不想法寻找一个最好的药方而劝病人服下的。

但是人的脾气真不得一样。有一种人，只是一味的"不满于现状"，今天说这里有毛病，明天说那里有毛病，有数不清的毛病，于是也有无穷尽的杂感，等到有些个人开了药方，他格外的不满：这一副药太冷，那一副药太热，这一副药太猛，那一副药太慢。把所有的药方都褒贬得一文不值，都挖苦得不留余地，好像惟恐一旦现状令他满意起来，他就没有杂感可作的样子。这可是什么心理呢？

"不满于现状"，便怎样呢？我们要的是积极的一个诊断，使得现状渐趋（或突然）于良善。现状如此之令人不满，有心的人恐怕不忍得再专事嘲骂只图一时口快笔快了罢？你不满于别人的主张，你自己的主张呢？自己也许没有能力指示改善现状的途径，但是总该按捺住一时的暴躁，静心的等候着罢？

《新月》第2卷第8号，1929年10月10日。

孙中山先生论自由

一、民国十三年以前拥护自由

孙中山先生革命的动机是由于外战失败，清廷昏弱，民生凋敝。他最初的政治活动是加入兴中会（一八九二年），兴中会的主张是：

> 以和平手段，渐进方法，请愿于朝廷，俾倡行新政；其最要者，则在改行立宪政体，以代专制及腐败的政治。

孙先生这时候对于这种稳健派立宪派的主张是"深表同情"的，所以他加入了兴中会。这时候孙先生对于清廷政治是极度的不满，他所不满的地方很多，其中有几项特别值得我们现在的注意：

（一）

无论为朝廷之事，为国民之事，甚至为地方之事，百姓均无发言或与闻之权。这就是说，人民没有言论自由，和参政权。

(二)

> 士人束发受书后，所诵习者，不外四书五经，及其笺注之文字，然其中有不合于奉令承教一味服从之义者则任意删节，或曲为解说，以养成其盲从之性，学者如此，平民可知。

这就是说，人民没有思想自由。(见《伦敦被难记》)

由此可知孙先生最初的政治活动，至少其一部分的意义，是对于当时思想言论不自由之一种反抗。孙先生这时候采用的手段是和平的，“偏重于请愿上书等方法”。一直到一八九四年中日之战后，他才改用了激烈的革命手段。但是孙先生对于“自由”一向是拥护的。在一九〇四年孙先生作《中国问题真解决》一篇文章，列举满清政府罪状，其中第六条，便是“禁止言论自由”。可见孙先生当年是醉心“自由”的。

同盟会的成立在一九〇五年。这时候孙先生革命的目标略有一点改变。《兴中会宣言》里会章第二条规定宗旨是“联络中外有志华人，讲求富强之学，以振兴中华”。《同盟会宣言》的口号便不同了。宣言开宗明义的说：

> 涤二百六十年之腥膻，复四千年之祖国，谋四万万人之福祉。

简言之，孙先生这时候革命目标在于推翻满清，所谓“殄除胡虏”者是也。所以兴中会时代的革命不过是爱国运动，一致对外；同盟会时代的革命，则是对内的，要光复汉族的天下。

不过若说同盟会完全是种族革命运动，那也不合事实。《同盟会宣言》里明白的说：

> 前代革命，如有明及太平天国，只以驱除光复自任，此外无所转移；我等今日与前代殊，——于驱除鞑虏，恢复中华之外，国体民生，尚当变更，虽经纬万端，要其一。贯之精神，则为自由平等博爱。

从这一年起，我们才看出孙先生明明白白的一方面要推翻满清，一方面要变更国体。尤可注意者，是孙先生提出了“自由平等博爱”的口号。

辛亥革命之后，孙先生被推为中华民国临时大总统，他的《就职宣言》的序文里还有这样的一句话：“廓清专制，巩卫自由”。同时“布告各友邦书”里还大书特书：“易君主政体以共和，此非吾人徒逞一时之愤也，天赋自由，萦想已夙”。这“天赋自由萦想已夙”八个字，便足以证明孙先生到了民国元年的时候，一面从事于实际的革命运动，一面并不曾抛弃“自由”的观念。

自从民国元年以后，孙先生所领导之革命运动常常陷于窘境，对付袁世凯，一次护法，二次护法，对付陆荣廷，对付陈炯明，煞费苦心。党内党外，危机四迫，这时候我们只看见孙先生拼命奋斗，不常听见孙先生拥护自由的言论了。但是有时在他的演说词里我们还可偶然听到他的拥护自由的话，例如，民国十年十二月九日在桂林学界欢迎会演讲，他说：

> 中国两千多年以前，都有很好的文化，……为什么近来二千多年没有进步呢？推究这个原因，详细的说，可分为两项：第一项是政治上的关系，从前政府做事是很宽大的，譬如'公天下'的时候，尧把天下让到舜，舜把天下让到禹，政府把天下的政权都可以让到别人，其余对于人民的事情，该是何等宽宏大量呢。就是'家天下'的时候，汤武革命，顺乎天应乎人，吊民伐罪，也都是求人民的幸福，所以人民便能够自由去发展思想，便有思想去求文化的进步，到了后来，政府一天专制一天，不是焚书坑儒，便是兴文字狱，想种种方法去束缚人民的思想，人民哪里能够自由去求文化的进步呢？第二项是古今人求进步的方法不同，二三千年前求进步的方法，专靠实行。……到了后来，不是好读书不求甚解，便是述而不作，坐而论道，把古人言行的文字，死读死记，另外来解释一次，或把古人的解释，再来解释一次，你一解释过去，我一解释过来，好像炒陈饭一样，怎么能够有进步呢？

从这一段文章看起来，孙先生还是赞成思想自由，反对盲从附和。

孙先生拥护自由的态度，始终不变，一直等到民国十三年，国民党容纳共产党，全部改组，孙先生的态度为之一变，这是极可注意的一件事，所以我们研究孙先生关于自由的议论，不能不分为两截来讨论，十三年以前是一个阶段，十三年以后是一个阶段。这个阶段不分清，我们［便］不能明了孙先生的真态度。

二、民国十三年以后之反对自由

民国十三年三月十六日孙中山先生作民权主义第二讲，这一篇讲演词完全是发挥他对于自由的解释，并且这解释是他前此所未发表过的。

孙先生首先承认"欧美两三百年来人民所奋斗的所竞争的，没有别的东西，就是为'自由'。"但是孙先生接着又说，"我们革命党向来主张三民主义去革命，而不主张以革命去争自由。"这个态度真奇怪极了，和民国十三年以前的议论完全不同了。民国元年时所谓"天赋自由，萦想已夙"的话，完全取消了！孙先生为什么在这时候"不主张以革命去争自由"呢？我把这一篇演讲读了不知多少遍，只能发现一个理由，这里有便是"中国人的自由，老早是很充分了"。中国人的自由已经充分，当然用不着再争。何以见得"中国人的自由老早是很充分"呢？孙先生没有举出事实来证明，先举了一个妙譬：

> 外国人说中国是一片散沙，究竟一片散沙的意思是什么呢？就是个个有自由，和人人有自由，人人把自己的自由扩充到很大，所以成了一片散沙。

"一片散沙"证明了"中国人的自由老早是很充分"。孙先生认定自由就是和"放荡不羁”这个名词相仿佛，“中国人的自由太多”，所以弄成一片散沙，所以不能抵抗列强侵略。

从历史上观察，孙先生也认为中国人的自由很充分了，孙先生说：

外国人不识中国历史，不知道中国人民自古以来都有很充分的自由，这自是难怪，至于中国学生，而竟忘却了“日出而作，日入而息，凿井而饮，耕田而食，帝力于我何有哉”这个先民的自由歌，却是大可怪的事！由这个自由歌看起来，便知中国自古以来，虽无自由之名，而确有自由之实，且极其充分，不必再去多求了。

又说：

中国自秦朝专制直接对于人民，诽谤者族，偶语者弃市，遂至促亡，以后历朝政治，大都对于人民取宽大态度。

又说：

中国人因为自由过于充分，便不去理会。

又说：

中国人用不着自由，但是学生还要宣传自由，真可谓不识时务了。

这就是孙中山先生从研究中国历史而得到的结论。中国人“自古以来”就有“自由之实”，现在当然不必再争；欧洲人可以争自由，因为他们没有自由，……“欧洲由罗马亡后到两三百年以前，君主的专制是很进步的，所以人民所受的痛苦，也是很厉害的，人民是很难忍受的，当时人民受那种痛苦，不自由的地方极多，最大的是思想不自由，言论不自由，行动不自由。”孙先生认定中国“自古以来”（除了秦以外）自由很充分，人民有思想自由，言论自由，行动自由，所以现在“不主张以革命争自由”。

孙先生并不是完全反对自由，这是要看清楚的，他是主张“打破个人的自由，结成很坚固的团体”。自从民国十三年以后，孙先生特别的在团结上用功夫，他说：“在今天自由这个名词究竟要怎么样应用呢？如果用到个人，就成一片散沙，万不可再用到个人上去，要用到国家上去，个人不可太过自由，国家要得完全自由”。

三、我的解释

纵观孙中山先生对于自由的态度，十三年以前是赞成自由的，十三年以后是反对争个人自由的。为什么在十三年上孙先生的态度发生这样大的突变呢？我以为有两个解释。第一，是由于受了国内革命失败的教训。他在民权主义第二讲里说：

中国人现在因为自由太多，发生自由的毛病，不但是学校内的学生是这样，就是我们革命党里头也有这种毛病，所以从前推倒满清之后，至今无法建设民国，

> 就是错用了自由中过也。我们革命党从前被袁世凯打败，亦是为这个道理。当民国二年，袁世凯大借外债，不经国会通过，又杀宋教仁，做种种事来破坏民国，我当时催促各省马上去讨袁，但因为我们同党之内，大家都是讲自由，没有团体……。

孙先生把历年革命不得成功的缘故，完全写在自由的账上，认定了个人自由与团体是水火不相容的东西。要巩固团体，便要部下绝对服从命令，便要各人牺牲个人的自由。

第二，是受了俄国共产党的理论的影响。……孙中山先生的议论有几可钦佩的地方，例如唤醒民众巩固团体的主张，在这一点上我们就是把他当做“革命圣人”也不算过分。但是谈到自由一方面，可批评的地方不是没有。三民主义自序里说：

> 尚望同志读者本此基础，触类引申，匡补缺遗，使成为一完善之书，以作为宣传之刻本。

这就是作者欢迎批评的意思。所以我就大胆的于叙述孙先生的议论完毕以后，附带着说说我的批评。

第一，个人自由与团体自由并不是绝对不相容的，中国人一片散沙，并不见得完全是由于“中国人的自由很充分”。这道理很明显，试看欧美革命后争得自由，何以又不曾有一片散沙的现象呢？中国人之缺乏团结力的原故，另有政治的经济的社会的地理的历史的种族的解释，决不能随随便便的都算做“自由”的罪恶。

第二，中国人的自由是不是已经充分，是个疑问。从中国历史上看，中国人从前还比较的有一点消极的思想自由，但是身体自由言论自由便谈不到。中国人民如今所享受的自由，还不如欧洲二百年前的状况！孙中山先生时，全国人民享到了什么自由，民国十几年来人民所享的自由和满清时代有什么分别？孙先生逝世后到现在，人民的自由又何曾增加？批评政治的报纸杂志随时有被禁止取缔的危险，人民随时有被党部行政机关及军队逮捕的危险，人民随时有被拉去强充军役的危险，人民的住房有随时被军队侵占的危险，人民随时有被非法征税的危险，……哪里谈得到自由？在中国真有自由的，只有做皇帝的，做总统的，做主席的，做委员的，以及军长师长旅长，他们有征税的自由，发公债的自由，拘捕人民的自由，包办言论的自由，随时打仗的自由，自由真是充分极了！可是中国人民有什么自由呢？

第三，一个革命党对于党内要施行严格的纪律，使成为集团的力量，这是很对的，但这个革命党握到政权时是否可以对待党员的手段来对待人民，这又是一个疑问。人民要求的是思想自由言论自由身体自由，在不得已的时候人民固然可以牺牲他的生命财产，贡献给国家，但是如何平时就先定下一条原则强迫人民牺牲他们的自由呢？并且各人自由牺牲之后，不一定就有团体自由，十个奴隶加起来不是一个自由人。小民把思想言论身体的自由完全牺牲掉，怎见得就能抵抗列强侵略呢？

我的意见是，中国人民一方面亟须巩固团体，如孙中山先生所主张，一方面还是要争自由的，思想自由言论自由身体自由，都不能放弃的。……愿国人深长思之。

十九年，二月，十八日作。

《新月》第2卷第9号，1929年11月10日。

答鲁迅先生

我在本刊第六七合刊号上写了两篇文章，一篇是《文学是有阶级性的吗?》，一篇是《论鲁迅先生的硬译》。这两篇文章的本身，都是各自独立，毫无关联的。前一篇的主旨，是说明文学并无阶级的区别，既不曾污蔑“无产阶级文学”，也不曾拥护“有产阶级文学”，因为我的结论是根本不承认文学里有阶级性。后一篇的大意，是指出鲁迅先生的几种翻译作品之令人难懂，并且举了几处译文难懂的实例。文章发表之后，自己预料恐怕要闯祸，第一恐怕触犯了无产阶级文学家（又称新兴文学家）的“联合战线”。鲁迅先生是否在这个“战线”里面，我不知道。第二恐怕触犯了鲁迅先生的权威，因为“硬译”云云由自己口里讲便很像是客气的话，由别人来议论便很容易觉得不舒服了。结果呢，祸是闯了，并且是两罪俱发，而首先宣布这两樁祸的人，都是鲁迅先生。萌芽月刊的《三月纪念号》里的一篇《硬译与文学阶级性》，便是鲁迅先生表现他的权威的所在。

凡是欢喜批评别人的人，总欢喜看别人对于他的批评，至少我个人是这样。鲁迅先生的文章，无论内容怎么样，趣味总是有的，文笔总是可取的，这是他的长处，也正是他的短处。是长处，因为有趣，好玩；是短处，因为态度不严正，内容不充实，我读了他这篇文章之后，我就不知道他的主旨所在，只觉得他是枝枝节节的咬文嚼字的说俏皮话。如其他是要为他的“硬译”辩护，就不妨把他的译文的妙处一二三四的讲出来给我们见识见识，（为方便起见，我举出的那几段不通的译文就很可以做个榜样，请鲁迅先生解释解释看）；如其他是要为“无产阶级文学”辩护，就不妨一二三四的讲给我们听，为什么“无产阶级文学”这个名词可以成立。但是鲁迅先生不这样做，是不能还是不愿，我们不晓得，他只是说几句嘲弄的话了事。我现在把他的大文里的“废话”检举几段在下面，使大家知道鲁迅先生的散文艺术之精华的部分：

（一）鲁迅先生要驳我的文章，却先表示不屑看《新月》月刊的架子，例如他开首便说：

> 听说《新月》月刊团体里的人们在说，现在销路好起来了。这大概是真的，

以我似的交际极少的人，也在两个年青朋友的手里见过第三卷第六七号的合本，顺便一翻，是争言论自由的文字和小说居多。近尾巴处，则有梁实秋先生的一篇……

这一段文字初看似乎平淡，细看则鲁迅先生的文笔着实可喜。你看，“年青朋友”等等这一句话便表示鲁迅先生似乎夙来不大常看《新月》，不过偶尔在朋友“手里”碰到《新月》，并且这两个朋友还是“年青”的，年青人不知深浅有钱乱花，于是“手里”竟有《新月》。鲁迅先生碰到《新月》之后，并不留神，不过懒洋洋的“顺手一翻”，“翻”过之后，便写了那篇反驳的文章。鲁迅先生的态度多么闲暇自在！

（二）鲁迅先生要驳我的文章，却先要坐实我的背后有一个团体。“硬译”的名词本是鲁迅先生自己发明的，可是我一提出来说，这位夙来写文章给人以不舒服的先生自己便觉得不舒服了。梁实秋也有翻译的作品呀，鲁迅先生何不应用“以牙还牙”的办法也来找几段“死译”“误译”“硬译”的例子来“示众”？但是鲁迅先生不这样干，他因为我的文章里有几处用着“我们”，于是他有文章作了，他说：

我也就是新月社的“他们”之一……我的译作，本不在博读者的“爽快”，却往往给以不舒服，甚至于使人气闷、憎恶、愤恨。读了会“落个爽快”的东西，自有新月社的人们的译著在：徐志摩先生的诗，沈从文凌叔华先生的小说，陈西滢（即陈源）先生的闲话，梁实秋先生的批评，潘光旦先生的优生学，还有白壁德先生的人文主义。……

这一来，“新月社的人们”全扯进来了，要辩白罢，人太多，一个一个的辩白那太费事，只得不辩，于是鲁迅先生大胜利！其实鲁迅先生这篇文章虽然好像是“单独执笔”，虽然未用“我们”，而“编辑后记”里却说：“梁实秋……思想虽荒谬虽奇特，在现在却有很大的社会意义。所以我们由鲁迅先生的手加以详细的反驳了。”在这个地方，我可以引用鲁迅先生使人“不舒服”的一句名言了：——“自然，作者虽然单独执笔，气类则决不只一人，用‘我们’来说话，是不错的，也令人看起来较有力量，又不至于一人双肩负责。”这回，“不舒服”的该是鲁迅先生。

（三）鲁迅先生要驳我的文章，却先要指责我的文章之加圈圈。说来可笑，文章加圈点不过是令读者注意的一种标记罢了，譬如英文作品往往有些字是用大写字母排的，或用意大利体的字母排的，无非是惹人注目的一种方法，并没有什么犯罪的地方。而鲁迅先生一则曰：“细心的在字旁加上圆圈”，再则曰：“加上套圈”，三则曰：“字旁也有圈圈”，四则曰：“大可以加上夹圈”。好像我加了圆圈，便要罪加一等似的！其实鲁迅先生自己呢，他硬译的卢那卡尔斯基的《文艺与批评》第二百四十八页上“评价”“规范”“内容”等字旁也是加圆点的！我加的是圈，鲁迅先生加的是点，如是而已。

以上我略举几个例，证明鲁迅先生的文章里面废话甚多，然而据我看，他的文章的精华也正在那几处地方。洋洋二十五页的高文，页页是好玩的，但是鲁迅先生的真意所在，我看不出来。

谁的文章长不一定就是谁的理由充分。这一期《新月》没有二十五页的篇幅给我写使人不舒服的文章。我现在只简单的重复申明我的论旨，并且附带着提出质问鲁迅先生的几点：

（一）鲁迅先生的翻译，据他自己说，是“晦涩，甚而至于难解之处也真多”，我便举出了三段实例来证明鲁迅先生自己的话，请鲁迅先生明白宣布，我举的例对不对？如其我举的不对，请他自己举出几个那“真多”的“难解之处”，也让别人瞻仰瞻仰翻译之难。我对于这个问题的意见是这样的，鲁迅先生近来的译品简直是晦涩，简直是难解之处也真多，我随时可以举出例证来。

（二）鲁迅先生的翻译之所以“晦涩，甚而至于难解之处也真多”的原故，据我想，不外乎鲁迅先生自己的胡涂与懒惰，即他自己所谓的“能力不够”是也。而鲁迅先生只承认这是两个原故之一，还有一个原故是“中国文本来的缺点”。究竟什么是“中国文本来的缺点”呢？请教请教。

（三）鲁迅先生是不是以为文学是有阶级性的？如其是的，鲁迅先生自己究竟是站在那一边，还是蝙蝠式的两边都站？鲁迅先生以为“新月社的人们”是在哪一边？理由安在？我觉得鲁迅先生向来做反面文章，东批评，西嘲笑，而他从来不明明白白的公布他自己的积极的主张和态度。人家说他是有闲阶级小资产阶级落伍者，于是硬译一本卢那卡尔斯基，你们看看，我在“作战”呢，我也在“联合战线”里面呢！人家说他是“转变方向”，于是立刻嘲笑“成仿吾元帅……爬出日本的温泉，住进巴黎的旅馆”，于是立刻拒绝“拓荒者”“现代小说”的“谥法”，你们看看，我才不投降呢！但是这样的左右支撑，究能延长几久呢？

我的主张是干脆的，我不承认文学有阶级性，阔人穷人写的作品我都看的。这回承鲁迅先生介绍“被解放的堂吉诃德”“溃灭”“水门汀”，我立刻就去读，还许要批评。但是愿意知道鲁迅先生正面的积极的文学主张的人，大概是很多的，不知鲁迅先生愿意做这样的事不？

最后，还有一件事。《新月》月刊近来发表些为争自由的文章，这是我们几个人各自的良心主张，能否博得读者同情，我们原不预为计较的。鲁迅先生的喜欢嘲笑人的态度，这一生大概是不能改掉的了，当然我也不希望他改掉。鲁迅先生而不嘲笑人，这个世界上该要如何的冷静呢！所以鲁迅先生屡次讥笑《新月》争自由的文章，我们都不觉得奇怪，在鲁迅先生这是当然有此一招的。令人惊讶的是，一九三〇年二月十四日下午七时，“著作界名人鲁迅、郁达夫、田汉、郑伯奇及商界、新闻界、律师界、教育界同人五十余人发起自由运动大同盟……讨论四小时之久，议决事项甚多”云云。

鲁迅先生发起自由运动大同盟，这在将来的历史上一定是一件大事，不加圈也要加点的。现将宣言全篇录在下面：

中国自由运动大同盟宣言

自由是人类的第二生命，不自由，毋宁死！

我们处在现在统治之下，竟无丝毫自由之可言！查禁书报，思想不能自由。检查新闻，言语不能自由。封闭学校，教育读书不能自由。一切群众组织，未经委派整理，便遭封禁，集会结社不能自由。至于一切政治运动与劳苦群众争求改进自己生活的罢工抗租的行动，更遭绝对禁止。甚至任意拘捕，偶语弃市，身体生命，全无保障。不自由之痛苦，真达于极点！

我们组织自由运动大同盟，坚决为自由而斗争。感受不自由痛苦的人们团结起来，团结到自由运动大同盟旗帜之下来共同奋斗！

我预料将来来到鲁迅先生等发起的自由运动大同盟的旗帜之下的人，一定是很多的，我应该预祝这个同盟大成功！但是“新月社的人们”发表几篇争自由的文章颇引起一些人的评论，以为我们是不够彻底，还是小资产阶级的要求欧美式的自由的勾当，比不得马克思列宁等等的遗教来得爽快。有人讥诮我们要求的不过是思想自由，有人讥诮我们只是在纸上写文章而并不真革命。这些讥诮，我们都受了。讲我自己罢，革命我是不敢乱来的，在电灯杆子上写“武装保护苏联”我是不干的，到报馆门前敲碎一两块值五六百元的大块玻璃我也是不干的，现时我只能看看书写写文章。我们争自由，只是在纸上争自由。好了，现在另有所谓“自由运动大同盟”了，“议决事项甚多”，甚多者，即不只发宣言一椿事之谓也。他们“奋斗”起来恐怕必定可观，鲁迅先生恐怕不会专在纸上写文章来革命。虽然宣言里开宗明义要争的还是思想自由，所谓“伟大的时代”恐怕也许是真要来罢。

《新月》第2卷第9号，1929年11月10日。

资本家的走狗

写完前一段短文，看见了“拓荒者”第二期第六七一页起有一篇文章，题目是《阶级社会的艺术》，也是回答我的《文学是有阶级性的吗?》那篇文章的。拓荒者的态度比较鲜明，一看就晓得那一套新名词又运用出来了，——马克思，列宁，唯物史观，阶级斗争……等等等。但是文章写得笨，远不如鲁迅先生的文章的有趣。

这篇文章使我感到兴味的只有一点，就是，这篇文章的作者给了我一个称号，——“资本家的走狗”。这个名称虽然不雅，然而在无产阶级文学家的口里这已经算是很客气的称号了。我不生气，因为我明了他们的情形，他们不这样的给我称号，他们将要如何的交代他们的工作呢？

“资本家的走狗”。那意思很明显，他们已经知道我不是资本家了，不过是走狗而已。我既不是资本家，我可算是哪一个阶级的呢？不是资产阶级，便是无产阶级了。究竟什么是资产阶级，什么是无产阶级呢？查字典是不行时，韦伯斯特大字典是偏向资产阶级的字典，靠不住。最靠得住的恐怕还是我们的那部“拓荒者”。第六七二页上有一个定义（我暂时还不知道哪里发售无产阶级大字典，所以暂以这个定义为准）：

> 无产者——普罗列塔利亚是什么呢？它是除出卖其劳动以外完全没有方法维持其生计的，又因此又不倚赖任何种类的资本的利润之社会阶级。

这个定义是比韦伯斯特大字典上的定义体面多了，中听多了！我觉得我自己便有点像是无产阶级里的一个了，因为我自己便是非出卖劳动便无法维持生计。

我可不晓得“劳动”是否包括教书的事业，我的职业是教书，劳心，同时也劳力，每天要跑几十里路，每天站立在讲台上三四小时，每天要把嘴唇讲干，每天要写字使得手酸，——这大概也算是劳动的一种了罢？我不是不想要资产，但是事实上的确没有资产，一无房，二无地，那么，照理说我当然是无产阶级的一分子了，我自己是这样自居的。为什么无产阶级文学家又说我是“资本家的走狗”呢？假如因为我否认文学的阶级性，无产阶级文学家便说我是资本家走狗，那么，资本家又何尝不可以以同样的理由说我是无产阶级的走狗呢？也许无产阶级不再需要走狗了，那么，只好算是资本家的走狗了。

大凡做走狗的都是想讨主子的欢心因而得到一点点恩惠。“拓荒者”说我是资本家的走狗，是哪一个资本家，还是所有的资本家？我还不知道我的主子是谁，我若知道，我一定要带着几分杂志去到主子面前表功，或者还许得到几个金镑或卢布的赏赉呢。钱我是想要的，因为没有钱便无法维持生计。可是钱怎样的去得到呢？我只知道不断的劳动下去，便可以赚到钱来维持生计，至于如何可以做走狗，如何可以到资本家的账房去领金镑，如何可以到××党去领卢布，这一套的本领，我可怎么能知道呢？也许事实上我已经做了走狗，已经可以有领金镑和卢布的资格了，但是我实在不知道到哪里去领去。关于这一点，真希望有经验的人能启发我的愚蒙。

《新月》第2卷第9号，1929年11月10日。

无产阶级文学

我说过："我们不要看广告，我们要看货色。"我的意思是，马克思唯物史观列宁阶级斗争等等的名词，我们已听过了不少，请拿出一点点"无产阶级文学"的作品给我们看看。否则专登广告，不贩真货，令人只听楼板响不见人下来，那岂不太滑稽了么？

我这个要求遇到了两个答复，一个是"由鲁迅先生的手"答复的，一个是"拓荒者"。

鲁迅先生说："梁先生要看货色。这不错的，是最切实的办法。"办法他是认为"不错的"了，不过我举了两首郭沫若先生的译诗来做标样，鲁迅先生便又认为"是不对的"了。对不对，错不错，这问题当然应该由鲁迅先生来钦定。他钦定了三部作品，即卢那卡尔斯基的"被解放的堂吉诃德"等三部，是"在中国这十一年中就并无可以和这些相比的作品"（连"比"都不可以!）。其实文章做到这里就够了，但是鲁迅先生底下还有。他说："……新兴阶级于文学的本领当然幼稚而单纯，向他们要求好的作品，是布尔乔亚（!）的恶意。这话为农工而说，是极不错的，（'不错'上面还加了一个'极'的!）这样的无理要求，却如使他们冻饿了好久倒怪他们为什么没有富翁那样肥胖一样。"前后对照来看，鲁迅先生本来认为是"不错的""最切实的办法"，现在又忽然变做了"无理要求"了。一个人的脾气是这样的容易变换！我并不要求冻饿好久的人能像富翁那样胖，但是天下尽有一班人，口里尽管嚷："我是胖子呀，我是胖子呀!"那么我就请他于嚷嚷之余露出他身上的肥肉来给我们看看，这不能算是"无理要求"，这不能算是"恶意"罢？鲁迅先生举卢那卡尔斯基的作品为"无产阶级文学"的代表时，那态度真有点像"战士"的勇敢，底下躲躲闪闪的态度便是其软如绵，太快的缩了。

"拓荒者"的态度不同。他们说："梁实秋说'我不要广告，我们要看货色。'好个老市侩!"然而，我们并没有意思做生意，这态度真鲜明极了，生意是不做的，广告是要做的，说句"老市侩"的话，这就是买空卖空之谓也。可是生意虽然不做，在第一期的"拓荒者"他们也搜索出来七八篇"作品"，并且还加了批评。内中有一段是批评某君的一篇"阿三"的，评语是这样，"'阿三'作为小品算是成功的。很巧妙说明阿三怎样明白了布尔什维克是什么"。……原来"成功的""无产阶级文学"是这样的。

"现代小说"三卷三期里有一篇"创作小说"，题目就是"梁实秋"。据我看，小说里的情节本来无须完全根据事实，尽可虚构，只要近乎人情就算了。不过这篇小说的标题既是真姓真名，而内容也彷佛作出好像是真事一般，我似乎不可不解释一下了。这篇小说若当作小说看，好坏我不愿意批评。若当做实事看，我便要宣告这篇小说完全是造谣污蔑，没有一个字是真实的。若说那位作者故意毁人名誉，那也未必，他自己便未必是个爱惜名誉的人。为什么要写这样的小说呢？有道理的。《申报》大概是资产阶级的报纸，无产文学家照例是不该信任的，但是《申报》登载了一段关于我的完全无稽的新闻，这位无产文学家马上抓了来作为可靠的资料，加以润饰陪衬，俨然成为“创作小说”矣！这篇小说的主旨呢，是在说明我是一个“小布尔乔亚泛”，触犯了“布尔乔亚泛”，于是“摇尾乞怜”，没有“普罗列塔尼亚”那样的光荣。可惜事实完全是捏造的，否则这篇东西大有一读的价值。（写这篇小说的作家已于一九三〇年二月十四日下午七时随同鲁迅先生发起了‘自由运动大同盟’，今后普罗列塔尼亚的争自由的运动当如何进行，于触犯“布尔乔亚泛的虎须”之后，是否真的“摇尾乞怜”，只好等着看。也许人家始终就不触犯“布尔乔亚泛”，顶多触犯“小布尔乔亚泛”罢了）。这篇小说，据“拓荒者”的批评家看，是“对于改良主义者的嘲笑的声浪”，嘲笑固然有趣，可以嘲笑的资料要稍微费点神去找，不可以见神见鬼的嘲笑自己脑海里的幻象罢！

《新月》第 2 卷第 9 号，1929 年 11 月 10 日。

鲁迅与牛

我在新月第二卷第九期写了一篇短文答鲁迅先生，我的大意不外两点：

（一）我觉得鲁迅先生近来的翻译“晦涩，甚而至于难解之处也真多”，所以真不愧为“硬译”，我已经举过三个例，随时还可多举几个例。

（二）鲁迅先生善写有“趣味”的“嘲笑”人的“杂感”，但是我不曾知道他的积极的对于文艺与思想的态度是什么，主张是什么，所以我愿他说几句正面的话。

这文章发表之后，就有朋友写信劝我不必再在这种没有价值的争论上枉费精神。而我以为，只要不闹到意气用事，辩难的文字也不是完全没有意思的。打笔墨官司是容易事，实在就是较文雅的吵嘴，哪里配谈到什么“讽刺文学”。在文学上没有见过世面的人，也许见到谁写了几段下贱的刻薄话，便大惊小怪的嚷：“这是讽刺文学呀！”这真是不知“天多高地多厚”了。我现在回答鲁迅先生几句话，万万不敢渎亵“讽刺文学”的招牌。

鲁迅先生对于我上面说的两点正文，截至现在为止，并没有回答。而许多许多枝节问题又生出来了。这正是鲁迅先生的故态，他就没有耐性能使他彻底的在某范围之内讨论一个问题，你指谪他这一点，他向你露露牙齿笑两声，然后他再蹦蹦跳跳的东一爪西一嘴的乱扑，他也并不想咬下你一块肉，只想撕破你的衣服，招你恶心。这种的 Gorilla Warfare 并不使人怕，只使人厌烦。这样辩论下去，永远不会有什么结论的，因为鲁迅先生要争的似乎不是什么是非，他要的是“使人不舒服”而已。与其逼鲁迅先生说正经话，还不如索兴给他一个放刁的机会，让他充分的表现他的特长罢。

鲁迅先生这个人，究竟是怎样的一个人呢？别人的话靠不住，让他自己来供：

> 我没有什么话要说，也没有什么文章要做，但有一种自害的脾气，是有时不免呐喊几声，想给人们去添点热闹。譬如一匹疲牛罢，明知不堪大用的了，但废物何妨利用呢，所以张家要我耕一弓地，可以的；李家要我挨一转磨，也可以的；赵家要我在他店前站一刻，在我背上帖出广告道：敝店备有肥牛，出售上等消毒滋养牛乳。我虽然深知道自己是怎样瘦，又是公的，并没有乳；然而想到他们为张罗生意起见，情有可原，只要出售不是什么毒药，也就不说什么了。但倘若用得我太苦，是不行的，我还要自己觅草吃，要喘气的工夫；要专指我为某家的牛，将我关在他的牛牢门，也不行的，我有时也许还要给别家挨几转磨。如果连肉都要出卖，那自然更不行，理由自明，无须细说。……（见鲁迅作阿Q正传成因）

这真是鲁迅先生的活写真。仔细看过这段描写的自白，也许有人以为我以前太多事，人家已经说得这样明白清楚，何必还问什么对于文艺思想的积极的意见？鲁迅先生一生做人处世的道理都在这一匹疲牛的譬喻里很巧妙的叙述了。一匹牛，在张家可以耕田，在李家可以转磨，在赵家店前可以做广告；一个人，在军阀政府里可以做敛事，在思想界可以做权威，在文学界里可以做左翼作家。这譬喻来得切确。不过人应该比牛稍微灵些，牛吃李家的草的时候早忘了张家，吃赵家的草的时候又忘了李家，畜生如此，也自难怪；而人的记忆力应该稍强些罢，在吃草喘气的时候，也该自己想想，你自己已经吃了几家的草，当过了几回“乏”“牛”！

鲁迅先生做牛是有条件的，第一个条件是不能用得太苦，第二个条件是不要专指为某家的牛，第三个条件是不卖肉。第一个条件容易办到，用牛耕田转磨的主子可以体恤到这一点，多给几捆草，少写几千字，算不得什么，不过在牛一方面，这一点也是应该言明在先的罢了。第二个条件稍难，你流着汗给张家耕田，旁人自然就说你是张家的牛，你吃李家草，旁人自然就说你是李家的畜生，除非人家认识你，或是有人在你毛上打过一个烙印，印着“我是一匹丧家的乏牛，谁给草吃我就给谁做工，救救罢，可怜的乏牛！”第三個条件又容易了——说到这里想起一桩事。

一九三〇年四月八日上午十时，上海发生了一件大事，“全上海的革命团体，在自由运动大同盟的号召之下，准备对于南京的四三惨案有所表示”。自由运动大同盟即是鲁迅先生领衔发起的。“有所表示”者，即“三四百个”人要冲进北京大剧院开会未果，被巡捕打死一个，而“留下一滩鲜血”是也。这事发生以后，颇有人为鲁迅先生担心，因为不晓得流了“一滩鲜血”的究竟是哪一位。尤其是，在某处听说“凡是左翼联盟的作家都要参加工农革命底实际行动”这句话的人，更不能不为鲁迅先生担心。假如鲁迅先生真个为了没能冲进北京大戏院而流一滩鲜血，喜欢“讽刺文学”的人，当然没人能不认为这是很大的牺牲；而在“普罗”一方面看，这又是很光荣的一件事了。幸巧事实不久大明，死的不是“参加工农革命底实际行动”的“左翼作家”，是一位“勇敢的工人”。（萌芽月刊第五号第三一〇页称这位死者为“赎罪的羔羊”!）鲁迅先生的“不卖肉主义”是老早言明在先的。

鲁迅先生究竟现在是吃哪一家的草，属于哪一个党，我并不知道。我在第九期新月与鲁迅先生无关的一篇文字里写了“××党”的字样，我用××代替另外两个字，这并不是我的“巧妙”，鲁迅先生发表文章的那几种杂志不是常常有××党的字样吗?大家似乎都避讳这两个字。例如文艺讲座第二九七页上还有“康命尼斯特”这样的一个名词，这岂不来的更巧妙。然而鲁迅先生以为我故意影射他是××党，所以“职业比刽子手还更下贱”了。其实鲁迅先生何必要我“影射”。有草可吃的地方本来不过就是那几家，张家，李家，赵家，要吃草还怕人看见，太“乏”了！萌芽月刊第五号第一二六页有这样的一段：“鲁迅先生……将旧礼教否定了……将国家主义骂了，也将无政府主义，好政府主义，狂飙主义，改良主义……等劳什子都骂过了，然而偏偏只遗下一种主义和一种政党没有嘲笑过一个字，不但没有嘲笑过，分明的还在从旁支持着他。”

这“一种主义”大概不是三民主义吧？这“一种政党”大概不是国民党吧？

《新月》第2卷第11号，1930年1月10日。

“普罗文学”一斑

我在批评所谓“普罗文学”的时候，曾举例几首真正俄国的诗为例，于是鲁迅先生跳起来了，他说，举例是可以的，但是我举几首译诗是“不对的”。鲁迅先生说是“不对的”，一定是“不对的”了，毫无疑义。

最近看到一个文艺讲座，里面有一位“普罗文学批评家”写的一篇中国新兴文学论，全文虽未载完，关于“诗”的一部分已经发挥不少了。他举出了三位大诗人，第一位是郭沫若先生，第二位是蒋光慈先生，第三位是刘一声先生。

关于郭沫若先生，我们的“批评家”举出了下列的几段：

你们非如俄罗斯无产专政一样，
把一切的陈根旧蒂和盘推翻，
另外在人类史上吐放一片新光；
人们哟，中华大陆的人们哟！
你们是永远没有翻身的希望！
我的故乡虽然也是一座监牢，
但我们有五百万的铁鎚，
有三万两千万的镰刀，
我们有一朝爆发了起来，
不难把这座世界的铁牢打倒。

“批评家”说了，“普罗列塔尼亚革命的鼓号，在中国的文艺里，最先是从他的诗里播送出来的”。底下就是蒋光慈先生，他的“诗”是这样的：

远东被压迫的人们起来吧，
我们拯救自己命运的悲哀。
快啊，快啊，……革命！
十月革命，
那大炮一般，
轰然一声，
吓倒了野狼饿虎，
惊慌了牛鬼蛇神。
十月革命，
犹如通天火柱一般，
后面燃烧着过去的残物，
前面照耀着将来的新途径。
十月的红雨，
好生滋润这美丽的花木；
俄罗斯，
红色的俄罗斯呀！
你是繁殖美丽的花木的新地！
东交民巷的洋房崭然，
东交民巷有无上的威权。

请君看一看东交民巷的围墙上，
那里有专门射击中国人的炮眼。

第三位是刘一声先生，据说这位诗人是"'中国青年'诗人中最主要的一个，他当时对于普罗列塔尼亚革命文学非常努力"云云。他的"诗"是这样的：

要做成一切武器，
武装我们的兄弟！……
旧世界打他个粉碎，
新世界重新做起！
看红旗招展处，
预言着全世界被压迫者的胜利！
这是，普罗列塔尼亚的十月革命！
自从有了他，民众才从睡梦中惊醒！
自从有了他，强盗才开始仓皇失惊！
自从有了他，自由才显示新的途径！
他照耀了黑暗，温暖了寒冷，
他给予希望，给予勇气，给予信心！
他宣讲福音：被压迫者最后必然得胜！

抄完了，够了。据说这就是"诗"，评语我是一句也不加，请读者自己去寻味吧。我所顾虑的是，我这样的抄，不知鲁迅先生是否又要判决为"不对的"。

《新月》第2卷第11号，1930年1月10日。

思想自由

美国纽约城有一个公开的讨论会（The League Public Discussion），他的作业是约集当代学者公开辩论一些与时代最有关的问题，民众可以购券听讲。例如今年二月二日，他们举行一次辩论，题目是：《资本主义对于世界的工人的贡献要比社会主义和共产主义为大》。有名的社会学家 Nearing 担任为共产主义辩护，英工党议员 Brockway 为社会主义辩护，哥伦比亚教授 Seligman 为资本主义辩护。三月十六日又举行一次辩论，题目是：《苏俄政府之反宗教政策是危害文明的》。新从苏俄考察归国的 Max Eastman 主张苏维埃的无神论，著名社会思想家 Barnes 主张自由主义的怀疑论，有口才的 Wise 主张宗教的有神论。这种辩论对于民众真是很有价值的一种教育，因为一个问题的各方面都由最够资格的人来充分的讨论过，听者就可以利用这个机会自己来思索，研究，判断。

中国现在令人不满的现状之一，便是人民没有思想自由。妨碍人民思想自由的有两种人：一种是当局者，滥用权威，侵犯人民言论出版自由，不准人民批评，强迫人民信仰某一种主义；还有一种是热狂的宣传家，用谩骂的文字攻击异己，用诬蔑的手段陷害异己，夸大的宣扬自己的主张。两者都妨害人的思想自由，因为都不是靠了理性来取人民的信仰，而是用了外力来强制人的信仰，都是感情用事，而不是冷静的诉于人的理性。要有思想自由，必先要使人民有充分的安然的研究的机会。压力要不得，引诱也要不得。要把事实和理论清清楚楚的放在人民面前，要他们自己想，自己信，——这才算得是思想自由。

最近新月书店出版一本拉斯基教授的《共产主义论》，稍有知识的人都该知道，拉斯基是现代著名的政治学者，并且他是反对共产主义的。但是书店到一家报馆去登广告的时候，却被检查员老爷禁止刊登了。宣传共产，呵！禁登广告！这真成笑话了。马克思的《资本论》可以大登广告，因为书的名字叫做《资本论》，拉斯基的《共产主义论》禁登广告，因为书名不详。当局者的昏聩蛮横一至于此。

我的意思当然不是希望当局禁止马克思的《资本论》，我的意思正是相反，我赞成各种主义的信仰者都有充分的出版言论自由。这样，人民才有求知识的机会，和选择的余地，才能有自由的思想。所以我觉得美国的公开讨论会是可羡慕的一个榜样。

《新月》第2卷第11号，1930年1月10日。

我对于学生运动的感想

十二月九日北平学生举行请愿游行，继之以罢课，十六日又举行规模更大之请愿游行，参加者七千七百七十五人，被捕者十四人，重伤者七十三人，轻伤者三百零三人，（据二十三日英文北平时事日报披露之燕大学生会统计表），截至现在止仍在罢课状态中。同时全国各地学生纷纷响应，如天津保定上海汉口武昌汉阳南京重庆太原长沙广州等处，均有游行请愿罢课之举，但因军警维护得力尚无不幸事件发生，四五年来教育界不可思议的宁静状态，突然被打破了。一般人以为早已消沉灭绝了的青年爱国精神，突然借着这次运动而复活了。凡是爱国的国民对于这一次学生运动自然是都有深挚的同情与钦佩；对于被捕及负伤诸同学，尤其认为是一件绝大的遗憾而愿致无限之同情与慰安。

现在这个运动方兴未艾，将来演变至何程度亦殊难臆测，但是旷日持久，隐患必多，偶一不慎，即有招致与原来目的相反的结果之可能。顾愿平心静气对于此次运动试加分析，并对今后应当注意之事一［起］商讨之。

青年对于国事之愤懑苦闷，由来已久。九一八以后，外患日急，而国内政治迄无澄清之象。国民党一党专政，而党内先自破裂，只闻团结之声，不见团结之实。共产［党］问题则拖延多年不得结果，多少优秀青年牺牲于此自相残杀的长期斗争之中，而对于外侮之来，则一筹莫展。凡此皆足以使青年彷徨郁结而无可适从。故四五年来学界之宁静状态，实乃大风雨将要来袭之朕兆，绝不是人心已死的徽［征］候。

华北问题起来了。先是冀东二十二县之宣布自治，继之以三五十位老者分乘十几辆敞老辚辚的福得汽车赴新华门自称民众代表请愿自治。于是这“自治运动”遂成为激起学生运动的导火线。学生运动的目标是反对所谓自治运动，拥护国家领土之完整，而实际上是四五年来青年苦闷愤懑之总发泄。

冀察政委会的设立已迥非原来计议中之自治，这是由于何应钦部长的努力及宋哲元军长的忠心。学生运动的目标似乎是已消失了一大半，于是有人以为学生运动可以结束了，罢课的也可以上课了。本来，学生运动若是只为了做一个表示，表示人民之不欲“自治”，那么，现在这表示确已做到功德圆满，不必再坚持下去，更不必节外生枝。但是，我已说过，这次学生运动实际上是四五年来对于政治外交之愤懑失望的总发泄，所以华北现局虽然暂时安定，虽然未曾分裂国家领土，北平各校长及南京教育［局］虽已一再劝告学生复课，而学生运动仍然没有停止。原因很简单，他们的愤懑苦闷还没有发泄完。发泄完了自然没事。

学生的愤懑苦闷是否正当的呢？我们确信是正当的。只有一心贪图升官发财的人，自私自利的人，麻木不仁的人，逃避现实的人，才不愤懑苦闷，因为他们所要的只是自己一身的享受目前的快乐，他们没有顾到整个国家整个民族。青年学生之对现状不满，这一点精神真是我们民族之至宝。不满然后才能改良，才能进步。国家弄到现在这个样子，是中年人老年人的罪过，青年人若连一点反感都没有，中国前途真不堪问了。

然则青年的苦闷就应该继续着以罢课游街诸手段为发泄的方法吗？关于这一点我们要仔细想想。根本上讲，凡是感情的发泄都没有多大用处。此次学生运动，可以引起国人爱国心，可以警醒当局者的责任观念，可以制止少数汉奸的妄想，然亦不过如此而已，逾此便不发生效力，罢课请愿并不足以改变华北的客观环境，并不足以抵御外来的暴力。所以，对于此种感情式的发泄，我们谅解，但是我们不愿鼓励。这一股纯洁天真的感情，别都发泄掉，要蓄积起来，为将来用。在政府方面，要看清青年情感之可贵，应该因势利导，把一切检查新闻的制度取消，给人民以充分的言论自由，使青年愤懑不平之气寻得一个安全的发泄的途径。

罢课是迟早要解决的问题，学生方面亦没有长久不上课的意思，我以为这倒是一件比较小事。罢课的终止与学生运动的终止是两件事。我相信罢课不久必可终止，而学生运动一时是不易终止的。讲到这里我有几点具体的意见。

（一）对于学生方面，我希望他们此后有更良好的组织，学生会应求其民主化。学生会要时时顾虑到全体同学的意见，更要保护少数的意见的提出，千万不可交给几个人去做。少数人做事，多数人不说话，结果学生会必有被把持操纵的危险。学生会要做成为一个缩小的议会，在这里面我们要学会公正、负责、纪律、服从、容忍诸美德。这是民主精神。我们如果要求自由，在我们自己的团体里先要有爱自由的精神，我们如果要民主，在我们自己的团体里先要实行民主的制度。

学生会更应该与学校当局及农工商界取得联络，形成一更广大之民意表现的基础。学生运动若长久的以罢课游行为维持自身的方法，它是要失掉其他各界的同情的。但是基于爱国心而与民众团体联合起来，不受任何党派的指使，采取稳健的态度，这是可能而且有益的事。

学生运动如不因外力压迫或自身懈怠而解体，则学生运动终于必定要成为一种政治运动，因为在感情的一度发泄之后而仍保持其力量，则必定转移目光于修明内政充实国力诸方面。我觉得学生干政不一定是坏事，假如学生内部组织民主化，行动纪律化，则正是我们所该欢迎的一种民意表现，我们正该尽量扶植它。学生的本分是读书，但在今日中国做学生，则于读书之外分出一部分精神在政治方面加以注意，也是势所必至未可厚非的。我们不怕学生运动便成为政治运动，我们只怕学生运动变成为被少数人操纵的恶化的群众运动。我们希望学生运动变成为一种长久不懈的力量，这力量是站在国防的最前线的，这力量不是与政府为难而是帮助政府加重政府威信的工具，这力量是代争取自由的一个工具。

学生运动将从此解体，抑是将从此恶化，还是将从此走入更缜密远大的工作上去，在现今已到了一个紧要关头，这是学生运动的主持者与支持者，所不可不慎重考虑的。

（二）对于教育当局及学校之负责者，我希望他们能设法把现在的教育制度改变一下。我们现在有实行“特殊教育”的必要。所谓“特殊”，乃为应付目前国难之特殊准备。举凡与救国直接有关之学科应设法使之极度扩充。本为升平点缀之学科应设法使之极度缩减。使学校之财力人力俱趋于救国之一途。此种安排之教育方能应目前之需要，方能使青年安心领受而不旁骛。前此教育部重理工轻文法之诸设施，用意甚是，尚嫌不彻底。今后应淬厉精神大施改革。究应如何配置整顿，则需各项专家通盘筹划，自非片言可决之事。惟此事之刻不容缓，则无庸疑。

学校南迁之说，久已播传，征诸事实，似亦有一部分确已做此种准备，事实昭著，在人耳目，然而各校当局一再否认，此乃幼稚无谓之举。土地未陷，学界先议南迁，自一方面言之，自然是未雨绸缪，高瞻远瞩，在另一方面言之，数百箱之书籍仪器，除珍品外所值几何，与国家土地较，则此戋戋者盖不足惜，而漏夜装运，岌岌之状，给一般人以很不好的影响，故一部分人主张宁被迫而上“最后之一课”不愿为先行胜让之举。我以为此事是非，可不具论，惟各校当局应以公开态度昭示同学，殊无秘密之必要。且事关全国教育，应有全盘策划，不容各校各自为政，致乱步骤。

（三）对于政府，我希望能鉴于此次学生运动之热诚，应知民气之不可侮，更应知民气之可以有为，应例行下列三事，毋使青年失望：

第一，切实准备宪政，取消党治。此为吾人数年来一贯之主张，国事愈急，此事愈不可缓，因惟有取消一党专政之局，然后才能有全国团结一致之望。

第二，绝对保障言论自由，以彰民意。政府应有保障言论自由之表示，但是总是有条件的。例如最近国府通令“保障正当舆论”，即不可通，因舆论无所谓正当与不正当。如已成为舆论，即应许其发表之自由，任何人不能以“不正当”为理由而加以取缔。

第三，公开外交经过。华北问题之起来，风闻有秘密外交的根据，如塘沽协定梅何协定之类，人言啧啧，不无可疑。政府宜于可能范围之内将一切经过公开于国人，以后有何交涉亦应以公开方式出之，惟有在公开的方式之下，奸人才无所施其技。

上文属竟，知蒋委员长定一月十五日召集各地校长学生代表谈话，此举吾人甚表赞成。但吾人切盼蒋先生以最坦白的态度将政府办理外交经过真相及今后应付方针，通盘宣布，千万别再仅以“读书救国”一类老话来浇青年的热血。

二十四日

《自由评论》1936年第6期。

宪法上的一个问题

国民党的第五届一中全会大会议决，今年五月五日为宣布宪法草案日期，十一月十二日召集国民大会议决宪法，实行宪政。民国成立二十余年，始终没有一部国人共信共守的大法，这一个缺陷在不久的将来似乎是可以弥补上了。

宪法是国家的基本法，一经订定之后，不可以随便变动，所以世界上有宪法的国家，他们的宪法修正是一件很艰巨的事业。我们的宪草初稿第一五八条规定：“本宪法非由国民大会三分一以上代表之提议并代表总数三分二以上之出席及出席代表四分三以上之议决不得修改之”。宪草修正全文第一四八条规定“宪法非由国民大会全体代表四分一以上之提议，四分三以上之出席，及出席代表三分二以上之决议，不得修改之，修改宪法之提议，应由国民大会开会前一年公告之。”手续实在是很烦难。

修正宪法的手续太烦难，所以在未决议颁布之前，立法者要充分的审慎，要尽力的防止那些因条文而发生的可能而不必要的纠纷。一时的疏忽和快意，往往可以招致未来的兵连祸结。

据我看，宪草第一条就是足以引起争议的。第一条云：“中华民国为三民主义共和国”。“三民主义共和国”是一个新撰的名词，在共和国之上加以三民主义的形容词，这是否为全国大多数国民所乐于接受，我觉得是一个疑问。

我想有很大一部分的国民对于这一条是很感觉到不舒服的。理由很简单，三民主义是国民党的党义，国民党员有信仰奉行的义务，国民党以外的国民并没有信仰奉行的义务。“具有中华民国之国籍者为中华民国人民”（宪草第三条），中华民国人民不一定非信仰三民主义不可。如今以一党的党义放在宪法的第一条里，我想不免要惹起许多人的反感。

老实讲，三民主义并没有什么可反对的地方，它只是一个很笼统宽泛的名词，它把国家主义改成为民族主义，它把共产主义改成为民生主义，它把民主政治改成为民权主义，综合起来，叫三民主义。中国的主权在被各种帝国主义进攻宰割的时候，只有国家主义是针对的武器，国民党人名之为民族主义，实亦大同小异，我想除了以苏联为祖国的共产党外，国家主义或民族主义是可以被大多数国民接受的。中国的经济在被帝国资本主义所掠夺，军阀官僚买办所剥削的时候，采用一些社会主义的救济方法，也是大多数国民所乐闻的。中国的政体从几千年的专制下解放出来，伸张民权当然是唯一的方向，民权主义包涵议会制度加以类似科举御史之考试监察制度，这也是大多数国民所欢迎的。所以，三民主义的内容，分开来看，都很冠冕堂皇，都能为大多数国民所接受；但是若合起来成为一个名词一个信仰，立刻就要被许多人认为这是国民党一党之党义，不该硬拿来笼罩全体国民的信仰。

许多人能承认三民主义的内容，而不愿接受三民主义这个名词，这岂不是倔强吗？是的。许多优秀分子都是倔强的。不过，国民党既已决意要结束训政还政于民，何以仍要在宪法上留下训政的痕迹，何以仍要在这基本大法上给三民主义留下一个特殊的位置呢？现在的政权是在国民党的手里，国民大会也由国民党人去组织召集，宪草无论是怎样的一个东西，国民党要它通过施行，那是易如反掌的。但是现在只图一时快意，忽视许多人的情感的因素，在宪法上留下这一点痕迹，修正手续又是那么烦难，国民党一旦不执政了，将来执政者一定不免要把这第一条视为眼中钉的，到那时必有严重的纠纷，这是可以料想到的事。假如国民党人现在不是没有料想到这一点，而仍然坚持要把三民主义放在条文里，这岂不也是倔强吗？

现在国家已到最危急的时候，中国人对中国人之间的倔强是可以看开一点的了。尤其是在党权的政党那一方面，对国民让步一点不算耻辱，对外人倔强一点才算光荣。现在全国呼吁统一，宪法草稿第一条就可以成为统一的障碍。这障碍应该排除掉。在国家不吃亏的条件下，当局者应该尽量的听取民意。假如一个政府对外只知道在睦邻的美名之下屈服，而对内则在建立中心思想的名义之下实行统制，我敢断言这个政府是不会长久的。一个政府不能长久，不足惜，而在这危急的情形之下，中国能否禁得住再来一次两次流血的革命或激烈的政争，真是一个疑问。汪精卫先生在国难会议时所说："国民党的天下是血汗换来的，谁要政权谁就革命去好了"，这句话在训政时期中说出来，真是不足为训。今后宪政如上轨道，如有政争我们希望在宪法范围以内去和平的做去，不要先批宪法的本身。而就现在的宪草来看，第一条就有问题。

要解决这一个问题，不是没有办法。假如把第一条"三民主义"四个字取消，而把民族民权民生的精神与实质都分别的贯注在各有关的条文里，这便是一个折衷的办法了。宪草初稿第三十四条："三民主义为中华民国国民教育之根本原则"，就远不如修正全文第一三二条："中华民国之教育宗旨，在发扬民族精神……"之圆满。"发扬民族精神"比"三民主义"更适于用为教育原则。

假如三民主义这个名词不从宪法里删掉，这宪法决不能成为举国拥护的宪法，在将来是很有危险的。

《自由评论》1936 年第 9 期。

再论宪草第一条

我在本刊第九期上讨论宪草的一篇文章里说过这样的话："据我看，宪草第一条就是足以引起争议的，第一条云：'中华民国为三民主义共和国'。'三民主义共和国'是一个新撰的名词，在共和国之上加以三民主义的形容词，这是否为全国大多数国民所乐于接受，我觉得是一个疑问。

我想有很大一部分国民对于这一条是很感觉到不舒服的。理由很简单，三民主义是国民党的党义，国民党员有信仰奉行的义务，国民党以外的国民并没有信仰奉行的义务。'具有中华民国之国籍者为中华民国人民'（宪草第三条），中华民国人民不一定非信仰三民主义不可。如今以一党的党义放在宪法第一条里，我想不免要惹起许多人的反感。"

五月五日正式公布的宪草，第一条还是仍旧。试看现已颁布的国民大会（制宪用的）组织法与选举法，任谁心里都可以明白，国民大会一定可以很顺利的把这宪草通过，绝不会有什么重要的修改。我们现在对于宪草中某某几点纵然发表一些意见，也绝不能发生任何实际有效的影响，所以有人说，宪草的重要几点，不必谈，谈，亦无益。但我不这样想。我觉得我们在有批评的机会时便要批评，能否生效且不必问，各行心之所安而已。所以我还要再谈谈宪草第一条。

查“三民主义”四个字只出现于第一条里，在宪草的别处并没有采用。第一百一十六条，“中华民国之经济制度，应以民生主义为基础……”，实在是重复的。如以[把]三民主义放在第一条里，则所谓“民族、民权、民生”乃是当然的，如“民族、民权、民生”分列，则第一条里的“三民主义”即不需要。我在本刊第九期里提议取消第一条“三民主义”四字者，即因宪草各章已有分别规定，无须在第一条里放着触目的字样。

国民党人一定坚持着要留下这样的一点痕迹，这也是无可奈何的事。不过我们认为这是不聪明的措置，将来难免惹起纠纷而已。

立法院长孙科先生于五月三日对记者谈话云：“宪法施行后，中国国民党依然存在，惟其地位与形式将有所变更”。将怎样变更呢？孙先生没有明说。我们现在要问的是，按照宪草的规定，国民党之外他党有无参政的权利？国民党以后殆将放弃一党专政的理论，那么，是否容许他党和他公开的平等的竞争呢？

假如宪草第一条没有三民主义字样，则我们在宪草中找不到任何条文可以做限制他党活动的根据，因为第十六条明明规定“人民有集会结社之自由”。虽然紧接着说：“非依法律不得限制之”，但第二十五条又已声明所谓法律者，“以保障国家安全避免紧急危难维持社会秩序或增进公共利益所必需者为限。”禁止他党活动的任何法律，显然不合于第二十五条的规定，依第一百四十条之规定当然无效。目前国民党政府禁止他党活动的法律依据是那所谓“危害民国紧急治罪法”（民国二十年三月一日施行）的第六条：“以危害民国为目的而组织团体或集会或宣传与三民主义不相容之主义者，处五年以上十五年以下之有期徒刑”。（其实这一条也是很审慎的，若不以“危害民国为目的”而组织团体或集会或宣传与三民主义不相容之主义者，似乎亦应不为罪。）若到宪政开始之后，“危害民国紧急治罪法”即应在废除之列，因为刑法中均有明文规定，不须另立法规。那么，国民党以外之党，在宪法施行后，当然可以活动，决没有任何可加以禁止的理由。

但是宪草第一条若保有三民主义字样，这情形便不同了。因为，在朝的国民党人很可以经由第一百三十九条的手续制定一套法规，限制人民享受第十六条的权利，禁止人民组织与“三民主义不相容”的团体，而此项法规又可无被指为“与宪法抵触”

之虞。所以，他党有无活动之机会，与宪草第一条的条文似乎很有关系。

有人说：这是过虑。宪法施行后，一党专政的局面当然终止，若有人制定取缔他党的法律，便与第二十五条抵触，形成违宪，第一条并不能成为护［身］符。但是，第二十五条本身是含糊的，负解释宪法之责的司法院（注意：第七十七条规定司法院长由总统任命）将来准能这样的解释吗？我们不能不有疑问。

又有人说："三民主义笼罩着宪法"，但是宪法条文并不承认国民党在政治机构上有任何优越的地位，故以后凡奉行三民主义的政治组织自然是都被容许的。对于这种说法，我有两点意见：一，只许奉行三民主义的政党活动，这不能算作宪政，这仍然是一党专政的局面；二，三民主义是国民党的党义，如果不许他党存在，则国民党本身必定分裂，（如他现在已经分裂的那样）势必有类似"三民主义促进会"，"三民主义研究社"，"三民主义……"等等的名目出现，这不见得是国民党之福。

我的建议是：宪草第一条删去"三民主义"四字，回复到训政时期约法的第四条——"中华民国永为统一共和国"。拔出祸根，一了百了，爱国君子，何乐不为？

《自由评论》1936年第24期。

我们要公道

一切的革命或变乱，都是由于政治上的或经济上的不公道而起。必是社会里有一小部分人享受太多的政治上或经济上特殊权利，而一大部分人在政治上或经济上感受到太大的迫害与剥削，于是形成压迫者和被压迫者两个集团的对峙，对峙既久而不得解决，则被压迫者铤而走险，发生暴动。暴动成功则名之为革命，不成功则名之为变乱。义和团的事件是因吃教的教民依恃教堂勾结官府欺压贫民而起，是对不公道的反抗；辛亥革命因满清官僚之专横腐败骗民众杀戮党人而起，是对不公道的反抗。……从历史上看，没有一次革命与变乱没有它的政治或经济的背景，绝非仅仅是"好乱性成"的少数人所能煽惑掀动的。这点道理，不待社会学家做统计的证明，即是很明显的了。

革命或变乱的本身往往成为不公道的，往往成为狂暴的盲目的报复主义，但是它的动机却总是可以令人同情谅解的。它往往趋于极端，或矫枉过正，但总不是无因而生的。流血的惨剧究竟是不幸的事，我们不希望它常发生。英国政治家 Burke 说："革命是一服猛烈地药剂，不是日用的面包"。我觉得革命或变乱简直是毒疽的崩溃。社会的不公道是病态，能医治时总应该尽人事，药饵刀圭，兼施并用，不应该袖手坐视听其自行崩溃。所以社会上有了不公道的情形，应该有人批评纠正，应该有人主持公道。

现在我们的国家，外患之严重固不必说，其实内部的问题也是个不得了，纵然没有外患，内部的不安也足以致国家于危难。现在时髦的口号是"一致对外""反对分离"，但是为实现统一与对外起见，内部问题还是不能不谈的。内部健康是绝对必要的事，所以中央所谓"攘外必先安内"也颇有一部分理由。不过我们要问的是，如何方能安内？据我看，安内的唯一方法是实现公道。假如不从实现公道入手，甚至变本加厉的制造不公道，则我不知道"内"何以能"安"？

欲求实现公道，国内的知识分子应该常常挺身出来说公道话。在一个常态的国家里，各人在他的职责范围之内努力尽职就够了，但现在的中国所期望于她的知识分子者却不止此。中国的知识分子除了做他本行的事情之外现在似乎还有一种天职——他应该注意国事，批评国事。在国内政治混沌经济紧迫而民愤日深的时候，知识分子说几句公道话是有效力的，一面可以促使责任者的反省，一面可以给被压迫者一点慰安。说公道话与唱高调不同。唱高调是有作用的滥发不负责任不着边际之谈，以迎合一班人的心理，至少这是"媚世"；说公道话是尊重真理，是求事理之平，是宁可忤犯权要而不能不吐的由衷之言。我们不希望知识分子唱高调，我们希望他说公道话。

当前中国最不公道的事无过于两桩：一件是政治上的不公道，一件是经济上的不公道。

政治上最不公道的是一党专政。国民党的训政，在理论上本来也未可厚非，假如在训政期间把四万万阿斗都教养成人，能保护四万万阿斗不受外辱，能像意德苏俄那样提高国家地位充实国内力量，那么自然也是应该受相当的赞美。但是六年训政的成绩在哪里？全国有几县实行自治了？训政之效未见，而训政之弊已显，党之畛域使全国人必不能趋于统一。党内识者，鉴于国难之日亟，乃准期结束训政，现在宪章已经公布，宪政开始，计日可待。这原是可庆幸的事。但是，试看宪章第一条，开宗明义，还是"三民主义共和国"，国民大会则非经宣誓者不能有选举权。此后一党专政之局在实质上恐怕没有多少变更。这是不公道的。既云宪政，当许他派存在活动，不应加以三民主义之范围。此种不公道实于大多数国民以极不良之印象，使得他们对于政治冷淡、怨愤。孙中山先生所向往的是："天下为公"，惟"公"方足以服人。

撇开党的关系不论，只说人民的各种自由权之被非法蹂躏，也是极不公道的事。人民之遭非法逮捕监禁，在现下乃为极平常的事，法律规定二十四小时内须移送审判机关，而事实上嫌疑犯被羁押至积年累月比比皆是，执行公务之人弁髦法令，为所欲为，人民含冤茹苦，呼呈无门。其以思想犯罪或因爱国犯罪而遭缧绁者，尤为可怜。政府为维持秩序安宁之必须而对人民之自由加以限制，任谁均不应訾议；对实行暴力行动之共产党等等之讨伐，固亦未曾不可谅解；但政府之行动亦究应受法律之限制，对于人民不扰及秩序安宁之思想与行动应予以最大量的宽容与放任。至于不肖军人及奸猾官吏之鱼肉平民，则尤为世界中现代国家绝无仅有之怪现象，其为不公道，更不必论。

经济上不公道的情形是更明显的。少数的资本家以及官僚（官僚资本家是中国的特产!）过着骄奢淫逸的生活，而大多数民众过的是非人的生活，贫富悬殊，实在太不公道。共产主义的蔓延是有它的客观条件的。共产主义者和“客厅共产主义者”的主张，我们可以不赞成，但是这不公道的事实摆在我们目前，我们却不能熟视无睹，亦不能不想法补救。真正的民间疾苦，是乘飞机视察的大人先生们所看不见的。一面减除若干苛捐杂税，而另一方面是否又在别的名义下加重了民众负担，这也不是在官方宣传里所能找到的。政府计议中的遗产税所得税，舆论一致拥护，而充当部经费之“所得捐”则缴纳者并不热心，可见公道自在人心。欲除经济上的不公道，不必倡言建设以及“耕者有其田”一类的高调，现在需要的是给人们以苏息的机会，辅助人们维持他们的生活，对于资产阶级课税宜严，对于贫苦民众待遇从优，能如此方能略略免除民间不平的戾气。中国民族是最能忍耐最好和平的民族，但是忍耐也是有限度的，爱和平也是有条件的。

以上所说的政治经济的不公道，不能说全由政府负责，有些是历史沿留下来的积弊，有些是帝国主义者的祸害，有些是民族性的堕落的结果，但是，不公道的现象摆在那里是真的，知识分子应该暴露、批评、纠正它。政府的措置如果是对的，于国有利的，便应不惜称赞他；如果是自私的，于国有害的，便应指责他。民众的运动凡动机纯洁的应予以同情，凡行动越轨的应加以匡正。这种超然的批评的主持公道的责任是属于知识分子!

《自由评论》1936年第27期。

王造时

王造时（1903—1971），原名雄生，江西省安福县人，出生于一个商贾家庭。1917年就读于清华学校中等科，1919年参加五四运动，曾两次被捕入狱。自清华大学毕业后，到美国威斯康星留学，获得政治学博士学位，后到英国师从英国费边社会主义代表人物拉斯基研究国际政治。1930年归国后，谢绝清华、北大的邀请，受聘上海光华大学担任文学院院长兼政治系主任、教授。

1931年九一八事变后，王造时创办《主张与批评》半月刊，后又创办《自由论坛》杂志，同时参与发起组织上海各大学教授抗日救国会，积极支持十九路军和淞沪抗战。接着又与宋庆龄、鲁迅、杨杏佛等发起组织中国民权保障同盟，担任同盟的宣传委员、执行委员，参加援救被国民党关押在监狱里的革命者和进步学生的活动。1933年11月，他参加了“福建事变”，发表《为闽变忠告当局》宣言，公开了他的反蒋抗日主张。1935年底，与马相伯、沈钧儒等共同组织上海文化界救国会并担任执行委员。1936年王造时出任上海文化界救国联合会宣传部长，主持《上海文化界救国会会刊》和《救国情报》，主张停止内战，一致对外。1936年6月，全国各界救国联合会成立，他被选为执行委员，常务委员，同年11月被国民党逮捕，为著名的“七君子”之一员。

1938年3月，王造时担任江西省政治讲习院教育主任兼教授，负责训练抗战时期江西省干部，9月，在江西创办《前方日报》，并被聘为国民参政会参政员。抗战胜利后在上海创办自由出版社，同时兼任私人法律顾问。1948年12月，蒋介石亲自下令查封由知名人士储安平创办的上海《观察》杂志，并逮捕《观察》工作人员，这就是中国近代史上著名的上海“《观察》事件”。王造时亲自出面，多方奔走以自己的影响力给当局施压，于次年2月亲自担保和营救了包括美术家朱宣咸在内的数位《观察》进步人士出狱。

上海解放后，王造时积极参加爱国民主运动，是著名的爱国人士。1951年起，王造时任复旦大学历史系教授，世界史教研室主任。1957年王造时被错划为右派分子，1960年9月，被摘掉右派帽子，但在“文化大革命”中又受到冲击。1971年9月王造时因病逝世。

中国问题的物质背景

（一）引言

我们要治病，必先问清病症：研究病是如何起的；起来以后，服了药没有；若是服了，服了什么药，发生了什么影响；现在的情形又是怎么样。我们必需把病症的前前后后考察以后，才能断定现在是一个什么病；断定病症以后，才能开一个药方；开了药方，才能照药方所开示的买给病人去服。受过科学洗礼的医生，有时不能断定病症的所在，宁愿要病人搬到医院去再病几天给他看。他须看清楚病症以后，才敢给病人药吃。这样去治病，我想除非是人类智识所不能治之症，大概没有不能治好的。

若是有一个医生去治人家的病，不仔细先看清病之所在，随便乱开药方给人家去服。人家服了以后，病势不但没有减轻，并且一日一日的加重，而终至于一命呜呼。试问这个医生与杀人犯有何分别？在文明的国家里面，这个医生当然不能逃脱法网，会受严重的惩罚。若是有人要特别原谅他说，他心里原在救人，毫无谋害人家性命的意思，不过因为本事不够，看病不清，所以开错了药方，误了人家的性命。如果真有这么一个说法，其实亦不能减轻他的罪状。因为若是他的本事不够，根本上他就不应该去当医生；若是看病没有清楚，更不应该乱开药方。二者有一，已经罪无可逃，两者俱备，更无原谅余地。若是明知自己没有本事诊治，但为骗得报酬起见，不惜以人家的性命做儿戏。这种医生，岂止是庸医误人，乃是杀人不眨眼的蟊贼！

一个人的病，我们还须如此小心谨慎去诊治，那么一国的病，更应该如何小心谨慎去诊治。一个人的性命，固然是很重要，应该宝贵；一国的生命，更是重要，更应宝贵。因为一国的生命，不仅影响一个人，并且影响全国人；不仅影响这代，并且影响后代；不仅影响本国，并且影响世界。若是我们中国被一个庸医所误，服错了药，不但我们这辈子的中国人要吃亏，连我们的子子孙孙，都要受苦。世界上因为我们中国天天在纷乱不堪的病态里面，不但失却我们应有的贡献，而且还要连累人家。由此看来，治国病的人比治个人病的人，所负责任，更重更大。他应如何看清病症，排除一切自私自利的念头，去开药方。否则，误尽苍生，死还有遗辜！

不幸，我们中国病了，并且病了很久了。现在病势只有增加，没有减少，可说是气息奄奄，人命危浅了。有些热血的青年，看见事已至此，以为不可救药，于是不去研究病症的来历，提出补救的办法，徒然在那里长吁短叹，痛哭流泪，甚至于自杀了事。大多数资产阶级的人们，因为屡次被一班自命为国手欺骗的结果，于是对于国事，失却所有信念，置之不闻不问，而惟日沉湎于一种醉生梦死，得过且过的暂时享乐生活。其次有些不负责任的人，看见中国社会到处黑暗，而自己又不肯牺牲去谋改造，于是心理反常，无论遇到什么事情，不管是好是坏，一齐都骂。至于普通一班人民，没有智识，不知事情的因果，以为中国的纷乱及其本身所受的压迫痛苦，都是由于天命，惟有吞声饮泪，苟延残喘度日。脑筋守旧的，回想以前社会秩序比较安宁的时候，由今视夕，无异黄金时代，于是发生一种反动心理：对于旧的东西，不胜其追念；对于新的运动，不胜其厌恶。还有一班丧心病狂的两脚动物，乘火打劫，作威作福，以人民为鱼肉，以自己为刀俎。充国之中，都布满了这种种悲观、消极、失望、怀疑、糊涂、反动，以及自私自利，无廉鲜耻的心理，这是多么危险，多么伤心啊！

其实，中国所以闹到这种地步，并不是偶然的，亦不是没有办法的。不过我们从来没有去精细研究罢了。由过去以至于现在，一班自命为革命家的，往往不先研究中国问题的根本所在，而妄自提出种种主张，强人盲从。头痛医头，足痛医足，以至矛盾百出，行为不能一贯。如是妄动的结果，只有使中国日趋于纷乱，而不能收拾。我们在此生死存亡的十字路头，若不愿去暗中摸索，碰得头破血流，那么应该痛定思痛，先去找出中国问题之所在，而后提出解决的方法。犹之治病，必须先看清病症一样。

中国自古为文化之邦，那是一个事实，用不着我们去吹嘘。同时我们这种文明，经过两千多年根本上没有多大变化，也是一个事实，用不着我们去辩护。朝代的名字尽管换着：唐也好，宋也好，元明也无不好。做皇帝的人物尽管变着：太祖也好，太宗也好，高祖高宗也无不好。政治戏台上虽然三个打进，四个打出，忽而花脸，忽而小丑，忽而须生，忽而旦角，但是我们中国社会的根本，经过两千多年总没有多大变动。不错，我们虽曾被外族征服过好几次，但外族终被我们的文化所吸收。我们中国虽经历无数治、乱、盛、衰的循环，但我们的基础条件，从没有遭过颠灭。五十年前的农民生活和两千年前的农民生活，并没有根本的差别。纪元后一千九百年的手工业制度，和纪元前九十年的手工业制度，也不见得有重大的变异。我们中国以前的社会，的确像一池死水一样，天天总是在平静的状态里面。纵或有时因为狂风暴雨，或被吹皱池面，或破打成水涡，但是深厚的池水，大体上并不受什么波动；并且风过雨止，全池仍然是平静如初。

在这样平静的状态底下，我们中国过了两千多年的时光。我们的制度，我们的思想，我们的社会价值，我们的风俗习惯，都凝成了坚固的模型。我们自己以为到了至善至美，无以复佳的境界，再不必有所改变。我想，若是我们的门永远能够像以前那样关着，若是环境能允许我们那样停滞不变的安稳过下去，我以为若干年代以后的中国社会，还是与若干年代以前的中国社会，情形并不会根本两样。

不料中国到了十九世纪的中叶，局势忽然大变。西洋来的枪炮，不但打破了我们的门户；西洋来的商品，不但赚了我们的金银；他们还带来全个西洋文化，向我们灌注。若是中西两个文化的接触，经过长久的时间；再若是西方的潮流来得比较和缓，那么我们中国尚可逐渐适应新的环境，保持一种相当的平衡状态，而不至于崩溃得不可收拾。然而西方列强的野心，老实不客气，恃其超越的军力以临我们，绝不使我们有自由选择，循序适应的余地。西方文明遂如排山倒海的冲来。我们固有的全个文明如逢洪水一般，只有崩坏下去。全个社会于是失却了基础。固有的思想，制度，文物，皆被倾出固有的地位以外，而发生绝大的纷乱。

因此，我觉得中国的大纷乱，其根本原因不是普通一般人所说的。帝国主义与军阀制度从表面上看来虽是中国纷乱的原因，但是为什么我们不能抵抗帝国主义，为什么军阀制度会产生出来，其中可见还有道理存在。中国之所以有军阀制度的发生，中国之所以有维新、革命、复辟、反动主义等等出现，中国之所以有白话文学、家庭革命以及其他一切一切，都可归根到底到中西接触一点上面去。换一句话说，中国之所以成问题，中国之所以有问题，中国问题之所在，就坐在此点。我们若是要去解决中国问题，那么非根本捉住此点不可。

根据中西接触为出发点，我去分析中国问题。我看在中国与西洋没有接触以前中国的社会是静的社会。各种组成中国社会的思想、制度及势力，都是几千年传统下来的东西，在社会上各有各的地位，成为一种系统，得着平衡的状态。因此全个社会，都在静的状况底下安宁过活。我们这种静的社会，本来是自供自给，不愿与人家往来。但是我们不开门，西洋列强偏要打进来，与我们发生关系。两相接触之下，若是中国文明较优于西洋文明，那么我们的社会不但不会根本动摇，并且我们的文明有向外传播的希望。在历史上，我们中国人并不是没有和其他民族发生过接触。现在回［族］人，蒙古［族］人，以及满［族］人的祖先，都与我们中国［原］人有过许多交涉，结果他们终被我们所同化。

退一步，再假定中国文明与西洋文明能够互相颉颃，那么两者接触之下，彼此都有砌磋的地方，同时彼此都有不拔的基础。这方面的文明又何能根本推翻他方的文明？在此种假定的条件之下，我们中国社会虽多多少少要受西洋文明的影响，但是还可保持相当的平衡状态，不至闹得天翻地覆，造成一个极大混乱。

然而，不幸，我们的文明在此生存竞争，优胜劣败的现代生活里面，的确不如西洋文明那样的健康。我们在玄学的文学的眼光看来，或者不愿说这种没有志气的话，或者甚至可以跟着泰戈尔诗人大骂西洋文明的卑陋不堪，赞美我们东方文明的高妙：但是在现代情形之下，事实告诉我们，中国文明实在敌不过西洋文明。所以两者相碰，我们不能不归于失败。

我们起初与西洋人接触的时候，我们还以为他们与匈奴突厥同类，看他们不起，要他们的使臣磕头，说他们的使臣是来朝贡的。谁知他们一次一次的把我们挫败，我们才知道他们的利害。起初我们还只接受他们的物质文明，到后来连他们的精神文明，亦无法拒绝。这种西洋文明的怒潮，随着帝国主义的侵略，如狂风骇浪［般］的打来，把我们全个中国社会的基础动摇。全个社会于是失却了向日的平衡。因为这种关系，所以我把构成在没有与西洋接触以前的中国社会的元素，名为静的元素；把构成在与西洋接触以后的中国社会的元素，名为动的元素。静是中国社会的状态，动是中国社会的变化。动出于静，由静而动。我们若不明了前者，便不能明了后者。我们若不明了中国以前的社会，便不能明了中国今日的社会。因为静是动的背景，动是静的反应。两者同是中国问题的两方面。我们若是要知道中国问题发生的由来与经过，我们便不能不寻本清源，把中国问题动静两方面去详细分析一番。至于中国问题静的元素是些什么？动的元素又是些什么？中国社会当初怎么样？而今怎么样？只有请看下文分析。下文便是中国社会静的一个元素，一面背景。

（二）地理

让我们先打开当地图来看。我们东南有黄海，东海，南海，以及那浩大无涯的太平洋。在汽船没有通行以前，海禁未开的时代，这种天然的界限，便使我们不但与西洋各国隔绝，并且与日本也少往来。拖向西南，我们便有那高高不可攀的喜马拉雅山脉，把我们与印度分开。正西方面，乃是世界屋脊帕米尔高原所在。我们若是想由此路，以通欧洲，不要说以前感受困难，就是现在也很难通行。至于北方，不但那大块不毛的戈壁沙漠把我们包围着，并且即让我们走远一点，以前也是一片没有人烟的西北利亚平原。我们中国还以为与外界隔绝不周到，自己筑了一条万里长城，从西北以至于东北。我们中国社会以前处在这种四围闭塞，交通不便的情形底下，并且在西北所遇到的又是些文化较低的部落民族。于是我们的祖先自然而然发生两种观念，经数千年以至于与西洋各国发生关系，牢不可破；给我们中国的历史以很大的影响。

第一种地势所给我们的影响，便是天下主义。我们的祖先，因为地势隔绝的关系，不知有其他国家或民族的存在。东戎、西夷、南蛮、北狄虽然常常与我们捣乱，但他们并不在我们的眼里。我们以为中国便是天下，天下只有中国。一谈到中国，便包括全世界，一谈到天下，心目中只有中国。我们在一切古籍里，随处都可找出这样的例证。在没有与西洋接触以前的中国人的脑筋里面，对于中国与天下，不见得有什么分别。并且因为我们素来与外界很少发生接触的缘故，没有受过其他国家的侵略，国家关系上没有什么竞争与冲突。我们以前在历史上所遇见的，都是些部落民族，他们并无所谓国家的组织。我们的祖先既然没有外国的对敌，自然不觉得有国家组织的需要。因此，我们中国以前只有天下观念，没有国家观念。

第二种地势所给我们的影响便是保守主义。我们的祖先，既误认中国为天下，不知有西洋文明的存在，而附近所看见的又是些尚未开化或半开化的部落民族，自然容易发生一种自满的心理；以为中国文化是最高无上的。有了这种自满的心理，当然很容易认为中国一切的制度文物已到了无以复加的境界，我们只要保守，毋须改进。中国社会之所以变成僵态，经两千多年没有多大进步者，未始不是受了这种保守主义的影响。当西洋各国初派使臣来要求通商的时候，我们还以为他们是来进贡称藩的，非要他们叩头不可。后来屡战屡败，才知这些西洋鬼子的利害，我们自己实在有改革之必要。

若是我们拿欧洲的历史地图来比较，由希腊以至于罗马，再由罗马以至于现在。各国地势的犬牙交错，交通频繁，无不促进他们的国家自觉。我们单拿希腊来讲。希腊虽然面海，但地中海没有太平洋那么浩大，不能与埃及文明及巴比仑文明隔绝。东通小亚细亚，与波斯各国接触，没有帕米尔高原站在中间。北则连贯大陆。西则与意大利半岛遥对。岛屿林立、种族复杂、竞争很烈。虽当时希腊的政治组织，限于所谓城市国家，然惟其因为是城市国家，才同时有许多具体而微的国家的存在。相互之间，竞争激烈。竞争激烈，便发生与中国两种刚刚相反的结果。第一是爱国心。各个小国对峙之下，自然产生一种自觉。雅典的人自然爱雅典。司巴达的人自然爱司巴达。不但如是，雅典和司巴达为各自争生存及胜利起见，对于政治组织，不能不求完备；对于其他一切，不能不求进步。因此第二个结果便是进取的观念。社会常在动的状态。愈动愈进化；愈进化愈发展。所以我们看西洋文明，有如长江大河一般：急滩之下，又有深潭，深潭之下，又有急滩，曲曲折折，变化无穷。中国文明则如池水一样，原来是怎么样，现在亦是怎么样；原来是多少水，现在大概仍原是多少水。水总是死的，不会流动。有时池面纵被大风吹皱，但不久仍归平静，静是它的本体，变是它的例外。因此我们的文明，虽然开发较早，却是进步极慢。西洋文明虽然开发较迟，却是进步极快。一静一动，一慢一快；一重保守，一重进取。结果，后来居上，我们倒是落伍，一经接触，我们便没有力量反抗。

除了我们的周围是封塞的地势外，我们要认清我们中国不是一个岛国，像英国日本一样；亦不是一个海岸线很长的国家，如法国意大利一样。中国乃是一个广大的大陆国家。内地纵横数千里，山川深阻，不便与他国通商。而黄河，长江，珠江三大河流，又自西朝东，蜿蜒中国本部，可供灌溉。土地肥沃，温度适宜，乃一天然的农业国家。并且就气候与物产而论，因为中国是一个广大的大陆国家，所以地跨寒温热三带。北方的皮毛，沿海的鱼盐，中部的麦米棉麻，江浙的丝茶，无不备具。至于矿产，如金银铜铁之类，在农业社会里面亦很够用。所以中国可说是一个完全经济自足的农业社会。生在这种国家的人民，生活非常简单，自己可以自供自给，没有与他国通商之必要。自己固然没有什么工业品输出，亦不需要什么工业品输入。不但对外如此，就是国内各地方的经济关系，亦无很多相互交换的机会。各个农村，差不多经济上可以独立。在这种情形之下，没有什么工业，自然没有什么商业；没有什么商业，自然不需要便利的交通。交通不方便，自然各方的关系不能密切；集中的组织不能形成；思想智识无由交换，全个社会只能在一种静的状态底下过活。换句话说，这种国家结果是很保守的；它的组织［绝］不会严密的。

（三）民族

中国所包括的民族，普通说来有五：曰汉、曰满、曰蒙、曰回、曰藏。其实还有一被人忘记了的苗族。这六族都有可以明了分别的界线。满族以东三省为根据，蒙［古］族掩有内外蒙古，回族以回［伊斯兰］教为标准；藏族以西藏为活动范围；苗族则出没于南岭山脉，川、滇、黔、桂、粤、湘之山间。至于汉族，实为构成中国的主要成分，遍布中国全部，为中国全部历史的中心。但所谓汉族自晋代五胡侵入之后，早不是一个单纯的民族。如满洲族之东胡，鲜卑，契丹，女真；蒙古族之匈奴；回族之突厥，回纥；藏族之羌；苗族之一部分土司，都已混为汉族。故汉族实为一混合复杂之民族，可以代表现在所谓中华民族。我们一说到中国人的问题，大部分我们不能不以汉族为对象。

我们讨论中国民族问题，可分两方面来看：一是量的问题，一是质的问题。先就量的问题而言。究竟我们中国有多少人口呢？这个问题，很难为确切的答复，因为我们没有可靠的人口调查。现在关于中国人口的数目，都是出于估计，很难作科学的根据。譬如一九一〇年中国本部十八省的人口，据民政部的报告，为三三一一八八〇〇〇；据邮政局的调查，为四三八四二五〇〇〇。两相比较，竟差一万万之巨。不过我们根据最近立法院几位统计专家的意见，中国人口大概在四万万五千万左右。（依一九二六年邮政局估计人口总数为四八五，五〇八，八三八。）

假使这个四万万五千万的数目是近乎情理的话，那么就比法国大十一倍，比不列颠大十倍，比美国大四倍，比日本大七倍，比德国大七倍，比意大利大十一倍，比西班牙大二十二倍，比比利时大六十倍；占全世界人口四分之一。以量的方面看来，中国人口不可谓不多了。但这种数目与中西接触以前的中国人口比较还是增加了呢？还是减少了呢？据各方面计算，所增并不很多，就是普通所谓四万万的数目，在道光十五年（即一八三五年）便就有这么一个估计。从此一点，可见中国人口增加得并不很快，与欧美人在六十年内可以加倍之增加速度比较，实在望尘莫及。

中国人口增加如此迟慢，难道因为生产率低吗？不是。我们中国的思想，制度，政府的势力，及经济的背景，无一不是鼓励生育的。儒家的"不孝有三，无后为大"不消说了。早婚，纳妾，亦是助长生产的原因。同时在大家庭制度之下，少年夫妇没有经济的负累，可以无限制的生产。兼之人民缺乏智识，生活很低，能以小小的收入，供给很多的人口。故中国人口的生产率，在全世界各国里面，算是最高的。据人调查，就是在这十几年天灾人祸的中国，人口的生产率，还有千分之三十至三十五，与欧美先进国的生产率比较，差不多增加一倍。

既然中国人口的生产率高，为什么白人近二百年来增加那么快，中国人口增加又这样慢呢？我们要知道，人口的增加，不仅是生产率高的关系，并且要看死亡率如何。若是生的多，死的亦多，那么人口还是不会有什么增加。若是生的少，死的更少，那么人口还是会增加。中国人口之所以生的多，而仍不激增者，乃因为死亡率太高的原故。反而言之，欧美先进国之所以生的少，而人口反而激增者，即因为死亡率很低的原故。我们既到此地步便不能不再进一步问：为什么中国人口的死亡率这样高呢？

中国全国每方英里的人口密度，根据一九二三年邮局的调查，为一〇四人；二十一省平均密度为二三八人。若是这个估计的确，那么比之德意志，意大利，比利时，及英格兰等地的人口密度，表面看来，并不算密。若以全国总平均每方英里一〇四人而论，更不应有人满之患了。不过从中国面积所推算出来的密度，不能代表真正的中国人口经济。我们中国除黄河，长江，珠江，辽河及松花江流域之外多是不毛之地，不宜于耕种。二十二行省的土地，至少有百分之五十至六十不宜耕种。若依美国农业经济专家培格尔 O E barker 计算，则可耕之地没有如此之多。据培氏提交第二次太平洋国交讨论会的论文说，全中国（西藏除外）共有二十四万万英亩的土地，其中有一半因为气候太干燥，不适于耕种。余下来的一半（百分之五三）因为温度不足而不适于种植的，亦占百分之五。所余的百分之四八，气候虽然合宜，但在山陵岩壑之间，地层贫瘠，不能从事农作的，要占其中百分之四〇。其余还有百分之五是沙土。所以在中国的领土中，可耕种之地仅有百分之二九。所以我们要测量中国人口的生存机会，必须第一注意中国人口所占面积与世界人口所占面积之比例，第二须注意中国耕地的人口密度。

现在全世界人口总数约有一八，〇〇〇，〇〇〇，〇〇〇左右。全世界土地面积总约五七，二五五，〇〇〇方英里。中国土地面积根据英文中国年鉴为四，二七八，三五二方英里。中国人口，我们上面已假定为四万万五千万。从此类事实去推算，中国土地面积占全世界十三分之一。中国人口占全世界四分之一。由是可知，中国人口及土地面积，与世界比较，在各大国里面算是最相悬殊的了。以这样多的人口，占这样小的地方，其拥挤情形，可见一斑。并且全国地方，不是处处可以耕种。据北京经济讨论处报告，可耕土地面积，只占全国面积百分之一四．八。西藏，蒙古的大部分，现尚未从事于农业经营，不必去说。即以内部十八省及新疆东三省而论，全部农田的面积，据农商部调查，不过一，五七八，三六五，九二五亩，或三七四，四六四英方里。又按政府估计关内十八省东三省，及新疆面积，总计有二，四四六，三六〇方英里，或一〇，三一一，四〇〇，〇〇〇亩。故二十二省农田总数，只占其土地面积百分之十六。姑以邮局一九二三年的调查为标准，三十二省人口总数为四三六，〇九四，九五三。那么每英方里耕地人口密度为一一六五人。这个密度为世界各国最高者之一，与比利时耕地密度差不多相等，比日本约低一倍，比英国高一倍，比意大利高三分之一，比法国高四倍，比德国高五分之三。这些国家因为人口太多，耕地密度太高的关系，不得不提倡工业，以制造品向各国换取食物，故尚能得到经济的安全。现在我们中国向来就是一种农业社会，老早便有这么多的人口。在社会经济看来，其已经到了一个人满之点，可谓毫无疑问。

既然中国老早就到了人满之点，若是生产方法不改变，而同时人口不加多，还可勉勉强强的过去。若是仍原是农业社会，而又要鼓励生育，结果非闹出乱子不可。我们中国上了孔老夫子“不孝有三，无后为大”的当，一方面不去改良生产方法，他方面又要添子添女。结果，人口的数目，超出食料所能供给的数目。换句话说，便是超过人满之点。其影响，只有发生绝大的经济恐慌，而造成疾病，灾荒，战争种种可悲的现象。人民死于疾病，灾荒者固多；而死于战争者更是不少。在我们中国过去的历史看来，的确有这种现象。所以有人说中国内乱的发生，差不多有一定的时期。如三年一小乱，六十年一大乱，一百二十年一极大纷乱。甚至有人拿人口问题去解释中国的政治历史，说更换朝代，相互砍杀的时候，便是人口过剩的时候。砍杀一顿以后，人口因之减少，人口的数目与食料成了一种相当的比例，于是有真命天子者出，收拾残局，后归于和平相安的状态。过了若干年后，人口的增加，又超过食料的供给，于是又要大砍杀一场。这种说法，虽不足以解释全部中国政治历史，但亦有相当的道理在内。

大概中国人口到了中西接触的时候，已经超过人满之点。即使没有外国势力的侵入，亦恐怕要发生内乱。证以太平天国之乱，杀人如麻，可见一斑。何况自此以后，西方的机器文明，逐渐把我们的手工业制度根本破坏，使许多人奔入失业之途呢？

说到质的问题，我觉得更为重要。普通总以为人口愈多愈好，其实质若不好，量多又有何益？从历史上看来，中国民族原来是很优秀雄健的：不但在文化上早有成功；就在体质上，亦是昂藏七尺之躯。不过后来因为经济状况之不充裕，以及崇尚文弱，看轻体力劳动的风俗，体质一天堕颓一天，成了所谓远东病夫。男则长衫马褂，弱不禁风，女则缠足束胸，寸步难移。中国民族有了这种体质，精神上间接亦受影响。没有勇敢向前的精神，遇事只想敷衍过去。没有反抗的精神，对于强横者只知乞哀求怜。没有冒险的精神，遇难便退。反观西洋人的特质，刚刚相反。南北洋的冰雪，他们要去探险。大西洋的狂风巨浪，他们要去飞过。走遍天涯，都有白人的足迹。他们受不了社会上种种压迫，遇到任何专制势力，都要推翻，所以民主政治能够发展。他们受不了自然界种种限制，要发明机器去征服，所以科学能够发达。白种人这种精神，虽然有其他原因，但是他们体质强健，亦是一个重要理由。我们若把中国人与西洋人在体质上比较，论高度，白人平均高五尺八寸（西洋尺），中国人只有五尺二寸。论重量，白人由二十岁至四十岁平均身重约一百四十磅，中国人平均还不到百十五磅。论寿命，瑞典挪威人平均约有五十岁，英美人约有四十五岁，法人与日本人约有四十四岁，德国人约有三十九岁，而中国人还不到三十岁。论残废愚鲁，虽无统计可查，但我们可断言中国必比西洋各国为多。中国人的确好像是五十多岁的老头子，白人好像是年富力强的青年。这种相反的对照，无论在什么地方，都可看出。若是全世界都尊重我们中国人是老者，并且若是他们和我们中国的孝子慈孙一样，来侍奉老者，那么我们中国人还可倚老卖老，衣帛食肉。不幸人类社会，是生存竞争的世界。老年的中国人，与青年的西洋人去争生存，并且用武力去争生存，老年的中国人，自然要被打倒无疑。（本段论人口的统计，多取材于许仕廉著中国人口问题，附此声明。）

（四）农业

欧洲人还在穴居野处，茹毛饮血的时候，我们中国早已到了农业社会。我们自有历史以来，历代无不注重农事。皇帝每年还要亲自去行栽禾礼；遇到什么旱灾蝗灾，还要向天祷告。一班读书人，除了自己的特殊地位不愿牺牲外，亦把农民抬高在士农工商四个阶级的第二位。就是浪漫的文学家，亦要歌颂农事的生活。我们这种农业社会，经过数千年，一直到与西洋文明发生接触的时候，没有什么摇动。全国人民除了少数的手工业者及小商人以外，都与农业发生直接关系。所以中国自古以来，是以农立国，那是毫无疑问的。我们这种以农立国的社会，有几个特质；而且因为那些特质，发生了几种严重的影响。

第一，农业社会生活简单。“日出而作，日入而息，凿井而饮，耕田而食，”便是它的绝妙图画。我们若是到内地去看，便知我们中国原来的社会，是怎么样的一个情形。男则担任耕种，早上背着农具出去，晚则牵着牛羊归来。若没有意外的灾难发生，勉强可以解决食的问题。女则担任纺织，烹饪之余，纺纱织布。若没有疾病生育等事，勉强可以解决衣的问题。这种生活，可以说是家庭自给。除了少数物品，须向别人购买外，都是自备。就是要出去买，本村开杂货铺的张三，或做铁匠的李四，亦可供给，不必远跑。生活既然如此简单，生产分工的办法，自然不会复杂。在经济上，每家或每个乡村，差不多能够独立，不依靠外面的交换。于是与外界自然很少接触。乡下人十个有九个没有到过县城。至于妇人女子，则足迹绝少出本乡村以外。这种社会，虽然没有完全如老子所理想的“老死不相往来，鸡犬不相闻”的境界，但其实亦差不多了。

在这样简单的生活底下，人与人之间，团体与团体之间，或地方与地方之间，关系决不会很密切的。既然社会关系不会密切，那么自然不需要复杂的，固定的，及强有力的政治组织。有我们这样笼罩一切的大家庭制度，亦就够维持了。任凭你做皇帝的是张三或李四，任凭你朝代的名字变来变去，只要他们的生活可以照旧像轮回一般的过去，与他们是不相干的。他们只知道奉行故事的纳税给县官老爷，其余一切都不知道，都不愿知道。什么叫做政治？什么叫做君主，民主？什么叫做政府，国家？在他们看来，都是些不认识的东西。我们以前的中国，有了这样百分之八十五以上浑浑噩噩的人们，难道我们还希望他们有国家的观念吗？产生强有力的国家组织吗？做事有公共的精神吗？参政有能力吗？

第二，我们知道社会经济，由渔猎时代演化到游牧时代，乃是因为渔猎时代所需要的地皮，较游牧时代多。譬如同一块地皮，在渔猎时代只能养活百人，在游牧时代便可养活千人。故人口增加，社会进步的结果，不能不走进一个较为经济的制度。但游牧时代与农业时代比较，又不经济。因为农业可以利用人为的力量去耕种，年年都可得到相当的收获。人类社会，因为生齿日繁的关系，于是又不得不由游牧时代进化到农业时代。我们中国社会一到农业时代，便站住不动，不知道工业时代比农业时代还要经济，还可提高社会生活，解决人口增加问题。我们以为农业时代已是止境，不能再进，因此经过数千年，我们的生产方法很少变动。但是在他一方面，人口一天一天的增加，结果造成僧多米少的现象。经济的压迫，一天紧张一天。好的年头，还“仰足以事父母，俯足以畜妻子”。凶年那么就“不免于死亡”了。到了不免于死亡的时候，强悍者当然去做土匪，打家劫舍，狡黠者便乘机而起，集众为乱。于是政治上自然要经一个混乱时代。

第三，农业社会所形成的生活，是保守的。因为在这种社会里面，生活异常简单。一方面人与人之间的接触与竞争，比较很少；再一方面，人类所要思想的问题，亦不很复杂。并且农村自给的情形，比较不需要交通的方便。结果当然缺乏交换思想的工具。所以无论在什么地方，我们都可观察出来，农业社会比工业社会是趋于保守的。加以我们中国受了儒教传统思想的影响，总是要遵古法制，不肯改良，于是什么都没有多大进步。不要说别的，姑以农业本身而论。现在一班农民所用的工具，和耕种的方法，与我们百千年前祖先所用的，相差不多。时时发生旱灾，可是不想方法去防止。时时发生蝗灾，可是不想方法去扑杀。把一切事物都认为天命，不愿有所改变，遇到灾荒，皇帝及长官只知奉行故事，祷告上天；人民只有吃树皮，草根，冻饿待毙。至于种子的选择，肥料的讲究，机器的运用，更是谈不到了。这样的保守成性，又哪能适合现代的生活？

我们反观西洋社会。他们亦是由渔猎时代而至于游牧时代，再进而至于农业时代。在农业时代的中古社会，他们亦会有饥荒及各种纷乱现象。不过在十八世纪的中期，他们忽然发生了产业革命，他们于是由农业时代，进展到工业时代。工业社会的影响，刚刚与农业社会相反，第一，工业社会生活复杂，分工亦就不能不精细。不但一家不能独立自给，就是一地亦不能独立自给。每个个人，以及每个地方，在全个生产的系统上，只能履行一部分的生产职务。因此他们的经济关系，在大国以内，像蛛丝网子一般，牵一处［而］全局都动。这种经济，乃是以一国为单位，可名之为国家经济。这种国家经济在政治上，自然需要统一的国家，及强有力的政府去扶助它，保护它。人民因为政治与经济有分不开的关系，亦不能不注重政治。于是由注重政治，而参加政治；进而认识国家的存在与需要；更进而发生国家观念。人民到了这种地步，国家的基础当然会巩固的。

第二，工业社会因为工厂制度的关系，及商业交易的方便，人口渐渐集中在城市地方。就是乡间亦有铁路，汽船，汽车，电报，电话为之联络。个人间接触的机会，当然随之加多。一方面，因为生活复杂，所遇到的问题很多，不能不用思想去解决；他方面，因为交通方便及人口集中的原故，思想的传布极快。社会常在动的状况底下，总是向前进展，不至如农业社会的保守不动。愈前进愈进步，此所以西洋社会自工业革命以来，其进步的速率，其令人不可思议。

第三，工业社会因为运用机器，以及分工方法，工厂制度等等，于是有大规模的生产。生产愈大，出品愈多，而社会的财富亦愈增加。工业国家可以拿制造品去交换农业国家的食料，故能以极小的地皮，维持极多数的人口。人口的数目，虽然激增，但人民的享受，反比在农业时代为优裕。此所以现在一班没有到过中国的西洋人，时常看见报纸上说中国有千万的灾民，在吃树皮，草根，甚至于人肉，觉得异常惊骇，认为这是世间不可能，不可思议，不可相信的事。

由此比较，我们中国是以农立国，西洋先进各国是以工立国。我们的农业社会，家庭可以自给，生活非常简单，不需要强有力的政府组织，我们自然亦不会发生什么国家观念。西洋的工业社会，则因为经济关系的复杂，不能不注重政治，更不能不有完备的国家组织。并且我们知道，农业社会趋重保守，工业国家趋重进取；农业社会的财富增加有限，工业国家的财富增加无穷。以进步的、富强的西洋国家，与保守的、贫弱的中国相碰，我们哪有幸胜的道理。

（五）工业

我们中国在没有与西洋接触以前，既［然］完全是农业社会，那么我们的工业，亦不过是农业的附属品。我们的生活很简单，不需要听什么留声机，看什么电影，闻什么香水，坐什么汽车，吃什么山珍海味，喝什么高粱啤酒，住什么高堂大厦，穿什么毛织西装。我们只要有耕田的农具，粗陋的器皿，便足够了。虽然少数的贵族，有时需要珍品的装饰，然究竟对于社会一般人的生活，毫不相干，在这种简单的生活里面，工业当然没有发达的希望。我们若是到内地去旅行，所看到的都是田埂阡陌。至于制造物品的工厂，绝难找到。只有在比较人多的市镇，或可发现一二家铁匠铺子及木匠铺子。我们要记着：高入云霄的烟洞，与备有机器的工厂，乃是中西接触以后的事情。

我们的工业没有现代那个机器怪物来帮助，一切的工作，只好用手。你没有看见打铁的吗？在火星迸裂之下，只见两个赤背的人，彼此拿的铁槌，你一下，我一下的轮流打着。隐约中，你还可看见他们两臂筋骨的鼓起。若是你再到一个木匠铺子里面去看，这些木匠们所用的工具，只有刀，斧，锯，凿那么几件简单的东西。一块厚的木板，需要两个人一来一去的锯一天到晚。这当然是手工业制度，与西洋的机器文明不同的地方。

我们要问，这种手工业在什么地方做呢？当然不是在烟洞高耸的工厂里面。那是机器制造，大批生产的方法。至于几张粗笨的桌子椅子，在家庭里面，便可制造。所以你若到一个内地的市镇上去，还可完全看见那种家庭手工业的遗风。不管它是铁匠铺也好，木匠铺也好，门口总是摆着制成的物品，店里就是作工的所在，后面即是住家的地方。假使老板张三是做打铁生意的，那么老板张三的全个家庭，都要与打铁发生关系。老板的兄弟身强体壮，可以拿得铁槌，便与老板打个来回。老板的儿子，年龄还小，便去抽送火炉。老板婆既不能打铁，又不能抽送火炉，自然逃不了烧饭做菜兼管拍卖货品的责任。若是生意太多，一家人分配不来，那只好添请一两个人来帮忙。这种办法，当然不是大规模的工厂制度，而是家庭手工业制度。所谓家庭手工业制度，乃是制造的地方，与住家的地方，混做一起。家庭便是工厂，工厂亦是家庭。

这种家庭手工业的供给范围，是有限的，多半限于本乡，至多是本县。本村本镇需要什么东西，差不多可以预料出来。甚且有些铺子，须先向他定造，他才承办。若拿我们这种家庭手工业制度，与西洋现代工业比较，那简直有天壤之别。他们的工业，差不多都是以全国为活动的对象。有些货品，甚至以全世界为市场。美国的福特汽车，大家都知道正在逐渐畅销于欧亚。各国电影的戏园，大半都［放］映美国的片子。至于英国的毛织物，亦大部分销售在本国以外。两相对照，我们才知道中西社会经济生活的背景，是多么大一个差异！

为什么如此简单的家庭手工业制度，能满足我们中国社会生活的需要呢？当然这是因为我们的社会生活异常简单，用不着复杂的工业。但为什么我们的社会生活那么简单？这又不能不说是农业社会自然的现象。关于此点，上面已经说明，不必重行讨论。我们此处所要添说的，就是这种家庭手工业制度，最多只能造成市镇经济，决不能养成国家生活。各个农村所需要的制造品，本市镇的小工店都可供给，又何必去远求。于是全国以内，便分为无数自给的小经济单位，而各不相需的过活。所谓国家，乃不过成为地理上一个名词，在经济上并没有什么意义。

我们自工业的进化看来，全世界的经济历史，可以分为三个阶段，五个时期。第一个阶段是家庭经济，其中可分为两个时期：（一）家庭自给时期，与（二）家庭佣工时期。在家庭自给时期之内，本家庭需要的东西，自己制造，自己受用。我们中国内地的家庭，衣服鞋袜，完全不要向外去买。田里拾的棉花，妇女自己可以纺成棉纱，织成棉布，做成棉衣，棉鞋，棉袜。有时需要一双木箱，自己不能制造，才去买一根木头，雇一个木匠到家里来做。如是便到了家庭雇工时期。

第二个阶段是市镇经济。其中亦可分为两个时期：（一）手工业优胜时期，与（二）手工业附庸时期。欧洲在工业革命以前，中国在没有与西洋接触之先，完全是手工业时期以内。许多小工业者，自己用两手制造，自己定价拍卖，自己是工头，自己又是企业者。你需要什么东西，他可以承办制造。你若有材料请他去做，他愿意，便答应；他不高兴，便拒绝。这是手工业优胜时代的情形。到了后来，这些小工业者，失却了独立的地位，被商业资本家收买去承办各种产品，不能自己做主。这便到了手工业附庸时期。

第三个阶段是国家经济。国家经济的生产现象，便是工厂制度。说到此地，我预先要声明，便是此处所谓国家经济的意义，与李士特 Liste 所谓国家经济不同，李士特所谓国家经济，乃对英国经济学正统派所鼓吹的世界经济而言，主张关于必要的产品，国家应该自给，不应如正统派所说，根据地利分工的办法，依靠别国的出产。我此处所谓的国家经济，到不是指国家自给而言，乃是指国家为经济的单位而言。国内各处根据本地的天然财源，及人民的倾向，制造其特殊的货品，以与他处交换，相互依赖，不能独立。工商业的范围，及其组织，不限于市镇，而遍布于全国。各地的货价，相差不多。各地的资本，劳工及产品，流动极快。有铁路，轮船、汽车、电报、电话为之贯通一切。把全国的经济生活打做一片。并且进一步，与外国通商，“以其所有，易其所无”。这就是我此处所谓国家经济的意义。这种国家经济，在工业方面，所表现出来的是工厂制度；在商业方面所表现的是公司组织。

根据上面那三大阶段的分法，来看我们中国在没有与西洋接触以前的工业，到底在哪一个阶段。我们可以无疑地说，城市方面，大概在市镇经济的阶段；至于乡下地方，尚未脱离家庭经济的范围。换句话说，我们显然没有到国家经济的地步。在生活上，各地方彼此没有密切的关系，那么所谓“如秦人视越人之肥瘠”，乃是必然的结果。这种国家，经济上的背景，如此一盘散沙，互不相关，政治上当然不会有强有力的国家组织出现。

（六）商业

工业与商业是极有关系的。工业是制造货品的；商业是交换货品的。没有货品，把什么去交换：工业不发达，商业哪能繁荣？现在西洋先进各国的商业，所以遍布全世界，亦是因为工业发达的缘故。假使他们没有工业，它们凭什么来与落后的国家通商，吸取我们的原料与金钱？我们中国既是农业社会，我们中国的工业既是居于极微弱的地位，我们的商业又有什么用处？而且上面已经说过，我们的手工业者，自己兼管拍卖，工商两种功用，混做一起。在这种情形底下，商业又怎能发展？所以从工业上看来，中国以前商业之不振，是理所必至的。

那么中国完全没有商业吗？这又不然。中国是农业社会，中国的商业既不能倚靠工业，那么只有附属于农业上面。原来就是在农业社会里面，地方经济不自足的时候，亦需商业为之救济。不过农业社会所感不足的，不是什么奇异的产品，如酒精、硫酸、石油之类，不过是些稻粱菽、麦黍稷、油盐醋茶、布帛丝麻等等而已。我们若是到内地街上去看，卖油盐杂货粮食的铺子，总居多数。农民把他剩余的产物，挑出街来卖；所得之钱，即拿去买些油盐杂货回去。农民所需要的很简单，所以商业所贩卖的货品，亦当然很简单。

中国的商业既然是为救济农业而始成立的，那么当然不能在农业生活不需要之下，额外发展起来。因此中国商业，不但贩卖的东西很少，并且活动的范围亦是有限。在农业社会里面，农村是分散的，不集中的。当然依赖农业存在的商业，亦不能集中起来，只好随农村的分散而趋于分散罢了。你若不相信，你往内地去旅行，过几十里便有一个十几家商铺的市镇，当可明白。今日的上海，是中西接触以后的产物，与其说是中国的土地，毋宁说是西洋及日本的商场。我们要晓得先施永安，不能代表我们中国原来的商业。花露水、雪花膏，决不是我们中国社会原来的需要品。

在这种简单的商业底下，商业的管理组织，当然不需要股份公司，那样复杂的组织。市镇上一个小小的铺子，有数百千元的资本便够周转，有一位老板和一两个徒弟，亦够分配。在这样小规模的营业里面，独力经营的制度，自然比较适宜。用不着组织什么公司，小题大做。若是实在资本不够，那合股营业的办法，亦可解决。

还有一点应该注意。我们中国素来是奉重农主义的，对于商业很看不起，认为凡是从事商务的人，即是渔利人民的人，不承认他们在经济上有什么价值。所以士农工商，故意把商搁在最低下一个阶级。这种轻商的见解，是不是农业社会里面所应有的哲学呢，或是我们的儒家独出心裁的思想呢，我们可以不去理他。不过无论如何，这种见解，对于抑制商业，不无影响，那是可断言的。

我们知道商业社会是重交换，流动，转运的；是把国内各个地方联做一起的；是思想的媒介；进步的原素；国家组织所由养成的一种力量。中国商业既不发达，那么社会的保守成性，与政治组织的不健全，亦不是意外的一种结果。

（七）交通

我们以前没有轮船、铁路、汽车、电报、电话等等。为什么道理没有？难道我们中国人的脑筋，不够资格发明吗？但是以发明指南针及火药的中国人，很难承认。退一步来说，假定我们中国人神经没有这么微妙，不能发明这些利器，难道连路［也］不会修不成？因此，其所以连道路不修，此中必还有道理。

为什么要交通？当然不是为交通而交通，乃是因为此地方的制造品，要运到别地方去卖。换句话说，必要工商业发达，然后交通乃得发达。西洋现在之所以有那些交通利器，都是与他们工商业的进步，有极大关系。若是他们没有大批的制造品要卖出去，他们要那么多轮船，火车干什么？我们中国既然是一个农业社会，工商业又不发达，各个乡村差不多可以自给，自然不需要轮船火车那些东西。需要为发明之母。无怪乎我们不能发明交通利器，更无怪乎我们的交通不方便。

北方缺少河流，不能利用航运。所以交通的工具，便不能不用骡车，马车，骆驼等等。南方水利很多，所以多用木船。但在陆上，还不得不着重人力。我们若到内地去旅行，在路上随处可以看见许多的挑脚，一根扁担，两头载着东西，气喘喘像牛一般的挑走。过重的东西，一人负担不下，便用两人或多人来抬。在汉口上海那些地方，一班苦力不胜其苦，还要前呼后应的哼出声来。其次要算用单轮土车，普通每个车上可以推一二百斤的东西。你在远远的地方，便隐隐约约听见他的轮声。一个土车，从鸡鸣起来，直到晚太阳下山，至多不过走得一百里路程。以外还有乘舆等等，都是些野蛮的交通方法。

全个社会在这种交通的情形底下，人民哪能容易流动，思想哪能容易交换，各个地方哪能容易彼此往来，一切货品又哪能容易转运。所以一切一切，只好归于停滞。各个地方，各自为政，不能统一起来。于是由经济自给，言语差异，地方思想，到国家生活之不能养成，政治组织之不能完密。一起战乱，便难收拾。

（八）结论

总括看起来，我们的物质背景有下列各点：

（一）中国是一个辽阔的大陆国家，物产饶多，宜于农业自给的社会。并且四面封塞，与外界很少接触。

（二）中国人口因为自然繁殖及儒教鼓励生育的缘故，在量的方面，早就到人满之点。一方面，生产方法没有进步；他方面，人口继续增加，结果食料缺乏，只有发生疾病，灾荒，战争种种现象。在质的方面，因为崇尚文弱的风俗，体质远不如古时的雄健，同时丧失了牺牲，冒险，勇敢等等精神。与白人比较起来，无异是老大病夫。

（三）经济上中国完全是以农立国。所谓工商业，不过是农业的附属品。在穷乡僻壤地方，尚没有脱离家庭经济的范围。在全体看来，当然在市镇经济时代。各个乡村，经济上差不多都可自供自给，无需与其他地方变换物品，故交通不能发达。

有了上面那样的物质背景，那么在这些物质条件底下所产生的中国社会，当然脱不了下面那几个特点：

（一）中国社会因为农业的背景，地势的闭塞，结果是保守的，不进步的。

（二）中国社会因为外面没有国际的竞争，内面没有严密国家组织的需要，所以人民缺乏国家观念。

（三）中国社会因为生产方法没有进步，而生育又多，兼之崇尚文弱，看轻劳动，所以人民是很穷困的，文弱［的］。

（四）中国社会因为不需要强有力的国家组织，不需要严密的政治制度，所以人民对于政治漠不关心，全国只能在一盘散沙的情形底下过活。

这是我们中国在没有与西洋发生接触以前的物质背景及其所对于中国社会所产生的影响。以一个保守的，穷困的，文弱的，国家观念薄弱的，好像一盘散沙的国家，与进步的，富足的，强悍的，国家观念极强的工业国家相遇，谁胜谁败，自然不待我们多说了。

民国二十年，一月，一日誊完。

《新月》1930年第3卷第4号。

中国社会原来如此——又名中国问题的社会背景

（一）家庭制度

笼罩中国社会一切的，便是家庭制度。无论那方面的社会生活，总脱不了他的影响，一切的文物制度，大都建筑在他的模型上面。确实是中国社会的基础。惟其是如此重要，所以凡是研究中国社会问题的人，没有不注意到家庭问题。不过在过去讨论这个问题的人，多是以家庭本身为研究的对象，很少着眼在他对于全个中国问题的影响。我们此处之所以要来讨论这个问题，并不是要旧事重提，铺张些陈词滥调来凑热闹，乃是要来说明中国问题之所以成问题，我们的家庭制度乃是其中一个极重要的背景。

我们中国的家庭制度显然与西洋不同。西洋的家庭，只包括夫妻及没有结婚的子女，普通不过是四五个人。我们中国的家庭那就不然。总的方面来说，若是他又生了儿子，儿子又结了婚，儿媳还是与他的父母及祖父母同居。由是一家之中，可包括好几代的人。在我们以前的社会，五代同堂并不是一件稀奇的事情，到了现在，三代同居还是很普遍的现象。再由横的方面来看，兄弟不分家，也是我们中国家庭制度的习惯。因此我们的家庭的份子，有增加到数十人之多，与西洋比较，自不得不谓之大家庭制度。

这样大家庭制度是我们中国人一切活动的中心。我们的伦理道德都是以继续、保持，或扩大家庭为标准。你若去做官，你的目的，并不是去为国家服务，乃是为光耀门楣。你若去做生意，你的目的，并不是去为你个人，或你的妻子谋生活，乃是为你全家履行职务。管理你最有力的人，不是国家所设的长官，乃是你家的家长。你若犯了事情，不但罪及你自己，还要连带你的家庭。的的确确，这是笼罩中国社会一切的一个制度。

每个家庭是一个具体而微的国家。每家有一个家长，犹之全国有一个皇帝一样。家长的权威在一家之中是最高无上的。家庭里面的份子，都要受他的节制。在一个小家庭里面，若只包括夫、妇、子、女，那么夫当然是家长。夫死以后，他的夫人便继任为家长。若父母双亡，而兄弟又不愿分家，那么兄当然是家长。假使是一个大家庭，继任家长的次序，便大概如下：祖父、祖母、叔祖父、叔祖母、父亲、母亲、叔父、叔母、哥哥嫂嫂。若是现任的家长，因为年纪太高，体力精神两不够用，不愿再管家务，他便传位于继任的人。若是合理的继任人，或因品行不端，或因能力不够，不能担负这种责任，便传位于其次合理的继任人。所以中国家长的继承法，第一根据辈次的大小，不分男女；第二才是根据品性才能，能否担起责任。

做了家长的人，权力是很大的。他是一家的主宰。家事无论大小，都要由他经管。幼辈对他必须服从尊敬；同时他对于幼辈的行为要负责任。若有不听从他的，他可以惩罚。假使他自己的儿女，更可随便打骂。经济方面可说是共产生活。家庭份子所赚的钱，都要归公，由家长经管。（至于前人所传下来的遗产，那不消说是全家公共的财产了。）同时家庭份子需要钱用，也须向家长去要。家长可以决定子女的婚嫁，可以操纵子女的教育。总而言之，他是一个家的小皇帝。

家长所赖以维持他的权威的东西，便是孔子的学说以及传统的礼教与风俗。什么“三纲”，什么“五常”，什么“孝悌”，都是支住中国家庭制度的柱石。根据这些传统的思想，礼教及风俗，父、子、夫、妇、兄、弟，朋友之间，都有严密的规定，红白喜事都有一定的规矩。譬如拿“孝悌”两字来说，“孝”是指子女对父母的关系，“悌”是指幼者对长者的关系。不讲“孝悌”，便不能维持家庭的秩序。所以无怪代表宗法社会的孔子说，“孝悌也者，其为人之本欤”。

有些国家有国教。中国家庭也有家教。这种家庭宗教便是“崇拜祖先”。为什么要崇拜祖先？一方面因为要团结一个大家庭，非要有一种共同信仰不可；他方面因为宗法社会最注意的是血统关系，非要“慎终追远”不可。所以“崇拜祖先”，是中国家庭制度里面一个必要的元素。在有钱的人家，须特别建筑祠堂，以为祭祀祖先的所在。即使在普通人家，家内也要有祭坛的设立。每年的元旦或每月的初一十五，都有祭祀的举行。即在结婚的时候，新夫妇也必须在祖先的灵前行三跪九叩礼。

“崇拜祖先”既然为家庭里面的宗教，那么教主是谁呢？教主便是我们的家长。教条又是什么呢？教条便是“不孝有三，无后为大”。因为无后，便要绝代，一经绝代，便没人来继承香火，崇拜祖先。所以无论如何，后人是非要不可的。假使一定要有后人，那么自然要鼓励生育，多多益善。早婚是可以助长生育的制度，故不能不实行。女子是要嫁与别人，不能继承本家烟火的，所以有重男轻女的习惯。若是第一个夫人没有生育，或生育而没有男孩，为避免不孝的罪孽，［丈夫］便不能不去讨妾，于是社会上有一夫多妻的制度。并且因为崇拜祖先的缘故，我们中国人对于丧葬之礼，非常隆重，各种迷信如风水等等，亦随之而起。

与上面所说的大家庭制度相连而不可分开的，便是家族制度。一个家族包括多个的家庭。他们普通都同住在一个地方。有时一个村落完全为清一色姓张的或姓李的所构成。他们同出于一个祖先，普通大概有一个公共的祠堂。大族甚至有好几个。祠堂里面，供着历代祖先的排位按辈次的大小排着。每于“清明”和“冬至”两个时节，族人便聚集在祠堂里面举行祭祀。祭祀以后，还有宴会。若是族里面发生紧要的事情，则在祠中开会议决。祠内置有田土屋产等不动产，大概由族中德高望重的人经管，每年所得的利息，作为一族的公用。各族都有一个宗谱，每隔若干年要修订一次。这是各族血统的成文证据，所以在我们中国家族制度上占一个很重要的地位。

家有家长，族也有族长。一族当中，年纪和辈次最大而又有钱有能力的人，便是当然的领袖。如果族内发生争端，当事人家不能了结的时候，那么便要请族长们出来调解裁判。他们的办法，大都能得当事人的服从。万一两造不服，那去衙门里面打官司。官厅方面也必斟酌他们的意见。同族的人，如果行为不端，如忤逆不孝或损害本族的名誉者，他们有权可以处罚，或罚钱，或罚设酒席赔罪，或打屁股，或至于施行死罪，县官并不加干涉。

上面所说不过中国家庭制度的一个大概。我们的目的不是在讨论家庭问题本身，乃是要讨论他在全个社会的影响，所以关于他的组织，说一个大概也就够了。我们现在要问为什么我们中国有大家庭及家族制度，并且为什么有了以后，经过几千年，一直到中西接触的时候而没有什么变化呢？

原来有两个根本的原因：一属于物质的，一属于精神的。所谓物质的原因便是农业社会的背景；所谓精神的原因便是儒家的学说。中国是以农立国。全个社会在与西洋没有接触以前，大都在乡村自供自给的情形下生活。一般人民，事实上可以“生于斯，长于斯，老于斯，死于斯”，不必他迁。他迁也因为交通不方便，感觉到种种的困难，于是养成一种“安土重迁”的风俗。既然生活上可以不他迁，并且难于他迁，那么只好聚族而居。兼之我们中国以前的经济，尚没有脱离家庭经济的范围，家庭愈大，则互相帮助的机会愈多。何况血统的关系，是世间一种最自然的团结呢。

制度可以影响思想，思想也可以影响制度，这是一般社会科学所公认的。宗法社会可以产生宗法社会的思想，宗法社会的思想同时也可巩固宗法社会的制度。我们中国的儒教学说固然是宗法社会的产儿，同时我们知道他对于中国宗法社会的维持有极大的贡献。其所谓“三纲”，即是“君为臣纲”、“父为子纲”、“夫为妻纲”。其所谓“五常”，即是“君臣”、“父子”、“夫妇”、“兄弟”、“朋友”，按其大体，莫不以拥护大家庭制度为目的。这种宗法社会的思想，到后来竟演成完密的礼教。凡冠、婚、丧、祭、应对、进退，都有严密的规定，继续范围了中国人心两千多年，一直到中西接触的时候，才生变化。

中国家庭制度自然有他的好处，若没有他的好处，也不至有这样长的寿命。不过这里我们所注重的是中国问题的由来。那么我们对于在过去不发生问题的好处，自然可以不说。我们要说的当然是他引起中国问题的坏处。

究其不良的影响，可分政治、经济、公德三方面来说。在政治方面，因为中国家庭制度产生了异常浓厚牢不可破的家庭观念，那么间接便阻碍了国家观念的发展。我们中国人的生活，差不多完全受家庭的支配。你的事业功名，甚至于结婚生孩子，那是为着家庭。你的生活费用，都是由家庭供给。你所赚的钱，都要交给家庭公用。你在外面与人发生争端，都要由家庭出来负责了结。你的生活各方面，都在这“小天地”里营养着。你并不需要什么政治组织。这样一来，家庭便站在个人与国家的中间，差不多完全把国家的面目掩住。人民不但没有机会去认识国家的存在，并且很少与政府发生什么关系。我们目见耳闻，以及一切活动，都不外乎家庭的范围，最多也不过知道点本县的事情。至于什么是中国，是政府，我们都是漠不关心的。我们只知道爱家，不知道爱什么国。我们只知道要做一个良好的“家民”，不知道要做一个什么良好的

“国民”。因此我们中国以前的国家组织，不过是皇帝维持江山的一个系统，在人民的生活看来，并不觉得他的存在。在太平时代，还可“家自为政”，在无政府状态下过活；若到乱世，则有如一盘散沙，极难收拾。何况与西洋接触之后，连家庭制度都渐次崩溃，全个社会无一根本维系的组织，这又安得而不闹出乱子呢。

中国家庭制度不但阻碍了国家观念的养成，并且妨害了经济的发展。一家里面只有一个人做事赚钱，其余的人都是依靠吃饭。在负责者方面，看见大家都是混饭吃，自然有时不愿意十分卖力。在不负责者方面，便依赖成性，一无所长，只知消费，不知生产。于是“生之者寡，食之者众”。如此社会总是“僧多米少”，又安得而不闹穷？并且因为全家连带负责的关系，一人冒险成功，固然是万分侥幸，若一人冒险失败，则全家必至受累。所以我们中国人在经济事业以及其他方面，都没有久远伟大的企图，只想苟且偷安，得过且过。还有我们中国人每做一件事情的时候，要援引许多的亲戚家族。虽造一所工厂，开一个商店，也不能免除这个毛病。工厂所用的职工，与商店所用的店员，大部分总直接与厂主或店主有相当的关系。即使你不想随便用你的亲属，但是你终究抵抗不过家族的压迫。因此所用非人，寄食者多，社会事业，往往失败。此又不独限于经济范围为然。

中国人既只有家庭观念，没有国家观念，没有社会观念，那么所谓公德，当然是很难发生的了。你若去研究中国圣贤所谓道德，及观察社会上所认为的道德标准，大体都是以家庭为中心。凡有利于家庭的行为便是好的，有害于家庭的行为便是坏的。在家庭以内，中国人非常能够牺牲。一人赚来的钱，可以给全家去用。长辈有病，“侍奉汤药”，可以日夜不离。家里有人犯了什么事情，全家可以倾家败产为之救护。家里若有人要去做一件事情，全家可以全力为之扶助。但是一出家庭范围之外，便不同了。若是自家的人与别家的人发生争端，他便不问是非曲直，一意袒护自家的人。假使街上有人打架，只要没有他的亲戚家族朋友在内，他看见不但不去调解，反而要围看热闹。若是你可以做得官到，不管你有没有资格，不管你是如何钻狗洞来的，更不管你做了以后对于社会的利害如何，家里无不竭力赞助，认为你是“光宗耀祖”的“孝子贤孙”。若是你可以发得财到，不管你去欺骗也好，刮地皮也好，侵吞公款也好，家里决不反对，并且认为你是有本事的人。

这种家庭关系不仅如此，还要推广到亲戚朋友上面去，你做了官，你的亲戚朋友都来了。你不管他们能否胜任，必须设法安置他们。你发了财，他们也都来了，用你的，借你的，吃你的，好像是当然应享有的权利。同时你要做什么事情，无论是鱼肉乡曲，或是争权夺利，你的亲戚朋友，总可替你帮忙。你若是一个大富翁，你情愿把钱给你的子弟去嫖赌、逍遥、抽大烟；你情愿用去修坟墓、建祠堂、祭祀祖先；你情愿去豢养亲戚家族朋友；却是你不愿意捐助慈善事业，或去办什么公共利益的事情。

修道路、办学校、设立图书馆，创办博物院、建筑运动场，你认为与己无关，所以一毛不拔。总而言之，你愿为子孙做牛马，你不愿为社会谋幸福。这是中国人普通的心理，这也是中国家庭制度的特殊产物。有了这种过分发展的家庭制度及其附属的道德标准与伦理观念，公共道德自然很难养成。那么中国人最不讲公德的现象，并不是一件偶然的事情。

若是把中国家庭制度与西洋家庭制度比较，论组织，论范围，论对于国家社会所发生的影响，两下又是大不相同。西洋的家庭是小家庭，只包括夫妇及没有婚嫁的子女。儿子一［旦］结了婚，便要离开父母，自立家庭。女儿一旦出了嫁，自然要跟着丈夫。父母并不靠儿子傍老，儿女结婚以后，也不靠父母吃饭。两方面除了骨肉的爱［亲］情外，没有经济上，法律上的连带关系。在家庭里面，夫妻的地位平等，男人没有中国家长那样大的权威，对于子女虽有教育的责任，但不用高压的手段。全家之中，只充满了“爱”，不像中国家庭到处布满了礼教。在法律上或在社会上，各人所做的事，由各人自己负责，并不累及全家。凡是关于个人间的争端，以及在社会上的权利义务，有国家的法律及机关为之详细规定管理，用不着家庭出来过问。简而言之，西洋国家是以个人为单位，不像我们中国以家庭为单位，因此个人与国家中间，没有家庭为之隔开，接触的机会很多，于是个人由认识国家的存在，而发生国家的观念。

同时，因为家庭以外的公共生活，机会很多，不像我们中国人永久被关在家庭的“小天地”以内，自然需要公共的道德为之维持。所以在西洋社会里面，公德非常发达。他的道德观念，不是以家庭为标准，乃是以国家社会为前提。凡有利于公共事业的行为，便为道德。凡有害于国家社会的举动，便是罪恶。并且因为父母不能靠子女，子女不能靠父母，亲戚家族更不能互相依赖的关系，人人都要谋经济独立；对于一切事业勇往前进，社会又安得而不繁荣，国家又安得而不富强？

还有一层，我们应该知道西洋人所注重的是社会组织的继续，及个人生命的继续。根据前者是发生了强有力的国家组织，根据后者于是发生了基督教的信仰。至于我们中国人两者都看得很轻。我们所注重的，是介在个人生命与国家组织的中间；直言之，便是家庭的继续。我们中国的家庭，不但包括现在活着的分子，并且包括已经死去及将来要生的个人。死者的幸福，全靠生者供奉；生者的幸福，又靠死者保佑。但是今之生者，又是将来的死者，那么为继承香火起见，当然要奉“不孝有三，无后为大”为金科玉律。所以由此看来，我们中国人的人生意义，不过在维持家庭生命的繁衍。我们的责任，不过是承先传后。至于个人本身在社会上，并没有什么重要的意义，及特别的人格。

（二）地方主义

与成立于血统关系的家庭制度有密切关系，而同时在社会上占着重要地位的，便是地方主义。我们中国人的门第常用木牌或铜牌书着主人的户籍与姓氏。什么闽侯林寓，什么东山曹州吴寓等，等你在大城里面随处可以看见。再若不然，要是有客人来见你，客人的名片上大概刻着安徽合肥或四川成都等等的籍贯。要是客人没有带名片，而又是初次见面，你第一句话必定是问他贵姓大名，第二句话必定问他贵省贵县。你在外省的时候，若要谋事，大概先去找同乡。若你做了官或在社会上有相当的地位，必有许多同乡来找你帮忙。我们中国人的同乡观念既然如此发达，那么在反面的意义看来，便不免要排斥他乡的人。他乡的人到了任何地方，都要被人家以客籍相待。即使在这个地方住了两三代的时间，还是同样的受人歧视。因此同乡的人，自然要集合起来，组织同乡会，设立会馆等等。北平以前是一个京都，各地的人都有，所以会馆也最发达。各省有各省的会馆，各府有各府的会馆，甚至于各县有各县的会馆。会馆不但是同乡的社交机关，并且还有教育同乡子弟，救济同乡贫穷，干涉本地政治等等的活动。

为什么我们中国地方主义这样发达呢？这又不能不使我们联想到经济背景与家庭制度了。因为我们受了家庭制度的影响，所以我们中国人大概都是聚族而居。因为我们中国是一个农业国家，所以我们的社会分成了无数个自供自给的乡村。乡村里面，有时是清一色的同族，有时是合数族而成。其范围大小不等，有数户的，有数十户的，有数百户的。村与村间，在交通不便的情形看来，相隔是很远的。张家湾与李家寨虽相隔不过十余里，平常却很少往来。这种乡村社会经过数千年没有多大变动。不但自己是“生于斯，死于斯”，就是祖宗三代，也没有搬动过。本乡之内，大家不是有亲戚的关系，即有家族的关系，而且在政治经济上，都是自成一各单位。本乡村有什么争端，绅士可以出来解决。本乡村需要什么东西，很少靠外面供给。这种结合之下，自然发生种种利害上的关系，异常亲近，而成为唯一的互助团体。尤其是像山东不绝的受着土匪袭击的地方，由于协同防卫上的关系，乡村的结合愈加巩固。

乡村的结合愈巩固，则爱乡的观念愈深切。由乡推到县，由县推到省，在本县别个乡村的时候，则以同乡村的人为同乡。在别县的时候，则认本县的人为同乡。以前有属府的时候，若在别府，则认本府的人为同乡。推而至于在别省的时候，则认本省的人为同乡。这种地方主义的色彩，真是染满了社会生活的各方面。其对于政治经济的影响，与家庭制度差不多是一样。

地方观念愈强，则国家观念愈弱，这是一种自然的结果。一个人的感情有限，如果爱了这个，便不能爱那个。我们中国人既然极端爱上了家乡，当然对于站在家乡以上的国家，很难认识。我们只知道自己是某省某县人，我们很少想到自己是一个超省界县界的中国人。我们做事只知援引同乡，而不顾到国家的利益。全国之内，划成这么许多省县同乡的界限，哪里又容易产生出一各共同的国家观念。我们观察中国过去和现在的政治，便可明了地方色彩的严重。什么直派、皖派、奉派、桂系及什么大云南主义、大广西主义，与夫连省自治的主张等等，都是地方主义发达的自然现象。一班军阀政客看透了这种心理，于是不惜利用同乡的观念，去团结他们的势力。普通人民受了这种心理的遗毒，也去攀龙附凤的追随，做他们的工具。上而至于中央政府，下而至于地方政府，各个衙门，差不多成了同乡会馆。什么叫做廉洁政治，什么叫做文官考试制度，都是这种地方主义底下不能容忍的东西！

不但在政治上是如此，即在经济方面也十分表现这种色彩。我们中国的商店，所用人员，当然是同乡居多。并且有时商业的种类，完全根据同乡的关系而分，譬如从前做汇兑事业的，大概多是山西人；开杂货店的，大概多是广东人；在北方开饭馆的多是山东人。职业与乡土既然发生如是密切关系，所以同乡团体的会馆，与职业团体的公所，有时也无多大的区别。这种现象，又不单限于商业方面。即在工业方面，也是有同样的事情。我们中国的手工业者，要带学徒，多是从同乡里面招来。地方主义得了我们这种经济的与政治的背景，于是更加根深蒂固牢不可破。

（三）国民心理

第一要算中国人自私自利。这种心理，好像变成了我们中国人的人格一部分。无论什么事情，没有报酬，我们大概不会做的。我们旅行，到了日暮途穷的时候，若去问道旁店家的路，往往大碰钉子。若是我们能够稍为出点钱，买他一点东西，店老板便可以亲切的给你指教。上而至于军阀的克扣军饷，官僚的划刮地皮，下而至于家里老妈子的落钱，无一不是自私自利表现。加入政党，并不是谋什么主义的实现，乃是希望得到升官发财的机会。今天于我有利，今天可以与某甲提揣，明天于我有害，明天便可转过头来，与某乙结合。翻云覆雨，无非为自己的利害打算。这种自私自利观念，有时候冲破血统的关系，使父子反目，兄弟成仇。

我们要知道别国人不是完全不自私自利，不过没有我们中国人这样利害罢了。这究竟是什么缘故呢？最大的原因，还是经济的压迫。我们中国是农业社会，生产方法，几千年没有改变，而又时常遇到旱灾水灾的大荒年，北方半开化的民族，便要乘机侵入；内面无业的游民，便要乘机揭竿为乱，引起一个绝大的纷乱砍杀。结果连可以耕种的，也不能耕种，全国只有穷饿。我们可以大胆的说，我们各人的祖宗，总有受过灾荒穷困磨难的。在这生存竞争极强烈的情形底下，若是我们损己利人，解衣推食，那么我们一定要被淘汰。反而言之，若是我们完全不管他人，自私自利，搜刮钱财，预防穷困，我们生存的机会，自然要多许多。譬如举一各例来说，假使有一个地方，每家只有六个月的粮食，若要吃到第二年收获的时候，每家还差六个整月的食料。要是有一家特别慷慨，分些粮食去救别人家，那么这家自己生存的机会便要减少；到了自己没有吃的时候，自然不免饿死。在这种形势之下，谁愿意饿死自己，养活别人！

只顾自己不顾别人的观念，有时连骨肉也不能顾及。到了荒年，鬻子卖女的事，我们不是常听见吗？其实这种情形，我们是可以意想得到的。王老五家里的钱用光了，可以当卖的东西也当卖尽了，八口之家，嗷嗷待哺，怎么办呢？王老五于是同他的太太，楚囚对泣的商量，最后老夫老妇决定：与其坐以待毙，不如将聪明伶俐的幼女云儿出卖，将所得的代价，养活其余的七口子，过这个灾荒的时期。若是云儿听见了这个消息，哭哭啼啼的哀求，不肯出卖，再假使王老五夫妇心肠很软，长叹一声作罢。以后这家人的生活，又怎样呢？过了几天，楼板拆下来卖了，又过几天，睡的床也垫出去卖了，再过几天，盖身的被褥，又捆上人家去卖了。全家都弄得精光，无可为计，只好扶老携幼，沿门挨户去讨饭。但是大家都遇着荒年，谁有余力周济他们。最后，真是到了山穷水尽的绝境，如果再不肯出卖云儿，那么只有全家自杀，或是把全家大大小小栓上一条绳子，投河自尽，或是买些砒霜，暗中搁在饭里，大家吃了最后一顿呜呼。假使我们的王老五全家采取第一个办法，结果了全家生命，原因便是因为他们不肯自私自利，出卖儿女。

假使李老七家里遇到同样的厄运，他们硬着心肠，把年轻貌美的媳妇，卖给周大人做小老婆，得了两百块大洋，居然养活了其余七口子，过了灾荒时期，岂不是比王老五老头子聪明得多吗？大多数人，都是采取这种办法，不愿学王老五那样傻头傻脑。并且再若闹得没有法子，就是把一小辈杀了，把它的肉当粮食，也在所不辞。因此，我们得到一个公例就是：在这种贫困社会里面，凡自私自利的观念强的，生存的机会愈多。多经一次荒年，多深一分自私自利的心理。

中国社会不但荒年如此穷困，就是平时也不过勉强敷衍度日。凡是能够罗掘不顾名誉的人，的确要占一些便宜。所以大家为预防穷困起见，不能不“见利忘义”。做生意的人，能骗的几个，便骗得几个。做官的人，一到任便动手搜刮。甚至于拉洋车的人，也要敲几个铜板竹杠。除非真有志气，真有毅力的人，谁能免除这种劣根性。

全个社会既都充满了自私自利的心理，那么当然没有公德任侠种种精神，而简直成了一个“强欺弱，众暴寡”的世界。在这个世界里面，欺善怕恶，趋炎附势，便是相因而至的两种堕落心理。凡是可以欺负的便欺负，不能欺负的便逢迎。对于上面有权势的便诚惶诚恐，对于下面无权势的便如狼似虎。横观中国社会，好像是一座高塔，上层压下层，层层相压，一直到底，落在十八层地狱底下的，便是目不识丁，哀苦无告的善良同胞。军阀压官僚，官僚压劣绅，劣绅压土豪，土豪压平民。在同一阶级之中，大军阀压小军阀，大官僚压小官僚，大劣绅压小劣绅，大土豪压小土豪，大商压小商，大农压小农，大苦力压小苦力。充国之中，无强有力的公德与法律为之制裁。谁有势力，谁占便宜。谁无势力，谁该倒霉。大家为免除比我高者的压迫，且进一步为压迫比我低者起见，于是不能不结纳有权优势的红人。甲若有权，便去捧甲，虽钻狗洞，乞哀求怜，肉麻万分，也所不顾。一旦甲若失势，则恩断义绝，不惜投井下石。我们若看透中国官场的黑幕，便可恍然这些所谓高贵阔人，不过是些衣冠禽兽，善于趋腥附羶的“势利狗”。

中国国民心理除了自私自利，欺善怕恶，趋炎附势外，还有一方面是虚伪，是讲面子，是猜疑与阴谋。这些东西，当然是彼此有密切关系的。大家都处在勾心斗角，明争暗夺的空气里面，当然是作伪，当然是相互猜疑，更当然是彼此陷害。一个人过于老实，在这种社会里面，是要吃亏的。

我们中国所赖以维持社会的，不是法律，而是礼教。礼教是注重形式的，一举一动，尤其是在家庭之间，是有仪节的。当初提倡礼教的时候，或者每种礼仪，其中还有精神为之内容。到了后来，环境已变，人事已改，实在不能适应社会生活的需要，而我们死命要保守那些繁文缛节，丝毫不变，结果只有躯壳，没有精神。所谓礼教，尽是虚伪的东西，出丧本来是一件多么悲哀的事情，但是我们中国人却要乘这个机会，大摆其阔，雇了许多叫花子，锣鼓喧天的去游街。心里并不见得有什么悲哀，却要假装大哭大哮，鼻涕与眼泪成沱。女儿出嫁，是多么一件快乐的事情，却是我们中国的女子，到临嫁的时候，要假哭一场；若是不会哭的，还得先去学习。夫妻之间，应该如何相亲相爱，但是中国的夫妻，不敢在人面前表示感情，需到自己房间里面才亲热起来。没有做官的时候，不惜用种种卑鄙龌龊的方法去运动，到了得到之后，又要装腔作势的一再推辞。本来是恋位不愿下台，但是总要照例称病辞职。口口声声是爱护人民，但是对于搜刮地皮，专制横暴，手下毫不留情。明明心里不赞成人家的办法，表明却说毫无疑义。这种虚伪心理，世界上再没有像中国人这么显著了。

虚伪的表面是面子。因为中国人最虚伪，所以最讲面子，不讲实际。面子问题差不多支配中国人所有的日常行动。我们从请客说起，中国人请客，必须做了许多的菜，务必安摆不下，吃得剩下大半，才足以表示其面子。客人到来，若是主人一不小心，安错了他的座位，那么便引起奇辱大耻，认为没有给他面子，与你结不解的怨仇。甲乙两个地方往往因为一点小事，或是为争一点枯树，或是为两方的小孩吵了一架，两不相下，面子攸关，而激起械斗，死了许多人，打了好几年的官司。一个军阀或政客被人攻击下台，最难解决的，是他下台的面子问题。有时竟至为着面子问题，发生国内战争，兵连祸结。政治行为不去实际上做几件有利于老百姓的事情，却天天只顾大事铺张，像煞有介事的空口说白话。外国人因为看透了中国人的面子，所以办外交的时候，尽管给中国人的面子，而自己却得了许多的实利。中国人所要求的只是名义上的东西，说起来好听就算了，至于实际与内容往往是不顾的。试举几件琐事为证。中国菜有时上面做的异常漂亮，但把箸子一翻，底下原来是些白菜或豆腐。房子的外面，好像极其堂皇雄伟，然而一经登堂入室，便是乱七八糟。穿的衣服，里面尽管是破烂垃圾，但外面非要披一件绸长袍不可。这是中国人衣、食、住的外面与内面，也可以带代表中国社会的一斑。

与虚伪心理相缘而至的，便是猜疑与阴谋。因为中国人大家都是虚伪，各怀鬼胎，自然不能相信他人。人家一开口，两耳虽然在那里听着，脑袋里却在那里疑心他有什么作用，什么阴谋。若你要发起一个组织，请人家加入，他大概不去认清组织宗旨与其内容，加以可否，却疑心你发起人是否有别的野心。今天我们可以歃血为盟做同志，明日可以反目相向做仇人。凡做一件事情，不采取简直了当光明正大的办法，而必须在后面绕许多圈子。这种猜疑心理，只要稍为留心观察中国社会，便知是很普遍的，并且由来很久的。大概在大家庭里面，兄弟伯叔之间，用惯了权谋术数，阴险奸诈的手段，所以养成了这种性质。在中国社会上披肝沥胆的场面，是不容易遇着的。到处都是权谋术数，互相猜疑。因为事事有阴谋，所以事事不能不猜疑。

这种猜疑心理，有两种结果：第一，因为不信用人家的缘故，所以为造成任何的结合，不得不引用较可信的亲戚或同乡。因此血统关系与地缘关系，便渗入一切的结合里面。从政府的组织，工商各界的机关，莫不充满了这种成分。反过来看，因为不信用他人，所以对亲戚同乡以外的人，便加以排挤。到社会上做事，没有亲戚或同乡的援引，是很孤立的。第二，因为猜疑心重而阴谋又多，所以较大的社会组织，不易成功。纵然暂时结合，也不过是弄权谋的勾当，很少有巩固的希望。拿政党来说，其中有不断分裂的危险。人心如此，国家的团结当然十分困难。政治也只有无目的，无主张，无忌惮，勾心斗角合纵连横，寡廉鲜耻的一种把戏。

（四）社会标准

社会必须有秩序，然后才有普遍的进步。人类必须有秩序，然后才有安定的生活。但是社会如何能有秩序，我们便不能不靠社会生活的规则来控制个人的行为。这些社会生活的规则，便是我们此处所说的社会标准。

但是每个社会，都有他特殊的环境，特殊的文化，特殊的制度，特殊的风尚，以及特殊的历史，故每个社会都发生一种特殊的行为标准。甲个社会以为是的，在乙个社会未必是。甲个社会认为某种对象为美，乙个社会或认为丑。即甲乙两个社会认同某种行为为是，为善，而所谓是，所谓善，在两个社会里面，所占的地位也有轻重高低之不同。在甲个社会，某种行为列在所谓好的行为的首端，在乙个社会或列在末端。因为每个社会有其特殊的社会标准，所以每个社会对于其分子的行为之是、非、善、恶、美、丑，有他自己的态度和制裁。其分子为博得社会同情，或避免开罪于社会起见，不能不恪守这些社会标准。对于社会认为是的，善的，美的，不能不趋附；对于社会认为非的，恶的，丑的，不能不回避。

我们中国的社会标准，与西洋的社会标准，有许多是不约而同的，有许多是显然相反的，就是［在］同的方面，也有轻重先后之别。

根本上我们要注意的，便是中国的社会标准，在道德方面，主要的是建筑在家庭制度之上，西洋的社会标准，乃是建筑在社会生活之上。假使我们问问西洋人，哪些是他们所认为的高尚美德。他们大概回答我们什么正义呀，人道呀，真理呀，爱国呀，牺牲呀，为公服务呀等等的东西，决不会想到什么“孝”，什么“悌”。但是我们若反过来去问我们三十年前的老同胞，或现在活着的遗老遗少，他们大概都认“忠”“孝”“节”“义”，或“孝”“悌”“忠”“信”为最高无上的美德。什么叫做“忠”？乃是臣对君的关系。什么叫做“孝”，乃是子对父的关系。什么叫做“节”？乃是妇对夫的关系。什么叫做“义”？什么叫做“信”？大概是指朋友间应守的关系，充其量也不过是指个人与个人间应有的关系。这些美德，如是分析起来，大数多是建筑在家庭的立足点上，没有一个是直接为谋社会利益设想的。

我们先拿真理来说。中国社会并不是完全不要真理，不过我们认为没有“孝”“悌”那么重要罢了。若是两者发生冲突，我们情愿牺牲前者，保全后者。举一个最有趣味的例来说，孔老夫子并不是主张大家说假话的，其实他是一个讲诚，讲真理的人。但是遇到“其父攘羊，其子证之”的时候，他老先生便觉得“其父攘羊”虽是真理，“其子证之”，未免太不“孝”了。以“孝”与真理比较，在代表宗法社会的孔子看来，孝当然更加重要，其子应该说假话以保全孝道才对。因此，在中国社会里面，若是你为辩护亲戚、家族，推而至于朋友而说假话，做假事，社会上不认为罪恶，并且有时候还称赞你做得很对，很有血性。

西洋人去政府里面做事，社会上所期望于他的，莫不是为国家服务。其本人也不能不承认这是他应该遵守的理想标准。若是他违反这个标准，而擅自引用私人，敛刮地皮，社会上一经发觉，必群起非难，认为罪大恶极，须置之于法。回头观察我们中国社会则大不然。中国人去做官，社会上公认其目的乃在“扬名声，显父母”，并不是在为国家服什么务。在利的方面，其动机不过是去找俸禄，供养父母。至于什么国家的利益，人民的幸福，这都非做官认为最高的理想。不但做官者本人自己如此想法，全社会也如此想法。你若为孝顺父母，而牺牲公共利益，社会不但不以为非，反以为德。因此在中国做官，刮地皮，用亲戚，大家不以为怪，甚至引以为荣。普通一般人谈到某人做官以后，如何发了大财，用了许多私人，大家都不觉得有什么不对。怒形于色、愤慨不平的，那是很少。起而作反对运动的，那更不消说绝对没有。我们的政治，在这种空气中生长，还有清明的希望吗？

在风尚方面，西洋人好工作，好活动，好奋斗，好勇敢，好冒险。我们中国人则反是。我们看不起劳动，以为劳动是下贱。稍为有钱的人便雇人做事，自己情愿坐着不动。做老太太的，自己顺手可以做到的，不愿做，偏要呼唤下人从远处来替他们做。全个社会里面，无论哪个，都是抱着能偷懒便偷懒的宗旨。就是下层的穷苦同胞，我们看见他们如此夙兴夜寐，终日工作，以为他们是勤苦成性的了。其实他们乃是受经济驱迫，不得不然。假使有一碗饭吃，没有饮食之忧，他们也是一样的要鄙弃劳动，好吃懒做。你没有看见过以前的所谓士大夫阶级吗？他们为表示其闲暇高贵起见，于是穿着长衫，留着指甲，出必轿马，把所有体力劳动的工作，都认为是治于人的阶级的事情，自己既为治人阶级，只要劳心便够了。身体越文弱，手足越不劳动，越可以表示自己的高贵。在子女方面，弱不禁风，然后才算是美。这种崇拜文弱之风，当然使全民族的体质不能强健起来，使全民族的精神不能振作起来。

拿好活动与否来说，即与好工作与否由密切的关系。工作不能不活动，活动也不能不工作。故西洋人既好工作，便自然好活动，既好活动，便自然要工作。我们中国人既然如上所说不好工作，那么我们不好活动，便不是意外的事情了。我们若是有闲工夫，我们决计不像西洋人那样的玩法。他们总不外打球，骑马，散步，摇船，及跳舞等的活动。我们呢，那就大不同了。无论外面是如何万紫千红，鸟语花香，我们宁愿坐在家里，谈天，最文雅的也不过是饮酒赋诗罢了。若是多有几个人，那么我们便要开一桌麻雀来打，麻雀之所以在我们中国不分大小男女，大受欢迎，充国流行着，也未是不是因为他适合中国人脾味之故。否则，为什么西洋人对他索然无味呢？麻雀曾于数年前在美国大出风头，曾几何时，便完全销声匿迹。我曾问过美国人为什么他们不喜欢玩麻雀，他们回答说美国人好动，没有心思静坐在那儿勾心斗角。换句话说，他们是不喜欢这种静的玩意。

一个人好活动自然有干的精神，有干的精神自然好奋斗。有人说争斗与狂饮是西洋人在野蛮时代的特性，到现在还是他们引为快乐的东西。因为他们喜欢争斗，所以他们能牺牲一切，为国家奋斗，为情人奋斗，为主义奋斗，为理想奋斗，为其他一切自己所认为有价值的东西奋斗。因为他们喜欢狂醉，所以他们能忘却一切，为国家狂醉，为女人狂醉，为主义狂醉，为理想狂醉，为其他一切自己所认为可爱的东西狂醉。他们有的是沸腾的热血，有的是充满的精力，他们可以为某对象奋斗而死，他们可以为某对象狂醉而亡。在我们冷酷的中国人看来，总觉得他们是傻头傻脑。我们社会所崇尚的是取巧的方法。什么以退为进呀，以柔制刚呀，都是自古以来相传的金科玉律。我们中国人很少为任何对象奋斗，为任何对象狂醉，不管对象是国家也好，女人也好，主义也好，或理想也好。

最后我们要说的便是勇敢与冒险是互相为缘的。冒险的人，没有不勇敢。勇敢的人，没有不冒险。而勇敢与冒险，又多半是好活动，好奋斗的人所必具的精神。我们中国向来不尊崇勇敢的。以勇为武夫的特质，更不赞成冒险，故曰“明哲保身”，“君子不立于危墙之下”。

因此我们看见外国人的餐风露宿，冒尽危险，去周游世界，探险两极，而无丝毫实利之举动，莫名其妙，认为“其愚不可及也”。我们每家人家，父之教其子，兄之训其弟，莫不戒子弟勿去冒险。愈是有钱的人家，愈是拘束他的子弟，自小就不让其出外游玩，一天到晚关在家里，好像宝贝一样。所以到了大来，都是懦夫。“盖井而观，腰舟而渡”，这的确是我们中国人的精神。不要说别的，单拿我们中国人对于运动一事，便可见一斑。一班老先生们看见西洋人那种剧烈运动的方法，手打足踢，头顶胸捶的玩球，真是觉得危险。若是他们有少爷在学校里面读书，当然是要组织他们加入运动的。

（五）阶级背景

现在的人一开口便是什么资本阶级，无产阶级等等名词，并且时常用这些名词去解释中国原来的社会，未免张冠李戴。依我们看来，中国原来也不是如一班理想派所说是一个无阶级的社会。中国社会是有阶级的，不过所谓阶级不是劳资的对峙，乃是另外一个说法。我们观察中国历史，所谓社会阶级，可大分为三大类：第一是支配阶级，第二是生产阶级，第三是游民阶级。

支配阶级是如何形成的呢？我们简直了当，可以回答第一句话是读书的人形成的。根据中国以前的教育制度，读书的目的，便是做官。凡是做官的人，必须读书。故士的阶级，即支配阶级。得志的人，固可做到显官达臣，威赫一时，不得志的“士”也可退为乡绅，名重乡曲。总而言之，读书人是中国社会生活各方面的领袖，连梁山泊的反叛行为，也不能不用智多星吴用为之计划。

读书的目的在做官，做官的目的在发财。故升官发财，在中国社会里面是一而二，二而一的。老实说，我们中国向来就不是含有真正意味的国家。揽着主权的皇帝，有如一个大房东，人民有如房客，官僚有如房屋的管理人。房屋的管理人，向来就不料理房子的修缮，如水沟水道等等，而只打算尽量的榨取房租。他们不仅剥削房客，并且百方欺骗房东。蔽上欺下，把人民的膏血，一点一滴的榨入自己的腰包。

生产阶级，是中国社会的柱石，包含从事于经济事业的一切人民。这个阶级，乃真正努力于耕种，制造及交易的，与支配阶级和游民阶级立在敌对的关系上面。其他两个阶级，是寄生于这个阶级之上的。生产阶级增多，支配和游民两个阶级减少，则中国社会才能安定。否则，便要大乱。

生产阶级其中又可分为农，工，商三个阶级。

中国是农业社会，所以百分之八十五以上是农民。他们在全民中虽然是占大多数，但是因为没有智识没有团结，及经济力贫弱的关系，并没有什么势力，在社会上是最被榨取的阶级。他们在政治上，社会上没有什么要求，更没有什么运动。他们把一切都看作天命，任凭其他阶级榨取。他们过惯了压迫的生活，对于专制政治，丝毫不加以反抗。时常发生旱灾，水灾，蝗灾，他们都委之于运命，不去讲求补救的方法，若是实在不能过活，他们便流入游民阶级，或做兵，或做土匪，或做乞丐。

农民之中，有田主，有自耕农，有佃户，有雇佣劳动者。纯粹的田主阶级是很少的。田主多半是退职的官僚，或地方的乡绅，平时只把田土分租与佃户，或任长工耕作，到收获的时候才去管理收租。自耕农占农民之主要部分，富足一点的除自己所能耕种的面积外，有时把田分租与他人，或请别人来帮忙。贫农则有时兼为佃户或雇佣劳动者。至于佃户，比较自耕农来的很少。其贷借田地的方法。或用租金，或是分租。所谓分租，即每年的收获，以一定的比例，分配于地主与佃户两方面。佃户与地主之间，除此田地的贷借关系外，没有别的主从义务，所以两方面不感觉到什么阶级意识。

我们中国佃农之所以不多，乃是因为地主多雇佣劳动者自行耕种的关系。雇佣劳动者有的是长工，有的是月工，有的是短工，有的是包工。长工是常年服务的，工资以一年计算，每年年底改订契约一次，吃饭与居住概由主人供给，与主人成立主从的关系。若得主人信任，有时升做工头，代主人监督其余的雇佣劳动者。至于月工，短工，包工，则系临时雇用。月工当然是以一月为标准，短工多以一日为标准，包工则以工作为标准。

从大体看来，过去的农民，自己内部的争斗，比较不很显著，而与其他榨取阶级的争斗事实，倒屡见不鲜。所谓其他榨取阶级，第一为官僚和军阀，第二为土豪和劣绅。农民反抗他们的方法，因为专制政治逼得他们无路可走，所采取直接行动。或投入土匪，对官僚，军阀，土豪，劣绅报仇；或举行暴动，压迫官厅，取消种种苛政。

工人阶级有新式的工厂工人，有旧式的家庭手工业工人。我们现在所讨论的，是中国问题的社会背景，目的在分析中国没有与西洋文明接触以前的社会情形。所以这里我们要说的，单是家庭手工业所形成的工人阶级。这种手工帮之内，也可分为三个阶级，即是行主，工匠，学徒。行主是经营者，工匠是职工，学徒又叫做徒弟。职工是有工银的，徒弟是无工银的，但吃饭住居都是由行主供给。行主，职工，徒弟三个阶级间的关系，是非常亲密的，因为彼此多有亲戚朋友的关系。

最后说到商人阶级，其中也可如工人阶级一样，分为掌柜（南方称老板）伙计，及学徒三个阶级。掌柜是店主，伙计是管店者，学徒是徒弟。徒弟多半是店主的亲属或同乡，没有薪水，但是有饭吃，有房住。学习的期限，少则二三年，多则四五年。出师之后，即升入伙计阶级，可得工资，或留店内，或转入他店。伙计之有才干的，帮人家做了几年以后，多半自己另外去开铺子，跳入店主阶级。因为店主，伙计，学徒之间，不是有血统的关系，便是有同乡的关系，而彼此又天天见面，相处甚久，所以甚少有阶级的对峙形势。

生产阶级是维持中国社会的柱石，寄生于他们上面的是支配阶级，寄生于他们下面的是游民阶级。所谓游民阶级，即是无业的游民，也就是游手好闲的人们。这个阶级的人数是很多的。他们在经济上是寄生虫，在政治上是捣乱者。他们的人数加多，天下便会大乱。他们的人数减少，天下便会小安。他们与支配阶级时常是易位而处的。他们得志便是支配阶级，他们失意便是流氓土匪，俗话所谓“胜则为王，败则为贼”，便是这个意思。近的不必说，远点如汉高祖、朱洪武之流，何尝不是从游民阶级跳上来的“人杰”呢。

其所以形成游民阶级的原因，虽然很多，但就其大者，总不外人口的无限增加，生产方法的固执不变，贪官污吏的榨取，天灾兵祸的流行。一班丧失职业的浩大民众，不流为兵士，便投入土匪，或做流氓，或做乞丐。这些兵士，土匪，流氓，乞丐等等，又互相有密切的关系。兵一解散，可变为匪，匪一招募，即可成兵，流氓乞丐之不为土匪者，相隔也只有一间。

由上看来，以前的中国社会可分为三大阶级。上面是官僚，军阀，土豪，劣绅所形成的支配阶级。中间是农，工，商所形成的生产阶级。下面是兵士，土匪，流氓，乞丐等所形成的游民阶级。中国社会的一治一乱，便要看这三个阶级的相互关系。若是支配阶级日趋腐败，极端的压迫及榨取生产阶级，那么生产阶级里面有许多便要流入游民阶级。游民阶级数目一加多，则抢掠生产阶级更加剧烈，而生产阶级流入游民阶级的人更多。一方面支配阶级日益腐败，压迫，榨取；他方面游民阶级日益痛苦穷困；中间维持社会的生产阶级，日益破产。结果，游民阶级的势力，一天一天膨胀，起初不过向生产阶级打家劫舍，杀人越货；后来于是直接要向支配阶级挑战，希望取而代之。支配阶级为保持其榨取地位起见，不能不加以讨伐，于是发生内乱。内乱愈烈，生产阶级愈奔向于破产之一途。僧多米少，只有互相砍杀，争一碗饭吃。所以在中国历史乱的时候，必定是支配阶级腐败，游民阶级剧增的时候。

（六）教育制度

我们要知道现在中国教育制度所发生的各种问题，便须知道我们以前的教育制度是怎么一回事情。我们以前的教育制度虽然已经废除，但是他的灵魂还寄托在各种制度思想里面。

第一，我们知道以前的教育，不是国家的事业，乃是私人的事情，我们以前没有学校，只有私塾。每个私塾，有一个老师，和几个至十几个学生。有的私塾，是一家设立的，有的是几家合起来办的。这些有子弟读书的人家，多半是有饭吃的。很穷的人家，不但没有钱送子弟入学，并且还要留子弟在家做事。所以中国以前能受教育的占最少数。这班读过书的人，因为自己家里经济状况本来不坏，而且又只有读书人才能做官，于是在社会上便形成了一种特殊阶级。

第二，我们要知道我们传统教育的内容。换句话说，我们要问我们的私塾里面教些什么？在西洋社会里面，教育的目的是影响将来的，是决定进步的。但在我们以前的中国，则大家认为教育完全是保存国粹的。因此我们以前读的都是四书五经，听的都是“古先圣王之道”。至于什么历史，地理，数学，物理，化学，生物，各种社会科学或自然科学，都梦想不到。一班读书人只知道背诵这些古书，做几句烂文章，把所有的精力都费在这些古董上面，而变成保守反动的骨干。凡有新思想新势力的萌芽，他们便要加以摧残。支配阶级如此冥顽不灵，社会哪有进步？

第三，我们要问：我们以前的教育，既然是私人的事情，那么究竟与国家是否发生关系？我们的答案，是有密切的关系。各代君主，因为要巩固他的天下，于是利用孔子的学说，来范围人心，把四书五经作为科举取士的标准。全国每三年有一次秀才考试：考取秀才以后，才有考取举人的资格，中了举人，才能考进士，考中进士，才有官做。凡是要做官的，不能不从事科举；要从事科举的，不能不知道四书五经，要知道四书五经的，不能不读书。教出的学生，又不外从事科举。得意的便去做官，失意的又来教私塾。转来转去，没有新东西出来，直是一种“轮回教育”。在君主方面，这是一种最有效的愚民政策，要一班支配阶级，以孔子的思想为思想，尊君法古，并且使他们一生都葬送精力在玩弄这些古董上面，没有功夫去怀疑他的统治势力。在政治方面，有了这班冬烘先生，一切设施，当然不外循规蹈矩，遵古法制。凡社会生活的变迁，与政治的运用，都非他们所能想及。结果，所谓政治，不过是做官的代名词。

西洋社会到了近代，教育是国家的事业，也是国民应尽的义务，反过来说，也可说是国民应享的权利。所以他们由国家设立学校，并且强迫每个国民要受若干年限的义务教育。在学校里面所授的科目，除本国文及外国文外，都是社会科学或自然科学。思想异常自由，没有那些“古先圣王之道”，把他们脑筋桎梏。学生毕业以后，各人就自己性情所近，把平常所学的东西，拿去社会上做事情，不一定要去做官。因此，第一，西洋先进各国，教育异常普遍，人人都当作家常便饭，读书的人不能在社会上形成一种特殊阶级。第二，学校里面所教的东西，都是与社会生活有密切关系，故学能致用。第三，思想自由，注重创造，不像我们要尊崇孔子，罢黜百家，述而不作，信而好古。故他们无论在文学，科学，艺术各方面，都有日新月异的进步与贡献。第四，他们读书不是为着做官，乃是求适应社会生活，并谋改进将来的生活，在社会上不因为读了几句书便取得一种优越的地位。比较起来，我们的传统教育是保守的，特殊的；西洋的教育，是进步的，普遍的。

（七）语言文字

语言文字是传达思想的工具。没有语言，我们彼此便不能交换意见，所有个人的经验与智识，也不能传给别人。没有文字，则在空间方面，不能行远，只能在面谈的时候交换意见。在时间方面，不能持久。谈过之后，没有文字记下来，一切都无踪迹。并且思想经过文字的叙述，比语言更有系统，更为确切。所以语言文字对于文明的构造与传布，对于社会生活的团结与改进，对于国家意识的养成与发展，是最有关系的。

我们中国的文字发生极早，并且向来我们对于文字是很重视的。论理我们的文字与文学，应该是最进步的了。不幸的很，我们的文字，第一，没有字母，没有拼音，没有文法。每个字有多个音，每个字有多个意义。学作文的时候，没有规矩可循，全靠把古书的调法背熟，得到其中的自然法则。因此，我们的文字极为艰难。平常的人，要读十几年书才能作一篇通顺的文章；若是脑筋笨的，一辈子也不会作文。我们的文字既如是艰难，那么为什么不早改良呢？这又要怪我们社会的保守观念，以及一班儒者的好古成性了。

我们以前的社会对于文字的认识，以为愈古愈好，要古的像《尚书》一般的笔墨，为普通人所看不懂，才算本事。所以我们以前作文，总要佶屈聱牙，直追秦汉以前。我们不知道文字是传达思想的工具，我们反以为文字是有闲阶级的装饰品，故意使人家莫名其妙。因此我们中国的文字，经过几千年没有什么大的改良，还是异常困难。普通一班人看见文字这样的艰难，谋自家生活之不暇，又哪里能够费几十年功夫去学做几句文章。就是有钱人家的子弟，也有许多受不了这种“十年寒窗，磨穿铁砚”的苦事，宁愿目不识丁，或读得半通不通。结果，中国患文盲病的占百分之九十以上。普通一班人民，既不识字，没有受过相当的教育，那么他们对于社会，当然不能有很多的贡献，只知奉行故事，及吃饭穿衣而已。如是影响到政治上去，便是国家观念与民主政治不能产生；影响到文化上去，便是新的创造与新的贡献不能出现；影响到全社会上去，便是没有进步。

在他方面，因为文字的艰难，所以能够弄文字的读书人，便形成了中国的特殊阶级。他们能够看得书，作得文，不但自己以为了不得，就是普通一班人也以为了不得。兼之我们以前用科举取士，做官的人非读书出身不可，于是士的阶级，更为社会所重视。

我们中国的文字，不但艰难，而且变为传统思想的专利品。一班文人，以前都有一个共同概念，以为文是“载道”用的。而所谓“道”，又是“古先圣王之道”。两千年来，说来几去，不过是千篇一律的东西。因此文字的功用，非常狭隘；文字的内容，非常枯槁；个人的思想，不能自由发展；个人的经验，不能自由传播。如此，文化没有新的色彩，社会哪有新的进步？而且一陈不变的道学，当然不能适应社会生活的演变，结果所谓“古先圣王之道”，不得不变成虚伪的东西。全个社会于是便发生了虚伪的心理，而趋于堕落腐败。

关于文字，还有一点不能不提到的，便是我们的言文不符。语言与文字两相分开，说的不同写的，写的不同说的。在语言方面，失却文字的帮助，运用异常简狭。平常的语言，很难谈高深的思想。普通一班人所说的，不过饮食起居的几句话罢了。在文字方面，失却语言的帮助，内容异常枯竭，写出来的，都是陈词滥调，不能代表活的生活，结果成为一种死的文学。

我们中国的语言，不但与文字不符，并且因为交通不便的关系，各地不同，各省有各省的话，各县有各县的话，各乡有各乡的话，甚至“一山一河之隔，而语言若两国焉”。我们知道语言是团结一个国家或社会最重要的工具，因为有了这种工具，我们才能够了解共同的利害荣辱，发生一种同情共鸣的观念。一个国家，没有统一的语言，便失却一个最重要的基础。我们中国的语言既然如此不统一，那么全国意志，难于沟通，也是自然的结果。

（八）结论

概括来说：

（一）我们的家庭制度，养成了根深蒂固的家庭观念，阻碍了国家观念的形成，经济的发展，及社会公德的产生。全个社会有如散沙一般。所谓散沙，即是全国分成无数一个一个的家庭，上面很难养成超家庭的大团体生活。

（二）我们的地方主义因为有农业的背景及血统的关系，极为强烈。地方观念愈重，则国家与社会的观念愈弱，结果各地方各自为政，漠不相关。

（三）一般国民心理都是充满自私自利，欺善怕恶，趋炎附势，虚伪，猜疑，阴谋等等。中国社会在此种空气之下，当然很难产生高尚的公德，努力合作改进公共生活。结果社会只有腐败，政治只有黑暗，大家只有在地狱里过活。

（四）因为中国社会标准，在道德生活方面，多建筑在家庭之上，所以公德心不能发达。而且普通一般的风尚，都崇尚文弱，贱视劳动，所以没有进取的精神与勇气。

（五）以前中国社会可分三个阶级，即读书人的支配阶级，农工商的生产阶级，及无职业的游民阶级。前者以榨取为目的，压迫为手段。后者铤而走险，只有造反。所可怜者，只有中间的生产阶级，被两方面所剥削。

（六）中国以前的教育是君主一种愚民政策，以孔子的学说为巩固君权的工具，以科举的手段来笼络民间的人才，在社会上造成了读书人的特殊阶级，而为保守反动的骨干。

（七）文字艰深，言文不符，语言又不统一，使教育不能普及，人民程度不能提高，国家意识不能养成。

归根到底，上面所说社会的背景，不外使我们中国人有家庭观念，地方观念，利己观念，而无国家观念，社会观念；中国只能保守，而无进步。

一九三一，二月，一日。

《新月》1930年第3卷第5、6号合刊。

由“真命天子”到“流氓皇帝”中西接触以后的政治变化

政府是最上层的组织，最容易发生变化。而中国与西洋的接触，又是以政府首当其冲。外国要向我们中国取得什么利权，当然不便找我们四万万人民说话，只有去问代表我们中国的满清政府。中国政府没有如意满足他们的要求，并且甚至于把他们当做以前的匈奴，契丹，土蕃，回纥等一样看待。他们用文的外交方法，不能请中国开门，便用武力打将进来。一次不够，又二次；二次不够，又三次，四次……。这样一来，不但把我们中国政府的腐败，庸弱，无能，简直暴露无余；并且把我们中国的全个政治基础，摇得非动不可。因此，中西接触以后的变化，第一在政治方面。

（一）变化的开端与洋务的讲究

一八四二年鸦片之战，我们中国虽然被打败了，但是我们为着四面闭塞，向来很少与外国接触的缘故，非常自尊自大，保守成性，那肯轻易就瞧得起这些初到中国来的“西洋毛子。”即是一次战败，也不过稍为失事，并没有影响全局。我们何必大惊小怪，挫自己的志气，长他人的威风，把数千年的“文明古国”，去学那些“蛮夷之邦。”因此，硕大的中国，还是像一双［只］睡狮子一样，懒气洋洋的，没有什么觉悟。

到了一八五八年至一八六〇年，英法联军两次进攻，我们中国两次都“弃甲曳兵”而走，甚至连京城也不能保住，我们才慢慢的知道西洋各国不易对付，非以前那些东夷，西戎，南蛮，北狄可比。曾国藩，左宗棠，李鸿章那班人，因为在军事上外交上与西洋的接触多一点，所以感到西洋可怕的程度也深一点。他们在平定洪杨之乱的时候，便知利用外国军火，及外国将兵如华尔，戈登等人。及洪杨平定以后，他们便知提倡所谓“洋务”。

但是他们所谓“洋务”，不过是造船，造械，购船，购械，筑炮台军港，修铁路，办招商局，设电报局，开织布厂等等穷学西洋皮毛的办法而已。就是兴学堂，派留学生，也不过是为养成军事，交涉，或翻译的人才起见。至于根本上，采用西洋的政治，介绍西洋的文化，他们从来没有想到。所以梁启超批评李鸿章，说他“知有兵事，而不知有民政；知有外交，而不知有内治；知有朝廷，而不知有国民；知有洋务，而不知有国务……！以为吾国之政教风俗，无一不优于他国，所以不及者，惟枪耳，炮耳，船耳，机器耳；吾但学此，而洋务之事异矣。”

当初谈“洋务”者，大都不出这种见解。据说德国的宰相俾斯麦早就看透中国的办法不彻底，曾对人说过：

> 中国和日本的竞争，日本必胜，中国必败；因为日本到欧洲来的人，讨论各种学术，讲求政制原理，谋归国为根本的改造，中国到欧洲来的只问某厂的船炮造得如何，价值的贵贱如何，买了回去使用就完事。

郭嵩焘在伦敦与李鸿章书，也劝他不要派留学生去单学兵法，应该学各种技能才是。由此看来，我们知道，当时那班谈“洋务”的人，只看见西洋文明的皮毛，没有看见西洋文明的精神，所谓“洋务”，不过是些“隔靴搔痒”的办法罢了。然而假使我们一回想当时大多数的圣子神孙，文人学士，还在那里闭着眼睛，塞着耳朵，“一闻修造铁路电报，痛心疾首，群起阻难，至有以见洋人机器为公愤者，”我们又不能不佩服那班谈“洋务”者是我们的先知先觉了。

一八八三年至一八八五年，因为法国掠夺我们的安南，我们又与法国打了一战，结果又是我们败绩。我们受了这种刺激，民间才发出一种要求根本改革的声音。孙中山的决志推翻满清，（一八八五年），康有为的上书变法（一八八九年），便是这种声音的表现。但是这种声音究竟非常渺小，只有极少数人在那里呐喊着；至于普通一般人，还是不知不觉，“顺帝之则”。到了一八九五年，因为高丽问题，我们再败于日本，情形才不同了。我们以前的对手都是西洋各国；因为与他们面生，很难摸到他们的究竟，所以败于他们，刺激并不深刻。至于日本，则为我们素来瞧不起的“倭奴”；其土地的狭小，财源的干涸，与文化的低落，都是我们所熟悉，徒以效法西洋，明治维新之故，不出几十年功夫，便可把我们偌大一个中国打倒。我们自然不免全国震动起来，发生两种心理：一为不满意满清政府，觉得实在有改良的必要；一为觉得外国厉害，有些地方有模仿他们的必要。为什么不满意满清政府？因为满清政府，在外交上军事上，着着失败，丧权辱国，日甚一日，终至连区区三岛的日本也招架不住。反观日本政府，维新自强，振作有为，怎样不使一班先知先觉们起来要求改革，打破现状以西洋做模范？

（二）戊戌的维新与庚子的反动

同是受了外交屈辱，内政腐败的刺激，对于当时政府不满意的人，因为彼此见解的不同，分为两大派别。一是主张变法维新，君主立宪，以康有为梁启超为领袖。他们认为要教中国，满清不可推翻，推翻以后，恐失却维系全国的中心，而酿成绝大的纷乱，不可收拾。所以他们先则拥护光绪皇帝实行变法；失败之后，梁启超又主张君主立宪，保存虚君，以巩固传统政治的中心，采行宪政，以适应民主政治的潮流。他们主张缓进，而不赞成急进；他们主张改良，而不赞成革命；总而言之，他们是新势力中的温和派。还有一派，主张民主革命，以孙中山黄克强章太炎为领袖。他们认为满清政府，腐败已到十二万分，不可以救药，更不足与救国；而且“非我族类，其心必异”，非推翻不可。故这派可说是新势力中的激烈派。

维新派的首领康有为，与革命派的首领孙中山，都是生于与西洋势力接触最早，被西洋势力压迫最凶的广东。他们所受外来的刺激相同，而反应的态度不同者，这又是什么缘故呢？原来康有为是生长在仕家，自己又是士大夫阶级中人，受中国传统思想的毒很深，故不敢把皇帝的偶像，丢到毛厕里面去。至于孙中山，则为农家子弟，幼年不但受过新式教育，并且到过檀香山各处，故对于西洋文化的认识，自然比较康有为进一步。

孙中山在一八九五年组织兴中会，康有为在一八九六年“公车上书”。维新运动与革命运动，虽然是差不多同时发轫的，但是在当时的环境看来，维新派比较容易号召。孙中山所领袖的革命派，主张太与一班人民的心理相反，所以除秘密联络会党外，没有什么人肯来参加。至于康有为的维新派，因为对于数千年来的君主制度，并不主张根本推翻；同时对于根深蒂固的传统思想，也不愿完全加以否认，所以对于一部分稍有觉悟的士大夫阶级，很合脾味。这部分士大夫阶级，看见中国屡次失败，实在有改革的必要，但是同时相信“君臣之义已定，天泽之分难越”“食毛践土，谁非臣子”，现在看见康有为处处不忘“列祖，列宗，及我皇上，深仁厚泽，涵濡煦育数百年之恩”，又要维新来雪“圣清二百余年之大辱”，哪有不受他感动的道理？何况他自己是个阶级的一员，新由举人中进士的新贵，说话又是根据六经演绎出来的孔子改制考及新学伪经考呢。无怪乎孙中山的革命派，要让康有为的维新派先试一下了。

维新运动到了戊戌年（一八九八）春夏之交，已经是到了最高潮了。康有为得到光绪皇帝的赏识，便挟天子，来行所谓新政，如废止八股，改试策论，办理译书局事务，删改各衙门则例，设立工商总局，裁汰冗官等等。不料这种运动竟触怒了反动派，于是而有戊戌政变六君子被杀的惨剧。

这班反动派认为康有为等的政治思想，超出了传统的范围，渎乱了“圣教”，连比较脑筋新鲜的翁同龢，看见他的新学伪经考，也要说他是“说经家的野狐禅”，看见他的孔子改制考，就要向皇帝说“此人居心叵测”。至于因为变法而被打破饭碗的数百翰林，数千进士，数万举人，数十万秀才，数百万童生，更是怒发冲冠，要与这班“其貌则孔，其心则夷”的“洋奴”“汉奸”算账。梁启超看透了他们这种心理，所以说：“今守旧党之阻挠变法也，非实有见于新法之害国病民也。吾所挟以得科第者，曰八股；今一变两务实学，则吾进身之阶将绝也。吾所恃以致高位者，曰资格；今一变而任才能，则吾骄人之具将绝也。吾所藉以充私囊者，曰舞弊；今一变然复名实，则吾子孙之谋将断也。……吾今日所以得内位卿二，外拥封疆者，不知经若干年之资俸，经若干辈之奔竞，面始获也。今既……不辨一事，从容富贵，穷乐极欲，已可生得大拜，死益文竭，家财溢百万之金，儿孙皆一品之荫。若一旦变法，则凡任官者皆须办事。吾将奉命而办事也；则既无学问，又无才干，何以能办。将不办也？则安肯舍吾数十年资俸奔竞千辛万苦所得之高官，决然引进，以避贤者之路哉。……”

维新运动本来是一种自上而下的改良运动，抓住了庸弱无能的光绪皇帝，而没有抓住阴险毒辣的寡妇慈禧太后；吸引了少数有点觉悟的智识分子，而得罪了大多数的统治阶级。其失败自然在意料之中。不过这种运动虽然是失败却发生了两种严重的影响，我们不能不注意：一是使反动派，看见变法的危险，更趋反动；一是使急进派看见和平方法的失败，更趋激烈。于是前者便演出义和团之乱，后者便演出辛亥革命。现在再让我们说出戊戌变法维新所激出的反动运动来。

康梁的变法维新运动，虽然开口“公羊”，闭口“孟子”；不说“通三统”，便说“张三世”，其实老实说，他们不过是“托素王改制之文，以便其推行新法之实”，借至圣先师孔子的神位，去镇服反对变法的愚儒。真是“其貌则孔，其心则夷”。这种运动，虽然比较革命派可以号召一部分人士，但是究竟有伤我们自尊的心理，保守的习惯。大多数的士大夫阶级，做惯了家奴走狗，装满了“诗云”“子曰”，眼光有如老鼠，胆量更像鸵鸟，以为碧眼金发的西洋人，还是以前的东夷，西戎，南蛮，北狄。康梁不去用“更变夷”，已是可恶；反而主张自“变于夷”，更是可杀。这是反动派要反动的第一个原因。

加以，外国着着进攻，重重压迫。中日之战以前，已经把我们的门户，打得洞开；中日之战以后，更是生吞活剥，想把中国豆剖瓜分。德租胶州湾，俄租旅顺大连，英租威海卫，法租广州湾，英又租九龙，便是我们受帝国主义铁蹄的伤痕。以自尊自大的民族，受这种空前的耻辱，自然是全国同愤，上下切齿。何况这班“吃教”的基督教徒，到处狐假虎威，骄横跋扈。怎样能叫一班人民不发生排外的心理？

还有，自五口通商以后，外国的经济侵济，无微不入。他们以科学的方法，机器的制造，工厂的制度，雄厚的资本，大批的生产，来与我们的家庭手工业竞争，自然是“战无不胜，攻无不克”，把我们的生产制度，着着破坏，把我们一班平民，逼进失业一途。兼之，对外对内用兵，军费赔款，取之于民；横征暴敛的结果，更民穷财尽。军事完了之后，兵勇的解散，溃卒的流亡，反是社会上多一寄生阶级，经济上多一种严重负担。并且人祸之外，复有天灾：自光绪即位以来二十余年间，年年不断，不是水灾，便是旱灾，尤以北方几省为甚，间接直接无不是扩大失业的民众，增加经济上的恐慌。握有权力的亲贵，榨取了人民的膏脂，自然不感觉生活的压迫。就是一班士大夫，上面仰视亲贵的牙慧，下面俯吸人民的血汗，也可以安然过去，感到经济压迫的极少。只有一班失业及穷困的老百姓，不能聊生才感觉十分痛苦。他们没有受过教育，愚昧无知，认为他们所受的厄运，都是外国人所赐予。修铁路，开矿山，把我们的风水折断了。设教堂，奉上帝，把我们的祖宗得罪了。如果我们要出这种厄运，那么非把这班跑到中国来捣乱的“洋鬼子”驱逐不可。把那班勾结洋人，偏奉洋教，提倡洋学的“二毛子”杀尽不可。

但是怎样去“灭洋”?“洋”不是容易“灭”的。洋人有枪，有炮，有兵舰，屡次不一次的对我们表演过他们的利害。我们没有他法，我们又素来极端迷信，于是我们只好借封神西游那些通俗小说上的法宝神怪，来欺骗自己，愚弄人家；经过群众心理的作用，便酿成义和团的运动。慈禧太后及一班反动派，自戊戌维新运动以后，不但痛恨康梁，并且迁怒外国人。因为康梁所谓变法，乃是效法西洋，康梁所谓维新，乃是要学西洋。慈禧太后等既然反对变法维新，自然对西洋没有什么好感。何况康梁的逃亡，有外国为之保护，使慈禧太后欲求之而不得呢。无怪义和团的“扶清灭洋”的口号，打动了慈禧太后及一班反动派的心怀了。

于是，慈禧太后垂帘听政之日，便是反动局面展开之时。戊戌百日的新政，无不一一“寿终正寝”。裁去的衙门官职，仍复原位。废止的八股文章，仍须复活。学校改回书院。新政一齐扫除。甚至变本加厉，禁止上书言事，禁止结会办报。而独对于义和团运动，放任之，奖励之，以至造成八国联军的滔天大祸。董福祥的甘军与若干万的义民，拿着火牌，飞剑，雷火扇，阴阳瓶，九连环，如意钩，引魂卷，混天大旗，八宝法物，仅仅杀了一个毫无防备的德国公使，竟不能攻破东交民巷的公使馆。而联军却由渤海占大沽，陷天津，捣北京，有如秋风扫落叶，打来毫不费力气。反动祸首慈禧太后也只好溜之大吉了。这幕反动活剧的结果，中国所得到的处罚，又是“割地赔款，丧权辱国”八个大字。不过从此以后，我们上上下下对于外国，只有“甘拜下风”了。

（三）君主立宪的失败与民主革命的成功

义和团之乱与八国联军之役，把中国的弱点，清廷的腐败，又暴露一次，而且暴露得无遗。保守派就是要守旧，反动派就是要顽固，也觉得实在无理由可说了。所以反动罪魁的慈禧太后，在逃走的路上，便下诏罪已，并求直言；到了西安，又下诏变法，回到北京，更逐渐把戊戌百日的新政，重新一样的一样的搬了出来。中国到了这时，确实承认自己不如西洋了。

在义和团之乱以前，大多数人虽然是痛恨外国，但对于满清政府，还不敢藐视。自经这次滔天大祸之后，政府的腐败昏庸，都已现出原形，大多数人慢慢的把痛恨外人的心理，移到清廷身上去了。越感觉外人的可怕，越感觉清廷的无能。满清政府的信用，至是扫地尽矣。在庚子以前，还有许多人，反对变法维新；在庚子以后，再也没有人敢出来反对了。现在所成为问题者，就是看怎样“变”法而已。

维新派自从戊戌政变以后，首领亡命外国，暂时销声匿迹。到了此时，梁启超又崛起主张君主立宪，风行一时，凡倾向于温和手段的人，多半站在他的旗下。戊戌的维新运动，自然是康有为的首领，但是庚子以后的立宪运动，我们不能不推梁启超是最有力的代表了。尤其是到了日俄战争，日胜俄败，立宪运动，更受了很大的感动。你不看吗？日本以前和我们一样受西洋的压迫；因为政治上采行了君主立宪的制度，居然一战打倒了硕大的君主专制的中国，再战打败了硕大的君主专制的俄国。这非立宪的效用如何？于是“立宪”“立宪”之声盈天下。

就是统治阶级里面，握有大权的要人也有奏请立宪的。一九〇五年，清政府便派了五大臣出洋考察政治，以为立宪的准备。一九〇六年，这几位考察大臣，“走马看花”，在各国溜了一场回来，也奏请立宪，于是御前会议，决定下诏预备行宪政，先从改良官制入手。若是这时清廷确有诚意，那么或者还可挽救于万一。无奈慈禧太后并无真正悔祸的决心；她不过想借预备之名，行迁延之实罢了。至于满清贵族，及汉人大官，也各有各的鬼胎。满清贵族，想来改革官制的机会，排斥汉人，集权中央，以免尾大不掉。汉人大官也想用立宪政治，限制满人的特权，增高自己的地位。所以这种御用的立宪运动。与民间梁启超所主张的立宪政治，毫不相关。梁启超的立宪派，就是想要在国内公开活动，也无机会。其受政府的压迫，与孙中山等所领袖的革命派，不相上下。

满清政府既没有立宪的诚意，而所颁布的大纲，又给君主无限制的权力，并且对于民间的运动，丝毫不放松压迫的手段，人心自然大失所望，相率倾向于革命一途。加以一九〇八年慈禧太后与光绪皇帝一死，政治失却中心，大权旁落权臣，革命潮流，于是愈演愈急。君主立宪派，一面既不能得到统治阶级的垂顾，反受当局的压迫；另一面又受革命派的攻击，没有群众做后盾。在这双方夹击，两面不讨好的情形里面，只有归于失败。

反之，革命派虽然是历尽困苦困难，但是势力的飞腾，与满清的腐败，与西洋潮流的来到，成正比例。清政府愈失政，革命派愈发达；西洋潮流愈涌来，革命势力愈增加。到了一九一一年，武昌起义，便使清廷不能收拾了。袁世凯从小站练兵所养成的实力派，从旁加以一推，二百六十余年的清代天下，便宣告“寿终正寝”；数千年来的君主偶像，便倒在涸厕里面。从此，“真命天子”不临朝，万里江山改颜色。这是多么大的一个大变化！

（四）民主共和的虚伪与军阀制度的演成

辛亥革命，把满清推翻了以后，便发生一个空前的问题，即是政权的转移。在我们过去的政治看来，所有政权，都属于皇帝一人，老百姓不能过问。就是更朝换代，也不过是这家的天下，被那家夺去；这个皇帝的江山，被另一个好汉抢走。皇冠的谁戴，与宝座的谁坐，与我们一班人民是毫不相干的。我们的传统思想，把我们的脑筋，紧紧的梏桎，不但是不要我们去干涉政治，并且要我们拥护君主专制。所以只要有一个大虫出世，把其余的小虫吃掉，称孤道寡起来，那么我们便可诚惶诚恐，服从一切。

但是辛亥革命，却与从前更朝换代的老把戏有点不同了。辛亥革命在政治上的意义，是要把君主专制政体，改变到民主共和政体，所以中华民国临时约法的第二条，便说“中华民国之主权，属于国民全体。”在武昌没有起义以前，革命派与维新派，因为受了西洋民主主义的影响，对于中国从前不可侵犯的偶像，已经破坏到相当的程度。在武昌革命成功以后，满清一倒，连主张保皇的梁启超，也说君主的偶像，已经被丢在溷厕里面，再也没有号召的力量了。

我们知道，中国以前的全个政治组织系统，完全以君主为中心，而且君主专制政体，到了满清，更是进化到了极点。现在我们一旦把君主打倒，政治的中心，当然随之失落；中心一失落，又无新的民主中心势力起来代替，结果，当然要酿成二十年来，挂名共和，军阀混战的怪现象。

为什么民主势力，不能承受君主政体的遗产？这又不能不说革命派革命之不彻底了。

（一）民主革命派的运动，没有鲜明完备的政纲政策，没有认识中国革命的真正意义。参加的份子，大都带了一点狭义的民族主义观念，以为满清非我族类，非打倒不可。至于打倒以后如何办法，他们都没有想到。（二）民主革命派的运动，没有广大的民众做基础。它所包括的分子，只有一部分留学生，华侨，及商人。他的领袖，只看见有推翻满清的必要，没有想到有教育民众的必要。所以革命派的革命办法，不是从民众运动入手，乃是从运动军队及联络会党入手。普通一班人民，并没有了解民主革命的意义。因此君主势力一倒，民主势力不能接替。（三）民主革命运动派但无鲜明完备的政纲，及广大民众做基础，并且它本身的组织，也非常散漫。意志不能一致，行动不能统一，结果，他们推倒了满清，破坏了君主，可是没有能力去建设民主国家，镇压专制遗孽。

明白了君主观念，已经打破，民主观念没有养成的道理，我们便不难知道二十年来变乱的原因，及军阀制度的起源。原来，君主政体这个东西，在中国经过几千年的历史，并且有传统思想为之辩护，所以发生了一种神秘的力量。人民对它，认为是天经地义，好像迷信菩萨一样。菩萨本来是泥塑木雕的，一经香花蜡烛供奉，便变成神圣不可侵犯的东西。以前政府能够维系社会人心，就全靠这个纸老虎吓人。若是前清不是满族，而是汉族的天下，君主立宪运动，比较民主革命运动，或者成功机会要多。因为那时革命的对象，多是注重在排满。一般革命人物，大都只知满清是异族，非推翻不可；而不太注重君主与民主在制度上的分别。其所以反对君主，也多由于排满的连带关系。假使前清不是满族，而是汉人，恐怕民主革命运动没有那么大的号召力量。君主立宪派之所以失败，也就是没有看透这一点。他们不知道君主与满清是分不开的：拥护君主，便是拥护满清。拥护满清，便是拥护异族；拥护异族，便是根本违反汉人的心理；根本违反汉人的心理，而要汉人起来赞助这种运动，当然是要失败的。反过来说，推翻了满清政府，无异推翻了君主政体。因为满清一倒，君主的偶像，也连带的拖下厕所里面，失却所有的尊严与神秘作用。并且西洋民主主义的潮流，日益川流不息的奔来：人民政治智识渐渐开展；不但对于君主的传统思想慢慢在那里洗掉；而且民主观念，也在那里日积月累。所以袁世凯想做皇帝，张勋复辟，都没有成功。

破坏一件事比较容易，建设一件事比较困难。君主专制政体虽然已经打倒，民主政治却是很难实现。在此青黄不接的时代，当然产生一种“君不君”来“民不民”的怪政治现象。这就是军阀制度及其纷乱的最大原因。一班军人，因为武力是一切问题最后的解决，变成了时代的骄子，既没有君主的偶像来节制，又没有传统的思想来约束，(因为渐失效用)，人民参政能力没有养成，民主政治不能树立，那有不成军阀的道理？

且看满清倒了之后，民主革命势力不能自身起来组织政府，而必须让政权于袁世凯，便可知道民主共和的制度，是没有深厚的基础了。袁世凯本来就是具有最大野心的一代枭雄。小站练兵，便是他埋下武力的基础，也即是北洋军阀的胚胎。在戊戌政变的时候，他便骗过君主立宪派，以致变法失败，六君子流血。到了辛亥革命，他自己虽称病在彰德故乡，但是他的部下已握有兵权，清政府环顾国中，要压平乱事，非请他出山不可。他认为机会已到，故作忸怩，要求大权。及大权到手之后，他一面逼满清退位，一面逼革命派渡让政权，于是不费多少力气便为民国第一任总统。

袁世凯虽是“谨掬诚悃，誓告同胞”，“竭其能力，发扬共和之精神，涤荡专制之瑕秽”，但是他是没有受过民治与法治洗礼的人，脑筋里面还是充满了封建思想，与帝制自为的野心。所以他“一朝权在手，便把令来行”，根据人治的封建办法，布置他的部下军人，好像以前的开国君主一样。这样一来，便成功所谓北洋派。我们知道北洋派，没有公开的政纲，没有正式的组织，当然不是一个政党。它的基础，完全建筑在个人政治的关系上。袁世凯是北洋派的首领。他对于其余的部下军人，是封建的关系。其余的军阀，多是从他在小站练兵练出来的，也是他一手提拔出来的，所以他们只知忠诚于袁氏，而不知忠诚于民国。换句话说，他们只知向袁氏负责，不知对国民负责。在反对北洋派的国民党方面，虽是比较进步，但也没有脱离个人政治的范围。他们没有具体的政纲，系统的组织，只知夺取中央政权，不知养成人民本身的势力，他们的活动，多随少数领袖而走，没有一定的方针。以至内部分歧，各走各路，让袁世凯来独占优势。

袁世凯压平了二次革命之后，以为个人统治，已经稳定。于是而解散国会，于是而毁弃约法，于是而宣布洪宪，要重新回到君主专制的路上去。但是我们知道，中西接触以后，中国的君主政体，已受西洋民主主义的痛击；中国的人治主义，也受了西洋法治主义的影响。凡所以维持以前那种君主的，人治的，封建的伦理思想及道德观念，都已破西洋潮流所浸润毁坏。一班军阀虽不相信民主，不相信法治，不相信西洋的政治道德，但同时不能像以前那样的忠于一人，忠于一家，如家奴走狗一般。所以云南一起义，北洋军阀也相继的众叛亲离。袁世凯料不及此，终至气死。

袁世凯一死，北洋派便群龙无首，好像一串珠子，断了线索一样。于是其中分成直皖两派。直皖两派的系统，又是如以前北洋总派一样，建筑在个人封建的政治关系上面。直派先以冯国璋为首领，后以曹锟吴佩孚为首领。皖派则以段祺瑞为首领。同时在全国全体看来，因为北洋派本身的分化，政治失却了重心，于是东北的奉派，与南方各省的小派，渐成了独立的状态。全国遂日趋分裂，而不可收拾。

有了几派势力，而各派势方又都建筑在个人封建制度之上，其间又没有法定的关系为之维系，结果各派因为争取政权，扩张地盘的关系，只有诉诸武力，互相厮杀。首则直奉相联以倒皖；继则直奉又互相火拼；再则孙（中山）张（作霖）段（祺瑞）三角联盟以倒直。南与南争，北与北战。合纵连横，毫无忌惮。不但全国政治，失掉了重心，即是南北两方，也都失去了中枢势力，于是从此而入于南北各军阀的混战时期。兼之，西洋的民主潮流愈是奔来，个人统治的系就愈靠不住。各个军阀，一方面受了传统思想的遗毒，本人野心的驱使，对于部下总想用封建的方法去维持他的系统，扩张他的势力；一方面又受了西洋新思想的鼓动，对于长官又不愿效忠一人，并且时时刻刻想进一步取而代之。这种思想上的矛盾，表现在政治上，便是对上面倒戈，对下面仍旧施用封建统治的方法。所以越到后来，叛变越多。旅长倒师长，师长倒督军，督军倒巡阅使。军阀的系统，越趋越小；时局的分化，愈演愈烈。残缺糜留的封建势力，与幼稚成病的民主势力，交相酝酿，遂造成混沌的军阀相争相打的局面。

加以帝国主义者利用军阀以攫取利权，军阀利用帝国主义者以借款买械，互相勾结，内乱愈烈。每个大军阀，都有帝国主义者做他的后援。每个帝国主义国家，都有军阀愿做它的爪牙。有时因为国际间利害的冲突，影响到国内军阀的冲突。相争相杀，如斗蟋蟀。所可怜者，便是一班孤苦无告的人民，不毙于枪弹之下，即死于沟壑之中耳。

……

（六）算清这笔糊涂账

中国的君主政体，行了几千年不成问题，忽然打开门来，遇见了西洋民主主义的潮流。若是我们的专制政体，能够抵抗得住，那么还不碍事。哪知道我们一战而败，再战而衰，三战而气馁，四战便不能不变法了。起初我们原想调和中西，采行君主立宪，一面顾到中国过去的政治背景，一面适应西洋的民治趋势。但是自从戊戌维新运动失败以后，此着便走不通了。因此，我们想另外走过一条路子，用革命的方法，去建立共和的政体。不幸专制的遗毒未消，民主的势力未成，虽辛亥推翻了满清，然民国仍不成其为民国，于是而有军阀制度，于是而有一党专制。凡此种种，都是有青黄不接的现象，也或者是过渡时期不可逃避的罪孽。我们既不能立刻赶上西洋的路，又不能回到我们原来的状态里去，在此时候，也许免不了种种奇奇怪怪的现象。

这种从君主专制到民主共和的变化，若没有外国从中捣乱，恐怕还不至发生这样大纠纷。但是在此交通便利的世界，我们地大物博的中国，怎能避开帝国主义的注意。因此，在我们演变的政争里面，外国总要来玩玩把戏。远的历史我们且不去说，试看民国成立以后，哪次大的政争没有外国势力在后面？因为五国银行团的大借款成功，于是袁世凯不惜破坏国民党，帝制自为。因为日本乘欧战的机会，想推到袁氏，宰制中国，于是反袁各派得着援助，能够将洪宪打倒。因为日本援助段祺瑞，于是有护法的长期战争，南北的对峙局面，军阀的割据形势。因为苏俄利用国民党与共产党，于是国民党有联共，分共，反共的种种纷扰；共产党有杀人，放火的种种暴动，总而言之，中国政治一日从君主变到民主，本来困难，不免纠纷；现在又再加上红白帝国主义的勾结利用，于是紊乱得更不堪言状了。

并且政治与经济是分不开的。我们中国原来是农业社会，生产非常落后，资本非常缺乏；加以人口太多，僧多米少，就是外国不来捣乱，恐怕自己也要砍杀一场。何况西洋与我们通商之后，他们挟科学的智识，机器的发明，雄厚的资本，工厂的制度，来制造物品，与我们的家庭手工业竞争，哪有不胜利的道理？结果，我们的手工业，一天一天的崩溃；失业的人数，也随之一天一天的加多。政府不但不能保护本国的生产事业，并且横征暴敛，无所不为。兵灾之外，又有天灾。祸乱相循，民不聊生。于是一班失业穷困的人民，便成为军阀政客政争的工具。我们且拿军阀政治来分析，便知它与社会穷困的关系。

军何以能成阀？武的方面，必定要有丘八大人；文的方面，定要有官僚政客。俗语说得好：“好铁不打钉，好人不当兵”。我们民间既有这种反对当兵的心理，为什么那班军阀，可以用白旗一摇，招得成千成万的丘八，来替他们冲锋，陷阵，争地盘，抢政权？这班弟兄们，一月赚几块大洋，还时常几个月不发饷，难道愿意做这种杀人的勾当，或被杀的绵羊吗？无奈迫于生活，没有他事可做，不得已而把肉血献于军阀的刀俎之前而已。文的官僚政客，生活似乎比武的佣兵好得许多，但是生活上没有出路，同是失身于军阀的可怜虫，那是没有两样。他们之所以丧心病狂，不顾国家的利益，人民的痛苦，为军阀划策，奔走，挑拨，离间，发宣言，打电报，做代表，无非是靠所依附的军阀吃饭而已。

从前中国的政治，虽然是腐败，但是还有旧道德，旧伦理，旧礼教，为之限制。到了现在，旧的东西，都被西洋来的潮流，击得粉碎，而新的道德纪律又没有成立，于是自私自利，专制横暴，更加原形毕露了。军阀官僚的反复无常，朝秦暮楚，掠夺财产，丧权辱国，鬻官卖缺，引用私人，收入中饱，贿赂公行，欺善怕恶，吹牛拍马，压迫人民，强奸舆论，举世间所谓是非，所谓廉耻，所谓公德，都一齐不顾。于是变成一个城孤社鼠，鬼魅魍魉的世界！武的流氓，可以做军阀；文的流氓，可以做高官。谁愈流氓，谁愈得势。谁不流氓，谁该饿饭。流氓世界，流氓政治。流氓政治，流氓皇帝。

最后还有一个最根本的原因。为什么中国与西洋接触，失败几次，便闹到这种地步？为什么法国在一八七〇年，被普鲁士打得落花流水，割地赔款，不久又爬起来了？为什么最近的德国被协约国打败，受了严重的处分，并且发生了很大的革命，不到十年，又是一强国？这又是什么缘故？于是我们最后不能不承认我们全个文化的落后了。法德之似所以厥而复起，乃是因为他们的文化，有巩固的基础。尽管他们在军事上，外交上，受了挫败；这不过是暂时的挫败，表面的挫败。他们仍可运用他们文化的基础来重新建筑他们上层的组织。至于我们中国，虽自称“文明古国”，但是与近代西洋一比，我们实在不能不承认野蛮了。胡林翼是中国知识阶级的第一流人物，看见两只洋船冲入长江，骇得“变色不语，勒马回营，中途呕血，几至堕马”，除了“摇手闭目，神色不怡”的说，“此非吾辈所能知也”以外，别无办法。到了一九〇〇年，义和团之乱，大多数的知识阶级领袖，翰林，学士，御史们，还相信“八宝法物”可以抵枪炮，“洪钧老祖，已命五龙守大沽，夷兵当尽灭”。就是到一九三一年的今日，一班知识阶级，除了贩来几个新名词，作为口头禅外，试问知识上有多大的进步？有什么科学发明？有什么伟大著作？然则，中国政治上的一笔糊涂账，从昔日的皇帝时代，到今日的流氓世界，又不能算在哪一党一派人的身上了。

一九三一，八月，十三日。

《新月》1930 年第 3 卷第 11 号。

对于训政与宪政的意见——批评汪精卫、于右任二氏的言论

自从有一部分被邀的国难会员，提出结束党治，实施民治的主张以后，于是训政与宪政问题，渐引起社会上深切的注意。国民党领袖，如汪精卫，胡汉民，孙科，于右任诸氏，都有意见发表。汪于两氏是反对结束训政的。孙氏是赞成结束训政的。胡氏则态度很欠明了。我是研究政治并且是主张结束训政实行宪政的人，对于这个重要问题，不能不贡献一点意见。

按汪于两氏反对结束训政的理由，分析出来有四：（一）认为中国人民程度太低，非经过国民党的训政，不能运用民主政治，实行宪政；（二）认为没有国民党，便没有中华民国，而破坏训政，便是破坏国民党，破坏国民党，便是破坏中华民国；（三）过去的宪政，成绩不好，所以现在不应实行宪政；（四）现在主张宪政的人，有些是从前的“官僚政客”，他们不配谈宪政。

先就反对结束训政的第一个理由来讨论，认为中国人民程度太低，非经过国民党的训政，不能运用民主政治实行宪政。这个理由，至少须建筑在下列几个基础上，才能自圆其说：（一）国民党本身健全；（二）国民党的党员是全国的优秀分子；（三）国民党过去训政很有成绩。若是国民党本身四分五裂，没有整个党的组织，党的意志，党的方针，试问怎样去“训”？若是国民党本身充满了新旧官僚政客军阀，不但不是全国的优秀，并是有许多是社会的败类，试问又何以为“训”？若是训政五年，“训”到丧权辱国，内乱不已，土匪到处如麻，贪官遍国都是，国家濒亡，民不聊生，试问再要这样“训”下去，如何得了？这些都是客观的事实，不容讳言，也不能讳言的。国民党能否训政，应否继续训政，就看他是否具备上列三个条件。否则，国民党就不配讲训政，就应该结束训政。本来训政的根本理论，是从“贤人政治”出发，应该由“贤”去训“不肖”，由少数人去统治多数人。但是哪些少数人是“贤者”？哪些多数人是“不肖”？这是过去拥护贵族政体，今日主张训政制度者，所不能答复的问题。贵族政体的理论失败在此，训政政体的理论失败也在此。贵族政体是少数人操有政权，而大多数国民没有参政机会的政治。所以今日国民党的训政，也可以说是贵族政体之一种方式。主张贵族政体的人，有些根据于血统，说应该由少数世袭的贵族，去统治多数的平民。但是贵族家里的子弟，多是不懂世故的少爷公子。有些根据于财富，说应该由少数有资产的人，去统治多数无钱的人。但是富豪并不一定有政治能力。有些根据于知识，说应该由少数受过高等教育的人，去统治多数没有知识的人。但是知识阶

级，有许多是书呆子。现在请问国民党训政式的贵族政体，是根据什么来的？既不是根据于血统，又不是根据于财富，也不是根据于教育，乃是名则根据于党籍，实则附庸于军阀。若说凡是国民党员，便是贤者，便是全国优秀，便是先知先觉，便应做统治阶级。若说凡不是国民党员，便是不肖，便是后知后觉，便应做被治奴隶。这种“贵族”标准，未免太不合理。何况事实告诉我们，现在的国民党员，有许多在人格、学问、才能各方面都不高明呢。

上面是说国民党不能“训”，不配“训”的理由。就是假定国民党能“训”，配“训”，政治的历史告诉我们，既讲训政，决不能讲民主政治。第一是理论上的不通。有了“训”的统治阶级，及“被训”的被统治阶级，汪氏还要说能“培养民权”，“人民的权力，在时间上，是一天一天的增加，在空间上，是一天一天的扩大”，这是骗人的话。民权的发展，是要自动的。若是“被训”出来的，便不是民权了。翻开世界各国历史，请问哪国的民主政治是统治者“训”出来的？请问哪国的民主政治，不是人民争得来的？第二是事实上的不通。凡是拿到政权，居于统治地位的个人或团体，总是不愿意放手。这是人类普遍的天性，各国的政治历史都可证明。训政学说希望训政的统治阶级，训练一般人民去夺取他们独占的政权，由训政到宪政，那也是欺人之谈。过去国民党的训政是怎样，将来国民党的训政大概也是怎样。不说别个，汪于两氏便是第一个拿到政权不放手的。所以讲训政，就不能讲民主政治。

反对结束训政的第二个理由是说，没有国民党，便没有中华民国；而破坏训政，便是破坏国民党；破坏国民党，便是破坏中华民国。这不但是不通的逻辑，并且有意侮辱我全国人民。现在且分开来说，先讨论是否没有国民党便没有中华民国。中华民国的产生，是有许多原因促成的，如西洋文化的侵入，外患的压迫，清廷的腐败，工业革命的影响，这都是革命的根本原因。即就推翻满清的统治而言，国民党外，还有许多个人或团体都有功劳。现在汪于两氏一笔抹煞，不是出于无知，便是故意夸大。何况革满清的命，不仅是国民党一个团体在那里做，更不是现在的国民党员在那里做。倒袁之役，主要的力量不是国民党。并且进一步来讲，中华民国现在之濒于危亡，现在的国民党员应负很大的责任。事到如今，强寇入室，执政的国民党领袖，如汪于两氏，不向我全国国民告罪，还要在那里说没有国民党便没有中华民国，这真岂有此理！

至于破坏训政，是否就是破坏国民党，若是放眼看看民主国的政党政治，便不难解答了。政党并不一定要训政，取消训政并非取消训政的党。国民党以前没有训政，固然是党；即使现在结束训政，仍然是党。我们之所以主张结束训政，不过想取消国民党垄断政权的特殊地位而已。从一方面看来，不但不是破坏国民党，并且是想保全国民党的政治生命，免得被人家革命。

说到破坏国民党就是破坏中华民国，那更是笑话！中华民国不是国民党的寄生物；

反之，国民党倒是中华民国的寄生物。国民党消灭，中华民国不一定消灭。中华民国消灭，国民党必然消灭。所谓“皮之不存，毛将焉附”。并且像国民党近几年来的干法，对外丧权辱国，对内压迫人民，党高于国，有党无国，即使到了万不得已的时候，推翻国民党的政权，也未始不是拥护中华民国之一办法。

反对结束训政的第三个理由，说过去的宪政，成绩不好，所以实在不应实行宪政。其实过去何尝真正实行过宪政？汪氏自己也说袁世凯及北洋军阀、官僚、政客们破坏了宪政。那么“成绩不好”，乃是没有实行宪政的结果。如果实行宪政，又何至有袁世凯的称帝，国会的被解散，军阀的互相火并，以至于孙中山在广东做非常总统。这些事实，正是证明宪政的必要，与破坏及反对宪政者的罪恶。汪于两氏既痛骂破坏宪政的官僚政客于前，又为何自己做反对实行宪政的官僚政客于后？

反对结束训政的第四个理由，说现在有些主张宪政的人，是从前的官僚政客，他们不配谈宪政。中国现在应否结束训政实行宪政是一事，从前的官僚政客配谈与否又是一事。如果中国应实行宪政，那么无论哪个谈，都应实行的；不能“以人废言”，更不能“因噎废食”。对事对人，应该分开。何况从前的官僚政客，未必坏于现在的官僚政客呢？

上面的所反对结束训政的理由，都是汪于两氏共同的意见，不过汪氏更说得明显有条理罢了。此外汪于两氏还有些话，有分别纠正的必要。

譬如汪精卫氏说：“……当时的临时约法宪法，都是国民党党员制造出来制裁袁世凯和巩固民国的基础的，所以他们要打倒国民党，便要破坏宪政”。这样看来，国民党及汪氏自已原来是主张宪政的，并且认为破坏宪政的人是不对的。那末现在汪氏又为什么要反对宪政，痛骂主张宪政的人？难道现在一般国民的程度，反不如民国初年的时候吗？抑是因为以前国民党没有拿到政权，所以“制造临时约法宪法出来，制裁袁世凯”。现在因为政权已经到手，所以痛骂主张宪政来制裁一党专政和巩固民国的人。

又譬如汪氏说：“……中国至今还未宪政，但这是什么原故呢，这是自从民国以来，宪政都被他们一次、二次、三次破坏尽了”。北京政府时代，宪政之不能实行，从前的官僚政客，固不能不负一部分责任，但是最大的阻力还是袁世凯及其遗留的北洋军阀。这是汪氏要认清楚的。而自从国民党执政以来，完全不要宪政，改民国为党国；又是谁之过呢？从前的官僚政客，充其量不过是破坏宪政，现在的官僚政客，根本就不要宪政。汪氏何以“明于责人，而暗于责己”？

再譬如汪氏说：“由民国十七年或十八年训政开始起，至今只有三年的时期。如果没有内部的一切纠纷，当然可以做得比较好些。但是以中国之大，其范围之辽阔，情形之复杂，若谓以一二年便可以将中国完全做好，这是谁也做不到的”。其实自国民党专政以来，至今已有六年。“以中国之大”，我们当然不应希望“将中国完全做好”，但是国民党既以“革命党”自居，以“训政”为名，至少总要比北京政府时代做得好一点，才有资格骂人，才有资格训政。但是，请问外交内政，哪处能够比得上从前？只有贪污的程度，内乱的迅速，及卖国的手段，比从前厉害罢了。汪氏没有上台的时候，攻击南京政府没有成绩，比任何人都凶。现在汪氏上台了，拥护南京政府，也比任何人都凶。何前后矛盾若是？其实，“国民党做得不好”，“有事实可以证明的”，汪氏自己何尝不明白？就是所谓“内部的一切纠纷”，都是你们国民党文武同志自己闹出来的，都是以训政自居的“先知先觉”闹出来的；汪氏自己的翻来覆去，特别要负严重责任。这又与我们小民何干？汪氏不但不承认国民党及他自己有丝毫的过错，并且好像还要把罪状搁在我们一般国民的头上，这又是岂有此理！

至于于右任氏的话，更有许多莫名其妙。兹简单指出其错误之大者：

（一）诚如孙哲生氏所言，“于先生最大错误，就是不能承认本党（国民党）以往的过失，以为本党还是一个健全的革命党，”因此他便有“本党之能领导中国国民革命，自是基于客观事实之决定”。其实国民党现在为军阀官僚政客所盘踞，不但不能领导革命，并且事实上日趋于被革命之列。

（二）“本党所求之宪政，乃革命之宪政，宪法乃革命之宪法，而惟有革命之人民乃克受之行之耳”。读遍政治学书籍，查尽各国字典，恐找不出“革命之宪政”一名词。稍有政治常识者，即知宪政与革命，不能相容。宪政之下，不容革命；革命之下，不愿宪政。至于“革命之人民”，更不要什么宪法宪政，今我们之所以主张结束训政，实行宪政，正是不革命之人民，要求不革命之宪政耳。我们若是真革起命来，何暇谈什么宪政宪法。到了那时，就是国民党像满清末年，匆匆预备立宪，我们也必如先总理所行，置之不理。至于“受之行之”，更是谈不到。

（三）“在此国难时期间，使国人监督政治，导国人参加政治，实为天经地义之事”。若国人参政为天经地义，则应结束训政，实施民治。但于氏一面说人民参政是天经地义，一面又说国民党训政是天经地义。到底哪个是天经地义？请于氏有以语我来！其实有一党专政，便没有民主政治；有民主政治，便没有一党专政，两者同时不能做天经地义。

（四）“党以民主集权之形式治党治政，犹虞散漫不给，顾何取于泛民主之虚名，而受无组织之实祸乎”。就此点看来，于氏根本上就不相信民主政治，认为民主组织散漫，有害无益。党用之“犹虞不给”；国用之，将受“实祸”。由此推论，于氏的思想，不但要主张国民党专政，并且要主张个人独裁，以至于君主专制。

（五）于氏认为结束训政，实行宪政，乃是共产党与国家主义派之主张。其实共产党根本就不管什么训政与宪政。他的手段，老实不客气，是要革国民党的命的。国家主义派虽然比较缓和，但是也不很热心于此。因为他们也在准备革命的武力。只有像我们这种手无寸铁的教书匠，及态度温和的人，才来向国民党谈什么训政与宪政。

（六）于氏反对资产阶级的民主政治，但是什么叫做资产阶级的民主政治，什么是非资产阶级的民主政治，于氏并没有交待一句。照国民党现在的训法，根据于氏的脑筋，恐怕我们连求资产阶级的民主政治也不可得。

（七）于氏痛毁民元之约法与曹锟的宪法，但是一九三一年国民党御用的国民会议所通过的国民约法，请于氏回顾一回顾又何如乎？口口声声骂他人为"军阀"，为"官僚"，为"此时代之遗骸"，"革命之尘滓"，于氏其反躬自视，并视今日的国民党，又是什么乎？旧官僚政客今日起来主张宪政，诚如于氏所言，未必有"席政权"之理；但其为"出墟墓"，返人魂，我不敢拒绝。所怕者，今日之"军阀"，"官僚"，此"时代之遗骸，革命之尘滓"，还想假训政，"席政权"，"入墟墓"耳。可不悲哉！

一九三二年，五月，八日。

《再生》1932年第1卷第2期。

我为什么主张实行宪政

前次我在各报发表《对于训政与宪政的意见》一文，侧重在批评训政的理由，没有详细说到为什么要实行宪政。该文既然引起不少的注意，我似乎有进一步来申述我的主张的必要。

什么叫做宪政？简单答复：根据宪法而行的政治，便叫做宪政。那么又什么叫做宪法！宪法可说是国家的根本组织法。这种根本组织法，大概包括两种重要成分：第一是国家最重要机关的结构，治权，及其彼此相互的关系；第二是人民的基本权利与义务。惟其因为宪法是规定国家根本组织的法律，所以他的效力高于普通法律。并且惟其因为宪法的效力高于普通法律，所以宪法比普通法律更加重要。宪法可以拘束普通法律；普通法律不能抵触宪法。因此，宪法的制定，往往有特别的机关与手续，以表示其尊严。宪法的修改，往往有特别的机关与手续，以表示其慎重。

依照上面我们的解释，须根据宪法而行的政治，才能叫做宪政。那么实行宪政，必须先有宪法；有了宪法，还须实际施行。没有宪法，固不成其为宪政；只有宪法，而不实行，也不成其为宪政。现在中国没有宪法，自然谈不上宪政；曹锟时代，有了宪法，而不能运用，也谈不上宪政。宪政即是根据国家根本组织的法律而行的政治，所以他第一个特点是法治而不是人治。

宪法的成立，不管他是人民直接或间接制定的也好，统治者与被统治者两方协定的也好，统治者单方所颁布的也好，大概都是经过人民一番奋斗得来的。没有经过奋斗得来的宪法，人民对他没有相当认识，不知实贵；结果恐怕只有具文，没有实质；只见宪法，不见宪政。惟其因为宪政大概是人民奋斗得来的，所以实行宪政的国家，至少总有一部分人民参加政治。因此宪政的第二个特点，是人民参加的政治，不是统治者独裁的政治。

明乎上面那些要义，我们可以开始讨论为什么中国应实行宪政。

大凡一国政治的改变，不外两个路径：一是改良，一是革命。改良不用武力，革命非用武力不可。在实行宪政的国家，因为政治的争斗有轨道可循，无论哪党派，如想取得政权，实行主张，可以去竞争选举。选举的结果，谁占优势，谁便在朝；谁归失败，谁便在野。这种办法，第一是各党各派有公开平等的机会；第二是政治斗争的方式不用枪杆子，而用选举票；第三是最后的裁判者是人民，而不是出于竞争者自己的意志。全个政治组织，都根据于宪法；全国各种势力，都归纳于轨道，循序改进，用不着革命。

反之在寡头专制政体的国家，很容易发生革命。原因有二：一是起于寡头政体之内，一是起于寡头政体之外。前者是因为寡头政体的内讧而发生；后者是因为人民的反抗而酿成。前者的意义比较小，后者意义比较大。

所谓寡头政体，不管他表面上采什么形式，其要义不外是少数包办全国的政权，使大多数人民没有参政的机会。至于其所赖以维持寡头政府的工具，分析起来，最后无一不是靠赤裸裸的武力。站在寡头政体上的辩士，无论用什么冠冕堂皇的理由来替他掩护，然而这两个根本原则是无法可以否认的。

寡头政体既然建筑在武力的上面，那么这种武力究竟可靠不可靠呢？若是可靠，那么寡头政体还是一种安定的统治；否则，便要时常发生革命。据我们从历史上看来，寡头政体的武力是靠不住的，随时有叛变的危险。原因是所谓军队，大家为着饭碗而来，其所以服从某个长官，并不是出于公民服务国家的忠诚，乃是生活所迫，不得不干。这种军队，没有正当的爱国观念为其行动的标准，乃是个人的军队，派系的军队，不是国家的军队。谁能给他饭吃，他就可以跟着谁走。哪派能给他利益，他就可以听从哪派的指挥。今天可以拥戴某甲，明天便可反过头来拥戴某乙。今天可以赞成这种运动，明天便可以跳过去赞成那种运动。这样的武力，乃是变乱的材料，各方所争的工具。只要寡头政体发生内讧，统治阶级争权夺利起来，其中有一个领袖或派系，能运动军队，那么便可发生革命的事实。

而寡头政体的内讧，又是我们常见的事实。因为它的权威，完全是以强权为基础，并不向较高的公共意志负责。谁有势力，谁就可以发号施令，那么谁又不愿去发号施令呢？因此，寡头政体之下，总有不断的阴谋发生。少数的统治阶级，一日到晚，总在那里勾心斗角，争权夺利。张三可以利用武力，去打倒李四，夺取政权；又安知王五不利用武力，去打倒张三，取而代之。翻来覆去，无非是一套老把戏。

以不可靠的武力，遇到了寡头政体的内讧，结果于是往往发生革命。不过这种革命，乃是起于寡头政体之内，只牵动少数的统治阶级，及其所附属的武力，所以影响比较还小。革来革去，还是革在少数统治阶级的手内，与全民不发生密切的关系。

还有一种革命，是起于寡头政体之外的，在寡头政体之下，全国的政权既然被极少数的人所把持包办，不让一般人民去参与，结果社会上便要发生两个阶级：一方面是极少数所形成的统治阶级；他方面是极多数所构成的被统治阶级。统治阶级有种种的特殊权利，而非其余的人所能享受；被统治阶级有种种的义务，而无相当的权利。这种不平等的关系，于是渐渐把全国的意志分做两个壁垒，中间好像隔了一条深而且阔的鸿沟。大多数被统治的人们，起初只是愤愤不平，其后乃想运动打破这种局面。但是少数统治阶级，享惯了特殊权力，过惯了势耀生活，那里愿意降为平民。所以他们一发现有反抗他们的运动，只知道用更严厉的压迫手段对付，或是剥辱言论出版自由，或是禁止集会结社权利，或是监禁，或是枪毙。这都是寡头政体所惯用的方法，因为武力是他本来的基础，强权是他本来面目。

但是怨懑之气若深入人民的心坎，那决非威吓所能了事的。并且你越是压迫，越要激起反抗。两方面的感情，越闹越坏，人民实在到了忍无可忍的时候，只要时机一到，革命便要爆发起来。这种起自寡头政体外的革命，比前面所说起自寡头政体内的革命，意义与影响更加严重。因为他牵动了全民，因为他是一种长期压迫的结果。从一方面看来，它是革得彻底，能把政权从少数人手中，移到大多数国民手中，不至如寡头政体内的革命，革来革去，还是革在统治阶级里面。但是从他一方面看来，它是革得很痛苦，不但少数的统治阶级，因为罪恶贯盈的缘故，要被革命势力杀的杀，砍的砍，如法国革命与俄国革命中的贵族一样，就是全国的人民，也须经过一种彻底翻腾的纷乱。这是多么一个不得已的悲剧！这是多么一个无可逃避的罪恶！

中国现在是寡头政体，无可讳言。寡头政体时起内讧，又是事实。全国人民不满意于现状，那更是不可否认的现象。老实说，到现在，国民党的统治，已经到了日暮途穷，非变不可的局面了；而变的方法，根据我们上面的看法，只有两条路可走：一是结束训政，实行宪政，使各党各派有公开平等竞争的机会，使政治争斗的方式用口笔去代替枪炮，使一般国民来做各党各派最后的仲裁者；还有一条路，是用武力去推翻现状，建立新政权，这就是革命。在今日强寇已经入室，人民无以聊生的时候，理性告诉我们，最好用和平的，改良的办法解决。在过去，我们已经杀来杀去，革来革去，有二十年，人是无数千万的死了，血是像沟渠般的流了，田屋是毁了，财产是尽了，到如今，还是落得个田园荒芜，国破家亡。何况东北沦亡，已经九月；淞沪碧血，还没有干；山海关已经变色；义勇军囚在孤门；日本且有于最近的将来，席卷平津，进吞我全国的阴谋。环顾国际的形势，目击亡国的惨祸，我们如有天良，是在不容许我们闭着眼睛，横着心肠。来自己互相残杀了，而且遍国疮痍，十室九空，民有饥色，野有饿殍，若再要这样斗下去，那简直有灭种的危险！

在此惨痛的情形底下全国上下，应如何万众一心，共赴国难，树立建国的大计，驱逐无理的暴日。政治上，若有别的方法改善，我是不赞成武力革命的。在日本蹂躏之下，我们再来演斗蟋蟀的故事，我认为这是野蛮！这是无耻！

因此，我对于现在所谓废止内乱运动的动机，表示相当的同情，不过这种运动，没有认清内战的原因与防止的方法。内战不是无故发生的；若不使各种政治势力有发泄的机会；若不把政治的运用，纳之于轨道，那是缘木求鱼的办法。一方面统治阶级仍是专制，仍是腐败，仍是黑暗；同时一方面要一般受现状压迫的社会势力，不要起来反抗，这是万万不可能的。缘木求鱼，虽不得，无后灾。这种盲目的废止内战的运动，不但无效，还有后灾。第一是间接的赞助了腐败的统治阶级或个人，去稳固黑暗的现状，使官家可以放火，百姓不能点灯；第二是无形中否认了被现状压迫蹂躏的人民最后的革命权利。不去设法改良现状，单叫人民不起来反抗，这种无条件的废止内战运动，我认为是违反正义，实在不敢苟同。我虽然不赞成马上用武力革命，但是我认为现状非改变不可。我是主张先用和平方法去改良的。如果和平方法可以走通，我是反对革命的。如果和平方法不能走通，我是没有理由可以去反对革命的。

我所谓的和平方法，便是实行宪政。

中国国家土地这么大，人口这么多，利害这么复杂，意见这么分歧，党派是绝对无法避免的。国民党内部如此乱七八糟，统治如此昏天黑地，若想要“党外无党，党内无派”，统一所有不同的意见，抹杀一切的争端，这是永远不会成功的。唯一的文明办法，就是承认各种意见与利益的存在，建立他们争斗的规则，让他们用选举票来代替枪杆子。他们要取得政权，要实行主张，要争得权利，他们到选举场去决斗，他们到议会去决斗。一次失败了，下次再来。用不着杀人，用不着放火，用不着蹂躏人民，用不着破坏秩序。他们都有公平的机会，他们听国民最后的裁判。这是宪政。这是民主政治的宪政。

英国自从克林威尔专政结束以后，有两百七十余年了；美国自南北战争以后，有六十余年了；法国自从第三共和成立以后，也六十余年了；日本自明治维新实行宪政以后，也五十余年了，都没有发生过内乱；并且将来发生内战的机会，总比较没有实行宪政的国家少。只有那些落后的国家或民族，因为没有宪政的轨道可循，或不能运用宪政，还时常在互相砍杀的内乱状态。

政治好比球戏，宪法好比规则，宪政好比有规则的球戏。若比赛足球，而没有规则，或有规则而不遵守，那么结果只有踢的头破血流。政治势力的争斗，若没有根本大法，或有宪法而大家不行，结果也只有打得落花流水。

还有一层，宪政不但可以避免革命与内乱，并是我们要知道，还是立国的根本大计。就是根据国民党的理论，也是不能否认的。民国二十一年以来，政局之所以不安，内战之所迭起，大家不能不承认这是政治没有上轨道的表现。但若要政治上轨道，那么非先有轨道可上不可；换言之，非实行宪政不可。现在我们的轨道在那里？“上无道揆，下无法守”，此所以举国彷徨，无路可走如今日者！

且宪政是法治的根本，法治又是民治的基础。根本大法不立，普通法律无所根据。一切个人与个人的关系，个人与国家的关系，团体与个人的关系，团体与团体的关系，以及团体与国家的关系，都没有法律的根据与保障，任凭有力者的支配。谁有武力，谁就可以作威作福。结果，只有个人政治，军阀政治。此所以辛亥革命以来，虽挂了民国的招牌，到如今，还是黑漆一团的局面。我们今后如果不行民主共和政体则已；否则，只有实行宪政，以法治代替人治。

生在这种无法无天的国家，不说我们没有权参加政治，连我们说话也不自由，出版也不自由，集会也不自由，结社也不自由，信仰也不自由。我们的生命，随时可以被人家陷害；我们的财产，随便可以被贪官充公；我们的住家，随时可以被人家搜查；我们的名誉，随时可以被人家毁诬。我们不能安全的耕种；不能安全的作工；不能安全的经商；甚至于不能安全的教书。一切的一切，都是纷乱、黑暗、不安。我们有的是无限的义务与剥削。我们无的是任何的权力与保障。这种社会充满了恐怖、猜疑、阴谋。这是鬼的世界，不是人的世界。我们若要脱离鬼的世界，超度到人的世界，便须要求我们做人的根本权利。现在各国宪法，大概都有保障个人基本权利的规定，消极方面，如人身自由、言论自由、出版自由、信仰自由、集会自由，结社自由、居住自由等等，积极方面，如受教育的权利，作工的权力等等。实行宪政，能给我们相当的保障。现行党治，只有继续我们非人的生活。

总而言之，我为什么主张实行宪政，因为下列理由！

（一）我认为国民党的统治已到了非变不可的局面，而变的路径，只有实行宪政实行革命。在此国破家亡的时候，我们应该上下一致，共赴国难。因此我主张实行宪政，避免革命，废止内战。(但是和平方法不能成功，我觉得没有理由否认人民革命的权利。)

（二）宪政是国家长治久安的大计。

（三）实行宪政，是法治的基础，民治的条件。

（四）为保障人民的基本权利起见，也非实行宪政不可。

一九三二，六月，十九日。

《再生》1932年第1卷第5期。

参考文献

一、著作

1. 陈旭麓主编:《五四以来政派及其思想》，上海人民出版社1987年版。

2. 陈哲夫等主编:《现代中国政治思想流派》，当代中国出版社1999年版。

3. 陈安湖主编:《中国现代文学社团流派史》，华中师范大学出版社1997年版。

4. 高军等主编:《中国现代政治思想评要》，华夏出版社1990年版。

5. 贾植芳:《中国现代文学社团流派》，江苏教育出版社1989年版。

6. 倪邦文:《自由者梦寻——“现代评论派”综论》，上海文艺出版社1997年版。

7. 沈卫威:《自由守望——胡适派文人引论》，上海文艺出版社1997年版。

8. 谢泳:《逝去的年代——中国自由知识分子的命运》，上海文艺出版社1997年版。

9. 闫润鱼:《自由主义与近代中国》，新星出版社2007年版。

10. 章清:《“胡适派学人群”与现代中国自由主义》，上海人民出版社1993年版。

11. 吴雁南等主编:《中国近代社会思潮》第3卷，湖南教育出版社1998年版。

12. 尹在勤:《新月派评说》，陕西人民出版社1985年版。

13. 刘志强:《中国现代人权论战：罗隆基人权理论构建》，社会科学文献出版社2009年版。

14. 周明之:《胡适与中国现代知识分子的选择》，广西师范大学出版社2005年版。

15. 高旭东:《梁实秋与中西文化》，中华书局2007年版。

16. 周天度主编:《七君子传》，中国社会科学出版社1989年版。

二、论文

1. 陈先初:《重评现代评论派》，载《近代史研究》1989年第4期。

2. 孔祥宇:《现代评论派与1920年代的中国民众运动》，载《党史研究与教学》2005年第2期。

3. 李子文:《重评〈现代评论〉》，载《史学集刊》1994年第2期。

4. 倪邦文:《论现代评论派的自由主义文艺思想》，载《文学评论》1994年第5期。

5. 易蓉:《〈现代评论〉“公共性”的表达和实践》，载《首都师范大学学报》2009

年第 2 期。

6. 邵建：《1929－1931 年人权论战的历史困局》，载《学海》2006 年第 4 期。

7. 邵建：《新月知识分子的“人权论战”（1929－1931)》，载《社会科学论坛：学术评论卷》，2006 年第 2 期。

8. 尹传芳：《梁实秋自由主义思想的基本特征》，载《江汉论坛》2011 年第 3 期。

9. 韦长发：《胡适人权思想的嬗变初探》，载《华中科技大学学报（社会科学版）》2006 年第 3 期。

10. 马建红：《“人权派”宪政思想探析》，载《山东大学学报》2006 年第 1 期。

11. 刘志强：《罗隆基与人权论战》，载《广东社会科学》2005 年第 6 期。